So kocht Deutschland

Rotraud Degner

So kocht Deutschland

traditionell und modern

Hörnemann

Farbaufnahmen:
Fotografie Bruce Pinkard
Gestaltung Rotraud Degner
Layout: Wilhelm Zimmermann

Einbandgestaltung von Wilhelm Zimmermann
nach einem Farbfoto von Bruce Pinkard
Autorenfoto: Achim Deimling-Ostrinsky
Gesamtherstellung: Mohndruck
Graphische Betriebe GmbH, Gütersloh
Printed in Germany
Buchnummer 239/04064
ISBN 3–87384–464–8

Inhaltsübersicht

Meine deutsche Küche

»Man gab sonst immer den französischen Köchen den Preyß. Allein eben das, was an ihnen wahrhaft zu loben ist, verstehen die Köche der itzt benannten teutschen Provinzen, vornehmlich in Schwaben, Franken, am Rheinstrom und zu Wien vollkommen, ohne derselben übertriebene und der Gesundheit schadende Lecker-Bissen nachzuahmen.«

Neues und wohl eingerichtetes Kochbuch 1772

Diese Worte hat der Verleger Johannes Metzger seinen Autoren als Vorwort in das 1772 erschienene Kochbuch geschrieben – in einer Zeit, in der es vor allem in »besseren« Kreisen üblich war, ausschließlich französisch zu kochen. Ähnliche Gedanken müssen 1980 meinen Verleger Werner Hörnemann bewegt haben, als er mir vorschlug, nach dem Erscheinen meiner Bücher »So kocht Italien« und »So kocht Frankreich« als dritten Band der Reihe »So kocht Deutschland« zu schreiben, anstelle des geplanten Buches über die Küche der französischen Provinzen. Ich war mir anfangs gar nicht sicher, ob ich über die deutsche Küche ein Buch gleichen Umfanges und auch nur annähernd gleicher Qualität schreiben könnte – schon weil es bei uns eine überregionale Küche nicht gibt.

Und doch, hatten nicht gerade meine französischen und italienischen Freunde immer wieder von der deutschen Küche geschwärmt? Zwar bezogen sich ihre Erinnerungen fast immer auf die vorzüglichen Wurst- und Räucherwaren und die »Würstel« in allen Variationen sowie auf die knusprigen Schweinebraten und Haxen. Aber auch beim Gedanken an die verschwenderische Fülle der Kuchen und Torten auf deutschen Kaffeetafeln bekamen sie glänzende Augen. Und als mich bei einem Rundfunkinterview in Frankreich der Reporter allzu lange nach meiner Meinung über die französische Küche befragte, kamen wütende Anrufe von französischen Hausfrauen, die von mir lieber deutsche Rezepte haben wollten. Der arme Interviewer brach sich dann schier die Zunge, als er die gewünschten Königsberger Klopse, Zwetschgendatschi und Schwarzwälder Kirschtorte ansagen mußte.

Unvergeßlich die Lieblingsgerichte aus dem Elternhaus

So machte ich mich also an die Arbeit. Wichtigste Hilfe war die Besinnung auf die Küche des Elternhauses. Wieviel glückliche Kindheitserinnerungen sind untrennbar mit dem Wohlgeschmack und den Düften der häuslichen Mahlzeiten verbunden, und so mancher Heimwehgedanke in der Ferne galt einer Leibspeise aus Mutters Küche. Noch heute habe ich viele mütterliche und großmütterliche Rezepte in meinem Repertoire, die keine raffinierten internationalen Gerichte verdrängen konnten. Zwar bin ich als Kind in Berlin sozusagen in deutsch-französischer Allianz aufgewachsen, zwischen den Suppentöpfen zweier kulinarisch miteinander rivalisierender Großmütter aus Berlin und Toulouse, ein angenehmer Zustand, den ich jedem genußfreudigen Menschen nur wünschen kann. Aber wenn es bei uns zu Weihnachten alle Jahre wieder Gänseleberwurst (nicht *foie gras*), Gänsesülze, Karpfen in Biersauce und Pfefferkuchen gibt, dann hole ich immer das Kochbuch der Berliner Großmutter hervor.

Ich habe im Lauf meines Lebens in fast allen Gegenden Deutschlands einige Zeit verbracht und die jeweiligen Regionalküchen in ihrer erstaunlichen Vielfalt genau kennengelernt. Sie sind, wie die Landschaft und ihre Kunst, ein Schlüssel zum Verständnis der Bewohner. Und es gibt überhaupt keine angenehmere Form, sich fremden Menschen zu nähern als über ihre Kochtöpfe und beim genußreichen gemeinsamen Mahl.

Alte Kochbücher sind eine Fundgrube

Schwieriger war es schon, sich mit der Geschichte der deutschen Kochkunst zu befassen, denn im Gegensatz zu Frankreich und Italien fehlt uns die kulinarische Tradition. Fast ein Jahrtausend lang war Deutschland ein buntscheckiger Teppich aus kleinen und kleinsten Territorien. Sie wurden von weltlichen und kirchlichen Herrschern regiert, die nichts als die deutsche Sprache einte. Zwar hat man an den Höfen der Herzöge, Fürsten und Grafen sowie in den Küchen von Klöstern und Abteien schon im Mittelalter mit Freuden gebraten, gesotten und gebacken, aber das Volk lebte und aß erbärmlich schlecht. Erst mit dem wachsenden Wohlstand der freien Reichs- und Hansestädte entstand auch eine bürgerliche Küche. Das beweisen die vielen zeitgenössischen Kochbücher, in die ich mich ausgiebig vertiefte. Bis dahin hatte ich gar nicht gewußt, *wie* gut und in vieler Hinsicht modern man schon vor über 200 Jahren gekocht und gebacken hatte. Ich entdeckte eine große Zahl ausgezeichneter Rezepte, die, abgesehen von der altmodischen Schreibweise und den ungenauen Mengenangaben (»nimm eine Pfote voll Mangold und Peterli, soviel Brießlein als Du nöthig hast und zweyer welscher Nuß groß Butter«!!) aus der heutigen Küche stammen könnten. Da galt es, zu experimentieren und immer wieder sorgfältig auszuprobieren, bis das unbekannte Rezept wirklich stimmte. Die besten der alten Rezepte wurden modernisiert in dieses Kochbuch aufgenommen. Geradezu frappiert hat mich in den alten Büchern die Kenntnis und Verwendung einer so großen Zahl frischer Kräuter und fremder Gewürze, wie sie bis zum heutigen Tag auf unseren Märkten nicht wieder zu finden sind. Für Fisch, Fleisch und Wild, Terrinen und Pasteten kannte man erstaunlich viele ausgezeichnete Zubereitungsarten. Und für backfreudige Hausfrauen enthält eines der alten Kochbücher allein 20 Rezepte für »Kirschen-Dorten«. Allerdings hat man sich – bis auf den wackeren Verleger Metzger – weitgehend an der französischen *cuisine* orientiert. Auf dem Land dagegen wurden immer die gleichen traditionellen Gerichte nach überlieferten Rezepten zubereitet aus Zutaten, die Boden und Klima hervorbrachten. Und das sind zum Teil besonders schmackhafte gehaltvolle Suppen, herzhafte Eintöpfe voller frischer Gartengemüse sowie ausgezeichnete Mehlspeisen. Nimmt man diesen erdgebundenen »Volksliedern der Küche« durch Fortlassen allzu fetter Einlagen und durch zeitgemäße Kochmethoden die Schwere, die heute nur noch körperlich hart arbeitende Menschen vertragen, kann man verwöhnte Feinschmecker damit begeistern. Die Gerichte der Armen von gestern sind ja häufig die Leibspeisen der Reichen von heute.

Junge Köche kreieren eine neue deutsche Küche

Das haben sicher auch viele moderne Köche gewußt, die dabei sind, die deutsche Restaurantküche zu verbessern und zu erneuern. Die Anregung kam aus Frankreich. Dort hatte man vor 15 Jahren die überladene klassische Küche verjüngt und anschließend mit neuen Kochmethoden ausgerechnet die Gerichte der Mütter und Großmütter wieder zu Ehren gebracht. Die sogenannte *nouvelle cuisine* lockte viele junge Köche nach Frankreich. Nach ihrer Rückkehr nach Deutschland gab es jahrelang in den Spitzenrestaurants eine streng französische Phase. Es wurde ausschließlich französisch mit mühsam aus Frankreich beschafften Produkten gekocht. Erst in den letzten Jahren gingen bei uns die fortschrittlichen Meister des Herdes daran, auch eifrig nach alten deutschen Regionalrezepten zu fahnden und sie wieder bekanntzumachen. So feiern z. B. in den elegantesten Lokalen Großmutters Mehlspeisen fröhliche Urständ. Statt langweiliger Salzkartoffeln oder fetttriefender Pommes frites sind neuerdings Roggennudeln, grüne Spätzle, saftige Fingernudeln, Schuxen oder kleine Kartoffelpüfferchen die Begleitung von rosig gebratenen Lammcarrés oder basilikumduftenden Kaninchenragouts. Als ich für die »Stern«-Küche einmal nachforschte, welche Füllungen die progressiven Köche in die biederen schwäbischen Maultaschen tun, war ich von der raffinierten Vielfalt überrascht. Ein Teil dieser Rezepte steht auch in diesem Buch und ist nur ein Beispiel dafür, wie sehr die deutsche Küchenszene in Bewegung geraten ist. Wir sind in der Bundesrepublik zum erstenmal auf dem Weg zu einer guten nationalen Küche. Nie gab es so viele moderne Kochbücher, hochkarätige Feinschmeckermagazine und z. T. hervorragende Rezeptteile in den Zeitschriften. Hausfrauen und Hobbyköchen wird es einfach gemacht, die eigenen Rezepte regionalen Ursprungs mit der leichten bekömmlichen Frische der neuen Küche zu vereinen. Das geht natürlich nur schrittweise. Die praktizierte deutsche Küche muß sich noch von so manchen ihrer Untugenden wie z. B. viel zu schweren Mehltunken, zerkochten Gemüsen, zu lange gesottenem Fisch, befreien. Und wie soll man eine gute, am Markt orientierte Küche auf den Tisch bringen, wenn die Produkte aus deutschen Landen, vor allem Fleisch und Geflügel, sich mit der Qualität anderer EG-Länder nicht messen können? Hier muß die deutsche Hausfrau als kritische Verbraucherin viel nachdrücklicher beim Einkauf auf besserer Ware bestehen.

Dieses Buch müßte eigentlich »Meine deutsche Küche« heißen

Um sich der Titelreihe anzupassen, heißt das vorliegende Buch »So kocht Deutschland«. Ich hätte es viel lieber »Meine deutsche Küche« genannt, da ich keinen Anspruch auf Vollständigkeit erheben möchte. Zwar habe ich jede einzelne Region des früheren deutschen Reiches mit ihren wichtigsten Spezialitäten genau beschrieben, aber keineswegs auch immer die Rezepte dazu. Als langjährige Kochbuchautorin und Genießerin nahm ich mir die Freiheit, für dieses Buch nur diejenigen Rezepte der traditionellen und der jungen kreativen deutschen Küche herauszusuchen, die mir wirklich geschmeckt und gefallen haben. Und das war eine ganze Menge. Als ich nach vier Jahren Arbeit die gesammelten Rezepte sichtete, fiel mir die Auswahl schwer. Ich hatte genug, um zwei Kochbuchbände zu füllen.

Zu danken habe ich, wie immer, meinen Freunden, die mir bereitwillig ihre Familienrezepte verraten haben, und den vielen Köchen, von denen ich ebenfalls so manches gute Rezept bekam. Bruce Pinkard hat wieder mit mir – vor allem im schönen alten Haus meiner Freundin Gertrud Roeckl in Tutzing – die Farbaufnahmen gemacht und Wilhelm Zimmermann, wie immer, dem Buch die äußere Form gegeben. Gisela Gramenz schrieb kundig das Kapitel über den deutschen Wein, der untrennbar zur deutschen Regionalküche gehört. Dank auch an meine Mitarbeiterin Monika Kellermann, die mit Geduld die Rezepte immer wieder ausprobiert hat, bis wir restlos zufrieden waren. Als echte Bajuwarin hat sie auch mit Strenge darüber gewacht, daß in keines der bayerischen Gerichte auch nur der geringste preußische Akzent kam.

Gewidmet ist dieses Buch meinem Verleger Werner Hörnemann, für den ich es geschrieben habe.

Rotraud Degner-Michael

Gewürze und Kräuter

»Rosmarin und Thymian wächst in unserem Garten«, beginnt ein altes Volkslied. In vergangenen Jahrhunderten gehörte in Deutschland zu jedem Garten auch ein Eckchen, in dem die verschiedenartigsten, heute oft südlich anmutenden Kräuter gediehen. Karl der Große hatte schon im 8. Jahrhundert ein Gesetz erlassen, das den Anbau von Minze, Rosmarin, Salbei, Kümmel, Anis, Dill und Fenchel anordnete. Man wußte mit den zahlreichen Gartenkräutern, die fast alle auch Heilpflanzen waren, geschickt umzugehen. Die Rezepte der alten Kochbücher, besonders die für Suppen und Salate, beweisen es. Und als dann noch die kostbaren exotischen Gewürze auf langen Handelswegen nach Deutschland gelangten, da wurde in den Küchen der Reichen und Mächtigen nach Herzenslust gepfeffert und geingwert. Erstaunlicherweise fehlte Ingwer bei fast keinem Gericht. Man konnte gar nicht genug bekommen von den vielen neuen Aromen und Düften. Auch wenn damals des Guten oft zu viel getan wurde, bewies man auf jeden Fall mehr Phantasie als unsere Küche der letzten 60 Jahre, in der kaum etwas anderes als Pfeffer, Lorbeer und Petersilie an die Speisen kam. Erst seit wenigen Jahren beginnt bei uns eine Wiederbesinnung auf den Wert der alten Kräutergärten, und mancher Hobbykoch hat herausgefunden, daß sich noch auf dem kleinsten Balkon ein paar Kräutlein selber ziehen lassen. Auch die Märkte bringen ein ständig wachsendes Angebot.

Beim Umgang mit den vielen exotischen Gewürzen, die wir heute für Pfennigbeträge erstehen, sollte man sich dankbar dessen bewußt sein, daß sie heute nicht mehr wie früher mit Gold aufgewogen werden müssen und daß man ihren Bestand getrost öfter erneuern sollte. Die meisten getrockneten Gewürze büßen ihre Würzkraft nach einem Jahr erheblich ein. Wir Deutschen sind übrigens die größten Pfefferverbraucher der Welt. Dazu noch ein Rat: Pfeffer schmeckt wesentlich intensiver und aromatischer, wenn er erst unmittelbar vor dem Essen frisch aus der Pfeffermühle über die Speisen gestreut wird. Soll er gröber als der aus der Mühle sein, zerstößt man ihn wie in alten Zeiten im Mörser.

In den nachfolgenden Angaben sind nur solche Kräuter und Gewürze aufgeführt, die seit Jahrhunderten in der deutschen Küche verwendet wurden. Entdecken wir sie neu!

Gewürze

Anis
Kümmelähnlicher getrockneter Samen der doldenartigen Blüten der Anispflanze aus dem Mittelmeerraum. Intensiver, leicht süßlicher Geschmack. Wird verwendet zu Fischsud, an Mischungen aus Hackfleisch, Kartoffelteig, Wintergemüse, Weihnachtsgebäck, Brot, ganz und gemahlen. Sehr altes Gewürz.

Fenchel
Kümmelähnliche getrocknete Samen der wildwachsenden Fenchelstauden im Mittelmeerraum mit intensivem, leicht süßlichem Geschmack, wird für Fischgerichte, Schweinefleisch, Hühner und Brot verwendet

Ingwer
Wurzel der lilienartigen Ingwerpflanze, frisch und getrocknet als Pulver vor allem in der altdeutschen Küche unentbehrlich für fast alle salzigen und süßen Speisen, intensiver scharfer angenehmer Geschmack. Besonders gut zum Würzen von Schweinefleisch, Hackfleisch, Geflügel, Kohl, Möhren, Kompott von Äpfeln, Birnen, Kürbis. Sehr altes Gewürz.

Honig
wurde und wird jetzt wieder nicht nur zum Süßen von Speisen, sondern auch als Würze verwendet, als Kruste von Fleisch, Schinken und Geflügel, für die Zubereitung von Eis und Süßspeisen.

Kardamom
Getrocknete Samen der Fruchtkapsel einer asiatischen Schilfpflanze. Wird gemahlen für die Zubereitung von Pasteten, Fleischteig, Hefeteig und weihnachtlichem Gebäck verwendet.

Koriander
Pfefferkornähnliche getrocknete Samen der doldenartigen Blüten der Korianderpflanze im Mittelmeerraum, weren auch schon bei uns angebaut. Als Körner und gemahlen für Fischsud, Fleischmarinaden, zum Einlegen von Gurken und Kürbis, zum Würzen von Weihnachtsgebäck, besonders von Honigkuchen.

Kümmel
Getrocknete längliche Samen der doldenartigen Blüten der Kümmelpflanze, derbes wohlschmeckendes Gewürz für robuste Speisen. Schweinebraten, Bratkartoffeln, Kohlgerichte, salziges Hefegebäck, Brot. Vor Verwendung hacken, verstärkt den Geschmack. Wirkt verdauungsfördernd. Wächst auch in Deutschland. »Kümming« ist ein sehr altes Gewürz.

Muskatblüten (Macis) und **Muskat**
Tropisches Gewürz. Der gemahlene Samenmantel der Muskatnuß, feiner und aromatischer in der Würzkraft als die Nuß. Für helle Suppen und Saucen, Gemüse und feines Weihnachtsgebäck, wurde früher viel häufiger als heute verwendet. *Muskatnuß* zum Würzen von hellen Suppen und Saucen, helle Gemüse sowie für manche Weihnachtsbäckerei. Sehr altes Gewürz.

Nelken (Nägelein)
Die getrockneten Knospen der tropischen Gewürznel-

ken werden zum Spicken von Braten oder auf Zwiebeln gesteckt zum Würzen von Fleisch- und Fischgerichten verwendet. Auch als Würze von Kompott und Glühwein. Nelkenpulver ist ein beliebtes Gewürz der Weihnachtsbäckerei. Sehr altes Gewürz.

Pfeffer
Weiße und schwarze getrocknete Pfefferkörner der tropischen Pfefferpflanze waren früher das teuerste und begehrteste Gewürz. Möglichst immer frischgemahlen über die fertigen Speisen geben. Sehr altes Gewürz.

Safran
Teuerstes Gewürz überhaupt, wird aus den Blütennarben einer bestimmten Krokusart getrocknet, er gibt Fischsuppen, Reisgerichten und manchen hellen Fleischspeisen ein eigenartiges, feines Aroma und eine schöne gelbe Farbe. »Saffran«, ein viel benutztes Gewürz des Mittelalters.

Senfkörner
Kleine Samen der Senfpflanzen, die meistens zu Senf verarbeitet werden. Senfkörner dienen zum Einlegen von Gurken und Bratheringen. Ein sehr altes Gewürz.

Wacholderbeeren
Getrocknete schwarzblaue Beeren des Machandelbaumes (Wacholder). Zum Würzen von Marinaden zu Wild, zu Wildgeflügel, Rinderbraten, Sauerkraut, Kohl; zerdrückt besonders aromatisch. Sehr altes Gewürz.

Zimt
Getrocknete innere Rinde des Zimtlorbeerbaumes als Zimtstangen und Pulver im Handel. Zum Würzen von Fleischgerichten, vor allem in der altdeutschen Küche verwendet. Heute wird das aromatische Gewürz vor allem zum Würzen von Süßspeisen und Kuchen, z. B. von Weihnachtsgebäck sowie von Punsch verwendet. Sehr altes Gewürz.

Zitronat
Kandierte Zitronenschale, wurde schon im Mittelalter gerne für Süßspeisen und Kuchen benutzt.

Zitronen
Die Schalen (»Schelfen«) der Zitronen sind seit dem Mittelalter ein beliebtes Gewürz.

Kräuter

Basilikum
Einjähriges, äußerst wohlriechendes Kraut, wird am besten frisch verwendet. Zum Würzen von Salaten, Tomatengerichten und Suppen. Büßt beim Trocknen seinen Wohlgeschmack ein. Kann bei uns angebaut werden ab Mai, verträgt keinen Frost und braucht sehr viel Sonne.

Bohnenkraut (auch Pfefferkraut genannt)
Es gibt einjähriges und mehrjähriges, frisch und getrocknet vor allem zu Gerichten aus frischen und getrockneten Bohnen, Kartoffelsuppen, Lammfleisch, Wurst. Wird bei uns angebaut.

Dill
Einjährig, die frischen zarten Kräuter dienen zum Würzen von Salaten, besonders Gurkensalat, zu Saucen, zum Kochen von Krebsen und Lammfleisch. Die reifen Körner zum Einlegen von Gurken. Wird bei uns angebaut.

Kapern
Blütenknospen der Kapernsträucher des Mittelmeeres, werden meistens in gesalzenen Essig eingelegt importiert. Ähnlich im Geschmack die Blütenknospen und Samen der Kapuzinerkresse, die bei uns wächst. Zu Eiergerichten, Hackfleischgerichten, Fisch.

Kerbel
Einjährig, zartes, aber intensiv schmeckendes Gartenkraut, für Salate, Kräutersuppen und Saucen. Wird bei uns angebaut.

Knoblauch
Scharfriechende, intensiv würzende Knollen mit vielen einzelnen Zehen. Wurde früher nur zu Wildbeize verwendet, heute zum Würzen von Salaten, Schweinebraten, Hammelbraten.

Lorbeerblätter
Kochfeste, harte grüne Blätter des Lorbeerbaumes, die in der deutschen Küche fast zu häufig verwendet werden, da ihr intensiver Geschmack feinere Würzen übertönt; meistens reicht ein halbes Blatt. Für Marinaden, Sauerkraut, Suppen, Kohlgerichte, Wildgerichte. Kann als Topfpflanze bei uns gezogen werden.

Majoran
Ein in Deutschland seit Jahrhunderten sehr beliebtes intensives Gewürzkraut, das frisch und getrocknet angenehm würzt. Für Suppen, Kartoffelgerichte, Schweinefleischgerichte, Enten- und Gänsebraten sowie Leberwurst. Wird bei uns angebaut.

Minze
Mehrjährig, gibt es in vielen Sorten. Nicht mit anderen Kräutern mischen. Als Gewürz grüne Minze (krause Minze) in der Küche verwenden. Pfefferminze zum Tee. Roh zum Salat, Gemüse, Braten, Sorbets, Fruchtsalat. Läßt sich bei uns anbauen.

Petersilie
Zweijährig. Nur das frische Grün verwenden. »Peterling« war schon im Mittelalter ein beliebtes Würzkraut.

Wird vor allem roh nach dem Kochen auf Suppen und Gemüse gestreut, aber auch für die Zubereitung von aromatischen Saucen verwendet. Die glatte Petersilie zum Kochen verwenden, die krause zum Garnieren. Wird bei uns angebaut.

Pimpernell
Feines Salatkraut, auch zum Würzen von Suppen, Saucen und Frikassees gut geeignet. Wächst an Ackerrainen und läßt sich bei uns anbauen. Nur frisch verwenden.

Portulak
Mehrjährig. Jung vor der Blüte in geringen Mengen als Salatzutat. Wurde früher als Gemüse gekocht. Blüten wohlschmeckend und dekorativ auf Salaten und Kaltschalen. Läßt sich bei uns anbauen.

Rosmarin
Mehrjährig. Würzige tannennadelähnliche Blätter von holzigen Büschen, frisch und getrocknet von großer Würzkraft. Für Hühner-, Kalb- und Schweinefleisch. Läßt sich bei uns anbauen, ist aber kälteempfindlich.

Salbei
Mehrjährig. Die silbrigen Blätter sind ein leicht bitteres Gewürzkraut, besonders die frischen. Zu allen fetten Gerichten wie Aal, Gans, Gegrilltem, aber auch zu Fisch, Kaninchen und Leber zu empfehlen. Läßt sich bei uns anbauen. Winterfest.

Sauerampfer
Mehrjährig. Hat starke Säure. Wächst wild, doch die Kulturpflanze ist besser. Von dem wilden Sauerampfer nur die kleinen Blätter verwenden. Wird meist vor der Verwendung kurz in Butter angedünstet. Vorzüglich für Suppen und Saucen. Auch wenige streifig geschnittene Blätter unter andere Salatblätter oder Kartoffelsalat gemischt, schmecken angenehm. Läßt sich bei uns gut anbauen, ist winterfest.

Schnittlauch
Mehrjährig. Staude mit frischem, hartem Zwiebelgeschmack. Die röhrchenartigen Blätter werden feingeschnitten roh an Suppen, Saucen, Quark und Salate gegeben. Wird bei uns angebaut.

Thymian
Mehrjähriges buschiges Kraut von intensiver Würzkraft für Pasteten, Lamm- und Hammelfleisch, Geflügel, Grillgerichte. Frisch und getrocknet. Auch Thymianblüten würzen angenehm. Läßt sich bei uns anbauen; relativ winterfest.

Tripmadam (Fetthenne)
Mehrjährig. Die dicken tannennadelartigen Blätter nur roh verwenden für Salatdressing und Marinaden. Wird bei uns angebaut, allerdings meistens als Gartenpflanze.

Waldmeister
Intensiv duftendes Frühlingskraut, wächst wild, leicht angewelkt ist der Geschmack am intensivsten. Vor allem für Bowlen, Kaltschalen und süße Gelantinespeisen verwenden.

Zitronenmelisse (Zitronenkraut)
Mehrjährig. Sehr alte Pflanze; kleine, intensiv duftende Blätter mit Zitronengeschmack. Nur roh verwenden, nicht mitkochen. Für Gemüse, Salatmarinaden und Süßspeisen. Wird bei uns angebaut.

Ysop
Leicht bitterlicher Geschmack; sehr altes Gewürz. Die schmalen Blättchen und rosa Blüten schmecken zu Fischsuppen, Kartoffelsuppen, Saucen. Blüten auch auf Obstsalat und Kaltschalen. Läßt sich bei uns anbauen.

Berlin und die Mark Brandenburg

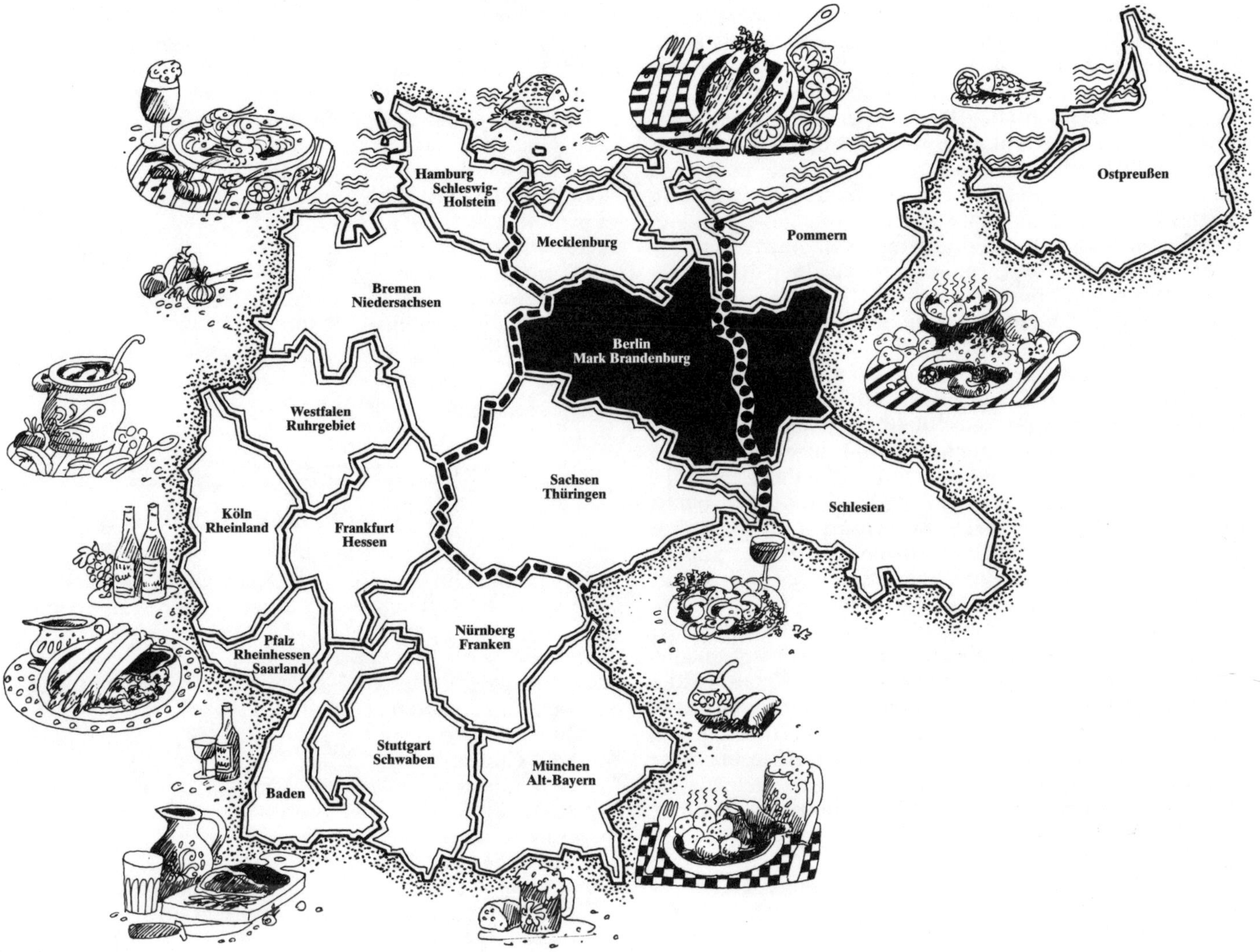

Wenn ich mit der Beschreibung von Spezialitäten deutscher Lande bei Berlin beginne, dann sicher nicht deshalb, weil ich Berlin für die kulinarisch interessanteste Stadt Deutschland halte oder weil ich selbst zu dem, laut Goethe, verwegenen Menschenschlag der Berliner gehöre, sondern weil sich an den Kochtöpfen der alten Reichshauptstadt eindrucksvoller als anderswo ein Stück deutscher Geschichte ablesen läßt.

Berlin, die Stadt, in der nach dem Willen Friedrichs des Großen jeder nach seiner Façon selig werden durfte, bildete in ihrer verhältnismäßig jungen Geschichte schon immer und bis zum heutigen Tage das Auffangbecken für Flüchtlinge, Vertriebene und Arbeitsuchende. Weber aus Schlesien, Tagelöhner aus den Ostseeprovinzen, Handwerker aus Holland, verfolgte Österreicher und Hugenotten aus Frankreich brachten mannigfache Akzente in die frugale brandenburgische Küche ein, so daß man von einer bodenständigen Berliner Küche eigentlich gar nicht sprechen kann. Vor 300 Jahren war jeder dritte Berliner ein Franzose und vor 100 Jahren jeder zweite Berliner ein Schlesier; ich weiß nicht, der wievielte Berliner heute ein Türke ist. Jeder kann durch Zuzug Berliner werden – das stelle man sich einmal in Bayern vor! Welcher Berliner denkt noch daran, wenn er schnell eine Bulette aus der »Lameng« (la main) ißt, daß die appetitlichen Fleischkugeln ursprünglich Boules (Kugeln) hießen und nach französischem Rezept aus Pastetenteig gemacht wurden. Die feineren Brisoletten aus Kalbfleisch erinnern noch daran. Die cremegefüllten französischen Eclairs taufte man gleich in Liebesknochen um und allenfalls bei dem noblen Berliner Hühnerfrikassee erinnert man sich noch an das französische Ursprungsrezept. Die Schlesier brachten Streuselkuchen und Mohnpielen, Bratwurst und Karpfen in Biersauce mit, das letztere Gericht könnte auch von den aus Galizien eingewanderten Juden stammen. Gänsebraten und Gänsesülze werden nach pommerschem Rezept zubereitet und die Königsberger Klopse waren in Berlin bald so populär wie in Königsberg selbst. Der saftige Altberliner Hefenapfkuchen ist polnisch-böhmischen Ursprungs. Nur der Kasseler Rippenbraten – und darauf legen die Berliner Wert – wurde nicht von eingewanderten Kasselanern nach Berlin gebracht, sondern zuerst vom Schlachtermeister Cassel in der Potsdamer Straße zu so delikater Vollkommenheit gepökelt und geräuchert. Im übrigen wurde in Berlin immer einfach und sparsam gekocht. Der alte Fritz hatte per Dekret dafür gesorgt, daß seine Preußen fleißig Kartoffeln und Zuckerrüben anbauten. Von Pellkartoffeln mit Speckstippe und Quetschkartoffeln bis zum Kartoffelpuffer sind Kartoffeln noch heute das Lieblingsgemüse der Berliner. Im übrigen bot die Berlin umgebende Mark Brandenburg mit ihren knorrigen Kiefernwäldern, dem sandigen Boden und den glitzernden Seen trotz ihrer Kargheit einen fruchtbaren Lieferanten für die Märkte der Hauptstadt. Aus den zahllosen Wasserarmen von Spree und Havel kamen Hechte, Zander, Aale und Schleie. Krebse gab es im Überfluß. Man muß nur einmal Fontane lesen, wie er in feinschmeckerischem Behagen von Artischocken und Spargel, zarten Erdbeeren und knubbeligen Kirschen, den ersten Rebhühnern und fetten Wachteln aus märkischen Gärten und Wäldern berichtet, nicht ohne reuevoll mit preußischer Bescheidenheit zu schließen ». . . aber immer nur das Feine, das ist bloßes Vornehmtun und kulinarisch eine Torheit«.

Und von falschem Vornehmtun halten die Berliner in ihrer von Mauern geteilten Stadt hüben und drüben bestimmt nichts. Sie haben nur alles gerne eine Nummer größer als die anderen. So sind Eisbeine, Kohlrouladen und Erbsensuppe ein bißchen dicker und üppiger als anderswo.

Kleiner Kneipenknigge für Berlin

Berliner »Milljöh« findet man am ehesten in den unzähligen Berliner Kneipen, wo man schon am frühen Morgen die erste Molle »zischen« kann und nachts bis 5.00 Uhr die letzte. Die Auswahl von der kargen Stehbierkneipe bis zur urgemütlichen Altberliner Eckkneipe ist riesengroß. Das Bier zapft der Budiker direkt vom Faß, nicht selten 3 bis 4 verschiedene Sorten. Auf dem Tresen aus Marmor oder Chrom stehen neben den Zapfhähnen die hohen Glasbehälter (Hungertürme genannt) mit Soleiern, Buletten, Brathering und gebratenen Koteletts für eilige Gäste. Zur Molle (in 0,31 l-Gläsern) gehört ein Korn. Das beliebte obergärige Weißbier dagegen wird in typischen großen Kelchen ausgeschenkt. Man kann seine Weiße »ohne« haben, also klares Weißbier, oder »mit Strippe«, d.h. mit Kümmel oder Korn vermischt. Eine Weiße »mit Schuß« gibt es rot mit Himbeersaft oder grün mit Waldmeisterlimonade versetzt. Dieses erfrischende säuerlichsüße alkoholarme Getränk weiß man als Nicht-Berliner erst zu schätzen, wenn man es an einem warmen Sommerabend im Garten vor der Kneipe oder in einem der zahlreichen Ausflugslokale an den Ufern der Havelseen genossen hat. In der Destille werden im Gegensatz zur Budike auch die feineren und stärkeren Schnäpse und Liköre angeboten, und oft bekommt man hier auch die nicht ungefährlichen selbst aufgesetzten Obstweine. Für deren Produktion und späteren Konsum genoß vor dem letzten Krieg die Havelinsel Werder mit ihrem Obstreichtum in Berlin ähnlichen Ruhm wie Rüdesheim mit seiner Drosselgasse für die Weine des Rheingaus.

Spezialitäten aus Berlin und der Mark Brandenburg

Aal grün mit Gurkensalat – All jrün mit Jurkensalat
Gekochte Aalstückchen in einer hellen Dill- oder Kräutersauce angerichtet

Beamtenstippe – Hackepetersauce
Ragoutsauce aus Hackfleisch, mit der das teure Fleisch in den sparsamen Beamtenhaushalten gestreckt wurde

Bierkaltschale
Erfrischende Kaltschale aus Weißbier mit geriebenem Schwarzbrot, Zucker und Korinthen zubereitet

Bockwürstchen
Saftwürstchen aus Schweinefleisch, die früher der Wurstmaxe aus einer umgehängten Nickelwanne mit heißem Wasser an allen Straßenecken und bei Sportveranstaltungen verkaufte

Bollenfleisch
Hammelfleisch mit viel Zwiebeln (Bollen) und Kümmel zubereitet

Bratwurst in Biersauce – Stolzer Heinrich
Gebratene Schweinebratwurst in Sauce aus Braunbier mit Zwiebeln, Gewürzen und Pfefferkuchen zubereitet – wird zu Quetschkartoffeln serviert

Bouletten – Buletten
Fleischfrikadellen, die die Berliner warm und kalt mit Senf zu Schrippen oder Kartoffelsalat lieben

Currywurst
Die in einer Mischung aus Ketchup, Curry und weiteren Gewürzen gewendete Brat- oder Knackwurst ist die Erfindung einer Berliner Wurstbudenbesitzerin und hat in einer überraschenden Nachkriegskarriere die Bockwurst an Beliebtheit überrundet

Eberswalder Spritzkuchen
Feines Schmalzgebäck aus Brandteig, ursprünglich Silvester- und Karnevalsgebäck, ist inzwischen überall das ganze Jahr erhältlich

Eisbein mit Sauerkraut
Gepökelte Schweinehaxe auf Sauerkraut angerichtet, mit Erbsenpüree von gelben Erbsen und mit gebratenen Zwiebelringen übergossen serviert. Mostrich darf zu dem deftigen Essen ebensowenig fehlen wie ein kühles Bier und ein klarer Schnaps
Flunder
Zarte Ostseescholle, die besonders frisch geräuchert ein Genuß ist
Gänsebraten, Berliner Art
Daß »eine jut jebratene Jans eine jute Jabe Jottes« ist, bestätigen sich die Berliner immer wieder, wenn der Weihnachtsvogel mit einer Füllung von Äpfeln und Rosinen oder Backpflaumen goldbraun und knusprig auf den Tisch kommt. Die besten Gänse in Berlin stammen noch immer aus Pommern und Polen
Gurken, saure – Salzgurken
Gurken auf natürliche Weise in Salzlake gegoren. Berühmt sind die Spreewälder Gurken aus der Gegend von Lübbenau, wo auch besonders viel Meerrettich angebaut wird
Hackepeter
Durch die Fleischmaschine passiertes rohes Schweinefleisch, das herzhaft mit Salz, Pfeffer und gehackten Zwiebeln gewürzt zu Schrippen oder Schwarzbrot gegessen wird. Dazu gehört eine Salz- oder Gewürzgurke
Hoppel-Poppel
Fleischreste und Kartoffeln mit verquirlten Eiern zu einem dicken Bauernomelett gebraten.
Hühnerfrikassee, Berliner Art
Feines Frikassee aus Hühnerfleisch, Kalbsbries, Krebsen, Spargel und Morcheln nach ursprünglich französischem Rezept hugenottischer Zuwanderer zubereitet
Kartoffelpuffer
Knusprige Puffer aus rohen geriebenen Kartoffeln, zu denen man in Berlin Apfelmus oder Preiselbeerkompott und Bohnenkaffee serviert
Klops
Gekochte Fleischbällchen aus gehacktem Fleisch, häufig mit einem gehackten Salzhering vermischt und in einer Spezialsauce serviert
Knüppel
Brötchen in länglicher Form
Leber, Berliner Art
Alle Arten von Leber, am feinsten Kalbsleber, mit Scheiben von Zwiebeln und Äpfeln gebraten. Mit Kartoffelpüree serviert
Liebesknochen
Eclairs aus Brandteig mit einer Creme oder Schlagsahne gefüllt und mit Zuckerguß versehen
Löffelerbsen, Berliner Art
Dicke Suppe aus gelben Erbsen und Kartoffeln mit gepökelten Schweineohren, Spitzbein und Schweineschwänzchen gekocht. Erfunden hat das Rezept ein Mönch vor über 500 Jahren im Zisterzienserkloster Lehnin in der Mark Brandenburg
Mostrichsauce
Senfsauce, die besonders gerne zu hartgekochten Eiern und zu gekochtem Schellfisch gegessen wird
Napfkuchen
Handfester Bruder des Wiener Guglhupf – gehaltvoller Hefeteigkuchen mit Mandeln und Rosinen in Napfkuchenform gebacken. Seit dem Biedermeier typischer Mittelpunkt einer Berliner Kaffeetafel
Pfannkuchen, Berliner
In Fett ausgebackene runde Hefeteigkugeln mit Füllung von Marmelade, die außerhalb von Berlin überall Berliner genannt werden
Quetschkartoffeln
Gestampfte Kartoffeln mit Brühe vermischt – Quetschkartoffeln sind kein Kartoffelpüree
Soleier
Hartgekochte Eier mit leicht aufgeklopfter Schale, in eine Salzwassersole eingelegt. Sie werden nach besonderen Riten verspeist und stehen in jeder Kneipe in einem hohen Glas auf der Theke
Speckstippe
Helle Mehlschwitzensauce mit viel Speckwürfeln zubereitet, die es zu Pellkartoffeln und Gurkensalat gibt, wird ebenfalls häufig Beamtenstipp genannt
Sülzkoteletts
Schweinekoteletts in Aspik, die mit knusprigen Bratkartoffeln gegessen werden
Schabefleisch
Roh geschabtes, häufig aber auch durch den Fleischwolf passiertes Rindfleisch, das wie Tatar mit Eigelb, Zwiebel, Salz, Pfeffer und Kapern angemacht wird
Schmorbraten, Berliner
Geschmorter Rinderbraten mit Sahnesauce
Schrippe
Berliner Ausdruck für Brötchen
Schusterjungs
Herzhafte Roggenbrötchen (⅔ Roggenanteil), die mit Griebenschmalz und Harzerkäse, Blutwurst oder Hakkepeter ein rustikaler Genuß zu Bier und Schnaps sind
Strammer Max
Butterbrot mit Schinkenwürfeln belegt und mit Spiegelei bedeckt
Stullen
Belegte Brote, vor allem als Schmalzstullen mit Wurst beliebt
Teltower Rübchen
Kleine würzige Rübchen, die vor allem in dem Städtchen Teltow am Stadtrand von Berlin angebaut werden. Man ißt sie besonders gerne zu Gans und Ente. Goethe ließ sie sich im Winter von seinem Freund, dem Komponisten Zelter, extra nach Weimar schicken
Warmbier
Weißbier mit Eigelb, Milch und Zucker zu einem wärmenden winterlichen Getränk aufgeschlagen

Hamburg und Schleswig-Holstein

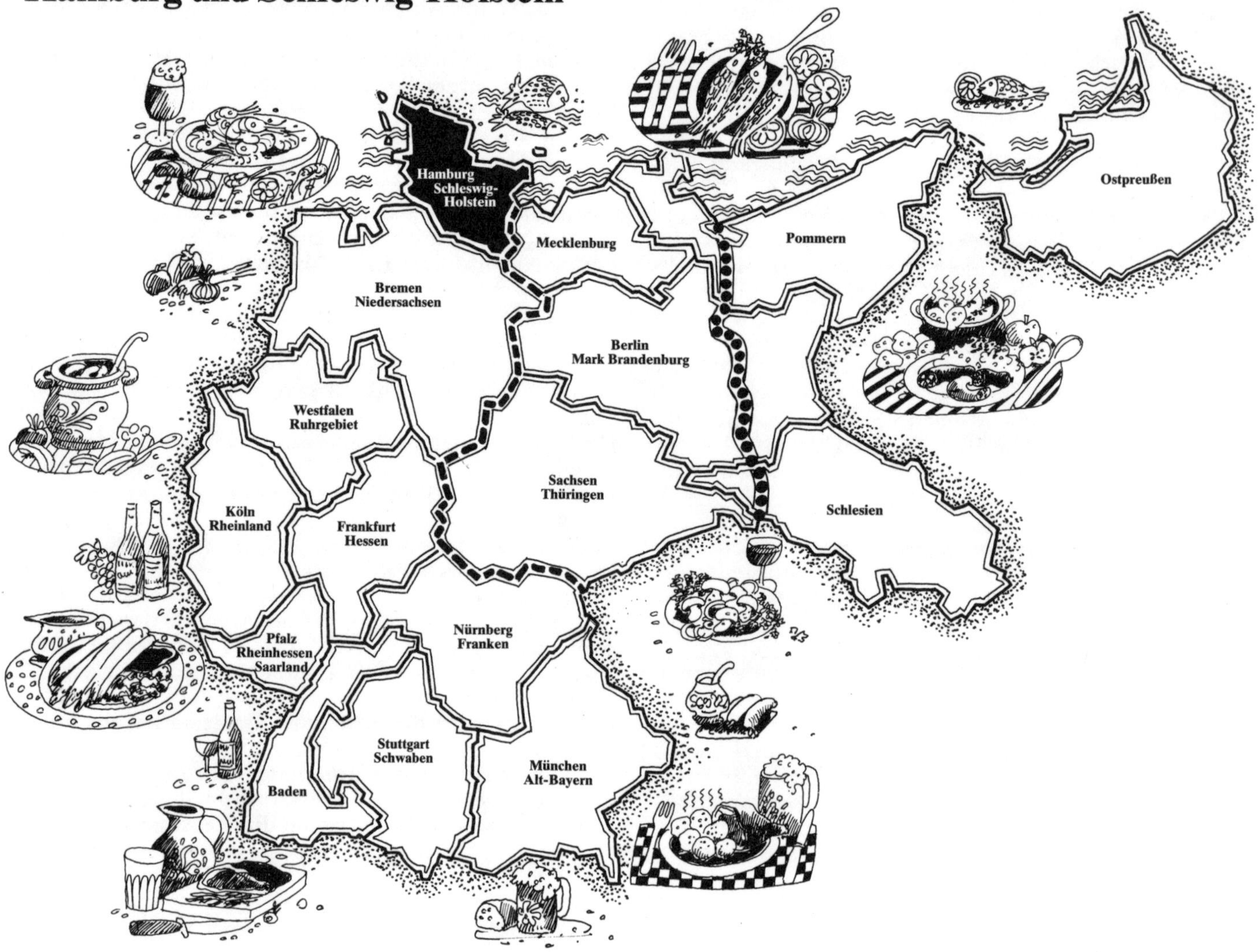

Handel und Wandel brachten es mit sich, daß die Küchen der drei großen norddeutschen Hansestädte Hamburg, Bremen und Lübeck durch ihre Weltoffenheit anders als die der übrigen deutschen Städte waren. In den alten Hafenstädten wurden mit den Erzeugnissen ferner Länder auch fremde Küchendüfte aufgenommen, die die üppig gedeckten Tische der wohlhabenden Kaufmannschaft in den vergangenen Jahrhunderten bereicherten. Aber auch da gibt es natürlich Unterschiede. Das typische Hamburgische für mich: Das Abschmecken salziger und saurer Speisen mit herzhaften Mengen von Zucker, also keineswegs nur das Abrunden mit einer kleinen Prise. Diese ungewöhnliche Geschmacksrichtung, »broken Söt« genannt, ist auch nicht nur mit dem Einfluß der skandinavischen Küche zu erklären, da süßt man anders. Vielleicht ist mir diese unerwartete Süße in salzigen Speisen deshalb so deutlich in Erinnerung geblieben, weil ich durch sie, wie soll ich sagen, meinen ersten kulinarischen Schock erlebte. Ich muß vorausschicken, daß ich von Kindheit an bis heute eine große Zuneigung zu einfacher guter Blutwurst habe. Als mein Vater nun von Berlin nach Hamburg versetzt worden war, bat ich meine Mutter beim Einkaufen, für mich eine der prallen kleinen Blutwürste aus dem Schlachterladen mitzubringen. Als ich die heiße Wurst nun erwartungsvoll anschnitt, quoll mir ein dicker, mit Zucker und Zimt abgeschmeckter Grützebrei entgegen, der noch dazu mit Rosinen vermischt war. Das berichtete ich sofort entsetzt meinen Großvater nach Berlin, der mir per Expreß Berliner Blutwurst schickte und dazu schrieb: »Lotteken, hier ist Deine geliebte Jroschenwurscht – aber *da* könnt Ihr doch nicht wohnen bleiben.«

Wir blieben. Und die in meiner Kindheit noch in jedem bürgerlichen Haushalt vorhandene »Köksch«

weihte uns bald in die Geheimnisse von Bohnen, Birnen und Speck, Hamburger Aalsuppe und Fliederbeersuppe mit Klüten ein. Aber dieses kleine Kindheitserlebnis eines Quiddje muß Schuld daran sein, daß es mir heute noch eiskalt den Rücken herunterläuft, wenn ich sehe, wie sich honorige Hamburger dick Zucker auf ihren Grünkohl streuen.

Aber, Zucker beiseite, in wenigen Städten Deutschlands kann man so gut wie in Hamburg essen. Und so sehr man das Bewährte schätzt und daran festhält, die jungen kreativen Köche, die mit neuen Kochmethoden und ungewöhnlichen Zubereitungsarten auch die Hamburger Küche verändern wollen, haben stets volle Häuser. Es läßt sich gut kochen in Hamburg. In unmittelbarer Umgebung wächst und gedeiht so ziemlich alles, was man für die Zubereitung guter Mahlzeiten braucht. Der Segen des Meeres wird noch immer fast jeden Morgen auf dem großen Fischmarkt angelandet, so daß er am gleichen Tag in der Pfanne brutzeln kann – nur die Finkenwerder Elbfischerei mit den tagesfrischen Ewerschollen, die gibt es leider nicht mehr. Dafür hängt an den Fischläden ein Zettel: Um 17 Uhr frischgeräucherte Bücklinge, Fleckheringe und Makrelen. Und wer einmal diese Räucherfische warm aus dem Rauch gegessen hat, wird in südlicheren Gefilden, wo sie keineswegs mehr so rauchfrisch sind, immer Sehnsucht danach haben. Die Holsteiner Rinder und Mastochsen liefern sanft marmoriertes Fleisch, von denen aus der Kluftschale oder dem Mittelstück des Filets die unvergleichlichen 3 cm dicken Beefsteaks geschnitten werden, die schon Liliencron von Hamburg als dem »edlen Beefsteakhort« schwärmen ließ. Die fruchtbaren Vierlande gehören noch zum Stadtstaat. In diesem schönen tiefliegenden Land werden, von den Elbdeichen geschützt, die saftigsten Gemüse angebaut, und überall weiden Schafe und Gänse. Die Vierländer Enten sind berühmt und die kleinen Stubenküken aus den Vierlanden stehen den Bremer Stubenküken an Zartheit nicht nach. Stromabwärts, schon in Niedersachsen, liegt das Alte Land, einer der größten Obstgärten der Bundesrepublik, der den Hamburger Markt üppig mit saftigen Kirschen, Äpfeln und Birnen versorgt.

Die Hanseaten haben durch ihre engen Handelsbeziehungen und sicher auch, weil über ihrer schönen Kaufmannsstadt so oft der gleiche graue Himmel wie über London hängt, schon immer eine starke Zuneigung zu der feinen britischen Lebensart gehabt. Man merkt es auch an dem üppigen Frühstück mit Tee und Sahne und vielen Beilagen, während die zimtduftenden Franzbrötchen und zart-blättrigen Kopenhagener, die es dazu gibt, eher skandinavischen Ursprungs sind. Aber wenn man in Hamburg zu einem Börsenfrühstück gebeten wird, ist das ein Understatement, denn das bedeutet ein kleines Mittagessen. Vielleicht ein paar frische Austern vorweg und Schwarzbrot und Chesterkäse wie in England, und dazu ein vorschriftsmäßig gezapftes Pils. Danach ein zartes Beefsteak, gekochte Rinderbrust mit Meerrettich oder eine gebratene Seezunge und, wenn Rote Grütze auf der Karte steht, diese als Abschluß – man bleibt da gerne beim Bewährten.

Über die berühmte Hamburger Aalsuppe mit ihrer exotischen Zusammensetzung aus Schinkenknochen und Aal, Trockenfrüchten und Gemüsen, hat über Jahrhunderte hinweg so mancher berühmte Reisende, von der Waterkant zurückgekehrt, wahre Schreckensmeldungen verbreitet. Und in der Tat, wenn man so alte Rezepte liest, nach denen die Aalsuppe mit einer dicken Mehlschwitze gebunden, mit Mengen Zucker abgeschmeckt und mit handfesten Mehlklößen versehen zubereitet wurde, war das schon ein schlimmes Gericht. Heute dagegen haben die jungen Köche die Aalsuppe von aller Schwere befreit, und der feine Rauchgeschmack des Schinkens geht mit dem säuerlichen Geschmack der Früchte, dem Aal und den zarten Kräutern eine erstaunlich feine Geschmackssynthese ein. Das Rezept finden Sie im Suppenkapitel. Und wer sich erst einmal daran gewöhnt hat, daß Rauchfleisch und Früchte überhaupt einen guten Zusammenklang ergeben können, dem werden auch Birnen, Bohnen und Speck oder Birnen im Teig mit Schinken nicht mehr so außergewöhnlich erscheinen.

Wie überall in Norddeutschland spielt auch in Schleswig-Holstein die Grütze eine wichtige Rolle im täglichen Speisezettel, vor allem auf dem Land. Auch die zarte Hamburger rote Grütze bestand ursprünglich aus Fruchtsaft, der mit feiner Grütze gebunden wurde. Inzwischen wird die echte rote Grütze aber aus einer Mischung von gekochten passierten Himbeeren und Johannisbeeren mit Stärkepuder gebunden und oft durch den Zusatz von Sauerkirschen angereichert. Je nach Stärkezusatz kann man die Fruchtspeise dann stürzen oder sanft zerfließend aus der Schüssel löffeln. Was aber heute an wildem Früchtegemisch mit ein bißchen gebundenem Fruchtmark dazwischen als rote Grütze angeboten wird, ist keine echte Hamburger rote Grütze mehr, auch wenn sie unter diesem Namen von Flensburg bis München überall auf der Speisekarte steht.

Die einstmals so mächtige Hansestadt Lübeck hat die Schönheit und den Geist einer alten Kaufmannsstadt in ihrem Stadtkern bewahrt. Wenn man hinter der giebeligen Renaissancefassade des Schabbelhauses im Ambiente eines alten Patrizierhauses Ente auf Lübsche Art, von einem in Lübeck gelagerten Rotspon begleitet, und einen Plettenpudding genießt, wird ein Stück Buddenbrookscher Lebensstil lebendig. Aber weltberühmt ist Lübeck auf kulinarischem Gebiet schon seit dem späten Mittelalter durch sein Marzipan, dessen Rezept mit einem venezianischen Zuckerbäcker in den fernen Norden kam. Nur war es damals wegen des teuren Zuckers – nicht etwa wegen der Mandeln – für einen normalen Bürger unerschwinglich, während heute jeder Reisende die verführerischen Marzipanfrüchte oder gar das Lübecker Holstentor in feiner Marzipanmasse mit nach Hause nehmen kann.

Schleswig-Holstein, wo nicht nur die Nordsee, sondern auch die Ostseewellen an den Strand spülen, ist von allen deutschen Regionen am stärksten von der Landwirtschaft geprägt. Auf den fetten Weiden hinter den Deichen wächst reiches Futter für die berühmten Holsteiner Kühe. Ihr Fleisch und das der Husumer Deichlämmer ist so begehrt, daß sie direkt nach Frankreich gehen und von dort nicht selten über die französische Handelskette wieder an deutsche Köche zurückgeliefert werden. Im Bereich der Ostseeküste liegt die Kornkammer des Landes. Kein Wunder, daß im Norden so besonders gutes Brot gebacken wird.

Auch wenn die Küstenfischerei immer mehr zurückgeht, in den kleinen Küstenhäfen werden noch immer genügend Fisch, Muscheln und Krabben – hier Porren genannt – angelandet, um die einheimischen Fischerkneipen und die Restaurants in Küstennähe mit genügend frischem Meeresgetier zu versorgen. Die Holsteinische Seenplatte liefert wieder in steigendem Maß Süßwasserfische, darunter die Maränen, die es sonst nur noch in Ostpreußen und in der Altmark gab. Die regionale Küche stammt zum großen Teil von den Bauernhöfen. Das kostbarste Erzeugnis, der zarte Holsteiner Katenschinken, reift in langsamer Räucherung über harzfreiem Holz – früher vor allem im Dachgebälk der holsteinischen reetgedeckten speziellen Räucherkaten in jedem Dorf. Und sicher bringt die salzige Meeresluft noch die feine Würze hinzu, die den Katenschinken so besonders beliebt macht. Wohl dem, der noch einen holsteinischen Bauern oder Fleischer kennt, der ihn nach der alten Methode pökelt, räuchert und auch verschickt. Den gleichen guten Ruf haben die Holsteiner Katenmettwürste, die aus feinem oder grobem Schweinefleisch bestehen und nach der gleichen schonenden Methode des Kalträucherns hergestellt werden wie der Schinken. Einige Sorten werden zusätzlich noch mit Rum oder mit Rotwein gewürzt. Im übrigen war die bäuerliche Küche auf dem Festland und auf den Inseln wie im Norden und Osten Deutschlands vor allem von Grützen aus verschiedenen Getreidekörnern bestimmt, die in Milch, Buttermilch, Brühe oft unter Zusatz von Backobst gegart wurden. Ich habe in meiner Sammlung das Kochbuch einer holsteinischen Landfrauenschule, das allein über 20 Grützenrezepte enthält. Besonders beliebt in dieser bodenständigen Küche ist der Große Hans, auch Mehlbüdel genannt, für den ein mit viel Eiern vermischter Teig in eine Serviette gebunden zusammen mit geräucherter Schweinebacke gekocht wird. Dazu kann man eine Senfsauce oder auf die süße Art Backobst essen. Allerdings gibt es genug Norddeutsche, denen der Große Hans am besten mit Schweinebacke und Backobst zusammen schmeckt. Im übrigen sind kräftige Eintöpfe beliebt, die auf dem Herd von allein garkochen, wenn die Bäuerin mit zur Feldarbeit hinaus muß. Die Dithmarscher Ananas ist die derbe Steckrübe, die, richtig gewürzt und mit genügend Schweinebauch gekocht, ein vorzügliches Wintergemüse ergibt. Die Klüten, die Klöße, sind fester und derber als die süddeutschen Nockerln, aber die zarten Schwemmklößchen, die man auch gerne an die süßen Suppen gibt, können sich mit ihnen messen. Und diese süßen Suppen, die auch die Bremer und Hamburger so gerne essen, heiß im Winter kalt im Sommer – für alle Süddeutschen ein Schrecken – sind ja eigentlich nur eine Art verlängertes Kompott. Auch die mit Apfelstückchen versetzte Fliederbeersuppe kocht man nur im norddeutschen Raum, während in Süddeutschland im Frühjahr die Blüten als Hollerkücherl ausgebacken werden. Erst in der neuen Küche finden die Fliederbeerfrüchte als Kompott oder Sauce zu Wildgerichten immer mehr Anklang. So kommen die noch immer wildwachsenden Beerendolden plötzlich überall in Mode.

Wenn im Winter eine steife Brise über das falsche Land weht, wird überall Grog oder Punsch gebraut. Rum für die Zubereitung lagert genug in den großen Fässern der Flensburger Branntweinbrenner, in der Stadt, in der fast jeder ein bißchen dänisch spricht und kocht. Grog mag ein Männergetränk sein, dafür schlürfen auf den nordfriesischen Inseln die schmucken Friesinnen in ihren schönen Trachten mit dem silbernen Filigranschmuck ihren Pharisäer aus hohen Kaffeetassen, bei dem eine appetitliche Sahnehaube den Duft des kräftigen Schusses Rum überdeckt, der an einen echten Pharisäer gehört.

Spezialitäten aus Hamburg und Schleswig-Holstein

Aalsuppe, Hamburger
Eine üppige Suppe aus einer ungewöhnlichen Zusammenstellung von Schinkenknochen, vielerlei Gemüse, Backobst, Kräutern, Gewürzen und frischem Aal, mit Schwemmklößchen als Einlage

Apfelklöße
Derbe Mehlklöße mit Apfelstückchen versetzt, mit zerlassener Butter übergossen und mit Zucker und Zimt bestreut

Apfelkuchen – Appelkauken
In Fett ausgebackene Hefepfannkuchen, mit Apfelstückchen vermischt – typisches Silvestergebäck zu Punsch

Austern
Werden an der Küste von Schleswig-Holstein in kleinen Mengen wieder in ausgezeichneter Qualität gezüchtet und traditionell mit Vollkornbrot und Chesterkäse serviert

Bratheringe, Eingelegte
Stehen fast auf jeder Speisekarte – mit Bratkartoffeln versteht sich

Béchamelkartoffeln
In Hamburg »Püschamell« ausgesprochen – Kartoffelscheiben in einer weißen Milchsauce mit Würfeln von Schinkenspeck gewürzt. Beliebte Beilage zu gebratenem Fleisch und Fisch

Bickbeerpfannkuchen – Blaubeerpfannkuchen
Eierkuchenteig mit Blaubeeren vermischt in der Pfanne gebraten
Birnen im Teig, Holsteiner
Geschmorte Birnenhälften mit Rührteig bedeckt in einer mit Schinkenspeckscheiben ausgelegten Auflaufform überbacken
Bismarckheringe
Frische Heringshälften in Essig, Zwiebeln und Gewürzen eingelegt
Bohnen, Birnen und Speck – Gröner Heinrich
Grüne Bohnen zusammen mit durchwachsenem Speck und ungeschälten Birnen zu einem herzhaften Gemüsetopf gekocht
Braune Kuchen
Dünne Kekse mit Sirup und Gewürzen zubereitet – typisches Hamburger Weihnachtsgebäck
Buchweizengrütze
In Milch gekochte Buchweizengrütze mit Zucker und Zimt bestreut; vor allem auf dem Lande beliebt (Schleswig-Holstein)
Buchweizenklöße
Klöße aus gekochten Kartoffeln, Eiern und Buchweizengrütze (Schleswig-Holstein)
Buttermilchsuppe
Verschiedene salzige und süße Suppen auf der Grundlage von Buttermilch – häufig Buchweizenklöße als Einlage. In Dithmarschen wird zu süßer Buttermilchsuppe geräucherte Mettwurst gegessen
Buttjes – Buddjes
Kleine Schollen (aber auch kleine Kinder)
Dithmarscher Ananas
Steckrüben mit Schweinebauch und Kartoffeln gekocht
Dickmusik
Eintopf aus sommerlichen Gemüsen mit Schinkenspeck gekocht
Eierstich
Suppeneinlage aus gestocktem Ei
Ente, Vierländer Art
Aus den Vierlanden kommen vorzügliche Mastenten. Sie werden mit ganzen Äpfeln oder mit einem Schinken-Apfelgemisch gefüllt – *mit Lübscher Füllung* nach altem Rezept aus Lübeck mit besonders gewürzter Apfel-Brot-Rosinen-Mischung gefüllt
Errötende Jungfrau
Buttermilchspeise mit roter Gelatine gebunden
Finkenwerder Ewerscholle
Mit Speckwürfeln gebratene knusprige Schollen
Fleckhering
Entgräteter aufgeklappter Hering geräuchert, schmeckt frisch aus dem Rauch besonders delikat
Fliederbeersuppe – Knicksupp
Süße Suppe aus Holunderbeeren mit Einlage von Schwemm-, Grieß- oder Schneeklößchen
Förtchen – Futtjes, Friesische Art
In einer speziellen Förtchenpfanne ausgebackene runde Pfannkuchen mit Korinthen vermischt und in Zimt-Zucker gedreht; typisches Neujahrsgebäck aus der Husumer Gegend
Franzbrötchen
Mit Zimt gewürztes Teilchen aus Hefeblätterteig, schmecken lauwarm am besten
Friesenkekse
Mürbeteigkekse mit einem Rand aus Hagelzucker
Frikadellen
Andernorts Buletten oder Fleischlaibchen genannt: gebratene Fleischlaibchen aus gemischtem Hack mit Zwiebel gewürzt
Gänsekeule, süß-sauer
Gekochte Gänsekeule mit Puderzucker bestreut und im Ofen goldbraun gebraten
Gestovte Gemüse
Leider noch immer übliche Unsitte, auch zarte junge Gemüse mit einer Mehlschwitze zu übergießen. Harter Winterkohl, Steckrüben oder Schnippelbohnen können dagegen »gestovt« angenehm schmecken
Gröner Aal
Aalstückchen in einer hellen Eiersauce mit vielerlei Kräutern gewürzt
Gröner Heinrich
Siehe Bohnen, Birnen und Speck
Großer Hans – großer Kloß
Siehe Mehlbeutel
Grünkohl, Hamburger Art
Mit Kasseler, geräucherter Schweinebacke und Kochwurst zubereitet und mit süßen Kartoffeln serviert
Grützwurst
Frische Wurst, hell mit fetter Brühe und Grütze zubereitet, schwarz leicht süßlich mit Blut, Grütze, viel Gewürzen und Rosinen zu Kartoffelpüree, Sauerkraut oder Apfelkompott serviert
Hamburger National
Steckrüben, leicht karamelisiert mit Schweinebauch gekocht
Hamburger Rauchfleisch
Gepökeltes geräuchertes Rindfleisch mit Meerrettich- oder Rosinensauce serviert oder in Kartoffelsuppe, Grünkohl oder Linsen gekocht
Hanseaten
Teegebäck mit Konfitüre gefüllt und weiß-rotem Guß überzogen
Heißwecken – Hetwich
Beliebtes süßes Frühstücksgebäck aus Hefeteig mit Rosinen und kandierten Früchten vermischt
Heringsstip
Streifen von Matjes- oder Salzhering sowie Zwiebel- und Apfelscheiben in eine Sahnesauce mit Gewürzen eingelegt
Holsteiner Räucherwürste
Gibt es in vielen Variationen als Mettwurst, Katenrauchwurst, Aalrauchwurst in feinster Qualität

Holsteiner Schinken
Besonders milder Knochenschinken mit leicht süßlichem, aber würzigem Geschmack; wird langsam über Buchenholzspänen, manchmal auch Wacholder, geräuchert

Holsteiner Würzfleisch
Pikanter Eintopf aus Nieren, Speck und Pilzen

Jan im Sack
Siehe Mehlbeutel

Kieler Sprotten
Kleine zarte Heringsfische, die unter diesem Namen nur in der Kieler Förde gefangen und vor Ort geräuchert sein müssen. *Sprotten-Omelette*: Eieromelette mit von Kopf und Gräten befreiten Sprotten gefüllt

Klöben
Stollenähnlicher Hefekuchen, leichter in den Zutaten als dieser, wird meistens mit Butter und Marmelade bestrichen gegessen

Klüten – Mehlklöße
Schwere Mehlklöße, die als Einlage in süße und salzige Suppen, zu Erbsen- und Karottengemüse und zu Eintöpfen beliebt sind. Ich würde in jedem Fall die lockeren Schwemmklößchen anstelle der Klüten empfehlen

Kopenhagener
Kleine gefüllte Teilchen aus Hefeblätterteig, die in Kopenhagen erstaunlicherweise Wiener Brød heißen

Kraftbrot, Hamburger
Tatarbrot mit Spiegelei

Krebssuppe, Hamburger
Wenn sie gut ist, mit hausgemachter Krebsbutter und einer Einlage von frischen Krebsschwänzen, feinen Erbschen und Spargel sowie kleinen Kalbfleischklößchen – ein Genuß

Krickenten
Wildenten

Kükenragout
Feines Ragout aus Stubenküken

Labskaus
Altes Seemannsgericht aus miteinander zerstampfter gepökelter Rinderbrust, Kartoffeln und Zwiebeln, mit Matjesfilets, Gewürzgurke, Spiegeleiern und Rote-Bete-Salat serviert

Lübecker Marzipan
Weltbekanntes Marzipan aus einer Zucker-Mandel-Masse, wobei die Qualität und Quantität der Mandeln für die Güte des Marzipans ausschlaggebend ist

Maischolle
Gilt als besonders zart und fein; die Schollen suchen nach den Winterstürmen wieder flachere Gewässer auf und ernähren sich von Krebschen und Muscheln. Nur noch selten auf dem Markt

Maränen
Forellenartiger Süßwasserfisch, der nur im Seengebiet von Schleswig-Holstein vorkommt; wird gekocht mit zerlassener Butter oder gebraten serviert

Matjes
Ein immer kostbarer werdender Leckerbissen für Feinschmecker. Echte Matjes sind junge Heringe, die noch keinen Rogen oder Milch gebildet haben und daher besonders zart und fett sind. Sie werden im Juni gefangen, sofort an Bord der Heringslogger gekehlt, leicht gesalzen und in Fässer gepackt. Kommen durch die weit entfernten Fanggebiete meistens tiefgekühlt auf den Markt – fast ohne Geschmackseinbuße. Klassisch auf Eiswürfeln mit grünen Bohnen und neuen Kartoffeln serviert

Mehlbeutel, Dithmarscher – Großer Hans
Riesiger Kloß aus Eiern, oft Brötchen, manchmal mit Rosinen und Korinthen versetzt, der in einen Mehlbeutel gewickelt im Wasserbad gekocht und mit gekochter geräucherter Schweinebacke, Sirup, Fruchtsaft oder Backobst serviert wird. Ein Gericht, das einen arbeitsreichen Tag auf dem Feld voraussetzt

Miesmuscheln
Von den »Muschelweiden« der Küsten Schleswig-Holsteins. Sind von September bis Januar am besten

Möweneier
Die grün- und braungefleckten Eier mit dem leichten Meeresgeschmack sind immer eine begehrte Delikatesse; hartgekocht mit Kresse und Radieschen, als Rührei zu frischen Krabben

Pankoken
Eierpfannkuchen sind besonders mit Streifen von Speck gebraten beliebt; dazu gibt es Preiselbeeren und Salat

Pfannfisch – Pannfisch
Reste von gekochtem Fisch mit Kartoffeln vermischt und mit einer Senfsauce übergossen

Plettenpudding, Lübscher
Altes Lübecker Rezept für eine Süßspeise aus Makronen, Vanillecreme, Früchten und Sahne

Porren
Holsteinische Bezeichnung für Krabben (Garnelen)

Puffer – Rosinenpuffer
Beliebter Sonntagskuchen aus Rührteig mit Rosinen; ist leicht etwas trocken

Rote Grütze
Das Originalrezept besteht aus einer genau dosierten Mischung von gekochten roten Johannisbeeren und Himbeeren, die durch ein Sieb gestrichen und mit Stärkepuder gebunden werden; dazu gibt es Milch, Sahne oder Vanillesauce. Varianten durch Hinzugabe anderer Früchte möglich

Rote Bete
Rote Rüben, in Norddeutschland sehr beliebt als Salat mit Meerrettichscheiben gewürzt

Rumtopf, Flensburger
Frische Früchte nach Jahreszeit übereinander in einen Steintopf geschichtet und mit Zucker und Rum konserviert

Rundstück
Glattes Brötchen; *Rundstück warm*: aufgeschnittenes Brötchen mit Scheiben von Schweinebraten belegt, mit Bratensauce übergossen und mit Gewürzgurke serviert
Salzwiesenlamm, Husumer
Besonders zartes würziges Lammfleisch von den Salzwiesen des Deichvorlandes, wird leider zum größten Teil nach Frankreich exportiert
Sandtorte
Feiner Kastenkuchen, für den Butter, Zucker und Eier lange gerührt werden müssen, damit er die erwünschte sandige Saftigkeit bekommt
Sauerfleisch, Holsteiner
Schweinebauch in Aspik, wird mit Bratkartoffeln aufgetragen
Saure Rolle
Aufgerollter Schweinebauch in Aspik
Sauerkrautsuppe, Hamburger
Erfrischende süß-saure Fleischsuppe mit Sauerkraut, wird mit Sahnehäubchen serviert
Saure Suppe
Aus den gleichen Zutaten wie eine Aalsuppe zubereitet – nur ohne Aal
Schwarzsauer, Schleswig-Holsteinisches
Bauchfleisch, Nieren, evtl. auch Schweinepfötchen, mit einer süß-sauren Sauce aus Schweineblut vermischt, manchmal kommt Backobst darunter. Dazu gibt es Buchweizenklöße. Am Schlachttag in Landgasthäusern manchmal auf der Speisekarte
Schellfisch mit Senfsauce
Gilt noch immer als klassische Zubereitungsart für frischen Angelschellfisch
Schillerlocken
Geräucherte aufgerollte Bauchlappen vom Dornfisch (Seeaal), von besonders feinem Geschmack, grätenlos
Schweinebacke, Geräucherte
Wird zu Grünkohl, Sauerkraut oder zum Mehlbeutel geschätzt
Schwemmklößchen
Zarte Klößchen aus einer Art einfachem Brandteig; beliebteste Suppeneinlage
Schweser
Kalbsbries
Snuten und Poten – Schnuten und Pfoten
Schweinerüssel und Schweinefüße in Hülsenfruchtsuppe gekocht. Das Fleisch wird sorgfältig ausgelöst und mit Senf und Brot zu der Suppe gegessen
Spickaal
Aal, der zum Räuchern auf lange Stahlnadeln »gespickt« wurde. Die besten Aale sind die von der Ostsee
Steckrüben
Gelbe derbe Runkelrüben, die man in Norddeutschland ausgezeichnet zuzubereiten versteht
Stubenküken, Hamburger
Wenige Wochen alte, besonders gefütterte Hühnchen, die, meistens gefüllt, als besondere Delikatesse auf den Tisch kommen
Süsterkuchen, Holsteiner
Großer üppiger Kastenkuchen mit Rosinen und Korinthen aus Hefeteig, aber ohne Zucker, gebacken
Verschleiertes Bauernmädchen
Schleswiger Süßspeise aus Pumpernickel, Apfelmus und Sahne
Vierländer frische Suppe
Gemüsesuppe aus allen frischen Sommergemüsen, mit Kräutern bestreut und mit Schwemmklößchen als Einlage
Weinsuppe, Friesische
Üppige Festtagssuppe mit Schinken, Graupen, Wein, Rosinen und einem kräftigen Schuß Rum zubereitet. Dazu gibt es Weißbrot, Butter und gekochten Schinken

Bremen und Niedersachsen

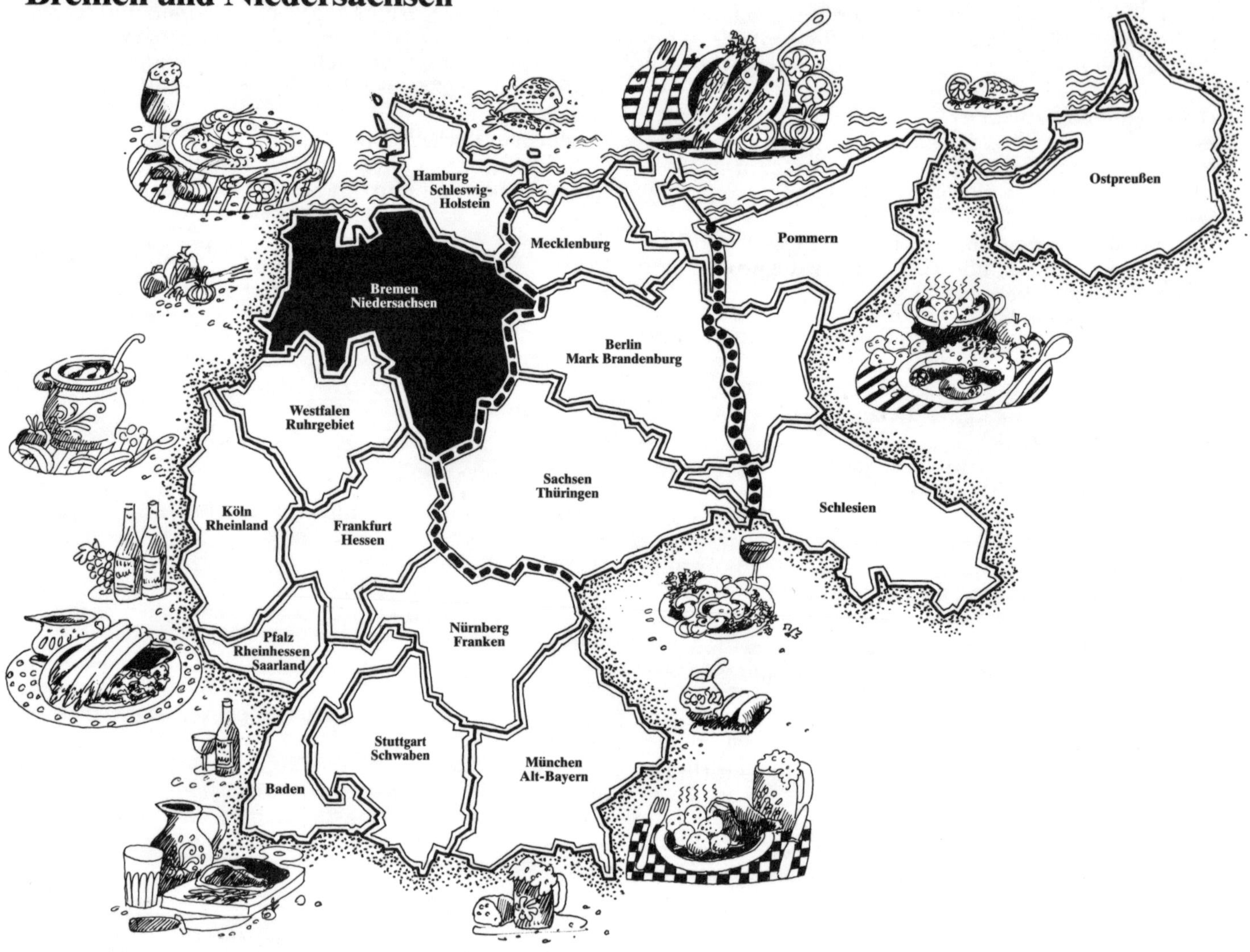

Zwar reicht die Region vom ehernen Standbild von Roland dem Riesen am Rathaus zu Bremen bis zum bronzenen Löwendenkmal des Welfenherzogs Heinrich dem Löwen in Braunschweig nahe der deutsch-deutschen Grenze, aber die jahrhundertealten Zeugen niedersächsischer Geschichte wachen keineswegs auch über ein gemeinsames kulinarisches Erbe: eine gesamtniedersächsische Küche gibt es nämlich nicht. An der ostfriesischen Waterkant wird verständlicherweise anders gekocht als im kargen Emsland und der Lüneburger Heide oder in der fruchtbaren norddeutschen Tiefebene mit den dahinter aufragenden Bergen des Harzes. Die Freie und Hansestadt Bremen hat in den vergangenen Jahrhunderten durch ihren regen Warenverkehr nach Übersee in die Küchen der wohlhabenden Reeder und Kaufleute so manches fremde Gewürz und Gericht gebracht, die in der niedersächsischen Nachbarschaft unbekannt blieben. Und das kommt dann noch dazu, daß auch die Bezirke Ostfriesland und Oldenburg immer noch zwei Paar Stiefel sind; man kann sich bannigen Ärger einhandeln, wenn man das übersieht. Für eine Butenländerin wie mich war es nicht immer einfach, vor Ort die feinen Unterschiede auf kulinarischem Gebiet herauszufinden. Als ich im letzten Januar nacheinander in Bremen, Oldenburg und Aurich war, hatte ich jedenfalls den Eindruck, daß die Liebe zu Grünkohl (landestypisch Braunkohl genannt) mit Pinkel, zu Butterkuchen in gewaltigen Portionen sowie zum überall angebotenen dunkelroten Ostfriesentee mit dicker Sahne völkerverbindend durch diese nordwestlichen Landesteile zog. Keine Speisekarte in kleinen Gasthäusern und großen Restaurants während meiner Reise, auf der nicht an erster Stelle die krausblättrige ostfriesische Palme stand, keine Plakatsäule, an der nicht große Kohl- und Pinkel-Fahrten in die Umgebung angeboten wurden. Das

Grünkohlessen, beginnend nach dem ersten Frost, geht, zumindestens in Bremen, weit über eine herzhafte Wintermahlzeit hinaus in ein gesellschaftliches Ereignis über, das von arm und reich gleichermaßen gefeiert wird. Aber zuerst einmal zu dem für Landesfremde genierlichen Namen Pinkel für eine Wurst, die aus Hafergrütze, fettem Schweinespeck, manchmal auch Talg, sowie aus Gewürzen besteht. Sie wird, wie alle guten Würste, in Naturdärme gefüllt und zwar in den Enddarm des Rindes, der auch Pinkeldarm heißt. Aber zu einem echten Kohl- und Pinkelgericht gehören auch noch frischer durchwachsener Bauchspeck, Kasseler Rippenspeer und Kochwurst als Einlage. Und als Beilage am liebsten knusprige Bratkartoffeln oder »lüttje Tuffels«, kleine mit Fett und Puderzucker goldbraun glasierte Kartoffeln. Kaloriengehalt? »Ga nich um kümmern«, sagen die Bremer. In Hannover, wo der Grünkohl keineswegs den gleichen Stellenwert hat, wird statt Pinkel Brägenwurst mitgekocht, der wie der Name schon sagt, einen Anteil an Schweinehirn hat. Aber zurück zum Grünkohlessen. Auf diesen Landpartien ziehen Familien, Freunde und Vereinsbrüder gemeinsam in eine Gastwirtschaft außerhalb der Stadt, möglichst mit Kegelbahn und einer »Pankokenkapelle« – im Notfall wird eine Drehorgel mitgebracht. Mit einer für Norddeutsche ungewöhnlich lärmenden Fröhlichkeit (an denen »der Schluck«, der zum Grünkohl unerläßliche Korn, sein gerüttelt Maß beiträgt) wird derjenige zum Kohlkönig gewählt und mit einem Freßorden ausgezeichnet, der die größte Portion Grünkohl verdrückt hat. Der Grünkohlorden ist meines Wissens der einzige Orden, der in Bremen verliehen wird.

Grünkohl und Pinkel sind ebenso wie Stockfisch fester Bestandteil der jährlichen Schaffermahlzeit, die aus einer seit Jahrhunderten feststehenden langen Speisefolge besteht und zu der Bremer Kaufleute und Kapitäne jedes Jahr bekannte Persönlichkeiten aus Politik und Wirtschaft einladen.

Besonders fein sind Bremer Kükenragout, das neben zartem Hühnerfleisch auch Kalbsbries und -zunge, feine Klößchen, Morcheln und Champignons enthält, und die kleinen gefüllten Stubenküken, die auf der Zunge zergehen. Man kann sich in Bremen aber auch ein exotisches Curryhuhn bestellen, dessen Rezept und vielleicht auch den Curry wohl einmal ein Kapitän von der Reise nach Bremen gebracht hat, denn im übrigen Deutschland ist es unbekannt. Ganz sicher von der Christlichen Seefahrt stammt das Rezept für Labskaus, eine Mischung aus gepökelter Rinderbrust, Zwiebeln und zerstampften Kartoffeln, zu dem der Smuttje den Seeleuten noch einen Salzhering und eine Salzgurke legte. Heutzutage gibt man im Restaurant noch angemachte Rote Bete und ein Spiegelei dazu. So wurde mir der Labskaus auch in Bremen serviert.

Daß man in Bremen überall herrlichen frischen Fisch, vor allem Schollen und Seezungen bekommt, liegt auf der Hand. Hat man doch die ganze ostfriesische Küste und Bremerhaven als Lieferanten vor der Tür. Und nicht nur Muscheln, sondern sogar Austern werden wieder gezüchtet. Vor allem gibt es an der Küste die vielen kleinen Sielhäfen, in denen man noch immer frische Krabben vom Kutter kaufen kann, die gleich nach dem Fang an Bord gekocht sind. Die winzigen Krabben werden wegen ihres zarten süßen Fleisches von vielen Feinschmeckern sogar dem Hummer vorgezogen. Es ist nur traurig, daß der Krabbenfang wegen der zu hohen Kosten und zu geringen Erträge an der deutschen Nordseeküste fast ganz eingestellt ist. Zu den Krabben, die man am besten selbst auspult, gehört unbedingt »ostfriesischer Landwein«, ein klarer Schnaps. Übrigens heißen die Krabben in ihrem Fanggebiet in Ostfriesland nicht Krabben, sondern Granat, und um nicht mit den unerfreulichen Granaten verwechselt zu werden, benutzt man immer nur die Einzahl.

In dem weiten ostfriesischen und oldenburgischen Flachland hinter den Deichen mit den weißen reetgedeckten Bauernhäusern, den Windmühlen und den geraden Kanälen spielen Grütze aus Hafer, Gerste und Buchweizen in allen möglichen Zubereitungsformen, vor allem als Suppe, Brei und Grützwurst wie in alten Zeiten eine wichtige Rolle. Buchweizen wächst noch immer im Emsland und hier ist er auch die wichtigste Zutat für Buchweizenpfannkuchen mit Speck. Früher kam er fast jeden Tag mit einer bescheidenen Einlage von Speck auf den Tisch. Wenn ein Bursche um ein Mädchen freite und sie ihm einen Buchweizenpfannkuchen mit nur drei Speckstreifen vorsetzte, hieß es, daß die Bewerbung abgelehnt wurde. Enthielt er dagegen vier Speckfenster, bedeutete es »Ja«. Heute muß dagegen ein anständiger »Bookweetenschubber« wenigstens acht Speckfenster haben und dann gehört auch noch ein bißchen Sirup dazu. Die zunehmende Verschwendungssucht macht also auch vor dem Emsland nicht Halt!

Als kulinarisch interessanteste Gegend gilt das oldenburgische Ammerland – vor allem wegen seiner guten Würste und dem knochenlosen milden Ammerländerschinken. Er wird auch Deelenschinken genannt, weil er, zumindestens früher, im Rauchfang der Diele des Hofes sanft geräuchert wurde. Die kleinen geräucherten Aale dagegen, für die vor allem Bad Zwischenahn berühmt ist, stammen keineswegs mehr alle aus dem Zwischenahner Meer, sondern zum großen Teil aus der Ostsee. Aber nach der Ankunft werden sie erst einmal tüchtig in Ammerländer Wasser entschlammt und dann nach Ammerländer Art geräuchert. Frisch aus dem Rauch wird der Aal dann aus der Hand verzehrt. Man trinkt dazu einen gekühlten Korn aus dem Zinnlöffel, und dann sagt man den niedersächsischen Trinkspruch: »Ik seh di!« – »Dat freit mi!« – »Ick sup di to!« – »Dat do«, und dann kommt erst »Prost«.

So üppige regionale Spezialitäten sind in der schönen stillen Landschaft der Heide nicht zu finden. Lang ist es her, daß die Hansestadt Lüneburg durch ihre kostbaren Salzquellen eine der reichsten Städte war. Nur die kurze Zeit der rosalila Heideblüte überschwemmt die Umgebung mit Fremden. Auf den weiten Heideflächen mit den gewaltigen Hünengräbern und in den lichten Birkenwäldern gibt es Blaubeeren, Preiselbeeren, die hier Kronsbeeren heißen, und alle Arten von Pilzen. Auf dem dürren Sandboden gedeiht vor allem der genügsame Buchweizen, und der Buchweizenpfannkuchen heißt hier Janhinnerk und wird mit Heidehonig oder mit Leberwurst bestrichen. Außerdem backen die Hausfrauen eine vorzügliche Buchweizentorte, die mit Preiselbeeren gefüllt wird. Berühmt sind aber vor allem die graugehörnten kleinen Wildschafe mit dem zarten Fleisch, die Heidschnucken. Sie stammen von den Mufflons ab. Schnucken haben einen leichten Wildgeschmack und werden deshalb auf Wildbretart mit einer Sahnensauce zubereitet und mit Rotkohl und Preiselbeeren serviert. Tee trinken die Heidjer fast so gerne wie die Friesen, und dazu gibt es üppigen Butterkuchen und sanft im Munde schmelzendes Gebäck, Heidesand genannt.

Hannover, die Stadt, in der man sich so besonders gut auf die Reinheit der deutschen Sprache vers-teht, ist neben der schon erwähnten Brägenwurst und einer saftigen Bouillon nur durch seine »Lüttje Lage« kulinarisch aktenkundig geworden. Und die ist flüssiger Natur. Man kippt gleichzeitig ein kleines Glas Schnaps und ein größeres Glas dunkles obergäriges Bier herunter, und wenns richtig gemacht wird, kommt der Schnaps zuerst auf der Zunge an. Das muß geübt werden, damit man auf den in Niedersachsen so beliebten Schützenfesten eine gute Figur macht.

Aber da die Hannoveraner ja vor allem auch Niedersachsen sind, findet man in Hannover auch den ganzen Reichtum an frischen und geräucherten Wurstwaren, der von Göttingen bis Braunschweig produziert wird. Braunschweiger Leberwurst und Streichmettwurst, Göttinger Blasenwurst, Hildesheimer Knackwürstchen, Schlackwurst und Cervelatwurst, nicht zu vergessen die noblen Eichsfelder Wurstwaren – in Niedersachsen wird ein entscheidender Teil zum Ruhm deutscher Wurstwaren geleistet. Auch für den reichen Gemüseanbau, besonders den guten Spargel, und für seine Konservierung ist das Leineland bekannt. Schade nur, daß man gerade hier Gemüse noch so gerne »stovt«, d. h. daß man sie in einer Mehlsauce serviert. Da hilft auch die zarteste Schinkenbeilage nichts.

Viele Spezialitäten gibt es in dem uns verbliebenen Teil des Harzes nicht. Um so eifriger werden dort die kleinen derben Sauermilchkäse, die Harzer Käse, aber auch Olmützer Quargeln und Korbkäse produziert. Eine urdeutsche Käsezubereitung. Und da kann einer sagen was er will: ein kräftiges Sauerteigbrot oder ein frisches Brötchen mit Griebenschmalz oder Gänseschmalz bestrichen und mit einem richtig gereiften Harzer Käse belegt (der just eine Winzigkeit zu laufen beginnt) und dazu ein Glas schäumendes Bier – das ist ein uriger Genuß. Vor Ort sollte das Bier vielleicht aus Einbeck sein.

Ostfriesische Teetafel

Jedem Gast, der in Ostfriesland ein Haus betritt, wird als erstes eine Tasse Tee angeboten, und es gilt als ausgesprochen unhöflich, diese auszuschlagen. Zeit für eine Tasse Tee hat man eigentlich immer, aber der »Elführtje«, der Tee um 11 Uhr vormittags, ist eine ebenso sichere Unterbrechung des Tages wie das »z'Nüni« in Baden und Schwaben und die Brotzeit in Bayern. Nur geht es hier fast ausschließlich um Tee und nicht um feste Nahrung. Jedoch ist ein richtiger Ostfriesentee schon eine kleine Mahlzeit für sich, obwohl man von mürben Friesenkeksen bis zu hauchdünnen Waffeln auch feine Beilagen dazu kennt. Seitdem vor etwa 300 Jahren der Tee über Holland in Friesland bekannt wurde, haben sich arm und reich so an das Teetrinken gewöhnt, daß die Friesen heute mehr als die fünfzehnfache Menge Tee als die Durchschnittsdeutschen verbrauchen. Das Ritual steht fest: einen Teelöffel Tee Ostfriesenmischung (die bis aus 20 verschiedenen Sorten besteht) pro Tasse und einen extra für die Kanne – möglichst mit Regenwasser in der vorgewärmten Kanne aufgebrüht. Die Kanne kommt zum Ziehen und Warmhalten auf ein Messingstövchen, und in die hübschen kleinen Teetassen gibt man zwei kleine oder ein großes Stück Kluntje – Kandiszucker. Darüber gießt die Hausfrau den Tee, wenn er genügend gezogen hat. Beim Eingießen muß der Kandis so richtig knistern und knacken. Ja nicht umrühren, der Kandis reicht noch für die zweite und dritte Tasse und »dreimal Tee ist Ostfriesenrecht«. Dann läßt man langsam über einen runden Sahnelöffel dicken Rahm ringförmig in den Tee laufen. Auch jetzt nicht umrühren – die Sahnewolke steigt langsam von unten auf. Der Tee wird dann stufenweise getrunken, erst der reine Teegeschmack, dann das Sahnegemisch und zum Schluß die Süße vom Kandis. Das ist »een Kopke mit'n Kluntje un een Wulkje« und hilft den Friesen dem manchmal recht rauhen Klima, Sturm und Regen ihrer Heimat zu trotzen und sich so richtig behaglich zu fühlen.

Spezialitäten aus Bremen und Niedersachsen

Ammerländer Schinken
Besonders zarter Schinken, im Rauchhaus mit Schilfdach geräuchert (Deelenschinken genannt)
Bickbeerpfannkuchen
Blaubeerpfannkuchen (Lüneburger Heide)
Bismarckfrühstück
Gekochte Kiebitzeier oder Möweneier mit Radieschen und Kresse, Vollkornbrot und Butter, zu einem klaren Schnaps serviert, manchmal auch als Rührei zubereitet

Brägenwurst
Fette, leicht angeräucherte Wurst aus Schweinehirn, Fett und Grütze; besonders beliebt zu Grünkohl (Hannover)
Braunschweiger Mettwurst
Streichfähige Rohwurst aus magerem Schweinefleisch, Speck und Gewürzen
Bremer Klaben
Lange haltbares Kuchenbrot aus Hefeteig mit Rosinen und Mandeln, dem Christstollen ähnlich
Bremer Plockfinken (Pluckte Finken)
Eintopf aus weißen Bohnen, Möhren, Äpfeln, Kartoffeln und Rauchfleisch oder Speck, ohne Äpfel *Buntes Huhn* genannt
Buchweizenpfannkuchen (Bookweeten Janhinnerk)
Wird vor allem in Ostfriesland und in der Lüneburger Heide geschätzt; häufig mit Speckstreifen gebacken
Echte Leidenschaften
Leichtes Blätterteiggebäck aus Jever (Ostfriesland)
Förtchen (Füttges)
Kleine Hefeteigkuchen in einer speziellen Pfanne mit Vertiefungen gebacken
Friesische Bohnensuppe (Sienbohnsupp)
Hochkarätiges Getränk aus Weinbrand, Rum oder Arrak mit Rosinen und Kandis zubereitet, wird aus speziellen henkellosen Branntweinkopjes getrunken
Graue Erbsensuppe (Grau Arten mit Speckfett – Speckfetten)
Üppige dicke Erbsensuppe aus grauen Erbsen, zu der Essigpflaumen, Birnenkompott oder Essiggurken serviert werden
Grünkohl mit Brägenwurst
Fettes Grünkohlgericht mit Speck und Brägenwurst gekocht, manchmal werden Winterbirnen mitgekocht (Hannover). *Mit Pinkel* (Kohl und Pinkel), fettes Grünkohlgericht mit Schmalz, Kaßler, Grütze und Pinkelwurst zubereitet (Bremen)
Harzer Käse
Aus Quark zubereitete kleine getrocknete Käse, in einem Steintopf gereift; wird im Harz gerne auf Landbrot mit Wurstfett oder Gänseschmalz bestrichen gegessen
Heidesand
Sandiges Kleingebäck, das gerne zum Tee genossen wird (Lüneburger Heide)
Heidschnuckenbraten
Wildähnlich schmeckender zartfleischiger Braten von den graugehörnten Schafen der Lüneburger Heide; auch *Heidschnuckenschinken* aus der geräucherten Keule und gebratene *Heidschnuckenleber* sind beliebte Delikatessen (Lüneburger Heide)
Hoppelpoppel
Getränk aus Eigelb, Rum und Sahne; warm und kalt beliebt (Ostfriesland)
Kehdinger Klüten mit Backobst
Gekochte Klöße aus Mehl (ohne Ei) mit Backobst
Kluntjes
Weißer und brauner Kandiszucker, der unentbehrlich zum Süßen des ostfriesischen Tees ist (Ostfriesland)
Knipp
Traditionelles Gericht aus einer Art Grützwurst aus Schweineklein, Hafergrütze und Gewürzen; wird mit Bratkartoffeln und Gurken oder Apfelmus gegessen, klarer Korn gehört dazu
Knüppeltorte
Schwerer Kuchen oder Torte mit einer Füllung aus in Sirup gekochten Mandeln, Zitronat und Orangeat (Ostfriesland)
Krickenten
Wildenten
Moppen
Ostfriesisches lockeres Weihnachtsgebäck, das als Treibmittel Pottasche enthält
Oldenburger Südfrüchte
Steckrüben
Pinkelwurst
Fette Grützwurst aus Flomen, Zwiebeln, Hafergrütze und Gewürzen; besonders zu Grünkohl beliebt (Bremen)
Panslag
Grützwurstbrei
Pökelfleischessen, Ostfriesisches
Gekochte Rinderpökelbrust wird mit den verschiedensten süß-sauren Beilagen serviert: Kürbis, Senfgurken, Roten Rüben, Zwiebelchen, Preiselbeeren, Apfelmus und geriebenem Meerrettich
Prilleken
Schmalzgebäck, besonders zur Karnevalszeit beliebt (Harz)
Schantjes
Plattfische – Rotzungen
Schwarzsauer (Swattsuer)
Schweres Schlachtessen aus Ohren und Pfoten, Bauchfleisch, Herz und Nieren vom Schwein, in Schweineblutsauce mit Kartoffeln oder Mehlklößen und Backobst gereicht
Sienbohnsupp
Siehe Friesische Bohnensuppe
Speckendicken
Pfannkuchen oder Waffeln aus Weizen- und Roggenschrot über ausgebratene Speck- und Mettwurstscheiben gebacken und mit Sirup übergossen (Ostfriesland)
Smortaal
Räucheraal mit Schwarzbrot, Butter und Dornkaat
Updrögt Bohntjes
Auch Aapenfingers genannt: Eintopf aus getrockneten Schnittbohnen, Speck und Kartoffeln
Welfenspeise, Hannoversche
Süßspeise aus weißer Vanillecreme mit gelber Weinschaumsauce, der Farbe der Könige von Hannover

Westfalen und das Ruhrgebiet

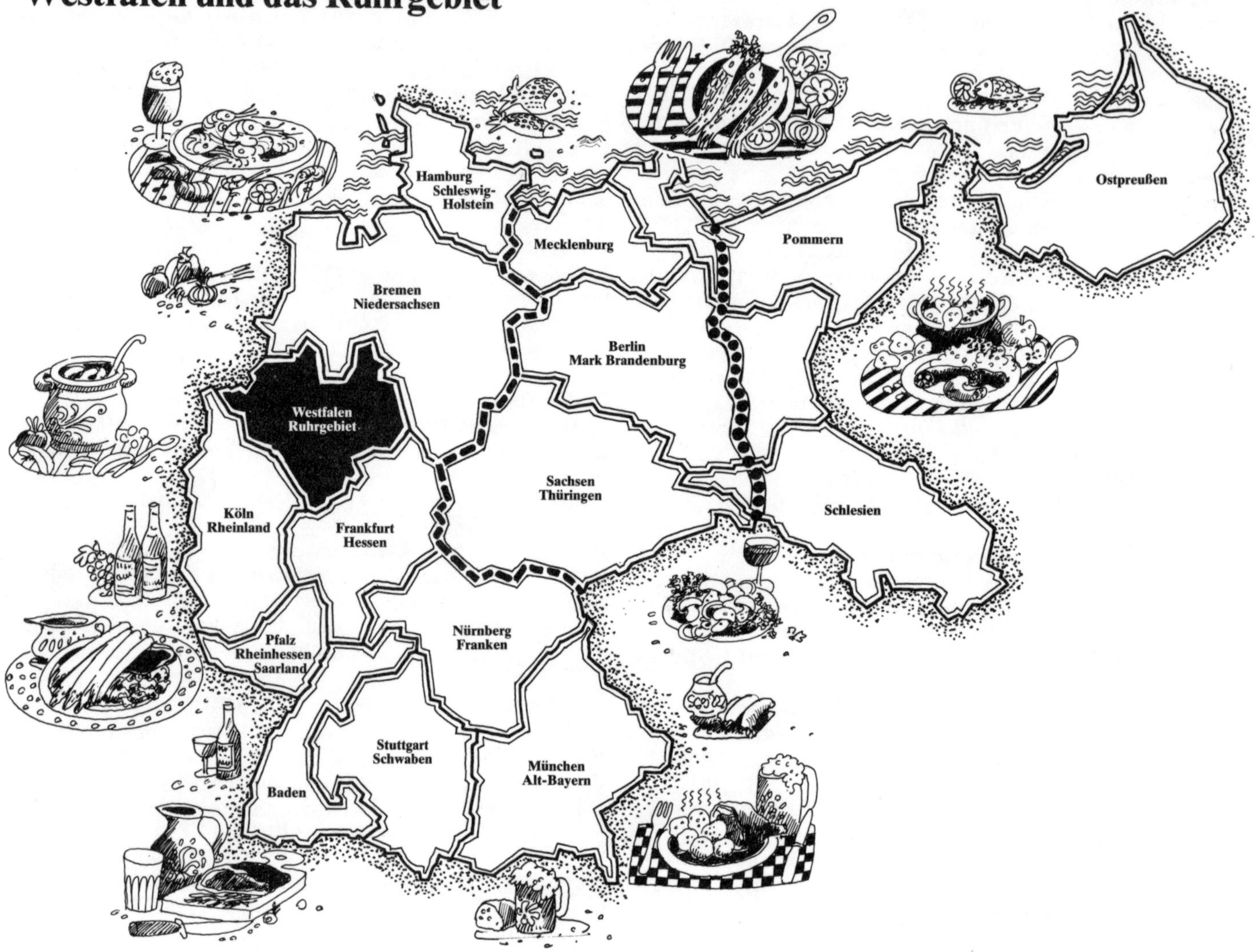

Der westfälische Schinken war schon im Mittelalter berühmt und ein begehrter Exportartikel. Könige und Fürsten bezogen den rosigen würzig geräucherten Knochenschinken von den mit Eichelmast aufgezogenen Schweinen für die höfischen Tafeln. In der herrlichen gotischen Wiesenkirche zu Soest gibt es ein Kirchenfenster, das westfälische Abendmahl genannt. Da hat der mittelalterliche Künstler den Jüngern Jesu den Tisch auf wahrhaft westfälische Art gedeckt: mit ganzen Schinkenlaibern, Schweinsköpfen, Pumpernikkelbroten und Krügen mit Bier und Schnaps – kurz dem Besten, was die westfälische Küche zu bieten hat. Vielleicht würde der Wirt heute einem westfälischen Frühstück noch ein Stück luftgetrocknete Mettwurst und ein paar Scheiben lockeren bäuerlichen Hefestuten hinzufügen. Und wenn man Glück hat, ist der Schinken auch heute noch nach alter Art in Trockensalzung gebeizt und im offenen Gebälk eines alten Bauernhauses über Buchenholz langsam geräuchert. Dann gehört dieses Mahl zu den Höhepunkten der deutschen Speisekarte. Herzhaft bis bäuerlich deftig wird in Westfalen gekocht – eine Küche, die bewahrt, aber keineswegs sehr experimentierfreudig ist.

Auch die Landschaft erscheint hier in weiten Strekken noch unzerstört mit ihren behäbigen schwarz-weißen Fachwerkhäusern, der Parklandschaft mit ihren barocken Schlössern und mittelalterlichen Wasserburgen und der mit großem Geschick wieder aufgebauten wunderschönen Hauptstadt Münster, ein Gegensatz zu dem hochindustrialisierten quirligen benachbarten Ruhrgebiet. Im »Vaterland des Schinkens«, so Heinrich Heine, wird die Küche weitgehend vom Schwein geprägt. Wo so viele Schinken von ausgesuchten Schweinen produziert werden, muß auch der übrige Teil des Borstentieres, soweit er nicht beim Schlachten zu den ebenfalls berühmten westfälischen Mett- und

Plockwürsten verarbeitet wird, in den Kochtopf wandern. Geräucherter Speck wird gerne für die Zubereitung deftiger Eintopfgerichte verwendet. Vor allem aber ist er unerläßlich für *das* westfälische Sommergericht: Große Bohnen mit Speck. Die Kinder singen dann »In de Grautebaunentied, Buk, wär mi no amol so wied (in der Großen-Bohnenzeit, Bauch, werd mir noch mal so weit). In keiner anderen Region gibt es noch so viele Gerichte, die direkt am Schlachttag zubereitet werden und die nicht nur auf den Bauernhöfen und in den Wirtschaften, sondern auch in den Stadthaushalten auf den Tisch kommen wie in Westfalen. Da wird nicht nur normale frische Blut- und Leberwurst hergestellt, viel westfälischer sind Möppkenbraut, Liäberbraut und Panhas, dicke steife Breie aus Wurstbrühe, Fleisch, Blut oder Leber, mit Grütze, Roggenmehl oder Buchweizenmehl gedickt, in Scheiben geschnitten und gebraten. Dazu gibt es Schmörappelkens, gebratene Apfelscheiben und Schwarzbrot. Eine andere sehr beliebte Fleischspezialität, allerdings am Kalb, sind die Töttchen, ein Ragout, ehemals aus Kalbskopf, Maul und Magen zubereitet, heute ein manchmal recht faseriges Gericht. Zum Kochen und Braten gibt es herrliche kleine geräucherte Mettwürstchen, Bratwürste und Bouillonwurst. Ich gebe zu, daß ich zu Panhas, Töttchen und Möppkens nie den richtigen Zugang gefunden habe. Mit manchen landschaftsgebundenen Deftigkeiten muß man einfach aufgewachsen sein. Aber westfälischer Schinken und die Räucherwürste sind dafür allen Feinschmeckern eine Gaumenfreude. Der Ruhm des Pumpernickels ist übrigens nicht jünger als der des westfälischen Schinkens. Er wurde in früheren Zeiten von den sonst nur Weißbrot essenden Ausländern in seiner feuchten Schwärze mit größtem Mißtrauen gekostet. So schrieb im 16. Jahrhundert der holländische Humanist Lipsius nach einem Besuch Westfalens: »Armes Volk, das seine eigene Erde essen muß«. Und gerade die Erdhaftigkeit, die gesunde Mischung aus Schrot und Korn, die in 24stündiger langer Backzeit ihre leicht klebrige Süßigkeit bekommt, hat den Pumpernickel bei gesundheitsbewußten Essern ebenso beliebt gemacht wie bei genießerischen Feinschmeckern. In Westfalen legt man übrigens nicht nur geräucherten Schinken, sondern auch gebratene Kartoffelpuffer oder Weißbrotstuten auf die Pumpernickelschnitten. Der bäuerliche Buchweizenpfannkuchen wurde von den Westfalen gerade aus der Küche verbannt, als er plötzlich allerorten ganz groß in Mode kam, und der Bokwaiten Jan Hinnerk schmückt inzwischen die Speisekarten teuerster Restaurants.

Auch wenn die Wildforellen in Bächen und Flüssen überall immer seltener werden, fehlt es im Ruhrgebiet und in Westfalen selten an frischen Zuchtforellen, das Land ist förmlich mit Teichwirtschaften durchsetzt. Und wenn im Herbst die Jagd im Sauerland aufgeht, werden aus dem artenreichen Wildbestand Rehwild, Kaninchen und Hase, aber auch allerlei Federwild angeliefert. Was die Hasen und Kaninchen anbetrifft, sind vor allem die Bewohner des Ruhrgebietes ziemlich autark: vor allem die Kumpel in ihren Bergarbeiter-Siedlungen halten sich ihre Stallhasen selbst. Nach den letzten Zählungen waren es über eine Million zahme Kaninchen. Sie wandern ebenso wie die »Rennpferde des Bergmannes«, die Tauben, wenn diese nicht als Brieftauben eingesetzt werden, nach allerlei kundigen Rezepten zubereitet, in den Kochtopf. Im übrigen ist die Küche des Ruhrgebietes weniger erdgebunden, sondern war den schweren Arbeitsbedingungen der Kumpel angepaßt, die nach der anstrengenden Arbeit unter Tage eine möglichst kräftige kalorienreiche Mahlzeit brauchten. Die eingewanderten Schlesier und Polen brachten Bigos (Sauerkrauteintopf) und andere heimatliche Eintopfgerichte mit. Rheinischer Himmel und Erde mit Blutwurst, westfälischer Potthast und Pickert wurden von den Nachbarn übernommen. Eine echte landschaftstypische Küche gibt es nicht – die »Ruhrgebietler« gehören ja eigentlich zum Niederrhein oder zu Westfalen.

Die Westfalen verwenden den bei ihnen wachsenden Roggen und Weizen aber keineswegs nur, um damit die 200 berühmten westfälischen Brotsorten zu backen, sondern verwandeln das Korn in flüssiger Form in Kornbranntwein, kurz Klarer oder Korn genannt. Wird der Getreidemaische noch eine bestimmte Menge an besonders zubereiteten Wacholderbeeren hinzugefügt, gewinnt man Wacholderschnaps, für den der Ort Steinhagen berühmt ist. Die Gerste dagegen wird zum Bierbrauen verwendet. Das leicht säuerliche westfälische Altbier aus Malz, Hopfen und obergäriger Hefe ist ebenso berühmt wie das rheinische Alt, und der Ruf von Dortmund ist durch die alten Braurechte mit dem fein bitteren Pils eng verbunden. Die sprichwörtliche Trinkfestigkeit der Westfalen und die durstigen Kehlen der Leute im Ruhrgebiet haben es fertiggebracht, daß der Bierverbrauch hier gleich hinter dem unschlagbaren Bierdurst der Saarländer und der Bayern liegt.

Spezialitäten aus Westfalen und dem Ruhrgebiet

Altbierbowle
Erfrischende Bowle aus Altbier und Früchten
Altbierkaltschale
Kaltschale aus Altbier, Pumpernickelbröseln und Korinthen
Buchweizenpfannkuchen – Bokwaiten-Pannekoken
Knusprige Buchweizenpfannkuchen mit Speck- oder Schinkenscheiben gebraten und mit Rübenkraut und Pumpernickel gegessen
Dicke Bohnen mit Speck – Graute Bohnen
Auch Puff-, Sau- oder Pferdebohnen genannt: junge Bohnenkerne mit Speck und Bohnenkraut gekocht. Sommerliches Lieblingsessen der Westfalen

Dröget Endken
Luftgetrocknete kleine Mettwürstchen
Klarer – Kloarer
Klarer Schnaps aus Roggen oder Weizen gebrannt. *Ein'en aus'n Löffel:* Korn aus einem Zinnlöffel getrunken
Knabbeln und Beschüt
Stuten in Stücke gebrochen und im Ofen noch einmal zwiebackähnlich aufgebacken; mit Milchkaffee übergossen zum Frühstück oder zum Sonntagskaffee genossen
Möppkes und Leberbrot – Wurstebraud und Liäberbraut
Verschiedene gewürzte Wurstbreie vom Schlachttag in Schmalz gebraten und mit *Schmörappelkes* (gebratenen Apfelringen) serviert
Panhas – Pannhass
In Scheiben geschnittener steifer Wurstbrei, aus Wurstbrühe und Buchweizenmehl zubereitet, gebraten und mit gebratenen Apfelscheiben, Rübenkraut und Schwarzbrot gegessen
Pfefferpotthast, Dortmunder
Mit viel Zwiebeln zubereitetes kräftig gewürztes Rindfleischragout, zu dem eine saure Gurke und ein Dortmunder Pils gehören
Plaaten in de Pann (Stolzer Heinrich)
Ringförmig aufgerollte Bratwurst mit Kartoffeln und Sahne bedeckt gebraten
Potthucke, Sauerländische
Dicker salziger Kuchen aus Kartoffelteig mit Wursteinlage, in Scheiben geschnitten aufgebraten; dazu gehören ein Pils und ein Korn
Rosenkranz, Münsterländer
Kranz aus kleinen Bratmettwürstchen, die ringförmig in der Pfanne gebraten werden
Rübenkraut
Leicht säuerlicher Sirup aus Zuckerrüben hergestellt
Schnippelbohnentopf
Eintopf aus in Streifen geschnittenen Stangenbohnen, Speck-Kartoffeln und viel Kräutern
Stampfkartoffeln mit Salat
Grob gestampfte gekochte Kartoffeln mit ausgebratenen Speckwürfeln und knackigem frisch angemachten Endiviensalat vermischt
Stielmus
Frühlingsgericht aus den Stielen von Mairüben (Rübstiel) in einer hellen Mehlschwitze, mit Kartoffeln vermischt zu Bratwurst oder Speckpfannkuchen serviert
Stuten
Lockeres Hefeteigbrot in Stollenform, als besonderer Leckerbissen mit Butter und einer Scheibe westfälischem Schinken belegt. *Stutenkerl:* Kuchenmann aus Stutenteig mit Korinthenaugen und weißer Tonpfeife zum Nikolaustag
Suermus – Sauerkraut
mit *Snutkens* und *Öhrkens,* mit Schweineschnauze und Öhrchen, aber auch mit gekochtem Schweinekopf sehr beliebt
Tauben – Duve
Besonders im Ruhrgebiet auf verschiedene Arten zubereitet sehr beliebt, da viele Bergleute eigene Taubenschläge haben
Teilchen
Kleine Gebäckstücke zum Kaffee
Töttchen, Münsterer
Ragout aus Kalbskopf und Kalbsschulter. Wird in Altbierlokalen gerne mit frischen Brötchen zum Bier genossen

Köln, das Rheinland und die Mosel

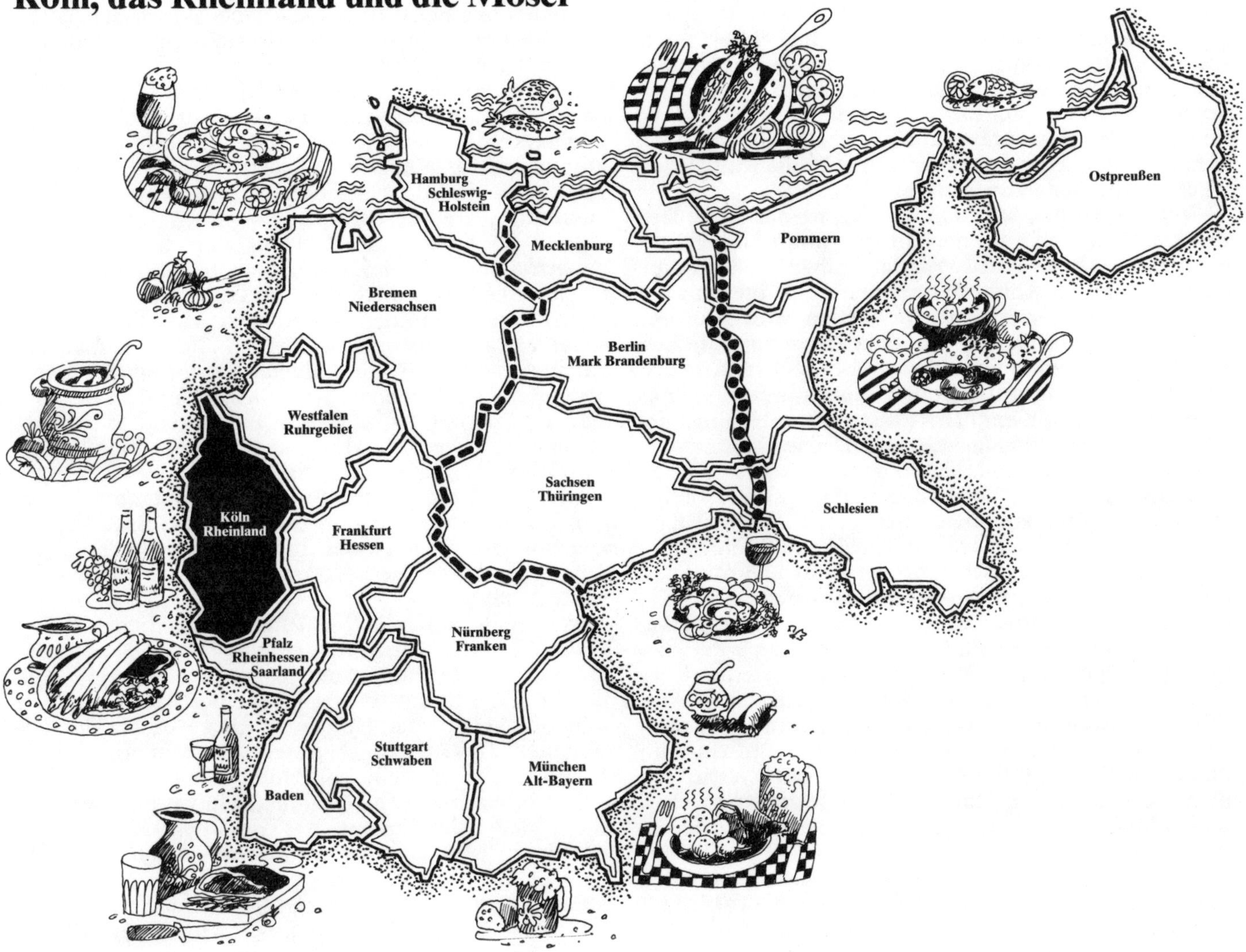

Glücklich der Reisende, der Deutschlands lebendigen Schicksalsstrom, den Rhein und den anmutigsten aller deutschen Flüsse, die Mosel, zuerst auf einer Dampferfahrt kennenlernt. Zwischen Bingen und Köln wird ihm die vielbesungene Romantik des Rheins noch unzerstört präsentiert. Die weißen Schiffe ziehen ohne Hast zwischen den burgengekrönten Ufern ihren Weg, vorbei an mittelalterlichen Städtchen mit blanken schwarz-weißen Fachwerkhäusern, an gestaffelt ansteigenden schiefergrauen Rebhängen und sanften Hügelketten. Die Pfalz bei Kaub, die Loreley, das Siebengebirge und die ganze Bilderbuchlandschaft der Mosel sind noch malerischer als man sie sich vorgestellt hat. Zu einer solchen Reise gehört auch, das bunte Landschaftsbild durch ein Glas Wein von einer der vorüberziehenden berühmten Weinlagen zu betrachten, die in weißen Buchstaben an den Rebhängen zu lesen sind.

Wehe aber, wenn der Reisende an der nächsten Anlegestelle das schützende Schiff verläßt, um in einem der vom Ufer her so beschaulich wirkenden Weinorte so recht nach rheinischer Art zu speisen und zu bechern. Die fröhlich schunkelnden und die engen Gäßchen füllenden »Rheinländer« entpuppen sich schnell als Touristenschwärme aller Schichten und Länder auf der Suche nach rheinischer Fröhlichkeit und Romantik. Rheinische Küche wird man auf den Speisekarten der meisten Lokale ebenso vergeblich suchen wie eine Weinkarte, die Auskunft über Jahrgang und Lage der ausgeschenkten Weine gibt. Die echten Rheinländer sitzen derweil in den Straußwirtschaften und Weinstuben »ihrer« Winzer, wo es noch »ne jode Schlock Wein« aus eigenem Weinbau gibt und herzhafte Kleinigkeiten, an denen die rheinische Küche so Gutes zu bieten hat. In den großen Städten des Rheinlandes und natürlich auch in einigen Hochburgen der Provinz findet man fern des Touristenstroms fast mehr besternte

Restaurants als in den meisten anderen deutschen Landschaften.

Die lebenslustigen Rheinländer haben schon unter römischer Herrschaft mit der welschen Genußfreudigkeit Bekanntschaft gemacht. Düsseldorf nennt sich gerne Klein-Paris, und so ist es kein Wunder, daß in den meisten Spitzenrestaurants des Rheinlands nach französischer Art oder italienisch gekocht wird. Rheinisches wird selten aufgetischt.

Wer die echte bodenständige Küche des Rheinlandes kennenlernen will, muß in die zahllosen gemütlichen Kneipen der Kölner Altstadt gehen, in denen die blaugeschürzten Köbes das obergärige Altbier auf die blankgescheuerten Holztische stellen und auf der »Kaat« die leckeren deftigen rheinischen Spezialitäten stehen. Ganz vorne die rheinische Blutwurst, auch Flönz genannt, die unter Kölnern auch als untrügliches Stammeszeichen dient. Trifft nämlich ein Kölner außerhalb seiner Heimatstadt einen Rheinländer, der sich als Kölner ausgibt, läßt er ihn langsam und deutlich »Blootwoosch« sagen, und nur wenn er das ohne zu stocken richtig ausspricht, hat er sich als echter Kölner Jung ausgewiesen und ist sein Freund.

Eine gute hausgemachte Kölner Blutwurst muß von appetitlichen weißen Speckwürfeln durchsetzt sein, mit allerlei Kräutern abgeschmeckt und leicht angeräuchert – da gibt es gewaltige Qualitätsunterschiede. Bei der internationalen Nahrungsmittelausstellung in Köln, der Anuga, findet alle zwei Jahre ein großer Ausscheidungswettbewerb für die beste Blutwurst statt – um den »Flönz-Cup« –, an dem sich Tausende in- und ausländische Fleischermeister beteiligen. Wenn ich mich recht erinnere, waren bei der letzten Ausscheidung ein Kanadier sowie ein Japaner ganz nahe daran, den begehrten Cup zu gewinnen. Zur allgemeinen Erleichterung ging der »Flönz-Cup« dann doch an einen Kollegen aus der Eifel. Wenn auf der »Kaat« in der Kneipe Kölscher Kaviar steht, handelt es sich keineswegs um die kostbaren kleinen Störeier, sondern um Scheiben von Blutwurst mit Zwiebelwürfel, Düsseldorfer Senf und einem Röggelchen. Die Düsseldorfer sagen übrigens zum gleichen Gericht »Flöns met Ölk« – Ölk sind Zwiebeln. Knusprig gebratene Blutwurstscheiben sind auch die unerläßliche Beilage zum rheinischen »Himmel und Erde«, einer Mischung von zerstampften gekochten Kartoffeln und gekochten Äpfeln. Gleich nach der Blutwurst kommt an Beliebtheit die herzhafte »Läwerwoscht«, zu der man gerne Ädappelschlot ißt, einen saftigen Kartoffelsalat.

Freitags riecht es im Rheinland überall nach heißem Fett und Gebratenem – Freitag ist Rievkochetag. Man kann die knusprigen kleinen Kartoffelpuffer in zahllosen Büdchen pfannenfrisch erstehen und ißt sie gleich auf der Straße aus der Hand. Zu Hause geht das Reibekuchenessen natürlich gemütlicher zu. Da streicht man süß-saures Apfelkraut oder Rübensirup auf die frischgebackenen Kartoffelpuffer, ißt Vollkornbrot mit Butter dazu und trinkt zahllose Tassen Kaffee. Zur besseren Verträglichkeit gibt es zum Abschluß ein Köömsche, einen klaren Schnaps. Ein paar Reibekuchen sollen dabei immer für den Abend oder den nächsten Tag übrigbleiben. Die werden kalt auf Schwarzbrot mit Butter als Belag gelegt.

Am Mittelrhein, im Westerwald und an der Mosel backt man im Backofen extra große dicke Pfannkuchen mit viel Speck aus Kartoffelpufferteig, Döppekooken oder Scholes genannt, die mit ihrer appetitlichen Kruste besonders gut zu Kompott, aber auch mit gebratener Blutwurst schmecken.

Weit über seine rheinische Heimat hinaus ist der Sauerbraten in ganz Deutschland beliebt. Echt rheinisch ist er aber nur, wenn die Sauce mit Lebkuchen oder Printen gebunden ist und Rosinen enthält (es gibt sogar extra Saucenprinten dafür). Auch ißt man am Rhein gerne anstelle der üblichen Kartoffelklöße knusprige Reibekuchen dazu. Im Hunsrück und an der Mosel sind Spießbraten und Schwenkbraten der beliebte sommerliche Festbraten. Diese für Deutschland ungewöhnliche Art des Fleischgrillens haben Idar-Obersteiner Diamantschleifer aus Südamerika mitgebracht. An der Mosel wird nicht immer Moselwein dazu getrunken, sondern oft auch der durststillende Viez; ein Apfelwein, an dessen herben Geschmack man sich erst gewöhnen muß.

Wer sich übrigens im Rheinland einen »Halwe Hahn« bestellt, sollte nicht einen knusprig gebratenen Gockel erwarten: es ist ein Roggenbrötchen mit Holländer Käse belegt und mit Senf bestrichen. Je älter und bröckeliger der Holländer, desto besser der Geschmack. In Düsseldorf nimmt man Limburger oder Mainzer Käse anstelle von Holländer Käse.

Die blauschwarzen Miesmuscheln sind ein weiteres rheinisches Lieblingsgericht. Die Rheinländer liegen mit ihrem Muschelverzehr ganz weit an der bundesdeutschen Spitze. Überall am Rhein gibt es Schifferkneipen und sogar besondere Muschelhäuser, die nicht nur im Herbst und Winter, sondern zum Teil das ganze Jahr über frische Muscheln anbieten, gut gewürzt in Weißwein gegart, dazu nichts als Scheiben von rheinischem Schwarzbrot und Butter und ein gutes Glas Wein. Hinterher ein paar frische Reibekuchen mit Preiselbeerkompott. Lecker!

Obwohl die Rheinländer für ihr Leben gerne »konditorn« gehen – vor allem in den Städten gibt es berühmte vorzügliche Konditoreien –, ist die Zahl der landestypischen Backwaren gering. Für die vielen so gerne gefeierten Feste, wie Kirmes, Schützenfeste und natürlich für die närrischen Tage des Karnevals, wird der Fettopf auf den Herd gesetzt und kleine Muzenmändelchen und ausgeradelte Muzen gebacken, Bollebäuschen, eine Art Berliner, »verschlungene Gedanken« und wie diese knusprigen Schmalzbäckereien örtlich alle heißen. In der Weihnachtszeit kommen zwei rheinische Spezialitäten auf den Markt: Aachener Printen und Klever Spekulatius.

Eine Hochburg des süßen Schlemmens ist das Bergische Land. Wer dort an einem Gasthaus vorbeifährt mit dem Schild: »Hier Bergische Kaffeetafel«, sollte, möglichst mit leerem Magen, dort einkehren. Da gibt es zum Sattessen Korinthenstuten mit Butter und Honig, Reisbrei mit Zucker und Zimt (den man auf die Stuten streicht), Waffeln mit verschiedenen Füllungen, rheinisches Schwarzbrot mit Butter und Apfelkraut, Bollebäuschen und Brezeln. Dazu wird Kaffee aus der altmodischen »Dröppelminna« ausgeschenkt, einer samowarähnlichen zinnernen Kaffeekanne, aus der der Kaffee durch einen kleinen Hahn in die Tassen »dröppelt«.

Kölsche Kneipen und Düsseldorfer Altbierlokale

»Jede Jeck is anders«, heißt es im Rheinland. Unter diesem Motto weiser Toleranz hockt man vergnügt beim Dämmerschoppen in den rheinischen Altbierlokalen beieinander. Für einen echten Rheinländer ist die Theke seiner Stammkneipe so unentbehrlich wie für einen Münchner der Biergarten und einen Frankfurter seine Äppelweinstube. Kneipen gibt es genug. Allein die Theken von Köln sollen aneinandergereiht eine Länge von 10 Kilometern haben.

In den rheinischen Kneipen wird vor allem Altbier, kurz Alt genannt, ausgeschenkt. Alt nicht deshalb, weil das Bier besonders lange gelagert hat, sondern weil es nach alten Braumethoden obergärig hergestellt wird: d.h., daß aus der üblichen Stammwürze von Hopfen und Malz mit einer besonderen Hefeart in warmen Gärkellern ein Bier gebraut wird, das anders als das gängige untergärige Bier schmeckt. Es ist herb, angenehm süffig und sehr bekömmlich. Im Rheinland und im Münsterland wurde und wird das würzige Alt jedem anderen Bier vorgezogen. In letzter Zeit hat das Altbier jedoch seinerseits seine angestammten Grenzen überschritten. Es ist plötzlich überall in der Bundesrepublik gefragt, und die großen Brauereien bieten es jetzt auch in Flaschen und in Dosen an. In den Kneipen des Rheinlandes wird das Altbier dagegen ausschließlich vom Zappes direkt vom Faß gezapft. Der Kellner, der hier Köbes heißt (kommt von Jakob), bringt es in den kleinen typischen Stangengläsern an den Tisch. Ein echter Köbes trägt die Tracht der alten Schankknechte: blaue Strickweste mit schwarzen Knöpfen, schwarze Hose, eine gewickelte lange blaue Leinenschürze und einen ledernen Riemen um den Bauch, an dem die Geldkatze befestigt ist. Weibliche »Köbesse« gibt es bisher nicht. In Köln heißt das Altbier übrigens Kölsch und in Düsseldorf manchmal Düssel – aber man muß schon ein Eingeborener sein, um gleich zu schmecken, daß das Kölsch das hellere Bier und etwas bitterer ist als das herbe dunklere Düsseldorfer Altbier. Auch sind die kleinen zylindrischen Stangengläser mit dem Kölsch etwas schmaler als die Stangen in Düsseldorf. Wird ein frisches Faß angeschlagen, ertönt laut eine Glocke.

Und hier in den rheinischen »Weetschafte« gibt es auch alle herzhaften rheinischen Spezialitäten, die so besonders gut zu einem frischen Alt schmecken: die Hämmchen (Eisbeine), Schlachtschüsseln, Blootwoosch und Brotwoosch, Ähzezupp und Rievkoche. Man lese nur einmal die nachfolgende Liste der rheinischen Spezialitäten nach. Sie sind fast alle in den fröhlichsten Kneipen Deutschlands, den Altbierkneipen am Rhein, zu finden. Und wer lieber ein gutes Pils trinken möchte und zum Abschluß einen Schabau (Sammelname für Schnaps), kann das natürlich auch beim Köbes bestellen – sogar einen Rheinwein!

Spezialitäten von Rhein und Mosel

Aachener Printen – Öcher Prente
Mit weihnachtlichen Gewürzen zubereitetes braunes Weihnachtsgebäck in Schnittenform, mit Zucker- oder Schokoladenglasur überzogen. Rezept aus dem Mittelalter stammend, sehr haltbar

Ädäppelschlot – Adappelschlaat
Rheinischer Kartoffelsalat, der meistens mit Fleischbrühe, Zwiebel und Speck angemacht wird

Ädappelzupp
Kartoffelsuppe, zu der gerne Speckpfannkuchen, Kartoffelpuffer oder gebratene Blutwurstscheiben gegessen werden

Ähzezupp
Dicke Erbsensuppe mit Schweineohren, Schweinefüßen und Rippe gekocht

Appeltaat
Apfeltorte aus Hefeteig mit Apfelmus gefüllt

Apfelkraut, Rheinisches
Süß-säuerlicher dicker Sirup aus Äpfeln, manchmal auch aus Birnen zubereitet, unentbehrlich zu Reibekuchen

Ballebäuschen – Bollebäuschen
In einer Spezialpfanne gebackene Teigkugeln mit Rosinen, schmecken am besten noch leicht warm

Blotwoosch – Flönz
Blutwurst siehe Text S. 28

Dippelkuchen – Döppekooken – Scholes
Kartoffelpufferteig mit Speck und Zwiebeln vermischt, in einer Bratenpfanne im Ofen gebacken. Heiß mit Apfelmus oder Pflaumenkompott und Kaffee gegessen (Mosel-Niederrhein)

Düsseldorfer Senf – Mostert
Besonders würziger Senf, der in der rheinischen Küche viel verwendet wird

Eierkäse
Eier mit Milch im Wasserbad aufgeschlagen, in Käsesieb abgetropft und mit Zucker und Zimt bestreut (Westerwald)

Eierkuchen mit Speck – Pannekooche met Ferkenspeck
Dicke saftige Eierkuchen auf knusprigen Speckscheiben gebraten und mit Schnittlauch vermischt

Eiserwaffeln – Isekauke
Dünne knusprige Waffeln, die noch warm zu Tütchen oder Röllchen gedreht werden (Bergisches Land)
Frikadellche
Gebratene Fleischlaibchen aus gemischtem Hack
Halwe Hahn – Röggelchen met Kies
In Köln: durchgeschnittenes Roggenbrötchen mit mittelaltem oder altem Holländer Käse belegt und mit Senf bestrichen. In Düsseldorf: Roggenbrötchen mit Mainzer Handkäse (auch Limburger) belegt. Schmeckt am besten zu dem obergärigen Altbier, aber auch zum Pils
Hämmchen met soore Kappes
Kleines gepökeltes Eisbein auf Sauerkraut *met Ätze* (mit Erbsenpüree)
Heringsstipp, Rheinischer
Gewässerter Salzhering in saurer Sahne mit Äpfeln, Zwiebeln, Gurken und Gewürzen eingelegt
Himmel und Erde – Himmel un Äd
Zerstampfte Kartoffeln mit Apfelmus vermischt; wird mit knusprig gebratenen Blutwurstscheiben serviert
Kabbes – Kappes
Kohl – *Köhl* – Grünkohl, wird meistens mit Speck und kleinen geräucherten Mettwürstchen gekocht
Suure Kabbes = Sauerkraut
Karmenad = Karbonade von Schweinefleisch
Kochkäse
Gekochter, mit Kümmel, Milch und Ei vermischter gegorener Quark oder Limburger in Förmchen gepreßt (Mosel)
Kölsche Kaviar
Gewürfelte geräucherte Blutwurst *met Öllich*, mit Zwiebelringen zum Roggenbrötchen
Konkommerschlot = Gurkensalat
Leberwurst – Lewerwoosch
Gut gewürzte Leberwurstscheiben mit Essig, Öl und Zwiebelwürfel übergossen, als »Häppcher« mit Schwarzbrot zum Bier oder Schnaps gegessen oder zu Kartoffelsalat
Moselaal
Stammt vor allem aus den Nebenflüßchen, wird gerne in Riesling geschmort oder grün zubereitet
Moselfisch, Gebackener
Kleine Weißfische aus der Mosel und deren weiterer Umgebung, in Fett ausgebacken und heiß aus der Hand zu Wein oder Viez genossen
Mostert
Mittelscharfer oder scharfer Senf aus Düsseldorf, der für die Zubereitung der Mostertzaus (Senfsauce) zu gekochtem Fisch oder Eiern ebenso unentbehrlich ist wie als kleinen »Klacks« auf Wurst und Käse zum Röggelchen
Muscheln, Rheinische
Miesmuscheln aus Holland oder von der deutschen Nordseeküste in Wasser und Weißwein gekocht, werden in vielen typischen Altstadtlokalen angeboten
Muzen – Muuzer Puffeln
Typisches Schmalzgebäck zum Karneval in Form von ausgerollten verschobenen Vierecken
Muzenmändelchen – Muuzemändelcher
Typisches Schmalzgebäck zum Karneval in Mandelform
Pillekuchen – Pillekoche
Geraspelte Kartoffeln in Eierkuchenteig zu dicken Pfannkuchen gebraten
Quellmänner – Pellkartoffeln
Werden gerne zu Quark oder Buttermilch gegessen
Reibekuchen – Rievkooche – Kartoffelpuffer
Siehe Vortext
Röggelchen
Kleine knusprige Roggenbrötchen, die in keiner Kneipe fehlen dürfen
Rübenkraut
Süß-saurer Sirup aus Zuckerrüben
Rübstielgemüse – Röbstill – Stielmus
Gekochte Stiele von jungen Mairüben in einer hellen Sauce, werden gerne zu Bratwürsten gegessen
Sauerbraten, Rheinischer – Surbrode
Der rheinische Braten schlechthin, mit Essig und Gewürzen eingelegter Rinderschmorbraten, mit einer pikant süß-sauren Sauce aus Apfelkraut, Printen, Rosinen (manchmal auch Backobst) zubereitet zu Kartoffelklößen serviert
Schwenkbraten
Gewürzter gerollter Schweinebraten auf einem Schwenkgrill an Ketten im Freien über einem Holzkohlenfeuer gegrillt (Mosel–Hunsrück)
Schlot
Salat
Spekulatius, Rheinischer
Gut gewürztes dünnes Weihnachtsgebäck, vor dem Backen in alte Holzmodeln gedrückt
Spießbraten
Gewürzter Rinderbraten auf Holzspießen über einem Holzkohlenfeuer im Freien gegrillt (Idar-Oberstein–Hunsrück)
Stockfisch
Uraltes Fastengericht. Wird noch häufig am Aschermittwoch gekocht
Verwendbrot
Weißbrot- oder Stutenscheiben in Eiermilch gewendet und gebraten
Viez
Säuerlicher durststillender herber Apfelwein; man trinkt ihn aus großen Steinkrügen, Porz genannt (Trier)
Weinsuppe – Wingzupp
Süße Weinsuppe mit Sago gebunden und mit Schneeklößchen besetzt (Mosel)

Die Pfalz, Rheinhessen und das Saarland

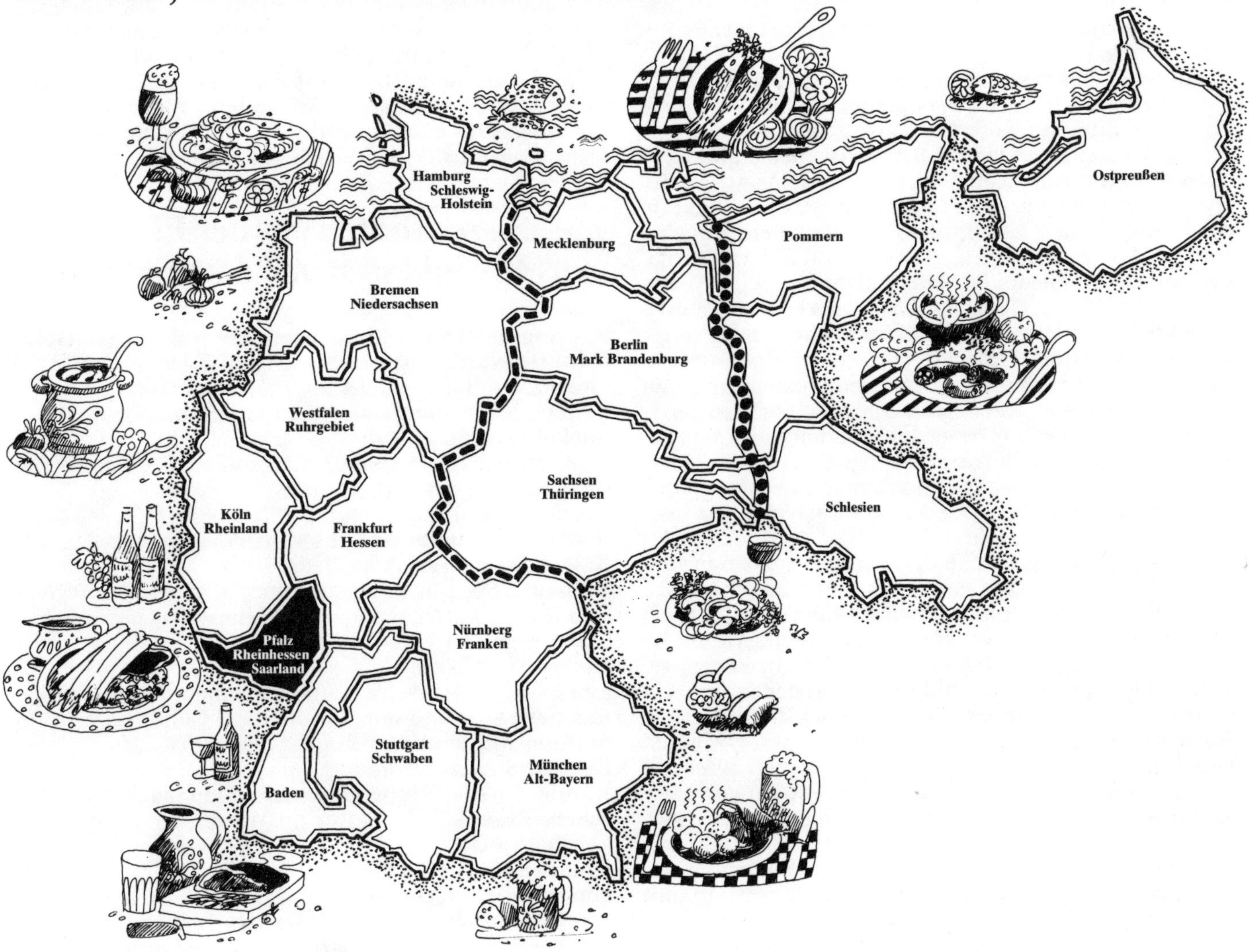

In der Pfalz beginnt der Frühling ein bißchen eher als in anderen deutschen Landen. Da blühen manchmal schon im Februar die rosafarbenen Mandelbäume, und wenig später sind die Hänge des Pfälzer Waldes mit blühenden Obstbäumen übersät. Mit 188 Sonnentagen im Jahr herrscht hier ein geradezu mediterranes Klima. In der Südpfalz und der Mittelhaardt reifen Feigen und an geschützten Stellen sogar Zitronen, wachsen Zypressen, Zedern und Tamarisken. Die Winzerhäuser der alten Weindörfer sind von üppigen blauen Glyzinien und Rosen umrankt, und im Herbst sind die Mischwälder und Rebhänge ein einziges Farbenmeer. Um diese Zeit reifen auch gerade rechtzeitig die Maronen, um als Beigabe zum »Neie«, dem jungen Wein, geröstet zu werden. Die Rebhänge tragen fast alle weltberühmte Weinlagen. Auf den Fahrten oder Wanderungen durch das Land begreift man, warum König Ludwig I. von Bayern die Pfalz »die schönste Quadratmeile« seines Landes nannte. Und nirgends gibt es so viele wohlbestückte kleine Weinstuben, in denen man zum »Schoppa« (das ist in der Pfalz ein halber Liter Wein im Stangenglas) die handfesten Pfälzer Spezialitäten bestellen kann. Und die sind keineswegs mit dem Mainzer Spruch: »Weck, Worscht und Wein« abzutun, wenn auch eine riesige Wurst, der Saumagen, das berühmteste Pfälzer Gericht ist. Aber eigentlich ist ein echter Saumagen keine Wurst, sondern eine ganze Mahlzeit: ein Schweinemagen mit Schweinefleisch, Wurstbrät, Kartoffeln, Gemüse, Weißbrotwecken, Eiern und vielen Gewürzen gefüllt, sorgsam verschnürt und in vielen Stunden gargekocht. Danach muß er im Ofen oder in der Pfanne gebräunt werden, bevor er in dicke Scheiben geschnitten mit Sauerkraut und Bauernbrot aufgetischt wird. Übrigens, in Privathaushalten wird auch in der Pfalz der Saumagen wegen des erheblichen Arbeitsaufwandes nur noch selten zubereitet, die Hausfrauen kaufen ihn meist fertig in dicke Scheiben geschnitten bei ihrem Metzger und braten ihn daheim auf. Jeder Metzger hat sein eigenes Rezept für die Füllung.

Zu den Pfälzer Wurstspezialitäten gehört vor allem die geliebte Pfälzer Lewwerworscht, die man an ihrer grauen Farbe und ihrem intensiven Majorangeschmack erkennt, sowie die Blutwurst. Beide gibt es in allen Formen und Zubereitungen, frisch und geräuchert. Die grobe würzige Pfälzer Bratwurst verdankt ihren besonderen Geschmack einer leichten Räucherung. Auch Griebenwurst, Servelas und Schwartenmagen sind gute Begleiter zum Pfälzer Wein. Daß das größte Weinfest Deutschlands Dürkheimer Wurstmarkt heißt, zeugt von der großen Vorliebe der Pfälzer zu ihren Würsten. Gefeiert wird in der Pfalz und in Rheinhessen überhaupt gerne. Und nicht nur beim Mainzer Karneval. Kerwe, d. h. Kirmes, gibt es zu jeder Jahreszeit: Kirmes zur Feier der Mandelblüten, des Federweißen, des Saumagens und des Quetschekuchens und – last not least – der sich schon durch seinen Duft ankündende Handkees-Kerwe, um nur einige zu nennen.

Die traditionelle Küche der Pfalz und des Saarlandes ist zum großen Teil von herzhafter Einfachheit. In den vergangenen Jahrhunderten ist vor allem die Pfalz immer wieder verwüstet worden, und reich waren die Bauern, Winzer und Handwerker hier so wenig wie später die Gruben- und Stahlarbeiter an der Saar.

So ist es kein Wunder, daß in beiden Provinzen die Kartoffel, Grumbeere – Grundbirne genannt –, einen wichtigen Part in der Ernährung spielt, vor allem in Form von Klößen, den Knepp. Auch eine gut gewürzte Kartoffelsuppe, von frischem Pflaumenkuchen oder Dampfnudeln begleitet, verschiedene Gerichte aus Kartoffelpufferteig wie Schales und Dibbelabbes sowie die mit Hefe angesetzten Kartoffelwaffeln mit Speck gehören zu den regionalen Spezialitäten.

Aber es gibt auch eine feine Küche in der Pfalz. Schon 1567 ließ der Kurfürst hier den ersten Spargel anpflanzen. Daß alle Gemüse und Früchte hier besonders früh und in ausgezeichneter Qualität auf den Tisch kommen, ist dem milden Klima zu verdanken.

Dem Waidmann kommt im Herbst genügend Wild, vor allem Federwild, vor die Flinte. Ein Fasan auf Pfälzer Art ist eine Delikatesse. Nur die kostbaren Rebhühner, die sich an den Trauben mästen, sind durch die Flurbereinigung allzu rar geworden. Wer im Herbst in die Pfalz fährt, sollte immer fragen, ob der Wirt nicht ein paar davon in der Speisekammer hat.

Gewürze spielen in der Pfälzer und rheinhessischen Küche seit eh und je eine große Rolle. Schon vor über 1000 Jahren wußten Chronisten zu berichten, daß auf dem Markt in Mainz so rare Gewürze wie Pfeffer, Ingwer, Gewürznelken, Zimt und afrikanischer Majoran zu hohen Preisen angeboten wurden. Die für deutsche Verhältnisse ungewöhnliche Vorliebe für Knoblauch haben sicher die Franzosen bei ihren häufigen Besetzungen in die Pfalz gebracht.

Und auch im Saarland ist so mancher sprachliche und kulinarische Akzent aus Frankreich übernommen worden; so ruft man sich im Saarland nicht nur ein »Salü« zu, sondern holt sich auch die »Flute« vom Bäcker, das lange französische Weißbrot. Die Saarbrücker Specktorte ist nichts anderes als eine Quiche Lorraine, und auch die Vorliebe für Pasteten und Löwenzahnsalat sind sicherlich gallischer Herkunft.

Spezialitäten aus der Pfalz, aus Rheinhessen und dem Saarland

Backesgrumbeere – Blechkrumbeere – Backkartoffeln
Kartoffelwürfel mit viel Speck und Zwiebeln, manchmal noch mit Sahne, auf Backblech im Ofen gebräunt. Beilage Schnittlauchsalat oder Apfelkompott

Backofenknepp
Rohrnudeln aus Hefeteig, mit Vanillesauce oder Weinschaumsauce serviert

Bombel – Mangold

Bettzächer – Bettsejer – Löwenzahnsalat

Bibbelchesbohnensuppe
Bohnensuppe aus frischen grünen Bohnen, Kartoffeln und Rauchfleisch, dazu wird Pflaumenkuchen aus Hefeteig gegessen

Blutwurst, Pfälzer
gibt es in den verschiedensten Formen, frisch und geräuchert, dick und dünn, immer mit viel Speckwürfeln und mit Majoran und Piment gewürzt

Boudin, Saarländische
Kleine frische Blutwürste, angeblich nach französischem Rezept. Gibt es nur im Winter, sind mit Grünkohl gestreckt

Bradwerscht, Pfälzer
geräucherte Bratwürste von grober Konsistenz. *Bratwurstkranz* (Worschtkranz): Bratwurst als Kranz in Hefeteig gebacken; wird warm mit Sauerkraut und Kartoffelbrei gegessen

Dibbelabbes
Kartoffelpufferteig, in kleine Stückchen zerpflückt, wie Schmarrn knusprig gebraten

Dippehaas, Pfälzer
Hase im Topf, wie im Rheinland mit viel fettem Schweinebauch oder Speck lange im gut verschlossenen Topf geschmort, die Sauce sollte original mit Hasenblut gebunden werden

Fleeschworscht – Fleischwurst, Pfälzer
Große ringförmige Brühwurst (Lyoner), wird besonders gerne mit Bratkartoffeln oder Wasserweck und Senf gegessen

Flute
so wird im Saargebiet das lange schmale französische Weißbrot genannt

Franzosensupp
Rindfleischsuppe mit reicher Gemüseeinlage

Gequellte – Quellgrumbeeren
Pellkartoffeln; werden gerne mit Bibbeleskäs (angemachtem Quark) verspeist oder mit Zwiebelsalat
Geröschte – Gereschde
Bratkartoffeln, in der Pfalz und im Saarland sehr beliebt
Grumbeeren – Krumbeere
Kartoffeln, Name kommt von Grundbirne. *Saure Grumbeere Brieh:* säuerlich abgeschmeckte Kartoffelsuppe, zu der man Dampfnudeln oder frischen Pflaumenkuchen ißt. *Grumbeerenworscht:* Wurst aus Schweinefleisch und Zwiebeln, die stark mit Kartoffeln gestreckt wird, dazu Sauerkraut und Semmeln (Pfalz und Saar)
Handkäs, Pfälzer
Sauermilchkäse, ursprünglich mit der Hand zu dicken Scheiben geformt. In der Pfalz liebt man ihn, wenn er schon etwas zu laufen beginnt; er wird dann in kleinen grau-blauen Steinguttöpfchen mit Kümmel und Pfeffer gewürzt serviert
Herzdriggerte, Herzdrücker
Große Kartoffelklöße aus rohen Kartoffeln mit einer Füllung (Gefillte) aus Brät oder Hackfleisch und Gewürzen; ziemlich gewaltig, daher der Name (Saar)
Hoorige Knepp
Kartoffelklöße aus rohen und gekochten Kartoffeln, bei denen die Fasern der roh geriebenen Kartoffeln igelartig abstehen
Kartoffelwurst – siehe Grumbeereworscht
Kerscheplotzer – Kirschenmichel
Süßer Auflauf aus nicht entsteinten frischen Kirschen, Semmeln, Eiermilch und Mandeln
Keschten – Kastanien
Edelkastanien, die in der Pfalz wachsen, werden gerne im Herbst geröstet zum Federweißen oder dem Neie – dem jungen Wein – gegessen, aber auch als Gemüse zu Wild
Knepp
alle Arten von Klößen: *Grüne Knepp* mit Spinat und Semmelbrösel und Eiern zubereitet. *Lewwerknepp*: längliche Leberknödel mit großem Leberanteil und mit viel Majoran gewürzt, werden in Suppe oder als Hauptgericht mit gerösteten Zwiebeln übergossen zu Kartoffelpüree und Sauerkraut oder Kartoffelsalat gegessen
Leberwurst – Pfälzer Lewwerworscht
In ganz Deutschland beliebte Wurst, reichlich mit Fleisch- und Fettstückchen durchsetzt, intensiv mit Majoran, leicht mit Piment, Nelken und Zimt gewürzt. Farbe grau. Gibt es als Ringwurst und in großen Scheiben kalt zu Bauernbrot (ohne Butter), zum Wein
Lummelbraten, Pfälzer – gespickter Lendenbraten
Mainzer Handkäse mit Musik
Sauermilchkäse in Form von runden kleinen Laibchen. Diese werden in Scheiben geschnitten und mit Essig und Öl, mit Zwiebeln, Salz und Pfeffer gewürzt zum Wein serviert
Pfeffer – Dunkelsbrüh
Schweineragout mit viel Gewürzen und Schweineblut zubereitet
Quetschekuchen
Pflaumenkuchen aus Hefeteig, wird gerne ofenwarm zu Kartoffelsuppe und anderen dicken Suppen gegessen
Rebhühner
sind leider in der Pfalz sehr knapp geworden, werden auf Pfälzer Art in Weinblätter gewickelt geschmort und mit Trauben garniert
Saumagen, Pfälzer
Berühmte Spezialität: Gefüllter Schweinemagen. Wird mit Sauerkraut, Landbrot und einem Pfälzer Wein, z. B. Kallstadter Saumagen, gegessen
Sauschwänzel
Kleine Wurstkringel aus geräucherter grober Mettwurst (zur Vesper)
Schneebällcher
Kartoffelklöße aus gekochten Kartoffeln, die eine besonders weiße Farbe haben. Sie werden zu geschmortem Fleisch, Braten und Wild, aber auch zu Kompott serviert (Pfalz und Saarland)
Schönzeneere – Schwarzwurzeln
Schupfnudeln
Röllchen aus Kartoffelteig in Butter geschwenkt, beliebte Beilage.
Schwartenmagen
In Schweinemägen oder dicke Därme gefüllte große Wurst aus gekochtem, gepökeltem Schweinekopf, Schwarten und Gewürzen. Wird im Saarland gerne *mit Musik* – mit Essig und Zwiebeln übergossen – zu Bratkartoffeln gegessen.
Schwenkbraten – Schwenkbrode
Gewürzter aufgerollter Schweinebraten auf einem Schwenkgrill über einem Holzkohlengrill gegart (Saarland)
Spanferkel, Spansau
Im Backofen gebackenes Spanferkel mit einer Füllung aus Schweinefleisch und Innereien oder mit Majoran gewürzten Kartoffeln
Spundekäse – Weißer Kees
Mit Eigelb, Zwiebeln und Gewürzen angemachter fester Quark, wird im Steintopf angerichtet
Verschlungene Gedanken
Typisches Mainzer Karnevalsgebäck aus zwei miteinander verschlungenen Teigstreifen in Schmalz ausgebacken
Weck, Worscht und Wein
Semmel, Wurst und Wein gehören in der Pfalz, besonders in Mainz, untrennbar zusammen
Weinkartoffeln
Bratkartoffeln mit Wein und Fleischbrühe aufgegossen, sind besonders saftig und würzig
Wingertsalat – Feldsalat
Zwiebelkuchen – Zwiwwelkuche
Salziger Hefeteig mit Belag von Zwiebeln und Eiern, wird warm zu Federweißem und jungem Wein gegessen.

Frankfurt und Hessen

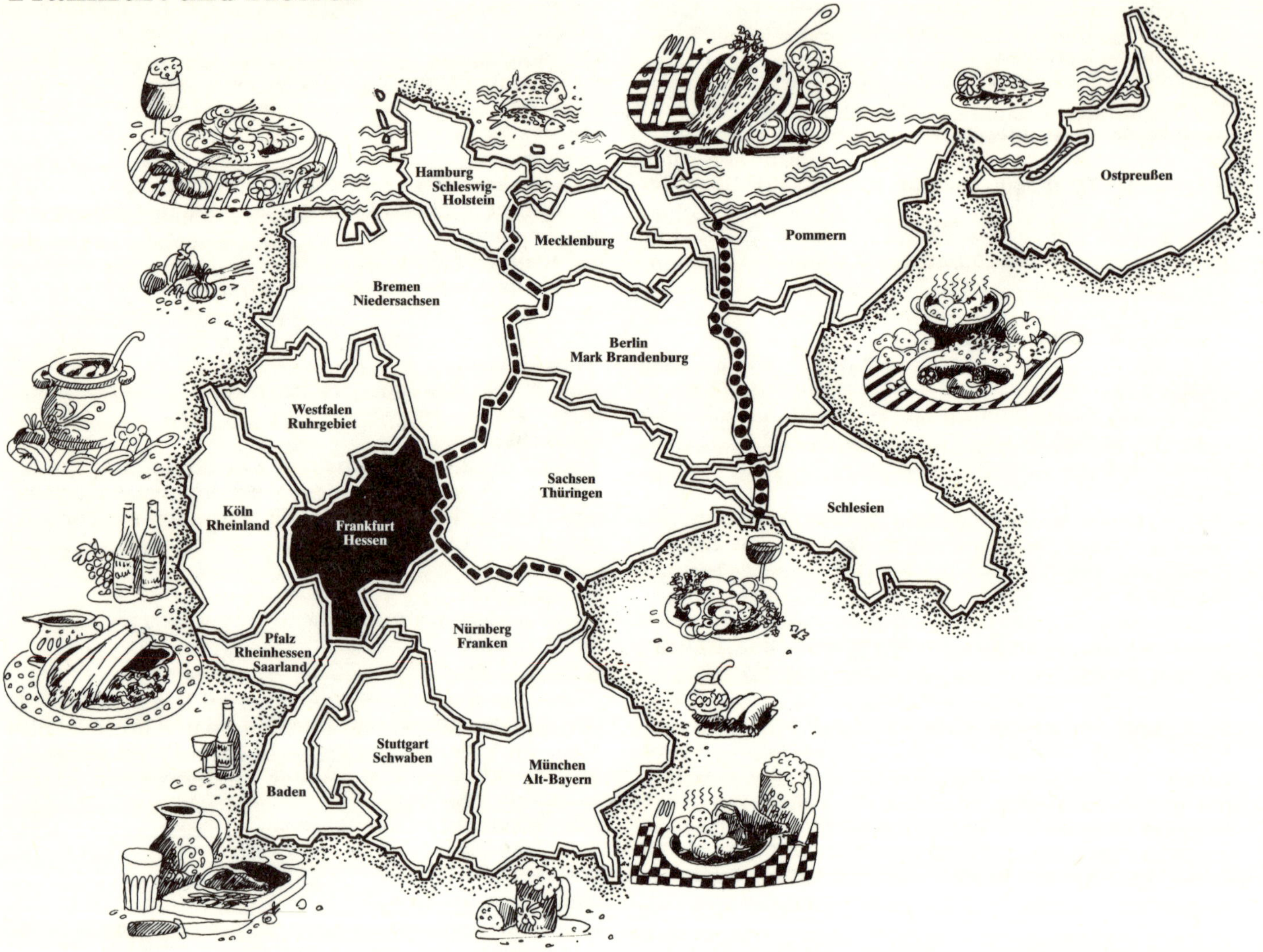

In seinen Frankfurter Bildern schreibt Eduard Beumann im Jahre 1835: »Frankfurt ist die Stadt, in der Goethe geboren und in welcher Bratwürstchen gemacht werden, die die gleiche Zelebrität wie er erlangt haben ...«

Urkundlich erwähnt wurden die Frankfurter Bratwürste (Brat von Brät – der Füllung der Würstchen) schon im Mittelalter anläßlich der Krönungsfeierlichkeiten der deutschen Kaiser in der Freien Reichsstadt Frankfurt. An diesen hohen Festtagen wurden auf dem Römer für das vor dem Rathaus versammelte Volk ganze Ochsen am Spieß gebraten, die mit würzigen Bratwürsten gefüllt waren. Man nannte sie aus gegebenem Anlaß Krönungswürste. Sie sind die Vorläufer der heutigen knackigen Frankfurter. Goethe wird auch sonst häufig bemüht, wenn es darum geht, einem typisch frankfurterischen Gericht mit der Bezeichnung »Goethes Lieblingsspeise« einen zusätzlichen Lorbeerkranz zu winden. So z. B. der Grünen Sauce mit ihren sieben jungen Kräutern, kurz »Grie Soß« genannt, die in der Mainmetropole unweigerlich den Frühling einläutet und köstlich zu zarter Rinderbrust, gekochtem Fisch, zu Eiern und Kartoffeln paßt. Goethe hat sie aber vermutlich nie kennengelernt, erscheint sie doch 1860 zum ersten Mal in einem Kochbuch. Dagegen ist überliefert, daß sich der Feinschmecker und Dichter regelmäßig jeden Winter von Frau Aja mehrere Schwartemagen (Wurst aus Schweinefleisch, Schwarten und Gewürzen im Schweinemagen geräuchert) von Frankfurt nach Weimar schicken ließ. Zu Weihnachten wurde auch regelmäßig typisches Marzipangebäck wie Brenten sowie Konfekt vom Hirschengraben angefordert, das man in dieser Feinheit in Thüringen nicht kannte.

Was man aber sonst noch alles über die kulinarischen Vorlieben des großen Sohnes der Stadt für die

Frankfurter Küche »goethet«, trifft nicht zu. Frankfurt hat keine starke Regionalküche. Die freie Reichsstadt, seit Jahrhunderten durch ihre Messen und wichtigen Handelswege mit ganz Europa verbunden, hatte immer schon kosmopolitischen Charakter. Es gab schon im 16. Jahrhundert Gasthäuser auf der Zeil, die durch die damaligen Messebesucher europäische Berühmtheit erlangt hatten. Auch das erste deutsche Kochbuch erschien 1531 in der Bücherstadt Frankfurt. Es herrschte viel Wohlhabenheit, die sich auch in der Küche zeigte. Man kochte in den Bürgerhäusern der Kaufleute und Bankiers vor allem französisch. Noch heute stehen die Französisch Supp (eine Art Pot au Feu), der welsche Hahn (Puter) und Franzosenbrot auf der Frankfurter Speisekarte. Selbst die Grüne Sauce hat verdächtige Ähnlichkeit mit einer französischen Kräutervinaigrette. Einer Stadt, die ihre Haupteinkaufsstraße für Lebensmittel liebevoll in Freßgaß umgetauft hat, kann man sich jedenfalls beruhigt anvertrauen, wenn es sich um die Bewahrung der einfachen natürlichen Genüsse handelt.

Ganz oben in der Rangliste der »Worschtigkeiten« stehen natürlich die schmalen noblen Würstchenpaare, die echten Frankfurter, die nur im Wirtschaftsgebiet Frankfurt hergestellt werden dürfen. »Eschte Frankforder« bestehen aus feingewürztem Fleisch von magerem Schweineschinken und sind in ihrer dünnen Haut nur am Rande leicht angeräuchert. Man ißt sie stilgerecht aus der Hand zu geriebenem Meerrettich oder Senf, und am besten paßt ein Glas Pils dazu. Der Ruhm dieser Spezialität ließ die Rindermetzger nicht ruhen. Ihre aromatischen Frankfurter Rinderwürste, die in langen Ketten in jedem Fleischwarengeschäft hängen, können sich mit den Frankfurter Würstchen durchaus messen und sind ebenso wie diese eine beliebte Einlage für Suppen aus Hülsenfrüchten und Kartoffeln. Großer Beliebtheit erfreut sich die »Flaaschworscht«, eine ringförmig gebundene dicke Fleischwurst aus Schweinefleisch, mit Koriander und Ingwer gewürzt, die man heiß und in dicke Stücke geschnitten zu einem Wasserweck vertilgt. Die Gelbwurst leitet ihren Namen von der früheren Färbung durch Safran ab. Heute umschließt eine gelbe Hülle die gut gewürzte Wurst aus Schweinefleisch, Kalbfleisch und Hirn, die man gern auf Sauerkraut anrichtet. Lewwerworscht und Blutworscht, frisch und geräuchert, schmecken warm auf der Schlachtplatte und kalt als Brotbelag. Neben den Würsten spielt Schweinefleisch eine wichtige Rolle, wobei das »Rippche«, gepökelt, aber nicht geräuchert und von üppiger Dicke, gekocht und auf Sauerkraut serviert, fast als Frankfurter Nationalgericht gelten kann. Leiterchen sind dicke Schälrippchen, die man gepökelt und gekocht oder gebraten ißt, Haspel, die Frankfurter Bezeichnung für ein gepökeltes Vordereisbein, und Klein-Solber sind gepökelte Bäckchen, Schnäuzchen, Füße und Schwänzchen vom Schwein, die ebenfalls mit Sauerkraut gegessen werden.

Alle diese rustikalen, aus der ländlichen Umgebung der Stadt stammenden Spezialitäten, zu denen ein hausgekelterter Apfelwein schmeckt, bekommt man am besten in den alten Sachsenhausener Äpfelweinstuben, von denen im folgenden Kapitel noch die Rede ist.

Im Gegensatz zur wohlhabenden Stadt Frankfurt war Hessen mit Ausnahme weniger fruchtbarer Landstriche im Süden jahrhundertelang arm. Kartoffeln spielten eine Hauptrolle in der Ernährung. In keiner Region Deutschlands weiß man die nahrhaften Knollen so einfach und so gut zuzubereiten wie in Hessen. Im Norden, kurz Kurhessen genannt, mit der schönen Niederung der Schwalm, den endlosen Mischwäldern, malerischen Dörfern mit alten Fachwerkhäusern, deren Bewohner noch bei feierlichen Anlässen die alten Trachten tragen, hat sich die bodenständige Hessenküche am besten erhalten. Kartoffeln und Äpfel spielen eine wichtige Rolle. Dippedotz und Duckefett, Diebchen, Wutschketes und Weckeweck sind herzhafte Hausmacherkost. Einmal in der Woche gibt es bei den Bäckern heißen Bloatz, einen Blechkuchen aus Hefeteig, der mit Füllungen aus Kartoffeln, Äpfeln oder Zwiebeln belegt ist und ofenwarm aus der Hand gegessen wird. Und weil man mit dem teuren Fleisch sparsam umgeht, wird die Wurst mit Kraut gestreckt – sie heißt daher Krautwurst oder Schwartegünter. Dazu wird nicht wie im übrigen Hessen Wein oder Apfelwein getrunken, sondern Bier oder Schnaps.

An Kurhessen grenzt der winzige Landesteil Waldeck, der sich bis 1918 als Fürstentum und noch ein paar Jahre als Republik gehalten hat. Ich habe ein reizendes altes Waldecksches Kochbuch, in dem es von Sparrezepten aus der Feder von Obergerichtssekretariusgattinnen bis zu veritablen Prinzessinnen nur so wimmelt.

Fast schon südliche Üppigkeit findet man in Hessen dagegen an der Bergstraße und dem lieblichen Rheingau. Hier reifen die edelsten Weine Deutschlands, gedeihen Frühgemüse und süße Früchte. Hier schwingt sich die Hessenküche von edlem Wein beflügelt, auch zuweilen zu kulinarischen Höhenflügen auf, die Rippchen, Handkäs und Appelwein weit hinter sich lassen.

Kleiner Knigge über den Frankfurter Äpfelwein

Zuerst einmal: die Frankfurter sagen Äbbelwein, Ebbelwei, Äppelwoi oder kurz Stöffche, wenn sie von ihrem Nationalgetränk, dem Apfelwein, sprechen. Um ihn richtig zu genießen, gehen Männlein und Weiblein am späten Nachmittag oder frühen Abend in ihre Stammkneipe, dort, wo der Äpfelwirt das Stöffche noch hausgekeltert zapft. Die meisten Äpfelweinstuben liegen »Dribbdebach«, auf der anderen Seite des Mains, im alten Sachsenhausen – echte Frankfurter haben ihre Geheimadressen nicht selten in Bornheim, Griesheim oder Zeilsheim, die noch vom Touristentummel verschont sind. Besonders schön ist es im Sommer in den Gartenwirtschaften, den Höfche, in denen auf den langen Holzbänken an den blankgescheuerten Tischen unter alten Bäumen Freunde und Fremde beieinanderhocken und gemütlich miteinander »babbeln«. In manchem sind sie den Münchner Biergärten gleich. Die Frankfurter sind stolz auf die fast 500jährige Tradition des nur im Frankfurter Raum gekelterten Apfelweins und halten ihn für einen legalen Bruder des Weines, der noch dazu gegen fast jede Krankheit hilft. Fremde müssen sich an den herben, leicht säuerlichen Geschmack erst gewöhnen. Es heißt, vom fünften Schöppche an hat man. Wenn im Herbst die Kelteräpfel aus der Wetterau, dem Taunus und dem Odenwald anrollen, hängt der Wirt einen Fichtenkranz vor die Tür – das Zeichen, daß das Keltern begonnen hat. Zuerst gibt es den *Süßen* – Sieße – reiner, noch alkoholfreier Apfelmost von goldbrauner Farbe, den die richtigen Äpfelweintrinker nur als Spielerei betrachten. Zum Süßen schmecken frische Schälnüsse besonders gut. Nach 8 bis 14tägiger Gärung wird der prikkelnde *Rauscher* ausgeschenkt, der, ebenso wie beim Wein der Federweiße, mit Vorsicht zu genießen ist. Es heißt, er gärt im Trinker weiter. Ende Dezember ist endlich der noch leichttrübe *Neue* da, bei dem die Hauptgärung beendet ist. Kenner prüfen den neuen Jahrgang jetzt sachkundig auf Farbe, Aroma und Geschmack. Im Frühjahr hat der Hohenastheimer (so genannt, weil die Äpfel so hoch an den Ästen hängen) dann als *Alter* seine Hochform erreicht und die hellgoldene Farbe, klar oder leicht trüb, die ein guter Apfelwein haben soll. Wenn dann der nächste *Neue* kommt, sollte der *Alte* ausgetrunken sein, er gewinnt nicht mehr an Geschmack.

Der Apfelwein wird vom Wirt, dem Zapper, aus einem großen, mehrere Liter fassenden Bembel ausgeschenkt; Bembel heißen die grau-blauen salzglasierten bauchigen Krüge aus dem Kannebäcker Land, die fast schon so lange hergestellt werden wie der Äppelwein gekeltert wird. Die standfesten Schoppengläser aus geripptem Glas fassen 0,3 l, allerdings sind schon manche Wirte zu 0,25 l übergegangen, das kann bei einem ausgedehnten Zechabend zu Buche schlagen. Ebenso wichtig wie der Äppelwein sind aber die »Klaanigkeiten«, die man dazu verspeist. Und das Wort Klaanigkeiten sollte man nicht zu eng nehmen. Das können Brezeln und Wasserwecken sein, die der Brezelbube bringt, aber auch saftige Rippchen von wahrhaft gigantischen Ausmaßen, mit Kraut oder die schon erwähnten Frankfurter Worschtigkeiten. Besonders beliebt ist auch der Handkäse, ein dem Harzer Käse ähnlicher breiter Sauermilchkäse aus der Wetterau, der »mit Musik«, herzhaft mit Essig, Öl und gehackten Zwiebeln übergossen serviert wird. Warum man dazu nur ein Messer, aber keine Gabel bekommt, das wissen nur die »goldische Frankforder«.

Spezialitäten aus Frankfurt und Hessen

Aale – Ale Woscht
Geräucherte gut abgehangene Schweinemettwurst, häufig wird auch Leber-, Blutwurst und Preßsack in Schweinsblasen gehüllt so genannt (Oberhessen)
Äppelwoi – Ebbelwei
Apfelwein aus Mostäpfeln gekeltert
Apfelränzcher – Ebbelränzcher
Apfelscheiben in Eierkuchenteig ausgebacken
Backeskartoffeln – Backeskrumbeere
Überbackenes Kartoffelgericht aus durchwachsenem Schweinefleisch, Kartoffelscheiben und Sahne. Es wurde früher zum Bäcker gebracht zum Backen (Rheinhessen)
Blatz – Bloatz – Platz
Blechkuchen aus Brotteig mit verschiedenen Auflagen: Apfelplatz – Kartoffelplatz – Zwiebelplatz. Wird warm zum Äpfelwein gegessen (Schwalm)
Blutwurst
Meistens ringförmig gebunden, mit Blut, Speck, Schwarten und Gewürzen hergestellt
Brenten
Weihnachtliches Marzipangebäck, in Förmchen gebacken
Bretzel – Brezen – Laugenbretzel
Unerläßliche Beigabe zum Äpfelwein
Diebchen
Mit Kräutern vermischte Kartoffelklöße aus rohen und gekochten Kartoffeln mit einer Wursteinlage als Füllung
Dippedotz – Deppedotz
Kartoffelteig mit Brötchen und Eiern angemacht, mit Fleischresten und Äpfeln vermischt und in Speckfett im Ofen goldbraun gebacken. Wird mit Kompott und Kaffee serviert
Dürre Runde – Kasseler Mettwurst
Luftgetrocknete Mettwurst
Erbsensuppe, Frankfurter
Erbsensuppe aus frischen Erbsen mit einer Einlage von Frankfurter Würstchen
Fleischwurst - Flaaschworscht
Ringförmig gebundene große Wurst aus Schweinefleisch, Speck, Kalbfleisch und Gewürzen, wird warm gegessen
Frankfurter Grüne Sauce – Grie Sooß
Kalte Kräutersauce aus hartgekochtem Eigelb, Öl und vielerlei Frühlingskräutern: Kerbel, Kresse, Borretsch, Schnittlauch, Petersilie, Sauerampfer, Pimpernelle. Wird zu gekochter Rinderbrust, Fisch, Eiern und Kartoffeln serviert
Frankfurter Kranz
Ringförmiger Kuchen aus Sandkuchenteig mit reiner Buttercreme gefüllt und mit gerösteten Mandeln oder Krokant bestreut

Frankfurter Pudding
Warmer Brotpudding mit Rosinen, Mandeln und Gewürzen, wird mit Bischofssauce (Rotweinsauce) serviert
Frankfurter Würstchen
Schmale, lange, über Buchenholz leicht geräucherte Brühwürste aus bestem mageren Schweineschinkenfleisch mit zarter Haut. Dürfen nur im Wirtschaftsbereich von Frankfurt hergestellt so genannt werden. Maß ißt sie mit Brötchen und Senf oder Meerrettich aus der Hand
Französische Supp – Quer durch de Garde
Suppe aus vielen frischen Gemüsen mit einer Einlage von Rindfleisch
Gans, Gefüllte
Gänsebraten mit Füllung aus den Innereien der Gans oder aus Kastanien und Rosinen
Gelbwurst
Hirnwurst mit Kalb- und Schweinefleisch in gelber Haut, wurde früher mit Safran gefärbt
Grüne Kartoffelkuchen – grüner Kuchen
Kartoffelpuffer aus geraspelten Kartoffeln und Kräutern
Handkäs
Dem Harzer Käse verwandter Sauermilchkäse (aus der Wetterau); *mit Musik:* Salz, Pfeffer, Öl und Zwiebelwürfel miteinander vermischt und als Marinade über den Handkäs gegossen. Zuspeise zum Apfelwein
Hahn, Frankfurter
Hähnchen in Apfelwein und Sahne zubereitet
Haspel
Gekochtes Eisbein
Kartoffelsuppe Alt Frankfurter Art
Mit Sahne abgezogene Kartoffelsuppe, mit Rebhuhn oder Hühnerfleisch zubereitet
Krautwurst – Schwartegünter
Mit Kraut gestreckte Wurst aus Oberhessen
Kreppel – Kräppel
Traditionsreiches Schmalzgebäck aus Hefeteig, rechteckig oder länglich, typisch für die Karnevalszeit
Krimmelkuche
Streuselkuchen
Krumbeere-Wurst
Kartoffelwurst mit Rind- und Schweinefleisch
Kummern, auch Kukummer
Gurke
Leiterchen
Schälrippen, frisch gebraten oder gepökelt und gekocht
Motten und Klöße
Eintopfgericht aus Möhren und Schweinefleisch mit einer Einlage von Kartoffelklößen aus gekochten Kartoffeln (Hessen)
Ochsenbrust, Frankfurter
Gekochte Ochsenbrust in Scheiben geschnitten, mit Grüner Sauce und Bouillonkartoffeln serviert
Offenbacher Pfeffernüsse
Weihnachtsgebäck: Eierteig mit Gewürzen und kandierten Zitrusfrüchten
Quer durch de Garde
Siehe Französische Supp
Quetschekuchen
Zwetschgenkuchen auf dem Blech gebacken, wird gerne warm zur Kartoffelsuppe gegessen
Pannekuchen
Eierpfannkuchen mit Schnittlauch oder Speck zubereitet
Rindswurst
Herzhafte, kernige heißgeräucherte Brühwurst
Rippche
Gepökeltes, aber nicht geräuchertes Schweinerippenstück (kann auch vom Hals sein); wird in Scheiben von üppiger Dicke mit Sauerkraut zum Apfelwein gegessen
Sachsenhauser Schneegestöber
Frischrahmkäse und Camembert vermischt, mit Butter, Zwiebel und Paprika abgeschmeckt, wird pyramidenförmig angerichtet
Schwartegünter
Siehe Krautwurst
Schwartemagen
Wurst aus Schweinefleisch, Schwarten und Gewürzen in einem Schweinemagen geräuchert
Schmalzbrode
Werden gerne zu heurigem Wein gegessen
Schmalzkraut – Mausöhrchen
Feldsalat, wird gerne mit Kartoffelsalat gemischt
Solber – Sulperknoche
Kleine gepökelte Schnäuzchen oder Füßchen und Schwänzchen vom Schwein, werden gekocht und auf Sauerkraut serviert. *Rindssolber* – gepökelter Brustkern, gekocht zu Kartoffelsalat (Solber heißt Salzsole)
Spansau – Spaasau – mit Füllsaukartoffeln
Spanferkel mit Kartoffeln und Innereien gefüllt (Nahe)
Spundekäs
Weinkäse, ähnelt Münster-Käse
Trapp-Trapp
Pferdefleisch
Wasserweck
Glattes Brötchen, wird immer als Pärchen gebacken
Welscher Hahn – Puter
Als Weihnachtsbraten beliebt
Wiesbadener Ananastörtchen
Törtchen aus Waffeln, Nougatcreme, Ananaskonfitüre und Schokoladenguß
Wutschketes
Kartoffelklöße in Milch gekocht und mit ausgelassenem Speck übergossen

Baden

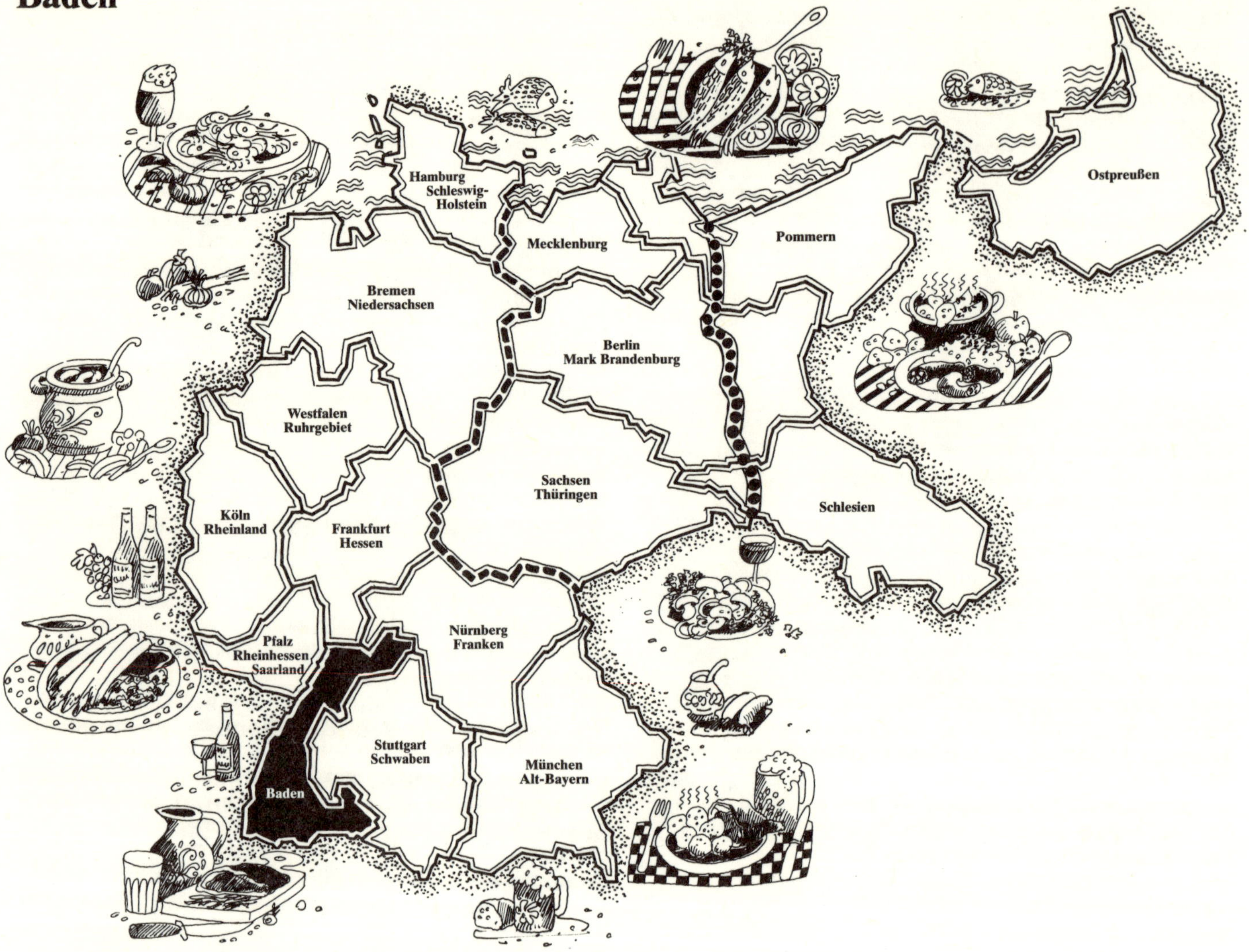

Eine himmlische Landschaft nennen die Badener selbst ihre schöne Region. Sie ist mit allen Vorzügen ausgestattet, die eine Kulturlandschaft bieten kann, und in manchen Winkeln auch noch als Urlandschaft zu entdecken. Sanfte Rebhügel und weite Obstgärten, schmucke Weindörfer mit stattlichen Fachwerkhäusern, deren Gärten und Fenster vor Blumenschmuck nur so prangen, dahinter die Konturen des Schwarzwaldes mit seinen lichten und dunklen Wäldern, die vulkanischen terrassierten Berge des Kaiserstuhls, die heiteren Ufer des Bodensees – alles ist hier so voller Glanz und Schönheit, daß man seine Fahrt immer wieder unterbrechen möchte, um zu schauen und zu bewundern. Aber ins badische Ländle fährt man nicht nur der Augenfreuden wegen, sondern vor allem wegen der zu erwartenden Gaumengenüsse. Die badische Küche in ihrer traditionellen Vielfalt und Feinheit gilt als die beste von Deutschland. Das liegt nicht nur an den hervorragenden landeseigenen Produkten, aus denen sie zubereitet wird, sondern auch an der befruchtenden Nachbarschaft der Küchen Frankreichs und der Schweiz, vor allem das Elsaß hat wesentlich am badischen Speisezettel mitgewirkt.

Badisch essen heißt auch badisch trinken – die Weinlandschaft reicht vom badischen Franken bis zum Bodensee –; so wächst in Baden allemal irgendwo der richtige Wein zu den jeweils aufgetischten Spezialitäten. Erstaunlicherweise gibt es hier nicht so viel eigentliche Weinstuben wie in manchen anderen Weinanbaugebieten, man trinkt den Wein vor allem zum Essen in der Gastwirtschaft. Dafür findet man dort fast überall ein erfreuliches Angebot an offenen Weinen, so daß man schon beim Essen die Bekanntschaft mit der Vielfalt der badischen Weine beginnen kann. Das heißt aber keineswegs, daß die Badener nicht gerne in den rustikalen Gaststuben beim Schöpple zusammenhockten. Wozu hätte man sonst nach alemannischem Brauch die vielen kleinen Zwischenmahlzeiten, die Vespern, geschaffen. »Z'Nüni« (ab 9.00 Uhr), das »Z'Vieri« (4 Uhr nachmittags) und das »Z'Obe« (am Abend). Im schönsten Alemannisch hat das der Dichter J. P. Hebel so begründet: »Ne Trunk in Ehre. Wer will's verwehre? Trinkt's Bluemeli nit si Morgetau? Trinkt nit der Vogt si Schöppli au?« Zum Viertele gehört ein Buureplättli, das mit Hausmacherwurst, dunkelrotem Schwarzwälder Schinken und einem meist rosaroten langen Rettich bestückt ist. Aber auch ein Wurstsalat, eine kleine Portion saure Nierle oder ein geschmortes Kalbsbriesle sind noch legitime Vespergerichte. Im Herbst, zum neuen Wein, werden Zwiebelwähe, Schälnüsse und »Käschte« – geröstete Eßkastanien – aufgetischt. Wer oben im Schwarzwald in einem der breiten gemütlichen Schwarzwaldgasthäuser seine Vesper verlangt, wird, wenn er Glück hat, auf einem Holzbrett noch richtig festen schwarzgeräucherten Schwarzwälder Speck zum hausgebackenen Bauernbrot bekommen. Dazu trinkt man Chriesliwasser – Kirschwasser – oder einen anderen Obstler.

Aber alle die kleinen »Veschperle« sind ja nur Präludien zu einem badischen Schlemmeressen. Die Rezepte für die feinen Pasteten und die Gänseleber, Weinbergschnecken und Froschschenkel (die seit neuestem trotz ihrer Beliebtheit aus Tierschutzgründen von der Karte gestrichen sind) hat man weitgehend aus dem Elsaß übernommen. Auch der herrlich würzige Fleischtopf, der Bäckeofen, den man früher zum stundenlangen Garten dem Bäcker gebracht hat, wurde dort zuerst zubereitet. Aber dann geht es ganz badisch weiter. In der Spargelsaison werden jeden Morgen an der badischen Bergstraße die dicksten schneeweißen Spargel gestochen, die schon mittags in den Gasthäusern und Restaurants auf dem Teller liegen – von würzigem tannengeräuchertem Schinken, zerlassener Butter und Kratzeten – in große Stücke zerrissener goldgelber Eierkuchen – begleitet. Daß in dem fast südlichen sanften Klima alles Frühgemüse besonders gut gedeiht, liegt auf der Hand. Zum Salat sammeln die badischen Feinschmecker Löwenzahn, Feldsalat und Kresse selbst. An der Bergstraße und am Bodensee beginnt wie in der Pfalz die Baumblüte schon früher als im übrigen Deutschland. Die großen Obstplantagen sind dann ein einziges Blütenmeer, und durch das zeitige Frühjahr sind die sonnengereiften Früchte aus Baden entsprechend früher auf dem Markt. Aber sie werden keineswegs alle als Frischobst verkauft. Kirschen, Himbeeren, Mirabellen, Birnen und Zwetschgen, ja eigentlich so gut wie der ganze Erntesegen, wird zu einem erheblichen Teil in flüssige Wässerchen verwandelt. Es gibt in Baden, vor allem im Schwarzwald, neben großen Brennereien noch viele kleine Hausbrennereien, die ganz vorzügliche Obstler destillieren.

Aus den badischen Gewässern wird mehr Süßwasserfisch an Land gezogen als in den meisten anderen deutschen Regionen. Am berühmtesten ist noch immer der badische Hecht, der wie eh und je nach traditioneller Art mit Speck gespickt oder belegt im Ofen gebakken und mit einer dicken Sahnesauce übergossen auf den Tisch kommt. Die größeren Exemplare verwandelt man in zarte Hechtklößchen, die man sonst nur in Frankreich auf der Speisekarte findet. An Beliebtheit ist der Zander dem grätenreichen Hecht allerdings dicht an den Flossen. Auch Aale werden wieder im Altrhein gefangen. Die Köche bereiten delikate Aalpasteten daraus, aber auch nach badischer Hausfrauenart mit einer duftenden Kräutersauce zubereitet oder mit frischen Salbeiblättern gebraten sind sie ein Genuß. Der größte Teil des Bodensees zählt ebenfalls zu Baden. Er liefert Felchen, Kretzer (Egli), Trüschen und vor allem die delikaten zartrosa Lachsforellen aus der Tiefe des Sees. Bei der Zubereitung wird nach guter alemannischer Art nicht an Sahne gespart. Dagegen stammen die so gerühmten Schwarzwaldforellen in den seltensten Fällen noch aus den hier immer trüber werdenden Flüßchen, sondern aus Forellenzüchtereien. Mancher Wirt im Schwarzwald hat seinen eigenen Räucherofen, so eine rauchwarme Forelle zu einem Glas trockenen badischen Wein gehört zu den Freuden eines Wanderers, der bei ihm Einkehr hält.

Was den Schwaben die Spätzle, sind den Badenern die Knöpfli: der Spätzleteig wird statt vom Brett geschabt, durch ein Sieb gepreßt und in Salzwasser gekocht. Der Unterschied liegt nur darin, daß die Knöpfli entsprechend kürzer sind und sie nicht eine ganz so wichtige Rolle wie die Spätzle als Beilage spielen. Da sind nämlich auch noch die Bubenspitzle, aus zartem Kartoffelteig geformte, spitz zulaufende Fingernudeln. Sie werden gekocht und mit Butterbröseln übergossen oder in Fett schwimmend ausgebacken und schmecken besonders gut zu Braten und zu Wildgerichten. Wild findet man zur Jagdsaison überall auf der Speisekarte. Und es ist keineswegs immer der berühmte Rehrücken »Baden Baden«, der angeboten wird und der eigentlich mit seiner Beilage von mit Preiselbeeren gefüllten Birnen mehr ein Restaurantprodukt denn ein Regionalgericht ist. Schäufele (Schulter), Schlegel und Wildragout mit frischen Waldpilzen sind wesentlich typischer für die badische Küche, in der auch beim Kochen die guten heimischen Weine verwendet werden. Und da Wein und Sahne allemal eine gute Sauce ergeben, bleibt einem in Baden auch meistens das deutsche Saucendesaster erspart.

Bei den Süßspeisen geben Himbeergeist, Kirschwasser, aber auch Tannenhonig das besondere badische Aroma, so wie eine Schwarzwälder Torte ihren Namen nur verdient hat, wenn Tortenböden und Sahne von Kirschwasser durchzogen sind.

Wer in Baden auf die Reise geht, der sollte kein zu großes Programm machen. Die himmlische Landschaft ist so unglaublich schön und am Wege liegen so unendlich viele behäbige alte Gasthäuser und berühmte Feinschmeckerlokale, die bodenständig Regionales und raffinierte Gaumengenüsse bieten, daß man verweilen sollte, um die Harmonie von Landschaft und Küche, die hier einzigartig ist, zu genießen.

Spezialitäten aus Baden

Aal in Salbei
Aalstücke mit frischen Salbeiblättern gebraten
Badischer Hecht
Im Ofen gebackener gespickter Hecht mit Rahmsauce
Bäckerkartoffeln, Badische – Beckeofen – Beckeoffe
Eintopfgericht aus verschiedenen, in Wein marinierten Fleischsorten, Kartoffeln und Zwiebeln. Wird in einem Steinguttopf mehrere Stunden gebacken. Das Gericht stammt ursprünglich aus dem Elsaß
Bettelmann
Auflauf aus Schichten von gerösteten Schwarzbrotbröseln und Äpfeln. Wird mit Vanille- oder Weinschaumsauce gereicht
Bibbeliskäs
Rahmquark mit Kräutern angemacht. Zu Pellkartoffeln und Salat oder als Brotaufstrich
Bubenspitzle, Badische
Aus gekochtem Kartoffelteig geformte Röllchen an den Enden spitz auslaufend. Gekocht oder in Fett ausgebacken. Beilage zu saucenreichen Fleischgerichten
Bodenseefelchen
Langgestreckter Süßwasserfisch, in Bayern Renke genannt, wird blau gekocht oder in Butter gebraten. Auch geräuchert ein Genuß. *Felchenkaviar* schmeckt besonders gut mit saurer Sahne auf Kartoffelpuffer
Bodenseekretzer – Barsch – Egli
Besonders guter Süßwasserfisch. Am feinsten die Filets in Sahnesauce
Bodenseetrüsche
Saftiger Süßwasserfisch, dessen große Leber von Kennern hochgeschätzt wird
Burewecke
Knusprige Roggenbrötchen, die zur Vesper gegessen werden
Chriesewässerle – Kirschwasser
Echtes Kirschwasser wird aus Wildkirschen gebrannt
Freiburger Brezeln
Große und kleine Laugenbrezeln, die zum Frühschoppen oder zum Viertele gegessen werden
Grünkernsuppe, Badische
Suppe aus geschrotetem Grünkern (Dinkel) mit Eigelb und Sahne legiert. Sehr altes Rezept
Hechtklößchen, Badische
Zarte, längliche Klöße aus Hechtfleisch meistens in Dillsauce serviert
Hollerküchle
Holunderblüten in Brandteig ausgebacken, heiß als Dessert serviert
Käschde – Eßkastanien
Werden frisch geröstet zum Wein, gegessen und werden als Gemüse, als Füllung für Gänse und Puten sowie glasiert als Konfekt geschätzt
Kirschplotzer – Kirschenmichel
Süßer Auflauf aus nicht entsteinten frischen Kirschen, Semmeln, Eiermilch und Mandeln
Knöpfli
Kurze Spätzle
Kratzete – Eierhaber
Eierkuchen, der beim Braten mit der Gabel in große Stücke gerissen wird. Besonders beliebt zu Spargel und geschmorten Waldpilzen sowie süß zu Kompott
Löwenzahnsalat
Wildwachsender Frühjahrssalat, der in Baden mit einem Hauch Knoblauch und ausgebratenen Speckwürfeln angemacht wird
Maronen, Glasierte
Beliebtes Konfekt aus glasierten Eßkastanien
Mistkratzerle
Junge Hühner, die möglichst im Freien aufgezogen sein sollen. Werden besonders gern als Brathuhn zubereitet und mit verschiedenen Salaten serviert
Ochsenfleisch, Badisches
Beliebtes Gericht aus gekochter Mastochsen- oder Rinderbrust mit Meerrettichsauce serviert. Mit einer Garnitur aus süßsaurem Kürbis, Preiselbeeren und süßsauren Zwetschgen umgeben
Pfittele
Brandteigkrapfen, die mit Weinschaumsauce serviert werden.
Ritscherle
Feldsalat, auch als Wildsalat vorkommend
Salbeiküchlein
Frische Salbeiblätter in Eierkuchenteig goldgelb ausgebacken und mit Puderzucker bestreut
Sauerbraten – Surbrotis
In Essig, Wein und Gewürzen marinierter Rinderschmorbraten; wird mit Sahnesauce und hausgemachten Nudeln serviert
Schneckenrahmsüpple
Gehacktes Schneckenfleisch in Fleischbrühe mit Kräutern und Rahm verfeinert
Schwarzwälder Kirschtorte
Dekorative Sahnetorte mit Schokoladenbiskuit, Sauerkirschen und Kirschwasser zubereitet
Schwarzwälder Schinken
Der Knochen von dem Schinken wird vor dem Pökeln ausgelöst und der Schinken über harzigem Nadelholz geräuchert. Das verleiht dem Schinken einen besonders aromatischen Rauchgeschmack, der typisch für den dunkelroten Schwarzwälder Schinken mit dem breiten Fettrand ist
Schwarzwälder Speck
Kerniger Schinkenspeck, der zu gleichen Teilen aus magerem Fleisch und Fett bestehen soll. Auf einem Holzbrett mit Bauernbrot, Senf und einem Kirschwasser serviert eine willkommene Vesper
Spargel
Gibt es im Badischen Land (Schwetzingen, Hügelheim) in besonders guter Qualität. Er wird mit Schwarzwälder Schinken und Eierpfannkuchen (Kratzete) serviert

Stuttgart und Schwaben

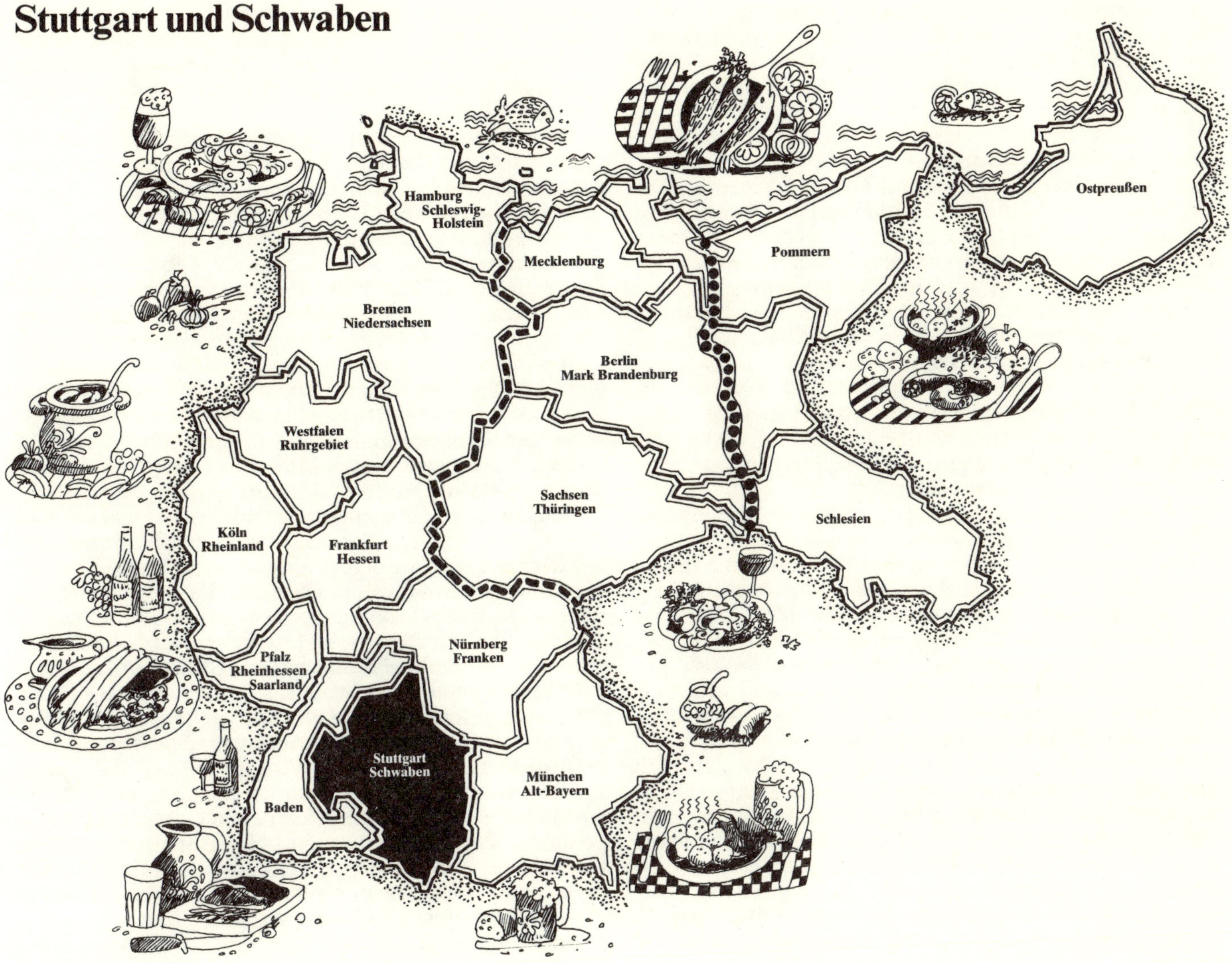

In Stuttgart habe ich vor dreißig Jahren meinen ersten Kochbuchvertrag unterschrieben und in Heilbronn lange Jahre eine große Nahrungsmittelfirma beraten. So haben schwäbische Maultaschen, Spätzle und Trollinger mein berufliches Leben getreulich begleitet. Wenn immer mich Verleger oder Werbeleiter bei der Ankunft abholten, wurde mein angestauter Arbeitseifer mit den Worten gedämpft: »Jetzele fahret mir ersch amol ebbes essen. Dann wird über d'Arbeit geschwätzet«. Und oft fuhren wir meilenweit, um ein von meinen Gastgebern inzwischen entdecktes Restaurant, schwäbisch Wirtschäftla genannt, zu besuchen, das eine rühmenswerte Spezialität zu bieten hatte. Bei meinen Kunden in Frankfurt und Hamburg ging es in der Regel weit weniger kulinarisch betont zu. So lernte ich bald, daß die Schwaben ihr Postulat »Schaffe, schaffe, Häusle baue!« auf das Angenehmste mit herzhafter Genußfreude zu verbinden wissen.

Eine Frage jedoch, die mich immer interessiert hat, konnte mir auch im Lande der Spätzle-Esser nicht beantwortet werden: Woher kommt es, daß als einzige deutsche Regionalküche die württembergische durch ihre vielen teigwarenartigen Beilagen so eindeutig italienische Züge aufweist? Ihrer Geschichte nach müßte sie ja alemannisch sein. Sollten die Staufenkaiser – wie weiland Katharina von Medici die italienische Küche nach Frankreich – die Nudelrezepte der Emilia von ihren zahlreichen Zügen über die Alpen durch ihr Gefolge mitgebracht haben? Schließlich grenzte das Stammesherzogtum der Schwaben im Süden direkt an die Lombardei. Waren sie vielleicht den unternehmenden Kaufleuten der Ravensburger Handelsgesellschaft im 16. Jahrhundert zu verdanken oder den schwäbischen Winzern, die aus Südtirol die Tirolinger Traube für ihre Weinberge holten, um den Wein dann als Trollinger berühmt zu machen? Keiner weiß es. Sprachforscher behaupten übrigens, daß das Wort Spätzle sehr wohl von dem italienischen Wort Pasta abgeleitet sein könnte. Auf jeden Fall ist der Grundteig für italienische Nudeln und schwäbische Spätzle gleich, und den Schwaben sind Spätzle und Maultauschen für den täglichen Speisezettel so unentbehrlich wie den meisten Italienern Nudeln und Ravioli.

Auch woher das Wort Maultauschen kommt, liegt im Dunkel – nicht einmal Thaddäus Troll, der Schwaben so schöne literarische Denkmale gesetzt hat, kann ihren Namen erklären. Es sei denn, man nehme, da die schwäbische Sprache bilderreich und kräftig ist, ihn einfach wortwörtlich: so eine riesige fleischgefüllte Maultasche ist ja schließlich eine mächtige Angelegenheit. Das würde auch erklären, warum die Schwaben, die so gut wie jedem Hauptwort die liebevoll verkleinernde Nachsilbe –le anhängen, ob es Häusle, Ländle oder gar das Herrgöttle ist, der Maultasche diese Verkleinerungsform versagen. Sie reagieren ausgesprochen unwillig, wenn der reingeschmeckte Fremde, sich der Landessprache anpassen wollend, ahnungslos Maultäschle verlangt.

Für die Füllung der beliebten Nudeltaschen hat fast jede Familie, genau wie die Italiener für ihre Ravioli, ihr eigenes Rezept. Schwäbinnen können lange Diskussionen darüber führen, ob neben Brät und Hackfleisch noch Schinken oder Speck an die Füllung gehört, ob außer Petersilie und Muskat auch Majoran verwendet werden darf und – da gibt es die größte Kluft –, ob Spinat an die Maultaschen gehört oder nicht. Die respektlosen jungen Köche in Schwaben, die der traditionellen Küche vorsichtig den Kampf angesagt haben, fanden gerade bei den Maultaschen eine Möglichkeit, Heimisches mit Raffinesse zu verbinden. Sie haben von Hechtmousse bis Gänseleber die feinsten Zutaten zu Maultaschenfüllungen verarbeitet. Ein paar der neuen Rezepte, die man auch im Haushalt nachkochen kann, habe ich im Rezeptteil aufgeführt. Die klassischen Maultaschen jedoch werden wie eh und je in einer goldgelben fettaugenreichen Brühe gegessen, kräftig mit goldbraunen Zwiebeln abgeschmälzt. Aber auch als Hauptgericht zu Sauerkraut oder Kartoffelsalat oder nur so als schmückende Beilage begegnet man den Maultaschen allenthalben.

Unmöglich ist es, erschöpfend Auskunft darüber zu geben, wozu und bei welchen Gelegenheiten man die heißgeliebten Spätzle serviert. Leichter wäre es da schon zu sagen, zu welchen schwäbischen Gerichten die Spätzle nicht passen. Völlig unentbehrlich sind butterglänzende Spätzle jedenfalls als Beilage zu allen Fleischgerichten mit Sauce wie dem sonntäglichen Rahmbraten, dem Sauerbraten oder den zahlreichen Wildgerichten, aber auch beim saucenlosen schwäbischen Rostbraten, auf Sauerkraut oder bei der üppigen Schlachtplatte dürfen Spätzle nicht fehlen. Im Alltag genügen aber auch Gemüse und eine Rahmsauce, um daraus mit Spätzle eine selbständige Mahlzeit herzustellen. Überhaupt sind Saucen, wahrscheinlich wegen der Spätzle, ein wichtiges Requisit der schwäbischen Küche. Da die Sauce vom Sonntagsbraten nicht ausreicht, um auch an den folgenden Tagen die Spätzle mit Sauce zu versorgen, versteht man sich in Württemberg auf die Herstellung von Saucen auch ohne anfallenden Bratenfond.

Zurück zu den Spätzle. Variiert werden sie durch die Hinzugabe von Spinat oder Leber zu grasgrünen Spinatspätzle und zu Leberspatzen. Schwäbisches Nationalgericht sind der Gaisburger Marsch (Eintopf aus Rindfleisch, Kartoffeln und Spätzle) sowie Linsen mit Würstchen und Spätzle. Aus dem schwäbischen Allgäu kommen die allseits beliebten Kässpatzen: sie bestehen aus einer Schüssel sehr heißer Spätzle lagenweise mit geriebenem Allgäuer Käse vermischt und mit gerösteten Zwiebeln abgeschmälzt. Die sanften Spätzle werden dabei von dem würzigen Käse ganz durchdrungen, das schmeckt ausgezeichnet und ist eine Mahlzeit für sich. Wenn übrigens in Rom der große Alfredo in seinem Restaurant mit seinem goldenen Besteck die hausgemachten Nudeln dramatisch mit geriebenem Parmesankäse vermischte, erreichte er – etwas subtiler vielleicht – die gleiche Geschmackssymphonie. Schwieriger wird es dem Fremden, dem schwäbischen Geschmack auch dann noch zu folgen, wenn man den heißen Sonntagsbraten mit dem typischen schwäbischen Kartoffelsalat – sehr feucht und lauwarm – serviert, dazu Spätzle gibt und alles mit Sauce überflutet.

Spätzle gelten nur als echt, wenn sie mit der Hand vom Brett geschabt werden. Nur so gelingt es, sie in der angemessenen langen, dünnen, unregelmäßigen Nudelform zu produzieren. Wird der Teig auf einem Spätzlehobel in das Kochwasser gedrückt oder durch ein Sieb, entstehen kurze, fast runde Gebilde, Knöpfle genannt. Knöpfle sind eigentlich mehr im Badischen beheimatet, wobei hier die kulinarischen Grenzen nicht immer exakt bestimmbar sind, aber ein Schwabe spricht es einem Badener glatt ab, daß er richtig Spätzle vom Brett schaben kann. Ich bin sicher, daß genau wie in alten Zeiten auch heute ein Mädchen erst heiratsfähig ist, wenn es seinem Schätzle handgeschabte Spätzle vorgesetzt hat.

Es gibt noch eine weitere salzige Mehlspeise, die typisch schwäbisch ist, die Flädle. Zwar sind es die allerorts bekannten Eierpfannkuchen. Aber hier werden sie hauchdünn gebacken, aufgerollt und in Streifen geschnitten, in die so geschätzte Fleischbrühe gegeben, in der sie sich so richtig saftig mit der Brühe vollsaugen können. Auch zum Spargel, der im Frühling prall und weiß im Saulgau um Tettnang herum gestochen wird, gehört neben Schinken ein oder zwei Flädle, häufig mit frischen Kräutern versetzt zu Kräuterflädle verwandelt. Was dann wiederum Kratzete und Eierhaber sind, lesen Sie bitte im Spezialitätenlexikon nach.

Mehr als in anderen deutschen Gauen nimmt man sich liebevoll der Innereien an. Die feine Kalbsmilch, das Briesle, wird gedämpft, gebraten und ausgebacken. Saures Züngerl, Nierle, Kuttelfleck und Hirn findet man auch in den kleinen Wirtschäftla auf der Speisekarte. Fisch ist dagegen außerhalb der Großstädte rar;

nur der Bodensee liefert Blaufelchen, Egli, Hecht und Zander und Teichwirtschaften Forellen in jeder Menge.

Ein großer Teil der schwäbischen Freude am Essen gilt der Vesper. Die kleinen Weinstuben, Boizn genannt, in denen man überall sein Viertele Wein und die knusprigen Laugenbrezen vorgesetzt bekommt, sind überall zu finden. Da hocken sie dann – schon am Vormittag, vor allem aber zur Dämmerzeit – die Viertele-schlotzer, vor sich im typischen Henkelglas einen möglichst faßeigenen Wein des Wirtes, einen weißen Riesling, einen roten Trollinger oder einen hellroten Schillerwein und verbergen leicht grantelnd ihre Zufriedenheit. Natürlich muß man den Wirt kennen, um sicher zu sein, daß der Faßwein auch wirklich nicht gesüßt oder gar mit Mosten versetzt ist, aber das ist nicht nur Schwabenlos. Zum Wein gibt es meistens ausgezeichnetes knuspriges Brot und möglichst hausgemachte Bauernwurst, Preßsack, Leberwurst, Schützenwurst, Rauchfleisch und Kräuterkäse. Beckametzger hießen und heißen noch heute manche Wirtschaften, in denen die gesamte Versperversorgung in der Hand der Familie des Wirtes liegt. Ganz familieneigen sind die Besenwirtschaften, Winzerhäuser, bei denen der vor der Tür stehende Reisigbesen verkündet, daß der junge selbstgekelterte Wein ausschankbereit ist. Und fast immer steht auch frischgebackener, noch warmer Zwiebelkuchen bereit, der unbedingt zum »räsen« Wein gehört.

Die Württemberger haben sich weit mehr als die übrigen Deutschen ihre Regionalküche bis auf den heutigen Tag erhalten. Aber gleichzeitig sind erstaunlich viele junge Köche dabei, in den Gasthäusern ihrer Väter mit kreativem Mut eine leichtere, weniger mehlgebundene Küche zu entwickeln, die aus dem Geist der Landschaft kommt. Sie haben es mit ihren konservativen Gästen nicht immer leicht und halten auch vorsichtshalber noch eine Speisekarte mit traditionellen schwäbischen Gerichten im Hintergrund, um den Übergang langsam vorzubereiten. »D'Schwabe muß man vorsichtig nauflupfe«, sagte einer von ihnen.

Wenn Sie die nachfolgende Aufstellung der schwäbischen Dialektküche einmal genüßlich durchlesen, werden Sie feststellen, wie bilderreich sie die Rezepte schon durch den Namen beschreibt. Und zu der Küche Württembergs passen die fruchtigen heimischen Weine auch am besten, die in ihrer Vielfältigkeit viel zu wenig bekannt sind. Weil die schlauen Schwaben sie kaum exportieren. »Mir saufet onsern Wein selber«, sagen sie.

Spezialitäten aus Stuttgart und Schwaben

Apfelküchlein
In Teig gehüllte und in Fett ausgebackene Apfelringe, in Zimt-Zucker gewendet, warm als Dessert oder zum Kaffee serviert

Apfelknöpfle
Kleine Krapfen aus Semmelteig und Äpfeln, in Fett ausgebacken oder im Rohr. Mit Zimt und Zucker warm serviert

Augsburger Hochzeitssuppe
Üppige Fleischbrühe mit Einlagen aus Markklößchen, Brätklößchen, Leberknödel, Backerbsen

Backsteinkäse
Weichkäse in backsteinähnlicher Form, kräftig und würzig. Zur Vesper beliebt

Bäcksla
Bratkartoffeln

Bärentatzen
In speziellen Muschelförmchen gebackenes Weihnachtsgebäck, eine Art Schokoladenmakronen

Bietigheimer Golddukatensuppe
Talergroße Eierkuchen in Fett ausgebacken und als Einlage in Fleischbrühe serviert

Bodebire – Grombir
Kartoffeln, vor allem als Salat und Röstkartoffeln beliebt

Bodenseefische
Blaufelchen, Kretzer (Egli), Hecht, Trüsche und Zander werden fangfrisch aus dem Bodensee, auch »Schwäbisches Meer« genannt, in die Landeshauptstadt und ihre Umgebung geliefert

Briesle – Kalbsbries
In der schwäbischen Feinschmeckerküche besonders paniert und in Butter gebraten beliebt. Oder als Bries-lessuppe

Bubenschenkele – Rädergebackenes
Schmalzgebäck, dazu gibt es Kartoffelsalat

Dampfnudle, nackete
Hefeteigklöße, die im fest verschlossenen Topf in Dampf gegart werden und dabei von unten eine köstliche Kruste bekommen, in Schwaben Schuep genannt. Schwäbische Dampfnudeln werden gerne mit Backobst oder Kompott serviert, aber auch salzig mit Sauerkraut

Eierhaber – Oirhaber
In Stücke zerrissener Eierkuchen, in Bayern Schmarrn genannt

Eingemachtes Kalbfleisch
In Wein gebeiztes und mit Sahne und Eiern legiertes Kalbsragout. Wird mit hausgemachten Nudeln oder Spätzle und Salat serviert

Filderkraut
Südlich von Stuttgart angebauter hochwertiger, spitzgeformter Weißkohl, nach der Landschaft Filderkraut genannt. Wird vor allem zur Herstellung von Sauerkraut verwendet, dem Fildersauerkraut. Wird heute leider meist durch normalen runden Weißkohl ersetzt, der sich maschinell leichter verarbeiten läßt

Fasnetküchle
Fastnachtsküchle – Schmalzgebäck

Flädle
Besonders dünne zarte Eierkuchen in Streifen geschnitten als Einlage in die *Flädlesuppe* gegeben

Fleischküchle, Schwäbische
Knusprig braun gebratene Frikadellen aus gemischtem Hack, feiner aus einer Mischung aus Kalb- und Schweinefleisch, mit gerösteten Zwiebelringen garniert
Gaisburger Marsch
Eintopfgericht aus in Würfel geschnittenen gekochten Ochsenfleisch (Ochsenbrust), Kartoffeln und Spätzle in einer kräftigen Fleischbrühe, mit in Butter gebräunten Zwiebeln abgeschmälzt. Das so überaus beliebte Essen verdankt seinen Namen einem Gasthaus in Gaisburg, heute einem Stadtteil von Stuttgart, in dem sich vor dem 1. Weltkrieg die Einjährigen der nahegelegenen Kaserne zum Gaisburger Marsch formierten, bevor sie sich auf die begehrten »Schnitz und Spätzle« des Wirtes der »Bäcke-Schmiede« stürzten
Gugelhopf – Gugelhupf
Hefekuchen mit Rosinen, in Schwaben Zibeben genannt, in Gugelhupfform gebacken; beliebtes Kaffeegebäck
G'röschte
In Butter aufgeröstete Spätzle mit Eiern übergossen und nach dem Erstarren auf eine Platte gestürzt
Hefeknöpfle
Hefeklöße mit gerösteten Semmelbröseln überstreut und zu Gemüse, vor allem zu Sauerkraut, Bohnen und Linsen serviert
Holderküchle – Hollerküchle
Holunderblüten in Brandteig ausgebacken und mit Zucker bestreut noch warm serviert
Hutzelbrot
Beliebtes Früchtebrot aus Dörrobst, Trockenfrüchten und Gewürzen mit Brotteig vermischt. Wird in Schwaben überall zu Weihnachten gebacken. Lange haltbar, sehr altes Rezept
Kässpatzen, Allgäuer
Gekochte, sehr heiße Spätzle schichtweise mit geriebenem Allgäuer Käse in eine Schüssel gefüllt und reichlich mit gebratenen Zwiebelstückchen bestreut angerichtet
Kalbsvögel, Schwäbische
Kalbfleischrouladen mit Schweinehack, Speck und Semmelbröseln gefüllt und in einer Rahmsauce serviert. Zu Spätzle und Salat gereicht
Kartoffelrädle, saure – Saure Rädle
In einer säuerlichen gewürzten Mehlschwitze eingelegte gekochte Kartoffelscheiben, zu denen Saitenwürstchen oder Rote Würste, aber auch gebratener Bauchspeck, gekochte Rinderbrust oder dicke Scheiben Schinkenwurst gegessen werden
Kartoffelsalat, Schwäbischer
Sehr saftiger Kartoffelsalat mit Fleischbrühe, Essig und Öl oder Speckwürfeln angemacht. Unentbehrliche Beilage zu vielen Fleischgerichten, am besten schmeckt er noch leicht warm
Kartoffelsalat, Geriebener
Salat aus gekochten geraffelten Kartoffeln mit Essig und Öl angemacht. In der Substanz mehr einem festen Kartoffelbrei ähnlich, wird lauwarm gegessen
Katzengeschrei – Riedemer Gemootz
Reste von gekochtem Rindfleisch in Stückchen geschnitten, gebraten und mit verqirlten Eiern übergossen. Mit Preiselbeeren und Salat serviert
Krapfen, Grüne
Teigtaschen mit Speck, Zwiebeln und Kräutern gefüllt (Allgäu)
Krautbaunzer
Altes Rezept der Welser Küche: eine Art Fingernudeln aus einem Teig von Roggenmehl, Weizenmehl und Kraut
Krautkrapfen
Nudelschnecken mit Specksauerkraut gefüllt und in Schmalz gargedünstet
Krautspatzen
Geröstete Spätzle mit gekochtem Sauerkraut vermischt und mit gebräunten Zwiebelringen abgeschmälzt
Küchle, G'schwänzte
Frische Salbeiblätter in Eierkuchenteig getaucht und in Butterschmalz goldgelb gebacken. Mit Zucker bestreut heiß serviert
Kuttelfleck (Voressen) – Saure Kutteln (Kaldaunen)
Gekochter Rinder- oder Kälbermagen, in Stücke geschnitten, in einer dunklen würzigen Sauce serviert, wird häufig als Vorgericht mit einem frischen Brötchen serviert
Landjäger
Flach gepreßte schnittfeste, kalt geräucherte Rohwurst, die man kalt zur Vesper ißt
Laubfrösche, Bietigheimer
Große Spinatblätter mit Fleischteig gefüllt und in Butter und Fleischbrühe weichgedünstet
Laugenbrezel
Von einem schwäbischen Bäckermeister erfundene salzige Brezel, die zu jeder »Veschper« gehört; wird auch gerne durchgeschnitten und mit Butter bestrichen gegessen
Leberspätzle
Spätzleteig mit durchgedrehter Leber angemacht. Leberspätzle sind eine sehr beliebte sättigende Suppeneinlage, werden aber nach einem anderen Rezept auch als Hauptgericht mit Kartoffelsalat serviert
Linsen und Spätzle
Linsengemüse mit angeschwitzten Zwiebeln und Speck gekocht und mit Spätzle vermischt oder beides getrennt serviert, mit gebratenen Zwiebelringen abgeschmälzt, dazu gehören Saitenwürstle
Luckeleskäse
Angemachter Quark
Mariele, Nacketes
Kartoffelnudeln in Butter gedämpft und mit Kompott serviert (Allgäu)
Maultaschen, Gefüllte – Maultasche
Große gekochte Nudelteigtaschen mit einer variablen Füllung aus Brät, Schinken, Hackfleisch, Speck, Eiern, Semmeln und evtl. Spinat. *Grüne Maultaschen* bestehen aus einem mit Spinat angemachten Nudelteig

Metzelsuppe
Suppe aus Kesselbrühe, dazu wird eine üppige Schlachtplatte mit Blut- und Leberwurst, Kesselfleisch und manchmal Schweinszüngle serviert. Als Beilage werden Sauerkraut, Spätzle, Kartoffeln oder Erbspüree gereicht
Most – Mooscht
Durststillender vergorener Apfel- und Birnensaft. Galt lange als das Nationalgetränk, wird aber mehr und mehr vom Viertele Wein verdrängt
Mostküchle
Altbackene Semmelscheiben mit Most getränkt, in Eierkuchenteig gewendet und goldgelb gebraten. Oft noch mit Most übergossen
Nonnenfürzle
Kleine Küchlein aus Hefeteig, die in Fett schwimmend goldbraun gebraten werden
Oberländer
Hautlose Bratwürste aus Kalbfleisch
Ochsenmaulsalat
Salat aus sehr weich gekochtem Ochsenmaul und Zwiebeln mit einer Essigmarinade angemacht. Mit Bauernbrot zur Vesper beliebt
Ofenschlupfer
Auflauf aus Semmel- und Apfelscheiben mit Rosinen und Mandeln vermischt, mit Eiermilch übergossen und überbacken. Dazu gehört Vanillesauce
Pfitzauf
Lockerer süßer Eierkuchenteig in kleinen Pfitzaufförmchen (Spezialformen) gebacken und mit Kompott serviert
Rahmschlegel – Kalbsrahmbraten
Kalbskeule mit viel Rahmsauce zubereitet – der Sonntagsbraten par excellence, zu dem es Spätzle und Kartoffelsalat geben muß
Peitschenstecken
Siehe Landjäger
Rahmsauce
Selbständige Sauce mit saurem Rahm zubereitet. Sie ist unentbehrlich, um den Saucenbedarf der Schwaben auch dann zu decken, wenn der Sonntagsbraten verzehrt ist. Wird über Spätzle, Knöpfle und sogar den Kartoffelsalat gegossen
Riebeledatsche
Streuselkuchen
Riebelessuppe
Auf dem Reibeisen geriebene Flöckchen aus Nudelteig in einer Fleischbrühe gekocht
Rostbraten, Schwäbischer – Roschtbroada
Fingerdicke Scheiben Rostbraten (Roastbeef) gebraten oder gegrillt und mit knusprig gebratenen Zwiebelringen bedeckt. Auf Sauerkraut angerichtet und mit Spätzle serviert
Roter Rettich
Lange radieschenrote Rettiche, die ähnlich wie in München geschnitten und auseinandergezogen werden
Saitenwürstle – Soitewürste – Saiten
Leicht geräucherte Saftwürstchen, besonders zu Linsen und Spätzle beliebt
Schillerlocken
Aus Blätterteig gewickelte Gebäcktüten mit Schlagsahne oder mit Vanillecreme gefüllt
Schledderlesuppe
Fleischsuppe mit einer spätzleartigen Nudeleinlage
Schneckennudeln
Mit Rosinen und Mandeln gefüllte Hefeteigschnecken
Schnitz und Spätzle
Siehe Gaisburger Marsch
Schwartenmagen
Schweinsmagen mit Schwarten, Schweinskopf und anderen Teilen vom Schwein gefüllt. Rot mit Blut zubereitet, weiß mit Sülze
Schupfnudeln – Buabaspitzle
Fingerdicke Kartoffelnudeln, gekocht und in Butterschmalz gebräunt. Beilage zu Fleisch, Sauerkraut oder, mit Zucker gesüßt, zu Kompott
Spätzle
Unentbehrliches Fundament der schwäbischen Küche Eiernudelteig vom Brett mit dem Messer oder Schaber in kochendes Salzwasser geschabt. Dadurch entstehen unregelmäßig geformte nudelartige Streifen, die als Beilage zu fast allen schwäbischen Leibspeisen unentbehrlich sind. Spätzle werden mit Butter und Semmelbrösel oder mit gerösteten Zwiebelringen übergossen aufgetragen. *Spinatspätzle:* Spätzle aus Nudelteig mit Spinat zubereitet. Die Schwaben sagen übrigens: »Spätzle mache g'scheit.«
Träubleskuchen
Mürbeteigtorte mit frischen Johannisbeeren und einer Baisermasse überbacken
Zemtstern – Zimtsterne
Weihnachtsgebäck aus Eiweiß und Mandeln mit Zimt gewürzt
Zwiebelkuchen
Salziger Hefekuchen mit gedünsteten Zwiebeln und Eiersahne überbacken. Wird warm vor allem im Herbst zum jungen Wein oder zum Most zur Vesper genossen

Nürnberg und das Frankenland

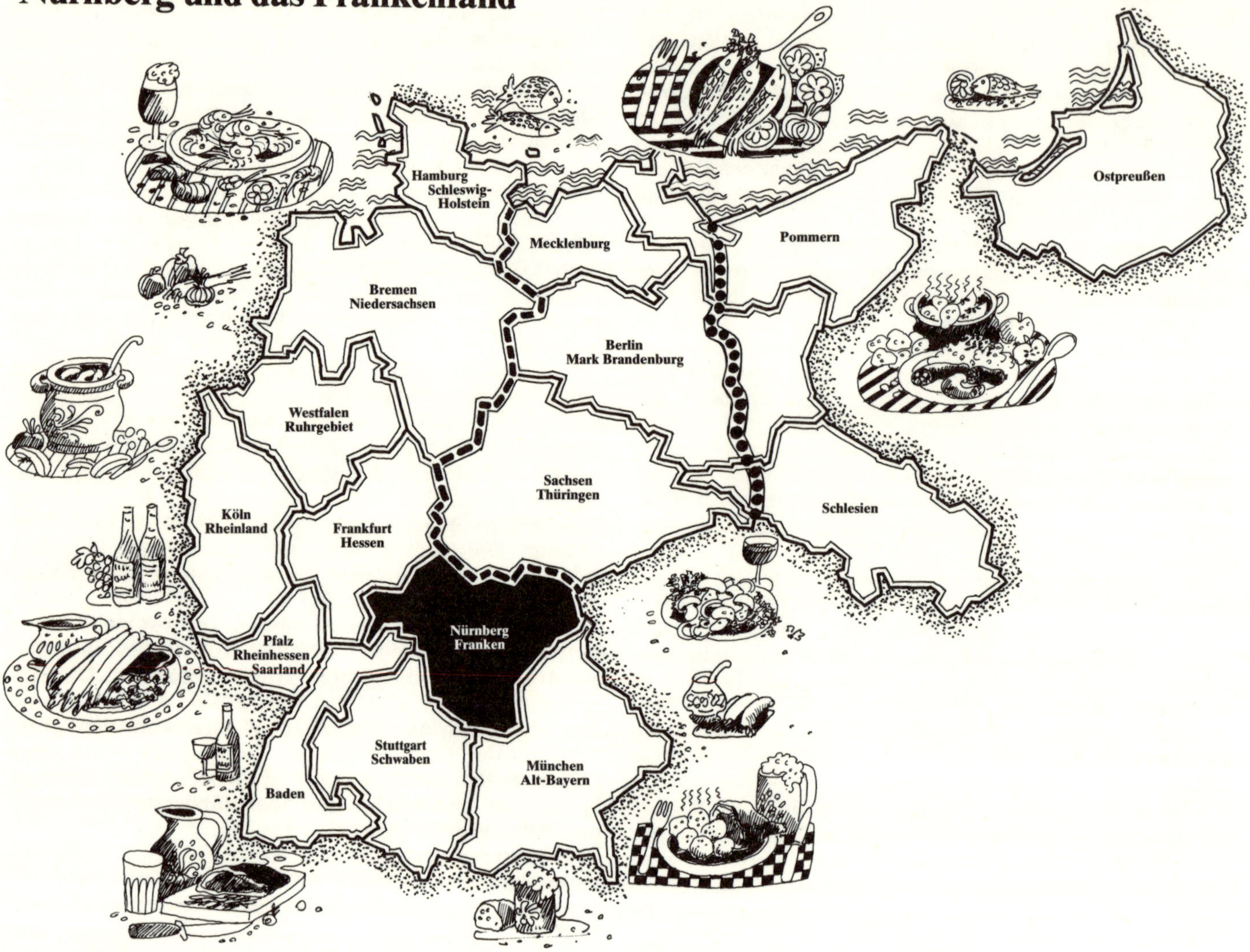

Beim Aufzählen der kulinarisch interessanten Regionen Deutschlands fehlt Franken fast immer oder wird unter Bayern mit abgehandelt. Sehr zu Unrecht! Selbst wenn diese schöne Region nicht in weiten Teilen noch eine unzerstörte Bilderbuchlandschaft zu bieten hätte, würde es sich allein der guten Küche wegen allemal lohnen, ins Land der Franken zu fahren. Es muß an der alt-fränkischen Beharrlichkeit seiner Bewohner liegen, daß man sich hier die kulinarischen Traditionen so gut bewahrt hat.

Fruchtbares Ackerland, reiche Obstgärten und Weinberge, dazu Flüsse und Teiche voller Karpfen, Schleie, Hechte und Forellen, Wälder voller Pilze und Beeren und mit großem Wildbestand liefern noch heute Produkte von hoher Qualität, mit denen es sich vortrefflich kochen läßt. Nürnberg bot schon vor dem 15. Jahrhundert als bedeutendster Umschlagplatz am Ende der großen venezianischen Handelsstraße die so begehrten kostbaren Gewürze des Orients an. Kein Wunder, daß hier die gewürzduftenden Lebkuchen Berühmtheit erlangten und die Zunft der Lebzelter großes Ansehen genoß. Auf dem wohl schönsten Weihnachtsmarkt Deutschlands, dem Nürnberger Christkindlesmarkt, kann man Honiglebkuchen und Elisenlebkuchen, nach alten Rezepten auf Oblaten gebacken, ofenfrisch probieren.

Typisch nürnbergerisch sind auch die Rostbratwürstchen. Sie dürfen nicht länger und nicht dicker als der kleine Finger sein. Man bestellt sechs, acht oder zwölf von den majorangewürzten Schweinswürstchen. In den zahllosen Bratwurst-Glöcklein, Bratwurst-Herzle, Bratwurst-Rösle und wie die kleinen Nürnberger Gaststuben alle heißen, werden sie mit Sauerkraut oder Kartoffelsalat und frischem Meerrettich gereicht. A propos Meerrettich, auch Kren genannt: der Beste wird rund um Baiersdorf bei Erlangen angebaut. Von dort aus gelangt er durch die »Krenweiberl« in ihren alten Trachten, den Korb überm Arm, noch immer im Direktverkauf bis nach München hinunter. Die übliche längere und dickere Bratwurstgröße haben die Coburger Bratwürste, die eigentlich Thüringer Bratwürste sind. Sie werden nach alter Tradition auf dem Rost über der Glut von Tannenzapfen gebraten und gleich am Stand aus der Hand gegessen. Blaue Zipfel dagegen, Bratwürstchen, die in einem leicht gesäuerten Zwiebelsud ihren bläulichen Schimmer bekommen, sind in ganz Franken zu haben. Aber die Bratwürste sind nur Teil des üppigen fränkischen Brotzeitprogramms, auch »Veschper« genannt. In manche der typischen alten Würzburger Weinstuben, der Bäcks, in denen Brot und Wein angeboten wird, darf man sogar seine eigene Vesper mitbringen. Sonst empfiehlt sich z.B. eine Häcker-Brotzeit (Häcker sind Winzer). Da kann man auf einem Holzbrett so herzhafte Räucherwaren wie Bauernseufzer, Nackerte, Preßsack, Schlotengel oder Zwetschgerbames finden, die – ebenso wie das knusprige Bauernbrot – nur dazu geschaffen zu sein scheinen, den fränkischen Wein noch genußreicher zu machen.

Immer wieder mischen sich schwäbische und thüringische Elemente in die fränkische Küche. So ist der fränkische Kloß aus rohen Kartoffeln ein Zwilling der thüringischen grünen Klöße, eine unentbehrliche Beilage zu den beliebten Schweinsbraten, vor allem zum Schäufele. Auch das unterscheidet die Franken von den Alt-Bayern und Oberpfälzern: daß bei ihnen die kugelrunden Saucenträger nicht Knödl, sondern Klöß heißen.

Überhaupt sind hier die Kartoffeln ungleich beliebter als bei den bayerischen Nachbarn. Nichts geht z. B. dem Franken über einen feucht-öligen Kartoffelsalat, der als Beilage zum gebackenen Karpfen nicht fehlen darf. Aber gerade dieser allgegenwärtige gebackene Karpfen ist es wohl, der die fränkische Küche ein wenig in Verruf gebracht hat. Was in manchen Ausflugslokalen an riesigen Karpfenportionen fetttriefend und schwer aus dem viel zu oft benutzten Bratfett auf die Teller geklatscht wird, ist wirklich nicht rühmenswert. Wenn dieses Nationalgericht der Franken dagegen richtig zubereitet wird, ist es ein Genuß: Es muß sich um einen kleinen, echten Aischgründer Karpfen handeln, der noch mit Brot und Korn gefüttert wird und nicht aus einer Zuchtanstalt mit automatischer Fütterung stammt, etwa 1½ kg schwer ist und für zwei Personen reicht. Er wird der Länge nach sorgfältig halbiert, denn jeder muß ein geteiltes Schwanzstück bekommen, und in frischem Butterschmalz knusprig goldbraun gebacken. Dann kann man ihn einschließlich Flossen und Schwanz genüßlich zwischen den Zähnen knakkend zermalmen und feststellen, wie gut Karpfen sein kann. Übrigens auch, wenn er in Frankenweinsud oder einer Biersauce daherkommt. Das non plus ultra unter den fränkischen Karpfengerichten ist aber für mich der leider nur selten angebotene geräucherte Karpfen – in Kräutern gebeizt und noch warm aus dem Rauch – mit Apfelmeerrettich und Bauernbrot zu einem erdigen Frankenwein.

Jede Jahreszeit wartet mit anderen kulinarischen Freuden auf. Im Frühling werden in den Weinanbaugebieten Unterfrankens schneeweiße Spargel von großer Zartheit gestochen. Dazu gibts Backschinken oder Bratwürstchen. Kurz ist die Saison der spargelähnlichen Hopfensprossen, die man am besten als Salat genießt. Frühlingsspezialitäten sind auch gefüllte Täubchen mit Zuckererbsen, Geißleinbraten mit Spargel oder Geißleinleber nur in Butter gebraten, eine besondere Delikatesse. Auch Aal, Saibling oder Hecht in Kräutersauce gehören dazu. Und als Nachtisch Hollersträuble oder ausgebackene Akazienblüten mit Zimt bestreut.

Im Sommer locken Forellen und Zander. Mit Glück kann man sie, ähnlich wie Lachs, auch roh gebeizt bekommen. In Würzburg muß man in den kleinen Fischerstuben unbedingt Meefischli versuchen; kleine knusprig gebratene Weißfische, die man mit Kopf und Gräten direkt aus der Hand verspeist. Es gibt zarte Hühnchen, Gögerle genannt, junge Enten und Perlhühner. Die Sträuble sind im Sommer mit Kirschen aus den Kirschplantagen bei Grafenberg gefüllt oder mit frischen Salbeiblättern.

Der Herbst bringt Pilze in Fülle; in Franken werden in den Schieferhalden des Frankenwaldes und des Fichtelgebirges sogar echte Trüffel gefunden. Das Angebot an Wildgeflügel und Wild aus dem Spessart und der benachbarten Oberpfalz ist ungewöhnlich groß. Jetzt hat der Karpfen Saison. Zum jungen Wein, dem Federweißen, wird warmer Zwiebelkuchen serviert. Knusprige Apfelküchle und oberpfälzische Kirchweihnudeln gibt's als Dessert.

Im Winter darf man eine echte fränkische Metzelsuppe nicht versäumen, eine üppige Schlachtplatte, die, wenn sie authentisch ist, neben Kesselfleisch auch Blut- und Leberwürste, Rüssele, Herz und Zunge enthält. Es ist die Zeit der saftigen Schweinebraten, der knusprigen Gänse, der fülligen Apfelstrudel und der Karthäuserklöße mit heißer Rotweinsauce.

An den kalkhaltigen Hängen des unteren Maintales reifen die charaktervollen erdigen Frankenweine, die in ihren grünen flachen Bocksbeutelflaschen weltbekannt sind. Franken ist aber auch das zweitgrößte Hopfenanbaugebiet Deutschlands. Vom Bamberger Rauchbier bis zum Kulmbacher Pils werden hier die berühmtesten Biersorten gebraut, und die fränkische Speisekarte ist so recht auf Wein und Bier als Begleitung eingestellt.

Diese ländlichen Speisen aus besten heimischen Produkten stellen gerade durch ihre unverfälschten Zubereitungen auch anspruchsvolle Esser zufrieden, zumal die Rückbesinnung auf alte heimische Rezepte im Zug unserer Zeit liegt. Aber in Franken sind auch junge kreative Köche am Werk, die die fränkische Küche mit Raffinesse verfeinern und verjüngen.

Spezialitäten des Frankenlandes

Aischgründer Karpfen
In Franken besonders beliebte Karpfenart aus dem Aischgrund mit spitzem Kopf und hohem Rücken

Apfelküchle –Apfelköichle
In Teig gehüllte und in Fett ausgebackene Apfelscheiben, heiß als Dessert oder zum Kaffee serviert

Backes
Fränkisches Wort für dünne Kartoffelpuffer, die häufig ohne Ei und Mehl nur aus Kartoffeln zubereitet werden. *Apfelbackes* mit Apfelstückchen vermischter Kartoffelteig, der ebenfalls in der Pfanne gebraten wird

Bamberger Hörnlekartoffeln
Besonders kleine, wohlschmeckende Salatkartoffeln, die durch ihre Form an Hörnchen erinnern

Bauchstecherle – Fingerle
Kartoffelnudeln aus gekochten Kartoffeln, in Fett ausgebacken. Beilage zu Braten und Gemüse, aber auch zu Kompott und Kaffee

Bauernseufzer
Geräucherte Bratwürste, die in Wasser erhitzt und mit frischem Kren (Meerrettich) und Bauernbrot gegessen werden

Baumwollene Klöß
Klöße aus gekochten Kartoffeln mit einer Einlage von gerösteten Semmelwürfeln

Blatz, Würzburger
Dünnes, pfannkuchengroßes salziges Mürbeteiggebäck, das zum Frankenwein geknabbert wird

Blaue Zipfel – Saure Zipfel
Fränkische Bratwürste, in einem Sud von Essig, Gewürzen und Zwiebelringen gargezogen, die durch den Essig eine leicht bläuliche Farbe annehmen. Sie werden mit etwas Sud und Bauernbrot zu Schnaps und Bier serviert

Bratwurst – Broutwärscht, Fränkische
Aus reinem Schweinefleisch hergestellte Bratwürste, die in den fränkischen Städten unterschiedlich gewürzt und in verschiedenen Größen hergestellt werden. Man kann sie grillen, braten, kochen oder in Biersauce servieren

Coburger Rostbratwürste
Große Bratwürste, die auf dem Grillrost gebraten werden, der mit verglühenden Tannenzapfen geheizt wird: das gibt den Würsten einen würzigen Waldgeschmack

Coburger Schmätzchen – Schmätzle
Kleine Kugeln aus Honiglebkuchen mit Nüssen und Zitronat zubereitet

Eierzucker – Springerle
Eiergebäck, das vor dem Backen in oft kunstvoll geschnitzte Holzmodel gedrückt und dadurch geformt wird

Elisenlebkuchen
Feiner Lebkuchen auf Oblaten aus einem Eierteig mit viel Gewürzen und Mandeln oder Nüssen, der ohne Mehlzusatz gebacken und mit einer Schokoladen- oder Zuckerglasur überzogen wird. Typisches Weihnachtsgebäck. Die Elisenlebkuchen verdanken ihren Namen dem Nürnberger Lebkuchner Haeberlein, der sie vor über 150 Jahren für seine Tochter Elisabeth kreierte

Geißleinbraten – Gaslabroutn
Beliebter Frühlings- und Osterbraten. Die jungen Zicklein werden entweder ganz im Ofen gebraten oder, in Portionsstücke zerteilt, in Fett ausgebacken. Dazu gehört eine große Salatplatte und Kartoffelsalat

Gelegte – Gelegter Preßsack
Kunstvoll gelegte Füllung von Preßsack

Geröstete – Röstkartoffel
Fränkisches Wort für Bratkartoffeln

Gerupfter – Obatzter
Weicher Camembert oder Limburger Käse mit Butter, Zwiebeln, Paprika, Rettich und ein wenig Bier zu einer Paste angemacht. Wird mit dunklem Bauernbrot zum Frankenwein gegessen

Gögerle – Gickerla
Knusprig gebratene Hähnchen, zu denen man Klöße, Kartoffelsalat oder gemischten Salat ißt

Gwerch – Gwärch, Nürnberger
Ochsenmaulsalat mit Zwiebeln, häufig mit Preßsack und Stadtwurst, manchmal auch mit Emmentaler Käse vermischt. Gwerch kann aber auch ein angemachter Limburger Käse mit Butter und Rettich sein

Halbseidene Klöß – Coburger Klöße
Klöße, die zur Hälfte aus rohen und zur Hälfte aus gekochten Kartoffeln bestehen und mit in Butter gerösteten Brotwürfeln gefüllt sind

Hechtenkraut
Hechtstücke mit Sauerkraut und Rahm überbacken

Hollersträuble – Hollerküchle
Die Blütendolden vom Holunder in Backteig getaucht und in Butterschmalz ausgebacken. Mit Puderzucker oder Zimt und Zucker bestreut, warm als Dessert oder zum Nachmittagskaffee

Hopfensprossen – Hopfenspargel
Die Saison im Frühjahr ist kurz, sie dauert nur 2 Wochen. Wenn der Hopfen am Boden der Pflanzen zu treiben beginnt, läßt man an jedem Stamm je zwei Triebe hochwachsen, während die restlichen 8 bis 10 entfernt werden. Die spargelähnlich-schmeckenden Sprossen werden seit Jahrhunderten als Gemüse und als Salat serviert

Karpfen
In Franken besonders beliebt. Er wird der Länge nach geteilt, in Fett ausgebacken oder gebraten, in Weinsud oder in Biersauce gegart; köstlich auch frisch aus dem Rauch; zur Vesper mit Apfelkren und Hausbrot

Kärrnersbraten – Gefüllter Nabelfleck
Rinderrippenbraten mit einer Semmelfüllung. Kärrner wurden die Würzburger Fuhrleute genannt

Kartoffelsalat – Bodaggnsalat
Neben den Klößen die unentbehrliche Beilage zu Fleischgerichten, Würsten oder gebackenem Fisch

Kartoffelspatzen – Bodaggnschpatzn
Derbere, größere Version der schwäbischen Spätzle aus Kartoffelteig

Kirschenauflauf – Kerschnmännla
Saftiger Auflauf aus Semmelteig, Eiern und Kirschen, ähnlich dem Mannheimer Kirschenmichel
Kirschsträuble – Kirschküchle
In Backteig getauchte und ausgebackene Kirschen als Dessert oder zum Kaffee serviert
Kloß – Klöß – Klües – Kniedla
So vielseitig wie die Namen sind die fränkischen Klöße auch in ihrer Zusammensetzung. Der fränkische Kloß schlechthin, der auf den Speisekarten nur Kloß genannt wird, besteht zu zwei Dritteln aus rohen und zu einem Drittel aus gekochten Kartoffeln und hat eine Einlage aus in Butter gerösteten Semmelwürfeln. Aber die Varianten (nur aus rohen oder nur aus gekochten Kartoffeln, »halb und halb«, mit Teigbeimengungen von Semmelwürfeln oder Schinken) sind zahlreich. Sobald die runden Gebilde aus Mehl, Grieß oder Semmeln bestehen, werden sie wie in Altbayern auch als Knödel tituliert
Knieküchle – ausgezogene Krapfen – Küchla
In Fett ausgebackene Hefeteigkrapfen, die durch geschicktes Ausziehen der rohen Teigkugeln beim Bakken in der Mitte weiß bleiben und plustrig aufgehen, aber außen einen dicken, goldgelben Rand bekommen
Knoblauchsländer Gemüsesuppe
Eine Suppe aus frischen Gemüsen, die im Knoblauchsland zwischen Nürnberg und Erlangen besonders gut gedeihen
Knoblauchwürste – Knoberle
Herzhaft mit Knoblauch gewürzte Brühwürste
Knöchle – Knöchla
Kleine Schweinshaxen, die geschmort oder im Ofen gebacken werden
Krautbraten – Krautbroutn, Bamberger
Mit Rind- und Schweinehackfleisch gefüllter Kohlkopf, im Ofen überbacken
Leberkäse – Lebakäs, Fränkischer
Im Gegensatz zum bayerischen Leberkäse enthält der fränkische neben Bratwurstgehäck auch Leber. Er wird warm mit Kartoffelsalat oder Pellkartoffeln gegessen, die knusprigen Anschnitte sind besonders beliebt
Lebkuchen, Nürnberger
Lebkuchen mit Honig, Eiern, Gewürzen und Mandeln oder Nüssen, mit wenig Mehl zubereitet und auf Oblaten gebacken. Es gibt auch weiße Nürnberger Lebkuchen ohne Honig
Majoranfilet
Scheiben von Schweinefilet, mit Majoran gewürzt und mit Äpfeln und Zwiebeln gebraten
Maultaschen, Oberpfälzer
Mit Äpfeln gefüllte Nudeltaschen, mit Rahm im Backofen überbacken
Maulwürferle und Kräuterle
Siedwürste aus Leber und Grieben, werden warm zu Sauerkraut gegessen
Meefischli – Mainfischle
Ausgebackene kleine knusprige Mainfische
Metzelsuppe
Nicht nur eine Suppe (die gibt es zusätzlich in der Tasse), sondern eine üppig bestückte Schlachtplatte mit Blutwürsten, Leberwürsten, Preßsack, Bauernseufzer und Stadtwurst zu Sauerkraut und Pellkartoffeln. Schmeckt am besten am Schlachttag in kleinen Gasthäusern, deren Besitzer gleichzeitig Metzger sind
Nackerte
Rohe Bratwürste, deren Fleisch man aus dem Darm drückt und auf eine Scheibe Bauernbrot streicht. Mit gehackten Zwiebeln und Paprika bestreuen. Dazu reicht man Bier
Ofenschlupfer
Auflauf aus Weißbrot, Äpfeln und Eiermilch
Preßsack mit Musik
Schwarze (Blutwurst) und weiße gewürzte Wurst aus Schwarten von Schweineköpfen, in Schweinemägen gefüllt. Die »Musik« ist eine Essig-Öl-Marinade mit Zwiebeln, die über die Wurtscheiben gegossen wird
Rahmkäs
Scharfer, frischer Weißlacker Käse
Rostbratwürste, Nürnberger
Die ersten Nürnberger Rostbratwürste werden bereits im 12. Jahrhundert in einer Chronik erwähnt, so daß sich gewiß schon Hans Sachs und Albrecht Dürer daran delektiert haben
Schäuferle – Scheiferla
Sehr beliebter Schweinebraten aus der Schulter (Vorderbein), mit oder ohne Kruste zubereitet
Schlotengele
Geräucherte Bauernwürste, die warm oder kalt mit frisch geriebenem Meerrettich und Bauernbrot serviert werden
Schnitz
Gemüseeintopf aus jungem Gemüse, mit gehacktem Rindfleisch zubereitet
Schwarzer Haber
Fein geräuchertes Schweinefleisch, das als Vorspeise oder Vesper genossen wird
Stopfer
Herzhaftes, dickes Kartoffelpüree
Ziebalaskäs
Quark, mit Kümmel, Zwiebel und etwas weicher Butter angemacht. Wird zu Pellkartoffeln gegessen
Zwetschgerbames
Luftgetrocknetes Rindfleisch vom Schlegel aus dem Fränkischen Jura. Wird in hauchdünnen Scheiben aufgeschnitten zum Frankenwein genossen. Der Name entstand durch die dunkelrote Farbe des Fleisches, die an Zwetschenholz erinnert
Zwiebelblatz
Warmer Hefekuchen mit Speck- und Zwiebelwürfel belegt und mit Eiersahne übergossen gebacken. Sehr beliebt zum Frankenwein

München und Altbayern

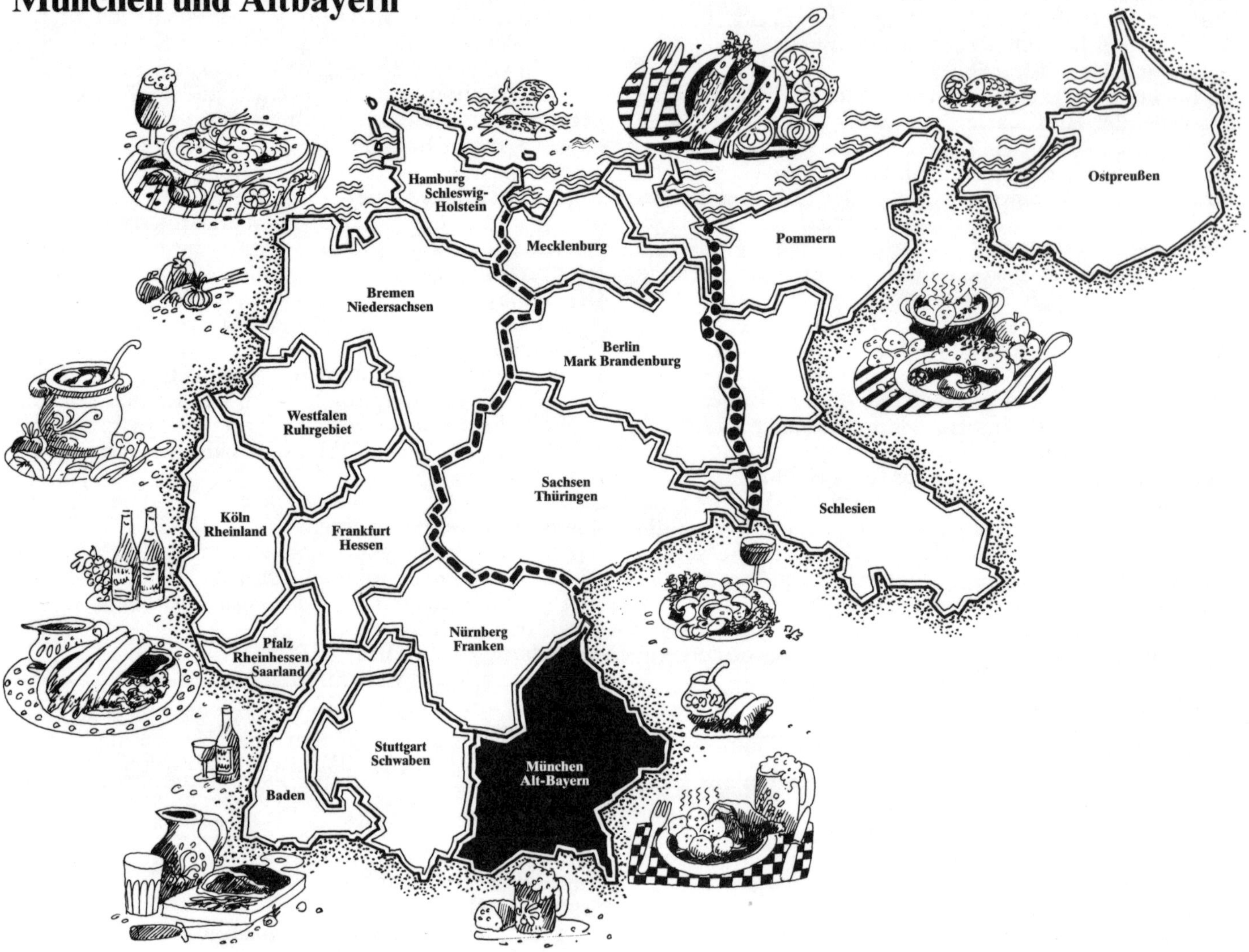

Sollte ich einen Ort nennen, an dem sich das pralle kulinarische Lebensgefühl der Bayern am besten miterleben läßt, würde ich den kleinen Biergarten auf dem Viktualienmarkt in München vorschlagen, neben dem riesigen, ganzjährig aufgestellten Maibaum und dem Brunnen mit der Weiß-Ferdl-Figur, der von den Standlfrauen immer mit Blumen geschmückt wird. Dabei halte ich nicht etwa den Biergarten selbst mit seinen paar armseligen Kastanienbäumen für besonders bemerkenswert, sondern seine Lage inmitten des schönsten aller Märkte, den man den Bauch und das Herz von München nennt. Das bunte Treiben hier erinnert noch etwas an das Mittelalter, als sich ein wichtiger Teil des täglichen Lebens auf den Märkten abspielte. Damals wurde der Platz, an dem die Lebensmittel – die Viktualien – verkauft wurden, allerort Viktualienmarkt genannt. In München breiten die redegewandten Standlfrauen die Fülle an Obst und Gemüse, Kräutern und Gewürzen so appetitanregend und verführerisch vor den Käufern aus, daß es eine wahre Augenfreude ist. Delikatessen aus aller Welt werden angeboten, aber auch Hausgemachtes wie selbst eingelegtes Sauerkraut, Rübenkraut und die so selten gewordenen echten Salzgurken. Ein Teil des Marktes bleibt den Erzeugern vorbehalten, ein richtiger traditioneller Bauernmarkt. Hier wird alles, was auf heimischem Boden wächst, zur richtigen Saison, zur Zeit der natürlichen Reife, angeboten. An speziellen Standln gibt es alle nur denkbaren Kräuter, in kleinen Töpfchen für Balkon und Garten und in großen Bündeln, frisch und getrocknet. Schwammerlfrauen mit ihren Waldpilzen – vor allem Reherl (Pfifferlinge) und Steinpilze – verkaufen außerhalb der Pilzsaison Kätzchen, Blütenzweige und Tannengrün sowie Strohblumen. Die Käsestände am Rande bieten über 200 Sorten Käse an und biegen sich unter Bergen von Landbutter und Schmalz.

Die Metzger sind in festen Holzbuden am Marktrand untergebracht und halten fast alle ein Eckchen für warmen Leberkäs und gegrillte Würstel bereit, die man gleich nebenher beim Einkauf verzehren kann. Da gibt es auch – und wo gibt es das sonst noch in Deutschland – ein Geschäft, das sich nur auf Innereien verlegt hat: auf Kuheuter, Spanferkelköpfe und -lebern, Kutteln und Lüngerl, Hammelzungen, Lammlebern, Ochsengaumen und kälberne Milzwurst – unentbehrliche Zutaten für die altbayerische Küche. Sogar ein Pferdemetzger hat wieder seine Pforten geöffnet. Und dann sind da die Wild- und Geflügelhändler, die je nach Saison vom bayerischen Stubenküken übers Kirchweihganserl bis zur Gams jedes jagdbare Getier parat haben, sowie zwei Fischgeschäfte, in denen alle heimischen Süßwasserfische in größter Frische zu haben sind (einen Laden, der sich auf Mittelmeerfische spezialisiert hat, gibt es natürlich auch). Kurz, hier ist alles vereint, was sich ein genußfreudiger Esser nur wünschen kann. Und so sieht man Drei-Sterne-Köche ebenso geschäftig über den Markt eilen wie sachkundige Hausfrauen. Ebenso kann man geruhsame Rentner beobachten, die unter den angebotenen Bierrettichen erst nach sorgfältiger Prüfung ihren Radi erstehen.

So ein wohlausgestatteter Markt kann nur in einer Stadt existieren, in der das Essen eine wichtige Rolle spielt. Tatsächlich stellt die bayerische Küche mit ihrem üppigen Angebot an knusprigen Haxen, Hendeln, Schweinsbraten, Würsten und Knödeln aller Art für viele Ausländer den Inbegriff deutscher Küche dar, im guten wie im schlechten Sinn. In Wahrheit ist sie wesentlich differenzierter als der Leberknödel- und Krautalltag vermuten läßt. Die traditionelle bayerische Küche hat einen großen Rezeptschatz vor allem an Fleischgerichten und Mehlspeisen, der bedauerlicherweise außerhalb Bayerns relativ unbekannt ist. Einer ihrer großen Vorzüge ist, daß sie allen Speisen weitgehend ihren Eigengeschmack beläßt. So werden Gebratenes und Gesottenes, wie z.B. Kalbsbrust, Schweinebraten oder Ente, nur mit dem eigenen Bratensaft ohne jede Mehlbindung serviert – allerdings verzichtet man dabei weitgehend auf jede raffinierte Abrundung. Auch die zarten Fische aus den Voralpenseen und Flüssen werden entweder schlicht in einem Wurzelsud gegart oder nur kurz in Butter gebraten: da schmeckt der Fisch noch richtig nach Fisch. Die in anderen deutschen Landesteilen nicht immer geschätzten Innereien bereitet man in Bayern nicht nur in den Haushalten auf delikate Art und Weise zu. Selbst Münchner Zwei- und Drei-Sterne-Köche scheuen sich nicht, allerlei Deftig-Raffiniertes wie Kutteln oder Kalbskopf auf ihre noblen Speisekarten zu setzen. Kartoffeln werden in Bayern zwar nicht erst dann »gegessen, wenn's durch d'Sau trieben sind«, sondern als Beilage läßt man sie vornehmlich in Form von Knödeln, Kartoffelsalat, Fingernudeln und Reiberdatschi zu. Allerdings tragen nur allzu oft die lockeren Semmelknödel vor den Kartoffelbeilagen den Sieg davon. Kohl in Form von Sauerkraut, Blaukraut oder Krautsalat ist das beliebteste Gemüse. Die häufig in einer Essigsauce schwimmenden Salate sind vor allem in den Gasthäusern keineswegs immer zu empfehlen. Mit den Süßspeisen hält man sich nicht lange auf, die berühmteste, die bayerische Creme, soll ein bayerischer Konditor in Paris kreiert haben. Ein echter Bayer zieht eine warme Mehlspeise vor: Dampfnudeln, goldbraune Rohrnudeln, saftigen Semmelschmarrn, mit Früchten gefüllte Knödel oder einen sahnegetränkten Apfelstrudel – am liebsten gleich nach einer herzhaften Suppe als Hauptgericht. Bei den Rezepten dafür hat man allerdings bei der benachbarten ehemaligen Donaumonarchie so manche Anleihe gemacht. Aber wenn man heute einem Bayern sagt, daß z.B. der Kaiserschmarrn oder die Grießnockerln, die auf jeder Speisekarte stehen, eigentlich aus Österreich stammen, wird er es kaum glauben. Zum Nachmittagskaffee gibt es ausgezogene Schmalznudeln, Zwetschgendatschi und Strudel.

In einem Bericht über die bayerische Küche dürfen die geliebten Schmankerln nicht fehlen, die das Leben in Bayern so angenehm machen. Schmankerln sind kleine Spezialitäten, die man am späten Vormittag oder am frühen Abend als Brotzeit zum Bier in seiner Lieblingswirtschaft verzehrt. Allen voran der Leberkäse, der bekanntlich weder aus Leber noch aus Käse besteht, sondern aus einer Mischung von Rind- und Schweinefleisch, und der am besten schmeckt, wenn er ganz frisch aus dem Ofen kommend gegessen wird oder aufgebraten mit einem Spiegelei besetzt. Dicht darauf folgt die bleiche Weißwurst, die angeblich nicht das Mittagsläuten hören darf, obwohl man das heute nicht mehr so streng nimmt. Sie wird nach genauen Regeln entweder aus der Hand »gezuzzelt« oder mit einem kühnen Längsschnitt aus der Haut gelöst, und nie paarweise sondern stückweise bestellt. Dazu gibt es eine knusprige Brezn und süßen bayerischen Senf, der auch zum Leberkäse gehört. Eine Zusammenstellung von süß und salzig, die wiederum einen an scharfen Mostrich zur gut gewürzten Knackwurst gewöhnten Berliner oder Rheinländer schauern macht. Alle übrigen Würstchen, die dicken kurzen Regensburger, die knusprigen kleinen Schweinsbratwürstchen, die hautlosen Wollwürstchen und wie sie alle heißen, werden dagegen auch in München mit Senf oder mit geriebenem Meerrettich verspeist. Schmankerln sind aber auch die vielen kleinen warmen Gerichte aus der altbayerischen Küche, meistens mehr Magentratzerl als Hauptgericht wie gebratenes Hirn, Kalbsbries, Spanferkelleber, saures Lüngerl oder Kutteln, Voressen genannt.

Auf dem Lande kommen häufig noch salzige Mehlspeisen als Hauptgericht auf den Tisch.

Es ist schade, daß in der oberbayerischen Bilderbuchlandschaft mit ihrem starken Fremdenverkehr so viele regionale Spezialitäten von der Speisekarte verschwinden. Man sollte immer wieder danach fragen, denn nicht selten erhöht die Nachfrage das Angebot.

Das bayerische Bierjahr

Der Höhepunkt des bayerischen Bierjahres ist das Oktoberfest, das kurioserweise nicht im Oktober, sondern am dritten Samstag im September um 12.00 Uhr mittags mit zwölf gewaltigen Böllerschüssen beginnt. Dann sticht der jeweilige Oberbürgermeister der Stadt München das erste 200-Liter-Faß Wies'nbier an, und durch die gefüllten Festzelte der Brauereien hallt der frohe Ruf: »Ozapft is:«. Mit ohrenbetäubendem Lärm setzt die Blasmusik ein, die resoluten Kellnerinnen im Dirndl stemmen die ersten 10 Maßkrüge mit dem schäumenden Gerstensaft, und das größte aller Volksfeste, das Bayern und Fremde brüderlich vereint, nimmt seinen Lauf. Der Bierverbrauch beim Oktoberfest ist dabei, die Fünf-Millionen-Maß-(Liter)-Grenze zu überschreiten. Dazu werden ganze Ochsen am Spieß gedreht, nahezu eine Million Hendl knusprig gebraten, unzählige Steckerlfische gegrillt und alle anderen Schmankerln geboten, die zum Biergenuß unerläßlich sind.

Schon bald nach dem Oktoberfest lagern die Brauereien ihr nach alten Geheimrezepturen eingebrautes Starkbier ein, denn ein paar Monate Lagerzeit sollen zum Reifen schon sein. In der Zwischenzeit, im Fasching, muß man sich halt mit dem normalen hellen und dunklen Vollbier begnügen.

Daß nach dem Kalender des Kirchenjahres am Aschermittwoch (der im katholischen Bayern mit einem gewaltigen Fischessen begangen wird) eigentlich die strenge Fastenzeit beginnt, nähmen nur wenige Zeitgenossen zur Kenntnis, gäbe es nicht das so geschätzte Fastenbier. Mit ihm wird 14 Tage lang die Starkbiersaison gefeiert. Ihre Erfindung verdankt man den Brüdern Braumeister in den Klöstern, die vor etwa 300 Jahren darauf kamen, den Mönchen die kargen Mahlzeiten der Fastenzeit mit einem gehaltvollen, malzigsüßen Fastenbier zu verschönen, weil »flüssiges Brot nicht Fasten bricht«. Dieses stärkste aller Biere mit 18% Stammwürze und 4,5 bis 5% Alkoholgehalt, bei dem man nach dem Genuß einer Maß bereits die berühmte 0,8 Promille-Grenze überschreitet, wird von den bekannten Brauereien in allen Gaststätten Bayerns ausgeschenkt, kenntlich am jeweiligen Spezialnamen der Brauerei mit der Endsilbe –ator wie z. B. Triumphator. Am zünftigsten geht es im Salvatorkeller auf dem Nockherberg zu. Hier hocken die Bayern – wesentlich mehr unter sich als beim Oktoberfest – bei Blasmusik und Gstanzln, in denen die anwesenden Politiker »derbleckt« werden, dicht gedrängt fröhlich beieinander. Man nennt es auch Frühjahrskur, weil nämlich dem Vernehmen nach das Starkbier ein Vitamin enthält, das jede Wintermüdigkeit sogleich vertreibt. Um die Güte zu prüfen, wurde jedenfalls früher ein Lackerl Bier auf die Holzbank gegossen: wenn man mit seiner Lederhose beim Niedersetzen leicht kleben blieb, war das Starkbier richtig. Da sich die Brauereien in jüngster Zeit dem veränderten Geschmack der Biertrinker angepaßt und dem süßlichen Bier durch einen erhöhten Hopfenzusatz einen spritzigeren, eher bitteren Geschmack gegeben haben, »pappt« es heute vielleicht nicht mehr so gut.

Im Mai, je nach Wetter früher oder später, beginnt die schönste Biersaison: in ganz Bayern werden die Biergärten in der Stadt und die Wirtshäuser im Grünen auf dem Land eröffnet. Sie schließen erst dann wieder, wenn die letzten gelben Blätter von den schattenspendenden Kastanien fallen. Als es noch keine elektrische Kühlung gab, wurden die Bierfässer in tiefen Erdstollen gelagert, die man mit Kastanienbäumen bepflanzte, um sie zusätzlich kühl zu halten. Wurde eine neue Biersorte angestochen, stellten die Brauereien einfach ein paar Tische und Stühle unter die Kastanien für ihre Stammkunden, und da ihnen die gleichzeitige Ausgabe von Speisen untersagt war, mußten sich die Biertrinker selbst mit einer Brotzeit zum Bier versorgen. So entstanden im Laufe der Zeit die heutigen Biergärten, wo sich, mit einem stattlich gefüllten Brotzeitkörberl versehen, Mann, Frau und Kinder mitsamt Zamperl einfinden, um sich mit Freunden zu treffen. Die Kinder können herumtoben, der Hund geht Gassi, und die Hausfrau packt die Brotzeit aus. Professionelle Biergartengeher haben meistens auch Tischtuch, Windlicht, Holzteller und Bestecke dabei. Aus dem Korben werden Preßsack und Leberkäse, Wurstsalat und Schinken, Obatzter, resche Laugenbrezn und remische Roggenweckerln hervorgeholt. Unerläßlich ein langer praller Rettich mit viel frischem Grün. Er wird bei Tisch kunstvoll in hauchdünne zusammenhängende Scheiben geschnitten, zwischen die ein paar Körnchen Salz gestreut werden. Nun muß er – wieder zusammengepreßt – 10 Minuten lang »schwitzen«. Dann hat er die richtige Milde. Der Vater hat sich inzwischen in die Schlange beim Schankkellner eingereiht, denn bedient wird nicht, und achtet darauf, daß seine Maß (weniger als eine Maß gibt es nicht im Biergarten) einigermaßen »gut eingeschenkt« ist. Wer sich traut, läßt bei zu starkem Schaumanteil nachschenken. Wer keine Brotzeit dabei hat, kann heutzutage auch im Biergarten allerlei Schmankerln erwerben. Im übrigen hat sich der Biergeschmack in Bayern in den letzten Jahren erstaunlich verändert. Vor allem in den Gastwirtschaften und daheim wird statt des üblichen Hellen und Dunklen immer mehr Weißbier getrunken. Das obergärige Weizenbier gilt als frischer, spritziger und kalorienärmer, auch wenn es nicht weniger Alkohol als ein Helles enthält.

Das Biergartenglück beschränkt sich aber keineswegs auf München – in ganz Alt-Bayern, besonders neben den alten Klöstern, in denen man sich so gut auf's Bierbrauen versteht, und bei den alten Kirchen, in deren unmittelbarer Nachbarschaft immer die schönsten Gasthäuser stehen, gibt es von Kloster Andechs bis Aying Biergärten einer schöner als der andere. Nur heißt er auf dem Lande Wirtsgarten und man darf seine Brotzeit nicht mitbringen, sondern ersteht sie im Wirtshaus selbst.

Spezialitäten aus München und Bayern

Apfelkücherl
In Eierkuchenteig ausgebackene Apfelringe mit Zimtzucker
Apfelstrudel, Bayerischer – Rahmapfelstrudel
Ausgezogener Strudel mit Füllung von Äpfeln, Rosinen und Nüssen, der im Gegensatz zum Wiener Strudel in Milch und Sahne gegart wird
Ausgezogene Nudeln – Aus'zogne
Flaches rundes Schmalzgebäck, das so von der Mitte her ausgezogen wird, daß es beim Ausbacken in der Mitte hell bleibt und einen knusprigen braunen Rand bekommt; wurden angeblich früher von den Bäuerinnen über dem Knie ausgezogen, daher heißen sie auch Knienudeln
Bayerische Creme – Bayerische Rahmsulz
Feine aufgeschlagene Eiercreme mit Vanille gewürzt, mit Gelatine gebunden und mit viel Schlagsahne vermischt. Kann auch mit Früchten oder Schokolade zubereitet werden. Wird nach dem Erstarren gestürzt
Beuscherl – Rahmbeuscherl, Saures Lüngerl
Kalbslungenhaschee mit Rahmsauce, ein ursprünglich wienerisches Rezept, das voll integriert ist
Bierkugel
Leicht geräucherte runde Wurst in Blasenform (Kochsalami)
Bifflamott
Nach dem französischen *boeuf à la mode* bajuwarisiert: geschmorter Rinderbraten mit einer eingebrannten dunklen leicht säuerlichen Rotweinsauce. Mit gekochten Kartoffelknödeln oder Semmelknödeln serviert für die viele Sauce, die zum Bifflamott gehört. Soll eines der Lieblingsgerichte von König Ludwig II. gewesen sein
Blaukraut
Bayerische Bezeichnung für Rotkohl
Blut- und Leberwürste
Werden frisch am Schlachttag mit Sauerkraut und Kartoffelpüree gegessen, gehören untrennbar zusammen
Fingernudeln
Fingergroße Nudeln aus Kartoffelteig, in Butterschmalz gebraten
Gelbwurst
Wurst aus Schweinebauch und Hirn mit safrangelber Haut
G'schwollne – Wollwürste
Frische Würstchen ohne Haut, die gebraten werden
Geselchtes
Geräuchertes Schweinefleisch
Hollerkücherl
Holunderblütendolden in einen Eierkuchenteig getaucht und in Butterschmalz ausgebacken, beliebte sommerliche Süßspeise
Kalbsbrust, Gefüllte
Mit lockerer Füllung aus Semmeln, Eiern und Kräutern
Kalbshaxe
Ausgelöst oder im ganzen am Knochen gekocht und dann gebraten oder glasiert; wird mit Salatteller serviert
Kalbskopf, Gebackener
Ausgelöster gekochter Kalbskopf paniert und ausgebacken, mit Remouladensauce und Salatteller serviert
Kartoffelknödel
Bestehen in Bayern aus rohen Kartoffeln, wenn es nicht extra anders vermerkt ist. Sie sind eine unabdingbare Beilage zu Schweinsbraten, Schweinshaxen, Gänsebraten und Ente. Die Reste werden in Scheiben geschnitten aufgebraten, oft mit Ei übergossen
Kesselfleisch – Kronfleisch
Schlachttagsessen aus gekochtem Wellfleisch, Schweinszüngerl, Herz, Niere und Leber
Kronfleisch
Zwerchfellfleisch vom jungen Rind, kurz in Brühe gekocht und in Scheiben geschnitten mit frischgeriebenem Meerrettich und Roggenbrot serviert
Krautwickel = Kohlroulade
Kuheuter Scheiben von weichgekochtem Euter paniert und gebraten
Kutteln, Saure – Voressen
Säuerlich abgeschmecktes Ragout aus streifig geschnittenen Kaldaunen, mit Semmelknödeln oder Röstkartoffeln serviert
Leberkäse, Abgebräunter
Beliebtes Brotzeit-Schmankerl. Fleischteig aus Rind- und Schweinefleisch sowie Speck und Gewürzen in Kastenform gebacken (ganz ohne Leber und Käse). Wird am liebsten in dicken Scheiben warm aufgeschnitten sofort gegessen oder aufgebraten (abgebräunt) mit Spiegelei und Kartoffelsalat
Leberknödel
Knödel aus Rinderleber und Semmel, entweder in Fleischbrühe (Leberknödelsuppe) serviert oder als Beilage zur Schlachtplatte, zum Sauerkraut
Leoni – Lyoner
Brühwurst, die warm und kalt gegessen wird
Lüngerl, Saures
Haschee aus gekochter streifig geschnittener Kalbslunge in dunkler gewürzter säuerlich abgeschmeckter Sauce mit Semmelknödeln serviert
Maurerloabl
Roggenbrötchen mit Kümmel gewürzt
Milzschnittensuppe
Fleischbrühe mit Einlage von ausgebackenen Semmelscheiben mit Milz gefüllt
Milzwurst, Kälberne
Milz mit einer Füllung von Kalbsinnereien und Brät aufgerollt, in Kalbsnetz gehüllt und gekocht. In Scheiben geschnitten, paniert und gebraten. Zu gemischtem Salat. Beliebtes Schmankerl
Obatzter
Herzhaft angemachter Camembert mit Eidotter, Bier und Gewürzen

Pfannkuchensuppe
Fleischbrühe mit einer Einlage von streifig geschnittenen Eierkuchen

Pichelsteiner – Bückelsteiner
Eintopf aus vielerlei Sorten Wintergemüse und drei Sorten Fleisch, aus dem Bayerischen Wald

Preßsack schwarzer und weißer
Schwarzer (Blutwurst) und Weißer, große gewürzte Wurst aus Schwarten von Schweineköpfen in Schweinemägen gefüllt und in Scheiben geschnitten als Brotzeit auf dem Holzbrett serviert. Dazu gehört scharfer Senf oder mit Essig, Öl und Zwiebelscheiben mariniert

Prinzregententorte
Torte für den Prinzregenten kreiert. Sie besteht aus mehreren Tortenblättern aus feinem Rührteig mit einer Schokoladenbuttercremefüllung und einem Schokoladenguß

Radi
Weißer, im Winter auch schwarzer Rettich, der spiralenförmig aufgeschnitten und gesalzen mit Schnittlauchbrot zum Bier verspeist wird. Gehobelt ist der Radi auch als Rettichsalat sehr beliebt

Ramerln
Die knusprigen Krusten vom Schweinsbraten, die unbedingt dazu gehören

Regensburger
Kleine dicke Brühwürstchen

Reherl
Pfifferlinge, werden besonders gerne in einer Rahmsauce gegessen zu Semmelknödeln und Wild

Reiberdatschi
Kartoffelpuffer mit Zwiebel gewürzt, werden häufig salzig zu Sauerkraut gegessen oder als Beilage zum Braten gereicht

Renken
Häufigster Süßwasserfisch aus den bayerischen Voralpenseen, der zur Familie der langgestreckten lachsartigen Fische gehört, im Bodensee heißen die Renken Felchen. Frisch gebraten oder blau gesotten, aber auch warm aus dem Rauch zu empfehlen

Remische – Riemische – Römisches Weckerl
Mit Kümmel gewürztes Roggenbrötchen

Saibling
Besonders edler Süßwasserfisch, der nur in klaren Gewässern lebt; schmeckt am besten in Wurzelsud oder blau

Sauerbraten – Surbraten
Mit Speck gespickter Rinderbraten in Essigmarinade gebeizt und langsam geschmort, wird mit Semmelknödeln und Salat serviert

Schlachtplatte
Üppig bestückte Platte mit Blut- und Leberwurst, gekochtem Wammerl, verschiedenen Würsten, Leberknödel und Sauerkraut

Schwammerln
Frische Waldpilze, die besonders gerne für Suppen und Saucen verwendet werden

Schwarzreiter
Geräucherter Saibling vom Königssee; frisch aus dem Rauch eine Delikatesse

Schweinsbraten
Lieblingsbraten der Bayern, muß aus dem Schulterstück stammen und eine rösche Kruste haben, die Sauce besteht aus dem ungebundenen reinen Bratensaft. Beilage Kartoffel- oder Semmelknödel und Salat

Schweinshaxe
Vom Spieß oder Grill, die knusprige Schwarte muß krachen beim Essen. Kartoffelknödel und Salat gehören dazu

Schuxen
Niederbayerisches Schmalzgebäck aus Roggenmehl, das gerne zu dicken Suppen, besonders Kartoffelsuppe gegessen wird

Semmelknödel
Salzige Knödel aus Weißbrot, Milch und Eiern – sehr beliebte Beilage zu Fleisch- und Wildgerichten und zu Schwammerlsauce

Senf, Süßer
Grobkörniger süß-saurer Senf, der speziell zu Weißwürsten gegessen wird

Spanferkel vom Grill
Beliebtes bayerisches Schmankerl mit Semmel- oder Kartoffelknödeln und Krautsalat serviert. Auch *Spanferkelleber* und *Spanferkelherz* sind ein beliebtes »Gaumentratzerl«

Steckerlfisch
Makrelen, manchmal auch Heringe, auf kleinen Spießen gegrillt. Dürfen auf keiner Dult und beim Oktoberfest nicht fehlen

Strauben
In Fett ausgebackene gespritzte Brandteigkrapfen

Surhax'l
Von den Preußen Eisbein genannt, gepökelte gekochte Schweinshaxe auf Sauerkraut mit Kartoffelpüree oder Kümmelkartoffeln, manchmal auch mit Semmelknödeln serviert

Voressen Siehe Kutteln, Saure

Wammerl
Durchwachsener geräucherter Schweinebauch, gekocht warm gegessen, geräuchert kalt als Brotzeit

Weißwürste – Weißwürscht
Milchfarbene frische Würste aus Kalb- und Schweinefleisch mit Kräutern, Gewürzen und Wasser zubereitet, leicht süßlich, die man mit einem gewissen Zeremoniell zur vormittäglichen Brotzeit mit süß-saurem Senf, knusprigen Brez'n, und Weißbier genießt

Zwetschgenpavesen
Semmelscheiben mit Zwetschgenmarmelade gefüllt, in Eiermilch gewendet und gebraten

Zwetschgendatschi
Frischer Pflaumenkuchen mit viel Früchten und dünnem Hefeteig gebacken

Sachsen und Thüringen

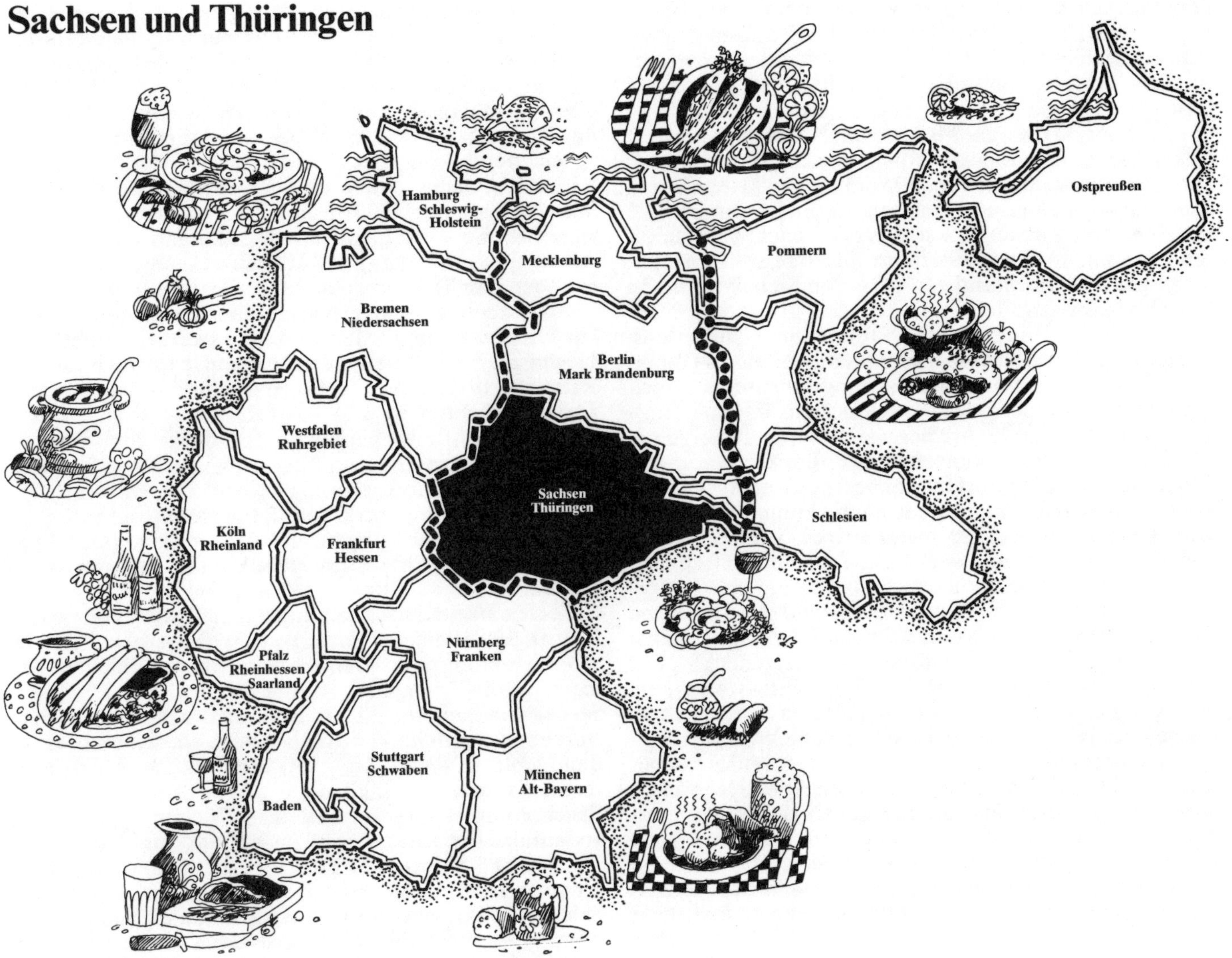

Mein Leipzig lob ich mir! Es ist ein Klein-Paris und bildet seine Leute«, heißt es zwar schon bei Goethe, aber der so gepriesene französische Hauch hat sich niemals auf die Küche Sachsens gelegt – nicht einmal zur Zeit seiner prachtliebenden Könige. Das ehemalige Herzstück Deutschlands, dicht besiedelt und stark industrialisiert, hat so gut wie keine bodenständige Küche aufzuweisen. Lediglich das »Leipziger Allerlei«, ein wirklich edles Gericht der bürgerlichen Küche aus zarten Frühlingsgemüsen mit Morcheln und Krebsen vermischt, war vor dem Ersten Weltkrieg ein beliebter Zwischengang festlicher Menüs, bevor es in unserer Zeit zum traurigen Inhalt einer Konservendose degenerierte. Es lohnt sich, dieses eigentlich ganz moderne Rezept – auch ohne Krebse – einmal wieder auf den Tisch zu bringen.

Nein, die deutsche Küche haben die Sachsen nicht bereichert, aber dafür um so nachhaltiger die deutsche Kaffeetafel. Daher tragen sie auch mit großer Gelassenheit die Bezeichnung »Kaffeesachsen« und lassen sich ihr unentbehrliches »Scheelchen Heeßen« nicht vermiesen, in das sie so gerne den Streuselkuchen »titschen«, so wie die Franzosen ihre Croissants in den Morgenkaffee. Schließlich wurde vom Kaffeesieder Lehmann schon um 1700 das erste deutsche Kaffeehaus »Zum Kaffeebaum« in Leipzig eröffnet, und Sachsen hat von allen deutschen Regionen die meisten Kuchenrezepte zu bieten. Die sprichwörtliche sächsische Gemütlichkeit hört nur dann auf, wenn die Sprache auf das nicht auszurottende Märchen vom sächsischen Blümchenkaffee kommt. Das besagt, in Sachsen sei der Kaffee so dünn, daß man durch ihn hindurch jederzeit das Blümchen erkennen könne, das auf den Grund jeder Meißner Kaffeetasse gemalt ist.

Einer der ältesten sächsischen Kuchen ist der zackenreiche hohe Baumkuchen, ehemals Spießkuchen genannt, der in den kleinen Konditoreien noch heute über dem offenen Feuer Ring für Ring auf einer sich ständig drehenden Walze in vielen Schichten gebacken und als Dresdner Baumkuchen in alle Welt verschickt wird.

Als vor 500 Jahren Mönche in Naumburg an der Saale die ersten flachen Rosinenlaibe aus Hefeteig formten, um damit das in Windeln gewickelte Christkind zu symbolisieren, konnten sie nicht ahnen, daß ein Dresdner Zuckerbäcker dieses Gebäck, Christstollen genannt, später weltberühmt machen sollte. Heute ist in ganz Deutschland für viele Familien Weihnachten ohne Christstollen nicht denkbar. Aber da gibt es einen kleinen Unterschied. Während man außerhalb Sachsens normalerweise nur einen Stollen zu Weihnachten backt, werden im Ursprungsland selbst, auch jetzt noch, in der Adventszeit mindestens 20 Christstollen pro Familie zu Hause hergestellt oder, aus eigenen Zutaten zusammengeknetet, zum Bäcker gebracht. Nicht nur um seine Freunde zu beschenken, die sich ihrerseits wiederum mit einem nach ihrem Familienrezept gebackenen Stollen revanchieren, sondern auch, um bis zu Ostern mit dem haltbaren nahrhaften Gebäck versorgt zu sein.

Für den in ganz Mitteldeutschland so beliebten Blechkuchen kennt man in Sachsen noch zwei Luxusausführungen: Klexelkuchen und Eierschecke. Für den Klexelkuchen werden an Festtagen, wenn eine größere Besucherzahl zu erwarten ist, auf den ausgerollten Hefeteig dicke Kleckse von verschiedenen Füllungen nebeneinander gesetzt – also Streusel neben Bienenstich, Mohn neben geraspelte Äpfel, Häufchen von Nußfüllung und Mohnbelag, so daß ein großer bunter Kuchen entsteht. Von ihm kann sich dann jeder Gast seinen Lieblingskuchen aussuchen. Das Geheimnis der sächsischen Eierschecke, die nach dem letzten Krieg in ganz Deutschland Furore gemacht hat, liegt darin, daß auf den Hefeteig zuerst ein inhaltsreicher Quark- oder Sauerrahmbelag gestrichen wird, den man wiederum mit einer üppigen Art von Buttercreme bedeckt. Diese beiden Belage vermischen sich beim Bakken zu einer einmalig köstlichen »scheckigen« Kruste. Kaloriengehalt natürlich erheblich.

Wer einmal in Thüringen war, wird nie den Geruch der auf einem Holzkohlengrill bräunenden Rostbratwürste vergessen, der noch die kleinste Stadt durchzieht. Und wer hätte ihnen an den zahlreichen Bratwurstständen widerstehen können, wenn sie, saftig und knusprig in ein durchgeschnittenes Brötchen gepackt und mit einem Klacks Senf versehen, zum sofortigen Genuß aus der Hand unwiderstehlich herausfordern. Die Rostbratwürste gelten zwar als weithin duftendes Symbol der Thüringer Küche. Kernstück sind aber die grünen Klöße – *die* Urklöße schlechthin. Die Kunst der Thüringer Hausfrauen besteht darin, ausschließlich aus Kartoffeln, Wasser und Salz, ohne jeden Ei- und Mehlzusatz, Klöße von beachtlichen Ausmaßen zuzubereiten, die eher etwas weich zerfließend auf dem Teller liegen denn, wie man ihnen nicht selten in Gaststätten begegnet, als fester Klumpen. Fragt man nach dem genauen Rezept der Zubereitung der grünen Klöße, wird einem jeweils noch ein kleiner Familientrick verraten, sei es ein Löffelchen Quark, ein bißchen Kartoffelpüree oder ein Quentchen Grießbrei, das man der Kartoffelmasse hinzufüge, um sie besonders locker zu machen – kurz, das gewisse Etwas, das die eigenen Klöße von denen der Nachbarin unterscheidet. Auf jeden Fall gehören in Thüringer Klöße in Butter geröstete Semmelwürfel als Einlage, während die Vogtländer (also sächsischen) Klöße keine Einlage haben, dafür aber zum Teil aus gekochten Kartoffeln bestehen.

Aber auch sonst hat dieses grüne Land mit den vielen kleinen Bauernhöfen und Handwerksbetrieben im Gegensatz zu Sachsen eine sehr landschaftsgebundene Küche zu bieten. Alleine an Braten und saucenreichen Fleischgerichten ist die Auswahl groß. Auch Lamm- und Hammelfleischgerichte schätzt man hier wesentlich mehr als in anderen Teilen Deutschlands. Gilt es doch, so viele abwechslungsreiche Saucen wie möglich, die alle ruhig ein wenig fettglänzend sein dürfen, auf den Tisch zu bringen, um für die so idealen Saucenträger, die Klöße, die gebührende Begleitung zu finden.

In den wunderschönen hügeligen Waldgebieten von Thüringen, die jetzt auch vom Waldsterben bedroht sind, wachsen noch immer alle Arten von Pilzen, aber auch große Mengen von Blaubeeren, die als Blaubeerpfannkuchen und als Blaubeerkuchen besonders geschätzt werden. Vor allem gibt es in diesen idealen Jagdgebieten Wild und Wildgeflügel in erheblicher Zahl, so daß zur Jagdzeit oft Wildgerichte auf den Tisch kommen. Als besonderes Schlemmergebiet galt, jedenfalls bis zum letzten Krieg, das Eichsfeld, jetzt kurz vor und hinter der Zonengrenze. Es hat zwei Thüringer Spezialitäten ihren Namen gegeben, den Eichsfelder Feldkickern und dem Eichsfelder Schmantkuchen. Sind die Thüringer Wurstwaren schon allgemein wegen ihrer Güte berühmt, gelten die von Schweinsblasen umhüllten luftgetrockneten Feldkicker unter Feinschmeckern als eine der feinsten Würste überhaupt, die man auch in der Bundesrepublik immer häufiger in guten Delikatessengeschäften erhält. Und was den Eichsfelder Schmantkuchen betrifft: in Thüringen und im Harz backen die Hausfrauen und Bäcker auch heute noch an den Wochenenden riesige Bleche voll Obstkuchen, die von einmaliger Saftigkeit und bäuerlicher Üppigkeit sind. Auf eine Unterlage von Grießbrei legt man je nach Jahreszeit die verschiedensten Früchte. Auf Eichsfelder Art wird dieser Obstkuchen dann noch mit einer dicken Sahnecreme überstrichen. Und mit diesem üppigen saftigen Schmantkuchen wird nicht nur im Eichsfeld, sondern in ganz Thüringen der Sonntag eingeläutet.

Spezialitäten von Sachsen und Thüringen

Aschkloß – Aschkuchen
Kuchen aus rohen geriebenen Kartoffeln und Backpflaumen. Wird warm zu Kaffee gegessen (Thüringen)
Baumkuchen, Dresdner – Spießkuchen
Über offenem Feuer auf einem sich ständig drehenden Spieß viele dünne Lagen Teig übereinander gebräunt; die entstehenden Zacken geben dem aufrechtstehenden Kuchen ein baumähnliches Aussehen
Bemme – Bemmchen – Brode
Brotschnitten mit verschiedenen Aufstrichen; besonders beliebt *Bemmchen mit Speckfett*: Brot mit Schmalz oder Speckfett bestrichen und mit Sauermilchkäse (Harzer Käse) belegt (Sachsen)
Christstollen, Dresdner
Schwerer Hefestollen mit viel Butter, Rosinen und Mandeln zubereitet, typisches deutsches Weihnachtsgebäck
Dampfnudeln
Große Klöße aus Hefeteig über Dampf gegart und mit Vanillesauce oder Kompott serviert (Sachsen)
Eierschecke, Sächsische
Feiner Hefeblechkuchen mit einem doppelten Belag aus viel Eiern, Quark und Sahne
Feldkicker – Feldgicker, Eichsfelder
Ehemals von Bauern mit zur Feldarbeit genommen, sind heute die monatelang an der Luft getrockneten, in Schweinsblasen gehüllten großen Mettwürste eine begehrte Delikatesse
Getzen – Gätzen
Pfannengericht aus Kartoffelteig, Eierkuchenteig oder Semmelteig, oft beim Braten wie Schmarrn in Stückchen zerrissen; besonders beliebt auch *Heidelbeergetzen* und *Buttermilchgetzen* (Erzgebirge)
Gewiegtskließel
Frikadellen mit gebratenen Zwiebelringen bedeckt gegessen (Sachsen)
Harzer Käsesalat
Scheiben von Harzer Käse mit Zwiebelscheiben und Kümmel vermischt und in Senfmarinade angemacht
Klexelkuchen, Sächsischer
Das Rezept für den mit verschiedenen Füllungen besetzten Hefeblechkuchen stammt wahrscheinlich aus dem angrenzenden Böhmen, von dem im übrigen erstaunlich wenig Rezepte in die sächsische Küche übernommen wurden
Knäzchen
Herzhaft angemachtes Schweinemett, wird roh zu Brötchen oder gebraten zu Gemüse gegessen
Leipziger Allerlei
Junge Frühlingsgemüse mit Morcheln und Krebsschwänzen vermischt, werden als separater Gang serviert
Leipziger Lerchen
Mürbeteigtörtchen mit Mandelmakronenfüllung
Plinsen
Eierpfannkuchen mit Hefe zubereitet (Sachsen)
Quarkkeulchen – Quarkkließle
Süße Püfferchen aus Quark-Kartoffelteig, werden mit Zucker und Zimt bestreut und mit Kompott serviert. In Sachsen sagt man Gäsegeulchen dazu
Rosinensauce
Süß-saure Sauce mit Rosinen und Mandeln vermischt zu gekochtem Fleisch oder Zunge
Rücklinge
Brötchen aus Sauerteig – werden zu den Thüringer Rostbratwürsten gegessen (Thüringen)
Schmantkuchen
Obstkuchen auf dem Blech gebacken mit einer Unterlage von Grießbrei und mit einem dicken Sahnebelag (Thüringen, Harz)
Schusterpfanne
Schweinefleisch von Kartoffeln und ungeschälten kleinen Birnen umgeben, im Backofen so lange gegart, bis alle Zutaten gebräunt und glänzend sind (Anhalt)
Seidene Klöße – Watteklöße
Klöße aus gekochten Kartoffeln, Eiern und Kartoffelmehl (Thüringen)
Thüringer Klöße – Grüne Klöße
Kartoffelklöße aus rohen Kartoffeln ohne jeden Ei- und Mehlzusatz, mit einer Füllung von in Butter gerösteten Semmelwürfeln
Thüringer Rostbratwurst
Größere Bratwürste, zu ⅔ aus Schweinefleisch und ⅓ aus Kalbfleisch bestehend, kräftig mit Pfeffer und Kümmel gewürzt. Auf einem Rost über einem Holzkohlenfeuer, oft mit Tannenzapfen beheizt, gegrillt
Thüringer Rostbrätel
Scheiben von Schweinekamm mit Bier mariniert oder bestrichen und auf dem Rost über einem Holzkohlenfeuer gegrillt. Zu Brötchen (Rückling) und mit Senf gegessen
Thüringer Rotwurst
Leicht geräucherte Blutwurst mit viel Fettstücken
Thüringer Topfbraten
Herzhaftes Ragout aus Kopf, Herz, Nieren und Bauch vom Schwein, die Sauce wird mit Lebkuchen und Pflaumenmus gewürzt. Beilage ausnahmsweise Klöße aus gekochten Kartoffeln
Tüschel
Kirschenauflauf aus Semmelteig und Eiermilch
Vogtländer grüne Klöße – Griegeniffte
Große Kartoffelklöße aus rohen und gekochten Kartoffeln ohne Füllung
Vogtländer Kartoffelpuffer
Kartoffelpuffer aus rohen geriebenen Kartoffeln, Zwiebeln und Buttermilch
Zwiebelkuchen, Weimarer
Hefeteig, reichlich mit Zwiebelscheiben und Speckwürfeln belegt und mit einem Sahne-Eier-Gemisch übergossen gebacken. Erinnerung an den heute noch bestehenden Weimarer Zwiebelmarkt

Mecklenburg, Pommern und Ostpreußen

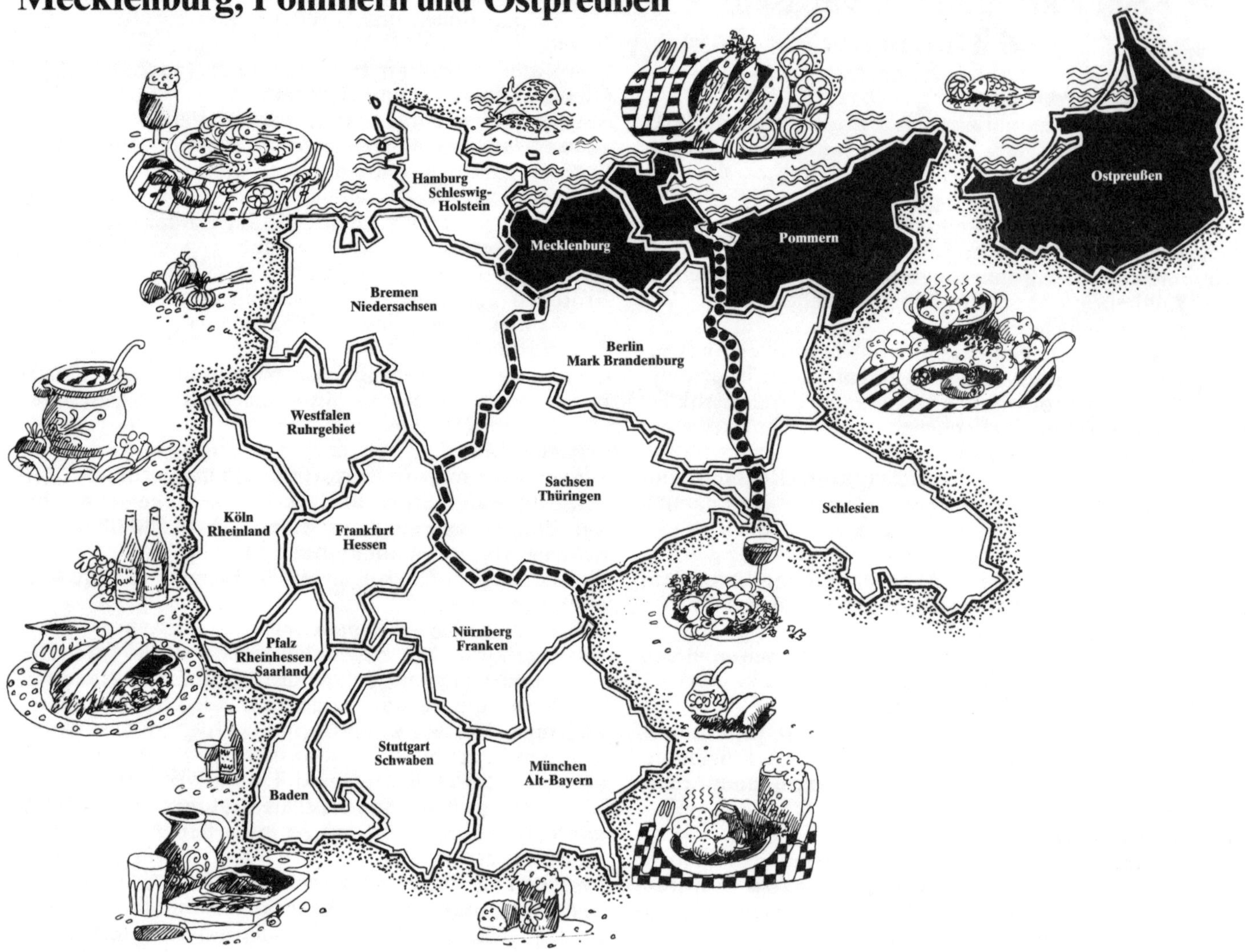

Wenn ich an die ostpreußische Küche denke, fällt mir immer das »Kaschubische Weihnachtslied« von Werner Bergengruen ein – auch wenn es sich bei Kaschubien um ein Stück Westpreußen handelt. Die Verse muß man langsam lesen und bei den Worten »gefüttert« statt des »g« das ostpreußische »j« verwenden:

»Wärst Du, Kindchen, im Kaschubenlande,
Wärst Du, Kindchen, doch bei uns geboren! . . .

Kindchen, wie wir Dich gefüttert hätten!
Früh am Morgen weißes Brot mit Honig,
Frische Butter, wunderweiches Schmorfleisch,
Mittags Gerstengrütze, gelbe Tunke,

Gänsefleisch und Kuttelfleck mit Ingwer,
Fette Wurst und goldenen Eierkuchen,
Krug um Krug das starke Bier aus Putzig.
Kindchen, wie wir Dich gefüttert hätten!«

Vielleicht hätte Bergengruen noch hinzufügen sollen: »Kindchen, wie wir Dich mit Schmand gefüttert hätten!«

Immer wenn ich von Ostpreußen ein heimatliches Rezept erbeten habe, wurde mir zum Schluß gesagt: »Und dann nehmen Sie noch ein paar Löffelchen Schmand dazu.« Schmand ist die dicke gelbe ostpreußische Sahne, die schwer vom Löffel fließt und die doch fast jeder Sauce und jedem Gemüse eine sanfte köstliche Abrundung gab, im Geschmack am ehesten der Crème double ähnlich.

Wer Ostpreußen gekannt hat, und sei es, wie ich, nur als Kind, kann nicht über diese schöne Ostseeprovinz und das stolze Danzig schreiben, ohne voll Trauer an dieses weite Land mit seinen einsamen Haffs, den dunklen Wäldern, den glitzernden masurischen Seen und die alten Bürgerhäuser und Kirchen in seinen Städten zu denken, die nicht mehr zu Deutschland gehören. Für seine Kinder sollte man als ein Stück deutscher Kultur den schönen weichen Dialekt der Ostpreußen in ihrer Literatur und ihren Liedern erhalten – nicht zuletzt auch den Duft ihrer herzhaften Küche mit den überlieferten Rezepten.

Zu jeder Regionalküche gehören natürlich die heimatlichen Produkte und das Klima ihrer Landschaft. So hat ein »Schalche Königsberger Fleck«, die glühend heiße Königsberger Kuttelsuppe mit dem typischen Majorangeschmack, sicher am allerbesten an einem der vielen klirrend-kalten ostpreußischen Wintertage in den Fleckstuben des Königsberger Hafenviertels geschmeckt – aber kalte Wintertage zum Nachkochen gibt es bei uns auch. Man wird auf keinem deutschen Fischmarkt mehr dieses riesige Angebot an feinsten Ostseefischen wie Lachs, Neunaugen oder Stör finden, das die Fischfrauen den »scheensten goldenen Madamchen und Marjellchen« neben Butt, Aalen, Sprotten und Pomucheln laut preisend zum Verkauf anboten, aber die letztgenannten Fische wenigstens gibt es auch bei uns. Pomuchel ist übrigens nichts anderes als Dorsch und wenn ein Ostpreuße zu seiner Liebsten »oller Pomuchelskopf« sagte, konnte das absolut zärtlich gemeint sein. Die Fische wurden nicht nur gekocht und gebraten, sondern häufig im Ofen mit feinen Saucen (mit Schmand natürlich) zubereitet oder geräuchert. Der ostpreußische Räucherfisch war berühmt. Fischfleisch wurde auch gerne zu den überaus beliebten Klopsen verarbeitet, für die es vor allem aus den verschiedenen Fleischarten eine Fülle von Rezepten gibt. Die Königsberger Klopse sind schon lange deutsches Nationalgericht. Gänsebraten, aber auch Gänseklein, waren wie in Pommern überaus beliebt, aber auch der Kalkuhnenbraten, der Puterbraten, kam hier häufiger als in den meisten anderen deutschen Landen auf den Tisch. Daß es in den dichten Wäldern reichlich Wild gab, ist bekannt, und eine Elchleber war gar keine so seltene Delikatesse. Aus dem benachbarten Baltikum, aber auch aus Rußland und Polen, kam manches Rezept wie für Betenbarsch, Blinis und Piroggen mit unterschiedlichen Füllungen auf den Tisch.

Eine Königsberger Spezialität aber hat Weltruf erlangt und ist in der Weihnachtszeit nicht nur in Deutschland zu haben: das so verführerische Königsberger Marzipan, das fast schon ein Konfekt ist. Seine Zubereitung gehörte früher in Ostpreußen zur häuslichen Weihnachtsbäckerei. So ist ein Stück 300jähriger Küchentradition bis heute lebendig geblieben.

Trotz mancher kulinarischen Verwandtschaft wird in Pommern und Mecklenburg weniger östlich als norddeutsch gekocht und ganz ohne den für die ostpreußische Küche so typischen Schmand. Als ich von jenseits der Elbe Erkundigungen einzog, ob auch heute noch viele der mir vor dem Krieg bekannten Rezepte zubereitet würden, schickten mir meine Freunde ein kürzlich erschienenes Regionalkochbuch. Auffallend war darin die Fülle an traditionellen Gerichten, die bei uns in Vergessenheit geraten sind. Da man nolens volens an die Erzeugnisse der eigenen Landschaft gebunden ist, sind viele alte regionale Rezepte erhalten geblieben. Die Welle der neuen jungen Küche hat die Demarkationslinie noch nicht überquert, und so manche Rezepte erscheinen für unseren heutigen Geschmack etwas zu fett und zu schwer. Aber ich fand alle Rezepte wieder, die ich kurz vor dem Krieg bei meinem hauswirtschaftlichen Praktikum auf einem Gut bei Stralsund kennenlernte. Die berühmten pommerschen Gänse sind mit vielen Rezepten vertreten, sie kommen ja keineswegs nur als knuspriger Gänsebraten auf den Tisch, sondern werden regelrecht ausgeschlachtet. Aus der gepökelten und geräucherten Gänsebrust wird die berühmte pommersche Spickbrust. Die Keulen werden entweder gepökelt und als Einlage in Teltower Rübchen oder in weißen Bohnen gekocht oder zu Gänseweißsauer, einer Art Gänsesülze, verarbeitet. Aus dem Gänseklein, Gänseblut und Backobst entsteht Schwarzsauer, ein etwas eigenwilliges Ragout. Den feingehackten rohen Gänseflomen, mit winzigen Zwiebelwürfeln vermischt, streicht man gerne als delikaten Aufstrich unter dem Namen pommerscher Kaviar auf's Brot, wenn er nicht zu Gänseschmalz ausgebraten wird. Für Gänse- und Entenbraten gibt es die verschiedensten Füllungen, am beliebtesten ist die Füllung aus Äpfeln, Pflaumen und Semmelbröseln, die auch gerne in einen Rippenbraten gefüllt wird.

Die Liebe zu Backpflaumen zeichnet besonders die mecklenburgische Küche aus: die so geschätzten Plummen kommen in salzige und süße Graupensuppe als Einlage und in Linsensuppe, werden zu geschmortem Rindfleisch und Schweinebraten serviert oder ganz einfach als Plumm und Tüffeln, Kartoffeln und Pflaumen mit Speck gekocht, als Eintopf auf den Tisch gebracht. Nach wie vor spielt beim Schweineschlachten die Wurstherstellung eine wichtige Rolle. Die pommerschen und mecklenburgischen Würste waren als Spitzenerzeugnisse immer schon berühmt, die Rügenwalder Teewurst wird nach altem Rezept heute in Westdeutschland hergestellt. Ob die berühmten Tollatschen – ein süß abgeschmeckter Blutkuchen mit Rosinen, der in Scheiben aufgebraten mit gebratenen Apfelscheiben sehr geschätzt war – an Schlachttagen noch bei örtlichen Schlachtern erhältlich ist, weiß ich leider nicht. Dagegen dürfte nach der Anzahl der in dem Buch vorhandenen Wachtelrezepte an diesen kein Mangel herrschen. Im Vortext steht nicht ohne Seitenhieb auf die feudalistische Vergangenheit: »Daß wir diese feinen kleinen Braten wieder auf den Tisch bringen können, verdanken wir keiner junkerlichen Jagd, sondern den Zuchterfolgen unserer Geflügelwirtschaft.« Die vielen Hasenrezepte deuten darauf hin, daß Treibjagd auf Hasen und Kaninchen weiter üblich ist. An der schönen langen Ostseeküste und in den Binnenseen sowie der lebhaft betriebenen Teichwirtschaft schwimmen Aale, Heilbutt und Flundern, Heringe, Makrelen, Dorsch und Hecht, und man weiß sie auch auf vielerlei Art zuzubereiten. Auch sonst war so manches Gericht darunter, das ich mit Freude wieder einmal nachgekocht habe und das auch im Rezeptteil zu finden ist. So möchte ich mit Fritz Reuter für alle Liebhaber ostdeutscher Küche schließen: »Dit Äten wünsch ich mir all lang, dor wässert eim de Mund.«

Kleine ostdeutsche Getränkekunde

In den Ostseeprovinzen wuchs Korn in Hülle und Fülle, für den Weinbau war das Klima nicht geeignet. Man behalf sich mit selbstangesetzten Obstweinen aus Äpfeln, Kirschen, Johannisbeeren und Rhabarber. Vor allem wurde und wird gutes Bier gebraut und aus Kartoffeln, Korn und Wacholder klare Schnäpse gebrannt. An den kalten Wintertagen wärmte man sich mit Eierpunsch, Rotweinpunsch, Teepunsch und Glühwein. Beliebt war das Warmbier aus Bier, Zucker und Ei, mit dem nach eigenen Angaben schon Friedrich der Große aufgezogen wurde. Und außerdem wußte man Hochprozentiges mit allerlei Einlagen zu variieren.

Bärenfang
Hochprozentiger Trunk aus hochprozentigem reinem Alkohol, Honig und Gewürzen (Ostpreußen)
Danziger Goldwasser
Süßer Likör, in dem winzige Teilchen Goldfolie herumschwimmen.
Machandel
Wacholderschnaps, den man über eine Backpflaume ins Glas gießt (Ostpreußen)
Nikolaschka
Auf ein Gläschen mit Weinbrand wird eine gezuckerte Zitronenscheibe, mit Kaffeepulver bestreut, gelegt; man trinkt erst den Schnaps und ißt hinterher die Zitronenscheibe (Baltikum)
Pillkaller
Klarer Korn, über das Glas wird eine Scheibe grobe Leberwurst gelegt, die mit einem Klacks Senf besetzt ist (Ostpreußen).

Spezialitäten aus Mecklenburg, Pommern und Ostpreußen

Apfelgrieben
Frischer Bauchspeck mit Äpfeln und Majoran ausgebraten und ohne das Schmalz durch den Fleischwolf gedreht. Warm zu Pellkartoffeln geschätzt sowie kalt als Brotaufstrich (Pommern)
Betenbarsch
Winterliche Gemüsesuppe mit Rindfleisch – rötlich von Roten Rüben – dem russischen Borschtsch ähnlich (Ostpreußen–Baltikum)
Bigosch
Ursprünglich polnisches Eintopfgericht aus Sauerkraut mit einer reichlichen Einlage von Schweinefleisch, Speck, Knoblauchwurst und Pilzen. Als Jagdessen auf den Gütern in Pommern und Ostpreußen sehr beliebt
Blinis
Kleine Hefeteigpfannkuchen aus Buchweizen. Werden mit gekühltem Schmand (Crème fraîche) und echtem Kaviar oder Lachskaviar sowie mit Räucherlachs und saurem Schmand gegessen (Baltikum)
Birnen mit Speck – Memelländer Art
Saftige Birnen mit Rauchfleisch gekocht, werden zu Klößen aus gekochten Kartoffeln gegessen (Ostpreußen)
Danziger Stremellachs
Auf Wacholderrauch geräucherter zarter Ostseelachs
Fleck, Königsberger – Rinderfleck
Herzhafte wärmende Suppe aus Teilen des Magens und des Fettdarmes des Rindes (Kuttelfleck – Kaldaunen). Bei Tisch gibt jeder zerriebenen Majoran, Senf, Essig, Pfeffer nach Geschmack hinzu (Ostpreußen)
Flinzen – Flinsen – Plinzen
Eierpfannkuchen aus Mehl oder Buchweizenmehl, manchmal mit Buttermilch angemacht, werden auch aus Kartoffelteig zubereitet. Salzig und süß. Kompotte von Blaubeeren und Preiselbeeren hierzu besonders beliebt (Ostseeprovinzen)
Flundern, Geräucherte
Frisch geräucherte Ostseeflundern, die man zu mit Butter bestrichenem Landbrot genoß, die berühmtesten kamen aus Ahlbeck (Pommern)
Gänsebraten pommersche Art
Mit Füllung aus Äpfeln und Backpflaumen (Pommern und Mecklenburg)
Gänsekeulen, Gepökelte
Werden mit Rosenkohl oder Teltower Rübchen geschmort (Pommern)
Gänsemagen, Geriebener
Gepökelte, geräucherte Gänsemägen, durch die Fleischmaschine getrieben und mit Majoran und Zwiebeln abgeschmeckt. Auf Landbrotscheiben mit Gänseschmalz bestrichen gegessen (Pommern)
Gänseschwarzsauer
Gänseklein und Backobst in einer süß abgeschmeckten Sauce mit Gänseblut zubereitet und mit Kartoffelklößen gegessen (Mecklenburg und Pommern)
Gänseweißsauer
Gänseklein und meistens zusätzlich zwei Gänsekeulen in Gänsebrühe gekocht und in gelierter Gänsebrühe als Sülze zu Bratkartoffeln serviert (Mecklenburg und Pommern)
Glumse
Ostpreußische Bezeichnung für Quark (Ostpreußen)
Graupensuppe, Mecklenburgische
Sämige kräftige Rindfleischsuppe mit Graupen gekocht, mit einer Einlage von Backpflaumen besonders beliebt (Mecklenburg)
Grützwurst
Frische, gut gewürzte Wurst aus fettem Schweinefleisch, etwas Leber oder Schweineblut und Grütze zubereitet, manchmal mit Rosinen angereichert; wird warm gegessen (Mecklenburg und Pommern)
Heringe Kurländer Art
Gebratene Heringe mit gebratenen Speck- und Zwie-

belscheiben bedeckt und mit Schmand (Crème fraîche) übergossen im Ofen überbacken

Heringsklopse
Klopse aus Kartoffeln und Salzheringen in einer Senfsauce (Pommern)

Kalkuhnenbraten – Putenbraten

Kalte Nasen – Schaltenosen
Gekochte Teigtaschen aus Hefeteig mit Quarkfüllung, werden warm mit Butter übergossen serviert (Ostpreußen)

Keilchen
Klößchen, besonders beliebt aus Glumse = Quark, mit Zucker bestreut und mit Kompott serviert

Klackerlieben – Kliebensuppe – Sanfter Heinrich
Süße Milchsuppe mit einer Einlage von kleinen nudelartigen Eierteigstückchen (Mecklenburg – Pommern)

Klopfschinken
Dicke Scheiben von geräuchertem Schinken in Milch eingeweicht, in Eierkuchenteig gewendet und gebraten. Für Klopfschinken werden gerne die Reste eines hart gewordenen Schinkens verwendet (Pommern)

Königsberger Klopse
Hackfleischklößchen aus Kalbfleisch, auch aus Rind- und Schweinehack, auch aus Kalbfleisch, oft mit Sardellen gewürzt, in einer mit Semmelbröseln gebundenen Kapernsauce (Ostpreußen)

Königsberger Marzipan
Kunstvoll verziertes Marzipankonfekt in vielerlei Form mit Gelee und eingemachten Früchten gefüllt und im Ofen leicht gebräunt

Klottengrütt
Beliebte Frühstücksgrütze aus Buchweizen, mit Sirup und heißer Milch übergossen (Mecklenburg)

Kurländer Speckkuchen
Hefeteig mit Guß von Speckwürfeln, Zwiebeln und Sahne; wird warm gegessen (Ostpreußen)

Linsen mit Backpflaumen
Dicke Linsensuppe mit Speck gekocht, die mit Essig süß-sauer abgeschmeckt und mit gekochten Backpflaumen vermischt wird (Ostpreußen)

Lungwurst
Luftgetrocknete Wurst aus Schweinefleisch und -lunge, herzhaft mit Majoran und Nelken gewürzt; zum Mitkochen bei Eintopfgerichten und Suppen beliebt (Pommern)

Maränen
Feine Süßwasserfische aus den masurischen Seen, den Felchen verwandt

Pfeffernüsse – Pfefferkuchen
Stark gewürzte Kekse aus Honigkuchen, die überall in den Ostseeprovinzen zur Weihnachtszeit gehörten (Pommern – Ostpreußen)

Piroggen
Gekochte und gebackene Teigtaschen aus verschiedenen Teigen, mit salzigen und süßen Füllungen. Besonders auch im Baltikum gab es eine Unzahl von Rezepten für diese leckeren Vorspeisen (Ostpreußen)

Pomuchel – Dorsch
Der feine Dorsch aus der Ostsee war vor allem in Ostpreußen neben dem Hecht der beliebteste Fisch; er wurde gesotten, gebacken, geräuchert auf die verschiedensten Arten zubereitet *(Gespickter Dorsch)*, (Ostpreußen, besonders Memelland)

Purzel
In Fett ausgebackene kleine Hefeteigkuchen

Rindfleisch mit Pflaumen
Gekochtes Rindfleisch mit in der Brühe gegarten Backpflaumen umlegt und mit einer Zwiebelsauce serviert (Mecklenburg)

Rippenbraten, Pommerscher
Schweinerippen zu einer Tasche zusammengenäht und mit einer Füllung aus Äpfeln und Backpflaumen gebraten (Pommern)

Schmand, Schmant
Dicke Sahne, am ehesten der Crème fraîche vergleichbar, die überall in der ostpreußischen Küche Verwendung fand. *Schmandhering*, in pikanter Sahnesauce eingelegter Salzhering, *Schmandklopse*, Hackfleischklöße in Sahnesauce (Danzig); *Schmandkartoffeln*, Pellkartoffelscheiben in einer Sahnesauce angerichtet; *Schmandschinken*, Schinkenscheiben von geräuchertem Schinken in einer pikanten Sahnesauce; *Schmand und Glumse* (Sahnequark) (Ostpreußen)

Schnittbohnen, Gestovte
Geschnippelte Stangenbohnen in einer mit Muskat gewürzten Milchsauce zubereitet, wurden häufig mit eingesalzenen Bohnen gekocht (Mecklenburg und Pommern)

Spickgans
Gepökelte und auf Buchenholz geräucherte Gänsebrust, wird in hauchdünne Scheiben geschnitten und als delikater Brotbelag oder als Beilage vor allem zu Rosenkohl und Teltower Rübchen gegessen (Pommern)

Stremellachs, Danziger
Fein geräucherter Ostseelachs

Thorner Katharinchen
Gewürzlebkuchen in Form eines Kirchenfensters ausgestochen, soll von einem Nönnchen namens Katharina im Kloster von Thorn erfunden sein (Westpreußen)

Tollatschen
Schlachtessen: In Schmalz gebackene süße Kloßscheiben, die aus Schweineblut, Mehl, Grieben und Gewürzen bestehen und mit gebratenen Apfelscheiben gegessen werden (Pommern)

Tuckeraal, Stralsunder
Geschmorte Aalstückchen

Wrucken
Steckrüben, die meistens mit Schweinebauch gekocht und mit einer Mehlschwitze gestovt werden (Pommern)

Zodderklops, Danziger
Krümelig gebratenes Schweinehack mit Zwiebeln, wird zu Bratkartoffeln und Preiselbeeren serviert

Zwiebelklops
Feine Rindfleischstreifen mit Zwiebeln gebraten und mit Sahnesauce übergossen (Ostpreußen)

Schlesien

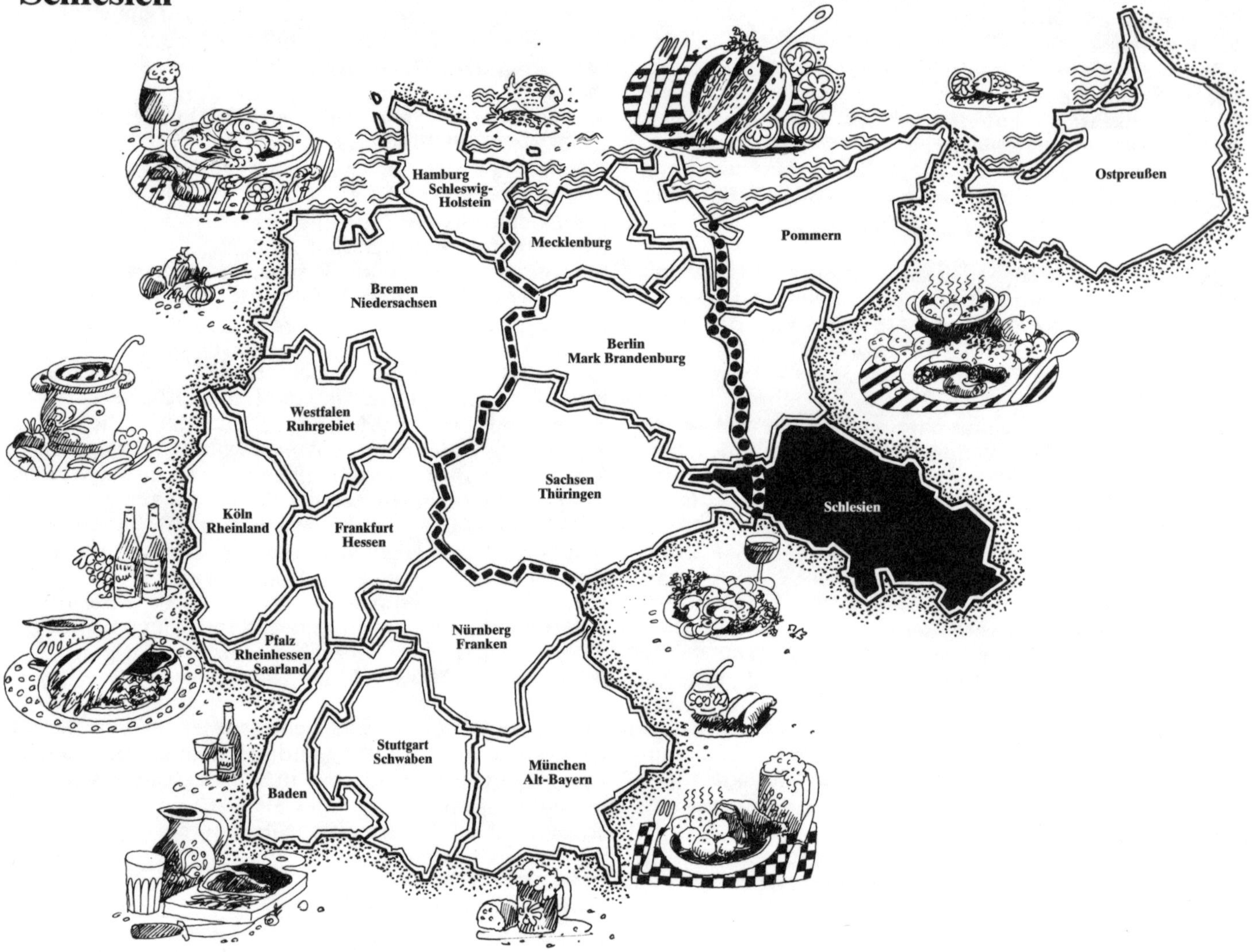

Als ich neun Jahre alt war, nahm mich unser damaliges schlesisches Dienstmädchen Frida Jablonski (ihr Name ist mir unvergeßlich, weil ich meine Lieblingssuppe nach ihr Jablonski getauft hatte) mit zu ihren Eltern nach Ratibor in Oberschlesien. Auf der langen Fahrt von Berlin aus erzählte sie mir von dem Schlesischen Himmelreich, das ich »derheeme« vorgesetzt bekäme und das alle ihr bekannten Speisen an Köstlichkeit übertreffe. Meine Erwartungen waren entsprechend hoch und wurden nicht enttäuscht. Es gab zum Empfang eine Riesenschüssel mit warmem Backobst zum Sattessen – nicht wie zu Hause auf einen Teller Kompott beschränkt –, dazu große glänzende Klöße und rosiges Rauchfleisch, eine Mischung, die sich für meinen kindlichen Gaumen zu einem wohlschmeckenden Dreiklang vereinte. Danach habe ich jahrelang geglaubt, der Name Schlesisches Himmelreich komme daher, daß man im Himmel so viel an Backobst und Klöße essen könne, wie man wolle.

Aber gar so himmlisch war das Essen in Schlesien keineswegs immer für alle Teile der Bevölkerung. Zuerst die armen Leineweber und später die Arbeiter in den Kohlengruben und Stahlwerken arbeiteten für einen Hungerlohn und auch in den kleinen Anwesen der Häusler in den Bergen ging es kärglich zu. Pellkartoffeln hieß die Parole, mit Quark und Leinöl oder Salzhering als Beilage. Fleisch gab es kaum. Daher gehört an einen echten schlesischen Kartoffelsalat unbedingt ein Salzhering. Für die Zubereitung von Heringshäckerli braucht man außer Hering noch hartgekochte Eier, Gurken und Speck – Heringshäckerli ist daher schon eine Nobelbeilage zu Pellkartoffeln oder ein köstlicher Brotaufstrich.

Die Küche in den Städten und auf den meist adeligen Gütern bestand natürlich keineswegs nur aus Pellkartoffeln und Hering. Die Schlesier sind genußfreudige, kräftige Esser. Die abwechslungsreiche, z.T. wunderschöne Provinz war reich an Feldern und Wäldern, Flüssen und Teichen, die die Hauptprodukte der schlesischen Küche lieferten. Den Mittelpunkt fast jeder Mahlzeit bildeten die heißgeliebten Kliessla – die Klöße. Sie hatten ungewöhnlich großzügige Ausmaße, die Schlesier übertrafen in ihrem Verzehr wahrscheinlich selbst die bayerischen Knödelliebhaber. Da gab es Kartoffelklöße, Semmelklöße und Mehlklöße als Beilage, Schälklöße aus Nudelteig, die in einer kräftigen Brühe schwammen, und die riesigen Hefeklöße: ein dicker, gut aufgegangener Hefekloß füllte den ganzen Teller, so daß das dazugehörige Pflaumenkompott kaum noch darauf paßte. Die geliebten Mohnkließla werden zwar in einer kompakten Masse aus Schichten von Semmelscheiben und einem Mohnbrei in einer Schüssel serviert, aber die Hausfrau sticht beim Verteilen dann kloßförmige Gebilde heraus. Weihnachten ohne Mohnklöße wäre für einen Schlesier gar kein Weihnachten.

Der Sonntagsbraten war in Schlesien von großer Wichtigkeit; am beliebtesten war der Schwärtelbraten, ein Schweinebraten mit knuspriger Schwarte und sündhaft fetter Sauce. Beilage: natürlich Klöße und Sauerkraut. Sauerkraut wurde in vielen Häusern selbst eingestampft. Es bildet auch die Unterlage für das viele frische und geräucherte Schweinerne, das an einen Bigusch (Bigos) gehört, einen üppigen Sauerkrauteintopf. Das Rezept dafür stammt, wie so manches andere schlesische Gericht, aus Polen. Vor allem in Oberschlesien sind deutsche und polnische Geschichte so ineinander verwoben, daß sich das auch auf die Kochtöpfe ausgewirkt hat. So zum Beispiel bei der Zubereitung der Karpfen, die aus den vielen Teichwirtschaften in Schlesien besonders reichlich auf den Markt kamen. Sie wurden – ebenso wie die kräftigen Bratwürste – am liebsten in polnischer Sauce gegessen, einer Biersauce mit viel Gewürzen und einer Bindung aus Pfefferkuchen. Diese ungewöhnliche Zubereitungsart ist bis nach Berlin vorgedrungen, ebenso wie »die Polnische«, eine Brühwurst mit herzhaftem Knoblauchgeschmack, wie überhaupt die für deutsche Verhältnisse ungenierte Verwendung von Knoblauch in der schlesischen Küche polnische Einflüsse zeigt.

Wer von einer schlesischen Familie zum Kaffee eingeladen wird, kann ziemlich sicher damit rechnen, daß ihn ein herrlicher Streuselkuchen erwartet: da sind die Streusel nicht ängstlich verteilt, sondern liegen so dick und leicht miteinander verschmolzen darauf, daß man von dem darunterliegenden Teig nichts mehr sieht. Streuselkuchen durfte in Schlesien bei keinem Familienfest fehlen. Mögen Sachsen und Schlesier auch darüber streiten, wer von ihnen den Streuselkuchen »erfunden« hat – wenn Mohnkuchen auf den Tisch kommt, ist der Fall klar: das Rezept stammt mit Sicherheit aus Schlesien. In keinem anderen deutschen Landesteil wurde so viel Mohn in der Küche verwendet. Den Mohnstriezel, der um so besser ist, je dicker die Mohnstreifen sind, die ihn durchziehen, haben die Schlesier auch erfolgreich in ihre neue Heimat verpflanzt. Ich las kürzlich, daß dieser schlesische Mohnstollen dabei ist, dem sächsischen Christstollen ernsthaft Konkurrenz zu machen, nicht zuletzt auch deshalb, weil er leichter und nicht ganz so kalorienreich ist. Übrigens wurden einmal ernsthafte Untersuchungen darüber angestellt, ob der allzu reichliche Verzehr von Mohngebäck nicht etwa rauschähnliche Zustände erzeuge. Sie haben sich natürlich als unrichtig erwiesen. Entzugserscheinungen treten bei Schlesiern allerdings auf, wenn man ihnen den geliebten Mohnkuchen zu lange vorenthält.

Spezialitäten aus Schlesien

Bigosch – Bigusch
Fetter Sauerkrauteintopf mit Schweinefleisch, Speck und Knoblauchwürstchen

Birnen mit Speck und Klößen
Speck oder Schweinefleisch mit Birnen gekocht und mit Semmelklößen oder Kartoffelklößen zusammen angerichtet

Bratwurst in Biersauce (Stolzer Heinrich)
Bratwurst in einer Sauce aus Bier, Gewürzen und Pfefferkuchen gegart

Fürst-Pückler-Bombe
Eisbombe aus Schichten von Erdbeereis, Vanilleeis mit Makronen vermischt und Schokoladeneis, eine Kreation, die ein Lausitzer Konditor dem exzentrischen Fürsten Pückler aus Muskau in Schlesien gewidmet hat

Heringshäckerli
In feine Würfel geschnittene Salzheringe mit Butter oder Speck, Eiern, Gurken und Zwiebeln vermischt; wird zu Pellkartoffeln gegessen

Karpfen in Biersauce
Karpfen in einer Sauce aus Bier, Gewürzen und Pfefferkuchen gegart. Typisches Weihnachtsessen

Kartoffelsalat, Schlesischer
Kartoffelsalat mit Salzheringen, Äpfeln und Zwiebeln vermischt und mit ausgebratenen Speckwürfeln angemacht

Klöße, Schlesische – Kliessla
Als Kartoffelklöße und Semmelklöße besonders beliebte Beilage zu Braten, Fisch und Kompott, als Hefeklöße zu Backobst oder Kompott serviert

Kielbasse, Schlesische
Grobe, kräftig gewürzte Brühwurst

Knoblauchwurst, Schlesische
ringförmige feine Brühwurst mit Knoblauch gewürzt, wurde zu Bratkartoffeln gegessen

Leinöl
Aus Leinsamen gepreßtes Speiseöl mit starkem Eigengeschmack, in Schlesien gerne zu Pellkartoffeln und Quark gegessen

Liegnitzer Bomben
Honiggebäck in schmaler hoher Form gebacken und mit Schokolade überzogen

Mohn-Kließla
In Milch eingeweichte Semmelscheiben, abwechselnd mit in Milch gekochtem gemahlenem Mohn, Rosinen und gehackten Mandeln in eine Schüssel geschichtet; durfte bei keinem Weihnachtsfest fehlen
Polnische
Brühwürstchen aus grobem Schweinefleisch mit Knoblauch gewürzt
Schälklöße
Aus Nudelteig mit Semmelbröseln gefüllte Teigstücke, die in Brühe gekocht werden
Schlesisches Himmelreich
Backobst, gekochtes Rauchfleisch und Klöße – das konnten Semmelklopse, Kartoffelklöße oder Hefeklöße sein
Schwärtelbraten
Schweinebraten mit knuspriger Kruste (Schwärteln), zu dem eine fette Sahnesauce, Kartoffelklöße und Sauerkraut gehören
Striezel
Stollenartig geformter Hefeteiglaib mit Rosinen und Mandeln – als *Mohnstriezel* von einer gewundenen Schicht Mohnfüllung durchzogen, der schlesische Weihnachtsstollen

REZEPTE

Alle Rezepte sind,
wenn nicht anders vermerkt,
für vier Personen berechnet.

Vorspeisen und Zwischengerichte

In der traditionellen deutschen Küche sind Vorspeisen fast unbekannt – selbst ein festliches Essen beginnt allzuoft gleich mit der Suppe. Unsere genußfreudigen europäischen Nachbarn im Süden und Westen dagegen wissen schon seit römischen Zeiten, daß kleine Gaumenkitzel, an den Anfang der Mahlzeit gesetzt, den Appetit anregen. Und angesichts der ausgezeichneten deutschen Räucherwaren und Delikatessen brauchte man bei uns für viele von ihnen nicht einmal den Herd anzuheizen. Zum Beispiel ein paar dünne Scheiben geräucherter rosiger Schinken aus Holstein oder Westfalen, dunkelrote Gänsebrust oder eine kleine Auswahl regionaler Wurstsorten, selbst nur ein Töpfchen mit hausgemachtem Griebenschmalz und daneben ein Korb mit knusprigen Roggenbrötchen oder großporigem säuerlichem Bauernbrot wären sogar in Frankreich und Italien als Einstimmung auf die kommenden Genüsse hochwillkommen.

Aber auch die junge deutsche Küche hat sich der Vorspeisen angenommen. Zuerst einmal wurden die Salate an den Anfang der Mahlzeit gestellt und ihre Rezepte verjüngt. Den entscheidenden Akzent, der aus simplen Blattsalaten Vorspeisen macht, liefern kleine Mengen frisch gebratener Hühner- und Kaninchenleber, Kalbsbries, Stückchen von edlem Räucherfisch, Krabben, Muscheln, Scheiben von frischen Champignons oder Steinpilzen – um nur einige Anregungen zu geben. Die schweren kalorienreichen Mayonnaisensalate, die so leicht den Eigengeschmack der Speisen verdecken, finden dagegen immer weniger Liebhaber. Auf jeden Fall werden Salatsaucen durch Joghurt oder etwas Sahne leichter und bekömmlicher gemacht. Eine frühlingshafte Delikatesse aus dem Norden ist ebenfalls schnell zubereitet: hartgekochte Möweneier mit Radieschen und Kresse zu einem klaren Schnaps serviert. Geräucherter Süßwasserfisch pur kann eine delikate Vorspeise sein. Forellen, Saiblinge, Karpfen, Renken, Bodenseefelchen oder zarte Ostseeaale möglichst frisch aus dem Rauch, dazu frisch geriebener Meerrettich und Apfel mit Sahne vermischt und statt der üblichen pappigen Toastscheiben eine kleine Auswahl verschiedener Brotsorten, dazu ein trockener fruchtiger deutscher Weißwein – das klingt gut zusammen.

Von den Meeresfischen ist der Matjes der ideale Vorspeisenfisch. Wahre Genießer essen ihn ohne weitere Beigabe auf gebuttertem Vollkornbrot – aber auch ein Matjestatar ist ein herzhafter Appetithappen. Sogar Kaviar gibt es aus deutschen Gewässern. Damit meine ich nicht den schwarzen Heringsrogen, sondern den wirklich delikaten pastellfarbenen frischen Kaviar von Forellen und Bodenseefelchen. Zu knusprigen Kartoffelpuffern oder sanften Buchweizenblinis mit einem Klacks dicker saurer Sahne und Schnittlauch versehen, kann man ihn auch anspruchsvollen Genießern anbieten.

Die schweren riesigen Pasteten der altdeutschen Küche, die man in tagelanger Arbeit für die Festessen zubereitete, sind vergessen. Heute kann man im Handumdrehen im Mixer aus Wild, Geflügel, Fleisch, Leber und Schinken leichte saftige Pastetenfarcen herstellen, die mit oder ohne Teigumhüllung ein sehr beliebter Auftakt zu einer Mahlzeit sind. Salzige Gemüsetorten hat man in Deutschland schon vor Jahrhunderten gebacken. Ihre Rezepte erscheinen ganz modern und stehen der vielgerühmten französischen Quiche nicht nach.

Zu den volkstümlichen Sülzen aus Schweinefleisch, Kalbskopf und Gans kommen heute leichte Fisch- und Gemüsesülzen. Werden sie zum Erstarren in Portionsförmchen gefüllt und für jeden Gast auf einen Teller gestürzt, sind die zierlichen säuerlichen Sülzen allemal ein appetitlicher »Mundbissen«.

Aber die folgenden Rezeptvorschläge sind nicht nur als Vorspeisen gedacht. Sie eignen sich fast alle für eine bei uns sehr übliche, angenehme Form der Gästebewirtung: seine Freunde nach dem Essen zu einer guten Flasche Wein und ein paar »Häppchen« zu bitten (nur die säuerlichen Salate und Sülzen passen nicht zum Wein).

Friesischer Krabbensalat

Die Salatblätter und Kräuter sorgfältig waschen und in einem Tuch oder einer Salatschleuder trockenschleudern. Die geputzten Champignons und die Radieschen in Scheiben schneiden. Den Zitronensaft mit Salz und Senf verrühren, bis sich das Salz aufgelöst hat, und unter Rühren das Öl hinzufügen. Den Schnittlauch und den frischgemahlenen Pfeffer hinzufügen. Über die Salatzutaten gießen und alles gründlich vermischen. Auf eine Platte abwechselnd Salat und Krabben häufen, in die Mitte einige der halbierten Eier geben (die restlichen Eier auf einem Teller mit Salz dazu servieren). Man kann die Krabben auch mit dem Salat vermischen, aber getrennt hat man den intensiveren Krabbengenuß.

Vollkornbrot und Butter sowie ein Pils und einen Klaren dazu servieren.

Farbaufnahme Seite 73
Zubereitungszeit: 30 Minuten
Pro Portion: 1180 Joule
(280 Kalorien)
2 Handvoll kleine Salatblätter von Feldsalat, Brunnenkresse, Löwenzahn, jungen Spinatblättern, 1 Kopfsalatherz, glatte Petersilie, Dill, Minze, 100 g frische Champignons, ein Bund Radieschen. – 300 g ausgelöste frische Krabben. – 8 hartgekochte Möweneier oder 12 Wachteleier
Marinade: 1 Eßlöffel Zitronensaft, Salz, 1 Teelöffel scharfer Senf, 5 Eßlöffel Maiskeimöl, 1 Eßlöffel Schnittlauch, Pfeffer

Stralsunder Linsensalat mit Räucheraal

Die Linsen mit 1 l Wasser bedecken. Die geputzten Karotten, die Zwiebel, das Lorbeerblatt und die Petersilie hinzufügen. Salzen und bei leichter Hitze in etwa 1 Stunde gar kochen lassen. Die Linsen sollen innen weich sein, dürfen aber nicht platzen. Den Senf mit dem Salz und dem Essig so lange rühren, bis sich das Salz aufgelöst hat. Das Öl hinzurühren. Die Salatsauce mit den Linsen vermischen und mit frischgemahlenem Pfeffer abschmecken. Den Aal enthäuten, in feine Streifen schneiden und unter den Linsensalat mischen. Von dem Salat die Blätter ablösen, dabei die harten Außenblätter entfernen. Die Salatblätter waschen und in einem Salatsieb oder in einem sauberen Küchentuch trockenschleudern. Die Blätter müssen trocken sein. Eine Salatschüssel mit den Blättern auslegen und den Linsensalat darin anrichten.

Beilage: Frisches Weißbrot oder Vollkornbrot und Butter

Zubereitungszeit: 1 Stunde 15 Minuten
Pro Portion: 1720 Joule
(410 Kalorien)
200 g Linsen, 2 Karotten, 1 mit 2 Nelken gespickte Zwiebel, ½ Lorbeerblatt, 3 Stengel Petersilie, Salz, 1 Eßlöffel scharfer Senf, 2 Eßlöffel Weinessig, 4 Eßlöffel Öl, Pfeffer, gehackte Petersilie, 200 g frisch geräucherter Aal, 1 Kopf Eichblatt-Salat

Bremer Räucherfischsalat

Schillerlocken in Stückchen schneiden, den anderen Räucherfisch von Haut und Gräten befreien und in Stückchen zerpflücken. Die Pellkartoffeln in größere Würfel, die Zwiebel in kleine Würfel schneiden, die Gewürzgurke in Streifen. Die Äpfel schälen und in Würfel schneiden. Alle Salatzutaten bis auf den Räucherfisch in einer Schüssel vermischen, leicht salzen und mit 3 Eßlöffeln Essig 1 Stunde marinieren lassen. Essig, Senf, Salz und Pfeffer verrühren. Nach und nach das Öl und die Sahne hinzugeben. Den Salat vorsichtig mit dem Räucherfisch und dem Dill vermischen. Mit der Salatmarinade übergießen und durchziehen lassen.

Zubereitungszeit: 30 Minuten
1 Stunde marinieren
Pro Portion: 1810 Joule
(430 Kalorien)
250 g Räucherfisch (Schillerlocken, Heilbutt, Makrele), 500 g gekochte Pellkartoffeln, 1 Zwiebel, 1 Gewürzgurke, 2 aromatische Äpfel, Salz, 3 Eßlöffel Weinessig
Salatsauce: 2 Eßlöffel Essig, Salz, 1 Teelöffel Senf, Pfeffer, 2 Eßlöffel Öl, 6 Eßlöffel Sahne. – 3 Eßlöffel gehackter Dill

Herbstsalat mit Geflügelleber

Zubereitungszeit: 30 Minuten
Pro Portion: 1390 Joule
(330 Kalorien)
300 g gemischte Salatblätter, 100 g rohe Pilze (Champignons, Steinpilze), 12 Walnußhälften. – 1 gekochtes Ei (7 Minuten), Salz, Pfeffer, 5 Eßlöffel Öl (3 Eßlöffel Pflanzenöl, 2 Eßlöffel Nußöl), 1 Eßlöffel bester Weinessig. – 200 g frische Geflügelleber, möglichst Poulardenleber, 1 Eßlöffel Mehl, Salz, Pfeffer. – 2 Eßlöffel Öl zum Braten

Die Salatblätter gründlich waschen, große Rippen in der Mitte der Blätter entfernen, Sauerampferblätter aufgerollt in Streifen schneiden. In einem Salatsieb oder einem sauberen Tuch ausschwenken und auf einem trockenen Tuch ausbreiten. Die geputzten gewaschenen Pilze der Länge nach in Streifen schneiden, die Nüsse grob hacken. Für die Salatsauce das Eidotter durch ein Sieb streichen und mit Salz und Pfeffer vermischen. Langsam unter ständigem Rühren mit einem kleinen Schneebesen das Öl hinzufügen und zum Schluß den Essig. Die Leber von Fett und Sehnen befreien und jede Leber in vier Teile schneiden. Mehl, Salz und frischgemahlenen Pfeffer vermischen und die Leberstückchen darin wenden. Überflüssiges Mehl abklopfen. Das Öl in einer Pfanne erhitzen und die Leberstücke darin schnell von allen Seiten in 2–3 Minuten bräunen, sie müssen in der Mitte noch rosa sein. Die Salatzutaten mit der Marinade gründlich vermischen und die heiße Leber darauf anrichten.

Beilage: frisches aufgebackenes Weißbrot oder Roggenbrötchen und Butter

Regensburger sind kleine sehr dicke Würstchen, die roh und gekocht in Bayern gleich beliebt sind. Ein echter bayerischer Wurstsalat darf nur mit Regensburgern angemacht werden. Alle weiteren Zutaten sind Verfremdungen, die ein echter Bayer ablehnt.

Regensburger Wurstsalat

Zubereitungszeit: 20 Minuten
1 Stunde durchziehen lassen
Pro Portion: 2440 Joule
(580 Kalorien)
8 Regensburger Würste, 2 mittelgroße Zwiebeln, 2 Eßlöffel Essig, Salz, etwas scharfer Senf, 3 Eßlöffel Öl, Pfeffer, Schnittlauch

Die Regensburger enthäuten und in dünne Scheiben schneiden. Dachziegelartig in einer flachen Schale anrichten. Die Zwiebeln schälen, ebenfalls in dünne Ringe schneiden und über die Wurstscheiben verteilen. Den Essig mit Salz und Senf so lange rühren, bis sich das Salz gelöst hat, dann mit dem Öl zu einer glatten Marinade verrühren. Über die Wurst- und Zwiebelringe gießen. Den Salat pfeffern und mit kleingeschnittenem Schnittlauch bestreuen. Ca. 1 Stunde durchziehen lassen.

Beigabe: Roggenmehlsemmeln oder Laugenbrezel und ein frisches Bier

Schwäbisches Eiersalätle

Zubereitungszeit: 15 Minuten
Pro Portion: 2180 Joule
(520 Kalorien)
6 Eier, 250 g frische Champignons, Salz, 5 Eßlöffel Mayonnaise, 3 Eßlöffel Joghurt, 2 Eßlöffel Sahne, 1 Teelöffel scharfer Senf, 1 Bund Schnittlauch

Für den schwäbischen Eiersalat sind die würzigen Egerlinge, die bräunlichen Champignons, besonders gut geeignet. Man kann den Salat auch aus Eischeiben und Champignonscheiben zubereiten, also die Zutaten nicht hacken. Dann muß er etwas durchziehen, bevor er aufgetragen wird.

Die Eier hart kochen. Nach dem Abkühlen schälen und grob hacken. Die Champignons sorgfältig putzen, waschen und ebenfalls grob hacken. Leicht salzen. Die Mayonnaise mit dem Joghurt, der Sahne und dem Senf verrühren. Über die Eier und die Champignons geben und sorgfältig vermischen. Mit dem feingeschnittenen Schnittlauch bestreuen.

Beilage: Toast

Heringssalat – die feine Hamburger Art

Die Matjesfilets kurz wässern. Mit dem Kalbsbraten, der Gewürzgurke und den Äpfeln in Streifen schneiden, die Selleriestangen in Stückchen. Walnüsse grob hacken. Die Kartoffeln in Würfel schneiden. Die Salatzutaten vermischen und mit dem Essig, wenig Salz und frischgemahlenem Pfeffer würzen. Etwas durchziehen lassen. Die Mayonnaise mit dem Joghurt und dem Ingwerpulver verrühren. Die Kräuter fein wiegen und mit der Mayonnaise mit den Salatzutaten vermischen. 1–2 Stunden durchziehen lassen.

Beilage: Frische Brötchen

Zubereitungszeit: 30 Minuten
Pro Portion: 2560 Joule
(610 Kalorien)
4 Matjesfilets,
125 g Kalbsbraten,
1 Gewürzgurke, 2 säuerliche Äpfel, 2 Stangen Sellerie,
50 g Walnußkerne,
3–4 gekochte Pellkartoffeln (200 g), 4 Eßlöffel Weinessig, Salz, Pfeffer. –
100 g Mayonnaise, 4 Eßlöffel Joghurt, ¼ Teelöffel Ingwerpulver, einige Stengel Kerbel, ½ Bund Schnittlauch

Das Krabbenrührei schmeckt am besten auf einem dick mit Butter bestrichenen Vollkornbrot. Je nach Geschmack kann man auch das Rührei zuerst auf das Brot geben und dann die separat in Butter geschwenkten Krabben daraufhäufen.

Büsumer Rührei mit Krabben

2 Eßlöffel Butter zerlassen und die in Würfel geschnittene Schalotte darin glasig braten. Die Krabben in die Pfanne geben und unter Schütteln der Pfanne nur eben erhitzen. Leicht mit Selleriesalz und herzhaft mit frischgemahlenem Pfeffer abschmecken.

Die Eier mit Salz und frischgemahlenem Pfeffer mit einem Schneebesen sanft schlagen, bis sich ein ganz feiner Schaum gebildet hat. Einen Eßlöffel Butter bei leichter Hitze schmelzen lassen und die verschlagenen Eier hineingießen. Sowie die Eimasse leicht zu stocken beginnt, mit einem Holzlöffel oder einem Spachtel ständig rühren. Das noch leicht flüssige Rührei mit den Krabben vermischen. Von der Kochstelle nehmen und weiterrühren, bis es die gewünschte cremige Konsistenz hat. Mit Schnittlauch bestreuen.

Beilage: Vollkornbrot mit Butter oder Brötchen

Zubereitungszeit: 20 Minuten
Pro Portion: 1260 Joule
(300 Kalorien)
8 Eier, Salz, 150 g ausgelöste Krabben, 3 Eßlöffel Butter,
1 Schalotte, Selleriesalz, Pfeffer, Schnittlauch. –
4 Scheiben Vollkornbrot, Butter

Westfälisches Bohnenomelett

(2 Personen)

Die Bohnen enthülsen und die äußere Haut der Bohnenkerne mit einem spitzen Messer abziehen. Die Schalotte und den Schinkenspeck in kleine Würfel schneiden und in 20 g Butter in einer teflonbeschichteten Pfanne anschwitzen, nicht bräunen. Die Bohnenkerne hinzufügen sowie 2 Eßlöffel Wasser. Bei leichter Hitze unter gelegentlichem Schwenken der Pfanne in 5 Minuten gardünsten. Mit Salz, frischgemahlenem Pfeffer, gehacktem Dill und Kerbel würzen. Die Eier mit Salz und frischgemahlenem Pfeffer mit einer Gabel etwa 30 Sekunden schlagen, bis Eigelb und Eiweiß völlig miteinander vermischt sind. Über die Bohnen gießen, mit gehacktem Dill bestreuen und die Unterseite erstarren lassen. Mit dem Rücken einer Gabel die noch bestehende Flüssigkeit an den Rand nachfließen lassen. Das Omelett auf einen Teller gleiten lassen, die restliche Butter in die Pfanne geben und das gewendete Omelett kurz auch auf der zweiten Seite erstarren lassen – es soll innen saftig bleiben.

Beilage: Kopfsalat

Zubereitungszeit: 25 Minuten
Pro Portion: 2100 Joule
(500 Kalorien)
400 g große Bohnen in der Schote, 1 Schalotte, 1 dünne Scheibe (30 g) Schinkenspeck,
30 g Butter, Salz, Pfeffer,
5 Eier, Dill, Kerbel

Soleier wurden ursprünglich in den sächsischen Salinen in natürlicher Sole gekocht und in der Kochsole konserviert – heute gehören sie vor allem in Berlin zu den Standardhäppchen der Kneipen. Sollen die Eier eine schöne braune Farbe haben, kocht man sie mit Zwiebelschalen. Man kann die Sole zum Einlegen der Eier wie in dem angegebenen Rezept würzen oder pur ohne Gewürze verwenden.

Soleier

Zubereitungszeit: 15 Minuten
24 Stunden in Sole einlegen
Pro Portion: 920 Joule
(220 Kalorien)
*8 Eier, 100 g Salz,
6–8 Pfefferkörner,
1 Lorbeerblatt, 1 Teelöffel Kümmel oder Senfkörner,
1 Liter Wasser. – 1 Eßlöffel Essig, 1 Eßlöffel scharfer Senf, Salz, 2 Eßlöffel Öl*

Die Eier in 10 Minuten hart kochen, abschrecken und die Schale rundherum ganz leicht anknicken, ohne sie zu entfernen, sie sollen nur Risse bekommen. Das Salz und die Gewürze mit dem Wasser einige Minuten kochen und ganz abkühlen lassen. Die Eier mit der abgekühlten Salzsole in einen Glashafen geben und mindestens 24 Stunden darin ziehen lassen.

Zum Essen den Essig mit dem Senf und dem Salz verrühren und unter ständigem Weiterrühren das Öl hinzufügen. Es soll eine cremige Sauce entstehen. Die Soleier im Glas auf den Tisch stellen. Jeder nimmt sich ein Ei heraus, schält es und schneidet es quer durch. Das Eigelb herausdrücken, in die Vertiefung jeder Eihälfte einen Teelöffel der Marinade geben und das Eigelb umgedreht vorsichtig wieder daraufsetzen, oder das Eigelb mit der Marinade vermischen und wieder in die Eihälften füllen – das ist Geschmackssache. Sofort in den Mund stecken. Dazu gehören Roggenbrötchen (Schusterjungen), Bauernbrot, Butter, Bier und Schnaps.

Falsche Prinzregententorte

Zubereitungszeit: 1 Stunde
Teig 2 Stunden ruhen lassen
Pro Portion: 1470 Joule
(350 Kalorien)
*100 g Mehl, je 1 Prise Salz und Zucker, 4 Eier,
50 g flüssige Butter. –
Öl zum Ausbacken der Crêpes
Füllung: 300 g Champignons,
30 g getrocknete Spitzmorcheln,
50 g Schalotten, 1 Eßlöffel gehackte Petersilie, 50 g Butter, Salz, Pfeffer. – Sauce:
⅛ l Crème double, Salz, Pfeffer
– Einweichwasser der Morcheln*

Die Morcheln in ¼ l kaltem Wasser einweichen. Für den Crêpeteig das Mehl in eine hochwandige Schüssel geben. Salz, Zucker und Eier hinzufügen und mit dem Elektroquirl vermischen oder alle Zutaten in den Mixer geben. Nach und nach die Milch, das Wasser und die zerlassene Butter hinzufügen. Den Teig 2 Stunden ruhen lassen.

Die Morcheln gründlich unter fließendem Wasser einzeln waschen, sie haben in den Vertiefungen ihrer spitzen Hütchen viel feinen Sand. 3 Morcheln beiseite legen. Die Champignons und die Morcheln sehr fein hacken oder durch die mittlere Scheibe des Fleischwolfes drehen. Die Schalotten schälen und in Würfel schneiden. Die Butter zerlassen und die Schalottenwürfel darin andünsten. Das Pilzpüree hinzufügen und so lange einkochen lassen, bis alle Flüssigkeit verdampft ist. Die Petersilie hinzufügen und mit Salz und Pfeffer abschmecken.

In einer kleinen beschichteten Pfanne oder einer Crêpepfanne etwas Öl erhitzen und von dem Crêpeteig nacheinander neun dünne Crêpes backen. Die fertigen Pfannkuchen zwischen zwei Tellern warmhalten. Die Crêpes mit der Pilzfarce bestreichen und übereinander zu einer Torte zusammensetzen (5 cm Gesamthöhe). Die falsche Prinzregententorte in vier Tortenstücke schneiden, auf Teller setzen und etwas Morchelsauce darübergießen. Für die Morchelsauce das Einweichwasser der Morcheln durch ein feines Sieb geben und auf die Hälfte einkochen lassen. Die Crème double hinzufügen und erneut einkochen lassen. Die zurückbehaltenen Morcheln fein hacken und an die Sauce geben. Mit Salz und frischgemahlenem Pfeffer abschmecken.

Das Rezept stammt von Otto Koch – Restaurant Le Gourmet in München.

Ammerländer Schinkenterrine – altdeutsche Art

300 g Schinken in Würfel schneiden. Den restlichen Schinken mit dem Kalbfleisch, der Geflügelleber, dem Speck, den Schalotten und der Petersilie durch die feine Scheibe des Fleischwolfs passieren oder einfacher in einem Universalzerkleinerer zu einer Farce vermischen. Das Ei leicht verschlagen und mit dem Wein und dem Weinbrand zum Fleisch geben und gründlich vermischen. Herzhaft mit Salz, frischgemahlenem Pfeffer und den Gewürzen abschmecken. (Die nötige Salzzugabe richtet sich nach dem Salzgehalt des Schinkens.) Die Schinkenwürfel mit der Farce vermischen. Eine irdene Pastetenform (Terrine) gut mit Butter ausstreichen. Die Farce gleichmäßig einfüllen und festdrücken, damit keine Luftlöcher entstehen. Die Form mit einem Stück Alufolie abdekken und mit einem Deckel verschließen, die Pastete soll hermetisch verschlossen sein. In einen länglichen Schmortopf setzen und heißes Wasser bis zwei Finger breit unter den Rand der Form füllen. In den vorgeheizten Backofen schieben und bei mittlerer Hitze (200°) 1½ Stunden garen. Etwas abkühlen lassen, Deckel und Folie abnehmen und den Saft, der sich gebildet hat, vorsichtig abgießen. Die Pastete mit einem Holzbrett bedeckt und mit einem Gewicht oder einem anderen etwa 2 kg schweren Gegenstand beschwert erkalten lassen. Den abgegossenen Fleischsaft entfetten, den Wein, das Lorbeerblatt und die Nelke hinzufügen und 5 Minuten kochen lassen. Mit der kalt eingeweichten Gelatine binden und durch ein Sieb über die Schinkenpastete gießen. Vor dem Aufschneiden zugedeckt 12–24 Stunden in den Kühlschrank geben. Der Aspik muß ganz fest sein.

Beilage: Pumpernickel, in Westfalen auch Stuten, knuspriges Weißbrot, kleine Gurken

Zubereitungszeit: 40 Minuten
Garzeit im Backofen:
1½ Stunden
Pro Portion (1/10): 1890 Joule
(450 Kalorien)
500 g saftiger gekochter Schinken in fingerdicken Scheiben, 250 g Kalbsschulter, 200 g Geflügelleber, 200 g fetter roher Speck, 3 Schalotten, einige Stengel Petersilie, 1 Ei, 1 Gläschen Weißwein, 1 Gläschen Weinbrand, Salz, Pfeffer, 1 Lorbeerblatt (zerkrümelt), je 1 Löffelspitze gemahlene Nelken, Ingwer, Thymian. – ⅛ l Weißwein, ¼ Lorbeerblatt, 1 Nelke, 4 Blatt Gelatine. – Butter für die Form

Badische Geflügelleberpastete

Die Haut von den Hühnerbrüsten abziehen und das Hühnerfleisch in Würfel schneiden. Die Hühnerlebern von Fett und Sehnen befreien. Das Hühnerfleisch, 200 g Hühnerleber und die Crème fraîche in den Mixer geben und zu einer Farce vermischen. Nacheinander die Eier hinzufügen. Nach Hinzugabe eines Eies die Farce erst ganz mit dem Ei vermischen, bevor das nächste hinzukommt. Mit Salz und einigen Umdrehungen Pfeffer aus der Mühle würzen. Wenn der Mixer zu klein ist, in zwei Portionen mixen. Danach gründlich vermischen. Die restliche Leber halbieren. In einer großen Pfanne die Butter erhitzen. Die Leberstückchen hineingeben, salzen und pfeffern. Knapp eine Minute bei starker Hitze unter ständigem Wenden anbraten, die Lebern sollen innen noch blutig sein. Auf eine Platte geben. Boden und Rand einer Terrine mit Butter ausstreichen. Ein Drittel der Farce hineinfüllen. Mit der Hälfte der gebratenen Lebern bedecken und das zweite Drittel der Farce darüberstreichen. Die restlichen Leberstückchen auflegen und mit der restlichen Farce bedecken. Die Form mit einer Alufolie abdecken und diese ein paarmal mit einer Gabel einstechen. Die Terrine in einen niedrigen Topf oder die Bratenschale des Backofens setzen und diese zwei Fingerbreit mit Wasser füllen. Die Terrine in diesem Wasserbad im Backofen bei leichter Hitze (190°) in 30–40 Minuten garen lassen. Die Leberpastete über Nacht im Kühlschrank erkalten lassen.

Beilage: Knuspriges Weißbrot, frische Butter, Kressesalat

Zubereitungszeit: 1 Stunde
Pro Portion (1/10): 1090 Joule
(260 Kalorien)
4 ausgelöste frische Hühnerbrüste, 1,2 kg frische Geflügelleber, 4 Eßlöffel Crème fraîche, 4 kleine Eier, Salz, Pfeffer, 1 Eßlöffel Butter zum Anbraten. – Butter für die Form

Das folgende Rezept stammt vom Gut Petkus in der Mark Brandenburg, wo ich als hauswirtschaftlicher Lehrling mein Praktikum machte

Petkuser Hasenpastete

Zubereitungszeit: 1½ Stunden
Ruhezeit des Teiges:
3 Stunden
Backzeit der Pastete: 1 Stunde
Pro Portion (1/10): 3070 Joule
(730 Kalorien)
1 Hasenrücken, 2 Hasenkeulen, 1 Eßlöffel Butter, Salz, Pfeffer, 200 g schierer Schweinenacken, 200 g Kalbfleisch, 200 g frischer ungeräucherter Speck, 100 g Hasenleber oder Geflügelleber, ¼ Teelöffel Ingwerpulver, Muskatnuß, Thymian, ⅛ l Sahne, 1 Gläschen Wacholderschnaps, 10 Wacholderbeeren, 50 g im Ofen geröstete Haselnüsse, 2 dünne große Scheiben frischer ungeräucherter Speck
Pastetenteig: 300 g Mehl, ½ Teelöffel Salz, 1 Ei, 5 Eßlöffel Eiswasser, 100 g Butter oder Schweineschmalz. –
1 Eigelb zum Bestreichen
Aspik: ⅛ l entfettete Fleischbrühe, 2 Eßlöffel Portwein, 2 Blatt Gelatine

Den Hasenrücken gleich beim Einkauf auslösen lassen, so daß man 2 Rückenfilets und 2 kleine Filets erhält. Das Fleisch von den Keulen ablösen und von allen Sehnen befreien – auch das Fleisch vom Skelett des Rückens mit einem scharfen Messer ablösen. Die Butter erhitzen, die beiden großen Hasenfilets mit Salz und Pfeffer einreiben und in der Butter kurz von allen Seiten anbraten, die Filets sollen innen rosa bleiben. Das restliche Hasenfleisch, auch die kleinen Filets, mit dem übrigen Fleisch, dem Speck und der Hasen- bzw. Geflügelleber sowie den Gewürzen in einem Universalzerkleinerer zu einer festen Farce pürieren. Einige Stunden in den Kühlschrank stellen.

Für den Pastetenteig das Mehl mit dem Salz, dem Ei, dem in Flöckchen zerteilten Fett und dem Wasser zu einem glatten Teig verkneten. 3 Stunden in den Kühlschrank stellen.

Den Fleischteig mit dem Knethaken des Handrührgeräts mit der Sahne, dem Wacholderschnaps, den zerdrückten Wacholderbeeren und den in Scheiben geschnittenen Haselnüssen vermischen. Herzhaft mit Salz und Pfeffer abschmecken. Den Pastetenteig ausrollen und so schneiden, daß Boden und Seitenteile einer Pastetenform oder Kastenform damit ausgelegt werden können. Von dem restlichen Teig einen Deckel in der Größe der Form schneiden und mit einem kleinen Ausstecher zwei Löcher in die Mitte des Deckels schneiden. Boden und Seitenteile der Form mit dem Teig auslegen, überflüssigen Teig abschneiden. Die Hälfte des Fleischteiges in die Form füllen. Die beiden Hasenfilets in die Speckscheiben hüllen und nebeneinander in die Mitte der Farce legen. Mit der restlichen Farce bedecken und glattstreichen. Den Teigdeckel darüberlegen und mit den Fingerspitzen die Teigränder gleichmäßig zusammendrücken, damit ein Muster entsteht. Eventuell von den Teigresten noch einige ausgestochene Figuren als Garnitur auf den Teig setzen. Mit Eigelb bestreichen. In den auf 250° vorgeheizten Backofen schieben. Nach 10 Minuten auf 180° herunterschalten. In ca. 1 Stunde garbacken. Die Pastete in der Form erkalten lassen.

Für den Aspik die Fleischbrühe erhitzen und mit dem Portwein und der kalt eingeweichten, warm aufgelösten Gelatine vermischen. Wenn sie zu gelieren beginnt, durch die beiden Öffnungen in die Pastete gießen und über Nacht erstarren lassen. Die Pastete vorsichtig aus der Form lösen.

Beigabe: Cumberlandsauce, Meerrettich mit Preiselbeeren und Sahne vermischt, Salate

Ostpreußische Kohlpiroggen

Zubereitungszeit: 50 Minuten
Pro Portion (1/12): 1180 Joule
(280 Kalorien)
2 Pakete Blätterteig à 300 g. – ¼ Kopf Weißkohl (400 g), 50 g durchwachsener Speck, Kümmel, 1 Eßlöffel Schmalz, Salz, Pfeffer, 3 Eßlöffel saure Sahne, 2 hartgekochte Eier

Den Blätterteig auftauen lassen. Den Kohl von den harten Rippen befreien und ganz fein schneiden. Den Speck in kleine Würfel schneiden und zusammen mit dem Kümmel in dem Schmalz glasig braten. Den gewaschenen Kohl tropfnaß in das Fett geben und unter ständigem Rühren mit einem Holzlöffel weich dünsten, es soll kein Wasser zugegeben werden. Herzhaft mit Salz und frischgemahlenem Pfeffer abschmecken und die saure Sahne dazugeben. Einkochen und erkalten lassen. Die kleingehackten Eier unter den Kohl mischen. Den Blätterteig ausrollen und mit einem größeren Glas (Durchmesser 8 cm) Plätzchen ausstechen. In die Mitte etwas Kohlfüllung setzen und den Teig darüber zusammenschlagen. Die Ränder der Teigtaschen gut andrücken. Im vorgeheizten Backofen bei starker Mittelhitze (220°) in 30 Minuten goldbraun backen. Nach dem gleichen Rezept kann man eine große Kohlpirogge machen, dann muß die Füllung verdreifacht werden. Die Piroggen schmecken am besten frisch aus dem Ofen oder kurz aufgewärmt vor dem Genuß.

Friesischer Krabbensalat
mit Möwen- oder Wachteleiern
ist eine herzhafte Vorspeise,
zu der ein klarer Schnaps gehört

Rezept Seite 67

Das folgende Rezept für eine ausgezeichnete »Kräuter Dorte« stammt aus dem Jahre 1780 – ich habe nur die etwas ungenauen Mengenangaben präzisiert.

Altdeutsche Kräutertorte

Mehl und Salz in einer Schüssel vermischen. Die Butter in Flöckchen und das Wasser hinzugeben. Mit den Händen schnell aber gründlich zu einem glatten Teig verarbeiten. 2 Stunden in den Kühlschrank stellen.

Die Zwiebel in Scheiben, den gewaschenen und abgetrockneten Spinat in breite Streifen schneiden, Petersilie grob hacken. Die Butter zerlassen und zuerst die Zwiebelscheiben darin glasig braten, dann das Gemüse hinzufügen und ebenfalls etwas durchschmoren, bis die Blätter zusammenfallen. Mit Salz, Pfeffer und feingeriebener Zitronenschale sowie den Kräutern abschmecken. Die Eier mit der Sahne und etwas Salz mit dem elektrischen Schneebesen gründlich vermischen und Semmelbrösel und Käse hinzugeben.

Den Teig auf einem leicht bemehlten Holzbrett ausrollen und Boden und Rand einer festschließenden Springform oder Pieform damit auslegen. 15 Minuten bei 200 ° vorbacken. Das abgetropfte Gemüse auf den Teig legen und mit der Eiermilch übergießen. Im vorgeheizten Backofen bei mittlerer Hitze (200 °) in etwa 30 Minuten garbacken. Auf einem Tortengitter 20 Minuten abkühlen lassen und noch warm servieren.

Zubereitungszeit: 2 Stunden
Teig 2 Stunden kaltstellen
Pro Portion (1/6): 2270 Joule (540 Kalorien)
Teig: 250 g Mehl, ½ Teelöffel Salz, 125 g Butter, 4 Eßlöffel Wasser. – Füllung: 2 große Zwiebeln, 250 g Mangold oder Spinat, 6 Stengel Petersilie, 2 Eßlöffel Butter, Salz, Pfeffer, 1 Stückchen Zitronenschale, 2 Eßlöffel gehackte Kräuter (Kerbel, Basilikum, Zitronenmelisse), 3 Eier, 1 Tasse Sahne, ½ Tasse geriebene Semmelbrösel, ½ Tasse geriebener Käse.

Zwiebelkuchen gibt es in allen Weinanbaugebieten, wenn der junge Wein ausgeschenkt wird. Das Rezept ist keiner bestimmten Landschaft zuzuordnen. Wichtig: Zwiebelkuchen schmeckt nur warm und frisch aus dem Ofen. Er läßt sich aber tiefkühlen und wieder aufbacken.

Soll der Zwiebelkuchen besonders fein sein, bereitet man von 250 g Mehl einen Hefeblätterteig und backt ihn in einer Tortenform – dann kann man ihn auch als Vorspeise reichen.

Zwiebelkuchen

Das Mehl mit dem Salz vermischen und in die Mitte eine Vertiefung drücken. Die Hefe hineinbröckeln und mit der Hälfte der lauwarmen Milch verrühren. Zugedeckt 20 Minuten gehenlassen. Die Butter in der restlichen Milch zerschmelzen lassen und lauwarm an den Teig geben. Mit dem Knethaken der Küchenmaschine oder einem Holzlöffel so lange schlagen, bis sich der Teig vom Schüsselboden löst. Den Teig mit einem Tuch zudecken und an einem warmen Ort 1 Stunde gehenlassen. In der Zwischenzeit den Speck würfelig schneiden. Die Zwiebeln unter fließendem Wasser schälen und in Streifen schneiden. Den Speck in einer großen Pfanne ausbraten, die Zwiebeln hinzufügen und bei leichter Hitze glasig dünsten. In einer Schüssel die saure Sahne mit den Eiern verquirlen und mit den Gewürzen abschmecken. Die Eiermasse mit den abgekühlten Zwiebeln vermischen. Den Teig ausrollen und auf ein gefettetes Backblech geben. Den Zwiebelbelag auf dem Teig gleichmäßig verstreichen. Im vorgeheizten Backofen bei Mittelhitze in 35–40 Minuten garbacken.

Zubereitungszeit: 1 Stunde
Gehen des Teiges: 1½ Stunden
Pro Portion (1/12): 1575 Joule (375 Kalorien)
500 g Mehl, 20 g Hefe, knapp ¼ l lauwarme Milch, 1–2 Teelöffel Salz, 60 g Butter. – Belag: 1 kg Zwiebeln, 150 g durchwachsener Speck, 3 Eier, ¼ l saure Sahne, Salz, frischgemahlener Pfeffer, Kümmel oder Muskat

Schlesisches Heringshäckerle

Zubereitungszeit: 30 Minuten
Heringe am Vortag wässern
Pro Portion: 2230 Joule
(530 Kalorien)
4 Salzheringe, 1 große Zwiebel, 150 g geräucherter durchwachsener Speck, 2 hartgekochte geschälte Eier, 1 große geschälte Salzgurke oder ein säuerlicher Apfel, 1 knapper Teelöffel scharfer Senf

Das echte schlesische Heringshäckerle wurde schon immer aus Salzheringen zubereitet, heute nimmt man meistens Matjesheringe dazu. Häckerle schmeckt als Brotaufstrich auf Bauernbrot oder Vollkornbrot, war aber in Schlesien vor allem eine herzhafte Mahlzeit mit Pellkartoffeln.

Die Salzheringe über Nacht wässern und am nächsten Tag sorgfältig entgräten und filieren. Alle Zutaten in sehr feine Würfel schneiden und miteinander vermischen; man kann auch alle Zutaten durch die große Scheibe des Fleischwolfs drehen. Mit Senf abschmecken.

Glückstädter Matjes-Tatar

Zubereitungszeit: 30 Minuten
Pro Portion: 1785 Joule
(425 Kalorien)
2 Matjesheringe oder 4 Filets, 1 Gewürzgurke, 1 säuerlicher Apfel, 4 Frühlingszwiebeln oder Schalotten, 1 kleiner Bund Schnittlauch, 1 Eßlöffel Weizenkeimöl, Pfeffer aus der Pfeffermühle. – 4 Scheiben Vollkornbrot, Butter zum Braten. – Brunnenkresse als Garnitur

Eine verfeinerte Form von Heringshäckerle ist das folgende Matjestatar, das auch in Luxusrestaurants gerne als Vorspeise gereicht wird. Als Abendessen verdoppelt man das Rezept. Für dieses Gericht sollen die Matjesheringe so jung wie möglich sein.

Die Matjesheringe filieren und ebenso wie die geschälte Gewürzgurke und den Apfel in kleine Würfel schneiden, Zwiebeln oder Schalotten fein wiegen, Schnittlauch mit einer Schere fein schneiden. Alle Zutaten mit dem Öl vermischen und mit frischgemahlenem Pfeffer abschmecken. Die Brotschnitten in einer Pfanne mit Butter von beiden Seiten knusprig braten. Leicht abgekühlt mit dem Matjestatar bedecken. Einige Zweige Brunnenkresse als Garnitur danebenlegen. Mit eisgekühltem Klaren auftragen.

Matjeshappen mit Kräutern und Gewürzen

Zubereitungszeit: 20 Minuten
2 Tage marinieren lassen
Pro Portion: 2185 Joule
(520 Kalorien)
8 Matjesfilets, 2 Tassen Essig, 1 Tasse Wasser, 2 Eßlöffel Zucker, 2 Lorbeerblätter, 3 Nelken, je 20 Körner Kardamom, Koriander und Pfeffer, 1 Stückchen Apfelsinenschale, ¼ Stange Meerrettich, 2 mittelgroße Zwiebeln, je 1 Bund Dill und Petersilie

Die Matjesfilets in fingerbreite Streifen schneiden. Den Essig mit Wasser, Zukker und den Gewürzen 10 Minuten kochen lassen. Meerrettich und Zwiebeln in Scheiben schneiden. Schichtweise mit den Matjesfilets in einen Steintopf legen. Mit dem Gewürzessig übergießen. 24 Stunden ziehen lassen. Dann Dill und Petersilie, grob gewiegt, mit dem Fisch vermischen und eine weitere Nacht marinieren.

Beilage: Pellkartoffeln und frische Butter oder Brot und Butter

Tatar (Schabefleisch)

Aus dem Beefsteakhack mit angefeuchteten Händen vier Nestchen formen. Jeweils in die Mitte eine Vertiefung drücken. Ein Eigelb hineingeben und mit jeweils 2 Sardellen über Kreuz belegen. Schälchen mit Kapern, Zwiebelwürfeln, Gewürzgürkchen, Salz, Gewürzen und je eine Flasche Worcestersauce und Olivenöl dazustellen, so daß sich jeder das Tatar nach eigenem Geschmack anmachen kann.

Beilage: Frische Brötchen, Roggenbrötchen, Bauernbrot, Butter

Zubereitungszeit: 15 Minuten
Pro Portion: 1345 Joule
(320 Kalorien)
600 g frisch durchpassiertes Beefsteakhack, 4 Eigelb, 8 Sardellenfilets, Kapern, 1 feingewiegte Zwiebel, Gewürzgürkchen, Paprika, Salz, Pfeffer, Kümmel, Worcester-Sauce, Olivenöl. – 1 Ei, 2 Gewürzgurken

Berliner Hackepeter oder Hamburger Mett

Im Gegensatz zum Tatar, das sich jeder nach eigenem Geschmack anmacht, wird Hackepeter fertig abgeschmeckt auf den Tisch gebracht. Da es sehr fett ist, gibt es keine Butter dazu. In Berlin ißt man Hackepeter auf frischen Schrippen, in Hamburg gibt es Rundstück dazu – also Brötchen in jedem Fall.

Das Fleisch durch die grobe Scheibe des Fleischwolfes passieren. Die Zwiebel in kleine Würfel schneiden. Fleisch, Zwiebel, Salz und frischgemahlenen Pfeffer gründlich vermischen, besonders der Pfeffer darf kräftig hervorschmekken. Man kann noch eine Schüssel mit Zwiebelwürfel dazustellen und in Scheiben geschnittene Salzgurken.

Beigabe: Frische Brötchen – Bier und ein klarer Schnaps

Zubereitungszeit: 15 Minuten
Pro Portion: 1930 Joule
(460 Kalorien)
500 g Schweinefleisch (Nacken, fettes Stück aus der Keule) oder grobes Schweinehackfleisch (Mett genannt), 1 große Zwiebel, Salz, Pfeffer

Die Kalbsfüße und möglicherweise auch die Schweinefüße für die Sülze vorher beim Metzger bestellen, sie sind nicht immer vorrätig. Wer gerne die zarte Schwarte der Füßchen ißt, löst sie nach dem Kochen ab, schneidet sie in Würfel und mischt sie unter das gekochte Fleisch. Wer lieber ein Schweinekotelett in Aspik mag, kocht anstelle des Schweinefleisches 4 Koteletts mit (aber nur 30 Minuten) und läßt diese in dem Aspik erstarren. Ein mageres Stück Schweinebauch mit Schwarte in der Aspikflüssigkeit gekocht, ergibt das in Norddeutschland so beliebte Sauerfleisch.

Schweinesülze

Die Schweine- und die Kälberfüße gleich beim Einkauf in 2–3 Teile hacken lassen und gründlich waschen. Mit dem Wasser bedeckt aufkochen. Den Essig, das Salz sowie die Gewürze und das geputzte kleingeschnittene Suppengemüse hinzufügen. Etwa 1 Stunde unter gelegentlichem Abschäumen kochen lassen. Dann den Schweinenacken in den Sud geben und darin langsam weich kochen. Das Fleisch herausnehmen und abkühlen lassen. Die Brühe durch ein Sieb gießen und etwas einkochen lassen. Eventuell noch mit Salz und herzhaft mit Essig abschmecken.

In vier Portionsförmchen je etwas von der Sülzflüssigkeit gießen und im Kühlschrank erstarren lassen.

Das Fleisch in Würfel, die Essiggurken und das hartgekochte Ei in Scheiben schneiden. Die Ei- und Gurkenscheiben auf den Sülzen verteilen, etwas Flüssigkeit darübergießen und wieder im Kühlschrank fest werden lassen. Dann die Fleischwürfel auf den 4 Sülzen verteilen und den restlichen Sud darübergießen. Einige Stunden, am besten über Nacht, in den Kühlschrank stellen, bis die Sülze erstarrt ist. Die Förmchen vor dem Anrichten kurz in heißes Wasser tauchen und auf Teller stürzen.

Beilage: Bratkartoffeln oder Butterbrot

Zubereitungszeit: 2 Stunden
Über Nacht erstarren lassen
Pro Portion (1/6): 1510 Joule
(360 Kalorien)
2 Schweinefüße, 2 Kalbsfüße, 1½ l Wasser, 4–6 Eßlöffel Essig, Salz, 1 Lorbeerblatt, 8 Pfefferkörner, 1 mit 2 Nelken gespickte Zwiebel, 1 Bund Suppengrün, 1 Zweiglein Majoran, 500 g Schweinenacken. – 1 Gewürzgurke, 1 hartgekochtes Ei

Dieses alte Rezept für Gänseleberwurst meiner Berliner Großmutter wurde stets mit der Leber der wohlgemästeten Weihnachtsgans zubereitet. Wer heute eine Weihnachtsgans kauft, sollte sich erst davon überzeugen, daß sie auch die ihm zustehende Leber enthält. Wenn man für die der Wurstfarce hinzugefügten Leberwürfel frische Stopfleber nimmt oder eine kleine frische Trüffel an die Leberwurst gibt, wird sie ganz besonders fein. Im Originalrezept steht das nicht. Die Leberwurst schmeckt warm und kalt gleich gut.

Gänseleberwurst Berliner Art

Zubereitungszeit: 2 Stunden
Pro Portion (1/12): 1810 Joule
(430 Kalorien)
600 g fetter, leicht durchwachsener Schweinebauch,
1 Lorbeerblatt, 2 Nelken,
2 Zwiebeln, Salz, 1–2 frische Gänselebern oder Entenlebern (500 g), 150 g Gänseschmalz,
1 Eßlöffel Mehl, 1 Eßlöffel Majoran, schwarzer Pfeffer,
1 Gläschen Weinbrand

Den Schweinebauch mit dem Lorbeerblatt und einer mit zwei Nelken gespickten Zwiebel mit einem Teelöffel Salz und einem halben Liter Wasser bedeckt in 1½ Stunden weichkochen. Die zweite Zwiebel in kleine Würfel schneiden. Die Gänse- oder Entenlebern in Stückchen schneiden, ein Viertel davon in kleine Würfel. Von dem gekochten Schweinebauch die Schwarte abschneiden und das Fleisch in Stücke schneiden. Schweinebauch und Leber im Mixer oder einem Universalzerkleinerer fein pürieren, dabei die Leberwürfel zurücklassen. Von dem Gänseschmalz einen Eßlöffel abnehmen. Das restliche Schmalz in einer Pfanne zerlassen und die Zwiebelwürfel darin glasig braten – nicht bräunen. Das Mehl darüberstäuben, hellgelb rösten und mit ⅛ l Kochwasser vom Schweinebauch aufgießen. Den Majoran hinzufügen und die Mehlschwitze kurz durchkochen lassen. In einer kleinen Pfanne den Eßlöffel Gänseschmalz erhitzen und die Leberwürfel darin ganz kurz bei starker Hitze anbraten. Sie sollen innen rosig bleiben. Das pürierte Fleisch-Leber-Gemisch an die Mehlschwitze geben und unter ständigem Rühren durchkochen – die Fleischmasse soll weißlich werden, aber noch einen rosa Schimmer haben. Die Leberwürfel hinzufügen und sehr herzhaft mit Salz, frischgemahlenem Pfeffer und Weinbrand abschmecken, evtl. noch etwas Majoran hinzufügen. In einen Steinguttopf füllen. Wenn die Gänseleberwurst nicht gleich verbraucht wird, eine Schicht Gänseschmalz darübergießen und erstarren lassen. In den Kühlschrank stellen.

Beilage: Warm zu Pellkartoffeln, Weinsauerkraut, kalt auf Vollkornbrot oder Brötchen.

Man kann das Gänseweißsauer auch mit Gelatine zubereiten. Dann erspart man sich die etwas mühsame Arbeit mit den Schweine- und Kalbsfüßen – aber dafür fehlt dem Gelatine-Weißsauer der herzhafte »Biß«, den eine echte Sülze hat, die ohne Hilfsmittel geliert.

Pommersche Gänsesülze (Gänseweißsauer)

Zubereitungszeit: 3 Stunden
Über Nacht erstarren lassen
Pro Portion: 2140 Joule
(510 Kalorien)
1 Gänseklein (Hals, Kopf, Flügel, Magen, Herz),
2 Gänsekeulen,
6 Schweinsfüße, 1 Kalbsfuß,
1 Bund Suppengrün, 1 Zwiebel mit 2 Nelken gespickt,
1 Eßlöffel schwarze Pfefferkörner, 1 Stück Zitronenschale, Salz,
⅛ l Weinessig,
eventuell 1 Eiweiß

Das Gänseklein gründlich waschen, vom Kopf den Schnabel abhacken und die Augen entfernen – vom Magen die dicke Haut. Das unter der Haut der Gänsekeulen sitzende Fett entfernen. Die Schweinsfüße und den Kalbsfuß gleich beim Einkauf in 2–3 Teile hacken lassen und gründlich waschen. Mit 2 Liter Wasser bedeckt aufkochen. Das geputzte Suppengrün, die Zwiebel, die Gewürze und Salz hinzugeben und aufkochen lassen. Das Gänseklein und die Keulen hinzufügen und 2 Stunden unter gelegentlichem Abschäumen weichkochen. Das Gänseklein und die Keulen herausnehmen, die Brühe durch ein Sieb geben und auf die Hälfte des Umfanges einkochen lassen. Während des Kochens ⅛ l Weinessig hinzufügen. Das Gänsefleisch in Würfel schneiden, dabei alles Fett entfernen. Die Brühe entfetten und, wenn sie trübe ist, mit einem verquirlten Eiweiß klären. Das Gänsefleisch in eine große Schüssel geben, die eingekochte Brühe durch ein Sieb darübergießen und über Nacht erkalten lassen. Man kann die Schweinefüßchen ebenfalls mit etwas Brühe übergießen und als bayerische Knöcherlsülze servieren.

Beilage: knusprige Bratkartoffeln und Salzgurken oder mit Butter bestrichenes Vollkornbrot

Die Gemüsesülze schmeckt ausgezeichnet, wenn sie aus jungen frischen Gemüsen zubereitet wird. Für dieses Rezept ist weder Tiefkühlgemüse (allenfalls Erbsen können tiefgekühlt verwendet werden) noch Dosengemüse geeignet. Die Gemüse müssen alle getrennt gegart werden, damit sie ihren Eigengeschmack behalten. Sie sollen alle so kurz wie möglich gekocht werden und noch knackig und fest sein. Man kann auch Streifen von gebratenem Kaninchenrücken zwischen die Gemüseschichten geben.

Braunschweiger Gemüsesülze

Zubereitungszeit: 1½ Stunden
Einige Stunden erstarren lassen
Pro Portion (⅙): 525 Joule (125 Kalorien)

4 junge Möhren, 100 g zarte junge grüne Bohnen, 8 Spargelstangen, 150 g kleine geschlossene Champignons, 150 g junge Erbsen, Salz, ½ l Weißwein, ½ l Spargelwasser, 2 Eßlöffel Kräuteressig, 3 Blättchen Estragon, 1 Teelöffel Pfefferkörner, Salz, 14 Blatt Gelatine

Die Möhren putzen und schaben, die grünen Bohnen von Spitze und Stielansatz befreien, die Spargel schälen, die Champignons putzen. Alle Gemüse getrennt in leicht gesalzenem Wasser knapp gar kochen, die Champignons nur kurz blanchieren. Die Gemüse auf einen Durchschlag geben, dann auf einem Tuch ausgebreitet trocknen lassen; die grünen Gemüse, Bohnen und Erbsen, sofort nach dem Kochen in Eiswasser geben, damit sie ihre grüne Farbe behalten. Den Weißwein mit dem Spargelwasser vermischen, den Essig und die Gewürze hinzufügen und 15 Minuten kochen lassen. Die Gelatine im kalten Wasser einweichen, ausdrücken und in die kochende Flüssigkeit geben. Durch ein feines Sieb passieren. Die Aspikflüssigkeit etwa ½ cm hoch in eine Kastenform gießen und im Kühlschrank erstarren lassen. Die Erbsen auf dem Aspikspiegel gleichmäßig verteilen, mit Sud bedecken und wieder zum Erstarren kühl stellen. Die Möhren der Länge nach in die Form geben, erneut mit Aspikflüssigkeit übergießen und in den Kühlschrank stellen. Weiter so mit den Spargelstangen, dann mit den Bohnen verfahren. Zuletzt kommen die Champignons mit den Köpfen nach unten auf das Aspik. Die restliche Flüssigkeit darübergießen, die Champignons müssen ganz bedeckt sein. Einige Stunden im Kühlschrank erstarren lassen. Die Form kurz in heißes Wasser tauchen und auf eine Platte stürzen. Mit einem Messer in Scheiben schneiden.

Beilage: Remouladensauce und knuspriges Stangenweißbrot

Der gefüllte Gänsehals ist eine kleine Delikatesse, die man entweder als Vorspeise wie hier im Rezept in Gänseschmalz schmort oder in Wirsingkohl gart (dann vor dem Servieren noch einmal in Gänseschmalz anbraten). Der Gänsehals schmeckt heiß und kalt vorzüglich.

Gefüllter Gänsehals

Zubereitungszeit: 1½ Stunden
Pro Portion: 1760 Joule (420 Kalorien)

1 roher Gänsehals, 100 g Gänsefleisch, 200 g feines Bratwurstfleisch, 100 g Gänseleber (ersatzweise Putenleber); ½ Gläschen Weinbrand, Salz, Pfeffer, 3 Eßlöffel Gänseschmalz

Die Haut des Gänsehalses vorsichtig mit einem spitzen Messer von den Knochen lösen, wie einen Handschuh umstülpen (das Innere nach außen) und die am Hals befindlichen Adern herauslösen. Zurückwenden und den Gänsehals am unteren Ende zusammennähen. Das Gänsefleisch mit dem Bratwurstfleisch und der Hälfte der Gänseleber durch den Fleischwolf passieren, den Rest der Gänseleber in kleine Würfel schneiden. Alle Zutaten mit dem Weinbrand zu einer Farce verkneten. Die Farce mit einem Teelöffel in den Gänsehals stopfen (nicht zu fest, damit sich die Füllung noch etwas ausdehnen kann). Auch das obere Ende des Gänsehalses zunähen. Das Gänseschmalz in einem kleinen Topf erhitzen und den Gänsehals darin bei leichter Hitze in einer Stunde unter gelegentlichem Wenden garbraten.

Beilage: Warm zu Kartoffelpüree und Rosenkohl, kalt zu Vollkornbrot und einem klaren Schnaps

Nach dem Rezept für Griebenschmalz kann auch Gänseschmalz zubereitet werden, ein kleiner Zusatz von Schweineflomen macht es fester in der Konsistenz. Beliebt ist die Zugabe von 1–2 Zwiebeln an das Schmalz, ich finde, daß die Zwiebel, wie so oft, den Eigengeschmack übertönt. Wichtig ist, daß die Grieben ganz knusprig sind.

Griebenschmalz

Zubereitungszeit: etwa 1 Stunde
Gesamtmenge: 36460 Joule (8680 Kalorien)
1 kg roher Schweinerückenspeck (grüner Speck), 1 Stengel Majoran, 1 säuerlicher aromatischer Apfel

Die Schwarte gleich beim Einkauf vom Metzger entfernen lassen. Den Speck gleichmäßig in etwa ½ cm große Würfel schneiden. Die Speckwürfel zusammen mit dem Majoran bei schwacher Hitze langsam zu goldgelber Farbe ausbraten. Man kann nach der Hälfte der Garzeit einen säuerlichen Apfel hinzufügen, der zuletzt wieder aus dem Fett genommen wird. Das Schweineschmalz mit den Grieben in kleine Steintöpfe füllen.

Beliebter Aufstrich für Landbrot mit Räucherwurst, Leberwurst, Blutwurst oder Harzer Käse belegt. Der mitgebratene Apfel wird zu einem Vollkornbrot warm gegessen.

Aal in Gelee

Zubereitungszeit: 45 Minuten
Über Nacht erstarren lassen
Pro Portion (⅙): 1600 Joule (380 Kalorien)
1 kg mittelgroße Aale, ¾ l Wasser, Salz, ⅛ l Weinessig, ¼ l Weißwein, 10 Pfefferkörner, ½ Lorbeerblatt, 1 mit einer Nelke gespickte Zwiebel, 1 in Scheiben geschnittene Mohrrübe, 2 Zitronenscheiben, 2 Stengel Petersilie, 12 Blatt Gelatine

Den Aal gleich beim Einkauf abziehen und in 4 cm lange Stücke schneiden lassen. Mit Essigwasser waschen und auf einem Küchenpapier gut abtropfen lassen. Das Wasser mit Salz, Essig, Weißwein und den Gewürzen zum Kochen bringen. 10 Minuten kochen lassen. Die Aalstücke einlegen und bei leichter Hitze in ca. 15 Minuten garziehen lassen. Die Fischstücke mit einem Schaumlöffel herausheben und beiseite stellen. Den Fischsud durch ein feines Sieb geben und 1 Liter Flüssigkeit abmessen. Die Gelatine in kaltem Wasser einweichen, ausdrücken und in der abgemessenen noch heißen Fischbrühe auflösen.

Eine Form oder eine Schüssel mit Öl auspinseln. Die Aalstücke hineingeben und mit dem Sud übergießen. Die Form über Nacht zum Erstarren in den Kühlschrank stellen. Vor dem Servieren die Form kurz in heißes Wasser tauchen und auf eine Platte stürzen.

Beilage: Bratkartoffeln

Obatzter – Gerupfter (Angemachter Camembert)

Zubereitungszeit: 15 Minuten
Pro Portion: 1050 Joule (250 Kalorien)
200 g reifer Camembert, 50 g weiche Butter, 1 kleine Zwiebel, Paprika, Salz, Pfeffer aus der Pfeffermühle, Schnittlauch

Wenn sich der Camembert nicht gut mit den Zutaten vermischen läßt, gibt man noch 2–3 Eßlöffel Bier hinzu.

Den Camembert mit einer Gabel zerdrücken, die Butter hinzufügen und gründlich miteinander vermischen. Die Zwiebel in sehr kleine Würfel schneiden und unter die Käsemasse mengen. Mit Paprika, Salz und frischgemahlenem Pfeffer abschmecken. Den Obatzter bergartig auf einem Teller anrichten und mit feingeschnittenem Schnittlauch bestreuen.

Beilage: Roggenbrötchen (Remische), Bier oder Wein

Suppen

»Und sie setzten sich um die dampfende Suppe«, heißt es immer in den alten Geschichten, wenn ein friedlicher Feierabend geschildert wird. Noch heute ist in ländlichen Gegenden ein dicker gehaltvoller Suppentopf, um den sich die ganze Familie schart, die Hauptmahlzeit des Tages. Das ist in jedem Land so, und jedes Land hat seine typische Suppe – die Franzosen den Pot-au-feu, die Italiener den Minestrone, die Russen den Borschtsch. Eine typische deutsche Suppe, die in allen Regionen gleich gern gegessen wird, gibt es nicht. Bei uns kocht man in jeder Landschaft sein eigenes Süppchen. Was den Hamburgern die Aalsuppe und den Berlinern die Löffelerbsen, ist den Schwaben die Flädlesuppe und den Bayern die Leberknödelsuppe. Allenfalls könnte man die Kartoffelsuppe als gesamtdeutschen seit Jahrhunderten beliebten Suppentopf bezeichnen. Das liegt vor allem an den einfachen Zutaten und der mühelosen Zubereitung. Schon eine Handvoll Kartoffeln, ein bißchen Suppengrün, ein Stückchen Speck genügen, um diese äußerst wohlschmeckende Suppe zuzubereiten – kein Wunder, daß sie früher ein Hauptbestandteil der sogenannten Arme-Leute-Küche war. Erstaunlich ist es, daß sie zur gleichen Zeit auf den Tischen der Reichen dampfte, mit Butter, Sahne und Eigelb auf das Feinste abgeschmeckt. Als echter Preuße sorgte sogar Kaiser Wilhelm dafür, daß sie selbst bei Festessen auf der kaiserlichen Tafel stand. Nur seinen Soldaten scheint man sie zu oft vorgesetzt zu haben, denn die sangen murrend: »Kartoffelsupp, Kartoffelsupp, den ganzen Tag Kartoffelsupp.«

So richtig wiederentdeckt wurde die Kartoffelsuppe mit ihren unzähligen Variationsmöglichkeiten erst in den letzten Jahren – vor allem von den Köchen der modernen Küche. Da genügen als Einlage schon lange nicht mehr nur Knackwürstchen oder Mettwürstchen, Backpflaumen wie in Mecklenburg oder Krabben wie in Husum. Heute gibt man frische Pfifferlinge, Klößchen von Hecht und Kalbsbries, Streifen von Lachs und Forellen, selbst Sahnehäubchen mit Kaviar daran. Statt Petersilie schmeckt man mit feinen Kräutern ab, und manchmal ist vor lauter feinen Zutaten die gute alte Kartoffelsuppe nicht mehr wiederzuerkennen, und das ist auch ein Verlust.

Grundlage fast aller guten Suppen ist eine kräftige Fleischbrühe oder Hühnerbrühe. Das gekochte Fleisch wird gerne als separater Gang mit einer Sauce serviert. Für klare Brühen kennt die deutsche Küche eine wahrhaft schmackhafte Auswahl von Suppeneinlagen – von Leberspatzen bis zu Schwemmklößchen bietet da jede Region so reizvolle Rezepte, daß man dem Nachbarn schon einmal in den Topf schauen sollte.

Der Suppengenuß ist auch stark an die Jahreszeit gebunden. An einem kalten Wintertag gibt es nichts Wärmenderes als einen deftigen Suppentopf aus Hülsenfrüchten. Favorit ist noch immer die Erbsensuppe. Die Berliner Löffelerbsen mit ihrem intensiven Majorangeschmack und den zarten feingeschnittenen Schweineöhrchen als Einlage sind ein ganz besonderer Genuß. Die meisten Variationsmöglichkeiten bieten die Suppen aus weißen Bohnen. Statt der für Hülsenfrüchte üblichen Speckeinlage gibt man gepökelte Rinderbrust, gepökelte Gänsekeulen, Hammelfleisch und die verschiedensten Gemüse hinzu, in Westfalen und Friesland manchmal sogar Birnen und Äpfel. Die Aristokraten unter den Hülsenfrüchten sind aber zweifellos die Linsen. Feinschmecker lieben sie mit Rotwein gekocht zu Rebhuhn und Fasan, in der Nobelküche serviert man neuerdings sogar Hummer dazu. Aber auch mit den landesüblichen Einlagen von geräucherten Mettwürstchen, Kassler oder gebratenen Blutwurstscheiben sind Linsen ein Genuß. In den Ostseeprovinzen werden separat gekochte Backpflaumen dazu gegeben und jeder gibt nach Geschmack noch etwas Essig dazu.

Frühling ist die Zeit der frischen Kräutersuppen, die in vielen Teilen Deutschlands am Gründonnerstag als Grüne Suppe auf den Tisch kommt. Auch die junge Küche hat sich der leichten würzigen Suppen besonders angenommen. Aber das ist nur eine Renaissance. Kräutersuppen wurden in Deutschland schon vor 200 Jahren zubereitet: mit Brennesseln, Petersilie, Kerbel, Sauerampfer, Ysop und Pimpernelle gewürzte, mit Eigelb oder Sahne gebundene Brühen finden sich in allen alten Kochbüchern. Oft wurden sie mit »Rosinlein« angereichert und die norddeutsche Sauerampfersuppe wird noch heute mit Korinthen abgeschmeckt. In den »Buddenbrooks« von Thomas Mann setzt die Lübecker Kaufmannstochter Tony Buddenbrook ihrem frisch angetrauten bajuwarischen Ehegatten Permaneder eine solche Sauerampfersuppe mit Korinthen vor und wird sich bei dieser Gelegenheit der ganzen Unvereinbarkeit nord- und süddeutscher Geschmäcker bewußt, als der schimpfend jede einzelne Korinthe aus der Suppe fischt. Und da wären wir auch schon bei den süßen Fruchtsuppen und Kaltschalen, die südlich des Mains kaum Anhänger haben. Das war nicht immer so: in alten süddeutschen Kochbüchern finden sich zahllose Rezepte für süße Milchsuppen, Kirschsuppen und Biersuppen. Aber wer weiß, nach dem triumphalen Siegeszug der holsteinischen Roten Grütze durch alle deutschen Lande wird vielleicht künftig an heißen Sommertagen auch in süddeutschen Gaststätten eine Pfirsichkaltschale oder eine Weinkaltschale auf der Speisekarte stehen.

Die aufgeschmalzene Brotsuppe ist sicher eine der Ursuppen überhaupt. Hart gewordenes Brot wurde in möglichst dünne Scheiben geschnitten und mit einer Fleischbrühe, manchmal auch nur mit einem mageren Gemüsesud oder heißem Wasser, aufgegossen und mit in Schmalz gerösteten Zwiebelringen belegt. Das folgende bayerische Rezept ist eine inzwischen veredelte Form der allseits beliebten Brotsuppe. In Norddeutschland wird sie statt mit Zwiebeln häufig süß mit Rosinen und Gewürzen zubereitet.

Aufgeschmalzene bayerische Brotsuppe

Zubereitungszeit: 45 Minuten
Pro Portion: 1180 Joule
(280 Kalorien)
4 mittelgroße Zwiebeln, 40 g Schweineschmalz, 2¼ l kräftige Rinderbrühe, Salz, Pfeffer, 4 Scheiben Bauernbrot (Roggenbrot), ¼ l Bier (am besten Starkbier, Bockbier), 50 g Butter, Schnittlauch

Die Zwiebeln schälen und in feine Scheiben oder Streifen schneiden. Das Schweineschmalz in einem großen Topf zerlassen und die Zwiebeln darin hellgelb braten. Mit der heißen Brühe aufgießen. Salzen und mit frischgemahlenem Pfeffer abschmecken. Die Suppe 20 Minuten leicht kochen lassen. Das Bier in einen tiefen Teller gießen. Jede Brotscheibe in 4 gleiche Teile schneiden und in das Bier tauchen. Die Butter in einer Pfanne erhitzen und die Brotstücke darin von beiden Seiten knusprig braten. Anschließend in 4 Suppenteller legen und mit der heißen Zwiebelsuppe übergießen. Mit kleingeschnittenem Schnittlauch bestreut sofort servieren.

Eigentlich gehört in eine echte bayerische Leberknödelsuppe nur ein faustgroßer Knödel. So würde das halbe Rezept genügen, aber Leberknödel schmecken auch ausgezeichnet mit gebratenen Zwiebelringen bedeckt zu Sauerkraut und Kartoffelpüree, und da dürfen es auch zwei pro hungriger Esser sein.

Bayerische Leberknödelsuppe

Zubereitungszeit: 50 Minuten
Pro Portion: 1640 Joule
(390 Kalorien)
5 Semmeln vom Vortag, ½ Teelöffel Salz, reichlich ⅛ l lauwarme Milch, 1 kleine Zwiebel, einige Stengel Petersilie, 1 Eßlöffel Butter, 250 g geschabte Rinderleber, 2 Eier, 1 Teelöffel Majoran, Pfeffer. – Salzwasser, 1½ l Fleischbrühe, Schnittlauch

Die Semmeln in feine Scheiben schneiden, mit Salz bestreuen und mit der Milch übergießen. Die Zwiebel in kleine Würfel schneiden, die Petersilie hakken und beides in der Butter leicht andünsten. Zu den eingeweichten Semmeln geben, Leber, Eier, Majoran und frischgemahlenen Pfeffer hinzufügen und alles gründlich miteinander vermischen. Aus dem Teig 8 große Knödel formen und mit einem Schaumlöffel in leicht kochendes Salzwasser geben. Man macht am besten einenProbeknödel, sollte dieser zu weich sein, kann man noch Mehl oder Semmelbrösel an den Teig geben. In etwa 25 Minuten gar ziehen lassen. Mit einem Schaumlöffel herausheben und in 4 tiefe Teller geben. Mit der heißen Fleischbrühe übergießen und mit Schnittlauch bestreut servieren.

Schwäbische Maultaschen gehören in eine kräftige Rindsbrühe oder werden, mit Zwiebelringen abgeschmälzt, als Beilage serviert

Rezept Seite 210

Eine gute Graupensuppe soll eine leichte Bindung durch den Gerstenschleim haben. Außer Hühnerklein schmecken auch Gänseklein, Hammelnacken oder gepökelte Rinderbrust sehr gut zu einer Graupensuppe. Wem aus Kriegszeiten noch die riesigen Graupen, Kälberzähne genannt, in Erinnerung sind, sollte versuchen, wie angenehm dagegen die zierlichen Perlgraupen schmecken. In Mecklenburg nimmt man gerne separat gekochte Backpflaumen als Einlage.

Mecklenburger Graupensuppe mit Hühnerklein

Das gewaschene Hühnerklein mit dem Wasser eine Stunde kochen lassen, dabei hin und wieder abschäumen. Salzen, das in Streifen geschnittene Suppengemüse, Kräuter und Gewürze sowie die Graupen hinzugeben und weitere 45 Minuten kochen lassen. Das Hühnerklein herausnehmen, enthäuten und in Streifen geschnitten wieder an die Suppe geben. Die Sahne hinzugießen. 2 Minuten durchkochen und mit der Petersilie überstreuen. Werden Backpflaumen dazu gegessen, werden diese in einer Extraschüssel serviert und jeder gibt selbst die gewünschte Menge an die Suppe.

Zubereitungszeit: 2 Stunden
Pro Portion: 1090 Joule
(260 Kalorien)
Hühnerklein von 2 Hühnern (gibt es zu kaufen), 1½ l Wasser, Salz, 1 Bund Suppengrün, 3 Stengel Petersilie, 1 mit 2 Nelken gespickte Zwiebel, 1 Prise Majoran, ½ Lorbeerblatt, einige Pfefferkörner, 120 g Perlgraupen, ⅛ l süße Sahne, gehackte Petersilie

Ostpreußische Betenbarschsuppe

(6 Personen)

Die Knochen in einen großen Suppentopf geben und darüber das Suppenfleisch legen. Mit 3 l Wasser bedecken und das geputzte Suppengemüse, das Lorbeerblatt und den Majoran hinzufügen. Die Suppe zum Kochen bringen und den während des Kochens entstehenden Schaum abschöpfen. Wenn sich kein Schaum mehr bildet, die Suppe salzen, den Deckel auf den Topf geben (ein kleiner Spalt soll aber offenbleiben) und etwa 2 Stunden kochen lassen. Inzwischen die Roten Bete reinigen, in einen Topf geben und mit Wasser bedeckt weichkochen. Die fertig gegarten Rüben mit einem Schaumlöffel herausnehmen und noch heiß abziehen, dann abkühlen lassen. Auf der feinen Seite der Rohkostraffel reiben und sofort mit dem Essig übergießen, damit die Rüben ihre rote Farbe behalten. Das Ochsenfleisch aus der Brühe nehmen und warmstellen. Die Fleischbrühe durch ein Sieb geben und noch etwas einkochen lassen. Das Rote-Bete-Mus hinzufügen und mit Salz, frischgemahlenem Pfeffer und Zucker würzen. Einige Minuten durchkochen lassen. Die Crème fraîche mit dem gehackten Dill vermischen und unter ständigem Rühren mit einem Holzlöffel an die Rote-Bete-Suppe geben. Noch einmal kurz zum Kochen bringen und mit Essig, Salz und Pfeffer abschmecken.

Das gekochte Rindfleisch in Würfel schneiden und unter die Suppe mischen. Man kann die Sahne auch in die ausgefüllte Suppe geben und jeder vermischt sich Sahne und Suppe selbst. Das sieht noch appetitlicher aus.

Zubereitungszeit: 1 Stunde
Kochzeit: 3 Stunden
Pro Portion: 2940 Joule
(700 Kalorien)
1 kg Ochsenbrust oder Querrippe, 2 Suppenknochen, Salz, 2 Zwiebeln, 2 Bund Suppengrün, 1 Lorbeerblatt, 1 Teelöffel Majoran, 500 g Rote Bete, 2 Eßlöffel Essig, Salz, Pfeffer, 1 Teelöffel Zucker, 1 Eßlöffel Dill, ⅛ l Crème fraîche

Kartoffelsuppen

Die Berliner Kartoffelsuppe wird in leicht abgewandelter Form überall in Deutschland gekocht. Anstelle der Bockwürste werden geräucherte Mettwürstchen, Frankfurter Würste, Scheiben von Räucherwurst oder gebratene Blutwurstscheiben als Einlage verwendet.

Berliner Kartoffelsuppe

Zubereitungszeit: 60 Minuten
Pro Portion: 2940 Joule
(700 Kalorien)
750 g mehlige Kartoffeln, ½ Sellerieknolle, 2 Möhren, 1 Petersilienwurzel, 1 Stange Porree, 1 große Zwiebel, 100 g durchwachsener Räucherspeck, 1 Eßlöffel Öl, ½ Teelöffel Kümmel, 1 Lorbeerblatt, 1 Messerspitze Majoran, Salz, Pfeffer, 1½ l Wasser, 4 Bockwürste oder Knackwürste, Petersilie, Schnittlauch

Die geschälten Kartoffeln und die Sellerieknolle in daumendicke Würfel schneiden, die geputzten Möhren und die Petersilienwurzel in Scheiben, den gut gewaschenen Porree in fingerdicke Stücke. Die Zwiebel in Streifen schneiden. Den Speck in kleine Würfel schneiden und in dem Öl glasig braten. Die vorbereiteten Kartoffeln und das Gemüse hinzufügen und unter Rühren 10 Minuten in dem Speckfett anrösten. Kümmel, Lorbeerblatt und Majoran hinzufügen und mit Salz und Pfeffer würzen. Mit dem Wasser aufgießen. Bei leichter Hitze ca. 45 Minuten kochen lassen, bis die Kartoffeln zu zerfallen beginnen. Einen Teil der Suppe durch ein Sieb passieren oder im Mixer pürieren und mit der restlichen Suppe verrühren. Die Würstchen im ganzen oder in Scheiben geschnitten in der Suppe heiß werden lassen. Mit feingeschnittener Petersilie und Schnittlauch bestreut auftragen.

Beilage: Frische Brötchen

Kaiser Wilhelm war ein begeisterter Freund von Kartoffelsuppe und deshalb stand sie oft auf der kaiserlichen Tafel. Erstaunlicherweise gehörten bei Hof immer dünne Nudeln als Einlage in die Suppe, während das Fleisch nach dem Auskochen natürlich nicht wieder in die kaiserliche Kartoffelsuppe kam.

Kartoffelsuppe nach Kaiser Wilhelm

Zubereitungszeit: 4 Stunden
Pro Portion: 3780 Joule
(900 Kalorien)
(ohne Fleisch: 2230 Joule / 530 Kalorien)
500 g Hochrippe, ½ Suppenhuhn, 2 Bund Suppengrün, 2 l Wasser, 1 Lorbeerblatt, einige Pfefferkörner, 2 Eßlöffel Salz, 400 g mehlige Kartoffeln, 2 Teltower Rübchen, ½ Sellerieknolle, 4 Eßlöffel Sahne, 1 Eigelb, Pfeffer, 1 Eßlöffel Butter, 1 Eßlöffel gehackter Kerbel. – Nudeln: 100 g Mehl, 1 Ei, 1 Messerspitze Salz

Die Hochrippe und das Suppenhuhn waschen, das geputzte Suppengemüse in Stückchen schneiden. Fleisch und Gemüse mit dem Wasser bedecken und die Gewürze und das Salz hinzugeben. Die Suppe zum Kochen bringen und 2–3 Stunden bei leichter Hitze kochen lassen, dabei den während des Kochens entstehenden Schaum abschöpfen. Die Kartoffeln in Würfel schneiden, die geputzten Teltower Rübchen und die Sellerie in Stückchen.

Aus Mehl, Ei und Salz einen festen Nudelteig herstellen, 30 Minuten ruhen lassen und auf einem bemehlten Brett ganz dünn ausrollen. Etwas trocknen lassen. Zu einer Rolle aufrollen und in sehr dünne Streifen schneiden.

Die fertige Brühe durch ein Sieb in einen Topf geben und die Kartoffeln, Rübchen und Sellerie darin in 40 Minuten weichkochen. In dieser Zeit die Nudeln in leicht gesalzenem Wasser in wenigen Minuten »al dente« kochen und auf ein Sieb geben. Die Kartoffelsuppe mit dem Gemüse durch ein Sieb streichen. Die Sahne mit dem Eigelb verrühren und die Suppe damit legieren. Mit Salz und frischgemahlenem Pfeffer abschmecken. Die Butter in Flöckchen mit dem Kerbel unter die fertige Suppe mischen. Die Nudeln in die Suppenterrine geben und die Suppe darüberfüllen.

Beilage: Man kann noch in Butter geröstete kleine Semmelwürfel an die fertige Suppe geben.

Husumer Kartoffelsuppe mit Krabben

Wer die Krabben selbst aus der Schale »pult«, sollte die Krabbenschalen mit dem Hühnerklein zusammen kochen. Das gibt der Suppe einen besonders feinen Geschmack. Das Hühnerklein waschen. Das Suppengemüse kleinschneiden. Zusammen in einen Topf geben, mit dem Wasser aufgießen und salzen. Eine Stunde kochen lassen. Die Hühnerbrühe absieben und wieder in den Topf geben. Die Kartoffeln schälen, in Würfel schneiden und in die Hühnerbrühe geben. In 25 Minuten garkochen. Die Suppe durch ein Sieb streichen oder im Mixer pürieren. Von der Kochstelle nehmen und mit dem Eigelb legieren. Die geschälte Ingwerwurzel sehr fein wiegen. Die Butter erhitzen und den Ingwer kurz darin andünsten. Mit der Sahne aufgießen und durchkochen lassen. Die Krabben in der Sahne nur erwärmen, aber nicht kochen lassen. Dill und Petersilie fein hacken. Die Suppe in Suppentassen füllen, jeweils 2 Eßlöffel Krabbensahne in die Mitte geben und mit Dill und Petersilie bestreuen.

Zubereitungszeit: 1 Stunde
Pro Portion: 1890 Joule
(330 Kalorien)
1 Portion (250 g) Hühnerklein (Flügel, Hals, Magen, Herz), 1 Bund Suppengemüse, 1½ l Wasser, Salz, 500 g Kartoffeln, 1 Eßlöffel Butter, 4 Eßlöffel Sahne, 2 Eigelb, 1 Stückchen frische Ingwerwurzel, 100–150 g ausgelöstes Krabbenfleisch, Dill, Petersilie

Berliner Löffelerbsen

Die Erbsen am Vortag in dem Wasser einweichen. Am nächsten Tag mit dem Einweichwasser, dem Fleisch und dem Majoran aufsetzen und zum Kochen bringen. Das Suppengemüse putzen und in Scheiben oder Streifen schneiden und in dem Schmalz leicht anbraten. An die Suppe geben. 2 Stunden bei leichter Hitze kochen lassen. Die Kartoffeln schälen, in Würfel schneiden und an die Suppe geben. Weitere 30 Minuten kochen lassen. Das Fleisch und die Speckschwarte aus der Suppe nehmen. Die Schweineohren in Streifen schneiden, das Fleisch vom Schweinekopf ablösen und in Würfel schneiden. Wieder an die Suppe geben. Mit Salz und frischgemahlenem Pfeffer abschmecken. Mit der Petersilie bestreuen. Man kann noch in Fett goldgelb gebratene Speck- und Zwiebelwürfel über die Löffelerbsen geben – man kann!

Beilage: Frische Schrippen (Brötchen)

Zubereitungszeit: 3 Stunden
Erbsen am Vortag einweichen
Pro Portion: 3820 Joule
(910 Kalorien)
350 g gelbe Erbsen, 2¼ l Wasser, 1 Speckschwarte, 500 g gepökelte Schweineohren oder ½ gepökelter Schweinekopf, 1 Löffelspitze Majoran, 1 Bund Suppengrün, 40 g Schmalz, 3 mittelgroße Kartoffeln, Salz, Pfeffer, 1 Eßlöffel gehackte Petersilie

Bohnensuppe

Die Bohnen über Nacht in dem Wasser einweichen. Am nächsten Tag das geputzte in Scheiben geschnittene Suppengemüse, die in Würfel geschnittene Tomate, Kräuter und Gewürze, die Zwiebel sowie die geschälten, in Würfel geschnittenen Kartoffeln und den Speck bzw. die Hammelschulter hinzufügen. Die Suppe zum Kochen bringen. Während des Kochens entstehenden Schaum abschöpfen. Wenn sich kein Schaum mehr bildet, die Suppe salzen. Nach 1½ bis 2 Stunden Kochzeit den Speck bzw. das Fleisch herausnehmen. Etwa ein Drittel der Suppe durch ein Sieb streichen. Das Püree mit der Suppe vermischen. Den Speck bzw. das Hammelfleisch in mundgerechte Würfel schneiden und in die Suppe geben. Mit Salz und frischgemahlenem Pfeffer abschmecken und mit gehackter Petersilie bestreuen.

Zubereitungszeit: 2½ Stunden
Bohnen am Vortag einweichen
Pro Portion: 3360 Joule
(800 Kalorien)
250 g weiße Bohnen, 2 l Wasser, 1 Bund Suppengrün, 2 Möhren, 1 Tomate, 2 Zweiglein Bohnenkraut, 5 Blätter Salbei, ½ Lorbeerblatt, eine mit 2 Nelken gespickte Zwiebel, 3 Kartoffeln, 300 g durchwachsener Speck oder 500 g Hammelschulter, Salz, Pfeffer, Petersilie

Linsensuppe mit Kaßler

Zubereitungszeit: 1½ Stunden
Pro Portion: 2900 Joule
(690 Kalorien)
250 g Linsen, 1 Zwiebel, 50 g durchwachsener Speck, 1 Petersilienwurzel, 1 Bund Suppengrün, 1 Eßlöffel Öl, ½ Glas Rotwein, 1 Lorbeerblatt, 1 Zweiglein Thymian, Salz, Pfeffer, 500 g Kaßler mit Knochen

Die Zwiebel, die Petersilienwurzel und den Speck in Würfel, das Suppengrün in Streifen schneiden. Das Öl in einem Schmortopf erhitzen und die Speckwürfel darin glasig braten. Die Zwiebel und das Suppengemüse hinzufügen und in dem Fett kurz anrösten. Die Linsen, 2 Liter Wasser, den Rotwein, die Gewürze und das Kaßler hinzufügen und bei leichter Hitze zugedeckt in 45–60 Minuten garkochen lassen. Die Linsen sollen von innen weich sein, dürfen aber nicht platzen. Das Kaßler herausnehmen, vom Knochen lösen und das Fleisch in 4 Scheiben schneiden. Die Suppe mit Salz und frischgemahlenem Pfeffer abschmecken. Man kann die Suppe noch mit etwas Sahne verfeinern. Die Suppe auf Teller füllen und in jeden Teller eine Scheibe Kaßler geben.

Frankfurter Erbsensuppe mit Frankfurter Würstchen

Zubereitungszeit: 40 Minuten
Pro Portion: 2770 Joule
(660 Kalorien)
750 g junge ausgelöste Erbsen (evtl. tiefgekühlt), 1 kleine Stange Porree, 1 Salatherz, 60 g Butter, 200 g Kartoffeln, Majoran, 2 Petersilienstengel, 1½ l Fleischbrühe, 1 Stück Würfelzucker, Salz, 6 Eßlöffel frische Sahne, Kerbel oder Minze, 4 Paar Frankfurter Würstchen

Von dem Porree nur das Grün in feine Streifen schneiden, das Salatherz ebenfalls in Streifen schneiden. Die Butter zerlassen und Porree- und Salatstreifen darin andünsten. Die Erbsen hinzugeben sowie die in kleine Würfel geschnittenen Kartoffeln und die Kräuter. Bei leichter Hitze unter Rühren 25 Minuten schmoren lassen. Wenn die Suppe anzusetzen droht, von Zeit von Zeit mit etwas Brühe aufgießen. Die Erbsen im Mixer zu einem feinen Püree verarbeiten und mit der Brühe glattrühren. Den Zucker und das Salz hinzugeben, aufkochen lassen, wenn nötig, entstehenden Schaum abschöpfen. Die Sahne an die Suppe geben sowie die gehackten Kräuter und die in Scheiben geschnittenen Frankfurter Würstchen. Die Suppe dann nur noch erhitzen, aber nicht mehr kochen lassen.

Beilage: Eierschwämmchen oder Schwemmklößchen

Gemüsesuppen

Nach dem gleichen Rezept wie die Frankfurter Gemüsesuppe wird die frische Vierländer Suppe zubereitet, nur bekommt sie als Einlage anstelle der Eierschwämmchen Schwemmklöße. In Süddeutschland sind Grießnockerln beliebt

Frankfurter Gemüsesuppe »Quer durch de Garte«

(4–6 Personen)

Zubereitungszeit: 2½ Stunden
Pro Portion: 2020 Joule
(480 Kalorien)
750 g Beinfleisch (in dicken Scheiben), 500 g Suppenknochen, 1 Bund Suppengrün, 1 Zwiebel, Salz. – 100 g durchwachsener Speck, 1 mittelgroße Zwiebel, 1 Stange Lauch, ½ kleine Sellerieknolle, 4 junge Möhren, 1 Kohlrabi, ½ Kopf Blumenkohl, 250 g frische grüne Bohnen, 250 g Erbsen in der Schote, 2 Tomaten, 2 Eßlöffel Öl, Pfeffer und Salz, 3 Eßlöffel gehackte Kräuter (Dill, Petersilie, Kerbel, Schnittlauch)

Die gewaschenen Knochen, die Beinscheibe sowie das kleingeschnittene Suppengrün in einen großen Suppentopf legen. Die Zwiebel mit der Schale im Backofen dunkelbraun braten und ebenfalls in den Topf geben. Mit 2 Liter Wasser bedecken und zum Kochen bringen. Den während des Kochens entstehenden Schaum abschöpfen. Wenn sich kein Schaum mehr bildet, die Suppe salzen. Einen Deckel so auf den Topf geben, daß ein kleiner Spalt offen bleibt. 1½ Stunden kochen lassen. Durch ein Sieb gießen. In der Kochzeit der Suppe die Zwiebel schälen und mit dem Speck in Würfel schneiden. Den Lauch in feine Ringe schneiden, Sellerie, Möhren und Kohlrabi schälen und in Würfel oder Streifen schneiden. Den Blumenkohl in kleine Röschen zerteilen. Die Bohnen in kleinere Stücke brechen, die Erbsen enthülsen. Die Tomaten brühen, die Haut abziehen und in Stückchen schneiden. Die Speckwürfel mit den Zwiebelwürfeln in dem Öl glasig braten. Das Gemüse ohne die Tomaten hinzufügen. Kurz durchschmoren und mit der Fleischbrühe aufgießen. Bei schwacher Hitze 20–30 Minuten kochen lassen. Das Gemüse soll gar sein, aber noch einen festen Biß haben. Das weichgekochte Beinfleisch in Würfel schneiden und mit den Tomaten an die Suppe geben. Kurz durchkochen lassen. Mit Salz und Pfeffer würzen und mit den feingehackten Kräutern bestreut servieren.

Einlage: Eierschwämmchen

Pfälzische Bibbelchessupp (Grüne-Bohnen-Suppe)

Spitze und Ende der Bohnen abschneiden, wenn nötig entfädeln, und in fingerbreite Stückchen schneiden, die Kartoffeln in Würfel, das Suppengrün in Streifen. Speck und Zwiebel ebenfalls würfeln und in dem Öl glasig braten. Bohnen und Kartoffeln hinzufügen, das Bohnenkraut dazugeben und mit der Brühe aufgießen. Die Suppe in 45 Minuten garkochen und einen kleinen Teil der Suppe im Mixer pürieren. Das Püree mit der Crème fraîche vermischen und unter die Suppe rühren. Mit Salz und mit frischgemahlenem Pfeffer abschmekken. Mit frischgehackter Petersilie bestreut auftragen.

Zubereitungszeit: 1¼ Stunden
Pro Portion: 2060 Joule
(490 Kalorien)
1 kg frische Stangen- oder Buschbohnen (man kann sie auch mischen),
500 g Kartoffeln, 1 Bund Suppengrün,
100 g durchwachsener Speck,
1 Zwiebel, 1 Eßlöffel Öl,
2 Zweige Bohnenkraut,
1½ l Fleischbrühe, 6 Eßlöffel Crème fraîche, Salz, Pfeffer, gehackte Petersilie

Das Kräutersüppchen ist in Süddeutschland *die* Gründonnerstagsuppe schlechthin, die Zusammensetzung der Kräuter schwankt. Früher hieß es, daß ein gutes Kräutersüpple nur aus selbstgepflückten Kräutern bestehen dürfe: Brunnenkresse, Schafgarbe, Brennessel, Sauerampfer, Erdbeerblättern, Waldmeister, Pimpernelle, Gänseblümchen und Minze, heute stellt man die Kräutermischung je nach Marktangebot aus Sauerampfer, Zitronenmelisse, Portulak, Petersilie, Kerbel, Kresse, Basilikum und Schnittlauch zusammen.

Kräuter-Rahmsuppe

Die gewaschenen und von den Stielen gezupften Kräuter mit einer Schere kleinschneiden oder auf einem naß abgespülten Holzbrett unmittelbar vor dem Auftragen hacken. Man kann die Stiele der Kräuter kurz in der Brühe auskochen. Die Brühe zum Kochen bringen. Die Sahne mit einem Schneebesen mit dem Eigelb gründlich vermischen, bis leichter Schaum entsteht. Die Fleischbrühe von der Kochstelle nehmen und mit der Eiersahne vermischen. Unter ständigem Schlagen mit dem Schneebesen erneut bis zum Kochen bringen, aber nicht mehr kochen lassen. Mit den Kräutern vermischen und in Suppentassen oder Teller füllen. Mit den in Butter goldgelb gerösteten Semmelwürfeln bestreuen.

Zubereitungszeit: 20 Minuten
Pro Portion: 840 Joule
(200 Kalorien)
1 l kräftige entfettete Fleisch- oder Hühnerbrühe, ⅛ l Sahne,
2 Eigelb, 5 Eßlöffel gehackte frische Frühlingskräuter, ein in kleine Würfel geschnittenes Brötchen, etwas Butter

Kerbel ist ein feines, aber intensives Frühlingskräutlein mit einem leichten Anisgeschmack, es sollte vorsichtig dosiert werden. Man kann es nach Gewicht kaufen und es verträgt sich gut mit Petersilie. In einem meiner alten Kochbücher steht unter dem Rezept für Kerbelsuppe: »Willt man Spargel und junge Hopfen dazu thun, wird sichs auch nicht übel schicken«. Fürwahr.

Kerbelsuppe

Von dem gewaschenen Kerbel die Blätter abzupfen und die kleingeschnittenen Kerbelstiele in der Geflügelbrühe 10 Minuten kochen lassen, dann durch ein Sieb geben. Die Kerbelblätter mit der Butter und der abgezupften Petersilie im Mixer zu einer Creme vermischen. Die Suppe erneut zum Kochen bringen, von der Kochstelle nehmen, mit den Eidottern legieren und die Kräuterbutter flöckchenweise unter Rühren mit der Suppe vermischen. In Tassen füllen. Mit einigen Kerbelblättern bestreuen.

Einlage: Verlorene Wachteleier, kleine Lachsklößchen, in Butter geröstete Semmelwürfel

Zubereitungszeit: 30 Minuten
Pro Portion: 710 Joule
(170 Kalorien)
1¼ l Geflügelbrühe,
50 g Kerbel, 50 g Butter,
6 Stengel Petersilie, 2 Eidotter

Petersilienwurzelsuppe war schon im 18. Jahrhundert sehr beliebt. Man nahm nur gerne noch Rosinlein als Einlage, während man heute lieber, wenn überhaupt, ein verlorenes Ei oder winzige Schinkenknödel mag.

Petersilienwurzelcremesuppe

Zubereitungszeit: 45 Minuten
Pro Portion: 1090 Joule
(260 Kalorien)
1¼ l Hühnerbrühe,
100 g Kartoffeln,
4 Petersilienwurzeln (ca. 250 g),
5 Stengel Petersilie, 80 g Butter,
1 Eigelb, Salz, Pfeffer,
1 Scheibe Toastbrot

Die Kartoffeln in große und die gründlich geputzten und geschabten Petersilienwurzeln in kleine Würfel schneiden. In der Hühnerbrühe in 30 Minuten garkochen und im Mixer pürieren. Die abgezupfte Petersilie mit 50 g Butter und dem Eigelb im Mixer zu einer cremigen Masse vermischen. Die Suppe von der Kochstelle nehmen und die Petersiliencreme unter Schlagen mit dem Schneebesen mit der Suppe vermischen. Mit Salz und Pfeffer abschmecken. Das Toastbrot in kleine Würfel schneiden, in der restlichen Butter goldgelb braten. Erst bei Tisch auf die ausgefüllte Suppe streuen.

Feine Sauerampfersuppe

Zubereitungszeit: 40 Minuten
Pro Portion: 1340 Joule
(320 Kalorien)
150 g Sauerampfer,
40 g Butter, 1 l entfettete
Rindfleisch- oder Hühnerbrühe,
4 Eigelb, ⅛ l Sahne, Salz,
Pfeffer, Kerbel. –
Dünne Weißbrotscheiben

Den Sauerampfer waschen, bei großen Blättern die Blattrippe herauslösen und die aufgerollten Blätter in feine Streifen schneiden. In der zerlassenen Butter weichdünsten. Mit der Brühe aufgießen und 10 Minuten kochen lassen. Inzwischen in einer Schüssel die Eigelb mit der Sahne mit einem Schneebesen zu einer dünnen Creme verschlagen. Die heiße Suppe in dünnem Strahl unter kräftigem Schlagen mit dem Schneebesen hinzugeben. Zurück in den Kochtopf gießen und unter ständigem Weiterschlagen bei leichter Hitze zum Kochen bringen. Die Suppe soll eine cremige Beschaffenheit haben, darf aber nicht kochen. Mit Salz, frischgemahlenem Pfeffer und feingehacktem Kerbel abschmecken. In Tassen füllen und sofort mit getoasteten Weißbrotscheiben servieren.

Ausgezeichnet schmeckt diese feine Suppe auch eisgekühlt, sie muß dann während des Abkühlens hin und wieder umgerührt werden.

Das folgende Rezept für Spargelsuppe mit Kalbfleisch habe ich meinem Lieblingskochbuch von 1772 entnommen und nur mit zeitgemäßen Mengenangaben versehen (»nehme von einem Kalb die Keule oder die Brust. Man kann es auch mit Hühnern machen«), sonst könnte es aber akkurat ein Rezept der neuen deutschen Küche sein.

Spargelsuppe mit Kalbfleisch

Zubereitungszeit: 1½ Stunden
Pro Portion: 840 Joule
(200 Kalorien)
500 g mageres Kalbfleisch,
1 Kalbsknochen, 1½ l Wasser,
Salz, 500 g Spargel, 2 Stengel
Petersilie, 1 Salatherz,
Muskatblüte, Pfeffer, Ingwer,
dünne im Ofen gebräunte
Weißbrotschnitten

Das gewaschene Fleisch und den Knochen mit dem Wasser bedecken, aufkochen lassen, abschäumen und salzen. 1 Stunde kochen lassen. Die Spargel sorgfältig schälen und die Köpfe abschneiden. Die Spargelstangen in Stücke schneiden und mit der Petersilie und dem Salatherz mit etwas Kalbsbrühe bedeckt weichkochen. Die Spargelköpfe die letzten 8 Minuten der Kochzeit mit dem Fleisch garkochen. Spargelstücke und Gemüse auf einem Sieb abtropfen lassen. Durch ein Sieb passieren oder im Mixer pürieren (im Originalrezept wird es im Mörser zerstoßen). Fleisch und Knochen aus der Kochbrühe nehmen (die Spargelköpfe bleiben in der Suppe) und die Brühe mit dem Spargelpüree binden. Das Fleisch von allem anhängenden Fett und Knorpel befreien, in Würfel schneiden und wieder in die Suppe geben. Mit Muskatblüte, frischgemahlenem Pfeffer und einem Hauch Ingwer abschmecken. Man kann die Spargelsuppe noch mit etwas frischer Butter oder Sahne verfeinern. In jeden Teller einige Brotschnitten geben und die Suppe darüberfüllen.

Das folgende Rezept für Aalsuppe hat mir von allen Aalsuppen, die ich probiert habe, am besten geschmeckt – die Suppe ist so klar und die Zutaten ergänzen sich so gut, daß die Kombination gar nicht mehr so abenteuerlich erscheint.

Hamburger Aalsuppe

Zubereitungszeit: 3 Stunden
Pro Portion: 3780 Joule
(900 Kalorien)
(ohne Schwemmklößchen)
1 Schinkenknochen vom Katenschinken (ca. 2 kg), 3 l Wasser, Salbei, Thymian, Bohnenkraut, Majoran, Basilikum, 1 Beutel Backobst, 1 Bund Suppengrün, 2 Stangen Porree, 2 Möhren, 1 Zwiebel, 1 kleine Sellerieknolle, Salz, Pfeffer, Zucker, 3 Eßlöffel Johannisbeergelee, 2 Eßlöffel Essig, 750 g kleine Ostseeaale = 300 g filierte Aale, 1–2 mürbe Äpfel, 150 g entsteinte Kurpflaumen, 1 Eßlöffel gehackte Petersilie

Die Aale gleich beim Einkauf filieren lassen – Ostseeaale sind am zartesten. Den Schinkenknochen in einen großen Suppentopf geben und mit dem Wasser bedecken. Einmal aufkochen lassen und kurz aufschäumen. Die Kräuter und das Backobst hinzufügen sowie das geputzte Suppengrün. Die Brühe bei leichter Hitze 2 Stunden leise köcheln lassen. Sie darf nicht sprudelnd kochen, da sie sonst unklar wird. Porree, Möhren, Zwiebel und Sellerie in Streifen oder Rauten schneiden. Den vorbereiteten filierten Aal in etwa 2 cm breite Stücke schneiden. Die Brühe durch ein Haarsieb geben, entfetten und mit Salz, Pfeffer, Zucker, Johannisbeergelee und Essig abschmecken. Erneut zum Kochen bringen und Gemüsestreifen sowie nach 10 Minuten die Aalstücke in die Schinkenbrühe geben. In etwa 20 Minuten in der Brühe langsam garziehen lassen (nicht kochen). Die Äpfel schälen, das Kerngehäuse herausstechen und in feine Scheiben schneiden. Die letzten Minuten zusammen mit den Pflaumen in der Brühe mitziehen lassen. Zum Schluß die Schwemmklößchen in die fertige Suppe geben. In tiefen Tellern anrichten. Jeder Gast soll 4–5 Aalstückchen, 2–3 Pflaumen und 1–2 Apfelringe außer dem Gemüse im Teller haben. Mit gehackter Petersilie bestreuen.

Einlage: Schwemmklößchen

In den alten Kochbüchern ging man mit den Krebsen recht unbarmherzig um, da heißt es: »man stoße sie lebendig, so klein sich's thun läßt«. Auch wenn allmählich, besonders aus den Teichwirtschaften, wieder deutsche Krebse in kleinen Mengen auf den Markt kommen, die meisten Krebse werden lebend importiert, nur das Rezept ist noch hamburgisch.

Hamburger Krebssuppe

Zubereitungszeit: 1¼ Stunden
Pro Portion: 1760 Joule
(420 Kalorien)
16 mittelgroße Krebse (je 50–60 g), 1 Zwiebel, 1 Karotte, 1 Stück Sellerie, einige Stengel Petersilie, Salz, Pfeffer, 80 g Butter, 1 Glas Weißwein, ¾ l Hühnerbrühe, ⅛ l Sahne

Die lebenden Krebse gründlich schrubben und mit dem Kopf zuerst in kochendes Salzwasser werfen. Nur kurz kochen lassen, bis sich die Schale rot gefärbt hat. Die Gemüse in feine Streifen schneiden und in 50 g Butter zusammen mit der gehackten Petersilie bei leichter Hitze in einem größeren Schmortopf weichdünsten und salzen. Die Schalentiere zu dem Gemüse geben und mit Salz und Pfeffer würzen. Bei starker Hitze einige Minuten anbraten. Den Wein und die Hühnerbrühe darübergießen und zugedeckt 10 Minuten kochen lassen. Die Schalentiere aus der Brühe nehmen und das Fleisch aus Scheren und Schwänzen herauslösen. Alle schönen Stücke (Krebsschwänze) beiseite legen, die kleineren Reste und die zerkleinerten Schalen im Mörser zerstoßen oder im Mixer pulverisieren. Zurück in die Kochbrühe geben, 45 Minuten kochen lassen und die Suppe durch ein Sieb streichen. Erneut aufkochen und mit Sahne und der restlichen Butter abschmecken. Nicht mehr kochen lassen. Das in Stückchen geschnittene Fleisch der Schalentiere in der Suppe heiß werden lassen. Sofort in kleine Tassen füllen und auftragen.

Die Arbeit, lebende Schnecken zu putzen und zu kochen, ist so zeitraubend und mühsam, daß man im normalen Haushalt auf Dosenschnecken zurückgreifen wird, es sei denn, man sammelt die Schnecken selbst in den Weinbergen. Aber da sind sie rar geworden durch das Spritzen der Rebstöcke.

Badisches Schneckenrahmsüpple

Zubereitungszeit: 45 Minuten
Pro Portion: 1260 Joule
(300 Kalorien)
40 Schnecken (aus der Dose), ¾ l Fleischbrühe, 1 Glas Badischer Weißwein, 1 Bund Suppengrün, 20 g Butter, etwas frisch geriebener Muskat, Salz, Pfeffer, 4 geröstete Weißbrotscheiben, ⅛ l Crème fraîche, gehackter Kerbel und Petersilie

Die Schnecken aus der Dose nehmen und den Eigensaft mit der Fleischbrühe, dem Wein und dem feingeschnittenen Suppengemüse 10 Minuten kochen lassen, die Schnecken hinzufügen und 10 Minuten darin ziehen lassen. 10 Schnekken sehr fein hacken, kurz in der zerlassenen Butter schwenken und mit der Fleischbrühe aufgießen. Die restlichen Schnecken in größere Stücke schneiden, die gerösteten Weißbrotscheiben auf 4 Suppenteller verteilen und die Schneckenstückchen darauf geben. Die Schneckenbrühe mit der Crème fraîche verrühren, aufkochen lassen und mit Muskat, Salz und Pfeffer abschmecken. Über die Brotscheiben mit den Schnecken geben und mit Petersilie und Kerbel bestreuen.

Suppeneinlagen

Frankfurter Eierschwämmchen

Zubereitungszeit: 20 Minuten
Pro Portion: 1090 Joule
(260 Kalorien)
50 g Butter, 100 g Mehl, Salz, geriebener Muskat, 3 Eier

Die Butter zerlassen, in eine Schüssel geben und Mehl, Salz und Muskat sowie nacheinander die Eier unter Rühren mit dem Schneebesen hinzugeben. Kräftig rühren, bis der Teig Blasen schlägt. Wasser unter Hinzugabe von Salz in einem Kochtopf erhitzen. Mit zwei nassen Teelöffeln Klößchen abstechen und in das Kochwasser geben. Wenn die Schwämmchen nach oben kommen, noch 5 Minuten kochen lassen. Mit einem Schaumlöffel herausnehmen oder auf ein Sieb geben. Gut abgetropft als Einlage in die heiße Suppe geben.

Als Einlage zu Rindfleischsuppe, Gemüsesuppe, Erbsensuppe

Leberspätzlesuppe

Zubereitungszeit: 45 Minuten
Pro Portion: 1180 Joule
(280 Kalorien)
200 g Rinderleber, 1 mittelgroße Zwiebel, 1 Eßlöffel gehackte Petersilie, 1 Eßlöffel Butter, Salz, 1 Löffelspitze Majoran, abgeriebene Zitronenschale, 2 Eier, 100 g Semmelbrösel. – 1½ l Fleischbrühe, Schnittlauch

Die Leber im Mixer oder im Universalzerkleinerer pürieren. Die Zwiebel in feine Würfelchen schneiden und mit der gehackten Petersilie in der zerlassenen Butter andünsten, aber nicht bräunen. Die Eier mit einer Gabel verschlagen und mit der Leber, Zwiebel und Gewürzen gründlich verrühren. Die Semmelbrösel unter die Lebermasse mischen und den Teig 10 Minuten stehen lassen. Den Leberspätzleteig durch ein Spätzlesieb oder durch einen großlöcherigen Durchschlag in das kochende Salzwasser drücken. Bei leichter Hitze garziehen lassen, bis die Spätzle nach oben kommen. Mit einem Schaumlöffel herausnehmen und in die Fleischbrühe geben. Mit Schnittlauch bestreut servieren.

Schwemmklößchen

Zubereitungszeit: 15 Minuten
Pro Portion: 1390 Joule
(330 Kalorien)
¼ l Wasser, 80 g Butter, 1 Prise Salz, etwas Muskat, 125 g Mehl, 3 Eier

Das Wasser mit Butter, Salz und Muskat zum Kochen bringen. Von der Kochstelle nehmen und das Mehl auf einmal in die kochende Flüssigkeit schütten. Mit einem Holzlöffel solange rühren, bis ein glatter Teig entsteht. Die Masse etwas abkühlen lassen, dann die Eier nacheinander unterrühren. Der Teig muß jedesmal glatt sein, wenn das nächste Ei hinzukommt. Von dem Teig mit 2 nassen Teelöffeln kleine Klößchen abstechen und im kochenden Salzwasser in 10 Minuten garziehen lassen.

An eine echte Frankfurter Grüne Sauce gehören sieben verschiedene Kräuter: Sauerampfer, Schnittlauch, Pimpernelle, Kerbel, Borretsch, Petersilie und Dill

Rezept Seite 98

Wenn Grießnockerln in eine klare Brühe kommen, ist es besser, sie in Salzwasser vorzukochen, damit die Brühe klar bleibt.

Grießnockerln

Die weiche Butter schaumig rühren und Salz und Muskat hinzufügen. Nacheinander die beiden ganzen Eier mit der Butter verrühren. Zum Schluß den Grieß langsam unter die Schaummasse geben. Den Grießteig 15 Minuten stehen lassen. Fleischbrühe oder Salzwasser zum Kochen bringen. Mit zwei nassen Löffeln ein Probenockerl abstechen und in die Flüssigkeit geben. Wird das Nockerl zu hart, wird noch etwas Wasser an den Teig gegeben. Ist es dagegen zu weich, kommt noch etwas Grieß hinzu. Nockerln abstechen und portionsweise in die kochende Brühe oder in das Salzwasser geben. In 15–20 Minuten bei leichter Hitze gar ziehen lassen. Die Nockerln nehmen an Umfang sehr zu, also nicht zu dicht nebeneinander einlegen.

Zubereitungszeit: 45 Minuten
Pro Portion: 1050 Joule
(250 Kalorien)
40 g Butter, Salz, Muskat, 2 Eier, 100 g Hartweizengrieß. – 1½ l Fleischbrühe

Markklößchensuppe

Das Mark kleinschneiden und in einer Pfanne bei leichter Hitze vorsichtig schmelzen lassen. Das Fett durch ein Sieb streichen und mit einem Schneebesen schaumig rühren. Nacheinander Eier, Brösel, Salz, Petersilie, Zitronenschale und Muskat dazurühren. Den Teig 30 Minuten ruhen lassen. Kleine Klößchen daraus formen und in die kochende Fleischbrühe geben. In etwa 15 Minuten bei leichter Hitze garkochen lassen. Die angerichtete Suppe mit gehackter Petersilie bestreuen.

Zubereitungszeit: 1 Stunde
Pro Portion: 1220 Joule
(290 Kalorien)
60 g Rindermark, 2 Eier, 80 g Semmelbrösel, Salz, 1 Teelöffel gehackte Petersilie, abgeriebene Schale ¼ Zitrone, 1 Prise Muskat. – Fleischbrühe, gehackte Petersilie

Bayerische Milzschnittensuppe

Die Milz waschen und mit einem scharfen Messer aus der Haut schaben. Zwiebel und Petersilie fein hacken. Die Butter in einer Pfanne zerlassen und die Zwiebel darin andünsten. Das Ei mit Salz, Pfeffer, Majoran und Zitronenschale verschlagen. Milz, Zwiebelwürfel und Petersilie unter Rühren hinzufügen. Die Weißbrotscheiben mit der Milzcreme bestreichen. In einer Pfanne reichlich Butterschmalz erhitzen. Die Weißbrotscheiben zuerst mit der mit der Milzmasse bestrichenen Seite in das Fett geben. Goldbraun braten, dann wenden und die Unterseite kroß braten. Herausnehmen, in kleine Würfel schneiden und in eine sehr heiße Rindfleischbrühe geben.

Zubereitungszeit: 45 Minuten
Pro Portion: 1090 Joule
(260 Kalorien)
150 g Milz, 1 kleine Zwiebel, 3 Stengel Petersilie, 1 Teelöffel Butter, 1 kleines Ei, Salz, Pfeffer, Majoran, abgeriebene Schale von einem Zitronenviertel, 4 Scheiben Weißbrot. – Butterschmalz zum Ausbacken

Hamburger Fliederbeersuppe

Zubereitungszeit: 45 Minuten
Pro Portion: 1130 Joule
(270 Kalorien)
1 kg frische Fliederbeeren (Holunderbeeren), 1 l Wasser, abgeriebene Schale einer Zitrone, 2 Nelken, ¼ Stange Zimt, 100 g Zucker. – 3 säuerliche Äpfel, ⅛ l Wasser, 2 Eßlöffel Zucker, 1 Stück Zitronenschale, 1 Messerspitze Ingwer. – 1 Eßlöffel Stärkepuder

Die Holunderbeeren waschen und mit einer Gabel von den Dolden streifen. Das Wasser mit den Gewürzen und dem Zucker zum Kochen bringen und die Beeren in etwa 30 Minuten weich kochen. Die Äpfel vierteln, schälen und das Kerngehäuse herausschneiden. Jedes Viertel in vier längliche Scheiben schneiden. Das Wasser mit dem Zucker, der Zitronenschale und dem Ingwer zum Kochen bringen und die Apfelspalten darin in etwa 5 Minuten gar ziehen lassen. Die gekochten Holunderbeeren durch ein Sieb streichen, erneut aufkochen lassen und mit dem kalt angerührten Stärkepuder binden.

Unmittelbar vor dem Auftragen die Apfelstückchen mit der Suppe vermischen, sie sollen nur wenig Farbe annehmen.

Häufig wird die Kirschkaltschale mit Stärkepuder oder Sago gebunden, ich finde, daß sie ungebunden am meisten erfrischt. Anstelle der Schneeklößchen werden auch gerne Grießklößchen als Einlage in die Kirschsuppe gegeben.

Berliner Kirschkaltschale mit Schneeklößchen

Zubereitungszeit: 45 Minuten
Pro Portion: 1340 Joule
(320 Kalorien)
500 g Sauerkirschen, ½ l Wasser, ¼ l leichter Rotwein, 4 aufgeschlagene feingehackte Kirschkerne, 1 Stückchen Zimt, 150 g Zucker, – 2 Eiweiß, 50 g Zucker, abgeriebene Schale einer halben Zitrone, 1 Prise Zimt

Die Sauerkirschen entsteinen, Wasser, Wein, aufgeschlagene Kirschkerne, Zimt und Zucker zum Kochen bringen. Die Kirschen mit dem angefallenen Saft darin bei schwacher Hitze in 15–20 Minuten garkochen. Nach dem Abkühlen in den Kühlschrank stellen. 1 Liter Wasser in einem flachen Topf zum Kochen bringen. Die Eiweiß sehr steif schlagen, den Zucker und die Zitronenschale hinzufügen und weitere 3 Minuten schlagen, bis die Masse baiserartig ist. Mit 2 Teelöffeln Klößchen abstechen und auf das heiße, aber nicht mehr kochende Wasser setzen. Zugedeckt 5 Minuten garziehen lassen. Die Schneeklößchen auf die gut gekühlte Kirschsuppe setzen und mit einem Hauch Zimt überpudert servieren.

Pfirsichkaltschale

Zubereitungszeit: 40 Minuten
Pro Portion: 1470 Joule
(350 Kalorien)
1 kg sehr reife Pfirsiche, 3 aufgeschlagene Pfirsichkerne, ½ l Wasser, etwas abgeriebene Zitronenschale, Saft einer Zitrone, 8 Eßlöffel Zucker, ½ l Weißwein, einige Minzeblätter

Die Pfirsiche kurz in kochendes Wasser tauchen und die Haut abziehen. Die Früchte halbieren, den Kern entfernen und die Pfirsiche in Streifen schneiden. Das Wasser mit den aufgeklopften Pfirsichkernen, der Zitronenschale und dem Zucker zum Kochen bringen. Die Hälfte der Pfirsichspalten darin weichkochen, die übrigen Früchte in dem Wein marinieren. Die weichgekochten Pfirsiche durch ein Sieb streichen oder im Mixer fein pürieren. Mit dem Zitronensaft vermischen. Etwas abkühlen lassen und über die mit Wein getränkten Pfirsiche gießen. In Tassen oder Schalen füllen und jede Portion mit einem Minzeblatt garnieren.

Rheingauer Weinsuppe

Zubereitungszeit: 30 Minuten
Pro Portion: 1220 Joule
(290 Kalorien)
1 l Rheingauer Wein, 1 Stückchen Zitronenschale, 1 Eßlöffel Stärkepuder, 2 Eier, 60 g Zucker

Den Weißwein mit der Zitronenschale aufkochen lassen. Das Stärkepuder mit etwas kaltem Wasser anrühren und die Suppe damit binden. Die Eigelb mit der Hälfte des Zuckers mit einem elektrischen Schneebesen dickschaumig rühren, die Eiweiß steif schlagen, den restlichen Zucker hinzufügen und noch kurz weiterschlagen, so daß eine baiserartige Masse entsteht. Die Eigelbmasse in eine Terrine schütten, die heiße Weinsuppe unter ständigem Rühren hinzugeben und zuletzt den Eischnee gründlich mit der heißen Suppe vermischen.

Einlage: Grießklößchen oder Makrönchen

Saucen

Ihren schlechten Ruf verdankt die deutsche Küche vor allem ihren braunen Einheitstunken. Schon der Name Tunke verrät, daß man bei uns die Saucen mehr als Flüssigkeit zum Eintunken von Brot (oder um darin möglichst viel Kartoffeln zerquetschen zu können) ansieht, denn als feine Abrundung der Speisen. Ausnahmsweise kann man sich für dieses Thema auch in alten Kochbüchern keine Anregung holen. Was im Mittelalter und noch danach an überwürzten Brühen zur Begleitung von Fleisch angeboten wurde, ist abenteuerlich. Die Gewürze waren damals sehr, sehr teuer und ihre reichliche Verwendung geschah weniger aus geschmacklichen Gründen als um des Prestiges willen. Je mehr Safran, Ingwer und Pfeffer die angebotenen Speisen enthielten, desto nobler der Gastgeber, desto vornehmer die Küche. Daß man manchmal auch Gewürze verwendete, um bei den schlechten Lagerungsmöglichkeiten nicht ganz angenehme Gerüche der Speisen zu übertönen, kommt dazu.

Die Saucenzubereitung war schwierig, denn da fast alle Fleischgerichte auf dem Grill oder am Spieß gebraten wurden, fiel kein natürlicher Saucenfond an. Kochte man Fleisch in einer Brühe, wurde die Kochbrühe entsprechend scharf gewürzt: zu Pfeffer, Ingwer und Safran kamen Muskatblüte, Nelken, Zitronen, Zucker, Rosinen, selbst Veilchen und Rosen. Ganz allmählich ging man auch dazu über, die Brühen, wie damals die Saucen noch hießen, mit Scheiben von Roggenbrot, Lebkuchen und Mutschelmehl (Semmelbrösel) sämig zu machen. Bindungsarten, die man noch heute bei so alten Rezepten wie Sauerbraten oder Königsberger Klopse findet. Und als die französischen Köche im 17. und 18. Jahrhundert für ihre adeligen Brotherren immer feinere Saucen kreierten, übernahm man für die deutsche Küche nur die Mehlschwitze des Marquis de Béchamel als Grundlage der »Tunken«. Fortan wurde fast jede Flüssigkeit der Speisen mit einer Mehlschwitze gebunden oder mit angerührtem Mehl gedickt. Wie konnte da der feine Eigengeschmack der Speisen, der beim Anbraten und Dünsten von Fisch, Fleisch und Gemüse entstand, noch hervorschmecken!

Häufig sollten die Mehltunken vor allem einen großen Sättigungswert haben, denn die meisten Deutschen waren arm und hungrig und erst seit dem Anbau der Kartoffel konnten sich große Familien mit Pellkartoffeln und einer dikken Tunke einigermaßen satt essen. Auch heute noch kann eine gut gewürzte Speckstippe, eine Senfsauce mit gekochten Eiern oder eine Beamtenstippe mit Hackfleisch zu Kartoffeln und Salat eine befriedigende Mahlzeit sein. Ich erinnere mich noch aus meiner Kindheit daran, daß man am Auftauchen dieser Gerichte unweigerlich das Monatsende erkannte. Es gibt nur zwei deutsche Saucen, die zu einer gewissen Berühmtheit gelangt sind: Die Frankfurter Grüne Sauce mit ihren Frühlingskräutern, deren Rezept aber wahrscheinlich aus Italien oder aus Frankreich stammt (die duftende Kräutermischung für die Sauce gibt es im Frühling überall in Frankfurt fertig gemischt zu kaufen). Ein wahrer Genuß ist auch die bayerische Schwammerlsauce aus frischen Steinpilzen, zu denen lockere Semmelknödel gehören.

Aus der bayerischen Küche stammt auch der lobenswerte Brauch, den anfallenden Saft beim Braten von Schwein, Kalb und Ente als ungebundenen Jus zu servieren. Da spürt man wenigstens den reinen Fleischgeschmack. Im übrigen hat sich die junge Küche energisch der Verbesserung der Tunken angenommen, daher spricht man heute auch nur noch von Sauce. Mehl zum Andicken ist aus der Küche so gut wie verbannt. Die Bindung der Saucen erreicht man z. B. damit, daß man bei Fleischgerichten einen Kalbsfuß mitschmoren läßt oder das geschmackgebende Gemüse in dem Schmorsaft durch ein Sieb streicht und so eine leichte Sämigkeit erreicht. Ist kein Eigensaft von Fleisch oder Gemüse vorhanden, wird Fleisch-, Fisch- oder Geflügelbrühe, auch ein Fond von Kalbsknochen und Wein durch Einkochen noch geschmacksintensiver gemacht. Dann kommt Sahne hinzu, die beim weiteren Einkochen der Sauce die gewünschte Fülle gibt. Man kann auch zum Schluß den eingedickten Fond (ohne Sahne) von der Kochstelle nehmen und Butter in Flöckchen mit dem Schneebesen unter die Sauce rühren. Diese Zubereitungsart verleiht ihr eine butterduftende Sämigkeit. Beliebt sind auch die schaumigen aufgeschlagenen Saucen aus Wein, Eigelb und etwas Fond, die zu zartem Spargel ebenso passen wie zu weißem Fleisch oder Fisch. Durch diese leichten zarten Saucen wird so manches robuste Regionalgericht, nun von seiner Mehlbindung befreit, zu einem Feinschmeckeressen.

Das folgende Kapitel enthält nur einen kleinen Teil der neuen deutschen Saucenrezepte. Viele sind in den entsprechenden Kapiteln bei der Zubereitung der einzelnen Gerichte genannt. Es sind übrigens fast ausnahmslos alte deutsche Rezepte, nur eben verjüngt und ent-mehlt!

Kräutersaucen

Grüne Sauce kann leicht und dünnflüssig oder so dick wie Mayonnaise sein. Es gibt nicht ein Rezept für die Frankfurter Grüne Sauce, sondern unzählige Familienrezepte, jedoch sind für alle die gleichen Frühlingskräuter erforderlich. Als einzige Variante fand ich hin und wieder die Brunnenkresse durch Dill ausgetauscht. Bei dem vorliegenden Rezept kann man einen Teil der Sahne durch Joghurt ersetzen.

Frankfurter Grüne Sauce (Grie Sooß)

Farbaufnahme Seite 93
Zubereitungszeit: 30 Minuten
1 Stunde durchziehen lassen
Pro Portion (⅙): 1050 Joule
(250 Kalorien)
1 Packung oder eine Handvoll Kräuter: Sauerampfer, Schnittlauch, Pimpernelle, Kerbel, Borretsch, Petersilie und Brunnenkresse,
2 Schalotten, 3 Eßlöffel Essig,
4 hartgekochte Eier,
¼ l Schlagsahne, 4 Eßlöffel Öl, Salz, frischgemahlenen Pfeffer,
1 Eßlöffel scharfer Senf

Die Kräuter waschen und sehr fein hacken. Die Schalotten schälen und in kleine Würfel schneiden. Kräuter und Schalottenwürfel in eine Schüssel geben und mit dem Essig übergießen. Zugedeckt eine halbe Stunde stehen lassen. Die Eier schälen und fein hacken. die Sahne mit den kleingehackten Eiern, Salz, Pfeffer und dem Senf verrühren und nach und nach unter ständigem Weiterrühren das Öl hinzufügen. Zum Schluß die Sahnesauce gründlich mit den in Essig eingelegten Kräutern vermischen und noch einmal eine halbe Stunde zugedeckt in den Kühlschrank stellen. Die Sauce vor dem Servieren noch einmal gut durchrühren.

Beilage zu gekochtem Rindfleisch, gepökelter Ochsenbrust, gedünstetem Fisch

Feine Kräutersauce

Zubereitungszeit: 25 Minuten
Pro Portion: 760 Joule
(180 Kalorien)
1 Handvoll junge Frühlingskräuter (Petersilie, Kerbel, Sauerampfer, Dill, Zitronenmelisse, Pimpernelle),
1 Schalotte, 60 g Butter,
⅛ l Fleischbrühe,
1 Glas trockener Weißwein,
4 Eßlöffel Crème fraîche

Die Blätter der Kräuter von den Stielen zupfen. Die Stiele grob hacken, die Schalotte in Würfel schneiden. Einen Eßlöffel Butter zerlassen, die Schalottenwürfel darin glasig dünsten, die Kräuterstiele hinzugeben, mit der Fleischbrühe und dem Wein aufgießen und die Flüssigkeit auf die Hälfte ihres Umfanges einkochen lassen. Durch ein feines Sieb passieren. Die Crème fraîche hinzufügen und noch einmal 3 Minuten kochen lassen. Die Blätter der Kräuter mit der restlichen Butter im Mixer zu einer cremigen Konsistenz verbinden. Die Sahnesauce von der Kochstelle nehmen und die Kräuterbutter in Flöckchen unter ständigem Schlagen mit dem Schneebesen hinzufügen. Sofort servieren.

Beigabe zu Fisch, gekochtem Rindfleisch, Geflügel, weißem Gemüse wie Spargel, Blumenkohl, Schwarzwurzeln

Nach dem gleichen Rezept läßt sich mit Kerbel, Petersilie oder Schnittlauch eine delikate Kräutersauce zubereiten.

Dillsauce

Die Schalotte in kleine Würfel schneiden und in die Fleischbrühe geben. Die Brühe bei starker Hitze auf die Hälfte einkochen lassen. Die Sahne hinzufügen und erneut einkochen lassen. Von der Kochstelle nehmen und die Butter in Flöckchen unter Rühren mit der Sauce vermischen. Die geschlagene Sahne mit dem Dill vermischen und unter die Sauce ziehen. Mit Zitronensaft, Salz und frischgemahlenem Pfeffer abschmecken.

Beigabe zu gekochtem Fisch, Schalentieren, Fleisch, besonders Hammelfleisch, weißem Gemüse, Kohl

Zubereitungszeit: 25 Minuten
Pro Portion: 590 Joule
(40 Kalorien)
1 Schalotte, ¼ l Fleischbrühe, ⅛ l Sahne, 1 Eßlöffel Butter, 2 Eßlöffel geschlagene Sahne, 2 Eßlöffel gehackter Dill, 1 Teelöffel Zitronensaft, Salz, Pfeffer

Meerrettichsauce

Den Meerrettich schälen und fein reiben. Die Butter zerlassen und die Semmelbrösel darin goldgelb rösten. Mit der Fleischbrühe und dem Essig aufgießen und Zucker und Salz hinzugeben. Kurz aufkochen lassen und den geriebenen Meerrettich unter die Semmelbrösel rühren. Man kann noch mit etwas Senf abschmecken.

Beigabe zu gekochtem Fisch und Fleisch

sehr gut

Zubereitungszeit: 15 Minuten
Pro Portion: 630 Joule
(150 Kalorien)
1 Stange Meerrettich, 50 g Butter, 50 g Semmelbrösel, ½ Tasse Fleischbrühe, 1 Eßlöffel Essig, 1 Teelöffel Zucker, etwas Salz

Doppelte Menge Brühe

In alten Kochbüchern wird die Meerrettichsahne häufig noch mit geriebenen Mandeln vermischt.

Meerrettichsahne

Den Meerrettich mit Essig, Zucker, Senf und Pfeffer vermischen. Die geschlagene Sahne mit dem Meerrettich verrühren. Die Meerrettichsauce eine Stunde im Kühlschrank kühlen, bevor sie aufgetragen wird.

Beilage zu blau gekochtem Fisch, gekochtem Fleisch

Zubereitungszeit: 15 Minuten
Pro Portion:
420 Joule/100 Kalorien
½ Stange feingeriebener Meerrettich (3 Eßlöffel), 1-2 Eßlöffel Essig, ½ Teelöffel Zucker, 1 Teelöffel scharfer Senf, ½ Teelöffel weißer Pfeffer, ⅛ l Schlagsahne

Würzsaucen

Bayerische Steinpilzsauce (Schwammerlsauce)

Die Steinpilze putzen (d. h. die erdigen Klümpchen am Stielende entfernen und die Pilze schnell unter fließendem Wasser waschen). Kleine Pilze in Blätter schneiden, von großen Pilzen den Hut in Streifen schneiden und die Stiele grob hacken. 1 Eßlöffel Butter zerlassen, das Mehl hinzufügen, hellgelb rösten und nach und nach unter ständigem Rühren mit dem Schneebesen die Fleischbrühe hinzugeben. Die Sauce bei leichter Hitze unter Rühren 15 Minuten kochen lassen. Die letzten 5 Minuten die Sahne mitkochen lassen. In der Kochzeit der Sauce die Zwiebel in feine Würfel schneiden und in der restlichen Butter glasig dünsten. Die Steinpilze hinzufügen. Bei starker Hitze 2 Minuten durchbraten und in die Sauce geben. Einige Male aufkochen lassen. Mit Salz und frischgemahlenem Pfeffer abschmecken und mit der Petersilie vermischen.

Beilage: Semmelknödel

Zubereitungszeit: 30 Minuten
Pro Portion: 840 Joule
(200 Kalorien)
300 g frische Steinpilze, 2 Eßlöffel Butter, 1 Eßlöffel Mehl, ¼ l Fleischbrühe, ⅛ l Sahne, 1 Zwiebel, Salz, Pfeffer, 1 Eßlöffel gehackte Petersilie

Zitronensauce

Zubereitungszeit: 15 Minuten
Pro Portion: 840 Joule
(200 Kalorien)
⅛ l Fleischbrühe, 1 Stückchen feingeschnittene Schale und Saft von ½ Zitrone, 100 g Butter, Salz, Cayennepfeffer

Ein Stückchen Zitronenschale in feinste Streifen schneiden und in kochendem Wasser eine Minute blanchieren. Auf ein Sieb geben. Die Fleischbrühe mit der Zitronenschale bei starker Hitze in einer Kasserolle mit festem Boden 5 Minuten einkochen lassen. Unter ständigem Schlagen mit dem Schneebesen die Butter in Flöckchen an die Sauce geben, sie soll dabei nicht mehr kochen, sondern nur heiß bleiben. Zum Schluß die Sauce von der Kochstelle nehmen, mit Zitronensaft, Salz und Cayennepfeffer abschmecken und sofort auftragen.

Beigabe zu gebratenem Kalbfleisch, gedämpftem Fisch, Spargel, Schwarzwurzeln

Pfeffersauce mit grünem Pfeffer

Zubereitungszeit: 20 Minuten
Pro Portion: 630 Joule
(150 Kalorien)
⅛ l Fleischbrühe, ⅛ l Rotwein, 1 Stückchen Zitronenschale, ½ Lorbeerblatt, 2 Nelken, einige Blättchen Estragon, 1 Eßlöffel Semmelbrösel, ⅛ l Sahne, 2 Eßlöffel grüne Pfefferkörner, Salz, 1 Eßlöffel Butter

Eine milde wohlschmeckende Variante der mittelalterlichen Pfefferbrühe ist die folgende Pfeffersauce mit grünem Pfeffer, die man auch mit zwei Eßlöffeln weißen und schwarzen Pfefferkörnern, grob im Mörser zerkleinert, zubereiten kann. Wenn Bratensaft, Fleisch- oder Fischsud vorhanden ist, wird er anstelle der Fleischbrühe verwendet.

Fleischbrühe und Rotwein mit den Gewürzen und den Semmelbröseln 15 Minuten kochen lassen und durch ein Sieb geben. Die Sahne und die Pfefferkörner hinzufügen und weitere 3 Minuten kochen lassen. Mit Salz abschmecken, von der Kochstelle nehmen und die Butter in Flöckchen unter die fertige Sauce ziehen.

Beilage zu gebratenem Rind- und Schweinefleisch

Tomatensauce gehörte schon lange bevor die »italienische Welle« die deutsche Küche erreichte zu den besonders beliebten Saucen in Deutschland. Sie kann aber die übliche Mehlschwitze genauso entbehren wie die anderen Saucen.

Tomatensauce

Zubereitungszeit: 25 Minuten
Pro Portion: 460 Joule
(110 Kalorien)
500 g reife Tomaten, 1 Zwiebel, 2 Eßlöffel Olivenöl, ½ Teelöffel Rosmarinblättchen, Salz, 1 Prise Zucker, 20 g Butter, Pfeffer, frisches Basilikum

Die Tomaten brühen, abziehen und in Stücke schneiden, dabei das harte gelbe Mark zurücklassen. Die Zwiebel in Würfel schneiden und in dem Öl glasig braten. Die Tomatenstücke hinzufügen und den Rosmarin. Mit Salz und Zucker würzen und 10 Minuten bei leichter Hitze schmoren lassen. Durch ein Sieb streichen oder im Mixier pürieren. Die Butter in kleinen Flöckchen unter die Sauce rühren und mit frischgemahlenem Pfeffer und feingeschnittenen Basilikumblättern würzen.

Beilage zu Fisch- und Fleischgerichten

Süße Saucen

Der i-Punkt für Mehlspeisen, warme Puddinge, Aufläufe, Fruchtspeisen, Cremes und Flammeris sind die süßen Saucen dazu.

Fruchtsauce aus frischen Beeren

Anstelle von Erdbeeren oder Himbeeren kann man auch schwarze Johannisbeeren, Brombeeren oder gemischte Beerenfrüchte für diese köstliche, mühelos zu bereitende Fruchtsauce verwenden.

Die gewaschenen Früchte auf einem saugfähigen Küchenpapier gut abtropfen lassen und entstielen. Tiefgekühlte Früchte auftauen lassen. Die Früchte mit dem Puderzucker und dem Zitronensaft im Mixer oder mit dem Elektroquirl zu einer glatten Sauce pürieren, die Himbeeren wegen der Kerne evtl. durch ein Sieb aus Nylon passieren. In eine Saucière füllen und bis zum Auftragen im Kühlschrank aufheben. Auch eine Fruchtsauce aus schwarzen Johannisbeeren ist sehr erfrischend. Sie wird nach dem Pürieren ebenfalls durch ein Sieb gestrichen. Man kann die Fruchtsauce mit etwas leicht geschlagener Sahne verändern – sie verliert dabei aber etwas ihre erfrischende Säure.

Beigabe zu warmen Puddingen, feinen Mehlspeisen, Eis, Flammeris und Cremes aus Sahne und Milch

Zubereitungszeit: 10 Minuten
Pro Portion: 750 Joule
(180 Kalorien)
300 g frische oder tiefgekühlte Erdbeeren oder Himbeeren,
150 g Puderzucker,
Saft von ½ Zitrone

Aufgeschlagene Vanillesauce

Milch und Sahne mit der aufgeschnittenen Vanillestange und dem Salz zum Kochen bringen. Die Eigelb mit dem Zucker schaumig rühren. Die heiße Milch hinzufügen und die Sauce unter ständigem Schlagen mit einem Schneebesen bei leichter Hitze oder in einem Wasserbad dicklich werden lassen. Die Sauce darf nicht kochen. Unter gelegentlichem Umrühren erkalten lassen.

Beigabe zu roter Grütze, allen Fruchtspeisen, Schokoladenspeisen, Mehlspeisen, Puddingen und Aufläufen

Zubereitungszeit: 15 Minuten
Insgesamt: 3440 Joule
(820 Kalorien)
¼ l Milch, ⅛ l Sahne,
½ Vanillestange, 1 Prise Salz,
60 g Zucker, 4 Eigelb

Rotweinsauce (Frankfurter Bischofssauce)

Den Rotwein mit dem Gelee, Zucker, Zitronen- und Apfelsinenschale und den Gewürzen kurz durchkochen lassen. Durch ein Sieb geben. Das Stärkepuder mit etwas kaltem Rotwein glattrühren und den erneut aufgekochten Rotwein damit binden.

Beilage zu warmen Puddingen, Aufläufen, Armen Rittern und anderen süßen Mehlspeisen

Zubereitungszeit: 15 Minuten
Pro Portion: 840 Joule
(200 Kalorien)
½ l Rotwein, 6 Eßlöffel Johannisbeergelee,
50 g Zucker, abgeriebene Schale einer halben Zitrone und einer halben Apfelsine,
je 1 Messerspitze Zimt, Nelken, Muskat und Kardamom,
1 Eßlöffel Stärkepuder

Weinschaumsauce

Alle Zutaten in einen hochwandigen Krug geben, in den der Elektroquirl paßt. In einen Topf mit Wasser setzen und die Eimasse unter ständigem Rühren mit dem Elektroquirl in dem leicht kochenden Wasser erhitzen, bis die Weinschaumsauce dickschaumig ist. Sofort auftragen. Soll sie kalt serviert werden, während des Abkühlens hin und wieder mit dem Elektroquirl erneut aufschlagen.

Beigabe: warm zu warmen Puddingen, Aufläufen, Mehlspeisen. Kalt zu Desserts

Zubereitungszeit: 20 Minuten
Pro Portion: 500 Joule
(120 Kalorien)
⅛ l Riesling oder Gewürztraminer, 4 Eidotter,
Saft einer halben Zitrone,
30 g Zucker

Meeresfische und Süßwasserfische

Lachse, Hechte, Aale, Waller und Saibling waren im Mittelalter so preiswert wie heute der Kabeljau. Und wer die Fische nicht kaufen wollte, konnte sie jederzeit selbst aus Flüssen und Seen herausziehen – ganz ohne Angelschein. Der freie Fischfang war allgemeines Bürgerrecht. Die Mönche in den Klöstern waren die ersten, die auch Teichwirtschaften anlegten, um mit Hilfe wohlgemästeter Karpfen und Schleien die lange schmerzliche Fastenzeit angenehm überstehen zu können. Kein Wunder, daß die zeitgenössischen Kochbücher mit den üppigsten Rezepten für die Zubereitung von Süßwasserfischen angefüllt waren. Es gab damals wesentlich mehr Fisch- als Fleischrezepte. Hinzu kam ein großes Angebot an Rezepten für Krebse, an denen jahrhundertelang kein Mangel herrschte. Seefisch dagegen war nur in den Hafen- und Küstenstädten bekannt. Lediglich Fässer mit eingesalzenen Heringen sowie geräucherte »Picklinge« (Bücklinge) und Stockfisch aus getrocknetem Kabeljau von den Nordmeeren überstanden die langwierigen Reisen ins Binnenland. Und wenn heute noch in vorwiegend katholischen Ländern – in Bayern, dem Badischen und im Rheinland – am Aschermittwoch der Beginn der Fastenzeit mit einem traditionellen Stockfischessen eingeläutet wird, bereitet man den Stockfisch fast immer nach mittelalterlichen Rezepten zu.

Den Anfang mit dem Heringshandel haben übrigens die Ostfriesen gemacht, die ihn wiederum den benachbarten Holländern abgeschaut hatten. Er erwies sich bald als ein gutes Geschäft, und so mancher hanseatische Kaufmann in Hamburg, Lübeck und Bremen verdankt dem damaligen Heringshandel den Grundstock seines Vermögens. Für die ärmere Bevölkerung, die kaum Fleisch in den Kochtopf bekam, war der billige eiweißreiche Salzhering zusammen mit Pellkartoffeln eine höchst willkommene Abwechslung ihres eintönigen Speisezettels. Der Hering kam dadurch übrigens völlig zu Unrecht in den Geruch eines Arme-Leute-Essens. Denn er war auch bei Hofe zugelassen. Friedrich der Große z. B. schätzte ihn so sehr, daß er einen ständigen Kurierdienst zwischen Emden und Berlin einrichten ließ, um die angelandeten Heringe möglichst bald auf der königlichen Tafel zu sehen. Geradezu prophetisch nehmen sich die Worte Bismarcks aus: »Wäre der Hering so knapp und so teuer wie Kaviar, würde er bald als die größte Delikatesse gelten.« Inzwischen ist Hering knapp und teuer geworden und als Matjes und Matjestatar auf den Tischen der teuersten Luxusrestaurants zu finden. Vor nicht allzu langer Zeit drohte er sogar so knapp wie Kaviar zu werden – als die silbrigen Heringsschwärme plötzlich ausblieben. Zum Glück genügte ein zweijähriges Fangverbot, um die von der europäischen Hochseefischerei befischten Gewässer wieder mit genügend Heringsnachwuchs zu versorgen und damit den Deutschen ihren Lieblingsfisch zu erhalten. Wieviel ärmer wäre die deutsche Küche ohne Heringsgerichte! Da gäbe es im Frühling weder den von den Feinschmeckern so sehnlich erwarteten jungfräulichen Matjes noch den katervertreibenden Rollmops und Bismarckhering zum Fasching und Karneval. Wo bliebe der bei Einladungen so beliebte Heringssalat, womit sollte man sahnigen Heringstopf auf Hausfrauenart ersetzen? Was äße man anstelle von Brathering und Hering in Gelee? Und welchen Genuß bieten frisch aus dem Rauch gekommener Bückling oder Fleckhering zum Abendessen!

Das typische Freitagsessen, vor allem in Norddeutschland und Berlin, war früher Schellfisch mit Senfsauce. Die kirchlichen Fastengebote haben sich auf die Speisegewohnheiten der Bevölkerung ja bis in unser Jahrhundert ausgewirkt. Inzwischen geht der zarte Schellfisch aber den Fischern immer weniger ins Netz und ist zum teuren Feinfisch avanciert. Seelachs, Seehecht, Rotbarsch, Kabeljau und als Neuerscheinung der schlanke Blauleng sind heute die meist gekauften Seefische. Leider werden sie im Haushalt und in den Restaurants fast immer nur als paniertes Filet zubereitet, bei der die dicke Panade den würzigen Eigengeschmack der Fische schluckt. Dabei gibt es so viele abwechslungsreiche Rezepte für ihre Zubereitung. Diese relativ preiswerten Fische werden ebenso wie der riesige Heilbutt von den Fischtrawlern der deutschen

Frische Renken, am Bodensee Felchen genannt, schmecken besonders delikat, wenn sie nur kurz in Butter gebraten werden

Rezept Seite 119

Hochseefischerei in den noch immer klaren Gewässern des Nordatlantik gefischt. Da die Fischflotte zu den nördlichen Fanggründen oft wochenlang unterwegs ist, zerlegt man die Fische gleich nach dem Fang an Bord, packt die Filets in Eis oder friert sie auch gleich an Bord als Tiefkühlfisch ein. Seelachs, Rotbarsch, Makrelen, Schillerlocken (Bauchlappen des Dornhai) und Heilbutt sind auch geräuchert eine Delikatesse.

Die von den Fischliebhabern so begehrten Plattfische wie Seezungen, Schollen, Steinbutt, aber auch kleine Dorsche, Schellfisch und Merlan fischt die Kutterflotte der kleinen Hochseefischerei in Nord- und Ostsee. Sie liefern sozusagen den gehobenen Segen des Meeres. Als feinster Seefisch der deutschen Küche gelten Seezunge und Steinbutte, wobei vor allem mit dem Steinbutt – im Ganzen, in Scheiben geschnitten und filiert – die raffiniertesten Rezepte zubereitet werden. Eins der beliebtesten deutschen Fischgerichte aber ist noch immer eine knusprig gebratene Scholle mit Kartoffelsalat.

Die Kutterflotte ist jeweils nur kurze Zeit unterwegs und löscht ihre in Eis verpackten Fänge in den großen Fischereihäfen Bremerhaven, Cuxhaven, Hamburg und Kiel jeweils so rechtzeitig am frühen Morgen, daß sie noch auf der täglichen morgendlichen Auktion versteigert und sofort anschließend in alle Himmelsrichtungen verschickt werden können. Nur die glitzernden zukkenden Berge fangfrischer Fische, am gleichen Tag oder am Vorabend gefangen und auf den Markt gebracht, die gibt es kaum noch, auch wenn sie als Angelschellfisch oder Finkenwerder Ewerschollen noch immer auf den Speisekarten geistern. Die wachsende Schadstoffbelastung der Flußmündungen und des nahen Küstenbereiches hat die Küstenfischerei für die Berufsfischer, die mit ihren Kuttern täglich hinausfuhren und am gleichen Tag mit ihrem Fang zurückkehrten, unwirtschaftlich gemacht. Das gleiche gilt leider auch für die Krabbenfischerei.

Dafür kann man im Binnenland, wo man früher fast ausschließlich die wesentlich teureren Süßwasserfische aß, heute überall dank der modernen Kühltransporter frischen Seefisch essen.

Auch unter den Süßwasserfischen ist durch die Verunreinigung der einstmals so klaren Gewässer ein starker Rückgang des Fischbestandes zu verzeichnen, und so mancher »Aal grün«, »Badischer Hecht« oder Donauwaller, der auf der Speisekarte steht, stammt heute aus den Nachbarländern. Aber in jüngster Zeit mehren sich erfreulicherweise von den bayerischen Seen, dem Bodensee und dem Altrhein die Erfolgsmeldungen vom Wiederauftauchen von Seeforellen, Saiblingen, Hecht, Aal und Zander neben den heimischen Renken. Aus verschiedenen Flüssen und Bächen wird sogar das Erscheinen von Krebsen gemeldet. Um den unentbehrlichen Weihnachts- und Silvesterfisch, den Karpfen, braucht sich niemand Sorgen zu machen. Wildkarpfen waren immer schon rar. Unsere Karpfen, Spiegelkarpfen und Schuppenkarpfen kommen, soweit nicht importiert, ausnahmslos aus heimischen Teichwirtschaften, die sich vor allem in Bayern, genauer in Franken, befinden. In zunehmendem Maße werden dort auch ebenso wie in den modernen Fischzuchtanlagen Feinfische wie Waller, Saibling, Hecht und Schleie gezogen. Und dann sind da noch die vielen Forellenzüchtereien. Auch wenn eine Regenbogenforelle nicht mit einer wilden Bach- oder Seeforelle zu vergleichen ist, kann man doch von einem guten Züchter appetitliche Forellen mit festem Fleisch erstehen, die frisch geschlachtet in Sud und Pfanne kommen. Übrigens, nicht nur Aale, auch Karpfen, Renken und Forellen sind frisch aus dem Rauch ein delikater Genuß, der es mit geräucherter Wurst und Schinken getrost aufnehmen kann. So ist die Bilanz summa summarum positiv: es gibt genügend und guten Fisch für alle.

Fische erweisen sich als besonders anspruchsvolles Nahrungsmittel, wenn es darum geht, sie feinschmeckerisch zuzubereiten. Liebhaber maritimer Genüsse erwarten, Fisch so serviert zu bekommen, daß man den Meeresgeruch noch ahnt und Konsistenz und Eigenart der verschiedenen Fische bei der Zubereitung voll erhalten bleiben. Da hat sich in der deutschen Küche, in der die Fische jahrzehntelang sehr lieblos behandelt wurden, in den letzten Jahren Erfreuliches getan. Von Frankreichs neuer Küche angeregt, haben sich die jungen deutschen Köche gerade der Zubereitung der Fische besonders angenommen und Fischessen zu einem bei uns bisher unbekannten Genuß erhoben. Fische werden nicht mehr wie früher solange gekocht, bis sie weich und fade sind, um dann von einer schweren Sauce überdeckt zu werden, sondern nach modernen Kochmethoden zubereitet. So dünstet man Fisch kurz in einem knappen Gemüsesud, der etwas eingekocht gleich mit etwas Butter oder Sahne zu begleitenden Sauce aufgeschlagen wird, man läßt die Fische auf Gemüse oder Kräutern im Dampf oder in der Folie im eigenen Saft garen oder brät sie, unpaniert, so kurz wie möglich in der Pfanne. Auch die Kombination von Fisch und Gemüse wird immer beliebter. Wer einmal Saibling mit Spargel, Schellfisch mit Sauerampfer, Räucherfisch mit Sauerkraut oder Krabben mit Blumenkohl versucht hat, wird sich fragen, warum er nicht alle Gemüsesorten schon längst einmal mit einer Fischbeilage ausprobiert hat. Das deutsche Fischkapitel ist völlig neu geschrieben worden.

Meeresfische

Zu der Familie der Dorschfische gehört zuerst einmal der zarte Dorsch selbst, der vor allem in der Ostsee gefangen wird und nach der Geschlechtsreife als Kabeljau gewaltige Ausmaße annehmen kann. Auch der rare Schellfisch, Seelachs und Seehecht gehören dazu.

Angelschellfisch in Senfsauce

Zubereitungszeit: 45 Minuten
Pro Portion: 2170 Joule
(520 Kalorien)
2 kleine Schellfische (je 1 kg), 1 Zwiebel mit 2 Nelken gespickt, 2 Lorbeerblätter, einige Pfefferkörner, 1 Stange Lauch, ¼ Knolle Sellerie, 1 Bund Petersilie, ¼ l Milch, Salz, Pfeffer, 1 Eßlöffel Crème fraîche, 60 g mittelscharfer Senf, 60 g Butter, ⅛ l Sahne, Salz, Pfeffer, 1 Prise Zucker, 1 Eßlöffel gehackte Petersilie

Die Schellfische gleich beim Einkauf schuppen, ausnehmen, die Köpfe abschneiden und in 4 Portionen teilen lassen (die Köpfe mitnehmen). Ein Liter Wasser mit den gewaschenen Fischköpfen (Kiemen vorher entfernen) und den geputzten kleingeschnittenen Gemüsen sowie der gespickten Zwiebel und den Gewürzen 20 Minuten leicht kochen lassen und durch ein Sieb gießen. Mit der Milch vermischen und mit Salz und Pfeffer abschmecken. Erneut in einen flachen Topf geben, aufkochen lassen und die portionierten Fische in dem Milch-Fisch-Sud in 12 Minuten gar ziehen lassen. Aus dem Sud nehmen und warm stellen. ⅜ l Fischsud noch einmal durch ein Sieb gießen und etwas einkochen lassen. Mit der Crème fraîche, einer Prise Zucker und dem Senf vermischen. Einmal aufkochen lassen und die Sahne hinzugeben. Unter ständigem Rühren die in Flöckchen zerteilte Butter unter die Sauce schlagen, so daß eine glatte Bindung entsteht. Den Fisch auf einer Platte anrichten und mit gehackter Petersilie bestreuen. Die Senfsauce getrennt dazu reichen.

Beilage: Petersilienkartoffeln, Salat

Gespickter Dorsch Memelländer Art

Zubereitungszeit: 1 Stunde
Pro Portion: 2650 Joule
(650 Kalorien)
1 mittelgroßer Dorsch (ca. 1½–2 kg), Salz, Zitronensaft, 60 g fetter Speck, 5 abgezogene Tomaten, 2–3 Mohrrüben, 1 Stange Porree, 2 Zwiebeln, 50 g Butter, ¼ l süße Sahne

Den gesäuberten Fisch mit Zitronensaft beträufeln und salzen. Den Speck in Streifen schneiden und den Rücken des Fisches auf beiden Seiten damit spikken. Die Tomaten vierteln oder in Scheiben schneiden. Die Mohrrüben schaben, waschen und ebenso wie den geputzten Porree mit den Zwiebeln in Scheiben schneiden. Die Butter in einem länglichen Schmortopf oder einer länglichen feuerfesten Form zerlassen und das Gemüse darin unter gelegentlichem Umrühren andünsten. Den Fisch darauflegen und im vorgeheizten Backofen zugedeckt bei 200° in 35–40 Minuten hellbraun backen. In der letzten Viertelstunde der Garzeit den Deckel abnehmen, die Sahne über den Fisch gießen, salzen und den Fisch gelegentlich damit begießen. Den Fisch auf eine Platte geben, die Sauce etwas einkochen lassen und über den angerichteten Fisch gießen.

Beilage: Salzkartoffeln, grüner Salat oder Gurkensalat

Kabeljauschnitten mit Sauerampfersauce

Fischkopf und Gräten waschen, vom Kopf die Kiemen entfernen und mit Wein, Wasser, den Gewürzen sowie dem kleingeschnittenen Gemüse zum Kochen bringen. 20 Minuten im offenen Topf bei starker Hitze einkochen lassen. Durch ein Sieb geben.

Eine flache feuerfeste Form mit Butter ausstreichen. Die Fischscheiben waschen, mit einem Küchentuch trockentupfen, salzen und pfeffern und mit Zitronensaft beträufeln. In die Form legen, den Fischsud hinzugießen. Die Form fest mit einer Alufolie verschließen. Im vorgeheizten Backofen bei starker Mittelhitze (220 °) in 12 Minuten garen lassen. In dieser Zeit den Sauerampfer waschen, in Streifen schneiden und in einem kleinen Topf mit der Butter 5 Minuten schmoren lassen. Den Fischsud von den gegarten Fischscheiben vorsichtig abgießen und hinzufügen.

Den Fisch warm stellen. Die Sahne zu dem Fischsud geben und die Sauce bei lebhafter Hitze 5–10 Minuten unter Rühren einkochen lassen. Von der Kochstelle nehmen und mit dem Eigelb legieren. Die Sauce über den Fisch gießen.

Beilage: Nudeln oder Petersilienkartoffeln

Zubereitungszeit: 30 Minuten
Pro Portion: 1880 Joule
(430 Kalorien)
4 Scheiben (je 200 g) Kabeljau, Zitronensaft, Salz, Pfeffer, ¼ l Sahne, 100 g Sauerampfer, 50 g Butter, 1 Eigelb
Sud: 1 Fischkopf, Gräten, 1 Glas Weißwein, ¼ l Wasser, 1 Zweiglein Thymian, 1 Lorbeerblatt, Salz, einige Pfefferkörner, einige Korianderkörner, einige Stengel Petersilie, 1 Stückchen Sellerie, 1 Zwiebel, 1 Karotte

Der lange schlanke Blauleng mit seinem herzhaften Fleisch wird vorwiegend zu Filet verarbeitet und ist preiswert und wohlschmeckend. Die würzigen Pfifferlinge sind eine besonders gute Beilage, Champignons können als Ersatz genommen werden.

Lengfischfilets mit Pfifferlingen

Die Fischfilets waschen, mit einem Küchentuch abtrocknen, mit Zitronensaft beträufeln und mit Salz bestreuen. Butter und Öl in einer Pfanne erhitzen. Den Fisch leicht in Mehl wenden (überschüssiges Mehl abklopfen) und in dem heißen Fett von beiden Seiten goldbraun braten. Die geputzten Pfifferlinge sowie die in Würfelchen geschnittene Zwiebel und die Petersilie in einer zweiten Pfanne in der Butter je nach Größe 8–10 Minuten bei starker Hitze gar schmoren. Salzen, die Sahne und das streifig geschnittene Basilikum hinzufügen sowie frischgemahlenen weißen Pfeffer und etwas einkochen lassen. Die Fischfilets auf einer vorgewärmten Platte mit den Pfifferlingen übergießen.

Beilage: Körnig gekochter Reis oder kleine Petersilienkartoffeln

Zubereitungszeit: 45 Minuten
Pro Portion: 1340 Joule
(320 Kalorien)
4 Scheiben Blaulengfilet, Salz, Zitronensaft, 1 Eßlöffel Butter, 1 Eßlöffel Öl, Mehl, 250 g Pfifferlinge, 1 kleine Zwiebel, 1 Eßlöffel gehackte Petersilie, 1 Eßlöffel Butter, Salz, ⅛ l Sahne, 10 Blätter Basilikum, weißer Pfeffer

Hamburger Pfannfisch

Fischreste von gekochtem und gebratenem Fisch werden in Norddeutschland zu Pfannfisch verarbeitet – wer es »feiner« mag, verrührt statt Wasser Sahne mit dem Senf.

Den Fisch in möglichst großen Stücken von den Gräten lösen. Die Kartoffeln in Scheiben schneiden. Das Fett zerlassen und die Speckwürfel darin glasig braten. Die Kartoffeln in dem Fett unter Wenden knusprig braun braten, den Fisch hinzufügen und kurz durchbraten. Das Wasser – besser Fischsud – mit dem Senf verrühren und zu den Kartoffeln gießen. Unter Wenden einziehen lassen und mit Salz und Pfeffer würzen. – Eine in Würfel geschnittene Salzgurke unter den Pfannfisch gemischt, macht ihn besonders saftig.

Zubereitungszeit: 50 Minuten
Pro Portion: 1760 Joule
(420 Kalorien)
500 g Reste von gekochtem oder gebratenem Fisch, 750 g kalte Pellkartoffeln, 2 Eßlöffel Butter, 100 g in Würfel geschnittener durchwachsener Speck, ½ Tasse Wasser, 2 Eßlöffel Senf, Salz, Pfeffer – evtl. eine Salzgurke

Es gibt den Stockfisch schon gewässert zu kaufen – nicht gewässerter Stockfisch muß 24 Stunden vor dem Verbrauch in Wasser eingeweicht werden, das einige Male gewechselt werden soll.

Stockfisch bayerische Art

Zubereitungszeit: 30 Minuten
Pro Portion: 3360 Joule
(800 Kalorien)
800 g Stockfisch (schon gewässert), ¼ l Milch, 1 große Zwiebel, 1 Eßlöffel gehackte Petersilie, 150 g Butter, 3 Eßlöffel Semmelbrösel

Den eingeweichten Stockfisch entgräten, die Haut abziehen, noch einmal waschen, gut abtrocknen und in Streifen schneiden. Mit Wasser bedeckt, dem man die Milch hinzufügt, zum Kochen bringen und bei leichter Hitze 8 Minuten kochen lassen. Mit einem Schaumlöffel aus dem Kochwasser nehmen und auf einem Sieb gut abtropfen lassen. Die Zwiebel in Würfel schneiden. Die Hälfte der Butter zerlassen, die Zwiebelwürfel darin glasig braten, die Petersilie hinzufügen sowie den Stockfisch und unter Wenden 10 Minuten durchschmoren lassen. Die Semmelbrösel in der restlichen Butter goldgelb braten und über den Stockfisch geben.

Beilage: Bratkartoffeln, Sauerkraut

Plattfische: Seezungen – Schollen – Steinbutt und Heilbutt

Maischolle, Finkenwerder Art

Zubereitungszeit: 25 Minuten
Pro Portion: 1970 Joule
(470 Kalorien)
4 mittelgroße frische Schollen (je 300–400 g), 1 Zitrone, 3 Eßlöffel Mehl, 1 Eßlöffel Salz, 120 g fetter geräucherter Speck, Zitronenspalten und Petersilie zum Garnieren

Die Scholle gleich beim Einkauf bratfertig machen lassen, d. h. Kopf, Flossensaum und Hinterflossen abgeschnitten und die dunkle Seite geschuppt. Die Schollen gründlich waschen, mit einem Küchenpapier abtrocknen und mit Zitronensaft beträufeln. Mehl und Salz vermischen und die Schollen unmittelbar vor dem Braten nacheinander darin wenden. Den Speck in kleine Würfel schneiden und in 2 Pfannen glasig braten. Die Schollen – mit der weißen Seite zuerst – darin anbraten und in etwa 15 Minuten von beiden Seiten knusprig braun braten. Die Schollen aus dem Bratfett nehmen und kurz auf einem Küchenpapier abtropfen lassen. Auf vorgewärmten Tellern anrichten. Mit einem Schaumlöffel die Speckwürfel aus dem Fett nehmen und gut abgetropft über die Schollen geben. Das Speckfett bleibt zurück. Jede Scholle mit einer Zitronenspalte und einem Petersiliensträußchen garnieren.

Beilage: Kartoffelsalat Hamburger Art oder neue kleine Kartoffeln und Gurkensalat

Gegrillte Seezungen mit Sardellenbutter

Zubereitungszeit: 30 Minuten
Pro Portion: 2440 Joule
(580 Kalorien)
4 Seezungen (je 300–400 g), Salz, 6 Eßlöffel Öl, Saft von 2 Zitronen, 1 Lorbeerblatt, 1 Zweiglein Thymian, Mehl, 8 gesalzene Sardellenfilets, 80 g Butter

Seezungen einfach in Butter gebraten und mit der Bratbutter, die mit etwas Zitronensaft gewürzt ist, übergossen, ist noch immer eine der besten Arten, den edlen Fisch zu genießen. Aber auch eine gegrillte Seezunge kann ein Hochgenuß sein.

Die Seezungen gleich beim Einkauf bratfertig herrichten lassen, waschen und auf einem Küchenpapier gut abtropfen lassen. Salzen. Das Öl mit dem Saft von 1½ Zitronen, dem zerkrümelten Lorbeerblatt und dem Thymian vermischen. Die Sardellenfilets in Wasser einweichen.

Die Seezungen leicht in Mehl wenden, alles überflüssige Mehl abklopfen und die Fische nacheinander in dem gewürzten Öl wenden. Auf den gut eingefetteten Grillrost geben und von beiden Seiten goldbraun grillen. In dieser Zeit die Sardellenfilets mit der Butter im Mixer zu einer glatten Creme vermischen. Auf jeder Seezunge einen Löffel Sardellenbutter schmelzen lassen.

Beilage: Folienkartoffeln, Grilltomaten

Limanden in Folie mit Schnittlauchsauce

Anstelle von Limanden können auch andere Plattfische verwendet werden. Die Limanden gleich beim Einkauf bratfertig zubereiten lassen, Köpfe und Flossen mitnehmen. Die Limanden waschen, auf Küchenpapier abtrocknen lassen, mit Zitronensaft beträufeln und salzen. 4 Alufolien in reichlich doppelter Größe der Limanden schneiden und mit Butter einfetten. Die Fische in die Mitte jeder Folie geben und mit je einer Speckscheibe belegen. Die Folie fest darüber zusammenfalten und etwas durchziehen lassen.

Die Fischköpfe (Kiemen entfernen) und die Gräten mit dem Wasser, Salz, Gewürzen und kleingeschnittener Möhre 20 Minuten kochen und durch ein Sieb geben. Die Schalotten in Würfel schneiden und mit dem Weißwein bis auf einen Eßlöffel Flüssigkeit einkochen lassen. In einem zweiten Topf ⅛ l Fischbrühe und die Sahne etwas einkochen. Die Butter mit dem Schalottenwein und dem Schnittlauch im Mixer zu einer Paste verarbeiten. Die Limanden auf dem vorgeheizten Grill bei starker Hitze (230°) in 10 Minuten von beiden Seiten gargrillen.

Die Schnittlauchbutter stückchenweise unter ständigem Schlagen mit dem Schneebesen bei ganz leichter Hitze in die Fischbrühe geben, so daß eine cremige Sauce entsteht.

Die Limanden aus der Folie auf eine Platte gleiten lassen und mit der Sauce bedecken. Mit den Speckscheiben garnieren.

Beilage: In Butter gedünstete Kartoffelwürfel, Blattspinat

Zubereitungszeit: 50 Minuten
Pro Portion: 2100 Joule
(500 Kalorien)

4 Limanden (je 400 g), Salz, Zitronensaft, 1 Eßlöffel Butter, 4 dünne Scheiben durchwachsener Speck – Fischbrühe: ½ l Wasser, Salz, Pfefferkörner, 1 mit 2 Nelken gespickte Zwiebel, 1 Mohrrübe, 2 Scheiben Zitrone – 2 Schalotten, 6 Eßlöffel Weißwein, 2 Eßlöffel Sahne, 125 g Butter, 2 Bündel Schnittlauch

Steinbutt mit Petersiliensauce

Den Steinbutt säubern, waschen und die Flossen so abschneiden, daß ein 1 cm breiter Rand übrigbleibt. Der Kopf bleibt am Butt (Kiemen entfernen). Den Fisch mit Zitronensaft beträufeln und leicht mit Salz einreiben. Die Zwiebeln in Würfel schneiden, die Champignons in Scheiben. Die Zwiebelwürfel in der Hälfte der Butter glasig braten und die Champignons hinzufügen. Kurz durchdünsten. Eine große feuerfeste Platte oder die emaillierte Bratenschale aus dem Backofen mit der restlichen Butter einstreichen. Die Hälfte des Zwiebel-Champignon-Gemüses darauf verteilen sowie eine in Scheiben geschnittene Zitrone und die Gewürze. Den Fisch auf das Gemüsebett legen und das restliche Gemüse darübergeben. Den Weißwein in die Pfanne gießen. Die Platte mit einer mit Butter ausgestrichenen Alufolie fest verschließen. In den Backofen schieben und den Butt bei Mittelhitze (200°) in etwa 30 Minuten garen lassen, das Fischfleisch soll noch fest sein.

Für die Sauce den Fischsaft vorsichtig abgießen und durch ein Sieb in eine Kasserolle geben. Auf die Hälfte einkochen. Die Crème fraîche hinzufügen und bei leichter Hitze unter Rühren weitere 5 Minuten kochen. Die Petersilie fein hacken. Die Sauce von der Kochstelle nehmen und etwas abkühlen lassen. Mit den beiden gut verquirlten Eigelb legieren und die Petersilie hinzufügen. Noch einmal unter Schlagen mit dem Schneebesen erhitzen, aber nicht mehr kochen lassen. Den Steinbutt auf einer Platte anrichten und die schwarze Haut vorsichtig ablösen. Die Sauce getrennt dazu reichen.

Beilage: Salzkartoffeln, verschiedene Salate

Zubereitungszeit: 1 Stunde
Pro Portion: 2020 Joule
(480 Kalorien)

1 ganzer Steinbutt von 1½–2 kg, Salz, 2 mittelgroße Zwiebeln, 100 g Champignons, 60 g Butter, 2 Zitronen, ½ Lorbeerblatt, einige Pfefferkörner, einige Estragonblätter, 1 Glas Weißwein – Sauce: ⅛ l Crème fraîche, 2 Eigelb, 6 Stengel Petersilie

Heilbuttschnitten im Wurzelsud mit Kressesauce

Farbaufnahmen Seite 113
Zubereitungszeit: 45 Minuten
Pro Portion: 1660 Joule
(380 Kalorien)
4 Scheiben Heilbutt (je 250 g), ¾ l Wasser, 1 Glas trockener Weißwein, 1–2 Köpfe, Gräten und Flossen von aromatischem Fisch (Steinbutt, Seezunge), 2 Zitronenscheiben, 1 Stückchen Lorbeerblatt, je ein Zweiglein Thymian und Estragon, einige Pfeffer- und Korianderkörner, Salz – 1 Zwiebel, 1 Stange Porree, 2 Möhren, einige Champignons, 1 Stückchen grüne Paprikaschote, 1 Eßlöffel Butter – 1 Teelöffel Zitronensaft, 10 Stengel frische Brunnenkresse, 40 g Butter, 3 Eigelb

Nach dem folgenden Rezept für Heilbuttschnitten im Gemüsesud können praktisch alle in Portionsscheiben (Koteletts) geschnittenen Fische gegart werden. Der Fisch kann mit dem eingekochten Sud übergossen und mit frischer Butter serviert werden, oder man verwendet den Sud für eine aufgeschlagene Sauce.

Das Wasser mit dem Wein, den gewaschenen Fischabfällen, den Zitronenscheiben, den Gewürzen und Salz 20 Minuten zugedeckt kochen lassen und durch ein Sieb geben. Das Gemüse in Streifen oder Scheiben schneiden und in der Butter leicht andünsten. Zu der abgekühlten Brühe in einen breiten Kochtopf geben. Die Brühe zum Kochen bringen und die gewaschenen und mit Zitronensaft beträufelten Heilbuttschnitten nebeneinander in den Sud geben. Bei leichter Hitze auf dem Herd in 5 Minuten gar ziehen lassen. Die Heilbuttschnitten aus dem Sud nehmen, mit etwas Gemüsesud übergießen und warmstellen. Den Fischfond auf knapp ⅛ l Flüssigkeit einkochen lassen. Die Blätter von der Brunnenkresse abzupfen und mit der Butter im Mixer vermischen. Den eingekochten Fischsud von der Kochstelle nehmen. Einige Löffel Fischsud, den Zitronensaft und die Eigelb verschlagen und zu dem restlichen Sud geben. Auf ein Wasserbad stellen und unter ständigem Schlagen mit dem Schneebesen zu einer dicklichen Sauce aufschlagen. Von der Kochstelle nehmen und die Kressebutter in Flöckchen unter die Sauce geben. Getrennt zu den Heilbuttschnitten reichen.

Beilage: Petersilienkartoffeln, Gurkengemüse

Eingelegte Bratheringe Berliner Art

Zubereitungszeit: 30 Minuten
24 Stunden marinieren
Pro Portion: 1340 Joule
(320 Kalorien)
1 kg grüne Heringe, Zitronensaft, Salz, 4 Eßlöffel Mehl, Schmalz oder Öl zum Braten. – ¼ l Essig, ¼ l Wasser, 1 Teelöffel Senfkörner, einige Pfefferkörner, ½ Teelöffel Koriander, ½ Lorbeerblatt, 4 mittelgroße Zwiebeln, 1 Salzgurke

Schade, daß bei uns grüne Heringe so selten frisch gebraten aus der Pfanne auf den Tisch kommen. Mein Rat: wer Heringe zum Einlegen als Bratheringe kauft, sollte ein paar Heringe mehr nehmen, sie in Butter braten und mit einer Senfsauce und Gurkensalat als Mittagessen servieren.

Die ausgenommenen Heringe waschen, mit einem Küchentuch gut abtrocknen, mit Zitronensaft beträufeln und mit Salz einreiben. Die Fische in Mehl wenden, überflüssiges Mehl abschütteln. Reichlich Fett in einer Pfanne erhitzen und die Fische darin von beiden Seiten knusprig braun braten. Auf einem Küchenpapier abtropfen lassen. Essig und Wasser mit den Gewürzen aufkochen. Zwiebeln und Gurken in Scheiben schneiden. Heringe, Zwiebel- und Gurkenscheiben schichtweise in einen Steintopf legen und mit der erkalteten Marinade übergießen. Mindestens 24 Stunden durchziehen lassen.

Beilage: Knusprige Bratkartoffeln oder mit Butter bestrichenes Vollkornbrot
Getränk: Bier

Flensburger Makrelen mit Senfsauce

Zubereitungszeit: 30 Minuten
Pro Portion: 1380 Joule
(330 Kalorien)
8 kleine (je 100 g) oder 4 größere (je 200 g) Makrelen (oder Heringe oder Forellen), Salz, Pfeffer, 1 Eßlöffel Butter, ⅛ l Weißwein, 1 Teelöffel scharfer Senf, 1 Teelöffel milder Senf, 5 Eßlöffel Sahne

Die ausgenommenen Makrelen waschen und mit Küchenpapier abtrocknen. Von innen mit Salz und Pfeffer einreiben. Einen länglichen Topf oder eine längliche Auflaufform mit etwas Butter ausstreichen und die Makrelen hineinlegen. Mit dem Wein übergießen und Topf oder Form mit einer Folie fest verschließen. Im vorgeheizten Backofen mit mittlerer Hitze (200°) in 10–15 Minuten gar dünsten. In einem kleinen Topf die beiden Senfsorten mit der Sahne verrühren, etwas Salz hinzufügen und unter Schlagen mit dem Schneebesen erhitzen. Nach und nach unter ständigem Rühren etwa 5 Eßlöffel von der Fischbrühe hinzugeben sowie die restliche Butter in Flöckchen. Die Haut der Makrelen abziehen, die Fische auf einer heißen Platte anrichten und mit der Senfsauce übergießen.

Beilage: Dampfkartoffeln, Karottenpüree

Matjesheringe mit grünen Bohnen und Specksauce

Die Matjesheringe filieren und wenn nötig kurz wässern. Die grünen Bohnen waschen und Spitze und Stielansatz abschneiden. Damit sie ihre schöne grüne Farbe behalten, in reichlich Salzwasser (10 g Salz auf 1 l Wasser) mit Bohnenkraut gewürzt in 10–15 Minuten gar kochen. Sie sollen noch knackig fest sein. Auf ein Sieb geben. In einem Topf die Butter zerlassen und Bohnen und gehackte Petersilie mit der Butter vermischen. Den Speck in kleine Würfel schneiden und glasig braten. Die Zwiebel ebenfalls in Würfel schneiden und in dem Speckfett goldgelb braten.

Eine Platte mit Eiswürfeln auslegen und die Matjesfilets darauf anrichten. Eine Zwiebel in sehr dünne Scheiben schneiden und zusammen mit kleinen Dillzweigen über die Matjesfilets geben. Die grünen Bohnen und die Specksauce getrennt dazu reichen.

Beilage: Kleine junge, gut abgedämpfte Pellkartoffeln
Getränk: Bier, klarer Schnaps

Zubereitungszeit: 45 Minuten
Matjes evtl. 1–2 Stunden wässern
Pro Portion: 3450 Joule (820 Kalorien)
4 junge Matjesheringe oder 8 Matjesfilets, 500 g junge kleine Brechbohnen oder zarte Stangenbohnen, Salz, Bohnenkraut, 30 g Butter, Petersilie. – 120 g fetter Speck, 1 mittelgroße Zwiebel. – Garnitur: Eiswürfel, Dillzweige, 1–2 Zwiebeln

Schusterpastete Schlesische Art

Für die Schusterpastete gibt es viele Rezepte – ich habe ein schlesisches Rezept ausgesucht, an das außer Salzhering auch Fleischreste und grüne Bohnen gehören – ein echtes Resterezept. In anderen Rezepten werden die Fleischreste fortgelassen und die grünen Bohnen durch Salzgurken ersetzt.

Die Heringe 24 Stunden vor dem Verbrauch wässern. Dann von den Gräten befreien und in Streifen schneiden. Fleischreste oder Schinken in Würfel schneiden. Die Pellkartoffeln abziehen, in Scheiben schneiden und leicht salzen und pfeffern. Eine Auflaufform dick mit Butter ausstreichen und die Hälfte der Kartoffelscheiben einfüllen. Mit ein paar Butterflöckchen besetzen. Die abgetropften Bohnen darüberfüllen, wieder ein paar Butterflöckchen daraufsetzen. Schinken- oder Fleischwürfel mit den Heringsstreifen vermischen und auf die Bohnen geben. Mit den restlichen Kartoffelscheiben bedecken. Die Sahne oder die mit Milch verquirlte Crème fraîche darübergießen. Mit Semmelbröseln bestreuen und mit Flöckchen aus der restlichen Butter bedekken. Im Backofen bei mittlerer Hitze ca. 40 Minuten backen lassen, bis sich eine knusprige Kruste gebildet hat.

Beilage: Salzgurken

Zubereitungszeit: 1 Stunde
Heringe am Vortag wässern
Pro Portion: 2730 Joule (650 Kalorien)
2 Salzheringe, 250 g Fleischreste oder Räucherschinken, 1 kg Pellkartoffeln, 60 g Butter, 250 g gekochte grüne Bohnen, Salz, Pfeffer, ¼ l süße oder saure Sahne oder ⅛ l Crème fraîche und ⅛ l Milch, Semmelbrösel

Rheinischer Heringstopf

Wenn man »Heringe auf Hausfrauenart« zubereiten will, werden die Heringsoder Matjesfilets auf einer Platte angerichtet und mit der im folgenden Rezept beschriebenen Sahnesauce samt allen Zutaten in breiten Streifen übergossen – dann entfällt das vorherige Marinieren.

Die Heringe 24 Stunden wässern, dabei hin und wieder das Wasser erneuern. Die Heringe filieren, von 2 Heringen die Heringsmilch aufheben. Zwiebeln und geschälte Gurken in Scheiben schneiden, die geschälten Äpfel in feine Spalten. Die Heringsmilch durch ein Sieb streichen. Sahne und Joghurt mit der Heringsmilch, dem Zitronensaft, den Pfefferkörnern, dem Meerrettich, dem gehackten Dill und dem Zucker zu einer glatten Creme verrühren. Eine Lage Apfel-Gurken-Zwiebel-Gemisch in einen Steintopf geben, die Hälfte der Heringsfilets und das Lorbeerblatt darüberlegen, mit der Hälfte der Sahne übergießen. Dann die restlichen Zutaten ebenso übereinanderschichten. 1–2 Tage im Kühlschrank durchziehen lassen.

Beilage: Kleine neue Pellkartoffeln, eisgekühlte Butter
Getränk: Frisches Altbier

Zubereitungszeit: 30 Minuten
Heringe 24 Stunden wässern
Pro Portion: 2140 Joule (510 Kalorien)
6 Salzheringe (mit Milch), 2 Zwiebeln, 2 Salzgurken, 2 säuerliche Äpfel, ¼ l saure Sahne, ¼ l Joghurt, 1 Teelöffel Zitronensaft, 1 Teelöffel Pfefferkörner, 1 Eßlöffel geriebener Meerrettich, 1 Bund frischer Dill, 1 Prise Zucker, 1 Lorbeerblatt

Nordseekrabben

Eigentlich heißen die kleinen rosigen Nordseekrabben Sandgarnelen, aber das sagt bei uns niemand. In ihren Fanggebieten nennt man sie auf ostfriesisch Granat und auf nordfriesisch Poren. In den vollen Genuß dieser winzigsten, zartesten aller Krustentiere kommt man nur, wenn man sie selber auspult (schält), möglichst frisch von einem eben gelandeten Krabbenkutter erworben. Dort werden sie gleich nach dem Fang schon an Bord gekocht. Dieser seltene Genuß gehört zu den Urlaubsfreuden an der Nordsee. Krabben werden immer teurer und knapper – man sollte sie deshalb nicht in Mayonnaisensaucen ertränken, sondern pur auf einem Butterbrot als Ostfriesenfrühstück mit Möweneiern, Radieschen und einem klaren Schnaps genießen. Gut schmeckt auch eine Handvoll Krabben unter einen knusprigen würzigen Salat gemischt oder – im letzten Augenblick – unter ein flaumiges Rührei gezogen.

Muscheln

In der Muschelversorgung sind wir in Deutschland beinah autark – vom September bis April ernten die Fischer von den Muschelbänken, auch Muschelweiden genannt, im Wattenmeer von Nord- und Ostsee die »Austern des kleinen Mannes«, die blauschwarzen Miesmuscheln. Auch wenn die Muschelliebhaber über ganz Deutschland verteilt sind, Hauptverbraucher von Muscheln sind die Rheinländer, vor allem in Köln und Düsseldorf.

Muscheln – Rheinische Art

Zubereitungszeit: 45 Minuten
Pro Portion: 800 Joule
(190 Kalorien)
2 kg Miesmuscheln, 1 Zwiebel, 1 Bund Suppengrün, 4 Stengel Petersilie, 2 Eßlöffel Butter, 6–8 Pfefferkörner, 1 Lorbeerblatt, ⅜ l Weißwein. – 3 Eßlöffel gehackte Petersilie

Die Muscheln sorgfältig auslesen und alle geöffneten Muscheln wegwerfen. Nach neuesten Erkenntnissen kann man jede geöffnete Muschel kurz leicht anklopfen. Schließt sie sich dann sofort, lebt sie noch und kann verwendet werden. Gründlich unter fließendem Wasser bürsten und von den anhaftenten »Bärten« befreien. Auf einem Durchschlag gut abtropfen lassen.

Die Zwiebel in Würfel, das Suppengrün in feine Streifen schneiden und die Petersilie hacken. Die Butter in einem großen flachen Schmortopf erhitzen und die Zwiebel darin glasig dünsten. Suppengrün, Petersilie und Gewürze dazugeben und ebenfalls mitanschmoren. Mit dem Wein aufgießen, aufkochen lassen und 5 Minuten bei schwacher Hitze kochen lassen. Die Muscheln hineingeben, den Topf verschließen und hin und wieder schütteln, damit die Muscheln gleichmäßig gar werden. Die geöffneten Muscheln mit einem Schaumlöffel herausnehmen und auf 4 tiefe Teller verteilen, mit dem Sud übergießen und reichlich mit der frischgehackten Petersilie bestreuen. Geschlossene Muscheln nicht verzehren!

Scheiben vom Heilbutt oder anderem Edelfisch bleiben am saftigsten, wenn sie auf Dampf gegart oder in einem Gemüsesud kurz gesotten werden

Rezept Seite 110

Aal

Aal grün – »Aal jrün«, sagen die Berliner, »gröne Aal« die Hamburger – wird nach traditionellem Rezept in einer mit Mehlschwitze zubereiteten Kräutersauce gegart, bei der der Dill deutlich hervorschmecken soll. Dieses beliebte aber schwere Gericht läßt sich feiner und leichter verträglich zubereiten, wenn man wie bei dem folgenden Rezept auf die Mehlschwitze verzichtet.

Aal grün – Spreewälder Art

Die Aale gleich beim Einkauf abziehen und in 4 cm lange Stücke schneiden lassen. Mit Essigwasser waschen und abtropfen lassen. Die Aalstücke salzen und pfeffern. Das Wasser mit dem Weißwein, der abgezogenen Zwiebel, dem Lorbeerblatt und der Zitronenschale zum Kochen bringen. Die Aalstücke in den Sud geben und in 15 Minuten bei leichter Hitze gar kochen lassen. In der Zwischenzeit die weiche Butter mit den entstielten, grob geschnittenen Kräutern im Mixer zu einer grünen Creme vermischen und auf einen Teller geben.

Die Aalstücke mit einer Schöpfkelle aus dem Sud nehmen und auf einer Platte warm stellen. Den Fischsud noch etwas einkochen lassen. Die Kräuterbutter unter Schlagen mit dem Schneebesen in Flöckchen mit der Brühe verrühren. Bis zum Kochen bringen, dann sofort von der Kochstelle nehmen und mit den Eigelb legieren. Mit Zitronensaft abschmecken und über die Aalstücke gießen.

Beilage: Salzkartoffeln, Gurkensalat

Zubereitungszeit: 40 Minuten
Pro Portion: 2940 Joule
(700 Kalorien)
1 kg frischer Aal (mittelgroße),
Salz, Peffer, ⅛ l Wasser,
2 Gläser trockener Weißwein,
1 kleine Zwiebel,
½ Lorbeerblatt,
1 Stückchen Zitronenschale,
einige Sauerampferblätter,
einige Stengel Kerbel,
5 Petersilienstengel, 1 Bund
frischer Dill, 50 g Butter,
2 Eigelb,
Saft einer halben Zitrone

Aal in Salbei badische Art

Die Aale gleich beim Einkauf abziehen und in 4 cm lange Stücke schneiden lassen. Mit Essigwasser waschen und auf Küchenpapier gut abtropfen lassen. Die Aalstücke mit den Salbeiblättern umwickeln und mit einem Baumwollfaden festbinden. Das Öl in einer beschichteten Pfanne erhitzen und die Aalstücke darin unter gelegentlichem Schütteln in etwa 10 Minuten von allen Seiten goldbraun braten. Aus der Pfanne nehmen, die Baumwollfäden entfernen, den Fisch auf einer vorgewärmten Platte anrichten. Die Butter in die heiße Pfanne geben und einmal aufschäumen lassen. Über die Aalstücke gießen. Mit Zitronenspalten garnieren.

Beilage: Salzkartoffeln, Gurkensalat mit Rahm

Zubereitungszeit: 25 Minuten
Pro Portion: 2600 Joule
(620 Kalorien)
1 kg dünne Aale, Salz,
12–14 frische Salbeiblätter,
1 Eßlöffel Öl, 40 g Butter,
1 Zitrone

Barsch – Kretzer – Egli

Barschfilets (Kretzerfilets) in Sahne, Konstanzer Art

Die Barsche schon beim Einkauf filieren lassen und leicht mit Salz einreiben. Die Schalotte in kleine Würfel schneiden, in der Butter glasig dünsten und mit den gehackten Kräutern vermischen. In eine flache feuerfeste Form geben, die Filets daraufgeben, mit dem Wein übergießen und mit einer Alufolie verschließen. Im vorgeheizten Backofen bei 200° oder bei leichter Hitze auf dem Herd in 6 Minuten gar dünsten lassen. Die Filets auf eine vorgewärmte Platte geben. Den Fischsud auf die Hälfte einkochen lassen, die Sahne hinzufügen und die Sauce cremig einkochen. Mit Salz und frischgemahlenem Pfeffer abschmekken, durch ein Sieb streichen und sehr heiß über die Fischfilets gießen.

Man kann die Barschfilets auch in schäumender Butter braten, das Bratfett mit Wein und Sahne aufgießen, einkochen lassen und die Sahnesauce über die Filets gießen.

Beilage: Petersilienkartöffelchen, Gurkensalat oder frischer Spargel

Zubereitungszeit: 20 Minuten
Pro Portion: 960 Joule
(230 Kalorien)
8 Barschfilets à 100 g, Salz,
1 Schalotte, 1 Eßlöffel Butter,
einige Stengel Petersilie und
Dill, 1 Glas badischer
Weißwein, ⅛ l Sahne, Pfeffer

Forellen

Wohl dem, der eine frischgefangene rotgetupfte Bach- oder Seeforelle oder auch eine thymianduftende Äsche auf dem Teller hat, schonend »blau« gekocht und nur mit flüssiger Butter serviert, damit der edle nußartige Eigengeschmack dieser zarten Fische von keiner anderen Zutat überdeckt wird – er hat einen vollkommenen Fischgenuß vor sich.

Normalerweise sind es die schillernden Regenbogenforellen, nicht aus Wildgewässern, sondern aus einer Forellenzüchterei, die bei uns in Topf und Pfanne wandern. Aber auch da gibt es Unterschiede: die Qualität der Forellen hängt weitgehend von dem richtigen Futter und der Wassergüte und -menge ab, die ihnen in den Forellenteichen geboten werden. Es lohnt sich, nach einer guten Teichwirtschaft Ausschau zu halten. Tiefgekühlte Forellen sind für einen Fischliebhaber keine Alternative.

Gezüchtete Forellen und Forellenfilets kann man nach den vielseitigsten Rezepten füllen, dünsten, braten, in Folie garen – sie nehmen die Aromen von Kräutern, Gemüsen und Pilzen willig an.

Forellen in Kräutersauce

Zubereitungszeit: 30 Minuten
Pro Portion: 1760 Joule
(420 Kalorien)
4 Portionsforellen (je 250 g), 80 g Butter, 1 Bund Schnittlauch, einige Stengel Brunnenkresse oder ½ Paket Gartenkresse, Salz, Pfeffer, 1 Glas Weißwein, 2 Schalotten, ⅛ l Sahne

Die Forellen möglichst kurz vor der Zubereitung schlachten und beim Fischhändler auch gleich ausnehmen lassen. Die Forellen vorsichtig waschen. 50 g weiche Butter mit dem grob geschnittenen Schnittlauch und den abgezupften Kresseblättern im Mixer zu einer grünen Creme vermischen und auf einen Teller geben. Die Forellen mit Salz und Pfeffer würzen. In eine flache gebutterte feuerfeste Form legen und mit dem Wein übergießen. Die Form fest mit einer Alufolie verschließen und in den vorgeheizten Backofen geben. Bei starker Hitze (250°) in 10 Minuten gardünsten. Die in feine Würfel geschnittenen Schalotten in der restlichen Butter glasig dünsten. Den Fischsud vorsichtig von den Forellen abgießen und zu den Schalotten geben. Bei starker Hitze einkochen lassen. Die Sahne hinzufügen und noch einmal etwas einkochen lassen. Zum Schluß die Kräuterbutter in Flöckchen unter Schlagen mit dem Schneebesen mit der Sauce verrühren. Sie soll eine cremige Beschaffenheit bekommen und nicht mehr kochen. Über die Forellen gießen. Beim Essen der Forellen nicht vergessen, daß die Bäckchen eine besondere Delikatesse sind.

Beilage: Kleine Kartoffelpfannkuchen, bunte Blattsalate

Hecht

Da der Hecht als Raubfisch ständig in Bewegung ist, setzt er kaum Fett an, deshalb sollte bei der Zubereitung nicht mit Butter oder Sahne gespart werden. Die jungen Grashechte sind besonders zart, aber voller Gräten. Ausgewachsen kann so ein kapitaler Hecht 30 kg schwer werden. Ältere Hechte, deren Fleisch nicht mehr so zart ist, wurden schon vor Jahrhunderten gerne zu Hechtklößchen verarbeitet. Aus den Klosterküchen des Mittelalters stammt auch die Gewohnheit, Hechtgerichte mit Nudeln zu servieren, Kartoffeln waren ja noch unbekannt. Diese delikate Zusammenstellung hat man im badischen Land bis heute beibehalten.

Man kann den Hecht auf badische Art völlig im Backofen zubereiten. Dann trocknet er aber leicht aus. Nach dem folgenden Rezept bleibt der Hecht besonders saftig.

Badischer Hecht

Zubereitungszeit: 45 Minuten
Pro Portion: 2280 Joule
(540 Kalorien)
1 frischer Hecht (1½ kg), Salz, Mehl, 80 g Butter, 1 kleine Zwiebel, Saft einer halben Zitrone, ½ Glas säuerlicher Weißwein (Riesling), ¼ l Sahne, 1 Eßlöffel gehackte Petersilie

Den geschuppten und ausgenommenen Hecht waschen und mit einem saugfähigen Küchenpapier gut trockentupfen. Salzen und in Mehl wenden. Überflüssiges Mehl abklopfen. Die Butter in einem länglichen Schmortopf oder einer länglichen feuerfesten Form erhitzen. Den Hecht hineingeben, auf beiden Seiten kurz anbraten und auf die Bauchseite legen. Im vorgeheizten Backofen bei 200° in etwa 15 Minuten garen lassen. Die Zwiebel in Würfel schneiden. Den Topf aus dem Backrohr nehmen und auf die Kochstelle setzen. Die Zwiebeln in das heiße Fett geben und bei mittlerer Hitze glasig dünsten. Den Zitronensaft über den Hecht gießen, dann den Wein und nach und nach die Sahne hinzufügen. Die Sauce unter ständigem Rühren vermischen und in etwa 30 Minuten mindestens um die Hälfte einkochen lassen, dabei immer wieder den Hecht damit begießen. Die Petersilie hinzufügen und noch einmal kurz durchkochen lassen. Den Hecht auf einer Platte anrichten und die Sauce getrennt dazu reichen.

Beilage: Nudeln oder Petersilienkartoffeln, Gurkensalat

Ein sehr altes Rezept für die Zubereitung von Hecht ist das folgende Hechtenkraut. Es besteht aus Stücken von gebratenem Hecht, Sauerkraut und Sahne. Vor 100 Jahren wurden noch drei Dutzend ausgelöste Krebse sowie Krebsbutter an das Hechtenkraut gegeben. Anstelle von Hecht kann man auch Zander verwenden.

Hechtenkraut Altdeutsche Art

Zubereitungszeit: 1¼ Stunde
Pro Portion: 1970 Joule
(470 Kalorien)
500 g Sauerkraut, 1 Zwiebel, ½ Lorbeerblatt, ½ Glas Weißwein, ⅛ l Fleischbrühe, ½ Teelöffel Zucker, 1 kg Hecht oder Zander, Salz, Mehl, 50 g Butter zum Braten und für die Form, ¼ l Sahne, 3 Eßlöffel Semmelbrösel

Das Sauerkraut mit der Zwiebel, dem Lorbeerblatt, dem Wein, der Fleischbrühe und dem Zucker 30 Minuten kochen lassen. Den ausgenommenen, geschuppten und gewaschenen Fisch mit einem Küchentuch gut abtrocknen und im ganzen oder in Stücke geschnitten salzen und leicht in Mehl wenden. In Butter hellbraun braten, abkühlen lassen und von den Gräten lösen. Dabei sorgfältig darauf achten, daß alle Fischgräten entfernt werden. Eine Auflaufform mit Butter ausstreichen und die Hälfte des Sauerkrautes hineinfüllen. Das Hechtfleisch auf das Kraut geben und mit der Hälfte der leicht gesalzenen Sahne übergießen. Mit dem restlichen Sauerkraut bedecken, die restliche Sahne darübergießen und mit den Semmelbröseln bestreuen. Ein paar Butterflöckchen auf die Brösel setzen. Im Backofen bei starker Hitze (220°) etwa 30 Minuten überbacken, bis sich eine goldbraune Kruste gebildet hat.

Beilage: Kartoffelpüree oder Petersilienkartoffeln

Badische Hechtklößchen

Zubereitungszeit: 1 Stunde
Pro Portion (ohne Sauce):
840 Joule (200 Kalorien)
400 g ausgelöstes Hechtfleisch, ¼ l eisgekühlte Sahne, 2 eisgekühlte Eiweiß, Salz, frischgemahlener Pfeffer. – Fischbrühe: Gräten und Kopf des Hechts, 1 l Wasser, 1 Glas Weißwein, 1 Lorbeerblatt, ein Stückchen Porree, 1 Stückchen Sellerie, einige Stengel Petersilie, einige Pfefferkörner. – 1 Rezept Dillsauce, Seite 99

Das sorgfältig entgrätete und enthäutete Hechtfleisch in Würfel schneiden und im Mixer zu feinem Püree verarbeiten. 30 Minuten in den Kühlschrank stellen, ebenso Sahne und Eiweiß sowie eine hochwandige Schüssel, um die Masse für die Klößchen zuzubereiten. Fischkopf und Gräten mit Wasser, Wein und Gewürzen zum Kochen bringen und zugedeckt bei leichter Hitze 30 Minuten kochen lassen. Durch ein Sieb geben.

Die Fischmasse in die Schüssel füllen und ganz langsam unter ständigem Rühren die Sahne und das Eiweiß sowie Salz und Pfeffer hinzufügen. (Man kann dazu ein Handrührgerät nehmen. Dann muß die Schüssel aber auf Eis stehen und die Rühreinsätze müssen zwischendurch in Eiswasser getaucht werden. Die Masse darf sich nicht erwärmen. Langsamer und sicherer ist das Rühren mit einem Holzlöffel.) Kurz in den Kühlschrank stellen. Die Fischbrühe in einem breiten Topf zum Kochen bringen. Mit 2 angefeuchteten Teelöffeln Klöße aus der Hechtmasse abstechen und nacheinander in das kochende Wasser geben. Bei leichter Hitze in 10–20 Minuten garziehen lassen. Das Wasser darf nur simmern, nicht kochen. Die fertigen Klößchen mit einem Schaumlöffel aus dem Kochwasser nehmen. Mit einer Dillsauce übergossen auftragen.

Beilage: Hausgemachte Nudeln

Karpfen

80% der Karpfen aus deutschen Teichwirtschaften ereilt zwischen Weihnachten und Neujahr ihr Schicksal. Fast immer kommen die dicken saftigen Süßwasserfische »blau gekocht mit Meerrettichsahne« oder »auf schlesisch-polnische Art« in einer mit Braunbier und Pfefferkuchen gewürzten Sauce auf den Tisch. Am besten schmecken dreijährige Zuchtkarpfen mit etwa 1,5 kg Lebendgewicht. Ich kenne aber genügend Küchenchefs, die keinen Karpfen unter 6 kg in Portionsstücke teilen lassen. Karpfensaison ist von September bis April – Zeit genug, auch einmal gebackenen Karpfen auf fränkische Art oder Karpfen im Wein-Gemüsesud zu versuchen.

Karpfen in Bier-Sauce (Karpfen polnische Art)

Zubereitungszeit: 1 Stunde
Pro Portion: 2140 Joule
(510 Kalorien)
1 Karpfen (ca. 2 kg), 1 Bund Suppengemüse, 80 g Butter, eine mit 2 Nelken gespickte Zwiebel, Schale von ½ Zitrone, 4 Pfefferkörner, 4 Pimentkörner, ½ l Braunbier, 50 g Pfefferkuchen oder Printen, ½ Glas Rotwein, 50 g Rosinen (können fortgelassen werden)

Den Karpfen beim Einkauf gleich säubern und in 4 Portionsstücke teilen lassen (das Blut beim Schlachten möglichst auffangen und mit Essig verrühren lassen). Das Suppengemüse putzen, in Streifen schneiden und in 30 g Butter andünsten. Zwiebel und Gewürze hinzufügen und mit dem Bier aufgießen. 15 Minuten kochen lassen. Die gewaschenen und trockengetupften Karpfenstücke in die Sauce geben und in 15 Minuten bei leichter Hitze gar ziehen lassen. Den zerbröckelten Pfefferkuchen, den Rotwein, die Rosinen, das Karpfenblut und die restliche Butter in Flöckchen zur Sauce geben. Man kann die Karpfenstücke auch vor dem Andicken der Sauce herausnehmen, warm stellen und die Kochflüssigkeit durch ein Sieb geben, bevor Pfefferkuchen, Rosinen, Karpfenblut und die restliche Butter an die Sauce kommen. Dann wird die Sauce über die Karpfenstücke gegossen.

Beilage: Salzkartoffeln

Aischgründer Karpfen ist eine besonders wohlschmeckende Karpfenart mit spitzem Kopf und hohem Rücken

Ausgebackener Karpfen Fränkische Art

Zubereitungszeit: 30 Minuten
Pro Portion: 3650 Joule
(870 Kalorien)
2 Aischgründer Karpfen von je 1½ kg, Salz, Mehl, Butterschmalz

Die frisch geschlachteten Karpfen waschen und mit einem scharfen Messer der Länge nach halbieren – eine Hälfte behält dabei die Rückengräte, aber der Karpfen muß so durchgeteilt werden, daß jeder ein geteiltes Schwanzstück hat. Die Karpfenhälften salzen und in Mehl wenden. Reichlich Butterschmalz in einer tiefen Pfanne erhitzen und die Karpfenhälften darin von beiden Seiten goldbraun braten. Auf Küchenpapier abtropfen lassen und auf eine vorgewärmte Platte geben.

Beilage: Gemischte Salatplatte mit Kartoffelsalat

Fränkischer Karpfen in Weinsud

Zubereitungszeit: 50 Minuten
Pro Portion: 3230 Joule
(770 Kalorien)
2 Karpfen (je 1½ kg), Sud: 1 Karotte, eine mit 1 Nelke gespickte Zwiebel, 1 Stückchen Sellerie, 1 kleine Porreestange, ½ kleines Lorbeerblatt, einige Stengel Petersilie, Salz, einige Pfefferkörner, ¼ l trockener Weißwein (Riesling). – Sauce: 2 Karotten, 1 Stück Sellerie, 1 Eßlöffel gehackte Schalotten, 60 g Butter, Kerbelblätter

Die Karpfen gleich beim Einkauf filieren lassen, Kopf und Gräten für die erforderliche Fischbrühe mitnehmen. Den Kopf und die Gräten mit dem kleingeschnittenen Gemüse und den Gewürzen in einen Kochtopf geben und mit je ⅛ l Wein und ⅛ l Wasser bedecken. 20 Minuten im offenen Topf leicht kochen lassen. Den Sud durch ein Sieb geben.

Die Karotte und den Sellerie in sehr feine Streifen schneiden und zusammen mit den Schalotten in den Sud geben. 5 Minuten kochen lassen. Den restlichen Wein sowie 20 g Butter hinzugeben und die Karpfenfilets einlegen. Bei ganz leichter Hitze ca. 5 Minuten ziehen lassen. Die Fischfilets vorsichtig auf eine heiße Platte geben. Den Fischsud auf die Hälfte einkochen lassen, von der Kochstelle nehmen und die Butter in Flöckchen sowie die abgezupften Kerbelblätter unter die Sauce rühren.

Beilage: Kleine Petersilienkartoffeln, Salate

Renke

Der »Brotfisch« der Berufsfischer der oberbayerischen Voralpenseen, die Renke, am Bodensee Felchen genannt, geht wieder reichlich ins Netz, seitdem die Gewässer klarer und sauberer geworden sind. Seit eh und je hat man rund um die Seen frische Renken am liebsten knusprig in Butter gebraten gegessen, nur mit gehackter Petersilie und etwas Zitronensaft gewürzt, was anderenorts »nach Müllerinnen Art« genannt wird.

Gebratene Renke (Felchen) Bayerische Art

Farbaufnahme Seite 103
Zubereitungszeit: 20 Minuten
Pro Portion: 1470 Joule
(350 Kalorien)
4 Renken (je 250 g), Salz, Pfeffer, Mehl, 6 Eßlöffel Butter, Salz, 1 Zitrone, 2 Eßlöffel gehackte Petersilie

Die ausgenommenen Renken waschen und mit Küchenpapier trockentupfen. Mit Salz und Pfeffer würzen und in Mehl wenden. Überflüssiges Mehl abklopfen. In zwei beschichteten Pfannen je 2 Eßlöffel Butter erhitzen und die Renken hineingeben. Nach 5 Minuten vorsichtig mit einem Holzspachtel wenden und die zweite Seite ebenfalls bräunen. Aus der Pfanne nehmen und warm stellen. Die restliche Butter in einer der Bratpfannen leicht Farbe annehmen lassen und den Zitronensaft und die Petersilie hinzugeben. Die Renken gleich einzeln auf vorgewärmten Tellern anrichten und mit der Butter übergießen.

Beilage: Salzkartoffeln, Kopfsalat

Gedämpfter Saibling mit Zitronensauce

Zubereitungszeit: 40 Minuten
Pro Portion:
1600 Joule/380 Kalorien
2 Saiblinge (je 500 g) oder 1 Saibling (ca. 1 kg), Salz, 1 Eßlöffel gehacktes Suppengemüse, 1 Löffelspitze Safran, 2 Stengel Kerbel, ⅛ l Fischbrühe, ½ Zitrone, einige Salatblätter, 100 g Butter, 1 Prise Cayennepfeffer

Eine alte Fischerweisheit sagt: Wo es Saiblinge gibt, da ist das Wasser gesund. Die edlen Süßwasserfische können nur in sauberem, klarem Wasser leben. Um ihren feinen Eigengeschmack ganz rein genießen zu können, ist die schonende Zubereitung auf Dampf besonders empfehlenswert.

Lassen Sie sich für die Zubereitung der Fischbrühe beim Einkauf der Fische 1–2 Fischköpfe von Edelfischen (Kiemen entfernen) mitgeben. Kochen Sie diese mit etwas Suppengemüse, Salz und einigen Pfefferkörnern in ¼ l Wasser 20 Minuten bei leichter Hitze.

Die ausgenommenen und gewaschenen Saiblinge innen mit Salz einreiben und in jeden Fisch einen Stengel Kerbel geben. Fischbrühe durch ein Sieb in einen Topf mit Dampfeinsatz geben und ein Stückchen Zitronenschale hinzufügen. Den Dampfeinsatz mit Salatblättern auslegen und die Saiblinge vorsichtig so hineinlegen, daß sie einander nicht berühren. Den Topf verschließen und die Fische je nach Größe in 10–15 Minuten gardämpfen. Die Fischbrühe auf ⅛ l Flüssigkeit einkochen und unter ständigem Schlagen mit dem Schneebesen die Butter in Flöckchen, etwas abgeriebene Zitronenschale und den Zitronensaft hinzufügen. Mit einem Hauch Cayennepfeffer abschmecken. Die Fische auf eine heiße Platte geben, die Haut ablösen und das Fleisch vorsichtig von der Hauptgräte lösen, aber auf dem Fisch lassen. Die Sauce über den Fisch gießen oder getrennt dazu reichen.

Beilage: Petersilienkartoffeln, Salat

Trüschen – Aalrutten

Eine Rarität vom Bodensee und dem Altrhein sind die saftigen Trüschen – seit Römerzeiten von Feinschmeckern wegen ihrer zarten Leber geschätzt. Die empfindlichen Lebern dürfen aber nur ganz kurz mitgebraten werden, sonst werden sie hart.

Man kann die Trüschen mit einer zarten aufgeschlagenen Buttersauce servieren oder sie pur nach dem folgenden Rezept genießen.

Trüsche Konstanzer Art

Zubereitungszeit: 30 Minuten
Pro Portion:
1180 Joule/280 Kalorien
4 Bodenseetrüschen (à 200 g) mit ihren Lebern, Salz, Mehl, 3 Eßlöffel Butter, 2 Eßlöffel Öl, 1 Eßlöffel gehackte Kräuter (Petersilie und Kerbel)

Die Trüschen vorsichtig ausnehmen, damit die Leber nicht verletzt wird. Die Fische waschen und mit einem Küchenpapier gut abtrocknen. Salzen und in Mehl wenden. 2 Eßlöffel Butter und das Öl erhitzen und die Trüschen hineingeben. Auf beiden Seiten goldbraun braten. Die Lebern in Mehl wenden. In einer weiteren Pfanne die restliche Butter zerlassen und die Lebern darin bei schwacher Hitze kurz braten. Mit den Kräutern bestreuen und zu den Trüschen servieren.

Beilage: Junges Hopfengemüse, neue Kartoffeln

Zanderfilets in Kräuterrahm

Zubereitungszeit: 20 Minuten
Pro Portion:
1470 Joule/350 Kalorien
4 Zanderfilets, 60 g Butter, Salz, Pfeffer, 1 Eßlöffel gehackte Kräuter (Kerbel, Basilikum), ¼ l Sahne, 1 Glas trockener Weißwein, ½ Tasse frischgeriebene Semmelbrösel

Der Zander gehört zu den feinsten Flußfischen, die man am reinsten »blau« oder im Dampf gekocht genießen kann. Aber auch filiert und in Butter gebraten ist er ebenso ein Genuß wie in Kräuterrahm

Eine flache feuerfeste Form mit Butter ausstreichen. Die Filets leicht salzen und pfeffern und dachziegelartig in der Form anrichten. Dabei zwischen jedes Filet ein wenig weiche Butter geben, damit sich die Filets beim Herausnehmen voneinander lösen lassen. Die Kräuter über den Fisch streuen, den Wein sowie die Sahne darübergießen und mit den Semmelbröseln bedecken. Die restliche Butter in Flöckchen daraufsetzen. Im vorgeheizten Backofen bei schwacher Mittelhitze (180 °) in etwa 10 Minuten gardünsten. Den Fisch in der Form servieren.

Beilage: Blattspinat und neue Kartoffeln

Fleisch

»Ihr Freunde, tadle keiner mich, daß ich von Schweinen singe!« schreibt Ludwig Uhland in seinem Metzelsuppenlied vor 170 Jahren. In seinen Lobgesang könnte man noch heute einstimmen, denn nach wie vor ist das Schwein Deutschlands bevorzugter Fleischlieferant. Der Braten aller Braten ist ein saftiger Schweinebraten mit einer knusprigen, in »Ramerln« geschnittenen Kruste, der sich landauf, landab der gleichen Beliebtheit erfreut. Als Sauce schmeckt am besten der reine Bratensaft ohne jede Mehlbindung. Ganz anders dagegen ein altdeutscher Gewürzbraten, den ich in einem Nürnberger Kochbuch des 18. Jahrhunderts gefunden habe. Ein fettdurchzogenes Nackenstück wird mit Ingwer, Zimt und Honig gewürzt im fest verschlossenen Topf viele Stunden bei ganz leichter Hitze geschmort. Das Fleisch ist danach so richtig vollgesogen mit den aromatischen Gewürzen und hat eine besonders delikate Sauce. Besuchen uns Freunde aus dem Ausland, die sich ein typisch deutsches Essen wünschen, bringe ich besonders gerne einen Kasseler-Rippenspeer-Braten auf den Tisch, der mit seiner appetitlichen Schinkenfarbe und dem feinen Pökel- und Räuchergeschmack immer wieder als Delikatesse bewundert wird.

Wer nach Bayern fährt, freut sich auf Schweins- oder Kalbshaxen zum schäumenden Bier. Und Hand auf's Herz, wem läuft beim Anblick einer kroßgebratenen goldbraunen Schweinshaxe nicht das Wasser im Mund zusammen, lustvolle Vorstellungen erweckend von einer knusprigen Kruste, die krachend zwischen den Zähnen zerspringt, zartes Fett und saftiges Fleisch freigebend, das sie schützend umhüllt. Es ist etwas Urtümliches um diese Schweinshaxen, die schon die alten Rittersleut genußvoll am Spieß gebraten und zwischen die Fäuste genommen haben. Wird die Schweinshaxe dagegen gepökelt und gekocht, verwandelt sie sich in Eisbein und ist eine Berliner Spezialität. Unter dem Namen Hämmchen, Haspel und Surhaxe steht es aber fast überall in Deutschland dort auf der Speisekarte, wo gerne Bier getrunken wird. So ein rosiges Eisbein, von seinem üppigen Fettrand und der gekochten Schwarte umhüllt, appetitlich auf Sauerkraut gebettet, läßt unseren Uhland sogar begeistert singen: ». . . das ist ein Bild wie Venus in den Rosen.« Die kalorienbewußten Esser von heute leisten sich diesen Genuß allerdings weniger häufiger als ihre Väter. Aber dem Rat der jungen Köche, zwar das Eisbein mit Fetthülle und Schwarte zu kochen, diese aber beim Anrichten zu entfernen und nur das rosige Fleisch in Scheiben geschnitten zu servieren – der zieht bei einem richtigen Eisbeinfan nicht.

Kopf an Kopf als Lieblingsbraten der Deutschen liegt der Rheinische Sauerbraten aus Rindfleisch, der nach einer sehr alten Zubereitungsweise hergestellt wird. Das Einlegen in Essigbeize war ein beliebtes Konservierungsmittel, als man noch keine Kühlschränke kannte. Die angenehme Wirkung der Beize, auch zähes Fleisch zart und weich zu machen, ist sicher einer der Gründe, warum Sauerbraten noch heute so geschätzt wird. Das Gericht stammt aus einer gewürzfreundlichen Zeit, und die alten Kochbücher bieten die abwechslungsreichsten Rezepte an. Zum Binden der Sauce hat man im Rheinland spezielle Saucenprinten, ein Stückchen Lebkuchen tut es auch. Rosinen an der Sauce sind obligatorisch, ebenso Apfelkraut für den leicht süßen Geschmack der Sauce. Den lieben die Bayern nicht, deshalb legen sie ihren Sauerbraten zwar auch in Essig ein, bereiten ihr »Böfflamott« dann aber wie die Berliner ihren Schmorbraten zu. In dem Wort Schmorbraten liegt ja schon der langsame Garvorgang des Fleisches und das Geheimnis seines Wohlgeschmackes. Deshalb legen die Berliner ihren Schmorbraten nicht noch vorher in Essig ein, sondern schmoren ihn in vielen Stunden gar.

Gekochte Rinder- oder Ochsenbrust – die auch gepökelt besonders gut schmecken – sind zwar kein richtiger Braten, aber ein saftiges Fleischstück, das äußerst beliebt ist. Dazu gehören dann – regional verschieden – Meerrettich- oder Schnittlauchsauce, die frühlingshafte hessische grüne Sauce oder die Mecklenburger Rosinensauce sowie Bouillonkartoffeln oder Bratkartoffeln und Spinat oder Wirsingkohl als Beilage. Oder – wie in Berlin und Baden –

Schälchen mit süß-saurem Kürbis, Essigpflaumen, Essigböhnchen, Preiselbeeren und kleinen Gurken. Eines meiner alten Kochbücher empfiehlt neben einer Meerrettich-Mandelsauce zur Sommerzeit, Rosenblätter und gelbe Violen auf den Schüsselrand zu streuen, »welche ein gutes Ansehen machen«. Blüten über Speisen gestreut sind doch auch heute wieder »in«.

Kalbfleisch ist im Verbrauch stark zurückgegangen – vor allem gibt es kaum noch die früher so hochgeschätzte Kalbskeule, die vor allem in Norddeutschland bei keinem großen Familienfest fehlen durfte. Sicher trägt dazu bei, daß die für diesen Braten erforderlichen gemästeten Milchkälber so rar geworden sind. Nur in Schwaben hält man dem sonntäglichen Kalbsschlegelbraten unverbrüchlich die Treue, weil er ein so guter Saucenlieferant für die Spätzle ist. Südlich des Mains sind auch Kalbsnierenbraten und gefüllte Kalbsbrust nach wie vor hoch im Kurs. Ein Tip zum Beherzigen: Kenner lieben auch Kalbshaxen, die sich durch die Zugaben der verschiedenen Kräuter und Gewürze auf so vielerlei Art zubereiten lassen. Durch die beim Schmoren des Fleisches heraustretende Gelatine der Sehnen entsteht dabei stets eine besonders delikate sämige Sauce.

Lamm- und Hammelfleisch waren in der altdeutschen Küche sehr beliebt – geradezu unverständlich, daß dieses vorzügliche Fleisch bei uns fast ganz von der häuslichen Speisekarte verschwunden ist, nur die Heidschnucken in der Lüneburger Heide genießen eine gewisse lokale Berühmtheit. Hier besteht in der deutschen Küche ein großer Nachholbedarf.

Als Pfannengerichte werden am häufigsten Schweinekoteletts gebraten, die mit einer Kümmel- oder Senfsauce ein Genuß sein können, aber leider werden sie allzuoft in einer fettriefenden Panade angeboten. Hervorragendes Beefsteak brät man in Hamburg – zweifingerdick aus der Mitte des gut abgehangenen Filets geschnitten und mit glasig gebratenen Zwiebelscheiben belegt, vorzüglich auch der Stuttgarter Rostbraten aus der Lende geschnitten, bei ihm werden kroß gebratene goldbraune Zwiebeln auf die Fleischscheiben gehäuft. Am häufigsten »in die Pfanne gehauen« werden bei uns Fleischplätzchen aus Hackfleisch, die sich mehr durch ihre regional unterschiedlichen Namen – Frikadellen, Fleischlaibchen, Buletten, Hacksteaks, Fleischpfanzel (nicht -pflanzerl) unterscheiden als durch die Zusammensetzung des Fleischteiges.

Ganz ins Abseits geraten waren die Innereien, die erfreulicherweise durch die junge neue Küche wieder ins Rampenlicht gekommen sind – vom noblen Kalbsbries bis zum derben Kuttelfleck. Bis dahin wurden höchstens noch Niere und Leber in der deutschen Küche verarbeitet. Zwar gibt es für die feine Thymusdrüse von Kalb und Lamm die vielfältigsten Namen: Briesle, Schweser, Melken oder Brösle – nur auf den Tisch kamen sie höchstens hin und wieder einmal im Südwesten oder im Norden als Beigabe in einem Hühnerfrikassee. Ein Kalbsbries nach modernen Kochmethoden kurz gegart von jungen Frühlingsgemüsen begleitet ist eine edle Delikatesse. Ragouts von streifig geschnittenen Kutteln – Rindermägen – sind in Frankreich und Italien höchst beliebt. Der Königsberger Fleck, Deutschlands einziges namhaftes Kuttelgericht, gerät mehr und mehr in Vergessenheit, und nur hin und wieder findet man in Süddeutschland noch saure Kutteln auf der Speisekarte. Dabei gibt es jetzt fast überall vorgekochte Kutteln zu kaufen.

Zum Abschluß wäre leider, wie bei so manchen anderen landwirtschaftlichen Produkten, Klage zu führen, daß das Fleisch bei uns oft in so erbärmlicher Qualität geliefert wird. Wenn in Bayern gezüchtete Schweine gut genug sind, um ihre Keulen als Rohmaterial für die berühmten Parmaschinken nach Italien zu liefern, und auch deutsches Rindfleisch und zarte Deichlämmer begehrte Exportartikel sind, müßten wir doch nicht so oft mageres wässeriges Schweinefleisch oder zähes Rindfleisch im Kochtopf haben. Unschuldig sind daran sicher auch nicht die Verbraucher mit ihrem jahrlangen Schrei nach magerem Fleisch, das nun als sogenanntes PSE-Fleisch zusammenschnurrend im Kochtopf schmort. Nur durch gezielte Nachfrage und bessere Warenkenntnis ist hier ein Wandel zu schaffen. Gute Rezepte für Fleisch gibt es in der deutschen Küche genug.

Ein Schweinebraten mit knuspriger goldbrauner Kruste ist noch immer der in Deutschland beliebteste Braten

Rezept Seite 125

Schweinebraten – Schäufele – Schwärtelbraten

(6–8 Personen)

Farbaufnahme Seite 123
Zubereitungszeit: 30 Minuten
Bratzeit: 2–2½ Stunden
Pro Portion (⅙ von 1 kg):
2230 Joule/530 Kalorien

1–1½ kg Schweinekeule (Oberschale) oder Schweineschulter mit Schwarte, Salz, Pfeffer, 1 Eßlöffel Schmalz oder Butter, 1 Bund Suppengrün, 1 Teelöffel Kümmel, 1 Messerspitze Majoran, etwas dunkles Bier

Den Schweinebraten mit der bereits eingeschnittenen Schwarte gründlich mit Salz und frischgemahlenem Pfeffer einreiben (nach Geschmack auch mit einer zerdrückten Knoblauchzehe). Das Fett in einem Schmortopf erhitzen und den Schweinebraten darin von allen Seiten anbraten. Das kleingeschnittene Suppengemüse, Kümmel und Majoran hinzufügen und mit einer Tasse Wasser aufgießen. In den Backofen schieben und bei mittlerer Hitze (200°) unter gelegentlichem Begießen mit dem Bratensaft in 1½–2 Stunden gar braten. Die letzte halbe Stunde immer wieder mit Bier bepinseln, damit die Kruste schön knusprig wird. Den Braten herausnehmen und 10 Minuten stehen lassen, bevor er aufgeschnitten wird. Den Bratensaft mit etwas Wasser ablöschen, durch ein Sieb gießen, entfetten und evtl. noch mit etwas Salz abschmecken. Den Bratensaft ungebunden zu dem aufgeschnittenen Braten reichen.

Beilage: Kartoffelknödel, Sauerkraut, Blaukraut oder Krautsalat

Spanferkel

Am besten gelingt ein knuspriges Spanferkel am Grillspieß. Um es im ganzen im Backofen zu braten, muß es schon ziemlich klein sein (höchstens 6 Wochen alt). Einfacher ist es, einen Spanferkelrücken oder eine Spanferkelkeule zu braten; sie werden genau wie ein Schweinebraten mit eingeschnittener Schwarte zubereitet, nur die Garzeit ist kürzer. Auch Spanferkelleber ist eine besonders beliebte Delikatesse.

Kasseler Rippenspeer mit Honigkruste

Titelfoto
Zubereitungszeit: 30 Minuten
Bratzeit: 1 Stunde
Einige Stunden vorher marinieren
Pro Portion (⅙):
3150 Joule/750 Kalorien

1½ kg roher Kasseler Rippenspeer mit Fettrand (und Knochen), ½ Flasche Rheingauer Wein, Schale von ½ Zitrone, 1 Zwiebel, 6 Pfefferkörner, 1 Stückchen Ingwerwurzel, 6 Wacholderbeeren. – 2 Eßlöffel Honig, 2 Eßlöffel scharfer Senf, 1 Eßlöffel Orangenmarmelade, 1 Eßlöffel Meerrettich, 1 Eßlöffel frischgemahlene Semmelbrösel, ⅛ l Fleischbrühe, 4 Eßlöffel Crème fraîche, Salz, frischgemahlener Pfeffer

Das Fleisch in einer Schüssel mit dem Wein übergießen, die Gewürze hinzufügen und 3–4 Stunden durchziehen lassen, dabei hin und wieder wenden. Den Kasseler mit der Oberseite nach unten in einen länglichen Schmortopf geben und ein Drittel der Weinmarinade mit den Gewürzen hinzugießen. Im vorgeheizten Backofen bei mittlerer Hitze (200°) 15 Minuten braten lassen und das Fleisch wenden. Im offenen Topf unter Begießen mit dem Bratensaft weitere 20 Minuten braten lassen, evtl. etwas Flüssigkeit durch weitere Weinmarinade hinzufügen. Den Honig mit dem Senf, der Orangenmarmelade, dem Meerrettich und den Semmelbröseln sowie einem Eßlöffel Crème fraîche verrühren und die Oberseite des Rippenspeers damit gleichmäßig bestreichen. Bei starker Hitze (225°) weitere 15 Minuten braten lassen, bis die Kruste knusprig braun ist. Eventuell noch einmal mit etwas Honigcreme nachstreichen. Das Fleisch herausnehmen und warmstellen. Den Bratensatz mit der Fleischbrühe und zwei Tassen Weinmarinade ablöschen. Durch ein Sieb in einen kleinen Topf geben, um ein Drittel einkochen lassen und die restliche Crème fraîche hinzufügen. Nach nochmaligem Durchkochen mit Salz und Pfeffer abschmecken. Das Fleisch von den Knochen lösen und in Scheiben schneiden. Die Sauce getrennt reichen.

Beilage Fingernudeln, Zuckererbsen und junge Möhren oder abgetropftes Aprikosenkompott.

Dieses 200 Jahre alte fränkische Rezept habe ich unverändert übernommen, nur die Crème fraîche zum Abrunden der Sauce ist hinzugefügt. Durch das lange, schonende Garen wird der Braten ganz zart und mürbe und ist von den Gewürzen ganz durchzogen. Nach einem anderen alten Rezept läßt man Rosinen und Lebkuchen fort und dafür die letzte halbe Stunde 16 in schwachem Zuckersirup gekochte und gut abgetropfte Aprikosen mitschmoren.

Nürnberger Gewürzbraten

(6 Personen)

Zubereitungszeit: 30 Minuten
Bratzeit: 3 Stunden
Pro Portion:
3000 Joule/710 Kalorien
1 kg Schweinenacken, Salz, Pfeffer, 1 Eßlöffel Schmalz, ¼ l Rotwein, 3 Nelken, 10 Pfefferkörner, 1 Stückchen Stangenzimt, 1 Stückchen Ingwerwurzel oder 1 Teelöffel Ingwerpulver, 2 kleine Zwiebeln, 3 Eßlöffel dickflüssiger Honig, 2 Eßlöffel Rosinen, ¼ l Fleischbrühe, ½ Nürnberger Lebkuchen, 2 Eßlöffel Crème fraîche

Den Schweinebraten mit Salz und Pfeffer einreiben und in einem fest schließenden eisernen Schmortopf von allen Seiten in dem Schmalz anbraten. Den Rotwein mit den Gewürzen aufkochen und die Hälfte des Weines zu dem Braten gießen. Die Zwiebeln hinzufügen. Die fette Seite des Bratens mit 1 Eßlöffel Honig bestreichen. Den Topf mit dem Deckel und zusätzlich noch mit einer Alufolie verschließen. Im Backofen bei mäßiger Hitze (190°) in etwa 3 Stunden langsam gar schmoren lassen. Die Rosinen in 6 Eßlöffeln Wasser quellen lassen. Nach 2 Stunden den Topf öffnen, etwas Wein angießen und den Braten erneut mit Honig bestreichen. Am Ende der Garzeit den Braten im geöffneten Topf, mit dem restlichen Honig bestreichen, bei starker Hitze 10 Minuten bräunen lassen und warm stellen. Den sirupartigen Bratensaft mit der Fleischbrühe und dem restlichen Wein aufkochen lassen, den zerkrümelten Lebkuchen und die Rosinen hinzugeben und 20 Minuten einkochen lassen. Zum Schluß die Sauce durch ein Sieb streichen, mit der Sahne verrühren und aufkochen lassen. Mit Salz und frisch gemahlenem Pfeffer abschmecken.

Beilage: Klöße aus gekochten Kartoffeln, Bratäpfel oder in Zuckersirup gedünstete Aprikosen, Rotkohl

Pommersche gefüllte Schweinerippe

(6 Personen)

Zubereitungszeit: 45 Minuten
Bratzeit: 2½ Stunden
Pro Portion:
3470 Joule/820 Kalorien
1½ kg Schweinerippe, Salz. Füllung: 500 g säuerliche saftige Äpfel, 125 g entkernte Backpflaumen, 1 Tasse Rotwein, 1 Eßlöffel Zucker, 50 g Semmelbrösel, Pfeffer, je eine Löffelspitze Zimt und Nelken. – 1 Eßlöffel Schmalz, ¼ l Fleischbrühe, 1–2 Teelöffel Kartoffelmehl

Beim Einkauf gleich eine Tasche zum Füllen in das Rippenstück schneiden lassen oder die Knochen in der Mitte anhacken, aber nicht durchhacken lassen, so daß man den Braten zusammenklappen und die Seiten mit einem Baumwollfaden zunähen kann zur Aufnahme der Füllung.

Die Backpflaumen in dem Rotwein eine halbe Stunde einweichen. Die Äpfel schälen, vierteln, das Kerngehäuse entfernen und quer in Scheibchen schneiden. Die eingeweichten Backpflaumen auf einem Sieb gut abtropfen lassen. Die Früchte kleinschneiden. Mit Zucker, Gewürzen, Semmelbrösel sowie dem Wein mit den Apfelscheiben vermischen. Das Fleisch innen und außen salzen und pfeffern. Die Füllung in die Schweinerippentasche geben, dabei 2 Eßlöffel zurückbehalten. Die Öffnung des Bratens mit einem Baumwollfaden zunähen.

Das Schmalz in einem Schmortopf erhitzen und das Rippenstück von beiden Seiten darin anbraten. Die restliche Füllung hinzufügen und mit dem Wein vom Einweichen der Pflaumen aufgießen. Mit einem Deckel oder mit Alufolie gut verschließen und in den vorgeheizten Backofen geben. Bei guter Mittelhitze (210°) in etwa 2½ Stunden gar schmoren lassen. In der letzten halben Stunden den Deckel oder die Alufolie entfernen und das Fleisch mit dem Bratensaft und der Fleischbrühe begießen, damit es knusprig braun wird. Den Braten herausnehmen und warm stellen. Den Bratensaft mit etwas heißem Wasser ablöschen, in einen kleinen Topf geben und etwas einkochen lassen. Die Sauce mit dem kalt angerührten Kartoffelmehl binden. Die gefüllte Schweinerippe so in Scheiben schneiden, daß immer eine Rippe eine Scheibe bildet. Die Sauce getrennt dazu reichen.

Beilage: Rotkohl, Kartoffelpüree

Osterschinken in Brotteig mecklenburgische Art

(6–8 Personen)

Den Schinken über Nacht mit Wasser bedeckt stehen lassen, damit er entsalzt wird. Am nächsten Tag mit heißem Wasser bedeckt (Schwarte nach oben) bei leichter Hitze 1 Stunde kochen lassen. Die Schwarte des Schinkens ablösen. Den Brotteig fingerdick in reichlich doppeltem Umfang des Schinkens ausrollen. Den Teig mit den Kräutern bestreuen und den Schinken mit der Fettseite auf den Teig legen. Den Brotteig so über dem Schinken zusammendrücken, daß keinerlei Saft austreten kann. Den Teig mit dem in 2 Eßlöffeln Wasser verquirlten Eigelb bestreichen und mit einer Gabel ein paarmal einstechen, damit die Luft entweichen kann. Auf das mit Butter ausgestrichene und mit Mehl bepuderte Backblech geben und im vorgeheizten Backofen bei mittlerer Hitze in etwa 2 Stunden gar backen. Vor dem Anschneiden etwas abkühlen lassen. Kalt gewordene Reste des Schinkens schmecken gut mit einer Cumberlandsauce.

Beilage: Frisch geraspelter Meerrettich

Zubereitungszeit: 30 Minuten
Koch- und Backzeit:
3 Stunden
Schinken am Vortag evtl. wässern
Backzeit: 2 Stunden
Gesamtmenge:
31 500 Joule/7500 Kalorien
1 kleiner Beinschinken (ca. 2 kg), 1 kg Brotteig vom Bäcker oder aus einer Fertigpackung zubereitet, 2 Eßlöffel frische Kräuter (Schnittlauch, Basilikum, Thymian, Petersilie), 1 Eigelb zum Bestreichen, Mehl zum Ausrollen, Butter für das Blech

Gefüllte Kalbsbrust badische Art

(6 Personen)

Beim Einkauf der Kalbsbrust gleich die Knochen entfernen und eine Tasche hineinschneiden lassen für die Füllung.

Die Zwiebelwürfel in einem Eßlöffel Butter glasig braten und die geputzten, grob gehackten Champignons (getrocknete Pilze einige Stunden in Wasser einweichen, ausdrücken und fein hacken) hinzufügen. Schmoren lassen, bis die Flüssigkeit, die die Pilze enthalten, verdampft ist. Schinkenspeck und Schweinefleisch im Mixer oder in der Küchenmaschine zu einer feinen Farce pürieren. Mit den Pilzen, den Kräutern, den Semmelbröseln, der Zitronenschale und den Eigelb gründlich vermischen und herzhaft mit Salz, Pfeffer und Muskat abschmecken. In die vorbereitete Öffnung der Kalbsbrust füllen, die Scheibe Speck vor die Füllung setzen, so daß diese nicht herausquellen kann, und die Öffnung mit einem Baumwollfaden zunähen. In einem Schmortopf in Größe der Kalbsbrust 2 Eßlöffel Butter zerlassen und die in Streifen geschnittene Zwiebel und Karotte leicht anrösten. Die Kalbsbrust hinzugeben und von allen Seiten braun braten. Mit dem Wein angießen, die Gewürze zu dem Fleisch legen und fest verschlossen in den vorgeheizten Backofen schieben. Bei mittlerer Hitze 2 Stunden schmoren lassen, dabei häufig mit dem Bratensaft begießen. Die Kalbsbrust aus dem Topf nehmen und warm stellen. Den Bratensaft mit der Fleischbrühe aufgießen und etwas einkochen lassen. Zum Schluß die Crème fraîche an die Sauce geben und noch einmal kräftig durchkochen. Die Sauce durch ein Sieb streichen, die feingehackten Sardellen hinzugeben und noch einmal aufkochen lassen. Die Sauce getrennt zu der in dicke Scheiben geschnittenen Kalbsbrust reichen.

Beilage: Junge Erbsen Frühlings Art, Kartoffelplätzchen

Zubereitungszeit: 40 Minuten
Bratzeit: 2 Stunden
Pro Portion:
3180 Joule/760 Kalorien
1 kg Kalbsbrust, 1 Eßlöffel feingehackte Zwiebeln, 3 Eßlöffel Butter, 100 g Champignons oder 30 g getrocknete Steinpilze, 100 g Schinkenspeck, 150 g Schweinefleisch, je 1 Eßlöffel feingehackte Petersilie, Kerbel und Schnittlauch, 2 Eßlöffel frisch geriebene Semmelbrösel, etwas abgeriebene Zitronenschale, 2 Eigelb, Salz, Pfeffer, Muskat, 1 dünne breite Scheibe durchwachsener Speck, 1 Zwiebel, 1 Karotte, 1 Glas Weißwein, ein Zweiglein Rosmarin, einige Salbeiblätter, ¼ l Fleischbrühe, 4 feingewiegte Sardellen, 4 Eßlöffel Crème fraîche

Dieses alte Familienrezept garantiert durch den mitgeschmorten Schweinebauch eine besonders saftige Kalbshaxe und eine leicht gelierende Sauce. Der Schweinebauch kann noch kurz im Backrohr gebräunt werden, wenn die Haxe herausgenommen ist. Kalorienbewußte Esser verzichten auf ihren Genuß.

Geschmorte Kalbshaxe Großmutter Art

(6 Personen)

Zubereitungszeit: 15 Minuten
Bratzeit: 1½ Stunden
Pro Portion:
2440 Joule/580 Kalorien

1 große Kalbshaxe (Hinterhaxe), ca. 1½ kg), Salz, Pfeffer, 2 Eßlöffel Butter, 250 g magerer Schweinebauch mit Schwarte, 2 Karotten, 1 große Zwiebel, 2 Nelken, 1 Stückchen Zitronenschale, ½ Lorbeerblatt, 1 Glas Weißwein, ¼ l Fleischbrühe, 2 Tomaten

Die Kalbshaxe mit Salz und Pfeffer einreiben. Die Butter in einem Schmortopf erhitzen und die Kalbshaxe und den Schweinebauch darin rundherum hellbraun braten. Die in Scheiben geschnittenen Karotten und die in Streifen geschnittene Zwiebel hinzufügen und ebenfalls 5 Minuten anrösten. Die Gewürze hinzufügen und mit dem Wein und der Fleischbrühe aufgießen. Die Tomaten brühen, abziehen und kleinschneiden, dabei das gelbe Mark und die Kerne zurücklassen. Zu dem Fleisch geben. Mit Salz und Pfeffer würzen. Den Schmortopf mit dem Deckel fest verschließen und in den vorgeheizten Backofen schieben. Bei mittlerer Hitze (200°) in 1½ Stunden gar schmoren lassen, die letzten 15 Minuten den Topf öffnen und die Haxe unter Begießen mit der Sauce glasieren. Haxe und Schweinebauch aus der Sauce nehmen und warm stellen. Den Schweinebauch eventuell noch kurz im heißen Backofen bräunen. Die Sauce durch ein Sieb streichen und gut entfetten. Haxe und Schweinebauch in Scheiben schneiden und zusammen auf einer Platte anrichten.

Beilage: Kartoffelklöße aus gekochten Kartoffeln oder Semmelknödel, Erbsen- und Karottengemüse

Schwäbischer Rahmschlegel (Kalbskeule mit Sahnesauce)

(6 Personen)

Zubereitungszeit: 20 Minuten
Bratzeit: 1–1¾ Stunden
Pro Portion:
1540 Joule/365 Kalorien

1 kg Kalbfleisch (aus der Keule), Salz, Pfeffer, 4 dünne Scheiben durchwachsenen Speck, 2 Eßlöffel Butter, 1 Bund Suppengemüse, 1 Zwiebel, 1 Tomate, einige Pfefferkörner, ¼ l Weißwein, ¼ l Sahne oder Crème fraîche

Das Fleisch mit Salz und Pfeffer einreiben, mit den Speckscheiben umwickeln und diese mit einem Baumwollfaden befestigen. Die Butter in einem Schmortopf erhitzen und das Kalbfleisch darin rundherum hellbraun braten. Das in Streifen geschnittene Suppengemüse und die Zwiebel hinzufügen und ebenfalls anrösten. Die Tomate brühen, abziehen und kleinschneiden, dabei das gelbe Mark und die Kerne zurücklassen, dann mit den Pfefferkörnern zum Fleisch geben. Mit dem Wein aufgießen, den Schmortopf mit einem Deckel verschließen und in den vorgeheizten Backofen schieben. Bei mittlerer Hitze (200°) in etwa 1–1½ Stunden gar schmoren lassen. Die letzten 20 Minuten den Topf öffnen und das Fleisch häufig mit dem Bratensaft und der Hälfte der Sahne begießen. Das Kalbfleisch herausnehmen, den Speck entfernen und das Fleisch warm stellen. Die restliche Sahne in die Sauce gießen, ein paarmal durchkochen lassen und durch ein Sieb streichen. Das Fleisch in Scheiben schneiden und die Sauce getrennt dazu reichen.

Beilage: In Schwaben Spätzle, Salat

Mein Vorschlag: Hausgemachte Nudeln oder Roggennudeln, Leipziger Allerlei.

Ein guter Kalbsnierenbraten soll sowohl das zum Rücken gehörige Filet sowie eine Niere enthalten. Man läßt ihn gleich beim Einkauf vom Metzger auslösen und aufrollen, so daß Filet und Niere in der Mitte sind. Beim Aufschneiden dickere Scheiben schneiden, da die Fleischscheiben sonst leicht auseinanderfallen.

Glasierter Kalbsnierenbraten

(6 Personen)

Zubereitungszeit: 25 Minuten
Bratzeit: ca. 2 Stunden
Pro Portion:
1930 Joule/460 Kalorien

1–1½ kg Kalbsnierenbraten, Salz, Pfeffer, 2 Eßlöffel Butter, 1 Eßlöffel Öl, 1 Karotte, 1 kleine Petersilienwurzel, 1 kleines Stück Sellerie, Schale einer ¼ Zitrone, 1 Zweiglein Rosmarin, 1 Tasse Wasser

Den Nierenbraten gleich beim Einkauf fertig vorbereiten lassen. Salzen und pfeffern. 1 Eßlöffel Butter und das Öl in einem länglichen Schmortopf erhitzen und das Fleisch darin von allen Seiten goldbraun braten. Das Gemüse kleinschneiden, hinzufügen und kurz durchbraten. Mit dem Wasser aufgießen und Zitronenschale und Rosmarin hinzufügen. Im vorgeheizten Backofen bei 210° unter häufigem Begießen mit dem Bratensaft in knapp 2 Stunden gar braten. Das Fleisch herausnehmen und warm stellen. Die Sauce durch ein Sieb streichen und die restliche Butter in Flöckchen unter Schlagen mit dem Schneebesen hinzufügen. Den Kalbsnierenbraten mit der Sauce glasieren. Man kann 100 g in Butter geschwenkte Champignons mit der Sauce vermischen oder die Sauce mit Crème fraîche verlängern, aber Feinschmecker ziehen den feinen Geschmack des reinen Bratensaftes vor, dem die mitgeschmorte Niere den Eigengeschmack gibt.

Beilagen: Blattspinat oder Spargel, kleine Petersilienkartoffeln.
In Bayern Kartoffelsalat.

Rheinischer Sauerbraten

(6 Personen)

Farbaufnahme Seite 133
Zubereitungszeit: 1 Stunde
Schmorzeit: 3 Stunden
2–3 Tage marinieren
Pro Portion:
2520 Joule/600 Kalorien

1 kg Rinderbraten (Schwanzstück, Blume oder Bug), ¼ l Rotwein, ¼ l Rotweinessig, ½ Lorbeerblatt, 3 Nelken, 12 weiße Pfefferkörner, 4 zerquetschte Wacholderbeeren, 1 Stückchen Ingwerwurzel, 1 Stückchen Zitronenschale, 80 g fetter Speck, Salz, Pfeffer. – 1 Eßlöffel Öl, 1 Eßlöffel Butter, 2 Zwiebeln, 2 Möhren, 1 Petersilienwurzel, 1 Stückchen Kalbsfuß oder Schweineschwarte, 1–2 Saucen-Printen oder 1 Stückchen (50 g) Lebkuchen oder 50 g Pumpernickel, 100 g kernlose Rosinen, 30 g in Streifen geschnittene Mandeln, 1 Eßlöffel Apfelkraut oder Johannisbeergelee.

Das Fleisch kurz waschen und trockentupfen. Rotwein und Essig mit allen Gewürzen aufkochen und erkalten lassen. Das Fleisch in eine Schüssel geben, die wenig größer als der Braten ist, und mit der Marinade übergießen, das Fleisch soll von der Flüssigkeit bedeckt sein. Zugedeckt kühl 3 Tage stehen lassen. Den Braten herausnehmen und mit Küchenpapier trockentupfen. Das Fleisch entweder mit in Pfeffer gewendeten Speckscheiben spicken und salzen. Oder salzen und den Speck in Würfel geschnitten mit zum Anbraten verwenden.

Öl und Butter in einem Schmortopf erhitzen und das Fleisch darin von allen Seiten anbraten. Zwiebeln, Möhren und Petersilienwurzel in Streifen geschnitten hinzufügen und kurz mit andünsten. Mit der durchgesiebten Marinade übergießen, den Kalbsfuß oder die Schwarte in den Topf geben und Lebkuchen oder Pumpernickel in die Marinade bröckeln. Mit einem Deckel fest verschlossen bei leichter Hitze auf dem Herd oder im Backofen bei schwacher Mittelhitze (180°) in 3 Stunden weich schmoren lassen. Das Fleisch herausnehmen und warm stellen. Kalbsfuß oder Schwarte herausfischen. Die Sauce, wenn nötig, mit etwas Rotwein verlängern. Rosinen und Mandeln an die Sauce geben und mit dem Apfelkraut oder dem Johannisbeergelee abschmecken. Das Fleisch in Scheiben schneiden, mit etwas Sauce übergießen, den Rest der Sauce getrennt servieren.

Beilage: Im Rheinland Kartoffelpuffer oder Kartoffelklöße, Apfelkompott oder Backobst, Preiselbeeren.

Im übrigen Deutschland: auch Nudeln, Spätzle oder Kartoffeln.

Das fränkische Majoranfilet kann entweder im ganzen oder in 3 cm dicke Scheiben geschnitten geschmort werden. Die Garzeit soll in jedem Fall kurz sein, damit das Fleisch noch einen rosa Kern behält.

Fränkisches Majoranfilet

Zubereitungszeit: 30 Minuten
Pro Portion:
1550 Joule/370 Kalorien
2 Schweinefilets (je 300–350 g), Salz, Pfeffer, scharfer Senf, 1 Eßlöffel Öl, 1 Eßlöffel Butter, 1 große Zwiebel, 1 Eßlöffel frischer und 1 Teelöffel getrockneter Majoran, 1 Glas Frankenwein, 3 Eßlöffel Crème fraîche

Die Schweinefilets von evtl. anhaftendem Fett befreien und häuten. Salzen, pfeffern und mit Senf einreiben. Die Zwiebel schälen und in kleine Würfel schneiden. Öl und Butter erhitzen und die Filets darin von allen Seiten gut anbraten. Die Zwiebelwürfel hinzufügen, glasig braten, den Majoran darüberstreuen und 3 Eßlöffel Wein hinzugießen. Den Topf gut verschließen und im vorgeheizten Backofen bei Mittelhitze (200 °) in 15 Minuten gar schmoren lassen. Das Fleisch aus dem Topf nehmen und mit einer Alufolie bedeckt warm stellen. Den Bratsaft mit dem restlichen Wein aufgießen, etwas einkochen lassen, die Crème fraîche hinzufügen und kurz durchkochen lassen. Die Sauce durch ein Sieb geben und mit Salz und frischgemahlenem Pfeffer abschmekken. Das Fleisch in fingerdicke schräge Scheiben schneiden und mit der Sauce übergießen.

Beilage: Kartoffelplätzchen, gemischter Salat

Ein echtes bayerisches Schmankerl sind die knusprigen Bierhaxen. Man kann sie statt im Schmortopf auch auf dem Bratenrost zubereiten, dann müssen sie während des Bratens wesentlich häufiger mit dem Bier begossen werden. Wasser, Zwiebeln und Knoblauch kommen dann in die daruntergeschobene Bratenschale.

Bayerische Bierhaxen

Zubereitungszeit: 30 Minuten
Bratzeit: 1½ Stunden
Pro Portion:
3990 Joule/950 Kalorien
2 hintere Schweinshaxen (je ca. 800 g), Salz, Pfeffer, 3 Zwiebeln, 2 Knoblauchzehen (nach Geschmack), 1 Eßlöffel Kümmel, einige zerstoßene Wacholderbeeren, 1 Tasse dunkles Bier

Die Haut der Schweinshaxen gleich beim Einkauf in Rauten (verschobene Vierecke) einschneiden lassen. Die Haxen mit Salz und Pfeffer, Kümmel und Wacholderbeeren einreiben und 3 Stunden durchziehen lassen. Die Zwiebeln und die Knoblauchzehen schälen und in Scheiben schneiden. Das Fleisch in einen Schmortopf legen, mit einer Tasse kochendem Wasser begießen und Zwiebeln und Knoblauch hinzufügen. In den vorgeheizten Backofen schieben und bei 200 ° in ca. 1½ Stunden gar braten. Dabei die Haxen immer wieder wenden und mit dem Bratensaft und etwas Bier begießen. Sollten sie zu braun werden, eventuell mit Alufolie abdecken. Die Haxen zum Schluß auf den Bratenrost legen und mit Bier bepinseln, dabei den Backofen auf 250 ° schalten und die Tür leicht offenlassen, damit die Kruste der Haxen knusprig braun wird.

Den Bratensaft entfetten und, wenn er zu sehr eingekocht ist, mit etwas Bier durchkochen lassen. Getrennt zu den Haxen servieren.

Beilage: Kartoffelknödel, Sauerkraut oder Krautsalat

Im Gegensatz zu der heute üblichen Meinung, daß überhaupt kein Fleisch mehr gespickt werden sollte, rate ich, den Schmorbraten richtig durchzuspikken, denn gerade der Rauchgeschmack des Specks und sein Fett machen den Berliner Schmorbraten so richtig »dufte«.

Berliner Rinderschmorbraten

(6 Personen)

Zubereitungszeit: 50 Minuten
Schmorzeit: 3 Stunden
Pro Portion:
2730 Joule/650 Kalorien
1 kg gut abgehangener Schmorbraten (Schwanzstück, Blume), 100 g fetter Speck, 1 Stückchen Schweineschwarte, Salz, Pfeffer, Ingwer, 1 Eßlöffel Butter, 1 Eßlöffel Öl, 1 Bund Suppengemüse, 6 Pfefferkörner, ¼ l Fleischbrühe, 1 Glas Weißwein, 2 Scheiben Zitrone, ¼ l Sahne oder 200 g Crème fraîche

Den Speck in Streifen schneiden und in frischgemahlenem Pfeffer wenden. Das Fleisch mit den Speckstreifen in der Laufrichtung des Fleischmuskels spikken, also der Länge nach. Mit Salz, Pfeffer und Ingwer einreiben. Die Butter und das Öl in einem schweren Schmortopf erhitzen und das Fleisch darin von allen Seiten bräunen. Die Schweineschwarte, das in Streifen geschnittene Suppengemüse und die Pfefferkörner hinzufügen und ebenfalls etwas anrösten. Mit der Fleischbrühe und dem Wein aufgießen. Die Zitronenscheiben hinzugeben. Den Topf sorgfältig schließen (wenn der Deckel nicht ganz fest schließt, zusätzlich mit Alufolie abdecken). 3 Stunden entweder auf dem Herd bei leichter Hitze sanft köcheln lassen oder im vorgeheizten Backofen bei schwacher Mittelhitze (190°) schmoren lassen. Hin und wieder öffnen und, wenn nötig, etwas Fleischbrühe nachgießen. Am Ende der Garzeit das Fleisch herausnehmen und warm stellen. Den Schmorsaft durch ein Sieb streichen, entfetten und in eine kleine Kasserolle geben. Die Sahne hinzugießen und etwas einkochen lassen. Den Schmorbraten in Scheiben schneiden, auf einer Platte anrichten und mit etwas Sauce übergießen. Die restliche Sauce getrennt dazureichen.

Beilage: Kartoffelklöße aus gekochten Kartoffeln oder Salzkartoffeln, Rotkohl.

In der Heide bereitet man den Heidschnuckenbraten gerne auf Wildbretart zu und legt ihn vorher in Buttermilch oder eine Weinmarinade. Ich finde, daß der würzige Geschmack der Heidschnucken diese Marinade nicht braucht. Anstelle einer Heidschnuckenkeule ist natürlich auch eine frische Lammkeule für dieses Rezept geeignet.

Heidschnuckenkeule Heidjer Art

Zubereitungszeit: 1½ Stunden
Pro Portion:
3780 Joule/900 Kalorien
1 Heidschnuckenkeule oder Lammkeule (ca. 1½ kg), Pfeffer, 10 Wacholderbeeren, Thymian, Salz, 1 Eßlöffel Öl, 1 Eßlöffel Butter, eine mit 2 Nelken gespickte Zwiebel, 2 Möhren, 1 Glas Rotwein, ⅛ l Fleischbrühe, ¼ l saure Sahne, 1 Eßlöffel Mehl oder 0,2 l Crème fraîche, dann entfällt das Mehl

Die Keule mit Pfeffer, zerdrückten Wacholderbeeren und Thymian einreiben und 2 Stunden einziehen lassen. Öl und Butter in einem Schmortopf erhitzen, die Heidschnuckenkeule salzen und von allen Seiten knusprig anbraten. Zwiebel und in Stücke geschnittene Möhren hinzufügen. In den vorgeheizten Backofen geben und unter häufigem Begießen in 50–60 Minuten gar braten. Das Fleisch soll innen noch leicht rosa sein. Wenn das Fett dunkel zu werden droht, nach und nach mit etwas Wein aufgießen. Das Fleisch aus dem Topf nehmen und auf einer Platte noch 10 Minuten bei geöffneter Backofentür ziehen lassen. Den Bratensaft mit dem restlichen Wein und der Fleischbrühe ablöschen. Entfetten, durch ein Sieb streichen und in eine kleine Kasserolle geben. Aufkochen und mit der mit Mehl verrührten sauren Sahne binden (wenn Sie Crème fraîche nehmen, können Sie sich die Mehlbindung ersparen, der Saucengeschmack ist würziger). Das Fleisch in Scheiben schneiden, auf einer heißen Platte anrichten und die Sauce getrennt dazu reichen.

Beilage: Butterbohnen, Petersilienkartoffeln, Preiselbeeren oder zum Lammbraten Béchamelkartoffeln, Butterbohnen.

Hamburger Beefsteak

Zubereitungszeit: 20 Minuten
Pro Portion:
1820 Joule/430 Kalorien
4 zweifingerdicke gut abgehangene Filetsteaks (je 200 g), ½ Tasse Öl, 4 mittelgroße Zwiebeln, 1 Eßlöffel Öl, 2 Eßlöffel Butter, Salz, Pfeffer aus der Pfeffermühle

Die Steaks mit dem Handballen etwas in die Breite drücken, mit dem Öl übergießen und über Nacht durchziehen lassen. Einige Male wenden. Die Zwiebeln schälen und in Scheiben schneiden. Das Öl und die Butter in der Pfanne erhitzen und die Zwiebeln darin so lange braten, bis sie anfangen, Farbe anzunehmen. Mit einem Schaumlöffel herausnehmen und warm stellen. In dem heißen Zwiebelfett die gut abgetropften Filetsteaks in 4 Minuten von beiden Seiten knusprig braun braten. Nach dem ersten Wenden die bereits gebratene Seite salzen und mit frischgemahlenem Pfeffer bestreuen. Aus der Pfanne nehmen und auf eine vorgewärmte Platte legen. Mit den Zwiebeln bedecken und sofort auftragen.

Beilage: Grüne Bohnen in Butter geschwenkt, gegrillte Tomaten, Butterkartoffeln.

Kalbfleisch, vor allem Kalbfilet, ist so teuer, daß man für seine Zubereitung auch edle Zutaten verwenden sollte. Zu den Glanzstücken eines festlichen Menüs gehörten um die Jahrhundertwende Kalbsmedaillons mit Morchelsauce – ein Gericht, das heute wieder in Mode kommt. Man kann das gleiche Rezept auch mit dicken Scheiben von Schweinefilet herstellen.

Kalbsmedaillons mit Morchelsauce

Zubereitungszeit: 25 Minuten
Pro Portion:
2130 Joule/510 Kalorien
4 Kalbsmedaillons (je 150 g), 4 Streifen fetter roher Speck, 40 g getrocknete Morcheln, 3 Eßlöffel Butter, ¼ l Sahne, Salz, Pfeffer.

Die Morcheln einige Stunden in lauwarmem Wasser einweichen. Den Rand der Kalbsmedaillons mit den rohen Speckstreifen umlegen und diese festbinden. Die Morcheln gründlich unter fließendem Wasser einzeln waschen, sie haben in den Vertiefungen ihrer spitzen Hütchen viel feinen Sand. Auf ein Küchenpapier geben und gut abtrocknen lassen. 1 Eßlöffel Butter zerlassen und die Morcheln darin unter Schwenken der Pfanne anschmoren, die Hälfte der Sahne hinzugießen und in etwa 8–10 Minuten einkochen lassen. Dann die restliche Sahne hinzugeben und weitere 5 Minuten kochen lassen. Mit Salz und Pfeffer abschmecken. 2 Eßlöffel Butter zerlassen und die Kalbsmedaillons darin von beiden Seiten (je Seite 3 Minuten) goldbraun braten. Nach dem ersten Wenden die gebräunte Seite salzen und pfeffern, nach dem zweiten Wenden die zweite Seite ebenfalls. Aus der Pfanne nehmen und warm stellen. Das Bratfett abgießen und die Sahnesauce mit den Morcheln kurz in der Pfanne durchkochen lassen, damit der Bratsatz gelöst wird. Die Sahnesauce über die Morcheln gießen. Mit 250 g frischen Morcheln zubereitet, ist dieses Gericht noch edler und noch teurer.

Beilage: Junge Erbsen Frühlings Art, Fingernudeln.

Zum Rostbraten wird gut abgehangenes Fleisch aus der Lende oder der Hochrippe verwendet.

Schwäbischer Rostbraten

Zubereitungszeit: 20 Minuten
Pro Portion:
2180 Joule/520 Kalorien
4 Scheiben Rostbraten (je 200 g), 60 g Butterschmalz, 4 mittelgroße Zwiebeln, Salz, Pfeffer aus der Pfeffermühle

Die Zwiebeln schälen und in feine Scheiben schneiden. Ein Drittel des Butterschmalzes in einer beschichteten Pfanne erhitzen und die Fleischscheiben darin von beiden Seiten je 4 Minuten braten. Nach dem ersten Wenden die bereits gebratene Seite salzen und mit frischgemahlenem Pfeffer bestreuen. Gleichzeitig in einer zweiten Pfanne das restliche Fett erhitzen und die Zwiebelscheiben darin unter Wenden knusprig braun braten. Das Fleisch auf eine vorgewärmte Platte legen. Mit den Zwiebeln bedecken und sofort auftragen.

Beilage: Sauerkraut und Spätzle

Der rheinische Sauerbraten muß lange schmoren, damit er zart und mürbe wird

Rezept Seite 129

Panierte Schweinekoteletts könnten eigentlich von den Speisekarten verschwinden, da diese würzigen Fleischstücke, richtig gebraten, in jedem Fall saftig bleiben und einer schützenden Hülle nicht bedürfen. Panaden aus Ei und Semmelbröseln machen die meisten Gerichte nur schwerer und kalorienreicher. Die hier folgenden Rezepte zeigen, wie raffiniert man Schweinekoteletts zubereiten kann.

Düsseldorfer Schweinekoteletts mit Senfsauce

Zubereitungszeit: 25 Minuten
Einige Stunden vorher würzen
Pro Portion:
3170 Joule/750 Kalorien
4 Schweinekoteletts (je 180–200 g), Salz, Thymian, ½ Lorbeerblatt, Pfeffer, Mehl, 1 Eßlöffel Öl, 1 Eßlöffel Butter, 1 Eßlöffel feingehackte Schalotten, 1 Eßlöffel Weinessig, ½ Glas Weißwein, ⅛ l Crème fraîche, 2 Eßlöffel Düsseldorfer Senf

Die Koteletts an den Fetträndern 2–3mal einschneiden, mit Salz, zerriebenem Thymian und zerriebenem Lorbeerblatt sowie etwas Pfeffer einreiben und einige Stunden durchziehen lassen. Leicht mit Mehl bepudern. Öl und Butter in einer großen Pfanne erhitzen und das Fleisch darin von beiden Seiten in 12–15 Minuten goldbraun braten. Aus der Pfanne nehmen und warm stellen. Die Schalotten in die Bratpfanne geben und kurz anrösten. Mit dem Essig und Wein aufgießen und fast ganz einkochen lassen. Die Crème fraîche an die Sauce geben und kochen lassen, bis sie beginnt, cremig zu werden. Von der Kochstelle nehmen und mit dem Senf verrühren. Der Senf soll nicht mitkochen. Wenn nötig, mit etwas Pfeffer und Salz abschmecken. Die Koteletts auf einer heißen Platte anrichten und mit der Senfsauce übergießen.

Beilage: Selleriepüree oder Sauerkraut, Kartoffelpüree

In der modernen Küche wandelt man das schwere Rezept für Schweinekoteletts mit einer mehlgebundenen Biersauce gerne in das folgende ab, das durch die zarte pikante Sauce eine raffinierte Note erhält.

Berliner Schweinekoteletts mit Kümmelsauce

Zubereitungszeit: 30–40 Minuten
Pro Portion:
3790 Joule/810 Kalorien
4 Schweinekoteletts (180–200 g), Salz, Pfeffer aus der Mühle, 1 Eßlöffel Schmalz. – Sauce: 2 Eßlöffel Butter, 1 Zwiebel, ¹⁄₁₆ l Weißwein, 10 g Kümmel, ¼ l Fleischbrühe, 2 Eidotter, ¹⁄₁₀ l Bier (Altbier)

Die Koteletts an den Fetträndern 2–3mal einschneiden und mit Salz und Pfeffer einreiben. Das Schmalz in einer Pfanne erhitzen und die Koteletts darin von beiden Seiten in etwa 10 Minuten goldbraun braten. Aus der Pfanne nehmen und warm stellen. Das Bratfett aus der Pfanne abgießen. Einen Eßlöffel Butter in der Pfanne erhitzen und die in Würfel geschnittene Zwiebel sowie den gehackten Kümmel darin anschwitzen. Mit dem Weißwein und der Fleischbrühe aufgießen. Die Sauce auf die Hälfte einkochen lassen. Durch ein Sieb passieren. Die restliche Butter in Stückchen unter Schlagen mit dem Schneebesen mit der Sauce vermischen. Die Eidotter und das Bier in einer Schüssel auf einem Wasserbad mit einem Schneebesen zu einer dickschaumigen Creme aufschlagen und die eingekochte Kümmelsauce darunterziehen. Mit Salz und Pfeffer abschmecken und über die Koteletts gießen.

Beilage: Junger Wirsingkohl, Kartoffelpüree

Für dieses typisch schlesische Weihnachtsessen, das auch in Berlin sehr geschätzt wird, nimmt man Schweinebratwurst mit grobem Fleisch.

Bratwurst in Biersauce

Zubereitungszeit: 40 Minuten
Pro Portion:
2280 Joule/570 Kalorien
1 Bund Suppengrün, 1 Eßlöffel Butter, ¼ l Wasser, 1 Zwiebel, 3 Nelken, ¼ Lorbeerblatt, 2 Pfeffer- und 2 Pimentkörner, 1 Stückchen Zitronenschale, 1 Eßlöffel Öl, 1 Eßlöffel Butter, 4 große Schweinsbratwürste, ¼ l dunkles Bier, 1 Stückchen Lebkuchen oder 1–2 Aachener Printen, Salz, Pfeffer, Zucker, Zitronensaft

Das Gemüse in kleine Würfel schneiden und in der Butter leicht andünsten. Mit dem Wasser aufgießen und die Gewürze hinzufügen. 10 Minuten kochen lassen. Die Bratwürste in heißes Wasser legen, damit sie beim Braten nicht platzen. Öl und Butter erhitzen und die abgetrockneten Würste darin von allen Seiten anbraten. Den Sud durch ein Sieb streichen, das Bier hinzufügen und die Würste darin langsam garen. Die Würste herausnehmen und warm stellen. Die Sauce mit dem zerbröckelten Pfefferkuchen binden, etwas einkochen lassen und mit Salz, Pfeffer, Zucker und Zitronensaft abschmecken. Über die Bratwürste geben.

Beilage: Kartoffelpüree und Rotkohl

Rheinische Blutwurstpfanne

Zubereitungszeit: 1 Stunde
Pro Portion:
3720 Joule/880 Kalorien
500 g Sauerkraut, ¼ l Weißwein, 1 Zwiebel, 1–2 ganze Nelken, 5 Wacholderbeeren, 1 Eßlöffel Schmalz. – 50 g Schweineschmalz, 50 g geräucherter, durchwachsener Speck, 2 feingehackte Zwiebeln, 3 frische Blutwürste (je 150 g), 4 gekochte große Pellkartoffeln, Salz, Majoran, frischgemahlener Pfeffer, Petersilie zum Garnieren

Das Sauerkraut in einen Topf geben. Den Weißwein, die mit Nelken gespickte Zwiebel, die Wacholderbeeren und das Schmalz hinzufügen. Das Sauerkraut 50 Minuten dünsten. In der Zwischenzeit den Speck in Würfel und die Kartoffeln in Scheiben schneiden. Das Schmalz in einer Pfanne erhitzen und die Speckwürfel darin anbraten. Die Kartoffeln hinzufügen, mit Majoran, Salz und Pfeffer würzen und kroß und goldbraun braten. Die Blutwurst häuten, in Würfel schneiden und zu den Kartoffeln geben. Gut miteinander vermischen und durchbraten. Auf einer vorgewärmten Platte mit dem Sauerkraut anrichten und mit Petersilie bestreuen.

Westfälische Plaaten in de Pann (Bratwurst-Kartoffelpfanne)

Zubereitungszeit: 1 Stunde
Pro Portion:
3310 Joule/800 Kalorien
500 g Schweinebratwurst im Stück, 1 Eßlöffel Schweineschmalz, 1 kg Kartoffeln, Majoran, Salz, Pfeffer, 1 Becher (0,2 l) Sahne

Die Bratwurst ringförmig aufrollen. In einer eisernen Pfanne mit gut schließendem Deckel das Schmalz erhitzen und den Bratwurstring darin von beiden Seiten anbraten. Etwas heißes Wasser hinzufügen. Die Kartoffeln schälen, in dünne Scheiben schneiden und den Bratwurstkranz damit bedecken. Majoran, Salz und Pfeffer dazwischenstreuen und die Sahne darübergießen. Die Pfanne mit einem Deckel verschließen und zusätzlich noch mit Alufolie. Im vorgeheizten Backofen bei Mittelhitze (200 °) in 30–40 Minuten garen lassen. Den Deckel und die Alufolie entfernen und sofort servieren.

Beilage: Salat

Sehr landestypisch ist eine Brotzeit aus den großen fränkischen Bratwürsten, die nicht gebraten, sondern in einem Sud gekocht werden, wobei sie einen bläulichen Schimmer bekommen und voller Wohlgeschmack sind.

Blaue Zipfel

Zubereitungszeit: 25 Minuten
Pro Portion:
2520 Joule/600 Kalorien
1 l Wasser, ¼ l Essig oder Frankenwein, 1 gestrichener Eßlöffel Salz, 1 Prise Zucker, 1 Eßlöffel Öl, 1–2 Lorbeerblätter, 2 Nelken, 8 Wacholderbeeren, 12 Pfefferkörner, 2 große Zwiebeln, 8 rohe echte fränkische Bratwürste

Das Wasser mit dem Essig oder Wein, Salz, Zucker und dem Öl zum Kochen bringen. Die Zwiebel schälen und in Ringe schneiden. Mit den Gewürzen in das Essigwasser geben und ca. 10 Minuten leise köcheln lassen. Die rohen Bratwürste in den Sud legen und den Topf sofort von der Herdplatte nehmen, sie dürfen nicht kochen. Zurückstellen und bei ganz leichter Hitze etwa 5–10 Minuten ziehen lassen. Sie sind gar, wenn sie sich hart anfassen. Die Blauen Zipfel in einer Terrine mit dem Sud servieren.

Beilage: Bauernbrot, Senf oder geriebener Meerrettich

Geschmortes Fleisch

Das Rezept für Schweinerippchen kann auch mit Erfolg für Hammelrippchen verwendet werden; beide Gerichte sind preiswert und schmackhaft.

Schweinerippchen in Zwiebelsauce Berliner Art

Zubereitungszeit: 40 Minuten
Garzeit: 1½ Stunden
Pro Portion:
2360 Joule/580 Kalorien
1 kg Schweinerippchen, 20 g Schmalz, 3 mittelgroße Zwiebeln, ½ l Wasser, 2 Eßlöffel Kümmel, Salz, Pfeffer

Die Schweinerippchen gleich beim Fleischer in der Breite halb durchschlagen lassen, damit die Rippchen ungefähr Handbreite haben. Das Schmalz in einem eisernen Schmortopf erhitzen und das Fleisch darin von beiden Seiten knusprig braun braten. Die Zwiebeln schälen und in Scheiben schneiden. In dem Fett, das beim Anbraten des Fleisches heraustritt, die Zwiebeln hellgelb rösten. Mit dem Wasser aufgießen und Kümmel und Salz hinzufügen. Die Rippchen in dem geschlossenen Topf in ungefähr 1½ Stunden gar schmoren lassen. Die Rippchen herausnehmen und auf einer Platte warm stellen. Die Sauce entfetten und etwas einkochen lassen. Die Rippchen wieder in die Sauce geben und noch einmal kurz durchkochen.

Beilage: Kartoffelpüree und Rotkohl oder Sauerkraut.

Geschmorter Ochsenschwanz Frankfurter Art

Zubereitungszeit: ½ Stunde
Garzeit: 2½ Stunden
Pro Portion:
1890 Joule/450 Kalorien
8 dicke Scheiben Ochsenschwanz, Salz, Pfeffer, 1 Schweinenetz, 3 Eßlöffel Öl, 1 Porreestange, 2 Möhren, 2 Zwiebeln, 1 Kräutersträußchen (½ Lorbeerblatt, 2 Zweiglein Thymian, 2 Stengel Petersilie), ¼ l Fleischbrühe, ½ Flasche guter Rotwein, 1 Eßlöffel frische Butter

Die Ochsenschwanzstücke von allem anhängenden Fett befreien. Mit Salz und Pfeffer einreiben. Jede Scheibe Ochsenschwanz in ein Stück Schweinenetz hüllen. Das Öl in einem eisernen Schmortopf erhitzen und die Fleischstücke darin von beiden Seiten anbraten. Das Gemüse in Streifen schneiden und zu dem Fleisch geben. Kurz mit durchschmoren und mit der Brühe und dem Rotwein aufgießen. Das Kräutersträußchen hinzufügen. Den Topf mit dem Deckel fest verschließen. Im Backofen bei knapp mittlerer Hitze (190°) in 2–3 Stunden gar schmoren lassen. Das Fleisch aus der Sauce nehmen und warm stellen. Die Sauce gründlich entfetten und etwas einkochen. Mit einem Stückchen frischer Butter abschmecken. Über die Fleischstücke gießen.

Beilage: Kartoffelplätzchen oder Petersilienkartoffeln, junge Erbsen

Kalbsragout mit Kerbel

(6 Personen)

Zubereitungszeit: 45 Minuten
Garzeit: 2–2½ Stunden
Pro Portion:
2340 Joule/560 Kalorien
1 kg Kalbfleisch (500 g Brust, 500 g Schulter), mit 2 Nelken gespickte Zwiebel, 2 Karotten, 1 Stange Porree, 1 Stückchen Sellerie, 1 Stückchen Zitronenschale, ½ Lorbeerblatt, 2 Stengel Petersilie, ¼ l Weißwein, Salz, Pfeffer. – 30 kleine junge Zwiebeln, 2 Eßlöffel Butter. – 3 Eigelb, ⅛ l Crème fraîche, ½ Zitrone, Muskat, 1 Eßlöffel gehackter Kerbel

Die verschiedenen Fleischsorten sind wichtig für das Gelingen des Frikassees, weil sie mit ihren unterschiedlichen Eigenschaften erst den richtigen Zusammenklang ergeben.

Das Fleisch beim Einkauf gleich in große Würfel (5–6 cm) schneiden lassen, die zarten Knochen sollen im Fleisch bleiben. Das Suppengemüse putzen und in große Stücke schneiden. Fleischwürfel, Gemüse, Zitronenschale, Lorbeerblatt und Petersilie in einen gut schließenden Kochtopf geben. Mit dem Wein und so viel Wasser aufgießen, daß das Fleisch ganz bedeckt ist. Salz und Pfeffer hinzugeben. Den Topf schließen und zum Kochen bringen. Bei leichter Hitze in 1½–2 Stunden gar kochen, die Knochen müssen sich leicht aus dem Fleisch ziehen lassen.

In der Kochzeit des Fleisches die Zwiebelchen abziehen und in der zerlassenen Butter unter häufigem Schwenken schmoren lassen. Wenn sie Farbe anzunehmen beginnen, etwas Fleischbrühe hinzugießen, sie sollen weiß bleiben. Das gargekochte Fleisch mit der Brühe auf ein Sieb schütten. Die Knochen aus den Fleischstücken ziehen und das Fleisch, mit etwas Brühe bedeckt, warmstellen. Die restliche Brühe 15 Minuten einkochen lassen, in den letzten 5 Minuten die Zwiebeln mitkochen. Die Eigelb und die Crème fraîche mit einem Schneebesen verquirlen. Die Brühe von der Kochstelle ziehen und die Eiercreme unter Rühren hinzugeben. Das Fleisch an die legierte Sauce geben und noch einmal erwärmen, aber nicht mehr bis zum Kochen kommen lassen, weil sonst das Eigelb gerinnt. Mit Salz, frischgemahlenem Pfeffer, Muskat, Zitronensaft und frischgehacktem Kerbel abschmecken.

Beilage: Hausgemachte Nudeln, Spätzle

Feine Kalbsvögel

Zubereitungszeit: 45 Minuten
Schmorzeit: 45 Minuten
Pro Portion:
1930 Joule/460 Kalorien
4 lange dünne Kalbsschnitzel aus der Oberschale (je ca. 150 g), Salz, Pfeffer, 1 Eßlöffel gehackte Schalotten, 3 Eßlöffel Butter, 100 g Champignons, 150 g feines Bratwurstbrät, 1 Teelöffel feingehackte Petersilie, 1 Eigelb, 1 Eßlöffel Semmelbrösel, Thymian, 2 dünne Scheiben roher Schinken, 1 Eßlöffel Öl, 1 Zwiebel, 1 Karotte, 1 Stückchen Sellerie, 1 Stück frische Speckschwarte, 3 Blätter Salbei, 1 Glas Weißwein, ⅛ l Fleischbrühe

Die Kalbsschnitzel vorsichtig etwas breitklopfen und mit Salz und Pfeffer einreiben. Die Schalotten in einem Eßlöffel Butter glasig schmoren und die feingewiegten oder kurz im Mixer zerkleinerten Champignons hinzufügen. Das Bratwurstbrät im Mixer zu einer feinen Farce zerkleinern und mit den Champignons, der Petersilie, dem Eigelb, den Semmelbröseln, Salz, Pfeffer und zerriebenem Thymian vermischen. Den rohen Schinken in der Mitte durchschneiden und auf jede Fleischscheibe eine Hälfte legen. Die Farce daraufstreichen, zusammenrollen und mit einem Baumwollfaden einwickeln oder mit einer Rouladennadel zusammenstecken. Das Öl und einen Eßlöffel Butter erhitzen und die Rouladen von allen Seiten darin anbraten. Die Zwiebel und die Karotte sowie das Stückchen Sellerie in Streifen schneiden, zu dem Fleisch geben und mit anrösten. Die Speckschwarte und den Salbei hinzufügen. Mit dem Wein und der Brühe aufgießen und zugedeckt 45 Minuten garen lassen. Die Rouladen herausnehmen und warm stellen. Die Sauce durch ein Sieb streichen, etwas einkochen lassen und mit der restlichen Butter verrühren. Die Rouladen mit der Sauce übergießen.

Beilage: Hausgemachte Spinatspätzle oder Kartoffelpüree, junge Karotten

Rindsrouladen Berliner Art

Zubereitungszeit: 30 Minuten
Schmorzeit: 1½ Stunden
Pro Portion:
2020 Joule/480 Kalorien

4 Scheiben Rindsroulade aus der Oberschale (je 150–180 g), Pfeffer, scharfer Senf, 4 dünne Scheiben durchwachsener Speck, 2 Zwiebeln, 2 kleine Gewürzgurken, einige Nadeln Rosmarin, 1 Eßlöffel Öl, 1 Eßlöffel Butter, 1 Bund Suppengemüse, 10 g getrocknete eingeweichte Pilze, 2 Tomaten, ½ Lorbeerblatt, einige Pfefferkörner, ¼ l Fleischbrühe, 1 Glas Rotwein, 4 Eßlöffel Crème fraîche, Salz

Die Rindsrouladen mit der flachen Seite eines Küchenmessers oder mit den Händen leicht klopfen, mit frischgemahlenem Pfeffer bestreuen und mit Senf bestreichen. Jede Roulade mit einem Speckstreifen belegen. Die Zwiebel in Streifen schneiden, die Gewürzgurken der Länge nach vierteln, den Rosmarin feinhacken oder zerreiben. Die Rouladen mit der Hälfte der Zwiebelstreifen und mit 2 Gurkenstreifen belegen, mit dem Rosmarin bestreuen und aufrollen. Öl und Butter erhitzen und die Rouladen bei starker Hitze darin anbraten. Das in Streifen geschnittene Suppengemüse und die restlichen Zwiebelstreifen hinzufügen und bei leichter Hitze ebenfalls mit anrösten. Die eingeweichten Pilze sowie die gebrühten, abgezogenen und in Stücke geschnittenen Tomaten und die Gewürze zu dem Fleisch geben und mit der Fleischbrühe und dem Rotwein aufgießen. Gut zugedeckt bei leichter Hitze 1½ Stunden schmoren. Die Rouladen aus dem Topf nehmen, die Sauce durch ein Sieb streichen oder im Mixer pürieren und mit der Crème fraîche noch etwas einkochen lassen. Mit Salz und Pfeffer abschmecken. Die Rouladen noch einmal in der Sauce erhitzen.

Beilage: Bratkartoffeln, Rosenkohl oder Sauerkraut

Dortmunder Pfefferpotthast

(6 Personen)

Zubereitungszeit: ½ Stunde
Kochzeit: 2 Stunden
Pro Portion:
1344 Joule/320 Kalorien

1 kg magerer Rinderkamm, 600 g Zwiebeln, 1 Bund Suppengemüse, 50 g Schmalz oder Butter, ¾ l kräftige Fleischbrühe, 1 Teelöffel grob gemahlener schwarzer Pfeffer, je 1 Löffelspitze Nelkenpfeffer und Kümmel, ½ Lorbeerblatt, eine in Scheiben geschnittene Zitrone, 2 Scheiben Graubrot oder 50 g Semmelbrösel, Salz, Pfeffer, Petersilie

Das Rindfleisch gleich beim Einkauf in grobe Würfel (ca. 40 g pro Fleischstück) schneiden lassen.

Die Zwiebeln in Scheiben, das Suppengemüse in Streifen schneiden. Das Fett in einem Schmortopf erhitzen und das Fleisch bei starker Hitze darin von allen Seiten anschmoren. Zwiebeln hinzufügen und ebenfalls etwas durchdünsten. Mit der Fleischbrühe aufgießen und die Gewürze hinzufügen. Eine Stunde kochen lassen. Das Gemüse und die Zitronenscheiben sowie das zerriebene Brot oder die Semmelbrösel hinzugeben und eine weitere Stunde zugedeckt bei leichter Hitze gar schmoren lassen. Man kann den Potthast auch gut verschlossen bei schwacher Mittelhitze (190°) im Backofen garen. Wenn nötig, mit etwas Fleischbrühe aufgießen. Die Zitronenscheiben herausfischen. Zum Schluß noch einmal mit Salz und frischgemahlenem Pfeffer abschmecken. Mit gehackter Petersilie bestreuen.

Beilage: Salzkartoffeln, Pfeffergürkchen, Rote Bete, Perlzwiebeln

Berliner Eisbein

Zubereitungszeit: 10 Minuten
Kochzeit: 2–2½ Stunden
Pro Portion:
4200 Joule/1000 Kalorien

1 großes Schinken-Eisbein (ca. 1½ kg), Salz, 1 große Zwiebel, 1 Bund Suppengrün, 1 Lorbeerblatt, einige Pfefferkörner

Das Eisbein in reichlich kaltes Salzwasser geben und einmal aufkochen lassen. Abschäumen und die geschälte, halbierte Zwiebel, das Suppengrün und die Gewürze hinzufügen. In 2–2½ Stunden bei schwacher Hitze gar kochen. Das Fleisch muß sich leicht vom Knochen lösen lassen. Das Eisbein herausnehmen und auf dem Sauerkraut anrichten. Man kann auch den Knochen herauslösen und das Eisbein in Scheiben geschnitten anrichten, dann ist es nicht so mächtig.

Beilage: Erbspüree, Sauerkraut und Kartoffelpüree

Husumer Hammelragout

(6 Personen)

Zubereitungszeit: 30 Minuten
Garzeit: 3 Stunden
Pro Portion:
2140 Joule/510 Kalorien
1 kg Hammelfleisch (halb Schulter, halb Brust), 30 g getrocknete Steinpilze, 1 Eßlöffel Öl, 1 Eßlöffel Butter, 3 Zwiebeln, 1 Karotte, ½ Teelöffel Zucker, 1 gehäufter Eßlöffel Mehl, ¼ l Wasser, Salz, Pfeffer, 2 Zweiglein Thymian, ½ Lorbeerblatt, 2 Stengel Petersilie, Estragon, 1 Zweiglein Rosmarin, 8 Pfefferkörner. – Frischgehackte Petersilie und Kerbel zum Bestreuen.

Für das Hammelragout kann man auch tiefgefrorenes Lammfleisch verwenden. Es muß dann vor dem Zubereiten aufgetaut werden. Bei Lammfleisch ist die Garzeit nur 1½ Stunden. Man kann die Mehlbindung ganz fortlassen und dafür einen Kalbsfuß mitschmoren. Dann bekommt die Sauce eine schöne Sämigkeit.

Die Steinpilze eine Stunde in einer Tasse Wasser einweichen. Das Hammelfleisch in große Würfel schneiden. Die Zwiebel schälen und in grobe Würfel schneiden, die Karotte putzen und in Scheiben schneiden. Das Öl und die Butter in einem eisernen Schmortopf erhitzen und das Fleisch darin bei starker Hitze bräunen lassen. Die Zwiebeln und die Karotte hinzugeben und unter Rühren mit anrösten. Einen Teil des ausgebratenen Fettes abschöpfen, den Zucker in den Topf streuen und leicht karamelisieren lassen. Dann das Mehl über das Fleisch geben, hellgelb rösten und die Steinpilze mit dem Einweichwasser hinzufügen. Mit Wein und Wasser aufgießen und die Kräuter und Gewürze in einem Mullbeutelchen hinzugeben. Umrühren und gut zugedeckt bei leichter Hitze in etwa 3 Stunden gar schmoren lassen, evtl. noch etwas Wasser nachgießen. Vor dem Auftragen den Gewürzbeutel herausfischen und das Ragout mit Salz und frischgemahlenem Pfeffer abschmecken. Die frischen Kräuter darüberstreuen.

Beilage: Pellkartoffeln und Wirsing

Deutsches Beefsteak

Zubereitungszeit: 25 Minuten
Pro Portion:
920 Joule/220 Kalorien
400 g reines frisch durchgedrehtes Beefsteakhack (Tatar), 4 Eßlöffel Wasser, Salz, Pfeffer, 2 große Zwiebeln, 1 Eßlöffel Öl und 2 Eßlöffel Butter zum Braten

Das Beefsteakhack mit Wasser, Salz und nicht zu fein gemahlenem Pfeffer zu einem glatten Teig verkneten. Mit nassen Händen vier Fleischplätzchen formen. Die Zwiebeln in Ringe schneiden. Das Öl und einen Eßlöffel Butter erhitzen und die Zwiebeln darin unter gelegentlichem Umrühren glasig braten. Die Zwiebeln mit einem Schaumlöffel aus der Pfanne nehmen. In das Bratfett die restliche Butter geben und die Hacksteaks darin von beiden Seiten je 2–3 Minuten hellbraun braten, sie sollen noch einen leicht rötlichen Kern haben. Aus der Pfanne nehmen und auf eine heiße Platte geben. Die Zwiebeln kurz in dem Bratfett erneut erhitzen und auf die deutschen Beefsteaks häufen.

Beilage: Alle Arten von Gemüse, Kartoffelpüree oder gekochte Kartoffeln

Frikadellen (Fleischpfanzel, Buletten)

Zubereitungszeit: 25 Minuten
Pro Portion:
1130 Joule/270 Kalorien
200 g Beefsteakhack, 50 g Schweinehack oder 250 g gemischtes Hackfleisch, 1 Brötchen vom Vortag, 1 Zwiebel, 30 g Speck, 1 Löffelspitze Majoran, abgeriebene Zitronenschale, 1 Ei, Salz, Pfeffer, 1 Eßlöffel Öl, 1 Eßlöffel Butter

Das Brötchen in lauwarmem Wasser einweichen. Speck und Zwiebel in feine Würfel schneiden. Das Hackfleisch in eine Schüssel geben, das Ei, das ausgedrückte Brötchen, Speck und Zwiebelwürfel sowie Majoran und Zitronenschale hinzufügen. Alle Zutaten gründlich miteinander vermischen. Herzhaft mit Salz und frischgemahlenem Pfeffer abschmecken. Aus dem Hackfleisch mit nassen Händen vier Fleischbälle formen und flachdrücken.

Öl und Butter in einer Pfanne erhitzen und die Frikadellen darin kurz scharf anbraten und dann bei leichter Hitze in etwa 8 Minuten von beiden Seiten goldbraun braten. Sollen die Frikadellen kalt gegessen werden, brät man sie nur in neutralem Öl.

Beilage zu allen Kartoffel- und Gemüsegerichten, kalt zu Kartoffelsalat und zu Brötchen

Kalbsbrisoletten

Die in Berlin so geschätzten Kalbsbrisoletten sind ein Rezept der eingewanderten Hugenotten, durch das Garen im Schweinenetz (beim Metzger vorbestellen) bleiben sie besonders saftig.

Das Fleisch zweimal durch den Fleischwolf passieren und mit den Semmelbröseln, der Schalotte, dem Ei, Zitronenschale, Salz, Ingwer und Kräutern vermischen. 4 runde Fleischlaibchen formen. Von dem Schweinenetz 4 handflächengroße Stücke schneiden und die Fleischlaibchen darin einschlagen. Öl und Butter in der Pfanne erhitzen und die Brisoletten darin von beiden Seiten knusprig braun braten.

Beilage: Kartoffelpüree, Erbsen und Karotten oder Pilze

Zubereitungszeit: 30 Minuten
Pro Portion:
1300 Joule/310 Kalorien
300 g Kalbfleisch (Keule), 100 g Schweinefleisch, 1 Eßlöffel Semmelbrösel in Milch eingeweicht, 1 feingeschnittene Schalotte, 1 Ei, abgeriebene Schale einer halben Zitrone, Salz, 1 Löffelspitze gemahlener Ingwer, 1 Eßlöffel feingewiegte Kräuter (Petersilie, Kerbel, einige Blättchen Estragon). – 1 Stück Schweine- oder Kalbsnetz. – 1 Eßlöffel Öl, 1 Eßlöffel Butter zum Braten

Gekochte Rinderbrust

(6 Personen)

Anstelle von Rinderbrust ist im Spätherbst vor allem eine saftige Ochsenbrust eine ganz besondere Delikatesse.

Am zartesten ist die leicht fettdurchzogene Mastochsenbrust für das nachfolgende Gericht geeignet. Sie ist meist im Spätherbst erhältlich.

Das Fleisch und die Knochen kurz waschen, das Gemüse putzen und in dicke Stücke schneiden. Alle Zutaten mit den angegebenen Gewürzen und Kräutern in einen Suppentopf geben und mit dem Wasser übergießen, salzen und zum Kochen bringen. Die Hitze zurückschalten und das Fleisch zugedeckt in 2–2½ Stunden bei leichter Hitze langsam gar ziehen lassen. Das Fleisch wird nur zart, wenn die Brühe nicht sprudelnd kocht. Die Rinderbrust aus der Suppe nehmen und 5–10 Minuten ruhen lassen. Dann quer zur Faser in Scheiben schneiden und mit etwas Brühe übergossen anrichten. Von einem Teil der Brühe kann man Bouillonkartoffeln als Beilage kochen.

Beilage: Brühkartoffeln, Wirsingkohl, Meerrettichsauce oder Bratkartoffeln, Spinat

Zubereitungszeit: 30 Minuten
Kochzeit: 2½ Stunden
Pro Portion:
2240 Joule/530 Kalorien
1 kg Rinderbrust (Brustkern), 500 g Suppenknochen, 2 l Wasser, ½ Lorbeerblatt, einige Stengel Petersilie, 1 Zweiglein Majoran, etwas Liebstöckel, 1 Zwiebel mit 1 Nelke gespickt, 2 Möhren, 1 Petersilienwurzel, 1 kleine Stange Porree, 4 Stengel Blattsellerie, 1 Stück Zitronenschale, 2 Pimentkörner, einige Pfefferkörner, Salz

Schlachtschüssel

Wem läuft beim Anblick einer frisch angerichteten Schlachtplatte nicht das Wasser im Munde zusammen und wer ist dabei nicht bereit, auf lästiges Kalorienzählen zu verzichten? Da nur einmal in der Woche geschlachtet wird und es nur dann die für die Schlachtplatte unentbehrlichen Leber- und Blutwürste gibt, ist der Tag für die Schlachtplatte fast überall der Dienstag.

Zu einer echten Schlachtplatte gehört eine Unterlage aus Sauerkraut. Darauf werden neben den Blut- und Leberwürsten Scheiben von frischem gekochten Schweinebauch oder dem Schweinekopf angerichtet sowie, als besondere Delikatesse, noch gekochte Schweinezunge oder -rüssel sowie Bratwürstchen oder Räucherwurst.

Je nach Landschaft gibt es noch Bratkartoffeln, Leberknödel (Bayern und Pfalz), Spätzle (Schwaben), Erbspüree (Berlin und Rheinland) oder Kartoffelpüree, mit gebräunten Zwiebelringen bedeckt, dazu.

Falscher Hase Berliner Art

(6 Personen)

Zubereitungszeit: 1 Stunde
Pro Portion:
2480 Joule/590 Kalorien
300 g Rindfleisch, 300 g Schweinefleisch (Nacken), 100 g Schinkenspeck, 2 in Milch eingeweichte Semmeln, 1 Zwiebel, 3 Stengel Petersilie, 1 Möhre, 1 Ei, etwas abgeriebene Zitronenschale, Majoran, Salz, Pfeffer, Muskat, 1 gestrichener Teelöffel Senf. – 1 Eßlöffel Öl, 20 g Butter, 1 Bund Suppengemüse, 2 Tomaten, ¼ l Fleischbrühe, ⅛ l Crème fraîche

Das Fleisch und den Schinkenspeck durch den Fleischwolf drehen oder in der Küchenmaschine zerkleinern, die Semmeln ausdrücken. Zwiebeln, Petersilie, Möhre in der Küchenmaschine nicht zu fein hacken. Alle Zutaten gründlich vermischen und mit Salz, Pfeffer, Muskat und Senf herzhaft abschmecken. Den Fleischteig mit nassen Händen zu einem glatten Teig formen. Öl und Butter in einem Schmortopf erhitzen, der nicht viel größer als der Braten ist, und den Hackbraten in dem heißen Fett von beiden Seiten anbraten. Das Suppengrün in Streifen schneiden und zu dem Fleisch geben. Etwas anrösten lassen, die Tomaten hinzufügen und mit 4 Eßlöffeln Fleischbrühe aufgießen. Den Schmortopf mit einem Deckel verschließen und in den vorgeheizten Backofen geben. Bei mittlerer Hitze (200°) in 30–35 Minuten gar braten lassen, die letzten 10 Minuten den Deckel öffnen, damit der Hackbraten bräunt. Das Fleisch mit einer Backschaufel herausheben und warm stellen. Den Bratenfond mit der restlichen Fleischbrühe aufgießen, etwas kochen lassen und durch ein Sieb streichen. Die Sauce aufkochen, die Crème fraîche hinzufügen und so lange einkochen lassen, bis die Sauce eine leichte Sämigkeit hat. Den Hackbraten in Scheiben schneiden und die Sauce getrennt dazu reichen.

Beilage: Erbsen mit Karotten oder Rotkohl, Kartoffelpüree

Echte Königsberger Klopse

Zubereitungszeit: 30 Minuten
Pro Portion:
1260 Joule/300 Kalorien
500 g Kalbfleischhack, 1 Brötchen, 1 Tasse Milch, 6 Sardellen, 1 kleine Zwiebel, ½ Teelöffel Semmelbrösel, 1 Ei, Salz, Pfeffer, 1 Eßlöffel geschmolzene Butter, abgeriebene Zitronenschale. – ¾ l Fleischbrühe, ½ Lorbeerblatt, 2 Pfefferkörner, 3 Eßlöffel Semmelbrösel, 2 Eigelb, Zitronensaft, evtl. einige Kapern

Das Brötchen in Milch einweichen. Das fein durchpassierte Kalbshack (man kann auch 250 g Beefsteakhack und 250 g Schweinehack verwenden) in die Schüssel geben. Die gewässerten Sardellen fein hacken, die Zwiebel schälen und reiben. Das Fleisch mit der ausgedrückten Semmel und den übrigen Zutaten zu einem Fleischteig verkneten. Herzhaft mit Salz und frischgemahlenem Pfeffer abschmecken. Die Fleischbrühe mit dem Lorbeerblatt und den Pfefferkörnern zum Kochen bringen. Aus dem Fleischteig 12-16 Fleischklößchen formen und diese in der kochenden Fleischbrühe in 8 bis 10 Minuten gar ziehen lassen. Die Klopse mit einem Schaumlöffel herausnehmen und warm stellen. Die Semmelbrösel in die Brühe schütten. Die Sauce etwas einkochen lassen, mit den Eigelb legieren und mit Zitronensaft abschmecken. Nach Geschmack Kapern und Sahne an die Sauce geben (in den ganz alten Rezepten stehen beide Zutaten nicht). Die Fleischklopse in der Sauce, die nicht mehr kochen soll, noch etwas ziehen lassen.

Beilage: Kartoffelpüree oder Reis

Danziger Schmantklopse

Zubereitungszeit: 35 Minuten
Pro Portion:
2650 Joule/630 Kalorien
Fleischteig: 200 g mageres Schweinefleisch (Keule), 200 g Kalbfleisch (Keule), 200 g Rindfleisch (Blume), ½ Salzhering, 1 Ei, 6 Eßlöffel Crème fraîche, 30 g frischgeriebene Semmelbrösel, Salz, Pfeffer, Ingwer.
Schmant-Sauce:
⅜ L Fleischbrühe, ½ Lorbeerblatt, 1 Eßlöffel Butter, 8 Pfefferkörner, Zitronenschale, ⅛ l Crème fraîche, 1 Eßlöffel Kapern, 1 Eßlöffel Senf

Das Fleisch am besten gleich beim Einkauf durch die Fleischmaschine passieren lassen oder durch die feine Scheibe des Fleischwolfes drehen. Den Salzhering kleinschneiden und mit dem gehackten Fleisch und den übrigen Zutaten zu einem Fleischteig verkneten. Mit nassen Händen 8 Klopse daraus formen.

Die Fleischbrühe mit dem Lorbeerblatt, der Butter, den Pfefferkörnern und der Zitronenschale zum Kochen bringen. Die Klopse hineinlegen und bei leichter Hitze 5 Minuten garen lassen, wenden und weitere 5 Minuten garziehen lassen. Die Klopse aus der Brühe nehmen und warmstellen. Die Brühe eine Viertelstunde einkochen lassen. Mit der Crème fraîche verrühren, die Kapern hinzufügen und kurz durchkochen lassen. Von der Kochstelle nehmen und mit dem Senf verrühren. Die Klopse noch einmal kurz in der Sauce erhitzen, aber nicht mehr kochen lassen.

Beilage: Salzkartoffeln, Senfgurken

Die Ente mit Lübscher Füllung wird nach einem alten hanseatischen Rezept zubereitet

Rezept Seite 165

Kalbsbries bayerische Art

Wenn man anstelle der Champignons ein paar getrocknete eingeweichte Morcheln an die Sauce gibt, hat man ein besonders delikates Gericht.

Die Kalbsbriese 2 Stunden in lauwarmem Wasser wässern und das Wasser hin und wieder erneuern, bis es nicht mehr blutig ist. Die Kalbsbriese von allen Adern, Fett und anhaftenden Hautfetzen befreien. Zwiebeln, Lauchstange und Karotten in feine Streifen schneiden. Das Wasser mit dem Essig, dem Gemüse und den Gewürzen zum Kochen bringen. Die Kalbsbriese darin bei leichter Hitze in 5 Minuten garziehen lassen. Aus dem Sud nehmen und warm stellen. ¼ l durch ein Sieb gegossenen Sud und den Weißwein 5 Minuten einkochen lassen. Die in feine Streifen geschnittenen Gemüse hinzufügen und weitere 5 Minuten kochen lassen. Von der Kochstelle nehmen und die Butter in Flöckchen unter Rühren hinzufügen. Die Kalbsbriese in Scheiben schneiden und auf einer vorgewärmten Platte anrichten. Die Sauce mit Salz und frischgemahlenem Pfeffer abschmecken und über die Briesscheiben gießen. Mit feingeschnittenem Schnittlauch bestreuen.

Beilagen: Roggennudeln, gemischter junger Blattsalat

Zubereitungszeit: 30 Minuten
Bries 2 Stunden wässern
Pro Portion:
1870 Joule/445 Kalorien
2 schöne Kalbsbries (je 400 g)
Sud: 1 kleine Zwiebel, 1 kleine Lauchstange, 1 Karotte, 1 Lorbeerblatt, einige Pfefferkörner, Salz, ¼ l Essig, 2 l Wasser
Sauce: 2 Karotten, 3 Frühlingszwiebeln, 1 Stange Sellerie, 100 g Champignons, ⅛ l Weißwein, ¼ l Sud, 80 g Butter, Salz und Pfeffer. – ½ Bund Schnittlauch

Gedünstetes Kalbshirn in Kerbelbutter

Die Kalbshirne unter fließendem Wasser 1 Stunde wässern lassen. Alle Zutaten für den Sud 20 Minuten kochen lassen, durch ein Sieb geben und die Kalbshirne darin 5 Minuten ziehen lassen. Mit dem Schaumlöffel herausnehmen und kurz in kaltes Wasser geben. Von aller anhaftender Haut und den darunterliegenden Blutgefäßen befreien. Gut abtrocknen lassen. Die Hirne in Mehl wenden. Alles überflüssige Mehl wieder abklopfen.

Die Butter in einer Pfanne erhitzen und die Hirne darin bei leichter Hitze von beiden Seiten goldgelb braten. Die Hirne aus der Pfanne nehmen, mit Bratenfett bepinseln, salzen, pfeffern, mit einer Alufolie bedeckt warm stellen. Das restliche Bratenfett abgießen, den Bratsatz mit Weißwein ablöschen und mit der kleingehackten Zwiebel etwas einkochen lassen. Den abgezupften Kerbel und die Crème fraîche hinzufügen und die Sauce noch kurz durchkochen lassen.

Die Hirne auf eine vorgewärmte Platte geben, mit der Sauce übergießen und mit etwas kleingeschnittenem Kerbel und Schnittlauch bestreuen.

Beilage: glasierte Karotten, junge Erbsen

Zubereitungszeit: 35 Minuten
Hirn 1 Stunde wässern
Pro Portion:
1430 Joule/340 Kalorien
2 Kalbshirne (je 300–350 g)
Sud: 1 l Wasser, 10 g Salz, 1 Zwiebel, 1 Eßlöffel Essig, einige Pfefferkörner, einige Stengel Petersilie und Kerbel. – Mehl zum Wenden. – 50 g Butter, 1 Glas trockener Weißwein, 1 kleine Zwiebel, 3 Eßlöffel Crème fraîche, Salz, Pfeffer, Kerbel und Schnittlauch

Geröstete Leber bayerische Art

Die sorgfältig enthäutete Leber in feine Scheiben oder Streifen schneiden. Mehl und Salz miteinander auf einem Teller vermischen. Die Zwiebeln in Streifen schneiden. Öl und einen Eßlöffel Butter in einer Pfanne erhitzen und die Zwiebelstreifen darin glasig braten. Mit einem Schaumlöffel aus der Pfanne nehmen und gut abtropfen lassen. Die Leberstücke in dem Mehl-Salz-Gemisch wenden, überflüssiges Mehl abschütteln. Das Zwiebelfett mit der restlichen Butter und dem Salbei oder Majoran erneut erhitzen und die Leber darin schnell von beiden Seiten knusprig braun braten, sie soll noch einen rosa Kern haben. Sofort herausnehmen und auf eine heiße Platte geben, mit frischgemahlenem Pfeffer bestreuen. Die Zwiebelscheiben noch einmal in dem Bratenfett erhitzen und über die Leberscheiben schütten.

Beilage: Kartoffelpüree und gemischter Salat

Zubereitungszeit: 20 Minuten
Pro Portion:
1050 Joule/250 Kalorien
400 g Kalbs-, Rinds- oder Schweineleber, Mehl, Salz, 2 große Zwiebeln, 1 Eßlöffel Öl, 2 Eßlöffel Butter, 6 frische Salbeiblätter oder 1 Löffelspitze Majoran, Pfeffer

Briesscheiben, mit Ei und Semmelbröseln paniert und goldbraun gebraten, sind als Beilage zu jungem Gemüse besonders beliebt. Ich finde sie noch feiner und zarter, wenn sie, wie bei dem folgenden Rezept, unpaniert nur in Kräuterbutter gebraten werden.

Kalbsbries (Schweser) Bremer Art

Zubereitungszeit: 30 Minuten
Bries 2 Stunden wässern
Pro Portion:
1340 Joule/320 Kalorien
2 Kalbsbriese (je 400 g), Salz, Pfeffer, 1 Eßlöffel Öl, 3 Eßlöffel Butter, 2 Eßlöffel gehackte Kräuter (Estragon, Pimpernelle, Zitronenmelisse, Petersilie)

Die Kalbsbriese waschen und von allen anhaftenden Adern und Fett befreien. Zwei Stunden in lauwarmem Wasser wässern, dabei das Wasser hin und wieder erneuern, bis es nicht mehr blutig ist. Die Kalbsbriese in einen Topf geben, mit kaltem Wasser bedecken und bei leichter Hitze zum Kochen bringen. Vorsichtig mit einem Schaumlöffel aus dem Kochwasser nehmen und in eine Schüssel mit kaltem Wasser geben. Die erkalteten Briese in zwei Hälften teilen, von noch anhaftenden Hautfetzen befreien, nur die dünne Haut, die die Briesteile zusammenhält, nicht entfernen. Mit einem Küchentuch gut abtrocknen. Jede Brieshälfte in 1½ cm dicke Scheiben schneiden. Salzen und pfeffern. 1 Eßlöffel Öl und 1 Eßlöffel Butter in einer Pfanne erhitzen und die Briesscheiben darin bei leichter Hitze von beiden Seiten schnell goldbraun braten. Die Briesscheiben aus der Pfanne nehmen und warm stellen. Die restliche Butter sowie die Kräuter in das Bratfett geben und kurz durchschwenken. Die Kräuterbutter über die auf einer Platte angerichteten Briesscheiben gießen.

Beilagen: Zuckererbsen oder Spargel und Kartoffelplätzchen

Leber mit Äpfeln Berliner Art

Zubereitungszeit: 40 Minuten
Pro Portion:
1680 Joule/400 Kalorien
4 Scheiben Kalbs- oder Schweineleber (je 125 g), Mehl, Salz, Pfeffer, 4 dünne Scheiben durchwachsener Speck, 3 Eßlöffel Butter, 1 Eßlöffel Öl, 2 große Zwiebeln, 2 säuerliche Äpfel

Die Zwiebeln und die Äpfel schälen. Das Kerngehäuse der Äpfel mit einem Apfelausstecher entfernen und Äpfel und Zwiebeln in Scheiben schneiden. Das Mehl mit Salz und Pfeffer vermischen. 1 Eßlöffel Butter und den Eßlöffel Öl erhitzen, die Speckscheiben darin knusprig braten und aus dem Fett nehmen. Die Leberscheiben in dem Mehl wenden und in dem heißen Fett von beiden Seiten in 5 Minuten braun braten. In einer zweiten Pfanne die restliche Butter erhitzen und zuerst die Apfelscheiben darin weich dünsten, diese aus der Pfanne nehmen und warm stellen, dann in dem gleichen Fett die Zwiebelringe glasig braten. Die gebratenen Leberscheiben mit frischgemahlenem Pfeffer würzen und auf einer vorgewärmten Platte anrichten. Mit den Apfelscheiben und den Zwiebelringen bedecken und die knusprigen Speckscheiben darübergeben.

Beilage: Kartoffelpüree

Kalbsnieren Düsseldorfer Art

Zubereitungszeit: 30 Minuten
Pro Portion:
1550 Joule/370 Kalorien
2 schöne große Kalbsnieren (ca. 500 g), Pfeffer, 2 Eßlöffel Butter, Salz, 1 kleine Zwiebel, 1 Eßlöffel feingeraspelte Ingwerwurzel, ⅛ l Crème fraîche, 1 Eßlöffel Düsseldorfer Senf, Schnittlauch zum Bestreuen

Um die vorbereiteten Kalbsnieren einen 1 cm breiten Fettrand stehen lassen und mit Pfeffer einreiben. Einen Eßlöffel Butter erhitzen und die ganzen Nieren bei starker Hitze von allen Seiten etwa 10 Minuten braten, es muß alle Flüssigkeit verdampft sein. Dann erst salzen. In der Bratzeit der Nieren die Zwiebel in kleine Würfel schneiden und in der restlichen Butter glasig braten. Mit der Crème fraîche bedecken, die Ingwerwurzel hinzugeben, leicht salzen und die Sahne unter gelegentlichem Umrühren einkochen lassen. Die gebratenen Nieren aus dem Topf nehmen, den Fettrand abschneiden, die Nieren auf einem Holzbrett in Scheiben schneiden und mit Alufolie bedeckt warm stellen. Den heraustretenden Saft in einen kleinen Topf geben, die Fleischbrühe hinzugeben sowie die Ingwersahne und kurz durchkochen. Mit Salz und frischgemahlenem Pfeffer abschmecken. Die Nierenscheiben auf einer Platte anrichten und mit der kochendheißen Sauce übergießen. Mit Schnittlauch bestreuen.

Beilage: Champignons oder grüne Erbsen, Bratkartoffeln oder Kartoffelpüree

Geschmortes Kalbsherz

Die Kalbsherzen vierteln, von Haut, Sehnen und Knorpeln befreien, salzen und pfeffern. Öl und Butter in einer Pfanne erhitzen und die Herzviertel darin scharf anbraten. Zudecken und bei schwacher Hitze 10 Minuten schmoren lassen. Die Schalotten fein wiegen, die Champignons in Scheiben und das Suppengemüse in feine Streifen schneiden. Die Butter in einem kleinen Topf erhitzen und das Gemüse darin 10 Minuten andünsten. Mit dem Weißwein ablöschen, etwas einkochen lassen und mit der Crème fraîche vermischen. Das Kalbsherz in dünne Scheiben schneiden, es soll noch zartrosa sein. Auf einer vorgewärmten Platte anrichten und mit der Sauce übergießen.

Beilage: Spätzle oder Nudeln, Salat

Zubereitungszeit: 30 Minuten
Pro Portion:
1890 Joule/450 Kalorien
2 Kalbsherzen (je 400 g), Salz, Pfeffer, 1 Eßlöffel Öl, 1 Eßlöffel Butter. – Sauce:
2–3 Schalotten, 150 g frische Champignons, 1 Bund frisches Suppengrün, 40 g Butter, ⅛ l trockener Weißwein, 4 Eßlöffel Crème fraîche

Kalbskopf gebacken bayerische Art

Den Kalbskopf am besten vom Metzger vorbereiten lassen, also aufschlagen und von Zunge und Hirn befreien.

Den gewaschenen Kalbskopf einige Stunden lang wässern. Dann mit Wasser bedeckt mit den Gewürznelken und dem kleingeschnittenen Suppengrün in ca. 1½ Stunden weich kochen. Das Fleisch von den Knochen lösen und in breite Streifen schneiden. Salzen und pfeffern. Das Ei gründlich verschlagen. Die Kalbskopfstreifen zuerst in Mehl, dann in dem Ei und zum Schluß in den Semmelbröseln wenden.

Das Schweineschmalz in einer Pfanne erhitzen und die Kalbskopfstreifen darin goldgelb backen. Mit einem Schaumlöffel herausnehmen und gut abtropfen lassen. Auf einer vorgewärmten Platte anrichten.

Beilage: Gemischte Salatplatte und Kartoffelsalat

Zubereitungszeit: 2 Stunden 15 Minuten
Einige Stunden wässern
Pro Portion:
2060 Joule/490 Kalorien
½ Kalbskopf, 3 l Wasser, 2 Gewürznelken, 1 Bund Suppengrün, 1 Ei, Salz, Pfeffer, Mehl, Semmelbrösel, 100 g Schweineschmalz zum Backen

Je länger die vorgekochten Kutteln noch einmal bei leichter Hitze schmoren, desto delikater wird das Ragout. Ich lasse die Kutteln, im Gegensatz zu dem schwäbischen Rezept, daher sehr viel länger im festverschlossenen Topf schmoren und gebe statt der Mehlschwitze zwei Kalbsfüße hinzu, die der Sauce eine feinere Bindung verleihen.

Saure Kutteln schwäbische Art

Die gewässerten Kutteln in Streifen schneiden, die Zwiebel in Würfel. Das Schmalz erhitzen und die Zwiebelwürfel darin glasig braten. Die Kutteln hinzufügen, nur kurz durchschmoren und mit dem Most oder Wein aufgießen. Die Gewürze sowie die geputzten Kalbsfüße in den Topf geben und diesen fest verschließen, evtl. noch mit einer Alufolie. Auf dem Herd oder im Backofen mindestens 2 Stunden bei leichter Hitze garen lassen. Die Gewürze herausfischen, das Fleisch von den Kalbsfüßen auslösen und in Streifen geschnitten unter die Kutteln mischen. Mit Salz und evtl. etwas Essig abschmecken. Sehr heiß auftragen.

Nach dem schwäbischen Originalrezept bereitet man zuerst eine Sauce aus einer Mehlschwitze zu, die mit Fleischbrühe, Most oder Wein aufgegossen wird, und läßt die Kuttelstreifen darin nur kurz gar ziehen. Man kann mit Essig oder auch mit Sahne abschmecken.

Knusprige Bratkartoffeln sind als Beilage obligatorisch.

Zubereitungszeit:
2 Stunden 30 Minuten
Pro Portion:
2100 Joule/500 Kalorien
800 g gekochte Kutteln, 2 große Zwiebeln, 80 g Schmalz, ¾ l Apfelmost oder trockener Wein, 2 Kalbsfüße, 1 Lorbeerblatt, 2 Nelken, 1 Stückchen Zitronenschale, einige Pfefferkörner, 3 Stengel Petersilie, Salz, evtl. etwas Essig

Königsberger Fleck

Zubereitungszeit: 2 Stunden
Pro Portion:
1050 Joule/250 Kalorien
1 kg Suppenknochen, Salz,
1 kg gekochte Kutteln,
1 Zwiebel, 1 Lorbeerblatt,
10 Pfefferkörner,
5 Pimentkörner, Majoran,
1 Bund Suppengrün, Essig,
Senf

Die gewaschenen Suppenknochen mit 2 l Wasser und Salz eine Stunde kochen lassen. Dann den in Würfel geschnittenen Rindermagen (die Kutteln) hinzufügen und 30 Minuten kochen lassen. Zwiebel, Gewürze und in Streifen geschnittenes Suppengrün an die Suppe geben und weitere 30 Minuten kochen lassen. Kochendheiß in Teller füllen. Auf dem Tisch steht Essig, Senf und Majoran, mit dem sich jeder seinen Fleck nach eigenem Geschmack würzt.

Dazu gibt es frische Brötchen, Bier und klaren Schnaps.

Rinderzunge in Linsenrahmsauce

Zubereitungszeit: 3 Stunden
Zunge und Linsen
am Vortag wässern
Pro Portion:
2650 Joule/630 Kalorien
1 frische Rinderzunge,
200 g rote Linsen,
2½ l Rinderbrühe,
50 g durchwachsener Speck,
2 Schalotten, ⅛ l Sahne, Salz,
Pfeffer

Die geputzte Rinderzunge über Nacht wässern, die Linsen ebenfalls über Nacht einweichen.

Die Zunge in der Rinderbrühe in 1½ Stunden bei leichter Hitze gar kochen und in der heißen Brühe warm stellen. Den Speck in kleine Würfel schneiden, die Schalotten hacken. Die Speckwürfel glasig braten und die Schalotten darin andünsten. Mit ½ l Zungenbrühe aufgießen. Die eingeweichten Linsen auf einem Sieb abtropfen lassen, in die Brühe geben und in etwa einer Stunde weich kochen lassen. Einen Teil der weichgekochten Linsen (ca. ⅕) beiseite stellen. Die übrigen Linsen mit der Brühe im Mixer pürieren, die Sahne hinzugeben, noch einmal aufkochen und mit Salz und frischgemahlenem Pfeffer abschmekken. Zum Schluß die ganzen Linsen mit der Sauce vermischen.

Die Haut der Zunge abziehen und die knorpeligen Stellen am Zungenansatz wegschneiden. Auf einer vorgewärmten Platte anrichten und mit der Linsenrahmsauce überziehen.

Beilage: Spätzle

Eintopfgerichte

Die meisten Rezepte für die gehaltvollen derben Eintopfgerichte der deutschen Küche sind bäuerlichen Ursprungs. Frische Gemüse und Kräuter aus dem eigenen Garten, vor allem die festen Wintergemüse, Kartoffeln, ein Streifen Speck aus der Räucherkammer oder ein Stück Fleisch aus eigener Schlachtung kamen in den großen Suppentopf auf dem Herd und konnten dort während der Feldarbeit der Bäuerin langsam gar werden. Je nach Landschaft und regionalen Produkten unterschied sich die Zusammensetzung beträchtlich. Am besten gerieten die Eintöpfe jedoch beim Bäcker. Die Zutaten für den Fleisch-Gemüse-Topf wurden in ein großes irdenes Gefäß geschichtet, mit einem Mehlteig verschlossen und dann zum Bäcker gebracht, der ihn nach dem Brotbacken in den noch heißen Backofen schob. Die Bezeichnung Beckeofe in der Pfalz, in Baden und im benachbarten Elsaß für diese besonders delikaten Eintopfgerichte erinnert noch an jene Zeiten. Das langsame Garen in einem festverschlossenen Topf ist überhaupt das Geheimnis eines wirklich guten Eintopfgerichtes, weil dabei die Aromen und Düfte der verschiedenen Zutaten und der Gewürze aneinander ganz durchdringen können und ein völlig neuer Geschmack entsteht.

Nördlich des Mains schreckt man vor der beliebten Zusammenstellung von süß und salzig auch beim Eintopf nicht zurück. So werden herbstliche Gemüse mit Birnen und Äpfeln sowie geräuchertem Speck vermischt, und auch das Schlesische Himmelreich aus Backobst und Klößen hat erst die richtige Würze, wenn ein Stück Rauchfleisch mitgekocht ist. Diese Geschmackskompositionen sind jedoch für die Bevölkerung südlich des Mains zu exotisch. Auch ein altes Seemannsgericht aus dem Norden, den Labskaus, wird man vergeblich auf süddeutschen Speisekarten suchen. Was bei der christlichen Seefahrt früher der Smutje in seiner Kombüse aus gepökeltem Rindfleisch, Kartoffeln und Salzheringen zu einem Eintopf zusammenfügte, wird heute – meistens noch mit kleingeschnittenen Roten Beten zu einer kräftig roten Mischung gebracht – und in allen Küstenstädten des Nordens begeistert gegessen. Wahrscheinlich schmeckt das alte Seemannsgericht nur, wenn eine salzige Brise vom Meer herüberweht. Auf jeden Fall schmeckt Labskaus sehr viel besser, als es aussieht.

So liefert Süddeutschland außer den schon erwähnten Bäckerkartoffeln nur noch zwei namentlich bekannte Eintopfgerichte: den schwäbischen Gaisburger Marsch aus Kartoffeln und Spätzle, vermischt mit Rindfleisch und Brühe (eine Zusammenstellung, die wiederum die Norddeutschen erschreckt), und den in ganz Deutschland beliebten Pichelsteiner, ein Fleisch-Gemüse-Eintopf. Sonst mag man im Süden statt Eintopf lieber eine »g'scheite« dicke Suppe oder Schweinsbraten, Kraut und Knödel, alles schön säuberlich separat. Zu den derben Eintopfgerichten schmeckt am besten ein kühles Bier.

Schlesisches Himmelreich

Das schlesische Himmelreich wird nach altem Rezept mit einer Mehlschwitze gebunden. Verzichtet man darauf und bindet nur mit etwas Stärkepuder, wird es leichter und fruchtiger.
Das Backobst am Vortag mit ¾ l kaltem Wasser einweichen. Das Rauchfleisch bzw. den Speck, knapp mit Wasser bedeckt, eine Stunde kochen lassen. Dann das Backobst mit dem Einweichwasser und den Gewürzen hinzufügen und in weiteren 35 Minuten gar kochen. Mit einer Prise Zucker abschmecken und mit dem kalt angerührten Stärkepuder binden. Das Rauchfleisch in Scheiben schneiden. Semmel- oder Kartoffelklöße dazu reichen, die man in dem Backobst gar ziehen lassen kann.

Zubereitungszeit: 1½ Stunden
Pro Portion:
3990 Joule/950 Kalorien
400 g gemischtes Backobst,
500 g Rauchfleisch oder
durchwachsener Speck,
1 Stückchen Stangenzimt,
3 Nelken, etwas Zucker,
2 Teelöffel Stärkepuder

Westfälisches Blindes Huhn (Bremer Pluckte Finken)

Zubereitungszeit: 30 Minuten
Bohnen am Vortag einweichen
Garzeit: 2–2½ Stunden
Pro Portion:
3020 Joule/720 Kalorien
200 g weiße Bohnen,
500 g durchwachsener Speck oder Kasseler (Nackenende),
1 Eßlöffel Schweineschmalz,
500 g Möhren,
500 g Kartoffeln,
250 g säuerliche Äpfel, Salz, Pfeffer, 1 Eßlöffel gehackte Petersilie

Die Bohnen mit 1 l Wasser bedeckt über Nacht einweichen. Am nächsten Tag das Schweineschmalz in einem Schmortopf erhitzen und den Speck darin von allen Seiten anbraten. Die Bohnen auf ein Sieb geben, das Einweichwasser aufheben. Die abgetropften Bohnen zu dem Speck geben, mit dem Einweichwasser aufgießen und im geschlossenen Topf bei leichter Hitze 1½ Stunden kochen lassen. Die geputzten Möhren in Scheiben, die geschälten Kartoffeln und Äpfel in Würfel schneiden. Zuerst die Möhren und die Kartoffeln zu den Bohnen geben und je nach Garzeit der Möhren 30–45 Minuten mitkochen lassen. In der letzten Viertelstunde die Apfelwürfel hinzufügen. Mit Salz und frischgemahlenem Pfeffer abschmecken und mit der Petersilie bestreut servieren.

Bigosch – Schlesischer Sauerkrauteintopf

Zubereitungszeit: 45 Minuten
Garzeit 3 Stunden
Pro Portion
3910 Joule/930 Kalorien
1 kg Sauerkraut,
250 g durchwachsener Speck,
500 g Schweinefleisch,
5 Eßlöffel Schmalz, 2 Zwiebeln,
2 Knoblauchzehen, 1 Apfel,
4 Kartoffeln, 2 Paar Knoblauchwürste, 1 Glas Weißwein, Salz, Kümmel, Majoran, 1 Lorbeerblatt, Pfeffer

Den Speck und das Schweinefleisch in kleine Würfel schneiden. Das Schmalz erhitzen und die Fleischwürfel darin anbraten. Die in Streifen geschnittenen Zwiebeln, die feingewiegten Knoblauchzehen und den blättrig geschnittenen Apfel hinzufügen und noch ein Weilchen mit durchrösten. Das Sauerkraut zu dem Fleisch geben sowie die in Würfel geschnittenen Kartoffeln und die in Stücke geschnittenen Knoblauchwürstchen. Mit den angegebenen Gewürzen vermischen, den Wein hinzugießen und soviel Wasser, daß das Eintopfgericht knapp bedeckt ist. Fest mit einem Deckel verschließen und im Backofen bei schwacher Mittelhitze in ca. 3 Stunden langsam weich dünsten. Vor dem Auftragen noch einmal mit Salz und frischgemahlenem Pfeffer abschmecken.

Holsteiner Bohnen, Birnen und Speck (Gröner Hein)

Zubereitungszeit: 1 Stunde
Pro Portion:
3110 Joule/740 Kalorien
1 kg Brechbohnen,
300 g durchwachsener geräucherter Speck, 1 Eßlöffel Schmalz oder Öl, ½ l Wasser,
2 Zweiglein Bohnenkraut, Salz, Pfeffer, 8 kleine bis mittelgroße Birnen, 1 Eßlöffel gehackte Petersilie

Die Birnen sollen möglichst klein und fest sein für den Holsteinischen Bohneneintopf, damit sie nicht zerkochen. Den Speck kann man in Würfel geschnitten mitkochen oder im ganzen und ihn dann in Scheiben geschnitten auf den Bohnen anrichten

Die Bohnen waschen, Spitze und Stielansatz abschneiden und zwei- bis dreimal durchbrechen. Den Speck in große Würfel schneiden. Das Schmalz erhitzen und die Speckwürfel darin anbraten. Mit dem Wasser aufgießen und die Bohnen sowie Bohnenkraut und Salz hinzufügen. Die Birnen waschen, Blüte und Stiel entfernen und auf die Bohnen legen. Den Topf gut verschließen und ohne Umrühren bei leichter Hitze in 45 Minuten garschmoren lassen. Mit frischgemahlenem Pfeffer würzen und mit der Petersilie bestreut servieren.

Beilage: Pellkartoffeln

Von den vielen Labskausrezepten, die es gibt, gefällt mir das folgende am besten, das rosafarben vom Pökelfleisch und nicht rot vom Rübensaft ist. Ich kann mir auch nicht denken, daß dieses alte Seemannsgericht vom Smutje auf dem Windjammer mit Roten Beten vermischt wurde, wie es heute so oft geschrieben und gekocht wird – die hatte er bestimmt nicht immer an Bord parat.

Labskaus

Das Pökelfleisch in 1 l Wasser mit den Gewürzen 1½ Stunden kochen lassen; die in Würfel geschnittenen Kartoffeln ohne Salzzugabe getrennt sehr weich kochen und abgießen. Die Kartoffeln mit dem Kartoffelstampfer mit etwas Fleischbrühe zerstampfen, das Fleisch mit den Zwiebeln durch die grobe Scheibe des Fleischwolfes drehen. Fleisch und Kartoffeln miteinander vermischen und soviel Fleischbrühe hinzugeben, daß ein kompakter Brei entsteht. Die geschälte Salzgurke in kleine Würfel schneiden und unter das Labskaus geben. Vorsichtig mit Salz und kräftig mit frischgemahlenem Pfeffer abschmekken. Auf jede Portion Labskaus wird ein Spiegelei gesetzt und ein oder zwei Matjesfilets daneben gelegt. Außerdem gehört ein Schälchen Rote-Bete-Salat dazu.

Zubereitungszeit: 2 Stunden
Pro Portion:
4200 Joule/1000 Kalorien
¾ kg gepökeltes Rindfleisch, am besten Rinderbrust, 1 Lorbeerblatt, 3 mit je einer Nelke gespickte Zwiebeln, 10 Pfefferkörner, 1 kg Kartoffeln, 1 große Salzgurke, Salz, Pfeffer, 4–8 Matjesfilets, 4 Spiegeleier, Rote-Bete-Salat

Linseneintopf mit Gänsekeulen

Anstelle von Äpfeln können auch separat in Rotwein geschmorte Backpflaumen an den Linsentopf gegeben werden. Wer keinen Fruchtgeschmack zu den Linsen mag, läßt sie einfach fort.
Wenn die Linsen frisch sind, brauchen sie gar nicht eingeweicht zu werden, sonst wenige Stunden in Wasser und Rotwein.

Das Gänseschmalz oder das Öl in einem großen Schmortopf erhitzen und die Gänsekeulen darin rundherum anbraten. Salzen. Den Topf sorgfältig verschließen und im vorgeheizten Backofen bei Mittelhitze (200°) 1½ Stunden schmoren lassen. Den Topf öffnen, 1 Eßlöffel Gänsefett abschöpfen und in eine Pfanne geben.

Das Suppengrün kleinschneiden, mit dem Thymian zu den Gänsekeulen geben und etwas durchrösten. Die Linsen mit Rotwein und Wasser hinzufügen und gut vermischen. Den Topf mit Alufolie abdecken und zurück in das Backrohr geben. Eine ¾ Stunde weich schmoren lassen. In der Zwischenzeit die Äpfel schälen, vierteln, das Kerngehäuse entfernen und in Scheibchen schneiden.

Das abgeschöpfte Gänsefett erhitzen und die Apfelscheiben vorsichtig darin anbraten. Mit Zucker und Thymian bestreuen, darauf achten, daß sie nicht zerfallen.

Den Schmortopf aus dem Backrohr nehmen, die Alufolie entfernen und die Äpfel vorsichtig unter die Linsen mischen. Man kann die Gänsekeulen auch die letzten 15 Minuten ohne Alufolie bei Oberhitze knusprig braten.

Zubereitungszeit: 3 Stunden
Pro Portion:
4120 Joule/980 Kalorien
400 g Linsen, 1 Glas Rotwein, 1 l Wasser, 2 Gänsekeulen, Salz, Pfeffer, 1 Eßlöffel Gänseschmalz oder 1 Eßlöffel Öl, 1 Bund Suppengrün, 1 Zweiglein Thymian, 2 große säuerliche Äpfel, Thymian, 1 Teelöffel Zucker

Badische Bäckerkartoffeln (Beckeofen)

Zubereitungszeit: 45 Minuten
Fleisch über Nacht marinieren
3 Stunden Backzeit
Pro Portion:
1600 Joule/380 Kalorien
300 g Schweinenacken, 300 g Hammelschulter (ohne Knochen), 300 g Rinderschulter (ohne Knochen), 1 Karotte, 1 Zwiebel mit 2 Nelken gespickt, 1 Lorbeerblatt, 1 Knoblauchzehe, Salz, Pfeffer, ½ l badischer oder pfälzischer Weißwein oder Apfelwein. – 250 g Zwiebeln, 1 kg Kartoffeln, 40 g Schweineschmalz

(6–8 Personen)

Das Fleisch in Würfel und die Karotte in Scheiben schneiden. Zusammen mit der Zwiebel und der Knoblauchzehe sowie den Gewürzen in einen Steinguttopf legen. Salzen und pfeffern und mit dem Wein übergießen. Zugedeckt eine Nacht marinieren lassen. Die Zwiebeln und die Kartoffeln schälen und in Scheiben schneiden. Einen feuerfesten Steinguttopf dick mit dem Schmalz ausstreichen und die Hälfte der Kartoffeln und der Zwiebeln hineingeben. Mit Salz und Pfeffer bestreuen. Das Fleisch darüberfüllen und mit den restlichen Kartoffel- und Zwiebelscheiben bedecken. Noch einmal salzen und pfeffern. Die Marinade durch ein Sieb über die Kartoffeln gießen. Den Steinguttopf mit einem Deckel bedecken und außerdem noch mit einer Alufolie hermetisch verschließen. In den vorgeheizten Backofen geben und bei Mittelhitze (200°) in etwa 3 Stunden gar backen lassen. Im Topf auf den Tisch stellen.

Beilage: Kopfsalat

Pichelsteiner Eintopf (Bückelsteiner)

Zubereitungszeit:
2–2½ Stunden
Pro Portion:
2980 Joule/710 Kalorien
250 g Rindfleisch (Brust), 250 g Kalbfleisch (Brust), 250 g Schweinefleisch (Halsgrat), 2 große Markknochen, 400 g Kartoffeln, 4 Möhren, 2 große Zwiebeln, 2 Petersilienwurzeln, 1 kleine Sellerieknolle, 1 kleiner Wirsingkohl (300 g), 1 Stange Lauch, 2 Eßlöffel Öl, Salz, Pfeffer, 1 Teelöffel Kümmel, ½ l Fleischbrühe, 2 Eßlöffel gehackte Petersilie

Das Fleisch in große Würfel schneiden. Aus den Knochen das Mark herauslösen und in Scheiben schneiden. Die gewaschenen Kartoffeln, Sellerie und die Zwiebeln schälen und in Würfel schneiden. Die Möhren und die Petersilienwurzeln schaben und in Scheiben schneiden, den Lauch ebenso. Den Strunk vom Wirsingkohl keilförmig herausschneiden und den Kohlkopf in nicht zu feine Streifen schneiden.

Das Öl in einem großen Topf erhitzen und die Fleischwürfel darin braun braten. Herausnehmen und warm stellen. Die Hälfte der Knochenmarkscheiben auf den Topfboden legen. Schichtweise abwechselnd darauf Fleisch, Kartoffeln und Gemüse geben. Jede Lage mit Salz, Pfeffer und Kümmel würzen. Als Abschluß die restlichen Knochenmarkscheiben daraufsetzen. Die Fleischbrühe darübergießen und den Topf gut verschließen. Auf dem Herd oder im Backofen bei schwacher Mittelhitze (180°) in 1½–2 Stunden gar dünsten. Mit Petersilie bestreut auftragen.

Zur Rehkeule sind Spätzle und Pfifferlinge eine ideale Beilage

Rezept Seite 170

Geflügel

Heute könnte kein Politiker seinen Wahlkampf mit der Parole führen: »Ich werde dafür sorgen, daß künftig jeder Deutsche am Sonntag sein Huhn im Topf hat«, wie es weiland Heinrich der Vierte von Frankreich seinen Bürgern versprach. Das sonntägliche Huhn kann sich heute jeder leisten, es ist billiger als ein Schnitzel geworden. In meiner Kindheit war das noch anders. Da galt ein knuspriger Hühnerbraten mit einer saftigen Füllung als richtiger Festtagsbraten, der für eine ganze Familie reichte. Und wenn im Frühling die ersten jungen, leicht gemästeten Hähnchen, sanft gebraten, von Zuckererbsen und Spargel begleitet, auf den Tisch kamen, dann waren das richtige Frühlingswonnen. Brathühner und junge Hähnchen waren teuer und standen Enten im Preis kaum nach. Aber was waren daß für Prachtexemplare! Körnergefüttert und gemästet hingen sie – frisch geschlachtet und handgerupft – mit praller fleischiger Brust auf den Märkten zum Verkauf bereit, so daß jede Hausfrau vor dem Kauf auch noch Schnabel und Krallen auf das Alter der Bratvögel prüfen konnte. Als allerfeinstes Geflügel galt der Kapaun, dessen Aufzucht heute bei uns ebenso verboten ist wie das Stopfen von Gänsen und Enten.

Unter den zahllosen »Hahnen-, Hünlein- und Hennenrecepten« der alten Kochbücher standen die »Capaunen« deshalb auch immer an erster Stelle. Aber auch das zarte Hühnerfleisch war schon immer sehr beliebt, nimmt es doch durch seinen geringen Eigengeschmack willig das Aroma der hinzugefügten Gewürze und Kräuter auf und verbindet sich mit Gemüsen und Früchten zu den delikatesten Variationen. Vor 200 Jahren waren Rosinen und Lorbeer, Majoran und Rosenblätter, Pomeranzen und Ingwer, Johannis- und Stachelbeeren, Austern und Mandeln beliebte Geschmackszutaten. An guten Rezepten fehlt es auch heute nicht in der deutschen Küche. Die große Frage ist nur: woher das erforderliche Ausgangsmaterial nehmen, das fleischige körnergefütterte Freilandhuhn? Was da von der Massentierhaltung, meistens noch dazu als unkenntliches Eispaket, aus der Tiefkühltruhe gezogen wird, hat den Namen Gummiadler redlich verdient. Viel zu früh geschlachtet, von fadem Fleisch durch Mangel an Bewegung und frischer Luft, kann es keines Feinschmeckers Gaumen befriedigen. Wer einen richtigen Hühnerbraten, ein würziges Ragout oder ein sanftes Hühnerfrikassee zubereiten will, muß sich auf den Märkten und in den Fachgeschäften nach einer frischen Poularde umsehen, die 1,5 kg, besser 1,8 kg, wiegt und damit genug saftiges Fleisch auf den Knochen hat. Hühnchen, die am Spieß gebraten oder gegrillt werden, können leichtgewichtiger sein. Für dieses Frischgeflügel muß man natürlich bereit sein, ein paar Mark mehr auf den Tisch zu blättern. Dank der steigenden Nachfrage nach Freilandgeflügel ist die Aufzucht von Federvieh auch für die Bauern wieder interessanter geworden, und es lohnt sich, Junghennen noch ein paar Wochen länger mit Körnern zu füttern, ehe sie dann als Mastpoularde oder Sonntagshahn auf den Markt geschickt werden. Außerdem kommen, vor allem aus Frankreich, wo die Geflügelzucht in hohem Ansehen steht und durch Regierungsmaßnahmen geschützt und gefördert wird, ausgezeichnete Hühner auf den Markt. Das müssen keineswegs immer die teuren Bresse-Hühner sein, die maisgefütterten gelbfleischigen Hühner aus den Landes z. B. sind ebenfalls ungewöhnlich saftig und zart. So kann man, solange der deutsche Markt nicht genügend Qualitätsware liefert, die köstlichen Hühnerrezepte aus Großmutters Küche getrost mit »Mistkratzerle« aus Nachbars Hühnerzucht nacharbeiten.

Besondere Sorgfalt erfordert die Aufzucht von Stubenküken. In den Vierlanden, in der Umgebung von Bremen, aber auch in Bayern hat man sich darauf spezialisiert. Handelt es sich um speziell gefütterte Küken und nicht um zu früh geschlachtete Hühner, können sie eine frühlingshafte Delikatesse sein.

Ein wahrhaft skurriler Anblick auf dem Hühnerhof sind die plumpen Perlhühner mit ihrem weißgesprenkelten Federkleid, dem nackten Kopf und Hals und den leuchtendroten Kopflappen. Diese wilden Brüder der braven Hühner jagen auf dem Hühnerhof mit ihrem schrillen Gekreisch noch den mutigsten größten Truthahn in die Flucht. Ihr dunkles delikates Fleisch, das im Geschmack eher an Rebhuhn oder Fasan erinnert, war schon immer von Feinschmeckern sehr begehrt. Friedrich der Große z. B. galt als großer Liebhaber dieser Hühnervögel. Eine Zeitlang waren die Perlhühner ganz vom deutschen Markt verschwunden, bis die Köche der neuen Küche den zarten Wildgeschmack der ungewöhnlichen Vögel wieder entdeckten und Perlhuhnconsommé und rosige Perlhuhnbrüstchen auf ihre Karten setzten.

Täubchen haben so etwas rührend Altmodisches an sich: früher bekamen Kranke und Wöchnerinnen ein Taubensüppchen zur Stärkung. Überhaupt waren Gerichte mit wilden und zahmen Tauben sehr beliebt. In Deutschland bin ich ihnen vor allem noch im Rhein-Ruhrgebiet und in Franken häufiger begegnet. Im übrigen werden sie auch auf den Speisekarten der Restaurants immer mehr durch die preiswerteren Wachteln verdrängt. Das ist schade, denn Täubchen haben einen so feinen Eigengeschmack wie kein anderes Geflügel.

Auf den Wohlgeschmack knuspriger Enten sind wir in Deutschland erst relativ spät gekommen. Jahrhundertelang wurde die Wildente den zahmen Enten bei weitem vorgezogen. Im »Vollständigen Küche- und Kellerdictionarum« aus Hamburg von 1715 heißt es: »Enthen werden ebenso wie Gänse in Zahme und Wilde eingeteilt. Was die Zahmen angeht, sind sie bei uns sehr gemein. Ihr Fleisch ist hitzig und feucht und ergibt eine eher melancholische Nahrung. Von den Wilden soll man vornehmlich die Brust und den Nacken essen und das übrige dem Koch wieder in die Küche schicken.« Nach so viel übler Nachrede ist es kein Wunder, daß es in der deutschen Küche nur so wenige Entenrezepte gibt. Puristen, und das sind hier die Bayern, schwören darauf, daß die Ente am besten schmeckt, wenn man sie ohne weitere Gewürzzugabe – höchstens eine Zwiebel oder ein Zweiglein Beifuß sind erlaubt – ganz langsam im mäßig heißen Ofen brät. Zum Schluß wird allerdings der Entenvogel mit dunklem Bier bepinselt, damit die Haut die krachende Knusprigkeit bekommt, die ein Bayer von seiner Ente erwartet. Im Norden und Osten Deutschlands gehört dagegen eine Füllung aus Äpfeln, Backpflaumen oder Rosinen, Gewürzen und Semmelbröseln in Ente und Gans. Nur im Badischen und in der Pfalz, wo man hin und wieder dem französischen Nachbarn in den Kochtopf schaut, kommen schon einmal Kastanien oder Weißbrot mit Entenleber und Brät vermischt als Füllung vor. Typisch deutsche Beilagen sind, genau wie bei der Gans, Rotkohl (Blaukraut), Rosenkohl oder Selleriesalat, und als ideale Saucenträger rohe Kartoffelklöße, Kartoffelnudeln oder einfach Salzkartoffeln.

Als *der* deutsche Weihnachtsbraten ist die Gans ein ausgesprochener Saisonvogel, der nur an hohen winterlichen Festtagen auf den Tisch kommt. Ihr Debut hat die Gans in Bayern, als Kirchweihganserl kommt sie Ende Oktober auf den Markt, während sie im übrigen Deutschland in der Regel zum ersten Mal am 11. 11., dem Martinstag, in die Bratröhre geschoben wird.

Zur Zeit unserer sparsamen Mütter und Großmütter war es üblich, den nützlichen Vogel kulinarisch total auszuschlachten. Der Gänsehals bekam eine pikante Füllung, wurde gekocht und in Gänseschmalz aufgebraten, und war warm und kalt eine kleine Delikatesse. Aus dem Gänseklein bereitet man noch heute in Bayern, möglichst unter Hinzunahme des aufgefangenen Gänseblutes, das braune würzige Gansjung zu. Im Norden kommt Gänseklein in einer Petersiliensauce auf den Tisch. Auch läßt sich aus dem Klein und zwei Gänsekeulen eine sehr erfrischende Gänsesülze zubereiten, im Osten Deutschlands Gänseweißsauer genannt, die an den weihnachtlichen Festtagen mit den vielen Süßigkeiten besonders wohlschmeckend ist. Die Gänseleber ergibt eine pikante Gänseleberwurst, die lange nicht so schwer und fett wie eine *foie gras* ist. Dann fällt natürlich noch das zarte Gänseschmalz an, und das übrigbleibende Gerippe, in einer Kartoffelsuppe oder Kohl gekocht, gibt auch hier noch einen Hauch Gans an das einfache Gericht.

Da man für die Zubereitung der kleinen Nebengerichte unbedingt alle Innereien einschließlich der Leber braucht, heißt es beim Einkauf, besonders bei Tiefkühlgeflügel, darauf achten, daß alle nutzbaren Innereien in der Gans enthalten sind. Das sollte auch auf der Packung stehen. Eine Gans ohne ihre delikate Leber kaufe ich nie.

Besonders im Frühling, wenn es frischen Spargel, junge Erbsen und zarte Karotten gibt, ist die richtige Zeit, ein junges Brathähnchen in den Backofen zu schieben. Dazu sollte man aber versuchen, ein frisches, mit Körnern aufgezogenes junges Hähnchen oder Hühnchen zu bekommen, denn bei dieser Zubereitungsart wird der reine Hühnergeschmack von keinerlei Gewürzen übertönt

Junges Brathuhn

Das Geflügelklein (Hals, Flügel, Magen, Herz) mit Wasser bedeckt unter Zugabe von Salz und dem kleingeschnittenen Suppengemüse weich kochen. Das gewaschene und gut abgetropfte Huhn von innen mit Salz und Pfeffer einreiben. In das Innere den Bund Petersilie und einen Eßlöffel Butter geben. In die Grillpfanne des Backofens eine Tasse Fleischbrühe gießen und das geputzte in Stücke geschnittene Gemüse hinzufügen. Das Brathuhn auf den Rost legen und mit flüssiger Butter bestreichen. In den vorgeheizten Backofen schieben. Bei mittlerer Hitze (200 °) unter häufigem Bepinseln mit flüssiger Butter in etwa 45 Minuten gar braten. Gegen Ende der Garzeit mehrmals leicht mit Salzwasser oder Bier bepinseln, damit die Haut schön knusprig wird. Das Brathuhn herausnehmen, und zwar so, daß der Saft aus dem Inneren in die Fettauffangschale läuft. Das Brathuhn mit der Brust nach unten warm stellen. Den entstandenen Bratsaft mit dem Gemüse und der durch ein Sieb gegossenen Geflügelbrühe in einen Topf gießen, etwas einkochen lassen. Durch ein Sieb streichen, mit einem Stückchen frischer Butter abrunden und getrennt zu dem Brathuhn servieren.

Beilage: in Bayern Semmelknödel und gemischter Salat, in Norddeutschland kleine neue Kartoffeln, Frühlingsgemüse

Zubereitungszeit: 1 Stunde
Pro Portion:
1680 Joule/400 Kalorien
1 junges fleischiges Brathuhn oder Hähnchen (1–1,2 kg), Salz, Pfeffer ½ Bund Suppengemüse, 1 Bund Petersilie, 1 Eßlöffel Butter, 1 Tasse Fleischbrühe, 2 Karotten, 3 Stengel Petersilie, 1 Petersilienwurzel. – 2 Eßlöffel flüssige Butter zum Bestreichen, 1 Teelöffel Salz, ⅛ l Wasser

Hamburger Hühnerfrikassee

(10 Personen)

Das ausgenommene gewaschene Huhn und die geputzte Kalbszunge mit 1½ l Wasser und dem geputzten Suppengrün aufkochen, abschäumen und Salz, Pfeffer und Zwiebel hinzufügen. Die Kalbszunge nach 1 Stunde herausnehmen, das Huhn in 1½–2 Stunden weich kochen. Das Bries 2 Stunden in lauwarmem Wasser wässern und das Wasser hin und wieder erneuern, bis es nicht mehr blutig ist. Von allen Adern, Fett und anhaftenden Hautfetzen befreien. In einen Topf geben, mit kaltem Wasser bedecken und bei leichter Hitze zum Kochen bringen. Vorsichtig mit einem Schaumlöffel aus dem Kochwasser nehmen und in eine Schüssel mit kaltem Wasser geben. Die Champignons putzen und in Scheiben schneiden. In 50 g Butter 5 Minuten durchschwenken, bis alle Flüssigkeit verdampft ist. Die Hühnerbrust vom Knochen lösen, in Streifen schneiden und mit Alufolie bedecken. Die dicke Haut der Kalbszunge abziehen und die Zunge in Streifen oder in Würfel schneiden. Das Bries in Scheiben oder in Würfel schneiden. Ebenfalls mit Alufolie bedeckt warm stellen.

Die Brühe auf ½ l Flüssigkeit einkochen. Die Flüssigkeit von den Spargelköpfen hinzugeben sowie die Crème fraîche. Die Sauce 10 Minuten kochen lassen. Von der Kochstelle nehmen und mit den Eigelb legieren. Mit Salz, frischgemahlenem Pfeffer und geriebenem Muskat abschmecken. Alle Zutaten mit der Sauce verrühren und bei leichter Hitze langsam erwärmen, die Sauce soll nicht mehr kochen. Man kann noch Klößchen von Kalbsbrät hinzufügen.

Beigabe: Das Ragout wird in zwei Reisringen serviert.

Zubereitungszeit: 2½ Stunden
Pro Portion:
1510 Joule/360 Kalorien
1 fleischiges junges Huhn, 1 Kalbszunge, 1 Bund Suppengrün, Salz, 5 Pfefferkörner, 1 mit 2 Nelken gespickte Zwiebel, 1 Kalbsbries (400 g), 500 g frische Champignons, 50 g Butter, 1 Dose Spargelspitzen, ¼ l guter Weißwein, ¼ l Crème fraîche, 2 Eigelb, Pfeffer, Muskat

Gefüllte Poularde Pfälzer Art

Zubereitungszeit: 1½ Stunden
Pro Portion:
3070 Joule/730 Kalorien
1 Poularde (ca. 1,5 kg), 3 Geflügellebern, 1 Scheibe (100 g) fetter roher Schinken, 1 kleine Zwiebel, 1 Eßlöffel Butter, 4 Eßlöffel Semmelbrösel in 4 Eßlöffeln Milch eingeweicht. – 1 Eigelb, Salz, Pfeffer, Muskat, 2 breite Scheiben Speck. – 1 Eßlöffel Butter, 1 Glas Pfälzer Wein, ⅛ l Sahne, Salz

Die ausgenommene Poularde waschen und gut abtrocknen. Die Leberchen in Stücke schneiden, den Schinken fein wiegen, die Zwiebel in Würfel schneiden. Die Butter erhitzen, Leber und Zwiebelwürfel darin kurz anbraten und die noch rosigen Leberstücke fein hacken. Leber, Schinken, Zwiebelwürfel, Semmelbrösel und Eigelb miteinander vermischen und herzhaft mit Salz, Pfeffer und Muskat abschmecken. Die Poularde mit der Farce füllen und mit einem Baumwollfaden zunähen. Die Brust mit zwei Speckscheiben umwickeln. Die Butter in einem Schmortopf erhitzen und die Poularde darin von allen Seiten goldbraun braten. In den vorgeheizten Backofen schieben, die Brust mit den beiden Speckscheiben nach oben drehen. Bei starker Mittelhitze (220 °) in etwa einer Stunde gar schmoren lassen. Dabei nach und nach den Weißwein hinzugießen und die Poularde mit dem Bratfett begießen. Während der letzten 10 Minuten die Speckscheiben entfernen. Die Poularde aus dem Schmortopf nehmen und warm stellen. Den Bratensaft entfetten und mit der Sahne aufgießen. Einkochen lassen, bis die Sauce dicklich ist. Die Füllung vorsichtig mit einem Löffel herausholen und in Scheiben schneiden. Die Poularde tranchieren. Auf einer vorgewärmten Platte anrichten und das Poulardenfleisch mit der Sauce übergießen.

Beilage: Kartoffelplätzchen, Spargel, Erbsen oder Pilze

Das noble Hühnerragout mit Morcheln läßt sich auch sehr gut mit Hühnerbrust zubereiten, dann rechnet man vier Hühnerbrüste für das Rezept und verkürzt die Garzeit um 10 Minuten.

Hühnerragout mit Morcheln

Zubereitungszeit: 1 Stunde
Pro Portion:
2600 Joule/620 Kalorien
1 Poularde (1,2–1,5 kg), 1 Eßlöffel Öl, 2 Eßlöffel Butter, Salz, Pfeffer, 2 Schalotten, 20 g getrocknete Morcheln oder 250 g frische Morcheln, ⅛ l Weißwein, ⅛ l Sahne

Getrocknete Morcheln zwei Stunden vor Beginn der Kochzeit einweichen. Das gewaschene und abgetrocknete Huhn mit Hilfe eines scharfen Messers oder der Geflügelschere in 8 Teile zerlegen, das Rückgrat wegwerfen. Das Öl und einen Eßlöffel Butter in einem Schmortopf erhitzen und zuerst die Keulenstücke darin 5 Minuten anbraten, dann die restlichen Teile des Huhns hinzufügen. Goldgelb braten. Salzen und pfeffern. Die Schalotten in Würfel schneiden und in einer kleinen Pfanne in einem Eßlöffel Butter glasig braten. Zu dem Hühnerfleisch geben. Die unter fließendem Wasser sehr gründlich gewaschenen Morcheln (sie enthalten meistens viel Sand) gut abtropfen lassen und in den Schmortopf geben. Bei starker Hitze im offenen Topf mit dem Hühnerfleisch durchschmoren, bis keine Flüssigkeit mehr vorhanden ist. Dann mit dem Weißwein aufgießen und das Einweichwasser der getrockneten Morcheln durch ein feinmaschiges Sieb hinzugießen. Im geschlossenen Topf bei leichter Hitze 15 Minuten schmoren lassen. Die Sahne hinzufügen und im offenen Topf bei starker Hitze noch gute 5 Minuten einkochen lassen. Mit Salz und frischgemahlenem Pfeffer abschmecken.

Beilage: Roggennudeln oder Kartoffelplätzchen

Zu den ganz frühen Zubereitungsarten von Geflügel gehörte zweifellos außer dem Braten am Spieß das Garen in einem Brot- oder Salzteig, in dem das Huhn herrlich saftig bleibt und den Duft von hinzugefügten Kräutern voll aufnimmt. Das Huhn in der Kruste kann ruhig schon eine halbe Stunde vor dem Eintreffen der Gäste aus dem Backofen geholt werden; man sollte es aber möglichst erst vor den Augen der Gäste aus seiner Umhüllung lösen.

Huhn im Salzteig

Den Backofen auf 160 ° vorheizen. Das Mehl und das Salz in einer großen Schüssel mit ½ l Wasser zu einem gleichmäßigen Teig verkneten. Auf einem leicht bemehlten Tisch mit der Hand ausbreiten.

Die Poularde innen mit Salz und Pfeffer würzen. Den Rosmarin, das Lorbeerblatt und die Geflügellebern in das Innere schieben. Die Poularde mit dem Teig umhüllen, dabei die Teigränder fest zusammendrücken. Auf einer feuerfesten Platte im vorgeheizten Backofen bei schwacher Mittelhitze (160 °) in reichlich 1½ Stunden garen lassen. Die fertige Poularde auf ein Brett geben und die harte Kruste mit einem scharfen Messer oder einer Küchenschere durchschneiden. Die Poularde tranchieren und auf einer vorgewärmten Platte anrichten. Die noch rosigen Geflügellebern dazulegen.

Beilage: Kartoffelplätzchen oder Maispüfferchen, Salat

Zubereitungszeit: 2 Stunden
Pro Portion:
2310 Joule/550 Kalorien
1 Poularde (1,8 bis 2 kg),
1 kg Mehl, 1 kg grobes Salz,
½ l Wasser, Salz, Pfeffer,
1 Zweiglein Rosmarin,
1 Lorbeerblatt,
4 Geflügellebern

Hühnerleber mit Weintrauben badische Art

Die Lebern von Fett und Sehnen befreien und halbieren. Die Weintrauben abziehen, halbieren und entkernen. Den Schinkenspeck in Streifen schneiden und in der zerlassenen Butter kurz anbraten. Mehl, Salz und Pfeffer vermischen, die Lebern darin wenden und leicht abklopfen. Zu dem Schinkenspeck in die Pfanne geben und von allen Seiten bräunen. Die Lebern sollen innen noch rosa sein. Aus der Pfanne nehmen und warm stellen. Den Bratenfond mit Wasser ablöschen, den Portwein und den Thymian hinzugeben und die Sauce etwas einkochen lassen. Thymian herausnehmen. Die Weintrauben an die Sauce geben und unter Umrühren heiß werden lassen. Die Lebern hinzugeben und nur noch einmal aufkochen lassen, damit sie nicht hart werden.

Beilage: in Butter gebratene Weißbrotscheiben oder Kartoffelpüree, Salat

Zubereitungszeit: 30 Minuten
Pro Portion:
2270 Joule/540 Kalorien
500 g Hühnerleber, Mehl, Salz, schwarzer Pfeffer,
100 g Schinkenspeck, 2 Eßlöffel Butter, 4 Eßlöffel Wasser,
1 Glas Portwein, 1 Zweiglein Thymian, 250 g Weintrauben. – Butter zum Braten

Gefülltes Perlhuhn

Das gewaschene und abgetrocknete Perlhuhn mit Salz und Pfeffer einreiben. Huhn- und Schweineleber in der Küchenmaschine pürieren. Alle Zutaten für die Füllung miteinander vermischen, herzhaft mit Salz und Pfeffer abschmekken und in das Perlhuhn füllen. Zunähen und die Brust mit 1 Eßlöffel Butterflöckchen besetzen. Eine Bratfolie an einem Ende zudrehen, das Perlhuhn vorsichtig hineingeben und auch das zweite Ende der Bratfolie sorgfältig verschließen. Die Folie mit einer Nadel 1–2mal einstechen und auf einer feuerfesten Platte in den gut vorgeheizten Backofen schieben. Bei starker Hitze (250 °) in 45 Minuten gar braten. Die Folie vorsichtig öffnen und den angesammelten Bratensaft in einen kleinen Topf geben. Den Portwein hinzugeben und die Sauce etwas einkochen lassen. Die restliche Butter in Flöckchen an die Sauce geben. Das in Viertel tranchierte Perlhuhn und die in Scheiben geschnittene Füllung auf einer heißen Platte anrichten. Die Perlhuhnviertel mit der Sauce übergießen.

Beilage: Maispüfferchen, junge Karotten

Zubereitungszeit: 1¼ Stunden
Pro Portion:
2260 Joule/540 Kalorien
1 Perlhuhn (ca. 800 g), Salz, Pfeffer. – 100 g Bratwurstbrät, 100 g Schweineleber und die Perlhuhnleber,
100 g Weißbrotscheiben in Milch eingeweicht, 1 Eßlöffel feingewiegte frische Kräuter (Petersilie, Kerbel, Thymian),
1 Eßlöffel feingewiegte Schalotte, 1 feingeraspelte Karotte, 1 Eigelb, 1 Gläschen Weinbrand, Salz, Pfeffer. –
2 Eßlöffel Butter, ½ Glas Portwein

Schmorhuhn mit Ingwerrahm

Zubereitungszeit: 1 Stunde
Pro Portion:
2650 Joule/630 Kalorien

1 junges fleischiges Huhn oder 1 Poularde (ca. 1,5–1,8 kg), 1 Eßlöffel Butter, 1 Eßlöffel Öl, 1 Knoblauchzehe, Salz, 1 Teelöffel Ingwerpulver oder 2 Teelöffel feingewiegte Ingwerwurzel, Saft und Schale einer halben Zitrone, Pfeffer, Muskat und Muskatblüte, 0,2 l Sahne, 2 Eßlöffel Korinthen

Das Rezept für das folgende würzige Hühnergericht stammt aus meinem deutschen Lieblingskochbuch von 1772, und an den dort angegebenen Zutaten brauchte beim Ausprobieren nichts verändert zu werden. Es schmeckte ausgezeichnet. Wichtig ist, daß das Ingwerpulver ganz frisch und würzig ist.

Das gewaschene und abgetrocknete Huhn mit einem scharfen Messer oder einer Geflügelschere in 8 Teile zerlegen, dabei das Rückgrat ausschneiden. Butter und Öl in einem Schmortopf erhitzen und zuerst die Knoblauchzehe und Keulenstücke 5 Minuten darin anbraten, dann die restlichen Teile hinzufügen. Goldbraun braten. Die Knoblauchzehe herausnehmen. Die Gewürze über das Hühnerfleisch streuen und mit der Sahne aufgießen. Den Schmortopf in den vorgeheizten Backofen geben und das Huhn in etwa 45 Minuten bei mittlerer Hitze (200 °) gar schmoren lassen. Das Fleisch soll sich leicht von den Knochen lösen. Die letzten 10 Minuten die in etwas Wasser eingeweichten Korinthen an die Sauce geben.

Beilage: Roggennudeln oder Fingernudeln, junge Erbsen

Hühnerfrikassee mit Kräutern

Zubereitungszeit: 45 Minuten
Pro Portion:
2730 Joule/650 Kalorien

1 große Poularde (1,5–1,8 kg), ½ Bund Suppengrün, 50 g Butter, ½ Bündel Brunnenkresse oder 1 Schale Kresse, 30 g Kerbel, 40 g junger Sauerampfer, 200 g Spinat, 1 Stengel Estragon, 2 Schalotten, ⅛ l süße Sahne, 1 Eigelb, Salz, Pfeffer

Im Gegensatz zu dem traditionellen inhaltsreichen Hühnerfrikassee Hamburger Art ist das nachfolgende Hühnerfrikassee mit Kräutern in seiner Leichtigkeit so recht ein Rezept der modernen deutschen Küche.

Aus dem Hühnerklein (Hals, Magen, Herz) mit dem kleingeschnittenen Suppengrün und ½ l Wasser eine Brühe kochen, durch ein Sieb geben und auf 1 Tasse Flüssigkeit einkochen.

Die gewaschene und gut abgetrocknete Poularde mit einem scharfen Messer oder einer Geflügelschere in 4 Teile zerschneiden. Kresse, Kerbel und Estragon waschen, abtropfen lassen und die Blätter abzupfen. Den Estragonstiel aufheben; die Stiele der anderen Kräuter werden nicht gebraucht. Die Sauerampferblätter und den Spinat ebenfalls gut waschen und abtropfen lassen. Die Stielrippen herauslösen, so daß nur die Blätter übrigbleiben. Diese Blätter aufrollen und in Streifen schneiden. Die Schalotten schälen und fein hacken. Einen breiten Schmortopf mit einem gut passenden Deckel mit 30 g Butter ausfetten. Die Schalotten hineinstreuen. Jedes Poulardenviertel mit Salz und Pfeffer würzen und nebeneinander in den Schmortopf legen. Den Estragonstiel hinzufügen und den Deckel fest verschließen (eventuell noch zusätzlich mit einer Alufolie). Bei leichter Hitze etwa 25 Minuten schmoren lassen. Das Geflügel soll weiß bleiben, die Butter darf aber nicht bräunen. Die Poularde ist gar, wenn beim Einstechen der Keulen mit einer Stricknadel der Saft klar herausläuft.

In der Zwischenzeit werden 20 g Butter in einem zweiten Topf zerlassen. Den Spinat hinzufügen und unter ständigem Rühren schmoren lassen, bis die Flüssigkeit verdunstet ist. Die Kräuter unter den Spinat mischen und ebenfalls unter Rühren dünsten, bis das Gemüse zerschmilzt (2–3 Minuten). Von der Kochstelle nehmen. Nicht abdecken.

Wenn die Poularde gar ist, das Geflügel aus dem Schmortopf nehmen und warm stellen. Den Bratsaft mit der Brühe ablöschen und etwas einkochen lassen. Von der Sahne 2 Eßlöffel beiseite stellen. Die restliche Sahne in den Schmortopf geben und bei starker Hitze ebenfalls 3–4 Minuten einkochen lassen. Die zwei Eßlöffel Sahne und das Eigelb miteinander mit einer Gabel vermischen. Die Spinat-Kräuter-Masse zu der Sauce in den Schmortopf geben, zum Kochen bringen und von der Kochstelle nehmen. Die Eiercreme darunterziehen und gründlich vermischen. Mit Salz und frischgemahlenem Pfeffer abschmecken. Die Hühnerstücke auf einer Platte anrichten und mit der Kräutercreme übergießen.

Beilage: Grüne Nudeln oder Reis

Nach alten fränkischen Rezepten werden Täubchen eine ganze Stunde lang geschmort, nach den Vorstellungen der modernen Küche reicht jedoch eine Garzeit von 20–30 Minuten, dann ist die Brust des Täubchens noch ganz leicht rosa und besonders saftig.

Fränkische Täubchen

Zubereitungszeit: 1 Stunde
Pro Portion:
2600 Joule/620 Kalorien
4 frische junge Tauben (mit Innereien), Salz, Pfeffer, Rosmarin, 100 g Butter zum Anbraten und zum Verfeinern der Sauce. – Füllung: 150 g entrindetes Weißbrot, 1 Tasse Milch, 3 Eier, 50 g Butter, 4 Eßlöffel gehackte Petersilie, Thymian, Majoran, Salz, Pfeffer, Muskat

Das entrindete Weißbrot in Würfel schneiden. Milch erhitzen und über die Brotwürfel gießen. Die Täubchen ausnehmen, von Kopf und Füßen befreien und waschen. Die Haut über der Brust vorsichtig mit dem Finger vom Hals her lösen und die Täubchen von innen und außen mit Salz und Pfeffer bestreuen. Leber und Nieren fein hacken. Das eingeweichte Weißbrot gut ausdrücken. Die Butter zerlassen und mit dem Weißbrot, den Eiern, den Innereien und den Gewürzen gründlich vermischen. Die Füllung vorsichtig zwischen Haut und Brustfleisch geben. Das Täubchenherz mit einem Rest der Füllung umhüllen und in das Täubchen legen. Die Flügel verkreuzen. 50 g Butter in einem Schmortopf erhitzen und die Täubchen darin anbraten. In den Backofen bei Mittelhitze (200 °) geben und gut zugedeckt 30 Minuten braten lassen. Zwischendurch mit etwas Wasser begießen. Die Täubchen herausnehmen und warm stellen. Den Bratensaft mit wenig Wasser abkochen, 2 Minuten einkochen lassen und mit Flöckchen von frischer Butter abrunden. Eventuell mit etwas Salz abschmecken.

Beilage: Kartoffelplätzchen, Stangenspargel oder grüner Salat

Das folgende Rezept ist über 200 Jahre alt, stammt aus den Vierlanden und ist ausgezeichnet. Die säuerliche pikante Stachelbeersauce ist ein guter Gegensatz zu dem knusprigen Entenbraten. Da die Stachelbeersaison kurz ist, sollte man sich grüne Stachelbeeren in der Tiefkühltruhe aufbewahren, damit man diesen genußreichen Braten auch im Winter zubereiten kann; süße Stachelbeerkonserven sind zum Nacharbeiten ungeeignet. Für dieses Rezept läßt sich gut eine tiefgekühlte Mastente verwenden.

Vierlander Ente mit Stachelbeersauce

Zubereitungszeit: 2½ Stunden
Pro Portion:
3700 Joule/880 Kalorien
1 junge frische Ente (1,5 kg), Salz, etwas Suppengemüse, 2–3 Pfefferkörner, Pfeffer, 1 Zitrone. – Füllung: 3 Scheiben Toastbrot, ⅛ l Milch, 1 Eßlöffel Butter, 1 Entenleber, je ein Teelöffel gehackte Petersilie und Schnittlauch, 4 frische Salbeiblätter, abgeriebene Schale und Saft einer halben Zitrone, 1 große Zwiebel, Salz, Pfeffer. – Sauce: 250 g grüne Stachelbeeren, ¼ l Entenbrühe, 1 Eßlöffel Zucker, 1 Prise Muskat, 3 Eßlöffel Crème fraîche

Das Entenklein (ohne die Leber) mit etwas Suppengemüse und ⅜ l Wasser, Salz und den Pfefferkörnern eine Stunde zu einer Brühe kochen lassen. Die vorbereitete Ente von innen mit Salz und Pfeffer einreiben. Die Zitrone halbieren und mit der Schnittfläche die Ente innen und außen einreiben.

Für die Füllung das Toastbrot in der Milch einweichen. Gut ausgedrückt in der Butter etwas anrösten. Die Leber im Mixer pürieren, die Zwiebel fein hakken und die Salbeiblätter in Streifen schneiden. Mit dem Weißbrot und den gehackten Kräutern sowie Saft und abgeriebener Schale der halben Zitrone vermischen. Mit Salz und Pfeffer herzhaft abschmecken. Die Füllung in die Ente geben und die Öffnung mit einem Baumwollfaden zunähen. Die Ente mit der Brust auf den Rost der Bratenpfanne legen und im vorgeheizten Backofen bei Mittelhitze (200 °) in 1½–2 Stunden goldbraun braten lassen. Die Ente nach einer halben Stunde Bratzeit wenden. Hin und wieder mit dem Bratensaft begießen.

In der Bratzeit der Ente die Stachelbeeren von Blüte und Stiel befreien. Die Entenbrühe mit Zucker und Muskat zum Kochen bringen und die Früchte darin weich kochen. Durch ein Sieb streichen. Den Bratensatz der Ente entfetten und die durchpassierten Stachelbeeren hinzufügen. Bei starker Hitze einkochen lassen, die Sauce soll zum Schluß sirupartig sein. Die Crème fraîche hinzufügen und noch einmal kurz durchkochen lassen. Die Ente tranchieren und zusammen mit der in Scheiben geschnittenen Füllung auf einer Platte anrichten. Die Sauce getrennt dazu reichen.

Beilage: Kleine neue Kartoffeln, junge grüne Erbsen

Dieses alte Berliner Rezept kann man auch mit französischen *navets* –weißen Rübchen – nachkochen, die oft auf den Märkten leichter zu haben sind als die schmackhaften Teltower Rübchen.

Ente mit Teltower Rübchen Berliner Art

Zubereitungszeit: 1½ Stunden
Pro Portion:
3770 Joule/900 Kalorien
1 junge Ente (1,5 kg), Salz, Pfeffer, 2 Eßlöffel Butter, 750 g zarte Teltower Rübchen, 12 kleine weiße Zwiebeln, 1 Eßlöffel Zucker, 1 Eßlöffel Mehl, 1 Glas Weißwein, 1 Glas Wasser, 10 Pfefferkörner, gehackte Petersilie

Die vorbereitete Ente von innen mit Salz und Pfeffer einreiben. Die Ente in einem Eßlöffel zerlassener Butter von allen Seiten anbraten und im gut verschlossenen Topf in den vorgeheizten Backofen schieben. Bei starker Mittelhitze (220 °) 60–90 Minuten braten lassen, die letzten 10 Minuten den Deckel des Topfes abnehmen.

In der Bratzeit der Ente die Teltower Rübchen sorgfältig schaben, die größeren halbieren. Die Zwiebeln abziehen und mit den Rübchen in einem Eßlöffel Butter und zwei Eßlöffeln abgeschöpftem Entenfett unter Schütteln des Topfes anbräunen. Mit dem Zucker bestreuen. Wenn dieser zu karamelisieren beginnt, das Mehl darüberstreuen und mit dem Wein und der gleichen Menge Wasser aufgießen. Herzhaft mit Salz und den Pfefferkörnern würzen. 40 Minuten bei leichter Hitze kochen lassen. Die fertige Ente aus dem Topf nehmen, die Rübchen hinzugeben und mit dem entfetteten Bratensaft der Ente vermischen. Die Ente wieder auf das Gemüse legen und beides noch 10 Minuten schmoren lassen. Die Ente tranchieren, auf eine heiße Platte geben und mit dem Gemüse umkränzen, das mit gehackter Petersilie bestreut wird.

Beilage: Salzkartoffeln oder Kartoffelpüfferchen

Wer beim Entenbraten nicht großen Wert auf die knusprige Haut legt oder kalorienbewußt darauf verzichtet, aber gerne den zarten Wohlgeschmack des Entenfleisches genießen möchte, der sollte das folgende Rezept versuchen. Ente und zarte Kräuter ergeben einen ungewöhnlichen Zusammenklang. Für dieses Rezept muß man eine frische Ente verwenden. Auch Wildenten, denen man wegen ihres tranigen Geschmacks die Haut abziehen muß, lassen sich gut nach dem Rezept zubereiten; man rechnet dann zwei Wildenten für vier Personen.

Pegnitzer Ente ohne Haut

Zubereitungszeit: 1½ Stunden
Pro Portion:
3190 Joule/760 Kalorien
1 junge frische fleischige Ente (1,5–2 kg), Salz, Pfeffer, 1 Bund Suppengemüse, einige Pfefferkörner, 2–3 Butterflöckchen, 1 Stück Bratfolie. – Kräutersauce: 2 Eßlöffel mit der Schere feingeschnittene Kräuter (Petersilie, Kerbel, Schnittlauch), 1 Teelöffel feingehackte Schalotten, 20 g Butter, 2 Eßlöffel Crème fraîche

Von der ausgenommenen Ente vorsichtig die Haut abziehen. Mit Salz und Pfeffer einreiben Das Suppengemüse kleinschneiden, mit den zerstoßenen Pfefferkörnern und den Butterflöckchen vermischen. Das Gemüse in das Innere der Ente füllen, eventuell die Öffnung mit einem Baumwollfaden zunähen. Von der Bratfolie ein Stück abschneiden, das eine Handbreit länger ist als die Ente. Die Hülle an einem Ende gut zubinden. Die Ente hineingeben. Das andere Ende der Hülle verschließen und die Hülle mit einer dünnen Nadel einige Male einstechen. Die Ente auf einer feuerfesten Platte oder auf der Fettpfanne in den vorgeheizten Backofen geben und bei schwacher Hitze (150 °) in etwa 60 Minuten gar braten. Die Butter erhitzen und die Schalotten darin glasig dünsten. Die Hälfte der Kräuter dazugeben und durchschwenken. Die Crème fraîche hinzufügen und einmal aufkochen lassen. Die Ente aus dem Bratrohr nehmen, die Hülle auf einer Seite öffnen und den Bratensaft zu der Kräutersauce geben. Die restlichen Kräuter hinzufügen. Die Ente tranchieren und auf einer heißen Platte anrichten. Die Sauce getrennt dazu reichen.

Beilage: Nudeln, junge Erbsen

Echtes Leipziger Allerlei
besteht aus zarten Frühlingsgemüsen,
Morcheln und Krebsschwänzen
Rezept Seite 189

Ente mit Lübscher Füllung

Farbaufnahme Seite 143
Zubereitungszeit: 1½ Stunden
Pro Portion:
4580 Joule/1090 Kalorien
1 junge fleischige Ente (1,5–2 kg), Salz und Pfeffer, 100 g Rosinen oder Korinthen, 1 Gläschen Rum, 3 säuerliche Äpfel, 1 Eßlöffel Entenschmalz, 250 g Weißbrotwürfel, Salz, je eine Messerspitze Salbei, Kardamom, Zimt, ¼ l Weißwein, 1 Eßlöffel Butter

Die Rosinen im Rum einweichen und etwas ziehen lassen. Die Äpfel waschen, schälen und das Kerngehäuse entfernen. In Scheiben und dann in Würfel schneiden. Etwas Entenfett erhitzen und die Apfelwürfel darin andünsten. Die Brotwürfel hinzufügen. Mit Salz, Salbei, Kardamom und Zimt würzen und mit den eingeweichten Rosinen vermischen. Einige Eßlöffel Weißwein hinzugießen, so daß eine geschmeidige Masse entsteht. Die Ente innen und außen mit Salz und Pfeffer einreiben. Die Fruchtfüllung in die Ente geben, ein Eßlöffel der Füllung zurückbehalten. Die Ente mit einem Baumwollfaden zunähen. Die Butter in einem ovalen eisernen Schmortopf erhitzen und die Ente darin von allen Seiten anbraten. Den Topf verschließen und in den vorgeheizten Backofen schieben. Bei mittlerer Hitze (200 °) 30 Minuten braten. Den Deckel abnehmen und mit der Brust nach oben noch weitere 45 Minuten braten lassen, dabei die Ente hin und wieder mit Bratensaft begießen. Die fertige Ente aus dem Topf nehmen und warm stellen. Den Bratensaft entfetten. Die Entenleber in Würfel schneiden und in dem Bratenfond kurz andünsten. Die zurückbehaltene Fülle dazugeben. Mit dem restlichen Weißwein aufgießen und die Sauce etwas einkochen lassen. Die Füllung mit Löffeln vorsichtig aus der Ente nehmen und in Scheiben schneiden. Die Ente tranchieren, auf einer vorgewärmten Platte anrichten und mit der Füllung umkränzen. Die Sauce getrennt dazu reichen.

Beilage: Rotkohl, Kartoffelkroketten

Wenn in Pommern die berühmte Gänsebrust hergestellt wurde, bleiben natürlich die Keulen übrig. Sie wurden ebenso wie die Gänsebrust gepökelt, aber nicht geräuchert. Mit Rosenkohl oder Linsen oder in einer Bohnensuppe waren sie ein beliebtes Essen. Gänsekeulen kann man bei uns um die Weihnachtszeit preiswert kaufen.

Gepökelte Gänsekeulen pommersche Art mit Rosenkohl

Zubereitungszeit:
Gänsekeulen 5 Tage pökeln
Zubereitungszeit der Mahlzeit:
2½ Stunden
Pro Portion:
3150 Joule/750 Kalorien
2 Gänsekeulen, 100 g Salz, 5 g Zucker, 3 g Salpeter. – 2 Eßlöffel Gänseschmalz, 1 kg Rosenkohl, Pfeffer

Die Gänsekeulen leicht am Knochen einschneiden und das Gänsefleisch und die Haut mit einer Mischung von Salz, Zucker und Salpeter gründlich einreiben. Man kann den Knochen auch herauslösen, das Fleisch pökeln und die Keulen wie eine Gänsebrust mit einem Baumwollfaden zusammennähen. Die Gänsekeulen in einen Steintopf legen und unter gelegentlichem Wenden fünf Tage pökeln lassen. Kurz abwaschen und gut abtrocknen. Das Gänseschmalz erhitzen und die Gänsekeulen darin von allen Seiten goldbraun braten. Bei leichter Hitze 2 Stunden unter gelegentlichem Wenden schmoren lassen. Den gut geputzten Rosenkohl und eine halbe Tasse Wasser hinzufügen und weitere 30 Minuten zugedeckt garen lassen. Die Gänsekeulen aus dem Gemüse nehmen und den Rosenkohl mit frischgemahlenem Pfeffer würzen. Die Keulen rund um den Knochen mit einem scharfen Messer in Scheiben schneiden und auf dem Rosenkohl anrichten.

Beilage: Bratkartoffeln

Gefüllter Gänsebraten pommersche Art

(8 Personen)

Zubereitungszeit: 3½ Stunden
Pro Portion:
4790 Joule/1140 Kalorien
1 junge Hafermastgans (ca. 3½ kg), Salz, Majoran. – Füllung: 125 g entkernte Backpflaumen, ¼ l Weißwein, 500 g säuerliche Äpfel, 50 g Rosinen, 100 g geriebenes Schwarzbrot, 1 Eßlöffel Zucker, 1 Prise Zimt

Die Backpflaumen in kleine Stücke schneiden und in 4 Eßlöffeln Weißwein einweichen. Die Äpfel waschen, schälen, vierteln, das Kerngehäuse entfernen, in Scheibchen schneiden. Das geriebene Schwarzbrot mit Zucker und Zimt vermischen. Die Apfelscheibchen, die eingeweichten Backpflaumen sowie die Rosinen hinzufügen. Alle Zutaten miteinander vermischen.

Die Gans von innen mit Salz und Majoran einreiben, von außen nur mit Salz. Die Füllung in die Gans geben und die Öffnung mit einem Baumwollfaden zunähen. Die Gans mit der Brustseite nach unten auf den Grillrost einer Bratenpfanne legen. Eine Tasse kochendes Wasser hinzugießen, bevor die Gans in das nicht zu heiße Rohr geschoben wird. Nach einer guten Stunde wenden. Die Keulen am unteren Ende mit einer Gabel einstechen, damit das Fett ausbraten kann. Das bisher ausgetretene Fett abschöpfen. Die Gans hin und wieder mit dem Bratensaft begießen. Nach einer weiteren Bratzeit von etwa zwei Stunden die Gans herausnehmen und warm stellen. Die Füllung mit zwei Löffeln aus der Gans holen, in eine Schüssel geben und ebenfalls warm stellen. Zwei Eßlöffel der Füllung in den Bratenfond geben, mit dem restlichen Weißwein aufgießen und gut durchkochen lassen. Die Sauce durch ein Sieb streichen und getrennt zu der Gans reichen.

Beilage: Kartoffelklöße aus gekochten Kartoffeln, Rotkohl

Auf dem Viktualienmarkt in München bekommt man zum Gänseklein manchmal noch das aufgefangene Gänseblut. Das wird an die Sauce getan. Es gibt ihr eine dunkle Farbe und ein besonders gutes Aroma. Man kann den Geschmack des Gansjungs auch durch wenige Löffel Rotwein oder etwas glattgerührte frische Blutwurst verfeinern, bayerisch ist das aber nicht.

Bayerisches Gansjung

Zubereitungszeit: 2½ Stunden
Pro Portion:
2520 Joule/600 Kalorien
Gänseklein (Kopf, Hals, Flügel, Füße, Magen, Herz und Leber). – Beize: ⅛ l Wasser, ¼ l Essig, 1 mit 2 Nelken gespickte Zwiebel, 1 Bund Suppengrün, 1 Lorbeerblatt, 2 Pfefferkörner, Salz, eventuell Gänseblut. – 60 g Butter oder Gänseschmalz, 1 Teelöffel Zucker, 30 g Mehl, ¾ l Kochbrühe, 1 Stückchen Zitronenschale, Salz, Pfeffer

Das vorbereitete Gänseklein (ohne die Leber) gründlich waschen. Die Beizzutaten miteinander vermischen (das Gemüse vorher in Streifen schneiden) und das Gänseklein 1–2 Tage darin durchziehen lassen. Das Gänseklein mit der Beize aufsetzen, salzen und langsam zum Kochen bringen. In etwa 2 Stunden langsam gar kochen lassen. Das Fleisch muß sich leicht von den Knochen lösen lassen. Die Brühe durch ein Sieb geben. Das Fett erhitzen, den Zucker darin zu hellgelber Farbe rösten und das Mehl darüberstreuen. Wenn es ebenfalls zu bräunen beginnt, mit der Kochbrühe aufgießen, die Zitronenschale hinzugeben, und die Sauce etwa 20 Minuten durchkochen lassen. Während der letzten 3 Minuten die Leber mitkochen. Das Fleisch von den Knochen lösen, die Leber in Würfel schneiden und in der heißen Sauce kurz durchkochen lassen. Mit Salz und Pfeffer abschmecken.

Beilage: Semmelknödel

Wildgeflügel und Wild

Über 1000 Jahre lang war die Jagd in Deutschland ein Privileg des Adels, von dem Bauern und Bürger unter Androhung strenger Strafen ausgeschlossen waren. Ein wenig vom Glanz dieser noblen Exklusivität haben Wildgerichte bis heute behalten und ihre Beliebtheit wächst von Jahr zu Jahr. So reicht der Wildbestand der deutschen Wälder und Fluren bei weitem nicht aus, die Nachfrage zu decken. Ein großer Teil des bei uns angebotenen Wildgeflügels und Wildes wird tiefgefroren importiert. Damit hat sich die relativ kurze Wildsaison auf das ganze Jahr ausgedehnt.

Und doch, welcher Wildliebhaber wartet nicht gerne, bis er im späten Sommer wieder schußfrisches Reh-, Rot- und Schwarzwild für die Pfanne bekommt? Welches Feinschmeckerherz schlägt nicht höher, wenn im Herbst eines der raren jungen Rebhühner oder eine Wildente vor ihm auf dem Teller liegt? In der Natur gibt es für alles eine Saison, und frisch schmeckt eben jedes Wildgericht mehr nach Wald und fröhlicher Jagd. Dabei wird heute ein Teil des Wildes, vor allem des Wildgeflügels, schon haustierähnlich gezüchtet. So zieht man z. B. die meisten Fasane in sogenannten Volièren, Freiluftgehegen oder gar in Ställen auf, um sie grade noch rechtzeitig, bevor die Jagd aufgeht, in die Wälder zu entlassen, damit sie wenigstens unter den Schrotkugeln der Jäger ein artgemäßes Ende finden. So ein mit Kraftfutter gemästeter Vogel schmeckt natürlich wesentlich fader als einer, der sich in ständiger Bewegung sein Futter aus Feldfrüchten, Schnecken, Würmern und Waldkräutern selbst zusammengepickt hat. Sicher wäre es heute selbst einem König Friedrich Wilhelm I. von Preußen nicht mehr wie seinerzeit möglich, herauszuschmecken, ob ein ihm vorgesetztes Rebhuhn aus Ostpreußen, der Mark oder aus Cleve stammte. Am deutlichsten erkennt man den bereits vollzogenen Übergang vom Wildgeflügel zum zahmen Geflügel an den allgegenwärtigen Wachteln, die fast nur noch gezüchtet und ganz ohne ihren so gerühmten würzigen Wildgeschmack auf den Markt kommen. Sogar Damwild wird heute schon in Gehegen aufgezogen – das wurde übrigens schon von den alten Römern getan –; die Jäger sprechen dann allerdings von Damvieh. Nur die flinken Hasen entziehen sich im 80 km-Tempo jedem Zuchtversuch, aber leider sind die beliebten Langohren durch die Flurbereinigungen im Bestand erschreckend dezimiert, die Wildkaninchen dagegen, erfahren Tunnelbauer, haben bessere Überlebenschancen.

Die deutsche Küche kennt viele und hervorragende Wildrezepte, die auch unsere feinschmeckerischen Nachbarn sehr zu schätzen wissen. Die traditionellen Zubereitungsweisen haben sich in der modernen Küche gewandelt. Ganz aus der Mode gekommen ist das lange Abhängen des Wildes. Der intensive Hautgout, der sich dabei entwickelte und den unsere Großeltern noch als besonders delikat schätzten, entfällt heute. Auch auf das Spicken wird verzichtet, weil dabei das Muskelgewebe verletzt wird, Saft heraustritt und das Fleisch dadurch austrocknet. Statt dessen hüllt man das Wildfleisch, vor allem den zarten Ziemer, den Rücken, in hauchdünne Speckscheiben oder in eine Folie ein. Bei einem älteren Stück Wild, vor allem bei deren Keule, verzichte ich weder auf das Spicken mit würzigem Speck noch auf die verpönte Beize, weil diese alten Zubereitungsmethoden selbst zäherem Fleisch Mürbigkeit und Würze verleihen. Alle Knochen und Hautfetzen vom Wild und das Klein vom Wildgeflügel werden zu einer konzentrierten Brühe eingekocht, die für das Gelingen der Sauce unentbehrlich ist. Vor der heute vielfach praktizierten Methode, Wildfleisch so zuzubereiten, daß es im Innern noch rosig ist, wird von Experten gewarnt, weil einheimisches Wild keiner Fleischbeschau unterliegt und eventuelle Bakterien erst bei 85 Grad Kochhitze abgetötet werden. Wer sein Wild rosig liebt – und das ist ein Genuß – sollte volles Vertrauen zum Lieferanten haben können.

Zum Würzen sind Wacholderbeeren, Thymian, Pfeffer, Ingwer und Lorbeer geeignet. Auch ein kleiner Tannenzweig tut zumindest einer Beize gut. Als Beilage schmecken Waldpilze, allen voran Steinpilze und Pfifferlinge sowie Maronen und frische Walnüsse, Preiselbeeren, Holunder- und Hagebuttenmark, aber auch herbstliche Kohlgemüse, rote Bete, Linsen und Selleriepüree sowie gratinierte Kartoffelscheiben mit Sahne, Spätzle, Maispüfferchen und Roggennudeln. Wildgeflügel geht gut mit Früchten zusammen, nicht nur Trauben zu Rebhuhn und Fasan, auch Pfirsiche, Sauerkirschen, Stachelbeeren und Mirabellen als Beilage können ein pikantes Geschmackserlebnis bieten. Fast jede Wildsauce läßt sich mit Sahne angenehm abrunden, aber nicht selten kommt der Wildgeschmack noch besser heraus, wenn man den Bratenfond mit einem guten Wein ablöscht, etwas Wildbeerenpüree hinzufügt und zum Schluß nur mit einem Stückchen frischer Butter abschmeckt.

Wachteln

Wachteln wurden früher vor allem am Spieß gebraten, eine Zubereitungsart, die auch heute noch besonders gut gelingt. Man rechnet zwei Wachteln pro Kopf.

Wachteln am Spieß

Zubereitungszeit: 35 Minuten
Pro Portion:
3490 Joule/830 Kalorien
8 Wachteln, 8 Scheiben durchwachsener Speck,
1 Gläschen Weinbrand, einige Pfefferkörner,
8 Wacholderbeeren,
50 g Butter, 4 Lorbeerblätter,
8 Scheiben Weißbrot. –
50 g Butter zum Braten, Pfeffer

Die Speckscheiben ca. 15 Minuten in dem Weinbrand einlegen. Die Pfefferkörner im Mörser zerdrücken und mit den nur leicht zerdrückten Wacholderbeeren zusammen mit der Butter verkneten. Das Innere der Wachteln mit Salz einreiben und ein Stückchen Gewürzbutter hineingeben. Jede Wachtel mit einem halben Lorbeerblatt belegen, mit einer Scheibe mariniertem Speck umhüllen und mit einem Baumwollfaden umwickeln. Alle Wachteln auf den Grillspieß des Backofens oder eines Grillgerätes stecken. In den vorgeheizten Backofen oder Grill geben. In etwa 15–20 Minuten goldbraun grillen. Die Wachteln während des Grillens hin und wieder mit dem herabtropfenden Fett bepinseln. Das Bratfett weggießen. Wenn die Wachtellebern verfügbar sind, werden sie in zerlassenen Speckwürfeln kurz gebraten, mit Salz und Pfeffer gewürzt und zusammen mit dem Bratenfond im Mixer zu einer Paste verarbeitet. 8 Scheiben Weißbrot in Butter bräunen und mit der Leberfarce bestreichen. Die Wachteln auf den gebratenen Weißbrotscheiben anrichten.

Beilage: Löwenzahnsalat oder Feldsalat

Rebhühner Weingärtner Art

Zubereitungszeit: 45 Minuten
Pro Portion:
2350 Joule/560 Kalorien
4 junge Rebhühner, Salz, Pfeffer, 4 Lorbeerblätter,
4 Weinblätter, 4 breite Scheiben fetter Speck. – 60 g Butter,
500 g Weintrauben, 1 Gläschen trockener Weißwein,
⅛ l Fleischbrühe

Die vorbereiteten Rebhühner waschen, gut von innen und außen abtrocknen und von innen mit Salz und Pfeffer würzen.

In jedes Rebhuhn ein Lorbeerblatt legen. Jedes Rebhuhn über der Brust mit einem gut gewaschenen Weinblatt bedecken und mit je einer breiten Speckscheibe umhüllen. Mit einem Baumwollfaden umwickeln. Die Butter in einem Schmortopf erhitzen, aber keine Farbe annehmen lassen. Die Rebhühner darin von allen Seiten anbraten und in den heißen Backofen geben. Bei starker Mittelhitze (220 °) 15 Minuten braten lassen, dabei hin und wieder mit Bratsaft begießen.

Die Haut der Trauben abziehen, die Früchte halbieren und entkernen. Die Trauben zu den Rebhühnern geben und weitere 8 Minuten im Backofen schmoren lassen. Die Rebhühner und die Trauben aus dem Topf nehmen und warm stellen. Den Bratensaft mit dem Weißwein und der Fleischbrühe aufgießen und so lange kochen lassen, bis die Sauce eine sirupartige Beschaffenheit hat. Die Rebhühner von Speck, Weinblättern und Lorbeerblättern befreien, mit der glänzenden Sauce überziehen und mit den Trauben umkränzen.

Beilage: Kartoffelpüree, Sauerkraut

Gefüllter Fasan badische Art

Mit dieser noblen Füllung reicht der Fasan auch für vier Essensteilnehmer. Die der Sauce hinzugefügte Schwarte gibt ihr eine angenehme Sämigkeit.

Für die Füllung das Bratwurstfleisch, den Schinken und die Leber im Mixer oder im Universalzerkleinerer zu Püree verarbeiten. In eine Schüssel geben und mit der Gänselebermousse, Eigelb, Sahne und Mandeln vermischen. Herzhaft mit Salz und mit frischgemahlenem Pfeffer abschmecken. Zwei Eßlöffel von der Füllung zurückbehalten. Die übrige Füllung in den gut gewaschenen und abgetrockneten Fasan füllen, die Öffnung mit einem Baumwollfaden zunähen. Die Brust mit den beiden Speckscheiben umwickeln und mit einem Baumwollfaden befestigen. Butter und Öl in einem der Größe des Fasans entsprechenden Schmortopf zerlassen und den Fasan darin von allen Seiten anbraten. Die Schweineschwarten hinzufügen und den Topf fest mit dem Deckel verschließen. In den vorgeheizten Backofen schieben und bei mittlerer Hitze (200 °) in 45–50 Minuten gar braten, während des Bratens hin und wieder mit dem Bratfett begießen. Dann die Speckscheiben entfernen und die Brust des Fasans im offenen Topf noch 5 Minuten bräunen. Den Fasan aus dem Schmortopf nehmen und mit der Brust nach unten in eine Alufolie gehüllt warm stellen. Die Schweineschwarten entfernen. Den Bratensatz völlig entfetten und mit dem Wein aufgießen. Einkochen lassen, noch einmal entfetten und die Sahne und die restliche Füllung an die Sauce geben. Erneut einkochen lassen, bis die Sauce beginnt dicklich zu werden. Wenn nötig noch mit Salz abschmecken. Die Füllung aus dem Fasan in Scheiben schneiden und neben dem in vier Teile zerlegten Fasan anrichten.

Beilage: Kartoffelpüreee, Weinsauerkraut mit Trauben

Zubereitungszeit: 1½ Stunden
Pro Portion:
3910 Joule/930 Kalorien

1 junger Fasan, besser 1 Fasanenhenne, Salz, Pfeffer. – Füllung: 100 g Brät (feines Bratwurstfleisch), 50 g gekochter Schinken, 1 Fasanenleber, ersatzweise 2 Geflügellebern, 100 g Gänselebermousse (Konserve), 1 Eigelb, 2 Eßlöffel Sahne, 2 Eßlöffel gehackte Mandeln. 2 Eßlöffel Weinbrand. – 2 lange Scheiben geräucherter fetter Speck, 1 Eßlöffel Öl, 1 Eßlöffel Butter, 2 frische Schwarten vom Schweinebauch, 1 Glas Weißwein, ⅛ l Crème fraîche, 2 Wacholderbeeren

Gebratener Fasan Pfälzer Art

(2–3 Personen)

In der sonnigen Pfalz wachsen sogar Feigen, und im Herbst wird der Fasan dort manchmal mit einem Kranz von leicht karamelisierten heißen Feigen garniert.

Die Flügel sowie Magen und Herz des Fasans in einen Topf geben. Die zerquetschten Wacholderbeeren, Zitronenschale, Salz, ½ Glas Weißwein und ½ Glas Wasser hinzufügen. Zugedeckt bei leichter Hitze 45 Minuten kochen lassen. Durch ein Sieb geben und die Flüssigkeit einkochen lassen; man braucht nur wenige Löffel für die Sauce.

Den gut gewaschenen und abgetrockneten Fasan leicht mit Salz und Pfeffer einreiben. Mit der breiten Speckscheibe einwickeln und mit einem Baumwollfaden befestigen. Die geklärte Butter (d. h. die vorher geschmolzene und von den darin enthaltenen milchigen Teilen abgegossene Butter) in einem der Größe des Fasans entsprechenden Schmortopf erhitzen und das Geflügel darin von beiden Seiten anbraten. Den Topf mit einem Deckel fest verschließen. In den vorgeheizten Backofen schieben und bei starker Mittelhitze (220 °) in 35–40 Minuten goldbraun braten, dabei ständig mit dem Bratfett beschöpfen. Den Speck ablösen und im offenen Topf 10 Minuten lang die Brust bräunen lassen. Aus dem Schmortopf nehmen und mit der Brust nach unten in eine Alufolie gehüllt warm stellen. Den Bratenfond entfetten, die Wacholderbeeren hinzugeben und mit der durch ein Sieb gegossenen eingekochten Brühe und der Sahne aufgießen. Einkochen lassen, bis die Sauce dicklich und cremig ist. Die grobgehackten Walnüsse an die Sauce geben.

Wenn die Fasanenleber vorhanden ist, wird sie in zerlassenen Speckwürfeln kurz gebraten, mit Salz, Pfeffer und Weinbrand gewürzt und im Mixer zu einer Paste verarbeitet. Von einem Weißbrot eine dicke Brotscheibe in der Größe des Fasans schneiden, in Butter bräunen und die Leberfarce daraufstreichen. Den Fasan auf dem Weißbrotsockel anrichten. Mit Brunnenkresse garnieren.

Beilage: Selleriepüree, Maispüfferchen

Zubereitungszeit: 1 Stunde
Pro Portion:
2940 Joule/700 Kalorien

1 junger Fasan, besser eine Fasanenhenne, Salz, Pfeffer, 1 breite Scheibe fetter Speck, 80 g geklärte Butter, 5 gehackte Wacholderbeeren, ¼ l Sahne, einige Walnußkerne. – Frische Brunnenkresse. – Fond: Flügel, Magen, Herz vom Fasan, 3 Wacholderbeeren, 1 Stück Zitronenschale, ½ Glas Pfälzer Weißwein

Das hier folgende Rezept ist über 200 Jahre alt und bringt den Eigengeschmack der Wildenten besonders gut heraus. Zitronen hat man früher für alles Wildgeflügel als Würze besonders geschätzt.

Wildente mit Zitronen

Zubereitungszeit: 1½ Stunden
Pro Portion:
3150 Joule/750 Kalorien
2 Wildenten, Salz, Pfeffer, 2 Zitronen, Entenklein (Magen, Flügel, Hals), 1 Möhre, 1 Stückchen Porree, 2 Stengel Bleichsellerie, 1 Eßlöffel Öl, ½ Lorbeerblatt, 2 Salbeiblätter, 3 Wacholderbeeren, 1 Stengel Thymian, 2 Eßlöffel Butter, 1 Eßlöffel Honig, 1 Glas Weißwein, 4 Eßlöffel Crème fraîche

Das Entenklein mit dem geschnittenen Gemüse in dem Öl anbraten und die Gewürze hinzugeben, mit ¼ l Wasser aufgießen. Eine Stunde kochen lassen.

Die Wildenten gründlich waschen und trockentupfen. Die Bürzel wegschneiden und die Enten von innen und außen mit Salz und Pfeffer einreiben. In das Innere eine in Scheiben geschnittene Zitrone geben und einige Butterflöckchen. Die restliche Butter zerlassen und die Enten darin anbraten. In den Backofen schieben, die Brust mit dem Honig bestreichen und bei starker Hitze (240 °) in 20–25 Minuten braun braten, sie sollen einen zartrosa Kern behalten. Aus dem Topf nehmen und warm stellen. Die Brühe durch ein Sieb geben und den Bratensaft damit ablöschen. Den Wein hinzufügen sowie 1 Teelöffel streifig geschnittene Zitronenschale. Auf die Hälfte des Umfanges einkochen, entfetten und die Crème fraîche und den Saft von ½–1 Zitrone hinzufügen. Noch einmal mit Salz und frischgemahlenem Pfeffer abschmecken. Die Enten halbieren und mit den Zitronenscheiben belegt anrichten. Mit etwas Sauce überziehen. Den Rest getrennt dazu reichen.

Beilage: Grüne Nudeln

Reh

Der Zusatz »Baden-Baden« zum Rezept für Rehrücken bedeutet lediglich, daß der fertige Rehrücken von in Zuckersirup gegarten Birnenhälften umgeben angerichtet wird, die mit Preiselbeeren gefüllt sind. Die Zubereitung selbst paßt zu jedem Rehrücken; man kann die Sauce anstelle von Sahne mit Flöckchen von frischer Butter abrunden. Als Garnitur von Rehrücken sind auch frische Waldpilze, glasierte Maronen, Selleriepüree und Kartoffelplätzchen mit Ingwer gewürzt zu empfehlen.

Rehkeule

(6-8 Personen)

Farbaufnahme Seite 153
Zubereitungszeit: 30 Minuten
Garzeit: 1½ Stunden
Pro Portion:
2690 Joule/640 Kalorien
1 Rehkeule (ca. 1,8–2 kg), Salz, Pfeffer, 4 zerdrückte Wacholderbeeren, 1 Löffelspitze Ingwer, etwas Koriander, 6 dünne Scheiben durchwachsener Speck, 50 g Butter, 1 Zweiglein Thymian, 1 Lorbeerblatt, einige Pfefferkörner, 1 Zwiebel, 1 Möhre, 1 Stückchen Sellerie, 1 Petersilienwurzel, ¼ l Rotwein, ¼ l Crème fraîche

Wenn die Rehkeule von einem jungen Tier stammt (1–3 Jahre alt), braucht die Rehkeule weder eingelegt noch gespickt zu werden. Die Keulen älterer Tiere sollte man 1–2 Tage in eine gewürzte Wein-Öl-Marinade legen und mit Streifen von fettem Speck spicken.

Die Rehkeule eine Nacht in ein mit Essig getränktes Tuch wickeln. Die Rehkeule sorgfältig enthäuten und das Fleisch um den Knochen etwas einschneiden. Aus Salz, Pfeffer, zerdrückten Wacholderbeeren, Ingwer und Koriander eine Gewürzmischung herstellen und das Rehfleisch damit einreiben. Mit den Speckscheiben umlegen und mit einem feinen Bindfaden umwickeln. Die Butter erhitzen und die Rehkeule darin anbraten. Die restlichen Gewürze sowie das kleingeschnittene Gemüse hinzufügen. Im vorgeheizten Backofen bei guter Mittelhitze (220 °) in etwa 1½–2 Stunden gar braten. Während des Bratens hin und wieder mit dem Bratfett begießen. Die Keule herausnehmen und in Alufolie verpackt warm stellen. Den Bratensatz entfetten und mit dem Wein aufgießen. Abkochen lassen und in eine Kasserolle geben. Die Crème fraîche hinzufügen und die Sauce 10 Minuten einkochen lassen. Die Speckscheiben von der Rehkeule entfernen. Das Fleisch aufschneiden und auf einer vorgewärmten Platte anrichten. Die Sauce durch ein Sieb streichen und getrennt dazu reichen.

Beilage: Spätzle, frische Pfifferlinge oder Rosenkohl, in Rotwein geschmorte Birnen oder Feldsalat mit Walnüssen

Rehrücken Baden-Baden

(6 Personen)

Beim Einkauf das Halsfleisch und die abgeschlagenen Rippenknochen mitgeben lassen. Den frischen Rehrücken mit einem spitzen Messer sorgfältig enthäuten. Die Fleischabfälle, Haut und kleingehackte Knochen in dem erhitzten Öl scharf anbraten. Das kleingeschnittene Gemüse sowie die Gewürze hinzufügen und mit anbraten. Mit dem Rotwein aufgießen und bei schwacher Hitze um die Hälfte einkochen lassen. Durch ein Spitzsieb geben und beiseite stellen.

Den Rehrücken von Haut und Sehnen befreien, aber die letzte dünne Haut am Fleisch lassen. Den Rehrücken mit Salz, frischgemahlenem Pfeffer und den zerdrückten Wacholderbeeren einreiben. Butter und Öl in einem Schmortopf erhitzen und den Rehrücken mit der Fleischseite nach unten darin anbraten. Den Topf mit einem Deckel verschließen und auf dem Herd oder im Backofen bei mittlerer Hitze (200 °) in 35–40 Minuten gar braten. Nach 5 Minuten wenden. Mit dem Bratfett häufig begießen. Wer das Fleisch durchgebraten vorzieht, sollte mit einer Stunde rechnen. Den Rehrücken mit Alufolie umwickeln und vor dem Anrichten mindestens 10 Minuten im geöffneten Backofen ruhen lassen.

Den Bratensatz entfetten und mit dem vorher zubereiteten Wildfond aufgießen und abkochen lassen. In eine Kasserolle gießen und etwas einkochen. Zum Schluß die Crème fraîche an die Sauce geben und eine Minute kräftig durchkochen. Mit einer Spur scharfem Senf, frischgemahlenem Pfeffer und eventuell etwas Salz abschmecken.

Das Rehfleisch vorsichtig vom Knochengerüst lösen und in dicke schräge Scheiben schneiden (den dabei auslaufenden Fleischsaft an die Sauce geben). Die Fleischscheiben wieder auf dem Knochengerüst anrichten.

Beilage: Spätzle, glasierte Maronen, in Zuckersirup gekochte Birnenhälften mit Preiselbeeren gefüllt

Zubereitungszeit: 1½ Stunden
Pro Portion:
2270 Joule/540 Kalorien

1 Rehrücken (ca. 2 kg). – 2 Eßlöffel Öl, 1 Zwiebel, 1 Karotte, 6 Wacholderbeeren, Schale einer halben Zitrone, 8 Pfefferkörner, je 1 Zweiglein Thymian und Rosmarin, ¼ l Rotwein, Salz, Pfeffer, einige Wacholderbeeren. – 1 Eßlöffel Olivenöl, 1 Eßlöffel Butter, 1 kleiner Becher Crème fraîche, scharfer Senf

Fränkische Rehschäufele mit Wacholderrahm

Schäufele (Rehschulter) werden aus der Vorderkeule gelöst – das Fleisch ist besonders saftig und wesentlich preiswerter als Keule und Rücken.

Eine Marinade aus Weißwein und den Gewürzen zubereiten und das Rehschäufele darin über Nacht einlegen. Am nächsten Tag gut abtrocknen und mit Salz und frischgemahlenem Pfeffer einreiben. Die Butter in einem Schmortopf erhitzen und das Fleisch von allen Seiten darin bräunen lassen. Mit dem Wacholder übergießen und flambieren. Das kleingeschnittene Suppengrün hinzufügen. Zugedeckt in den vorgeheizten Backofen geben. Bei guter Mittelhitze in etwa 1½–2 Stunden gar braten. Dabei hin und wieder mit der Marinade begießen. In der Garzeit der Rehschäufele die Waldpilze putzen und in Scheiben schneiden. Das Fleisch herausnehmen und warm stellen.

Den Bratensatz mit der restlichen Weißweinmarinade ablöschen und in eine Kasserolle geben. Die Sahne hinzufügen und so lange kochen lassen, bis die Sauce dicklich wird. Inzwischen den Speck und die Zwiebel in Würfel schneiden. Die Butter zerlassen und die Speck- und Zwiebelwürfel darin glasig braten. Die Waldpilze hinzufügen und 5 Minuten anschmoren. Die Sahnesauce durch ein Sieb streichen und mit den geschmorten Waldpilzen und der gehackten Petersilie vermischen.

Das Fleisch aufschneiden und auf einer vorgewärmten Platte anrichten. Die Pilzsauce darübergießen.

Beilage: Kartoffelkloß oder Semmelknödel, Salat

Zubereitungszeit: 30 Minuten
Garzeit: 2 Stunden
Pro Portion:
2940 Joule/700 Kalorien

2 Rehschultern, Salz, Pfeffer. – Marinade: ½ l weißer Frankenwein, 8 Pfefferkörner, 10 zerdrückte Wacholderbeeren, 1 mit 3 Nelken gespickte Zwiebel, 1 Lorbeerblatt. – 50 g Butter, 1 Gläschen Doppelwacholder, 1 Bund Suppengrün, 0,2 l Sahne. – 50 g durchwachsener Speck, 1 kleine Zwiebel, 1 Eßlöffel Butter, 250 g Waldpilze (Pfifferlinge, Steinpilze oder Maronen), 1 Eßlöffel gehackte Petersilie

Rehnüßchen mit Morchelrahm

Zubereitungszeit: 1½ Stunden
Pro Portion:
2100 Joule/500 Kalorien
8 Rehnüßchen (je 80 g), Salz, Pfeffer, Ingwer. – ½ Bund Suppengrün, 1 Lorbeerblatt, einige Wacholderbeeren, 1 Stückchen Orangenschale, 1 Stückchen Ingwerwurzel, 1 Zweiglein Thymian, ¼ l Rotwein. – 20 g getrocknete, eingeweichte Morcheln. – 2 Eßlöffel Butter, 1 Eßlöffel Olivenöl, 1 kleines Glas Portwein, ¼ l Sahne

Rehnüßchen werden aus dem Rehrücken geschnitten. Das läßt man am besten gleich beim Einkauf machen, die Knochen des Rehrückens aber mit einpacken lassen für die Sauce.

Die in Stücke gehackten Rehknochen in einem Schmortopf bei starker Hitze auf dem Herd oder im Backofen anbraten, das kleingeschnittene Suppengrün hinzufügen sowie Salz und die Gewürze. Mit dem Rotwein aufgießen. Eine Stunde zugedeckt kochen lassen und durch ein Sieb geben.

Die Rehnüßchen mit Salz, Pfeffer und Ingwer einreiben. Die Morcheln gründlich waschen, sie haben in den Vertiefungen ihrer Hütchen viel feinen Sand. Auf ein Küchenpapier geben und gut abtrocknen lassen. Einen Eßlöffel Butter erhitzen und die Morcheln darin unter Schwenken der Pfanne andünsten. Die Sahne hinzufügen und unter gelegentlichem Schwenken umrühren. 15 Minuten kochen lassen. Die restliche Butter und das Öl in einer zweiten Pfanne erhitzen und die Rehnüßchen darin von beiden Seiten (jede Seite 3–4 Minuten) anbraten. Sie sollen gebräunt sein, aber nicht kroß werden. Aus der Pfanne nehmen und warm stellen. Das Bratfett abgießen, den Bratsatz aus der Pfanne mit dem Wildfond ablöschen und auf die Hälfte einkochen lassen. Die Morcheln, den Portwein und die Sahne hinzufügen und durchkochen lassen, bis die Sauce sämig ist. Mit Salz und frischgemahlenem Pfeffer abschmekken. Die Rehnüßchen auf einer vorgewärmten Platte anrichten und mit der Morchelsauce überziehen.

Beilage: Kartoffelplätzchen mit Ingwer, Preiselbeeren, Selleriepüree

Wildpfeffer

Zubereitungszeit: 3 Stunden
Pro Portion:
2780 Joule/590 Kalorien
1 kg Reh- oder Hirschragoutfleisch (Schulter, Brust, Hals), Pfeffer, einige zerdrückte Wacholderbeeren, je eine Messerspitze Piment, Zimt und Ingwer, 2 Karotten, ½ Sellerieknolle, 12 kleine Zwiebeln (Perlzwiebeln), 50 g durchwachsener Speck, 2 Eßlöffel Butter, Salz, 1 Zweiglein Thymian, 1 Lorbeerblatt, ¼ l guter Rotwein, ¼ l Fleischbrühe, ⅛ l Sahne, 1 Eßlöffel Preiselbeeren

Wenn man einen ganz feinen Wildpfeffer zubereiten will, nimmt man das Fleisch dazu aus der Keule. Aber durch die lange Schmorzeit lassen sich die herzhaften preiswerten Stücke aus Schulter, Brust und Hals ebenso gut verwenden, die Sauce wird dabei sogar noch würziger. Man kann das Fleisch am Vortag in eine Beize legen. Wenn man etwas Wildblut, hat, kann man die Sauce zum Schluß damit binden.

Das Fleisch mit einem scharfen Messer in möglichst gleichmäßige Würfel schneiden, dabei Häute und Sehnen entfernen. Mit den vermischten Gewürzen einreiben. Karotten und Sellerie schälen und in kleine Würfel schneiden. Die Butter in einem Schmortopf erhitzen und die Speckwürfel darin glasig braten. Das Ragoutfleisch und die Zwiebelchen hinzufügen und von allen Seiten anbraten. Die Gemüsewürfel zu dem Fleisch geben, kurz mit durchdünsten. Salzen, mit Thymian und Lorbeerblatt würzen und mit dem Rotwein und der Fleischbrühe aufgießen. Gut zugedeckt bei leichter Hitze auf dem Herd oder im Backofen je nach Fleischsorte 2–2½ Stunden schmoren lassen. Das Fleisch muß sich leicht von den Knochen lösen. Die Sahne an das Wildpfeffer geben und die Sauce im offenen Topf schmoren lassen, bis sie dicklich ist. Mit Preiselbeeren, Salz und frischgemahlenem Pfeffer abschmecken.

Beilage: Roggennudeln oder Semmelknödel, Rote-Bete-Salat, mit Feldsalat gemischt

Die neue deutsche Küche bereitet Kohlrouladen mit den zartesten Füllungen zu, wie hier mit Wirsingblättern und Hühnerbrust

Rezept Seite 187

Hirsch

Das zarteste Fleisch stammt vom jungen Hirschkalb. Ältere Semester können schon einmal etwas zäh sein, sie sollten ein paar Tage abgehangen werden und vertragen auch gut eine Beize. Medaillons aus dem Filet des Hirschkalbs gelten bei vielen Feinschmeckern als das *non plus ultra* aller Wildgerichte.

Hirschkalbmedaillons mit Steinpilzen

Die Hirschmedaillons mit Salz, Pfeffer und Ingwer gut einreiben. Die Steinpilze putzen, waschen, größere Pilze halbieren und in dünne Scheiben schneiden. Getrocknete Pilze müssen einige Stunden vorher eingeweicht werden. Dann auf einem Sieb gut abtropfen lassen. Die Zwiebel in Würfel schneiden. Einen Eßlöffel Butter erhitzen und die Zwiebelwürfel darin glasig braten. Die Steinpilze hinzufügen, kurz durchschwenken und mit der Sahne aufgießen. 5–8 Minuten einkochen lassen. Die gehackte Petersilie hinzufügen. In der Zwischenzeit die restliche Butter erhitzen und die Hirschmedaillons darin von beiden Seiten hellbraun braten (pro Seite 3 Minuten). Die Medaillons mit Folie bedeckt warm stellen. Die Sahnesauce mit den Pilzen in die Pfanne geben. Gut durchkochen lassen, damit der Bratsatz gelöst wird. Die Pilzsauce über die angerichteten Hirschmedaillons gießen.

Beilage: Bubenspitzle, Preiselbeeren in Birnenhälften

Zubereitungszeit: 30 Minuten
Pro Portion:
1640 Joule/390 Kalorien
8 Hirschkalbmedaillons (2,5–3 cm dicke Scheiben), Salz, Pfeffer, Ingwer, 2 Eßlöffel Butter, 1 kleine Zwiebel. – 250 g frische Steinpilze (oder 30 g getrocknete), ⅛ l Sahne, 1 Eßlöffel gehackte Petersilie

Wildschwein

Zu den kräftigsten Wildgerichten gehören die Braten vom Wildschwein, die unbedingt von jungen Tieren stammen sollten. Am besten sind die noch nicht einjährigen Frischlinge. Die Sauce zum Wildschwein sollte ohne Sahne zubereitet werden, damit ihr typischer Wildschweingeschmack erhalten bleibt.

Frischlingsrücken

(6 Personen)

Die Fettkante des Wildschweinrückens mit einem spitzen scharfen Messer kreuzweise einritzen. Den Rotwein mit der gespickten Zwiebel, dem Öl und den Gewürzen zu einer Marinade vermischen. Den Rücken in einen länglichen Topf geben und mit der Marinade übergießen. Über Nacht zugedeckt stehenlassen. Den Wildschweinrücken herausnehmen, mit einem Tuch trockentupfen und leicht mit Salz und Cayennepfeffer würzen. Öl und Butter in einem Bratentopf erhitzen und das Fleisch darin von beiden Seiten hellbraun braten. In den Backofen schieben und bei guter Mittelhitze (220°) unter häufigem Beschöpfen mit dem Bratenfett in gut 1½ Stunden gar braten. Wenn das Bratenfett dunkel zu werden droht, mit etwas Marinade aufgießen. Den Frischlingsrücken aus dem Bratentopf nehmen und warm stellen. Die Holunderbeeren im Mixer pürieren. Den Bratensatz mit etwas Marinade abkochen und in eine Kasserolle geben. Entfetten. Das Holunderpüree und den Madeira hinzufügen. Die Sauce etwas einkochen lassen. Mit Salz, frischgemahlenem Pfeffer und scharfem Senf abschmecken und mit einigen Butterflöckchen abrunden. Das Fleisch tranchieren, auf einer vorgewärmten Platte anrichten und die Sauce getrennt dazu reichen.

Beilage: Roggennudeln oder Kartoffelplätzchen mit Walnüssen, Apfelrotkohl

Zubereitungszeit: 2 Stunden
Am Vortag beizen
Pro Portion:
2060 Joule/490 Kalorien
1 Frischlingsrücken (2 kg), 1 Flasche Rotwein, 1 Lorbeerblatt, 1 Teelöffel getrockneter grüner Pfeffer, 1 Zweiglein Thymian, Salz, Cayennepfeffer, eine mit 2 Nelken gespickte Zwiebel, 1 Eßlöffel Öl, 2 Eßlöffel Butter. – 100 g frische Holunderbeeren, 1 Gläschen Madeira, Salz, Pfeffer, scharfer Senf, 1 Eßlöffel Butter zum Abrunden

Hasen

Da der Hasenrücken eine wesentlich kürzere Garzeit als die Keulen hat, empfiehlt es sich, die ausgelösten Fleischteile eines Hasens getrennt zuzubereiten, zumal der Rücken gebraten, die Keulen geschmort besser schmecken. Ein Hasenrücken reicht für 2 Personen.

Hasenrücken Berliner Art

Zubereitungszeit: 45 Minuten
Pro Portion:
2780 Joule/590 Kalorien
2 Hasenrücken, Salz, Pfeffer, 2 Eßlöffel Olivenöl, 2 Eßlöffel Butter, 1 Möhre, 1/2 Stange Porree, 1 Zwiebel, 1 Stückchen Sellerie, 1 Glas Rotwein, 6 zerdrückte Wacholderbeeren, ¼ l Sahne, 1 Eßlöffel Hagebuttenmarmelade

Die Hasenrücken sorgfältig häuten und von den Sehnen befreien, die seitlich hervorstehenden Rippen direkt am Fleischansatz abschlagen. Salz und Pfeffer mischen, die Hasenrücken damit einreiben und mit Olivenöl bepinseln. Zwei Stunden durchziehen lassen. In einem länglichen Schmortopf die Butter zerlassen und die Rücken mit der Fleischseite nach unten darin anbraten. Das kleingeschnittene Gemüse hinzufügen und etwas durchrösten. Im vorgeheizten Backofen bei Mittelhitze in 20 Minuten durchbraten, den Rücken die letzten 5 Minuten mit der Fleischseite nach oben unter Begießen mit dem Bratensaft leicht bräunen, er soll aber keine Kruste haben. Die Rücken in Alufolie verpakken und warm stellen. Den Bratensatz mit dem Rotwein ablöschen und in eine kleine Kasserolle geben. Die Wacholderbeeren hinzugeben und den Rotweinsud auf die Hälfte einkochen. Die Sahne hinzufügen und die Hagebuttenmarmelade. Die Sauce etwas einkochen lassen, durch ein Sieb streichen und mit Salz und frischgemahlenem Pfeffer abschmecken. Die Rückenfilets mit einem scharfen geraden Messer von den Rippenknochen lösen (auch die würzigen Filets unter dem Rippenbogen) und auf einem Brett in schräge Scheiben schneiden. Auf einer vorgewärmten Platte anrichten und mit etwas Sauce nappieren. Die restliche Sauce getrennt dazu reichen.

Beilage: Rosenkohl, Kartoffelplätzchen, Preiselbeeren

Man kann die Hasenschlegel, statt sie zu spicken, auch mit dem in feine Streifen geschnittenen Speck anbraten. Der wird nach dem Anbraten dann herausgenommen und, kurz im Ofen erwärmt, erst beim Anrichten wieder über die Hasenschlegel gestreut.

Geschmorte Hasenschlegel schwäbische Art

Zubereitungszeit: 30 Minuten
Garzeit: 1½ Stunden
Pro Portion:
2940 Joule/700 Kalorien
4 Hasenschlegel, Salz, Pfeffer, 4 zerdrückte Wacholderbeeren, 50 g fetter Speck, 1 Eßlöffel Butter, 1 Eßlöffel Öl, 1 Zwiebel, 1 Bund Suppengemüse, ⅛ l Fleischbrühe, 1 Glas Rotwein, ⅛ l Sahne

Die Hasenschlegel enthäuten und mit Salz, Pfeffer und Wacholderbeeren einreiben. Den Speck in Streifen schneiden und das Fleisch damit spicken. Die Butter erhitzen und die Hasenschlegel darin von allen Seiten anbraten. Die Zwiebel und das Suppengemüse kleinschneiden und zu den Hasenschlegeln geben. Mit der Brühe und dem Wein aufgießen und zugedeckt in den vorgeheizten Backofen geben. Bei Mittelhitze (200°) in etwa 1½ Stunden unter häufigem Begießen mit dem Bratensaft gar braten. Die Hasenschlegel herausnehmen und auf einer vorgewärmten Platte warm stellen. Den Bratensaft entfetten, mit der Sahne aufgießen und bei starker Hitze etwas einkochen lassen. Mit frischgemahlenem Pfeffer abschmecken. Die Hasenschlegel aufschneiden und die Sauce getrennt dazu reichen.

Beilage: Spätzle, Linsen oder Rotkohl

Kaninchen

Im Rheinland wird das sehr geschätzte Kaninchen häufig wie ein Sauerbraten in Essig und Wasser mit Gewürzen 1–2 Tage gebeizt. Das ist ratsam, wenn der Stallhase schon ziemlich betagt ist. Ein junges Kaninchen bleibt saftiger, wenn es frisch angeschmort wird. Wildkaninchen gibt es nur selten. Sie können nach dem gleichen Rezept zubereitet werden.

Kaninchen rheinische Art

(6 Personen)

Das Kaninchen gleich beim Einkauf zerlegen lassen in Vorderläufe, Keulen und vier Rückenstücke, sonst mit einer scharfen Geflügelschere selbst zerlegen. Rippen und Bauch für eine Brühe oder einen Fond verwenden. Die Stücke enthäuten und leicht mit Senf bestreichen. Den Speck in Würfel schneiden. In einem Schmortopf das Fett zerlassen, die Speckwürfel darin glasig braten und die Kaninchenstücke hinzugeben. Unter gelegentlichem Wenden von allen Seiten anbraten. Wieder aus dem Schmortopf nehmen und salzen. In dem Bratfett das in Streifen geschnittene Gemüse andünsten und 10 Minuten bei leichter Hitze durchschmoren. Die Kaninchenteile wieder in das Fett geben. Mit einem Eßlöffel Mehl überstäuben, durchrösten und mit dem Wein und dem Essig aufgießen. Die Gewürze hinzufügen und so viel Fleischbrühe hinzugeben, daß das Fleisch knapp von der Sauce bedeckt ist. Den Deckel gut verschließen, evtl. noch mit einer Alufolie abdichten, und im Backofen bei schwacher Mittelhitze (190 °) oder auf dem Herd bei leichter Hitze in einer Stunde gar schmoren lassen. Mann kann die Sauce noch mit einem Stückchen frischer Butter oder etwas Sahne abrunden, aber eigentlich tut man das im Rheinland nicht.

Beilage: Kartoffelpüfferchen oder Nudeln

Zubereitungszeit: 1½ Stunden
Pro Portion:
3210 Joule/780 Kalorien
(4 Personen)
2180 Joule/520 Kalorien

1 Kaninchen (ca. 2 kg), 1 Eßlöffel scharfer Senf, 80 g durchwachsener Speck, Salz, 2 Eßlöffel Butter und Schmalz, 2 Zwiebeln, 2 Möhren, 1 Stückchen Sellerie, 1 Eßlöffel Mehl, 1 Glas Weißwein, ⅛ l Weinessig, 2 Nelken, einige zerdrückte Pfefferkörner und Wacholderbeeren, 1 Stückchen Zitronenschale, 1 Prise Zimt, 1 Zweiglein Thymian, Fleischbrühe, evtl. etwas Butter oder Sahne

Ein Rezept der neuen leichten Küche ist der Kaninchenrücken mit Kräutern. Diese müssen aber frisch sein.

Kaninchenrücken mit Kräutern

Das anhaftende Fett vom Kaninchenrücken entfernen und die Nieren auslösen. Mit Salz und Pfeffer einreiben. Einen Schmortopf mit 40 g Butter ausfetten. Den Kaninchenrücken mit dem Thymian hineinlegen. Mit dem Deckel verschließen und bei leichter Hitze 20 Minuten schmoren lassen. Das Fleisch soll weiß bleiben. Wenn die Butter zu bräunen anfängt, zwei Suppenlöffel warmes Wasser hinzufügen und die Hitze etwas herunterschalten. Der Schmortopf soll zugedeckt bleiben. Wenn man mit einer Stricknadel in die Keule einsticht und der Saft klar herausläuft, ist das Kaninchen gar. In Alufolie wickeln und warm stellen.

Schalotten und Weißwein in den Kochtopf geben und die Flüssigkeit einkochen lassen, bis 2–3 Eßlöffel Flüssigkeit übrigbleiben. Die Hälfte der Sahne hinzufügen und erneut zum Kochen bringen. Das Eigelb und die restliche Sahne und den Zitronensaft in einer Schüssel mit dem Schneebesen verquirlen. Zu der Sauce hinzufügen, bis zum Kochen bringen und sofort durch ein feines Sieb in einen kleinen Topf passieren. Mit Salz und Pfeffer abschmecken. Unmittelbar vor dem Servieren die frischgeschnittenen Kräuter unter die Sauce ziehen. Den Rücken und die Keulen in schräge dünne Scheiben schneiden und auf einer vorgewärmten Platte anrichten. Mit der Sauce übergießen.

Beilage: Hausgemachte Nudeln, Salat

Zubereitungszeit: 45 Minuten
Pro Portion:
2520 Joule/600 Kalorien

1 Kaninchenrücken mit den beiden Hinterkeulen, Salz, Pfeffer, 20 g Butter, 1 kleiner Zweig Thymian, 1 Eßlöffel gehackte Schalotten, 3 Eßlöffel trockener Weißwein, 6 Eßlöffel süße Sahne, 1 Eigelb, Saft ½ Zitrone, je 1 Teelöffel feingeschnittene Basilikumblätter und Petersilie

Der bunte Gemüsegarten

Der Gemüsebau hat in Deutschland eine lange Tradition. Mönche waren die ersten, die in ihren Klostergärten die unterschiedlichsten Wildpflanzen als Heilkräuter anpflanzten und dann als Gartengemüse veredelten. Im karolingischen Kloster auf der Insel Reichenau im Bodensee, heute noch eine Hochburg des Gemüseanbaus, schrieb schon im 8. Jahrhundert der Abt Walafried Strabo ein lesenswertes Büchlein mit dem Titel »Hortulus« über den Anbau von Gemüse und Kräutern. Es muß viel Geduld dazu gehört haben, z. B. aus den losen Blättern des wildwachsenden Meerkohls feste runde Kohlköpfe in verschiedenen Formen und Farben und mit unterschiedlichem Geschmack zu züchten. Inzwischen gibt es über 500 Kohlsorten.

Kohl spielte von alters her in der deutschen Küche eine wichtige Rolle. Schon im Mittelalter füllte man Kohlköpfe und Kohlblätter mit vielseitig gewürzten Farcen, schmorte Gemüse im eigenen Saft, verfeinerte es mit Rahm und oft mit allzu viel Gewürzen, pürierte Maronen, Karotten und Sellerie und machte knackige Salate mit Baumöl (Olivenöl) und mit Weinessig an.

Der Kohl ist nach wie vor das Lieblingsgemüse der Deutschen geblieben. Im Frühling beginnt die Saison mit den Primeurs, dem ersten lockeren Spitzkohl und dem jungen Wirsing, die so zart sind, daß sie in die Gruppe der Feingemüse eingestuft werden können. Im Herbst wird das Sauerkraut eingeschnitten. Berühmt für die Sauerkrautherstellung ist das in der Gegend um Stuttgart angebaute Filderkraut, das am besten frisch aus dem Faß schmeckt. Bei seiner milchsauren Gärung dürfen dem Kohl außer Salz und Gewürzen keinerlei chemische Stoffe zugefügt werden. Auch darum ist er so beliebt. Aber vor allem: was wären der Deutschen Leibgerichte – herzhafte Schlachtplatten mit Würsten und Schweinefleisch, rosiges Eisbein mit schneeweißem Fettrand, knusprige Bratwürstchen, frische saftige Blut- und Leberwurst, aber auch ein edler Fasan – ohne herzhaftes Sauerkraut mit Äpfel, Gewürzen, einem Stück Rauchfleisch gekocht und einem Glas Weißwein angenehm abgerundet.

Auch der süß-saure, pikante Rotkohl ist in allen deutschen Landen hochgeschätzt. Wer jedoch in Bayern zum Martinsganserl oder zum Schweinsbraten Rotkohl statt Blaukraut verlangt, weist sich sofort als Preuße aus und wird entsprechend zurechtgewiesen. Im Freistaat Bayern ist der Rotkohl eben blau. Ein typisch norddeutsches Gemüse dagegen ist die »ostfriesische Palme«, der krausblättrige Grünkohl. Zu einem eiskalten Wintertag an Deutschlands Küsten gehört einfach der Trost eines fetten Grühkohlgerichtes. Die jüngste Kohlzüchtung ist der Sprossenkohl, Rosenkohl genannt. Die kleinen grünen Kohlköpfe aus belgischer Zucht tauchten vor 150 Jahren bei uns auf und wurden schnell ein beliebtes Wintergemüse zu Fleisch und Wild.

Dagegen ist der Kohl, dessen Blüten man ißt, der Blumenkohl, schon seit 500 Jahren bekannt. Er wurde aus den lockeren grünen Brokkoli gezüchtet, die jetzt auf dem Umweg über Italien wieder in der deutschen Küche auftauchen. Die grünen und lilafarbenen Kohlrabi sind eigentlich die Knollen von Stengelgemüsen. Sie sind – vor allem im Frühjahr – ein sehr delikates Gemüse und schmecken besonders gut, wenn man die zarten grünen Blätter in Streifen geschnitten mitkocht.

Das nobelste unserer Gemüse ist der blütenweiße deutsche Spargel. Zwar kann man heute in einschlägigen Geschäften mindestens 6 Monate lang frischen rosafarbenen, hell-lila oder zartgrünen Spargel aus unseren südlichen Nachbarländern kaufen, aber die Saison für den deutschen Spargel ist kurz: vom 20. April bis zum Johannistag, dem 24. Juni. Jeder Kenner weiß: Spargel schmeckt am feinsten, wenn er – morgens frisch gestochen – noch am gleichen Tag gegessen wird. Das ist zwar nur in unmittelbarer Nähe der Anbaugebiete möglich. Aber die sind meistens nicht fern: ob es sich dabei um Vierländer oder Braunschweiger Spargel im Norden, Schwetzinger Spargel im Westen oder Schrobenhausener Spargel im Süden handelt, um nur einige zu nennen. Deutschland ist ein richtiges Spargelland. Und frisch gestochener Spargel mit zerlassener Butter, kleinen Kartoffeln, begleitet von einer dicken rosigen

Scheibe geräucherten Schinkens aus Holstein, Westfalen oder dem Schwarzwald, das ist ein so vollkommener Genuß, daß man diese deutsche Spezialität nicht steigern, sondern nur variieren kann, besonders wenn man dazu einen halbtrockenen fruchtigen Riesling serviert.

Schade, daß bei uns die jungen zarten Erbsen so rar sind. Sie werden viel zu spät gepflückt. Winzige süße Zuckererbsen und die Erbsenschoten, bei denen man sogar die zarte Schale mitißt, wurden zur Zeit unserer Großeltern überall angeboten. Wer keinen eigenen Garten hat, findet heute die zartesten Erbsen in der Tiefkühltruhe.

Großer Beliebtheit erfreuen sich bei uns grüne Bohnen in jeder Form, angefangen von den ersten jungen Brechbohnen mit Matjes und neuen Kartoffeln im Frühling bis zu grünen Bohnen mit Hammelfleisch gekocht und den großen Bohnen mit den dicken Bohnenkernen, für die die Westfalen ihr Erstgeburtsrecht verkaufen würden. Brech- und Schnittbohnen würden noch viel besser schmecken, wenn sie wie in unseren Nachbarländern schon geerntet würden, wenn die Kerne noch klein und zart und die sie umgebende Schale dick und fleischig ist. Hier könnte der Verbraucher sicher durch entsprechende Nachfrage die angebotene Qualität verbessern.

Was immer über den schwindenden Pilzbestand unserer Wälder geschrieben wird, die Zahl der Schwammerlsucher im Herbst wird immer größer, und daher die Ausbeute immer kleiner. Aber noch wachsen in den Wäldern neben den rarer werdenden Steinpilzen und Pfifferlingen genügend weitere eßbare Pilze, um eine genußreiche Pilzsaison zu garantieren. Sterben unsere Wälder weiter, wird es auch mit dem Pilzsegen ein Ende haben. Eine erfreuliche Bereicherung unserer Küche sind dagegen die gezüchteten Champignons, Egerlinge sowie Austernpilze, die das ganze Jahr auf den Markt kommen und die frei von allen Schadstoffen sind.

Grüne Bohnen und große Bohnen

Grüne Bohnen als Gemüse schmecken besonders herzhaft, wenn sie tropfnaß im eigenen Saft geschmort werden, mit Thymian oder Bohnenkraut gewürzt. Die ersten jungen grünen Bohnen, die man mit Speck übergossen zu Matjes und neuen Kartoffeln serviert, bleiben besonders knackig und behalten ihr frisches Grün, wenn man sie nach dem folgenden Rezept zubereitet.

Grüne Bohnen mit Speck Hamburger Art

Zubereitungszeit: 25 Minuten
Pro Portion:
920 Joule/220 Kalorien
750 g junge, möglichst kleine grüne Bohnen, Salz,
2 Stengel frisches Bohnenkraut,
80 g durchwachsener Speck,
1 Eßlöffel Butter, Pfeffer,
1 Eßlöffel gehackte Petersilie

Die grünen Bohnen waschen, Spitze und Stielansatz abschneiden und wenn nötig entfädeln. Die Bohnen im ganzen lassen, nicht brechen. In einem großen Topf viel Wasser mit Salz und dem Bohnenkraut zum Kochen bringen und die Bohnen portionsweise hineingeben, damit das Wasser immer sofort wieder zu kochen beginnt. 8–10 Minuten im offenen Topf kochen lassen. Eine Bohne herausnehmen und kosten, sie soll nicht zu weich sein und noch einen festen Kern in der Mitte haben. Wenn nötig, eventuell noch einige Minuten weiterkochen lassen. Auf einen Durchschlag schütten und gut abtropfen lassen. Den Speck in kleine Würfel schneiden und in der Butter goldgelb rösten. Die Bohnen in einen Schmortopf oder in eine tiefe Pfanne geben und unter Schütteln einige Minuten erhitzen, damit sie ganz trocken sind. Die Speckwürfel mit dem ausgelassenen Fett über die Bohnen schütten und unter vorsichtigem Schütteln bei leichter Hitze mit den Bohnen vermischen. Mit frischgemahlenem Pfeffer und mit gehackter Petersilie bestreuen.

Beilage zu Matjeshering und neuen Kartoffeln, Grillgerichten

Holsteiner Bohnen, Birnen und Speck (Gröner Hein)

Zubereitungszeit: 30 Minuten
Pro Portion:
4070 Joule/970 Kalorien
1 kg Brechbohnen, 500 g durchwachsener Räucherspeck, 20 g Schmalz, ¾ l Wasser, 500 g kleine saftige Birnen, Salz, Pfeffer, feingewiegte Petersilie

Die Bohnen waschen. Von den gewaschenen Bohnen Spitze und Stielansatz abschneiden und, wenn nötig, entfädeln. Das Gemüse 1–2mal durchbrechen. Den Speck in grobe Würfel schneiden und in dem Schmalz anbraten. Das Wasser darübergießen, die Bohnen dazugeben und die ungeschälten, von Blüte und Stiel befreiten Birnen darüberlegen. Das Gericht ohne Umrühren in einer guten Stunde im geschlossenen Topf gar dünsten. Die Holsteinischen Bohnen vor dem Anrichten mit Salz und Pfeffer abschmecken. Petersilie darüberstreuen. Die Birnen sollen unzerkocht auf dem Bohnengemüse angerichtet werden.

Beilage: Pellkartoffeln

Gestovte Schnippelbohnen Pommersche Art

Zubereitungszeit: 45 Minuten
Pro Portion:
970 Joule/230 Kalorien
750 g Schnittbohnen, Salz, 2 Stengel Bohnenkraut. – 50 g durchwachsenen Speck, 1 Eßlöffel Butter, 10 g Mehl, ¼ l Milch, ⅛ l Gemüsewasser, Salz, Pfeffer, Muskat, 2 Eßlöffel gehackte Petersilie

Die Bohnen waschen, Spitze und Stielansatz abschneiden und, wenn nötig, entfädeln. Mit einem scharfen Küchenmesser schräg in feine Streifen schnippeln. Wasser mit Salz und Bohnenkraut zum Kochen bringen und die Bohnen darin in etwa 15 Minuten gar kochen. Auf ein Sieb geben und gut abtropfen lassen. Den Speck in Würfel schneiden. Die Butter in einem Schmortopf erhitzen und die Speckwürfel darin glasig braten. Das Mehl hinzufügen, hellgelb rösten und nach und nach unter ständigem Rühren mit dem Schneebesen die Milch und das Gemüsewasser hinzugeben. Etwas zerriebenes Bohnenkraut an die Sauce geben. Die Sauce bei leichter Hitze unter Rühren 15 Minuten kochen lassen. Mit Salz, frischgemahlenem Pfeffer und Muskat abschmecken. Die gut abgetropften Bohnen hinzufügen und mit der Sauce vermischen. Noch einmal aufkochen lassen, in eine Schüssel geben und mit Petersilie bestreuen.

Beilage: roher Katenschinken, Klopfschinken, Frikadellen

In Münster aß ich einmal große Bohnen mit Speck, ganz ohne Mehlschwitze. Die waren so gut, daß ich mir das Rezept vom Koch erbeten habe. Er sagte mir dazu, daß er manchmal, wenn die Bohnenkerne gar zu dick seien, diesen einzeln die äußere Haut abzieht. Dann wird das Gemüse ganz zart und fein. Eine empfehlenswerte Veredelung.

Große Bohnen mit Speck auf neue Art

Zubereitungszeit: 1 Stunde
Pro Portion:
1810 Joule/430 Kalorien
2½ kg ganz frische große Bohnen, 1 Eßlöffel Schweineschmalz oder Öl, 150 g durchwachsener Speck, 20 Frühlingszwiebeln, 1 große Zwiebel, 1 Bund Suppengrün, ⅜ l Brühe, 2 Stengel Bohnenkraut, Salz, Pfeffer, 2 Eßlöffel Crème fraîche, 2 Eßlöffel feingewiegter Dill und Petersilie

Kaufen Sie möglichst frische Bohnen, die erst kürzlich geerntet sind. Die Bohnenkerne aus den Schalen lösen und waschen. Den Speck in Würfel schneiden. Das Schmalz in einem Schmortopf zerlassen und den Speck darin glasig braten. Die Frühlingszwiebeln im Ganzen, die große Zwiebel und das Suppengrün in Würfel geschnitten hinzufügen und kurz durchrösten. Die Bohnenkerne hinzugeben und unter Rühren mit einem Holzlöffel 5 Minuten in dem Speck-Zwiebel-Gemisch anrösten. Mit der Brühe aufgießen, das Bohnenkraut hinzufügen sowie Salz und Pfeffer und bei leichter Hitze in 40–45 Minuten weich kochen. Sind die Bohnenkerne nicht ganz jung, Kochzeit evtl. verlängern. 10 Minuten vor Ende der Kochzeit den Deckel abnehmen. Die Flüssigkeit soll ganz eingekocht sein. Die Sahne an das Gemüse geben, aufkochen lassen und mit den Kräutern vermischen.

Beilage: Kleine Pellkartoffeln, die auch unter die gekochten Bohnenkerne gemischt werden können

Erbsen

Die grasgrünen Zuckerschoten, auch Schotenerbsen genannt, von denen man die Schalen mitißt, gibt es bei uns leider nur noch selten zu kaufen – bei unseren Großeltern waren sie sehr populär. Sie sind mit das feinste Frühlingsgemüse, das man auf dem Markt findet. Man kann sie leicht im eigenen Garten anbauen.

Zuckerschoten Rheingauer Art

Die Schotenerbsen, wenn nötig, entfädeln, d. h., Spitze und Enden abschneiden und dabei den Faden mitziehen. Die meisten jungen Schotenerbsen sind aber fadenlos. Das Gemüse waschen und tropfnaß in die zerlassene Butter geben. Eine halbe Tasse Wasser, Salz und Zucker hinzufügen und zugedeckt in etwa 5 Minuten gar kochen lassen. Mit gehackter Petersilie bestreuen.

Beilage zu gebratenen Fleischgerichten, Edelfisch, Braten

Zubereitungszeit: 15 Minuten
Pro Portion:
590 Joule/140 Kalorien
500 g Zuckerschoten, 50 g Butter, Salz, 1 Prise Zucker, Petersilie

Erbspüree Berliner Art

Erbspüree ist noch immer die unerläßliche Beilage zur Schlachtplatte und zum Eisbein. In Berlin wird es mit gelben Erbsen zubereitet, in anderen Landstrichen zieht man grüne Schälerbsen vor. Wer ein ganz zartes leichtes Erbspüree haben will, bereitet es aus jungen frischen Palerbsen oder tiefgekühlten jungen Erbsen zu.

Die Erbsen am Vortag im Wasser einweichen und am nächsten Tag mit dem Einweichwasser aufsetzen. Das geputzte Gemüse, die Kräuter und die Speckschwarte zu den Erbsen geben. In gut 1½ Stunden gar kochen, dann salzen. Den Speck und die Zwiebel in Würfel schneiden. Die weichgekochten Erbsen im Mixer pürieren oder durch ein Sieb passieren und mit einem Schneebesen zu einem cremigen Püree verrühren. Speck- und Zwiebelwürfel glasig braten und über das Erbspüree geben.

Zubereitungszeit: 2 Stunden.
Erbsen am Vortag einweichen.
Pro Portion:
2180 Joule/520 Kalorien
350 g gelbe Schälerbsen, ¾ l Wasser, je ein Stengel Majoran und Thymian, Salz, 2 Karotten, 1 Stückchen Sellerie, 1 Petersilienwurzel, 3 Stengel Petersilie, 1 Stück Speckschwarte. – 2 Eßlöffel Schmalz oder Öl, 75 g geräucherter Speck, 1 große Zwiebel

Gurken

In Norddeutschland ist das saftige Schmorgurkengemüse ein besonders beliebtes Sommergericht. Besser als in der üblichen mehlgebundenen Essigsauce schmecken die Gurken im eigenen Saft gegart und mit Dill und Sahne abgerundet.

Vierländer Gurkengemüse mit Dill

Die Gurken schälen, der Länge nach durchschneiden und die Samen mit einem Löffel herausschaben. Die Gurkenhälften quer in fingerdicke Streifen schneiden, Zwiebel und Speck in Würfel. Das Öl in einem Schmortopf erhitzen und Zwiebel- und Speckwürfel darin glasig braten. Die Gurkenstreifen hineingeben und unter gelegentlichem Umrühren etwa 10 Minuten garen lassen, bis sie anfangen, glasig zu werden. Die Tomaten brühen, abziehen und in Stückchen schneiden, das gelbe Mark zurücklassen. Zu den Gurken geben, mit Salz und Pfeffer würzen und kurz mit durchschmoren. Die Sahne über die Gurken gießen, mit einem Spritzer Essig und einer Prise Zucker würzen und die Sahne etwas einkochen lassen. Mit dem Dill vermischen.

Beilage zu allen Fischgerichten, gebratenem Schweinefleisch, Bratwürstchen

Zubereitungszeit: 40 Minuten
Pro Portion:
1130 Joule/270 Kalorien
3 Salatgurken oder 1 kg dicke Freilandgurken, 1 Zwiebel, 60 g durchwachsener Speck, 2 Eßlöffel Öl, 2 Tomaten, Salz, Pfeffer, ⅛ l Sahne, 1 Spritzer Essig, 1 Prise Zucker, 1–2 Eßlöffel gehackter frischer Dill

Kohlrabi

Angefangen bei den zarten grünen Frühlingskohlrabi aus dem Unterglasanbau bis zu den würzigen grünen und blauen Freilandkohlrabi, die es bis zum November gibt, kann man fast das ganze Jahr über Kohlrabigerichte auf den Tisch bringen. Kohlrabi gilt bei unseren Nachbarn als typisch deutsches Gemüse.

Gefüllte Kohlrabi

Zubereitungszeit: 1 Stunde
Pro Portion:
1510 Joule/360 Kalorien
8 junge Kohlrabi, Salz,
10 g Butter –
150 g Schweinehack,
100 g Kalbfleischhack,
½ Brötchen, Milch, 1 kleines Ei,
Salz, Pfeffer, Petersilie,
2 Eßlöffel Sahne. – 20 g Butter,
¼ l Fleischbrühe, 4 Eßlöffel
Crème fraîche

Die Blätter von den Kohlrabiknollen abschneiden, Knollen und Blätter waschen. Die Knollen vom Wurzelende zum Blattansatz schälen, holzige Stellen abschneiden. Am Blattansatz ein Deckelchen abschneiden und die Kohlrabi vorsichtig aushöhlen. In leicht gesalzenem Wasser unter Hinzugabe der Butter 10 Minuten kochen lassen. Das Hackfleisch am besten noch einmal in eine Küchenmaschine geben. Es soll eine sehr feine Farce werden. Das halbe Brötchen in Milch einweichen. Das ausgehöhlte Innere der Kohlrabiknollen fein hakken, einige zarte Kohlrabiblätter in Streifen schneiden und in etwas Fleischbrühe 20 Minuten kochen lassen. Die gut ausgedrückte Semmel mit dem Ei, Salz und Pfeffer, der gehackten Petersilie und 2 Eßlöffeln Sahne an den Fleischteig geben. Alles gründlich miteinander vermischen und die Kohlrabi damit füllen. In einen Topf setzen, mit der Fleischbrühe aufgießen, das gekochte Kohlrabigemüse hinzufügen und zugedeckt im vorgeheizten Backofen bei mittlerer Hitze (200 °) etwa 25 Minuten schmoren lassen. Den Deckel des Topfes abnehmen, die Crème fraîche hinzufügen und im offenen Topf einkochen lassen, bis die Sauce eine cremige Beschaffenheit hat. Wenn nötig, noch einmal mit Salz und Pfeffer abschmecken.

Beilage: Kartoffelpüree

Altbayerischer Kohlpudding

Zubereitungszeit:
1–1½ Stunden
Pro Portion:
2440 Joule/580 Kalorien
1 kleiner Kopf Weißkohl, Salz,
1 Teelöffel Kümmel, 1 Eßlöffel
Butter, 500 g Lammfleisch,
100 g Schinkenspeck,
1 Brötchen in Milch
eingeweicht, 2 Eier, Pfeffer,
Ingwer, abgeriebene Schale
½ Zitrone, ¼ Teelöffel scharfer
Senf. – Butter zum Ausstreichen
der Form

Nach dem Originalrezept bereitet man den herzhaften Kohlpudding mit Hammelfleisch zu, aber mit Lammfleisch wird er wesentlich zarter.

Den Strunk von dem Kohlkopf abschneiden. Reichlich Salzwasser zum Kochen bringen und den Krautkopf darin so lange kochen lassen, bis die äußeren Blätter weich und geschmeidig sind. 8 schöne Blätter ablösen und beiseite legen. Den restlichen Kohl fein hacken oder wiegen. Die Butter in einer Pfanne erhitzen und darin den gewiegten Kohl mit dem Kümmel andünsten. Lammfleisch und Schinkenspeck in Stückchen schneiden und in der Küchenmaschine fein hacken. Mit allen Zutaten, einschließlich des angeschmorten Weißkohls, vermischen und herzhaft abschmecken. Die Rippen der ausgelösten Weißkohlblätter keilförmig herausschneiden. Eine Puddingform und den Dekkel der Form dick mit Butter einfetten und mit den Weißkohlblättern auslegen. Die Fleischmasse einfüllen und mit den restlichen Kohlblättern bedecken. Die Puddingform fest mit dem Deckel verschließen. Die Puddingform auf einen umgedrehten kleinen Teller in einen hohen Topf in ein Wasserbad stellen (Wasser bis zur halben Höhe der Puddingform). Den Topf mit einem Deckel fest verschließen und mit einem nassen Tuch bedecken, damit der Pudding gleichmäßige Hitze bekommt. Den Pudding 1 Stunde kochen lassen. Aus dem Wasserbad nehmen und 10 Minuten stehen lassen. Auf einen vorgewärmten Teller stürzen (den austretenden Fleischsaft an die Sauce geben) und mit einem scharfen Messer in Portionsstücke schneiden.

Beilage: Pellkartoffeln, Dillsauce

Bayerische Rohrnudeln
werden mit Zwetschgen gefüllt oder ungefüllt mit Vanillesauce serviert
Rezept Seite 225

Bayerisch Kraut

Die äußeren Blätter von dem Kohlkopf entfernen, den Kopf halbieren und den Strunk herausschneiden. Mit einem Krauthobel hobeln oder in feine Streifen schneiden. Die Zwiebel und den Speck in Würfel schneiden. Das Schmalz erhitzen und die Speckwürfel darin glasig braten. Die Zwiebel mit dem Kümmel hinzufügen und kurz durchrösten. Mit dem Zucker überstreuen. Wenn dieser hellgelb ist, den Kohl in das Fett geben und unter gelegentlichem Umrühren 10 Minuten durchschmoren lassen. Mit der Fleischbrühe und dem Essig aufgießen und salzen. Den Kohl bei schwacher Hitze weich dünsten, die Flüssigkeit soll zum Schluß ganz aufgesogen sein.

Als Beilage zu Schweinekoteletts, Kasselerscheiben, Bratwurst

Zubereitungszeit: 1 Stunde
Pro Portion:
970 Joule/230 Kalorien
1 kg Weißkohl,
40 g Schweineschmalz,
50 g durchwachsener Speck,
1 kleine Zwiebel, ½ Teelöffel Kümmel, 1 Teelöffel Zucker,
Salz, ¼ l Fleischbrühe,
2 Eßlöffel Essig

Wirsing mit Rahm (Sahnekraut)

Das nachfolgende Rezept für »Wersich und Rahm« stammt aus einem alten Kochbuch und endet: »man kann dazu geben ein Ragout von Hahnenkämmen und Nieren, Tauben am Spieß oder was man will«. Besonders gut schmeckt das Sahnekraut mit dem ersten jungen Wirsing im Mai. Wer Kalorien sparen will, ersetzt die Hälfte der Sahne durch Fleischbrühe, mit der zuerst aufgegossen wird, und gibt die Crème fraîche erst am Ende der Kochzeit hinzu.

Die äußeren welken Blätter des Wirsingkohls entfernen. Die Kohlköpfe vierteln und in kochendem Salzwasser blanchieren. Den Schinkenspeck in Würfel schneiden. Die Butter in einem Topf zerlassen und die Speckwürfel darin glasig braten. Die gut abgetropften Wirsingviertel hineingeben und etwas schmoren lassen. Mit der Crème fraîche übergießen. Zugedeckt in etwa 20 Minuten gar dünsten. Das Gemüse zum Schluß mit Salz, Pfeffer und Muskat abschmekken.

Beilage zu Kasseler, Bratwurst, Wildgeflügel

Zubereitungszeit: 35 Minuten
Pro Portion:
1640 Joule/390 Kalorien
2 kleine Köpfe junger Wirsingkohl, Salz, 20 g Butter,
50 g Schinkenspeck,
200 g Crème fraîche,
1 Teelöffel gemahlener Pfeffer,
geriebener Muskat

Fränkischer Krautbraten

Der herzhafte fränkische Krautbraten ist ein besonderer Genuß. Man kann die Füllung auch zwischen die einzelnen Blätter des nicht ausgelösten Kohlkopfes streichen. Das sieht dann beim Aufschneiden besonders appetitlich aus.

Den ganzen Kohlkopf in kochendes Salzwasser legen und 15 Minuten ziehen lassen. Herausnehmen, gut abtropfen lassen und die äußeren biegsam gewordenen Blätter ablösen. Den restlichen Kohl in Streifen schneiden. 50 g Schmalz erhitzen und das Gemüse mit dem Kümmel darin fast gar schmoren. Abkühlen lassen. Das Brötchen in Milch einweichen. Die Zwiebel in Würfel schneiden und mit der Petersilie in dem restlichen Schmalz andünsten.

Das Hackfleisch mit dem Bratwurstfleisch vermischen. Ei, Zwiebel, Petersilie, feingeriebene Karotte, ausgedrücktes Brötchen, Krautstreifen und die Gewürze hinzufügen und alles gut miteinander vermischen.

Eine hohe feuerfeste Form aus Steingut oder Glas mit Butter ausstreichen. Mit der Hälfte der Kohlblätter auslegen. Die Hackfleischfüllung darauf verteilen und mit den restlichen Kohlblättern bedecken. Mit den Speckscheiben belegen und mit Crème fraîche bestreichen. Im vorgeheizten Backofen bei Mittelhitze (200°) in ca. 1 Stunde gar braten.

Beilage: in Franken ißt man Kartoffelsalat dazu

Zubereitungszeit: 1½ Stunden
Pro Portion:
3020 Joule/720 Kalorien
1 Kopf Weißkraut (ca. 1 kg),
Salz, 60 g Schweineschmalz,
Kümmel, Salz,
250 g Rinderhackfleisch,
250 g rohe Schweinsbratwurst (Brät), 1 Brötchen, ½ Tasse Milch, 1 Zwiebel, 1 Eßlöffel gehackte Petersilie, 1 Karotte,
1 Ei, Salz, Pfeffer, ½ Teelöffel Ingwer, frischgeriebene Muskatnuß. – 20 g Butter,
6 dünne Scheiben durchwachsenen Speck,
4 Eßlöffel Crème fraîche

Kohlrouladen, im Süden Krautwickel genannt, stehen ganz oben auf der Liste der deutschen Leibgerichte. Man kann statt der klassischen Hackfleischfüllung variieren: mit Hackfleisch aus Kasseler, oder Lamm, Bratwurstbrät, Fischfarce oder Reis mit Pilzen gemischt. Nimmt man statt der robusten Weißkohlblätter Wirsingkohl, schmecken die Rouladen noch zarter und die Garzeit kann verkürzt werden.

Kohlrouladen (Krautwickel)

Zubereitungszeit: 1½ Stunden
Pro Portion:
2310 Joule/550 Kalorien
1 großer Kopf Weißkohl oder Wirsing, 1 Brötchen vom Vortag, 1 Tasse Milch, 1 Zwiebel, 1 Ei, 1 Eßlöffel Butter, 100 g Schinkenspeck, 350 g gemischtes Hackfleisch, 1 Eßlöffel gehackte Petersilie, 1 Teelöffelspitze Thymian, Salz, frischgemahlener Pfeffer, ½ abgeriebene Zitrone, 1 Bund Suppengemüse, 1 Eßlöffel Öl, 1 Eßlöffel Butter, 10 g getrocknete eingeweichte Steinpilze, eine mit 2 Nelken bespickte Zwiebel, ½ l Fleischbrühe, 3 Eßlöffel Crème fraîche

Den Strunk des Kohlkopfes glattschneiden. Den Kohlkopf in kochendes Salzwasser legen und 5 Minuten kochen lassen. Dabei werden die äußeren Blätter biegsam. Das Brötchen in der Milch einweichen. Die Zwiebel in Würfel schneiden und in der heißen Butter andünsten. Den Schinkenspeck fein wiegen. Das Hackfleisch mit dem Schinkenspeck vermischen, das ausgedrückte Brötchen, die gedünsteten Zwiebelwürfel, das Ei, die Petersilie sowie die Gewürze hinzufügen. Alle Zutaten gründlich miteinander verkneten und mit Salz und Pfeffer herzhaft abschmecken. 4 große oder 8 kleine Kohlblätter von dem gebrühten Kopf ablösen und die dicken Rippen flachschneiden.

Den Fleischteig als Häufchen auf 4 oder 8 Kohlblätter verteilen, die Blätter über dem Fleischteig seitlich zusammenschlagen und mit einem Baumwollfaden umwickeln. Das Suppengemüse kleinschneiden. Butter und Öl in einem eisernen Schmortopf erhitzen. Die Kohlrouladen hineingeben und von allen Seiten anbraten. Das kleingeschnittene Suppengemüse hinzufügen und kurz mitschmoren lassen. Die mit Nelken gespickte Zwiebel und die Steinpilze mit dem Einweichwasser zu den Rouladen geben. Mit der Fleischbrühe aufgießen und den Topf mit einem Deckel gut verschließen. Im vorgeheizten Backofen bei Mittelhitze (200°) in etwa 1–1½ Stunden gar schmoren lassen. Die Kohlrouladen herausnehmen, auf eine Platte geben und warm stellen. Den Topf mit der Sauce auf eine Kochplatte stellen. Die Crème fraîche in den Schmortopf geben und einkochen lassen, bis eine cremige Sauce entsteht. Die Sauce getrennt zu den Kohlrouladen servieren. Wenn man Wirsingkohl verwendet und kleine Kohlröllchen zubereitet (2 pro Kopf), kann die Garzeit auf die Hälfte der Zeit verringert werden.

Beilage: Kartoffelpüree

Harzer Rotwickel (Rotkohlrouladen)

Zubereitungszeit: 1 Stunde
Pro Portion:
2690 Joule/640 Klorien
1 Kopf Rotkohl (etwa 1 kg), 400 g ausgelöste Rehschulter, 150 g durchwachsener Speck, 1 Brötchen vom Vortag, 1 Tasse Milch, 1 Ei, 1 Stück ungespritzte Zitronenschale, 2 Zweiglein Thymian, 1 Löffelspitze Ingwer, 1 Messerspitze Piment, 2 Wacholderbeeren, Salz, Pfeffer, 8 dünne Scheiben Schinkenspeck. 50 g Schweine- oder Gänseschmalz, ¼ l Rotwein, 1 kleine Zwiebel, 2 Nelken, 1 Stück Zucker, 1 Eßlöffel Weinessig, 2 Eßlöffel Crème fraîche, Baumwollfaden

Den Strunk des Rotkohls glattschneiden. Den Kohlkopf in kochendes Salzwasser legen und 5 Minuten kochen lassen. Das Brötchen in der Milch einweichen. Das Rehfleisch, den Speck und die Zitronenschale durch die feinste Scheibe des Fleischwolfes drehen oder in einer Küchenmaschine zerkleinern.

Die Wacholderbeeren fein zerdrücken, mit den übrigen Gewürzen und Salz zu dem Fleisch geben. Das Brötchen gut ausdrücken und mit dem Ei zum Fleischteig geben. Alle Zutaten gründlich miteinander verkneten. Acht Rotkohlblätter ablösen und die dicken Rippen flachschneiden. Jedes Rotkohlblatt mit einer Scheibe Schinkenspeck belegen und 1 Eßlöffel Fleischteig daraufgeben. Die Blätter seitlich über dem Fleisch einschlagen, aufrollen und mit einem Baumwollfaden umwickeln.

Das Schmalz in einem nicht zu großen Schmortopf erhitzen und die Kohlrouladen darin von allen Seiten anbraten. Mit dem Rotwein aufgießen, die mit Nelken gespickte Zwiebel, Zucker und Essig hinzufügen und aufkochen lassen. Den Topf fest mit einem Deckel verschließen. Im vorgeheizten Backofen bei mittlerer Hitze (200°) in 30 Minuten gar schmoren lassen. Die Kohlrouladen herausnehmen, auf eine Platte geben und warm stellen. Den Topf mit dem Schmorsaft auf den Herd geben. Die Zwiebel entfernen. Die Crème fraîche in den Schmorsaft geben und einkochen lassen, bis eine cremige Sauce entsteht. Die Sauce getrennt zu den Kohlrouladen servieren.

Beilage: Fingernudeln oder Kartoffelpüree

Wirsingröllchen mit Hühnerbrust

Farbaufnahme Seite 173
Zubereitungszeit: 1¼ Stunden
Pro Portion:
1470 Joule/350 Kalorien
4 große schöne Wirsingkohlblätter, 1 Hühnerklein (Flügel, Hals, Herz, Magen), 1 Karotte, 1 kleiner Porree, etwas Selleriegrün, 1 kleine Zwiebel, 1 Nelke, einige Pfefferkörner, Salz. – Füllung: 4 Hühnerlebern, 50 g roher Schinken, 1 Schalotte, 30 g in Milch eingeweichtes Weißbrot, 1 Eßlöffel Mehl, 1 Ei, Salz, Pfeffer, Muskat, Petersilie. – 2 große oder 4 kleine Hühnerbrüste. – 2 Eßlöffel Crème fraîche

Ganz leicht und fein sind die Wirsingkohlröllchen mit Hühnerbrust gefüllt, sie werden in 30 Minuten in einer Hühnerbrühe gegart.

Das Hühnerklein waschen, das Gemüse in Streifen schneiden. Das Hühnerklein in ½ l Wasser mit den Gewürzen und Salz 45 Minuten kochen lassen. Alle Zutaten für die Füllung im Mixer miteinander vermischen und die Füllung gut abschmecken. Die Kohlblätter kurz in kochendem Wasser blanchieren, den Strunk glattschneiden und mit der Füllung bestreichen (Rand freilassen). Große Hühnerbrüste der Länge nach halbieren, kleine ganz lassen. Mit Salz und Pfeffer würzen und auf die Füllung legen. Die Krautblätter seitlich einschlagen und aufrollen. Mit einem Baumwollfaden umwickeln. Die Wirsingröllchen in einen Schmortopf legen und mit der durchgesiebten Hühnerbrühe übergießen. Das Suppengemüse hinzufügen und zugedeckt 30 Minuten kochen lassen. Die Wirsingrouladen herausnehmen, die Sahne an die Kochflüssigkeit geben und etwas einkochen lassen. Über die Wirsingröllchen gießen.

Beilage: Kartoffelnudeln oder Kartoffelpüree

Rotkohl (Blaukraut)

Zubereitungszeit: 1¼ Stunde
Pro Portion:
1090 Joule/260 Kalorien
1 kg Rotkohl, 50 g Schweine- oder Gänseschmalz, 3 säuerliche Äpfel, Salz, 3 Stück Würfelzucker, 2 Eßlöffel Essig, eine kleine, mit 2 Nelken gespickte Zwiebel, ¼ l Wasser, ⅛ l Rotwein, 1–2 Eßlöffel Preiselbeeren

Das Rezept für die Zubereitung von Rotkohl oder Blaukraut ist in ganz Deutschland fast gleich. Nur die mancherorts geübte Unsitte, Blaukraut mit geriebenen Kartoffeln oder gar mit Mehl zu binden, sollte man in jedem Fall unterlassen, das nimmt ihm den festen Biß, der guten Rotkohl so genußvoll macht.

Die äußeren Blätter des Rotkohls entfernen, den Kohl halbieren und den Strunk herausschneiden. Den Kohl hobeln oder in feine Streifen schneiden. Die Äpfel vierteln, schälen, das Kerngehäuse entfernen und in Stücke schneiden. Das Schmalz erhitzen und die Apfelstücke darin andünsten. Den Kohl und die Zwiebel hinzufügen. Mit dem Wasser und dem Rotwein aufgießen.

Die Zuckerstücke in einer Pfanne karamelisieren lassen, den Essig hinzufügen und aufkochen. Mit dem Rotkohl vermischen. Das Kohlgemüse zugedeckt bei leichter Hitze in etwa 45 Minuten gar dünsten. Es soll noch einen festen Biß haben. Zum Schluß mit den Preiselbeeren vermischen. Wenn der Rotkohl noch Kochflüssigkeit hat, den gekochten Rotkohl auf ein Sieb geben, den Saft sirupartig einkochen lassen und über den Rotkohl gießen.

Beilage zu Schweinebraten, Gans, Ente

Grünkohl Hamburger Art

Zubereitungszeit: 2½ Stunden
Pro Portion:
6930 Joule/1650 Kalorien
2 kg Grünkohl, 60 g Schweineschmalz, 2 Eßlöffel Haferflocken, 500 g geräucherte Schweinebacke, 2 Zwiebeln, 450 g geräuchertes Kasseler Rippchen, 4 Kochmettwürste, Pfeffer, Salz

Grünkohl schmeckt am besten, wenn er den ersten Frost bekommen hat. Wer statt Schweinebacke lieber Pinkel- oder Brägenwurst, Gänsekeule oder Räucherspeck als entscheidende Geschmackszutat nimmt, kann den Grünkohl unter Austausch der Schweinebacke auch nach dem folgenden Rezept nachkochen.

Den Grünkohl von den Blattrippen streifen und gründlich waschen. In kochendes Wasser geben und aufkochen lassen. Auf ein Sieb geben, gut abtropfen lassen und grob hacken. Die Zwiebeln in Würfel schneide. Das Schmalz in einem großen Schmortopf erhitzen und die Zwiebel darin glasig braten. Den Kohl hinzufügen, unter Rühren zusammenfallen lassen und mit den Haferflocken vermischen. Mit dem Wasser aufgießen. Die Schweinebacke auf das Gemüse legen und zugedeckt 2 Stunden bei mittlerer Hitze kochen lassen. Nach einer Stunde das Kasseler und die Kochmettwürste zu dem Grünkohl geben. Zum Schluß mit frischgemahlenem Pfeffer und eventuell noch mit Salz abschmecken.

Wird statt der Mettwürstchen Pinkelwurst auf dem Grünkohl gekocht, gibt man den Wurstring die letzte halbe Stunde der Garzeit an das Gemüse.

Beilage: Kleine Bratkartoffeln

Mangold und Spinat

Die großen Mangoldblätter, die vor 200 Jahren ein alltägliches Gemüse waren, sind bei uns gar nicht leicht zu bekommen, dabei fehlt diesem sanften Blattgemüse der bittere Beigeschmack, der Spinat z. B. bei Kindern so leicht unbeliebt macht.

Mangold auf altdeutsche Art

Zubereitungszeit: 20 Minuten
Pro Portion:
800 Joule/190 Kalorien
1 kg Mangold, Salz,
60 g Butter, 1 Bund Frühlingszwiebeln, Ingwer, Muskat, Pfeffer, Salz,
1 Eßlöffel Sahne

Den Mangold unten am Stiel einschneiden, die äußere Haut abziehen und gründlich waschen. Kurz in kochendem Salzwasser (1 l Wasser mit 10 g Salz) blanchieren. Mit einem Schaumlöffel herausnehmen und etwas abkühlen lassen. Die Zwiebeln abziehen und in Scheiben schneiden. Den Mangold grob hacken. Die Butter erhitzen und die Zwiebelscheiben darin glasig braten. Den Mangold, die Gewürze und die Sahne hinzufügen und kurz durchschwenken.

Beilage zu gebratenem Fleisch, Fisch, Eierspeisen

Schwäbische Laubfrösche (Spinatröllchen)

Zubereitungszeit: 50 Minuten
Pro Portion:
1680 Joule/400 Kalorien
16 große Spinatblätter,
1 Zwiebel, 3 Stengel Petersilie,
1 Brötchen,
250 g Bratwurstbrät, 1 Ei,
Muskat, 50 g Butter,
⅛ l Fleischbrühe

Die schwäbischen Laubfrösche sind ein richtiger kleiner Leckerbissen, den man seinen Gästen vorsetzen kann, sowohl als Vorspeise mit knusprigem Weißbrot wie als Hauptgericht mit Kartoffelpüree. Für hungrige Esser sollte man das Rezept verdoppeln. Anstelle von Spinat kann man auch zarten Mangold verwenden.

Die Spinatblätter nacheinander kurz in kochendem Wasser blanchieren, mit einem Schaumlöffel herausnehmen und auf einem Brett ausbreiten. Das Brötchen in Wasser einweichen. Die Zwiebel und die Petersilie fein hacken und in etwas Butter anbraten. Das Bratwurstbrät mit dem gut ausgedrückten Brötchen vermischen, das Ei und die Zwiebelwürfel hinzufügen. Gut miteinander verkneten und mit Muskat abschmecken. Jeweils zwei Spinatblätter übereinanderlegen und je einen Eßlöffel Fülle daraufgeben. Die Blätter mit der Füllung so aufrollen, daß das Blattende unten liegt. Die Butter erhitzen und die Laubfrösche darin rundherum anbraten. Mit der Fleischbrühe aufgießen und zugedeckt in etwa 20–30 Minuten bei leichter Hitze garen lassen. Man kann die Sauce mit 2 Eßlöffeln Crème fraîche abrunden.

Beilage: Kartoffelpüree

Spinatpudding

Zubereitungszeit: 35 Minuten
Pro Portion:
1130 Joule/270 Kalorien
1 kg junger kleiner Blattspinat,
Salz, 2 Eßlöffel Butter,
1 Eßlöffel Sahne, 2 Eier,
Pfeffer, 100 g frischgeriebener Parmesankäse. –
Butter für die Förmchen

Das Rezept für den zarten Spinatpudding könnte ein Rezept der *nouvelle cuisine* sein, aber nach diesem Rezept haben schon unsere Großmütter gekocht.

Den sorgfältig gewaschenen Spinat in reichlich Salzwasser nur kurz blanchieren und auf einem Durchschlag gut abtropfen lassen. Den Spinat grob hakken. Die Butter zerlassen und den Spinat darin 5 Minuten durchschmoren. Die Sahne mit den Eiern, etwas Salz und Pfeffer gründlich verquirlen. Den Käse hinzufügen und mit dem Spinat vermischen.

Vier feuerfeste Portionsförmchen ausbuttern und die Spinatmasse hineinfüllen, dabei einen 2 cm breiten Rand freilassen. Mit Alufolie verschließen. In eine Bratenpfanne oder einen breiten flachen Topf setzen und diesen mit heißem Wasser bis zwei fingerbreit unter den Rand der Förmchen füllen. Im vorgeheizten Backofen bei mittlerer Hitze (200 °) in 30 Minuten garen lassen. Auf eine vorgewärmte Platte stürzen.

Beilage (als Vorspeise): Toast mit Butter und geräuchertem Lachs,
(als Hauptgericht): zu gebratener Leber und Kartoffelpüree

Möhren (Mohrrüben, Wurzeln, gelbe Rüben)

Am besten schmecken die saftigen Möhren tropfnaß im eigenen Saft gedünstet. Dann kommt ihr feiner nußartiger Geschmack besonders gut heraus. Dabei kann man, wie es in den alten Kochbüchern steht, ein Stückchen Ingwer, ein Zweiglein Rosmarin oder Thymian oder ein Stückchen Orangenschale mitdünsten und zum Schluß statt gehackter Petersilie Kerbel oder Minze unter das fertige Gemüse mischen. Mit den ersten jungen Möhren läßt sich ein besonders hübsch anzuschauendes Gemüse zubereiten. Das beim Zubereiten der Möhren übrigbleibende Karottenfleisch wird für eine Suppe verwendet. Nach dem gleichen Rezept dünstet man auch in Würfel oder Scheiben geschnittene Möhren.

Bayerische gelbe Rüben mit Schwanzerl (Möhrengemüse)

Zubereitungszeit: 35 Minuten
Pro Portion:
420 Joule/100 Kalorien
1 großer Bund junge Möhren,
2 Eßlöffel Butter,
½ Tasse Wasser, Salz,
1 Stückchen Zucker

Die Möhren gründlich schrubben, das Grün des Wurzelgemüses bis auf einen zweifingerhohen Rest abschneiden. Die Möhren so zurechtschneiden, daß sich gleichmäßige etwa kleinfingergroße Mohrrüben ergeben. Die Möhren noch einmal waschen. Die Butter zerlassen und das tropfnasse Gemüse hineingeben. Unter Schütteln des Kochtopfes 5 Minuten andünsten. Das Wasser, Salz und den Zucker hinzugeben und gut zugedeckt in etwa 20 Minuten weich dünsten lassen. Die letzten 5 Minuten ohne Deckel kochen lassen, damit die Flüssigkeit ganz verdampfen kann. Den Topf mit den Möhren so lange schwenken, bis das Gemüse ganz mit dem sich bildenden hellen Sirup überzogen ist.

Beilage zu Braten, Geflügel und Fisch

Leipziger Allerlei

Altes Familienrezept für 6 Personen

Farbaufnahme Seite 163
Zubereitungszeit: 2 Stunden
Pro Portion:
1090 Joule/260 Kalorien
1 kleiner Kopf Blumenkohl,
250 g junge Kohlrabiknollen mit Grün, 250 g mittelgroße Spargelstangen oder Spargelköpfe, 250 g ausgelöste junge Frühlingserbsen,
250 g kleine Karotten.
250 g kleine frische Spitzmorcheln oder 50 g getrocknete eingeweichte Morcheln. – Salz, Butter, Zucker, 150 g Krebsbutter, 16 abgekochte Krebse – nach Geschmack Einlagen von Grießnockerln oder Semmelklößchen mit Krebsbutter gewürzt

Alle Gemüse werden einzeln in Salzwasser mit einer Prise Zucker und einem kleinen Stückchen Butter gewürzt knapp gar gekocht. Da man dazu mehr Kochtöpfe braucht, als man Kochstellen hat, kann man die Gemüse gut in übereinander zu setzenden Dampfkörbchen kochen, aber den Dampfdrucktopf nicht verschließen.

Die Gemüse sollen noch knackig sein, sie dürfen keinesfalls zerkochen. Nach alten Rezepten wird etwas mit Krebsbutter verknetetes Mehl an das Kochwasser gegeben, das kann entfallen. Der Blumenkohl wird entweder im ganzen gekocht oder in Röschen zerteilt, der geschälte Kohlrabi in Scheibchen oder Streifen. Den geschälten Spargel in dreifingerbreite Stückchen schneiden. Anstelle der jungen Erbsen kann man auch junge Zuckererbsen mit der Schale kochen, die vorher nur am Stielende und an der Spitze abgeschnitten und entfädelt werden. Kleine Karotten werden nur geputzt, etwas größere halbiert. Die Morcheln, auch die getrockneten, sehr gründlich waschen. Getrocknete Morcheln kocht man mit dem durchgesiebten Einweichwasser gar. Alle Gemüse auf einem Sieb abtropfen lassen und mit der heißen Krebsbutter vermischen. Auf einer großen Platte anrichten, eventuell den Blumenkohlkopf in die Mitte geben und mit Krebsbutter übergießen. Ausgelöste Krebsschwänzchen und Scheren auf das Gemüse streuen, die Krebsnasen kann man noch füllen und kurz überbacken.

Beilage: Fleurons aus Blätterteig

Pilze

Man muß schon ein erfahrener Pilzsammler sein, um auch nur annähernd die etwa 50 Sorten guter Speisepilze zu kennen, die in deutschen Wäldern und Wiesen wachsen. Steinpilze, Butterpilze, Maronen, Pfifferlinge und Wiesenchampignons sind sicher die bekanntesten unter ihnen. Reizker, vor allem die echten Blutreizker, Rotkappen, Perlpilze, Röhrlinge und Hallimasch gehören noch zur Pilz-Allgemeinbildung. Vereinzelt findet man im Frühjahr noch Morcheln und es gibt sogar Trüffel bei uns. Auf jeden Fall gehört ein gutes Lehrbuch zum Pilzesammeln, unbekannte Pilze im Zweifelsfalle lieber stehen lassen oder mit der Ernte eine Pilzberatungsstelle aufsuchen.

Die Garzeit der Pilze soll so kurz wie möglich sein, um das würzige Aroma nach Wald und Erde zu erhalten.

Ragout aus frischen Waldpilzen

Zubereitungszeit: 1 Stunde
Pro Portion:
920 Joule/220 Kalorien
1 kg gemischte Pilze (etwa gleiche Mengen Maronen, Wiesenchampignons, Reizker, Rotkappen, Pfifferlinge, Steinpilze), 1 große Tomate, 1 Schalotte oder kleine Zwiebel, ⅛ l Sahne, ½ Gläschen Portwein, Salz, Pfeffer, 40 g frischgeriebene Semmelbrösel, einige Blättchen Basilikum, 2 Eßlöffel gehackter Kerbel (ersatzweise 2 Eßlöffel gehackte Petersilie)

Die Pilze putzen (d. h. die erdigen Klümpchen am Stielende entfernen und schnell unter fließendem Wasser waschen). Von großen Maronen und Steinpilzen die schwammigen Röhren unterhalb des Hutes entfernen, da sonst das Ragout schleimig wird. Die Pilze in so große Stücke schneiden, daß sie etwa die gleiche Größe haben. Kleine Pilze bleiben ganz. Alle Pilze gut abgetropft in einen emaillierten Schmortopf geben. Die Tomate brühen, abziehen und in Stücke schneiden, dabei das harte gelbe Mark zurücklassen. Die Schalotte oder Zwiebel in Würfel schneiden. Beides zu den Pilzen geben. Mit der Sahne, dem Portwein und den Semmelbröseln vermischen und herzhaft mit Salz und Pfeffer würzen. Den Topf mit einem Deckel schließen und bei starker Hitze 5 Minuten brodelnd kochen lassen. Dann die Hitze vermindern und weitere 20 Minuten schmoren lassen. Vor dem Auftragen mit den frischen Kräutern abschmecken.

Beilage: Semmelknödel oder Nudeln

Da Pfifferlinge immer seltener und dadurch immer teurer werden, kann man diese delikaten Pilze auch zu gleichen Teilen mit frischen Zuchtchampignons zubereiten. Der intensivere Geschmack der Pfifferlinge bleibt erhalten. Pfifferlinge, getrennt gegart, gehen auch einen guten geschmacklichen Zusammenklang mit getrennt geschmorten Möhren oder frischen großen Bohnenkernen ein.

Geschmorte Pfifferlinge (Reherl)

Zubereitungszeit:
20–25 Minuten
Pro Portion:
570 Joule/135 Kalorien
500 g möglichst kleine Pfifferlinge, 50 g Schinkenspeck, 1 Zwiebel, 1 Eßlöffel Butter, Salz, Pfeffer, 2 Eßlöffel gehackte Petersilie oder Kerbel

Die Pfifferlinge gründlich putzen und waschen, größere Pilze halbieren. Die Pilze ganz abtrocknen lassen. Den Schinkenspeck und die Zwiebel in Würfel schneiden. Die Butter in einem breiten Topf oder einer tiefen Pfanne erhitzen und den Schinkenspeck sowie die Zwiebel darin glasig braten. Die Pfifferlinge hinzufügen, salzen, pfeffern und in 10–15 Minuten unter gelegentlichem Rühren gar dünsten. Die Flüssigkeit soll zum Schluß ganz verdampft sein. Petersilie oder Kerbel unter die Pilze mischen.

Beilage: Zu Wildgerichten, sehr gut als Füllung in Eierkuchen oder Omelette oder unter gekochte Nudeln gemischt

Berliner Porreegemüse

Zubereitungszeit: 1¼ Stunde
Pro Portion:
1300 Joule/310 Kalorien
12 mittelgroße Porreestangen,
75 g Butter, Salz, Pfeffer,
1 Glas Weißwein

Die Wurzeln abschneiden und das grüne Ende der Stangen so weit kürzen, daß nur noch der erste grüne Ansatz der Porreestangen erhalten bleibt. Die Stangen von oben kreuzweise einschneiden und gründlich waschen, damit aller anhängende Sand zwischen den einzelnen Blättern entfernt wird. Gut abtrocknen lassen. Einen länglichen Schmortopf oder eine längliche Auflaufform dick mit einem Eßlöffel Butter ausstreichen und die Stangen hineingeben. Mit Salz und Pfeffer bestreuen. Einen zweiten Eßlöffel Butter in Flöckchen auf den Porree setzen und in den vorgeheizten Backofen geben. Bei starker Mittelhitze (220°) 15 Minuten schmoren lassen. Die Stangen vorsichtig einmal umschichten, damit die unteren Stangen nach oben kommen, und mit dem Wein übergießen. Zudecken und bei mittlerer Hitze (220°) in 45 Minuten gar dünsten. Zum Schluß die restliche Butter in Flöckchen auf den heißen Stangen zerschmelzen lassen und sofort auftragen.

Beilage: Buletten, gebratenes Kasseler, Bratwurst

Sauerkraut

Zum Kochen braucht Sauerkraut Fett, um seinen vollen Geschmack entfalten zu können. Gänseschmalz oder Schweineschmalz sind besonders gut geeignet, doch man kann Sauerkraut auch mit Öl oder Butter anbraten, wenn es zu Fisch oder zartem Geflügel gereicht wird. Es ist dann leichter und feiner. Wichtig ist es, mit einem guten Glas Wein aufzugießen. Ein Riesling ist besonders zu empfehlen, aber damit das Sauerkraut nicht zu sauer wird, vermischt man den Wein mit der gleichen Menge Wasser. Die Kochzeit darf nicht zu lang sein. Das Sauerkraut soll seine knackige Frische behalten. Deshalb stimmen auch nicht alle Sauerkrautliebhaber mit der Witwe Bolte überein, die für das Sauerkraut so schwärmt, wenn es wieder aufgewärmt.

Sauerkraut – deutsche Art

Zubereitungszeit: 1¼ Stunde
Pro Portion:
2440 Joule/580 Kalorien
750 g Sauerkraut, 1 Zwiebel,
3 säuerliche Äpfel, 2 Eßlöffel
Gänseschmalz,
Schweineschmalz, Butter oder
Öl, ½ Lorbeerblatt, 2 Nelken,
je 5 Wacholderbeeren und
schwarze Pfefferkörner,
½ Teelöffel Kümmel, 1 Glas
Riesling, ⅛ l Wasser, 1 Prise
Zucker, 250 g Schinkenspeck
oder durchwachsener Speck

Es ist schade, die saftigen würzigen Sellerieknollen nur für die Zubereitung von Salat zu verwenden. Ein deutsches Rezept aus dem späten Mittelalter, Selleriepüree mit Ingwer gewürzt, ist bei den jungen Köchen wieder in Mode gekommen. Es schmeckt besonders zu Wildgerichten ausgezeichnet.

Das Sauerkraut kosten und, wenn zu sauer, kurz waschen und gut ausdrücken. Die Zwiebel und die Äpfel in dünne Scheiben schneiden. Das Fett erhitzen und die Zwiebelscheiben darin glasig braten, die Apfelscheiben hinzufügen, kurz durchschmoren und das Sauerkraut in den Topf geben. Die Gewürze in einem Mullbeutelchen hinzufügen. Kurze Zeit schmoren lassen. Mit Wein und Wasser aufgießen, eine Prise Zucker hinzugeben und das Rauchfleisch auf das Sauerkraut legen. Gut zugedeckt eine Stunde bei leichter Hitze kochen lassen. Mit einem Schaumlöffel herausnehmen und in eine Schüssel geben.

Selleriepüree mit Ingwer

Zubereitungszeit: 1¼ Stunden
Pro Portion:
460 Joule/110 Kalorien
2 mittelgroße Sellerieknollen
(je etwa 500 g),
1½ Teelöffel Salz, 1 Stückchen
frische Ingwerwurzel oder
½ Teelöffel Ingwerpulver,
4 Eßlöffel Crème fraîche

Dieses Gericht ist im Winter besonders delikat, wenn die Sellerie schwer, voller Saft und würzig sind.

Die Sellerie schälen und in Würfel schneiden. ½ l Wasser mit dem Salz zum Kochen bringen und die Selleriewürfel darin in etwa einer Stunde gut weich kochen. Auf einem Durchschlag abtropfen lassen, die Selleriewürfel sollen ganz trocken sein. In einem Mixer zu Püree verarbeiten, aber nicht zu fein. Man soll noch ganz kleine Stückchen Sellerie mit den Zähnen spüren. In einen Kochtopf geben. Ein Stückchen Ingwerwurzel schälen und fein reiben. Mit der Crème fraîche unter das Selleriepüree mischen, wenn nötig, mit etwas Salz abschmecken. Unter ständigem Rühren mit dem Schneebesen 5 Minuten kochen lassen. Noch einmal leicht aufschlagen und sofort servieren.

Beilage zu Geflügel, weißem Fleisch oder Wild

Spargel

Frischgestochenen Spargel erkennt man an der seidig glänzenden glatten Haut. Die Schnittstellen dürfen kein bißchen eingetrocknet sein. Für Spargel »satt« rechnet man 500 g pro Kopf, als Beilage zu einem Fleischgericht genügen 250 g. Da der kostbare Spargel so oft unsachgemäß gekocht wird, folgt ein sehr ausführliches Rezept für die Zubereitung von Stangenspargel.

Stangenspargel mit Kerbelsauce

Zubereitungszeit: 45 Minuten
Pro Portion:
1260 Joule/300 Kalorien
1–2 kg mittelstarker Stangenspargel, 4 l Wasser, 40 g Salz, 1 Stückchen Zucker, 20 g Butter. – 5 Eßlöffel Crème fraîche, 80 g Butter, 5 Stengel Kerbel

Die Spargelstangen waschen und mit einem scharfen Gemüseputzmesser oder einem Sparschäler, vom Kopfende beginnend, sorgfältig schälen. Es darf nicht der kleinste Schalenrest an den Stangen bleiben. Am unteren Ende mit dem Messer nachprüfen, wo der Spargel beginnt, holzig zu sein. Dieses Ende abschneiden. Die Spargelstangen in ein nasses Tuch hüllen. Die Spargelschalen mit dem Wasser bei leichter Hitze 15 Minuten auskochen lassen und auf ein Sieb geben. Das Spargelwasser in einen länglichen Topf (Fischtopf), der etwas länger als der Spargel ist, geben, damit die empfindlichen Köpfe nicht anstoßen, oder in einen schmalen hohen Topf füllen. Salz, Zucker und Butter hinzufügen. Die Spargelstangen in 2 Bündeln mit einem Baumwollfaden zusammenfassen und in das kochende Wasser legen resp. stellen. Den Spargel je nach Dicke in 10–15 Minuten gar kochen. Die gekochten Spargelstangen sollen noch fest sein und beim Hochhalten darf die Stange nicht abknicken. Die Spargelbündel vorsichtig aus dem Wasser nehmen, abtropfen lassen und die Fäden lösen. Die Spargelstangen so in eine gefaltete Serviette hüllen, daß nur die Spargelköpfe herausschauen. Den Sud zum Trinken oder für eine Spargelsuppe aufbewahren.

Für die Sauce 8 der dünnsten Spargelstangen aus der Serviette herausziehen und kleingeschnitten im Mixer pürieren. ½ Tasse Spargelsud mit der Crème fraîche 5 Minuten einkochen lassen und das Spargelpüree hinzufügen. Von der Kochstelle nehmen und die Butter mit Hilfe des Schneebesens in kleinen Flöckchen darunterschlagen. Zum Schluß den vom Stengel gepflückten und in kleine Blättchen zerteilten Kerbel unter die Sauce geben. Eventuell salzen. Getrennt zu dem Spargel reichen.

Beilage: Roher Schinken, gebeizter oder geräucherter Lachs, gebratenes Kalbsbries, Backschinken, neue Kartoffeln, in Baden-Württemberg gehören Flädle – ganz dünne Eierkuchen – zum Spargel

Teltower Rübchen Berliner Art

Zubereitungszeit: 1 Stunde
Pro Portion:
880 Joule/210 Kalorien
1 kg Teltower Rübchen, 60 g Butter, 20 g Zucker, ⅛ l Fleischbrühe, Salz, Pfeffer

Der karge Sandboden der Mark rund um Berlin hat ein Gemüse hervorgebracht, das woanders nicht so recht gedeihen will: die kleinen würzigen Teltower Rübchen. Sie müssen mit karamelisiertem Zucker zubereitet werden, um ein optimaler Genuß zu sein.

Die Rübchen waschen, sorgfältig schaben und die größeren halbieren. Die Butter in einem Schmortopf erhitzen und den Zucker darin bräunen lassen. Er darf nicht zu dunkel werden. Die Rübchen hinzufügen und gut mit der Karamelmasse verrühren. Mit der Fleischbrühe aufgießen, umrühren und den Topf mit einem Deckel verschließen. In etwa 45 Minuten bei schwacher Hitze gar kochen lassen. Zum Schluß die Rübchen im offenen Topf kräftig schütteln, damit sie ganz von der eingekochten Sauce überzogen sind. Mit Salz und Pfeffer abschmecken.

Beilage zu Gänse- und Entenbraten, Hammelkoteletts, geräucherter Gänsebrust

Eine echte rote Grütze
wird aus frischen Johannisbeeren
und Himbeeren zubereitet.
Weitere Fruchtzugaben sind möglich
Rezept Seite 231

Steckrüben, Kohlrüben, Wruken

Den derben dicken Steckrüben haftet aus Kriegszeiten, in denen man sie, ganz ohne Fleisch und Fett zubereitet, als reinen Hungerstiller aß, noch immer ein schlechter Ruf an. Ganz zu Unrecht. Besonders in Nord- und Ostdeutschland sind sie als Hamburger National, Dithmarscher Ananas oder Stettiner Wruken immer ein beliebtes Eintopfgericht gewesen. Die Köche der neuen Küche haben den herben Würzgeschmack der großen Erdrüben ebenfalls entdeckt und Kohlrübenflan, Steckrübenpüree sowie Kohlrübennudeln in ihr Repertoire aufgenommen.

In Mecklenburg und Pommern wurden die Steckrüben besonders gerne mit gepökelter Gänsekeule gegessen, im Notfall tat es auch ein gut durchwachsener Schweinebauch. Der karamelisierte Zucker gibt den derben Kohlrüben eine besonders delikate Abrundung.

Steckrüben (Wruken) pommersche Art mit Gänsekeulen

Zubereitungszeit: 1½ Stunden
Pro Portion:
3470 Joule/830 Kalorien

1 kg Steckrüben, 60 g Zucker, 60 g Gänseschmalz, ¼ l Wasser, 2 gepökelte Gänsekeulen oder 500 g durchwachsener Schweinebauch, Salz, 12 Pfefferkörner, 1 Eßlöffel gehackte Petersilie

Die Steckrüben waschen, schälen und in zweifingerdicke Scheiben schneiden, eventuell mit Hilfe einer Brotschneidemaschine. Dann die Scheiben in Würfel schneiden. Den Zucker in einem Schmortopf hellgelb karamelisieren lassen, von der Kochstelle nehmen und mit dem Fett verrühren. Mit dem Wasser aufgießen, aufkochen lassen und die Steckrübenwürfel hinzugeben. Die Gänsekeulen oder den Schweinebauch auf die Steckrüben legen, mit Salz und Pfefferkörnern bestreuen und zugedeckt bei schwacher Hitze in einer knappen Stunde gar kochen lassen. Das Fleisch herausnehmen, eventuell noch kurz in Butter anbraten. Das Fleisch von den Keulen lösen, den Schweinebauch in Scheiben schneiden und auf dem Gemüse anrichten. Mit der Petersilie bestreuen.

Beilage: Pellkartoffeln oder Salzkartoffeln

Zwiebel

Leider kann man es einer Zwiebel von außen nicht ansehen, ob sie mild, mittelscharf oder scharf ist. Die dicken Gemüsezwiebeln, die man gerne zum Füllen verwendet, sind aber fast immer mild. Man kann das pikante Lauchgemüse mit den verschiedensten Füllungen zubereiten: reinem Bratwurstmett, Semmelteig mit Ei, Sahne und Gewürzen, Schinken und Käse gemischt, frische Pilze oder, wie bei dem hier folgenden Rezept, eine Geflügelleberfarce.

Bamberger gefüllte Zwiebeln

Zubereitungszeit: 1½ Stunden
Pro Portion:
1340 Joule/320 Kalorien

4 Gemüsezwiebeln à 400 g, 150 g Geflügelleber, 50 g Speck, 1 Eigelb, 50 g Semmelbrösel, Salz, Majoran, Pfeffer, 1 Eßlöffel Butter, 3 Eßlöffel Fleischbrühe

Die Zwiebeln schälen, eine Kappe abschneiden und die Zwiebeln in kochendem Wasser 10 Minuten blanchieren. Die etwas abgekühlten Zwiebeln so aushöhlen, daß nur ein Rand von 2 oder 3 Zwiebellagen übrigbleibt. Das herausgeholte Zwiebelfleisch fein hacken, die Geflügelleber und den Speck in der Fleischmaschine oder im Mixer pürieren. Mit den gehackten Zwiebeln, Eigelb und Semmelbröseln vermischen und herzhaft mit Salz, fein zerriebenem Majoran und Pfeffer abschmecken. In die Zwiebeln füllen. Einen kleineren Schmortopf oder eine feuerfeste Form, in die die 4 Zwiebeln genau passen, am Boden dick mit Butter ausstreichen und die Zwiebeln hineinsetzen. Mit Butterflöckchen besetzen und im vorgeheizten Backofen bei starker Mittelhitze (220°) 15 Minuten schmoren lassen. 4 Eßlöffel Fleischbrühe hinzufügen und fest zugedeckt in weiteren 45 Minuten gar schmoren, dabei hin und wieder mit dem Schmorsaft übergießen. Die Zwiebeln aus dem Topf nehmen und warm stellen. Die Sauce sirupartig einkochen lassen und mit Salz und frischgemahlenem Pfeffer abschmecken. Über die Zwiebeln gießen.

Beilage: Kartoffelpüree

Kartoffelgerichte

Kaum ein anderes Ereignis in der Geschichte der Nahrungsmittel hat die Eßgewohnheiten, ja die Lebensweise der Deutschen so grundlegend verändert wie die Einführung der Kartoffel aus der neuen Welt im 17. Jahrhundert. Anfangs bei Hofe nur als exotische Rarität geknabbert und wegen ihres trüffelähnlichen Aussehens Tartuffeln genannt, gab es bereits im Berliner Hofküchenbuch von 1664 Rezepte für feine Bouillonkartoffeln, Bratkartoffeln und Kartoffelsalat. Aber erst 100 Jahre später wurden die Kartoffeln unter der nachdrücklichen Förderung Friedrichs des Großen systematisch angebaut und dann sehr schnell das Volksnahrungsmittel schlechthin. Endlich gab es neben den ewigen Suppen und Getreidebreien ein weiteres Grundprodukt, aus dem sich völlig neue Gerichte zubereiten ließen. Als Erdäpfel, Grundbirnen, Tuffeln, Potakken, Stopfer und Quellemänner wurden die braunen Knollen nun in allen deutschen Regionen als willkommene Sattmacher auf den Tisch gebracht, zu denen so gut wie alle landschaftstypischen Beilagen paßten. In den Küchen der Schlösser und reichen Bürgerhäuser wurden immer neue pürierte, gebratene, gebackene und gratinierte Kartoffelgerichte erprobt. Die Bauern und die einfachen Bürger blieben am liebsten bei Pellkartoffeln, Bratkartoffeln oder Knödeln.

Angesichts dieses reichen Rezeptschatzes ist es um so erstaunlicher, daß in den letzten 50 Jahren die Salzkartoffel als langweiligste aller Zubereitungsarten neben den Kartoffelknödeln und Klößen weitgehend die Szene beherrschte. Und als nach dem letzten Krieg die große »Freßwelle« rollte, hieß es allerorts: »Kartoffeln gehören in den Keller«. Erst neuerdings, im Zuge der Wiederentdeckung regionaler Rezepte und auch des gesundheitlichen Wertes dieser vernachlässigten Erdknolle, fand man wieder heraus, wie viele delikate und abwechslungsreiche Beilagen und Hauptgerichte sich aus Kartoffeln und Kartoffelteigen zubereiten lassen. Einen Teil dieser Rezepte finden Sie auch unter dem Kapitel Salzige Mehlspeisen.

Knusprige Bratkartoffeln sind, vor allem in Norddeutschland, die beliebteste Art, Kartoffeln zu servieren. In manchen Gaststätten werden Bratkartoffeln sogar als Extragang angeboten. Aber so simpel die Zubereitung auch erscheint, selten kommen wirklich goldbraun-knusprige Kartoffelscheiben auf den Tisch (die keineswegs fetttriefend sein dürfen). Zuerst einmal: Zu Bratkartoffeln braucht man eine festkochende Kartoffelsorte wie Hansa oder Sieglinde. Damit sich die Kartoffeln gut in Scheiben schneiden lassen – nicht zu dünn und nicht zu dick – müssen die gekochten Pellkartoffeln ganz kalt sein. Das Fett in der Pfanne dagegen – nach Geschmack Schweineschmalz, Speckwürfel, Butterschmalz oder Öl – soll ganz heiß sein, wenn die Kartoffelscheiben hineinkommen, damit sie sich nicht zu sehr mit Fett vollsaugen. Ob man auch Zwiebelwürfel an die Bratkartoffeln nimmt, ist Geschmackssache. Ich finde den Zwiebelgeschmack zu aufdringlich.

Bratkartoffeln (Geröstete Kartoffeln)

Zubereitungszeit: 30 Minuten
Pellkartoffeln
am Vortag kochen
Pro Portion:
1390 Joule/330 Kalorien
1 kg festkochende Kartoffeln,
60 g durchwachsener Speck,
2 Eßlöffel Butter
oder Schweineschmalz,
evtl. eine Zwiebel, Salz

Die Kartoffeln am Vortag kochen und über Nacht in der Schale lassen. Erst unmittelbar vor dem Braten schälen und in Scheiben schneiden – ob dünn oder etwas dicker ist Geschmackssache. Den Speck in Würfel schneiden und in einer breiten Pfanne in dem Fett hellgelb braten. Die Kartoffelscheiben hinzufügen und darüber die in Würfel geschnittene Zwiebel. Bei starker Hitze braten, bis die unterste Kartoffelschicht hellbraun ist. Mit einem Pfannenmesser wenden, salzen und bei mittlerer Hitze unter Wenden weiterbraten, bis alle Kartoffelscheiben knusprig braun sind.

Wer die unerwartete Mischung von Kartoffeln und Äpfeln richtig genießen will, sollte sich wie im Rheinland dicke Scheiben Flönz (Blutwurst mit Speckstückchen) dazu braten oder kleine Leber- und Blutwürstchen, das gibt einen guten Zusammenklang. In manchen Rezepten werden Kartoffeln und Äpfel zusammen gekocht. Mir schmeckt es besser, wenn Äpfel und Kartoffeln getrennt gekocht und dann vermischt werden. So haben beide Hauptzutaten ihren Eigengeschmack vorher entwickelt.

Himmel und Erde rheinische Art (Himmel un Äd)

Die Kartoffeln waschen, schälen, knapp mit Wasser bedecken, das Salz und das Lorbeerblatt hinzufügen. Zugedeckt gar kochen. Die Äpfel vierteln, schälen, das Kerngehäuse entfernen und in Scheiben schneiden. Das Wasser mit dem Zucker zu einem dünnen Sirup kochen und die Apfelstücke darin weich kochen. Die Kartoffeln abgießen und im offenen Topf solange schütteln, bis alle Flüssigkeit verdampft ist. Die Kartoffeln mit einem Kartoffelstampfer zerdrücken und die Butter unterrühren. Die gekochten Äpfel untermischen und noch einmal mit Salz abschmecken. Den Speck und die Zwiebel in Würfel schneiden. Das Schmalz erhitzen und den Speck darin glasig rösten. Die Zwiebelwürfel hinzufügen und darin goldgelb braten. Speck und Zwiebeln über das Kartoffel-Apfel-Gemisch geben.

Beilage: Gebratene Blut- und Leberwurst, gebratene Leber

Zubereitungszeit: 1 Stunde
Pro Portion:
2600 Joule/620 Kalorien
1 kg mehlige Kartoffeln, Salz, ½ Lorbeerblatt, 1 kg säuerliche Äpfel, ¼ l Wasser, 2 Eßlöffel Zucker, ein Stück Zitronenschale, 1 Eßlöffel Butter, 2 Eßlöffel Schmalz, 100 g durchwachsener geräucherter Speck

Béchamelkartoffeln

Die gewaschenen Kartoffeln gar kochen, abgießen und gut abdämpfen lassen. Noch heiß schälen und in dicke Scheiben schneiden. Den Speck in kleine Würfel schneiden. Die Butter erhitzen und die Speckwürfel darin glasig braten. Das Mehl hinzufügen und unter Rühren hellgelb rösten. Mit der Brühe und der Milch aufgießen und 10 Minuten unter gelegentlichem Umrühren kochen lassen. Mit Salz, Pfeffer und geriebenem Muskat abschmecken. Die Kartoffelscheiben in die Sauce geben, vorsichtig mit der Sauce vermischen und weitere 5 Minuten durchziehen lassen.

Beilage zu Frikadellen, Würstchen, Koteletts, gebratener Scholle, gebratenem Aal

Zubereitungszeit: 50 Minuten
Pro Portion:
1550 Joule/370 Kalorien
1 kg Kartoffeln, 80 g durchwachsener Speck, 20 g Butter, 30 g Mehl, ¼ l konzentrierte Kalbsknochenbrühe, ¼ l Milch, Salz, Pfeffer, Muskat

Hessische Backeskartoffeln (Überbackene Kartoffeln)

Die Backeskartoffeln wurden früher zum Bäcker gebracht, der sie nach dem Brotbacken in den noch warmen Backofen schob, das gab dann eine besonders schöne Kruste. Auch beim Backen im Küchenofen sollten die Backeskartoffeln langsam bei nicht zu starker Hitze gegart werden.

Die Kartoffeln waschen, schälen und in Scheiben schneiden. Eine feuerfeste Auflaufform mit hohem Rand (am besten aus Steingut) mit dem Schweineschmalz ausstreichen. Die Hälfte der Kartoffelscheiben in die Form geben, mit Salz, Pfeffer und Zimt würzen. Das Fleischstück salzen und pfeffern, auf die Kartoffeln legen und mit den restlichen Kartoffelscheiben bedecken. Mit Salz, Pfeffer und Zimt bestreuen. Den Apfelwein darübergießen. Die Crème fraîche glattrühren und über die Kartoffeln geben. In den vorgeheizten Backofen geben und bei schwacher Mittelhitze in ca. 2 Stunden goldbraun backen lassen.

Beilage: Kopfsalat, aber auch Apfel- oder Pflaumenmus ist als Beilage beliebt

Zubereitungszeit: 30 Minuten
Backzeit: 2 Stunden
Pro Portion:
3360 Joule/800 Kalorien
1 kg Kartoffeln, 1 Eßlöffel Schweineschmalz, Salz, Pfeffer, ½ Teelöffel Zimt, ⅛ l Apfelwein, 500 g Schweinehals (Nacken), ¼ l Crème fraîche oder dicke Sahne

Bouillonkartoffeln

Zubereitungszeit: 40 Minuten
Pro Portion:
760 Joule/180 Kalorien
¾ kg festkochende Kartoffeln, ¼ Knolle Sellerie, ein Stück Porree, 2 große Möhren, 1 l Rindfleischbrühe, etwas Majoran, ¼ Lorbeerblatt, Salz, gehackter Kerbel oder Petersilie, 1 Stückchen frische Butter

Kartoffeln und Gemüse waschen. Die Kartoffeln und die Sellerie schälen, die Möhren schaben und alles in Würfel schneiden, den geputzten Porree in Streifen. Das Gemüse in einen Topf geben, mit der Fleischbrühe übergießen und Majoran und Lorbeerblatt hinzufügen. Bei leichter Hitze zugedeckt 20–25 Minuten kochen lassen. Die Kartoffeln sollen die Brühe ganz aufgesogen haben und gerade zu zerfallen beginnen. Wenn nötig mit Salz abschmecken. Mit Kerbel oder Petersilie und einem Stückchen frischer Butter vermischen.

Beilage zu gekochter Rinderbrust, Knackwurst

Salate

So groß war die Auswahl an Salaten auf unseren Märkten noch nie! Ständig erscheinen neue Züchtungen, und Salatsaison ist das ganze Jahr. Vom ersten zarten Treibhaussalat im Frühling bis zur krausen Endivie und dem saftigen robusten Feldsalat im Herbst und Winter kann die Familie täglich mit einem vitaminreichen Salatteller versorgt werden. Es gibt keine andere Möglichkeit, die Grundprodukte der Natur so unverfälscht auf den Tisch zu bringen wie bei einem harmonisch zusammengestellten Salat. Da braucht man einmal nicht nostalgisch an frühere Zeiten zu denken. Unter so vielen roten, weißen und grünen Salatsorten, bitter und lieblich, knackig und zart, haben unsere Großmütter ihre Auswahl nicht treffen können.

Kopfsalat mit Kräutern

Pro Portion:
420 Joule/100 Kalorien
2 Köpfe Salat mit festem Salatherz, 1–2 Eßlöffel roter Weinessig, 1 Teelöffelspitze Salz, 2 Eßlöffel kaltgepreßtes Olivenöl, 2 Eßlöffel geschmacksneutrales Öl, frischgemahlener Pfeffer, 2 Eßlöffel gehackte Kräuter (Petersilie, Kerbel, einige Blättchen Estragon

500 Millionen Salatköpfe werden jährlich aus deutschem Anbau geerntet, also keine Schwierigkeit, jederzeit knusprig-frischen Salat zu erstehen. Man kann Kopfsalat, besonders den derberen Freilandsalat, mit Speckwürfeln anmachen oder mit einem Joghurtdressing mit Kräutern, in Norddeutschland und auch in Berlin ißt man ihn auch gerne mit Zitrone und Zucker angemacht.

Die Salatblätter ablösen, dabei harte Blätter entfernen. Den Salat gründlich waschen, große Blätter in Stücke reißen, die kleinen Innenblätter ganz lassen. Auf einem Sieb abtropfen lassen und in einem Salatsieb oder einem sauberen Küchentuch trockenschleudern. Den Essig in eine Schüssel geben und unter Rühren das Salz darin auflösen. Nach und nach unter ständigem Rühren das Öl gründlich mit dem Essig vermischen. Frischgemahlenen Pfeffer hinzugeben. Unmittelbar vor dem Auftragen die Salatblätter in eine Schüssel geben, die Kräuter darüberstreuen und mit der Salatsauce übergießen. Mit einem Salatbesteck, besser noch mit den Händen, den Salat solange mit der Marinade vermischen, bis jedes einzelne Salatblatt leicht mit Öl überzogen ist. Der Salat soll ganz locker und duftig in der Schüssel liegen. Man kann Eiviertel unter den fertigen Salat mischen, wenn er als Vorspeise serviert wird.

Bayerischer Rettichsalat

Pro Portion:
380 Joule/90 Kalorien
1 großer Rettich, 1–2 Eßlöffel Weinessig, Salz, Pfeffer, 4 Eßlöffel Öl, 1 Bund Schnittlauch

Den Rettich waschen, schaben und auf der groben Seite einer Rohkostreibe raffeln. Den Essig mit Salz und frischgemahlenem Pfeffer verrühren, bis sich das Salz aufgelöst hat. Unter ständigem Rühren das Öl hinzufügen. Den geriebenen Rettich mit der Marinade gründlich vermischen. Mit Schnittlauch bestreuen und sofort servieren.

Feldsalat mit Walnüssen

Auch Rapunzel, Sonnenwirbele, Nüßlisalat, Ackersalat oder Mausohr wird der herbstlich-winterliche Feldsalat in den verschiedenen Gauen liebevoll genannt. Seine kleinen, runden oder spitzen langen Blätter sind immer zu dekorativen Röschen zusammengefaßt, von denen man vor dem Waschen nur die Wurzel abschneidet. Feldsalat läßt sich getreu dem gesunden Rat, möglichst Blattsalat mit Wurzelsalat gleichzeitig zu essen, besonders gut mit gekochten Rote-Bete-Streifen und mit gekochten Pellkartoffeln mischen.

Die sandigen Wurzelenden des Rapunzelsalates so abschneiden, daß die Salatpflänzchen noch zusammenhalten, also nicht in einzelne Blätter zerfallen. Den Salat gründlich in leicht lauwarmem Wasser waschen und dann auf einem Sieb gut abtropfen lassen. In einem Tuch trockenschleudern. Die Zwiebel schälen und in kleine Würfel schneiden. Den Essig in eine Schüssel geben und unter Rühren das Salz darin auflösen. Nach und nach unter ständigem Rühren mit einem kleinen Schneebesen das Öl mit dem Essig vermischen. Es soll eine glatte Ölsauce entstehen. Zum Schluß den Senf und die Zwiebelwürfel hinzufügen. Die Walnüsse unter den Feldsalat geben, die Salatsauce darübergießen und den Salat gründlich durchmischen.

Pro Portion:
550 Joule/130 Kalorien
200 g Feldsalat, 2 Eßlöffel gehackte Walnüsse, 1 kleine Zwiebel, 1–2 Eßlöffel Weinessig, 1 Löffelspitze Salz, ½ Teelöffel scharfer Senf, 2 Eßlöffel Walnußöl, 2 Eßlöffel geschmacksneutrales Öl

Löwenzahnsalat

Der leicht bitterliche Löwenzahn ist einer der ersten Frühlingssalate, die man in der freien Natur finden kann. Die lanzettartigen Blätter sind am wohlschmeckendsten und zartesten vor der Blüte. Den Löwenzahn möglichst nicht in der Stadt oder an Autobahnrändern pflücken. Da hat er einen hohen Bleigehalt. Man kann im Vorfrühling auch die hellgelben Löwenzahnpflanzen unter der Erde herausstechen. So machen es die Franzosen. Dann ist zwar der Salat zarter, aber ohne Sonnenvitamine. Löwenzahnsalat schmeckt auch gut unter Kartoffelsalat gemischt. Knoblauchliebhaber reiben die Salatschüssel mit einer Knoblauchzehe aus, bevor der Salat hineinkommt. Es gibt auch eine Gartensorte, die erheblich weniger bitter ist und deren Blätter viel größer sind.

Löwenzahnstauden am unteren Ende abschneiden und die welken Außenblätter entfernen. Gründlich unter fließendem Wasser waschen und in Viertel schneiden. Frische Löwenzahnblätter gründlich waschen. Gut trockenschleudern in einem Sieb oder Tuch. In eine Schüssel geben. Die Schalotte in kleine Würfel schneiden. Salz und Pfeffer mit dem Essig verrühren, bis das Salz sich völlig aufgelöst hat. Nach und nach unter ständigem Rühren das Öl hinzugeben, denn es soll eine glatte Ölsauce entstehen. Das Brot entrinden, in kleine Würfel schneiden und in einer Pfanne in 2 Eßlöffeln Öl bei starker Hitze unter Rühren goldbraun braten. Erst bei Tisch die Salatsauce über den Salat gießen und die heißen Semmelwürfel hinzufügen. Gut vermischen. Um den robusten Salat geschmeidiger zu machen, kann man den Salat vor der Zubereitung einen kurzen Augenblick in den heißen Backofen geben oder 4 Eßlöffel Essig mit den Schalottenwürfeln 5 Minuten kochen und sofort heiß über den Salat gießen. Das Öl wird dann erst hinterher hinzugefügt. Nach dem gleichen Rezept kann Endiviensalat und Feldsalat zubereitet werden.

Pro Portion:
880 Joule/210 Kalorien
10–12 Löwenzahnsalatpflanzen oder 4 Handvoll junge Löwenzahnblätter, 1 Schalotte, Salz, Pfeffer, 2 Eßlöffel Weinessig, 3 Eßlöffel Olivenöl, 2 Eßlöffel geschmacksneutrales Öl, 2 Scheiben Weißbrot, 2 Eßlöffel Öl zum Braten

Hamburger Rote-Bete-Salat (Rote Rüben)

Die Roten Rüben gründlich schrubben und in Wasser, Salz und Kümmel in einer guten Stunde weich kochen. Kalt abschrecken, die Schale abziehen und in Scheiben schneiden. In der Kochzeit der Rüben den geschälten Meerrettich und die geschälte Ingwerwurzel in Scheiben schneiden. Den Essig mit der doppelten Menge Wasser verdünnen und mit dem Zucker und den Nelken aufkochen lassen. Über die noch warmen Rote-Bete-Scheiben gießen und Meerrettich und Gewürze hinzugeben. Zugedeckt 2 Tage durchziehen lassen.

Zubereitungszeit: 1½ Stunden
2 Tage durchziehen lassen
Pro Portion:
170 Joule/40 Kalorien
500 g Rote Bete, Salz, 1 Eßlöffel Kümmel ¼ Stange Meerrettich, 1 Stückchen frische Ingwerwurzel, 4 Eßlöffel Essig, 50 g Zucker, 2 Nelken

Gurkensalat badische Art

Pro Portion:
290 Joule/70 Kalorien
1 schlanke Salatgurke, Salz, ½ Tasse Sahne, 1 Teelöffel Weinessig, 1–2 Eßlöffel feingehackter Dill, Pfeffer

Borretsch oder Dill sind die klassischen Kräuter für einen Gurkensalat, der im Gegensatz zu allen anderen rohen Salaten mindestens ¼ Stunde durchziehen sollte, bevor er gegessen wird. In Schwaben vermischt man Gurkensalat mit Kartoffelsalat zu einer erfrischenden Kombination. In Baden wird der Gurkensalat statt mit Essig und Öl mit Sahne angemacht. Früher wurde die Sahne vor dem Auftragen wieder abgegossen und dafür der Gurkensalat mit gerösteten Zwiebelringen abgeschmälzt. Man kann den Dill durch Kresse oder frische Minze ersetzen.

Die Salatgurke schälen und mit dem Gurkenhobel in feine Scheiben schneiden. Die Gurkenscheiben leicht einsalzen und 10 Minuten stehen lassen. Die Sahne mit dem Essig und dem Dill verrühren und mit den Gurkenscheiben vermischen. Zum Schluß mit frischgemahlenem Pfeffer bepudern.

Selleriesalat Berliner Art

Zubereitungszeit: 1 Stunde
mindestens 2 Stunden durchziehen lassen
Pro Portion:
670 Joule/160 Kalorien
1 große Sellerieknolle, Salz, 3 Eßlöffel Weinessig, 4 Eßlöffel kaltgepreßtes Olivenöl, 1 mittelgroße Zwiebel, Pfeffer

»Freu dich, Fritzchen, freu dich, heute gibt's Selleriesalat«, sangen früher die Kinder in Berlin. So ein saftiger Selleriesalat ist eine herrlich erfrischende Beilage, und es lohnt sich, gleich das doppelte Rezept nachzuarbeiten, den Salat in einen Steintopf zu füllen und zugebunden ein paar Tage an einem kühlen Ort aufzuheben. Der Selleriesalat bleibt wesentlich würziger, wenn man die Sellerieknolle im ganzen kocht.

Die Sellerieknolle gründlich säubern und in reichlich Salzwasser gar kochen. Etwas abkühlen lassen, schälen und mit einem Buntmesser in Scheiben schneiden. Den Essig mit einer Tasse Gemüsewasser und dem Öl verrühren und sofort über die noch warmen Selleriescheiben gießen. Die Zwiebel in Würfel schneiden und unter den Salat mischen. Herzhaft mit frischgemahlenem Pfeffer bestreuen. Mindestens 2 Stunden durchziehen lassen.

Schwetzinger Spargelsalat

Zubereitungszeit: 30 Minuten
Pro Portion:
500 Joule/120 Kalorien
500 g ganz frischer mittelgroßer Spargel, Salz, 1 Prise Zucker, 2 Eßlöffel Weinessig, 2 Eßlöffel Sahne, 3 Eßlöffel erstklassiges Olivenöl, Pfeffer, 1 hartgekochtes Ei

Wer den reinen Spargelgeschmack liebt, wird auf alle Kräuterzugaben zu diesem Salat verzichten, jedoch sind Frühlingskräuter, vor allem Kerbel und Kresse, auch ein guter Zusammenklang. Soll der Spargelsalat eine Vorspeise sein, sind lauwarme ausgelöste Krebsschwänze eine weitere sehr empfehlenswerte Zutat.

Den Spargel schälen und in 4 cm lange Stücke schneiden. Mit Wasser bedeckt unter Zugabe von Salz und einer Prise Zucker in etwa 10 Minuten kernig weich kochen. Er soll noch einen Biß haben. Auf ein Sieb geben. 4 Eßlöffel Spargelwasser mit einem Schneebesen mit Essig, Sahne, Öl und frischgemahlenem Pfeffer verrühren und über den noch warmen Spargel gießen. Mit dem gehackten Ei bestreuen. Noch leicht warm servieren.

Holledauer Hopfensprossensalat

Zubereitungszeit: 30 Minuten
Pro Portion:
420 Joule/100 Kalorien
300 g Hopfensprossen, Salz, 1–2 Eßlöffel Weinessig, 4 Eßlöffel Olivenöl, 1 Eßlöffel feingeschnittener Schnittlauch

Hopfensprossen wurden schon im Mittelalter für die Zubereitung von Salat verwendet. Im Frühjahr, nur wenige Wochen lang, wenn in den Hopfenanbaugebieten in Franken, Bayern und am Bodensee die jungen Triebe bis auf zwei pro Pflanze entfernt werden, verwendet man die abgeschnittenen Sprossen für die Zubereitung eines spargelähnlichen Salates oder serviert sie in einer leichten mit Eigelb aufgeschlagenen Sauce als Gemüse. Es gibt übrigens auch wildwachsenden Hopfen, der von Kennern sehr geschätzt wird.

Die jungen Hopfensprossen putzen, gründlich waschen und in leicht gesalzenem Wasser in etwa 15 Minuten garkochen lassen. Den Essig und 4 Eßlöffel Gemüsewasser mit dem Öl gründlich vermischen. Die gut abgetropften noch warmen Hopfensprossen mit der Salatsauce übergießen. Den Salat mit Schnittlauch bestreuen und 15 Minuten durchziehen lassen.

Bayerischer Krautsalat

Der Kohl für den Krautsalat kann kurz blanchiert werden. Er ist dann leichter verträglich. Nach dem Originalrezept wird der Kohl aber mit Salz so lange gestampft, bis die Faser weich ist. Nach Geschmack kann man eine kleine, in Würfel geschnittene Zwiebel an den Krautsalat geben sowie eine feingeraspelte Karotte.

Die welken Blätter des Kohlkopfes entfernen, den Kohl halbieren und den Strunk herausschneiden. Die Kohlhälften auf einem Krauthobel fein hobeln oder in sehr feine Streifen schneiden. In eine Schüssel geben, mit Salz bestreuen und mit einer Holzkelle oder einem Kartoffelstampfer weichstampfen oder zwischen den Händen zerdrücken, damit die Kohlfasern weich werden. Eine halbe Stunde durchziehen lassen. Den Speck in Würfel schneiden. Das Wasser mit dem Essig und dem Kümmel aufkochen und kochendheiß über das Gemüse gießen. Mit frischgemahlenem Pfeffer bestreuen. Das Öl erhitzen, die Speckwürfel darin knusprig braten und unmittelbar vor dem Auftragen mit dem Salat vermischen

Pro Portion:
970 Joule/230 Kalorien
1 kleiner Kopf Weißkohl,
1 knapper Eßlöffel Salz,
3 Eßlöffel weißer Weinessig,
⅛ l Wasser, ½ Teelöffel
feingewiegter Kümmel, Pfeffer,
1 Eßlöffel Öl,
100 g durchwachsener Speck

Hamburger Kartoffelsalat mit Mayonnaise

Wenn man für die Zubereitung des Kartoffelsalates die kalorienärmere Salatmayonnaise kauft mit nur 50 % Fettgehalt, kann man die Mayonnaisemenge entsprechend erhöhen.

Die gewaschenen Kartoffeln gar kochen, abgießen und unter Schütteln gut abtrocknen lassen. Sofort schälen und vorsichtig in Scheiben schneiden. Den Essig mit dem Wasser, dem Öl, Salz und frischgemahlenem Pfeffer vermischen und über die Kartoffelscheiben gießen. Die in sehr feine Würfel geschnittene Zwiebel hinzufügen und den Salat gut durchziehen lassen. Die Mayonnaise mit dem Senf und dem Joghurt glattrühren und über den abgekühlten Kartoffelsalat gießen. Vorsichtig vermischen und den Salat noch einmal durchziehen lassen. Vor dem Auftragen mit dem Schnittlauch bestreuen.

Beilage zu gebratenem Fisch, kalten Frikadellen, kalten gebratenen Koteletts

Zubereitungszeit: 30 Minuten
1 Stunde durchziehen lassen
Pro Portion:
1720 Joule/410 Kalorien
1 kg Salatkartoffeln, Salz,
Pfeffer, 2 Eßlöffel Essig,
2 Eßlöffel Wasser, 1 Eßlöffel
neutrales Pflanzenöl, 1 kleine
Zwiebel, 100 g Mayonnaise,
1 Teelöffel mittelscharfer Senf,
3 Eßlöffel Joghurt. – 1 Eßlöffel
feingeschnittener Schnittlauch

Schwäbischer Kartoffelsalat mit Kräutern

Die gewaschenen Kartoffeln gar kochen, abgießen und unter Schütteln gut abtrocknen lassen. Sofort schälen und vorsichtig in Scheiben schneiden. Mit der heißen Brühe übergießen und kurz durchziehen lassen. Den Essig mit Salz, Pfeffer und Senf verrühren und unter Rühren mit einem kleinen Schneebesen das Öl hinzufügen. Die Zwiebel in kleine Würfel schneiden und mit der Marinade und den Kräutern über die Kartoffeln geben. Vorsichtig miteinander vermischen. Die Kartoffelscheiben sollen nicht zerfallen.

Zubereitungszeit: 30 Minuten
30 Minuten durchziehen lassen
Pro Portion:
1260 Joule/300 Kalorien
1 kg Salatkartoffeln,
1–2 Eßlöffel Weinessig,
⅛ l heiße Fleischbrühe, Salz,
frischgemahlener Pfeffer,
1 Teelöffel mittelscharfer Senf,
5 Eßlöffel neutrales Pflanzenöl,
1 kleine Zwiebel, 1 Eßlöffel
kleingehackte Kräuter
(Petersilie, Schnittlauch,
Kerbel, Dill)

Eingemachtes Obst und Gemüse als Beilagen

Besonders in Berlin sind süß-saure Beilagen wie Essigpflaumen, Kürbis oder Prinzeßbohnen zu gekochter Rinderbrust und zum Schmorbraten sehr beliebt. Sie sind, in Steintöpfen im kühlen Keller aufbewahrt, lange haltbar.

Grüne Bohnen in Essig Berliner Art

Zubereitungszeit: 30 Minuten
Gesamtmenge:
9660 Joule/2300 Kalorien
1 kg ganz junge, kleine grüne Brechbohnen (Prinzeßbohnen), Salz, 1 Prise Natron, ½ l Weinessig, 500 g Zucker, 40 g weiße Pfefferkörner, 1 Zimtstange

Von den grünen Bohnen an den beiden Enden die Spitzen abschneiden und das Gemüse waschen. ½ l Wasser mit Salz und Natron zum Kochen bringen und die Bohnen darin in 10 Minuten gar kochen. Die Bohnen sollen nicht zu weich werden und ihre grasgrüne Farbe behalten. Auf ein Sieb zum Abtropfen geben und mit Küchenpapier gut abtrocknen. Essig, Zucker, Zimt und Pfefferkörner miteinander vermischen und aufkochen. Die abgetrockneten Bohnen in den Sud geben und darin 3 Minuten kochen lassen. Mit einem Schaumlöffel herausnehmen und in einen gut gereinigten Steinguttopf legen. Den Essigsud auf die Hälfte einkochen lassen, er muß sirupartig sein. Heiß über die Bohnen gießen. Mit Pergamentpapier verschließen.

Essigpflaumen

Zubereitungszeit: 1 Stunde
Gesamtmenge:
32760 Joule/7800 Kalorien
3 kg Pflaumen oder Zwetschgen, ¾ l guter roter Weinessig, ¼ l Wasser, 1,5 kg Zucker, 3 Stangen Zimt, ½ Teelöffel Nelken, 1 Stückchen Ingwer, Schale einer halben Zitrone

Die Pflaumen gut waschen und mit einem Tuch abtrocknen. Jede Pflaume mit einem Zahnstocher mehrmals einstechen. Den Essig und das Wasser mit dem Zucker und den Gewürzen aufkochen. Die Pflaumen portionsweise darin gar ziehen lassen, bis sie zerplatzen. Mit einem Schaumlöffel herausheben und in einen Steintopf geben. Den Essig-Zucker-Sud zu einem dünnen Sirup einkochen lassen und noch heiß über die Pflaumen gießen. Den Steintopf mit einer Einmachfolie verschließen. Nach einer Woche die Pflaumen abseihen und den Sirup noch einmal aufkochen lassen. Dabei immer wieder abschäumen, bis die Flüssigkeit klar ist. Noch heiß über die Pflaumen gießen und fest mit der Einmachhaut verschließen.

Melonen des Nordens werden die dicken orangefarbenen gelben und grünen Riesenfrüchte von ihren Liebhabern genannt. Aber wenn er auch aus der gleichen Familie wie die Melonen stammt, muß Kürbis erst gekocht werden, bevor er genießbar ist. Bei uns zu Hause stand immer ein dicker Steinkrug mit eingelegtem Kürbis im Keller, der als pikante Beilage zu vielen Fleischgerichten äußerst beliebt war.

Eingelegter Kürbis süß-sauer Berliner Art

Zubereitungszeit: 1 Stunde
Gesamtmenge:
11340 Joule/2700 Kalorien
3 kg Kürbis, pro 1 kg Kürbisfleisch ½ l Wasser, ½ l Weinessig, 500 g Zucker, 1 ungespritzte Zitrone, ½ Zimtstange, 1 Ingwerwurzel, 1 Teelöffel schwarze Pfefferkörner

Den Kürbis schälen, die Kerne entfernen und mit einem Kartoffelbohrer Kügelchen aus dem Fruchtfleisch ausstechen (das übrigbleibende Kürbisfleisch zu Kürbisgemüse verarbeiten). Die Kürbisbällchen abwiegen, Wasser und Essig mit dem Zucker, der in Scheiben geschnittenen Zitrone, Zimt, geschälter, in Scheiben geschnittener Ingwerwurzel und Pfefferkörnern 15 Minuten kochen lassen. Den Kürbis hineingeben und kochen lassen, bis die Kügelchen weich und durchsichtig sind. Mit einem Schaumlöffel herausnehmen und in einen Steintopf füllen. Den Sirup noch etwas einkochen lassen und über den Kürbis gießen. Den Topf zubinden und 4 Wochen stehenlassen, bevor der erste Kürbis als Kompott versucht werden kann.

Beilage zu gekochtem Rindfleisch, Braten, Geflügel, Wild

Ein üppiger Traum aus Schokolade, Sahne, Sauerkirschen und Kirschwasser ist die Schwarzwälder Kirschtorte

Rezept Seite 243

Eingemachte Preiselbeeren

Die Preiselbeeren verlesen, gründlich waschen, auf einem Sieb abtropfen und auf Küchenpapier trocknen lassen. In eine Schüssel geben und mit dem Zucker vermischen. Einige Stunden, am besten über Nacht, stehenlassen.

Die Früchte mit dem aufgelösten Zucker und dem entstandenen Saft in einen Topf geben und unter Rühren bei schwacher Hitze so lange kochen lassen, bis die Früchte zu gelieren beginnen, d. h., wenn ein Tropfen der Flüssigkeit, auf einen Teller getropft, beim Erkalten fest wird. In einen Steintopf füllen und mit Einmachcellophan verschließen oder in gut gesäuberte Schraubgläser geben.

Zubereitungszeit: 45 Minuten
Über Nacht einzuckern
2 kg Preiselbeeren, 1 kg Zucker

Gewürzgurken Spreewälder Art

Die Gurken gründlich waschen, kräftig abbürsten und trocknen lassen. In einen Steintopf schichten und 12 Stunden zugedeckt mit dem Salz bestreut stehenlassen. Dann die Gurken herausnehmen und mit einem sauberen Tuch abtrocknen. Die Zwiebeln in Scheibchen, den Meerrettich in kleine Scheiben oder Würfel schneiden. Den Estragon und die Dilldolden mit der Schere kleinschneiden. Die Gurken abwechselnd mit den Kräutern, den Gewürzen und den Sauerkirsch- bzw. Weinblättern in den Steintopf schichten. Den Weinessig mit dem Wasser und dem Zucker aufkochen und über die Gurken gießen. Die Gurken müssen vom Essigwasser bedeckt sein. Den Topf mit einer Einmachhaut verschließen und an einem kühlen Ort stehenlassen. Nach ca. 14 Tagen den Sud abgießen, aufkochen und erneut über die Gurken gießen. Mit einer Einmachhaut gut verschließen und kühl aufbewahren. Nach etwa 6 Wochen sind die Gewürzgurken genießbar.

6 kg kleine Einmachgurken, 3 Handvoll Salz, 500 g kleine Zwiebeln, 3 Eßlöffel Pfefferkörner, 8 kleine Lorbeerblätter, 2 Zweiglein Estragon, 10 Dolden reifer Dill, 1 Meerrettichstange. (Wenn möglich, einige Sauerkirschblätter oder Weinblätter.) 2 l Weinessig und 1 l Wasser, 50 g Zucker

Für Senfgurken sind die großen reifen Gemüsegurken am besten geeignet, die schon ein wenig gelbe Farbe angenommen haben. Anstelle von frischer Ingwerwurzel kann man auch 15 g Ingwerpulver an den Essig geben, der wird dann mit dem Essig und Zucker aufgekocht.

Senfgurken

Die Gurken schälen, der Länge nach durchschneiden und mit einem Löffel das Kerngehäuse herausschaben. In zweifingerbreite Stücke schneiden und mit Salz bestreut über Nacht in einen Steintopf legen. Am nächsten Tag die Schalotten schälen und in Scheiben schneiden, die Ingwerwurzel schälen und in kleine Würfel oder Streifen schneiden. Die entstandene Salzlake von den Gurken abgießen. Den Steintopf mit den Dilldolden auslegen. Die Gurken schichtweise mit den Schalotten, den Kräutern und den Gewürzen in den Steintopf geben, dabei die Senfkörner immer dazwischenstreuen. Den Essig mit dem Wasser und dem Zucker aufkochen und heiß über die Gurken gießen. Den Steintopf mit einer Einmachhaut verschließen. Nach einer Woche den Essigsud abgießen, erneut aufkochen und abkühlen lassen und wieder über die Gurken gießen. Mit einer Einmachhaut verschließen und an einem kühlen Ort mindestens 4 Wochen stehenlassen.

3 kg reife feste Gemüsegurken, 125 g Salz, 250 g Schalotten, 100 g Senfkörner, ½ frische Ingwerwurzel, 2 Eßlöffel weiße Pfefferkörner, 6 Lorbeerblätter, 10 frische Dilldolden, einige Nelken, 1 l Weinessig, ½ l Wasser, 250 g Zucker

Salzige Mehlspeisen und Beilagen

Restaurants, in denen sich der Koch der wiederentdeckten und verfeinerten Regionalküche verschrieben hat, ja selbst besternte Köche, die ansonsten nur französisch kochen, servieren heute zu Fisch und Fleisch deutsche Mehlspeisen nach Großmutters Rezepten statt der leidigen Salzkartoffeln und fetttriefenden Pommes frites: zierliche Roggennudeln, würzige Kümmelspatzen, knusprige Kartoffelpüfferchen, sanfte Buchweizenblinis oder phantasievoll gefüllte Maultaschen. In homöopathischen Mengen allerdings, wie es sich für die phantasievoll angerichteten Teller der jungen Köche gehört. Fränkische Bauchstecherle, handgeschabte schwäbische Spätzle und hausgemachte Nudeln begleiten Wild und Geflügel. Fingernudeln, Schuxen und Schupfnudeln, die – mit Kraut oder Bohnen vermischt – seit Jahrhunderten in großen Mengen als Brotzeit von bayerischen Holzfällern mit in den Wald und von den Bauern mit aufs Feld genommen wurden, sind heute salonfähig geworden. Saftige Aprikosenknödel, normalerweise eine befriedigende Hauptmahlzeit, werden erfolgreich zu gebackenem Schinken und ausgebackene Apfelkücherl zu zimtgewürztem Schweinebraten serviert. Welch angenehme Bereicherung des Speisezettels. Dabei stört es keinen Genießer, daß die niederbayerischen Roggennudeln und die ostfriesischen Buchweizenpfannkuchen z. B. ein wenig grauer aussehen als gelbe Eiernudeln und goldbraune Eierpfannkuchen, schmeckt man doch schnell, daß diese frisch ausgemahlenen dunklen Mehle besonders herzhaft und würzig sind. Auch hat die gesundheitsbewußte Bio-Küche mit ihren zahlreichen Anhängern dem vollen Korn in der Küche wieder Respekt verschafft.

Mehlspeisen sind großenteils bäuerlichen Ursprungs. Getreide, je nach Landschaft Weizen, Roggen, Hafer, Gerste, Buchweizen und Hirse, wuchs überall, es wurde geschrotet und zu Mehl vermahlen. Eier und Schmalz waren auf den Bauernhöfen fast immer vorhanden, Fisch und Fleisch dagegen teuer und rar und Gemüse, bis auf Kohl, nur in den Sommermonaten verfügbar. Bis zu Anfang des 19. Jahrhunderts waren Getreidebreie aus geschrotetem Korn sogar die tägliche Hauptmahlzeit, die höchstens mit etwas ausgebratenem Speck oder Sirup übergossen wurde. In Nord- und Ostdeutschland ist ein dikker Brei aus Graupen, Buchweizen oder Hirse noch heute auf den Bauernhöfen eine beliebte sättigende Morgenmahlzeit, bei der als Bereicherung allerdings weder mit zerlassener Butter noch mit Milch, Zucker oder Sirup gespart wird.

Abwechslung kam in die bäuerliche und bürgerliche Küchenszene erst durch den Anbau der Kartoffel. In jeder Provinz entdeckte man die Möglichkeiten, mit den kargen Erzeugnissen der heimatlichen Scholle und der nützlichen neuen Erdknolle immer wieder andere Gerichte herzustellen. Man denke nur an die Kartoffelknödel. Wo und wann man die ersten runden Kartoffelklöße gedreht hat, ob in Thüringen oder Bayern, ist unbekannt. Ihr Erfinder hätte ein Denkmal für diese urdeutsche Beilage, für diese idealen Saucenträger verdient. Die Anzahl der Knödelrezepte aus rohen und gekochten Kartoffeln ist Legion, die berühmtesten sind die grünen Thüringer Kartoffelklöße aus rohem Kartoffelteig und die Schlesischen Kartoffelklöße aus gekochten Kartoffeln. Sie sind ebenso in den landschaftsgebundenen Spezialitäten beschrieben wie die vielen anderen Knödel und Klöße aus Semmeln, Grieß, Buchweizen und Hefeteig, die die deutsche Küche kennt. Im Freistaat Bayern jedoch gibt es keine Klöße, sondern nur Knödl – einem gestandenen Bayern würde der Semmelknödel im Hals steckenbleiben, wenn man ihm diesen unter dem preußischen Namen Kloß auftischen würde. Ein Gesetz gilt für alle Knödel und Klöße gleichermaßen: sie müssen locker, locker, locker sein. Hart sind sie ein kriegerisches Wurfgeschoß.

Eine weitere Kartoffelspezialität eint alle deutschen Landesküchen: die Liebe zum Kartoffelpuffer: heiß und knusprig direkt aus der Pfanne. Im Rheinland heißen sie übrigens Rievkooche und in Bayern Reiberdatschi. Der Teig ist derselbe, die Beilagen variieren. Die Zutaten sind denkbar billig, die Zubereitung zeitraubend und für den am Herd stehenden Kartoffelpuffer-Brater eine schweißtreibende Angelegenheit. Wahre Kartoffelpufferfans reiben die Kartoffeln noch immer auf einer feineren oder gröberen Raspel mit der Hand, sie behaupten, daß die Kartoffelfasern durch eine elektrische Maschine geschmacksmindernd zerschlagen werden. Vor allem bei jungen Leuten sind Kartoffelpuffer-Parties sehr beliebt. Sie finden immer in der Küche statt. Der Teig steht bereit, wenn die Gäste kommen, auf einem Tisch sind die Beilagen aufgebaut: Apfelmus, Preiselbeeren, Apfelkraut, Rübenkraut. Schwarzbrot und Butter, wenn die Party im Rheinland stattfindet. Für die Liebhaber salziger Beilagen gibt es Sauerkraut, Heringe, Streifen von Räucherlachs und dicke saure Sahne mit Dill gewürzt. Unbedingt gehört eine große Kanne mit dampfendem Kaffee dazu auf den Tisch. Die Freunde salziger Mehlspeisen verlangen nach Bier und zum Abschluß steht für alle genügend eisgekühlter klarer Schnaps bereit. Und dann wird möglichst in drei Pfannen nebeneinander gebacken und jeder Gast holt sich seine Reibekuchen direkt am Herd aus der Pfanne ab – auf Vorrat backen geht nicht. Nach dem gleichen Programm, nur etwas bescheidener, läuft auch zu Hause der beliebte Kartoffelpuffertag ab.

In Süddeutschland bereitet man aus einem Teig aus gekochten Kartoffeln, Eiern und Mehl die verschiedensten Beilagen. An den Seiten spitz zulaufende kleine gebräunte Kartoffelröllchen werden in Bayern Fingernudeln und in Baden liebevoll Bubespitzle genannt, eine ideale Ergänzung zu allen saucigen Fleisch- und Wildgerichten. Warum allerdings die saftigen fränkischen Kartoffelplätzchen Bauchstecherle heißen, läßt sich nicht einleuchtend erklären. Gut sind sie zu salzigen Speisen wie zu Kompott.

Aber auch in der Nudelherstellung haben wir eine Küchentradition. Die einfallsreichen Mönche in den Klosterküchen hatten herausgefunden, daß die Fische in der Fastenzeit viel sättigender waren, wenn man sie mit gekochten Teigstreifen aus Mehl und Eiern, also Nudeln servierte. Im Allgäu werden noch heute herzhafte Nudelgerichte nach jahrhundertealten Rezepten gekocht, die mit Kraut oder Äpfeln gefüllt eine beliebte sättigende Mahlzeit bilden. Unsere Großmütter haben noch jeden Sonntag goldgelbe Eiernudeln für die fettglänzende Hühnersuppe ausgerollt. Fertig gekaufte Nudeln kannte man nicht. Von den Nudeln ist es nicht weit zu den Raffiolen oder Maultaschen, die vor allem in Schwaben beheimatet sind. Und die urschwäbischen Spätzle, die die Hausfrauen im Schwabenland mit ungebrochener Treue seit Jahrhunderten vom Spätzlebrett schaben, sind inzwischen auch auf den Speisekarten westdeutscher und gar norddeutscher Restaurants, besonders zu Wildgerichten, zu finden.

Die Rezepte für die salzigen Mehlspeisen sind, wenn nicht ausdrücklich anders vermerkt, für vier Personen als Hauptgericht geschrieben. Als reine Beilage zu Fleisch und Gemüse reicht fast immer das halbe Rezept.

Spinatknöpfli

(6 Portionen)

Zubereitungszeit: 40 Minuten
Ruhezeit: 15 Minuten
Pro Portion:
1090 Joule/260 Kalorien
250 g frischer Spinat,
350 g Mehl, Salz, 3 Eier,
1 Tasse Wasser, etwas Muskat,
Salzwasser

Den Spinat sorgfältig verlesen und waschen, dabei mehrmals das Wasser wechseln. Bei sehr großen Spinatblättern die Rippen entfernen. Den Spinat portionsweise in einer Küchenmaschine zerhacken. Das Mehl mit dem Salz vermischen. In die Mitte eine Vertiefung drücken und die Eier hineingeben. Mit einer Gabel die Eier mit einem Teil des Mehles verrühren. Dann unter Rühren mit einem Kochlöffel oder mit dem Knethaken eines Handrührers das Wasser und den zerkleinerten Spinat hinzufügen. Den Teig so lange schlagen, bis er Blasen wirft. 15 Minuten ruhen lassen. Reichlich Salzwasser zum Kochen bringen. Den Teig portionsweise durch ein großlöchriges Sieb oder eine Spätzlemühle in das kochende Salzwasser drücken. Sobald die Knöpfli an der Oberfläche schwimmen, sind sie gar. Mit einem Schaumlöffel herausnehmen und auf ein Sieb geben. Kurz in lauwarmem Wasser schwenken und warm stellen. Mit dem restlichen Teig ebenso verfahren. Die Knöpfli kurz in heißer Butter schwenken.

Beilage zu Ragouts und Wildgerichten

Wer eine der praktischen italienischen Nudelmaschinen hat, kann sich das etwas anstrengende Ausrollen des zähen Nudelteiges sparen. Nach dem gleichen Rezept können auch breite Bandnudeln oder Nudelflecken geschnitten werden. Mit einer Zugabe von 200 g durchpassiertem Spinat (tiefgekühlt) und 2 Eiern weniger lassen sich appetitlich grüne Spinatnudeln zubereiten. Als Suppeneinlage reicht das halbe Rezept.

Hausgemachte Eiernudeln

Zubereitungszeit: 40 Minuten
Pro Portion:
1550 Joule/370 Kalorien
400 g Weizenmehl aus Hartweizen, 1 Teelöffel Salz, 4 Eier. – 4 l Wasser, 4 Eßlöffel Salz

Das Mehl in eine Schüssel oder auf ein Backbrett sieben und das Salz darüberstreuen. In die Mitte eine Vertiefung drücken und die Eier hineingeben. Mit einer Gabel nach und nach die Eier mit dem Mehl verrühren, bis ein glatter Teig entstanden ist. Nun mit den Händen weiterarbeiten. Den Teig etwa 15 Minuten kräftig durchkneten, bis er sich vom Holzbrett löst und Blasen schlägt. Eine Schüssel mit Mehl ausstreuen und den Nudelteig hineingeben. Mit einem Tuch bedeckt 20 Minuten ruhen lassen. Den Teig mit einem Messer in drei Teile teilen. Holzbrett und Nudelwalker leicht mit Mehl einstauben. Den Teig von der Mitte her sorgfältig ausrollen, bis er ein dünnes Blatt ist. Ebenso mit den übrigen beiden Teigteilen verfahren. Die ausgerollten Blätter etwas trocknen lassen. Jede Teigplatte locker einrollen, mit einem scharfen Messer in schmale Streifen schneiden und wieder auseinanderrollen. 4 l Wasser und 40 g Salz zum Kochen bringen. Die Nudeln in das kochende Wasser werfen und in ca. 6 Minuten kochen, sie sollen noch einen festen Biß haben. Auf einem Sieb abtropfen lassen und sofort, ohne die Nudeln abzuschrecken, auf eine heiße Platte geben.

Das Roggenmehl für die Nudeln kauft man am besten im Reformhaus. Es muß ganz frisch sein. Dann sind die dunklen Nudeln eine herzhafte Beilage, die weiße Nudeln an Wohlgeschmack übertreffen kann.

Roggennudeln

(6 Portionen)

Zubereitungszeit:
1½ Stunden
Pro Portion (⅙) ohne Butter und Brösel:
1428 Joule/340 Kalorien
500 g feines Roggenmehl Typ 905, 3 Eier, ½ Teelöffel Salz, 1 Tasse Wasser, reichlich Salzwasser, Butter und Semmelbrösel

Das Mehl in eine Schüssel oder auf ein Backbrett sieben und das Salz darüberstreuen. In die Mitte eine Vertiefung drücken und die Eier und das Wasser hineingeben. Mit einer Gabel nach und nach die Eier mit dem Mehl verrühren, bis ein glatter Teig entstanden ist. Nun mit den Händen weiterarbeiten. Den Teig etwa 10 Minuten kräftig durchkneten, bis er sich vom Holzbrett löst. Eine Schüssel mit Mehl ausstreuen und den Nudelteig hineingeben. Mit einem Tuch bedeckt 20 Minuten ruhen lassen. Den Teig mit dem Messer in drei Teile schneiden. Das Holzbrett und den Nudelwalker leicht mit Mehl einstäuben. Ein Teigstück von der Mitte her sorgfältig ausrollen, bis es ein dünnes Blatt ist. Mit den übrigen beiden Teigteilen ebenso verfahren. Die ausgerollten Teigblätter ca. 30 Minuten trocknen lassen. Aufrollen und mit einem scharfen Messer in schmale oder breite Streifen schneiden. Die Nudeln auseinanderrollen und in reichlich kochendem Salzwasser in 10 Minuten gar kochen. Auf ein Sieb schütten und kurz mit kaltem Wasser abschrecken. Gut abgetropft in eine Schüssel geben und mit in Butter gerösteten Semmelbröseln übergießen.

Beilage zu saucigen Fleischgerichten, Innereien, Wildgerichten. Mit jungen Gemüsen vermischt eine gute Hauptmahlzeit

Die schwäbische Hausfrau schabt die Spätzle vom angefeuchteten Holzbrett mit einem Messer oder einem Spätzleschaber in das Kochwasser. Ungeübtere Hausfrauen sollten sich eines Spätzlehobels oder einer Spätzlemühle bedienen, auch wenn hierbei die einzelnen Spätzle etwas kürzer werden und dadurch in gefährliche Nähe der badischen Knöpfli geraten.

Schwäbische Spätzle

(6 Portionen)

Zubereitungszeit: 45 Minuten
Pro Portion (ohne Fett vom Abschmalzen):
1510 Joule/360 Kalorien
500 g Mehl, 4 Eier, 2 Teelöffel Salz, ¼ l kaltes Wasser. – Salzwasser zum Kochen. – Butter und Semmelbrösel oder in Butter geröstete Zwiebelringe zum Abschmälzen

Das Mehl in eine Schüssel geben. In die Mitte eine Vertiefung drücken und die Eier sowie das Salz hinzufügen. Die Eier mit einem Teil des Mehles mit einer Gabel vermischen. Nach und nach unter Rühren mit einem Holzlöffel oder mit dem Knethaken einer Küchenmaschine das Wasser hinzugießen. Den Teig so lange schlagen, bis er zähflüssig ist, Blasen wirft und sich vom Schüsselboden löst. 10 Minuten ruhen lassen. Reichlich Salzwasser zum Kochen bringen. Das Brett zum Spätzleschaben kurz in das kochende Wasser tauchen. Den Teig portionsweise auf das Brett geben, flachdrücken und mit einem ebenfalls angefeuchteten Messer oder Spatzenschaber schmale Streifen vom Brett in das kochende Wasser schaben. Die Spätzle sind gar, wenn sie an die Oberfläche kommen. Mit einem Schaumlöffel herausholen, kurz mit kaltem Wasser abschrekken und in eine Schüssel mit lauwarmem Wasser geben, bis alle Spätzle nach der gleichen Methode fertiggekocht sind.

Butter zerlassen und Semmelbrösel oder Zwiebelringe darin bräunen. Die gut abgetropften Spätzle auf eine warme Platte geben und mit Semmelbröseln oder Zwiebelringen abschmälzen.

Beilage zu allen Sorten von saucigen Fleisch- und Wildgerichten, zur Schlachtplatte, zu Gemüse

Die Allgäuer Kässpatzen sind eine sättigende Hauptmahlzeit. Im Gegensatz zur normalen Spätzlezubereitung werden die Kässpatzen nicht vom Brett geschabt, sondern mit einem Spatzenhobel in das Kochwasser gehobelt und nach dem Kochen nicht abgeschreckt, sondern heiß mit dem Käse bestreut, damit dieser völlig schmelzen kann. Im Allgäu wird gerne ein Teil des Emmentalers durch den urigen Backsteinkäse ersetzt, und man trinkt dort kalte Milch oder Tee zu den Kässpatzen, kein Bier!

Allgäuer Kässpatzen

Zubereitungszeit: 45 Minuten
Pro Portion:
4368 Joule/1040 Kalorien
500 g Mehl, 5 Eier, 1 Teelöffel Salz, reichlich ⅛ l Wasser, Salzwasser, 300 g Allgäuer Emmentaler, Pfeffer, 4 Zwiebeln, 80 g Butter oder Butterschmalz

Das Mehl in eine Schüssel geben. In die Mitte eine Vertiefung drücken. Eier, Salz und Wasser hineingeben. Alle Zutaten miteinander vermischen und mit einem Kochlöffel so lange schlagen, bis der zähflüssige Teig Blasen wirft. 15 Minuten ruhen lassen. Die Zwiebeln schälen, in feine Ringe schneiden und den Käse reiben. Reichlich Salzwasser zum Kochen bringen. Den Teig portionsweise auf einem Spatzenhobel in das kochende Wasser hobeln. Die Spatzen sind gar, wenn sie an die Oberfläche kommen. Mit einem Schaumlöffel herausholen, gut abtropfen lassen und in eine gewärmte feuerfeste Schüssel geben. Einen Teil des geriebenen Käses darüberstreuen und etwas frischgemahlenen Pfeffer. Warm stellen. Die Spatzen portionsweise fertigkochen, jede Schicht Spatzen wieder mit geriebenem Käse und etwas Pfeffer bestreuen und zum Schluß Spatzen und Käse mit zwei Löffeln gründlich miteinander vermischen; man kann sie auch kurz im Backofen erhitzen. Die Spatzen mit den in Fett gerösteten Zwiebelringen abschmälzen und sehr heiß auftragen.

Beilage: Kopfsalat

Die herzhaften Kümmelspatzen sind nicht nur eine knusprige Beilage, sondern im Allgäu zusammen mit Sauerkraut auch als Hauptmahlzeit beliebt. Als Hauptmahlzeit sollte man das Rezept verdoppeln.

Allgäuer Kümmelspatzen

Zubereitungszeit: 1 Stunde
Pro Portion:
1550 Joule/370 Kalorien
200 g Mehl, 10 g Hefe, 1 Prise Salz, 6 Eßlöffel lauwarme Milch, 3 Eier, 2 Eßlöffel Kümmel. – Ausbackfett

Das Mehl in eine Schüssel geben, mit dem Salz vermischen und in die Mitte eine Vertiefung drücken. Die Hefe hineinbröckeln und mit der Milch zu einem Brei verrühren. Ganz leicht mit Mehl bestreuen. Zugedeckt 20 Minuten gehen lassen, bis die Hefe sichtbar aufzugehen beginnt. Die Eier und den Kümmel hinzufügen. Alle Zutaten mit einem Holzlöffel oder mit dem Knethaken eines elektrischen Handrührgerätes zu einem glatten Teig verarbeiten und so lange schlagen, bis er sich vom Schüsselboden löst. Zugedeckt noch einmal 20–30 Minuten gehen lassen.

Das Ausbackfett auf 180° erhitzen. Mit einem Teelöffel kleine Teigportionen abstechen und vorsichtig in das heiße Fett geben. Goldgelb backen und mit einem Schaumlöffel herausheben. Gut abtropfen lassen und kurz auf ein saugfähiges Küchenpapier setzen. Im Backofen warm halten, bis alle Kümmelspatzen ausgebacken sind.

Beilage zu geschmortem Fleisch, Kohlgerichten oder Pilzen

Das Rezept für die echten schwäbischen Maultaschen ist nur eines der vielen ausgezeichneten württembergischen Familienrezepte, das mir besonders gut geschmeckt hat. Die dann folgenden Maultaschenrezepte stammen von schwäbischen Köchen, die die Füllungen der biederen schwäbischen Maultaschen mit ebenfalls heimischen Zutaten in kleine Delikatessen verwandelt haben. Eine oder zwei dieser Edel-Maultaschen werden meistens als Vorspeise serviert.

Schwäbische Maultaschen

Farbaufnahme Seite 83
Zubereitungszeit: 45 Minuten
Teig 2½ *Stunden ruhen lassen*
Pro Portion:
2440 Joule/580 Kalorien
Teig: 300 g Mehl, 3 Eier, 1 Teelöffel Öl, 1 Prise Salz. – Füllung; 200 g Hackfleisch, 50 g geräucherter Schinkenspeck, 1 kleine Zwiebel, 100 g Bratwurstbrät, 1 Teelöffel Butter, ½ Brötchen, 200 g frischer Spinat, 1 Eßlöffel gehackte Petersilie, 1 Ei, Salz, Pfeffer, Muskat, 1½ l Fleischbrühe, 1 Bund Schnittlauch

Das Mehl in eine Schüssel geben und mit dem Salz vermischen. Nacheinander die Eier und das Öl hinzufügen und rühren, bis ein glatter Teig entsteht (wenn nötig, noch etwas kaltes Wasser hinzugeben). Den Teig so lange mit den Händen kneten, bis er sich vom Schüsselboden löst. Zugedeckt 2 Stunden ruhen lassen. Das Brötchen in kaltem Wasser einweichen. Das Hackfleisch mit dem Bratwurstbrät vermischen. Den Schinkenspeck und die Zwiebel in einer Küchenmaschine hacken. Die Butter erhitzen und beides darin glasig braten. Den Spinat waschen, kurz blanchieren und fein hacken. Das eingeweichte Brötchen ausdrücken und mit den Eiern zu den übrigen Zutaten geben. Mit Salz, Pfeffer und Muskat kräftig abschmecken.

Den Maultaschenteig auf einem bemehlten Brett so dünn wie möglich ausrollen. Mit einem Glas Kreise im Durchmesser von etwa 6 cm ausstechen. In die Mitte jedes Kreises einen Teelöffel von der Füllung geben und zu Teigtaschen halbmondartig zusammenfalten. Die Ränder zwischen Zeigefinger und Daumen fest zusammendrücken, damit die Füllung nicht heraustreten kann. Zugedeckt etwa 30 Minuten trocknen lassen. Die Maultaschen in die kochende Fleischbrühe oder in Salzwasser einlegen und etwa 10–15 Minuten leicht köcheln lassen. Die Maultaschen mit Schnittlauch bestreut in der Fleischbrühe servieren.

Man kann in Butter gebratene Zwiebelringe darübergeben – abschmälzen nennen das die Schwaben – und so die Maultaschen auch ohne Fleischbrühe als Hauptgericht mit Salat essen.

Rottaler Schuxen

(6 Portionen)

Für die Zubereitung der Schuxen sollte man unbedingt Vollmilch und keine Magermilch verwenden, sonst werden sie zäh. Sie schmecken am besten frisch und warm aus dem Ausbackfett. Wenn sie kalt geworden sind, sollte das knusprige Roggengebäck vor dem Verzehr kurz im vorgeheizten Backofen gewärmt werden.

Aus Mehl, aufgelöster gut aufgegangener Hefe, Milch, Salz, Zucker und Butter einen festen Hefeteig zubereiten. Mit dem Knethaken einer Küchenmaschine oder mit der Hand den Teig so lange schlagen, bis er Blasen wirft und sich vom Schüsselboden löst. In 40 Minuten gut aufgehen lassen. Von dem Teig mit einem Eßlöffel walnußgroße Stücke abstechen und mit bemehlten Händen daraus auf dem Backbrett flache ovale Gebäckstücke formen. Zugedeckt noch 15 Minuten gehen lassen. Das Butterschmalz zum Ausbacken erhitzen. Die Schuxen portionsweise in dem heißen Butterschmalz goldbraun backen. Mit einem Schaumlöffel herausnehmen und auf einem Küchenpapier abtropfen lassen.

Beilage zu Kartoffelsuppen, Wildsuppe oder Eintöpfen. Süß mit Puderzukker bestäubt zu Kompott

Zubereitungszeit: 40 Minuten
Pro Portion:
1890 Joule/450 Kalorien
400 g Roggenmehl,
100 g Weizenmehl, 40 g Hefe,
1 Teelöffel Zucker,
1 gestrichenen Eßlöffel Salz,
¼ l lauwarme Milch,
25 g Butter. – Butterschmalz zum Ausbacken

Hechtmaultaschen mit Blattspinat in legiertem Gemüsesud

Besonders zart und fast auch schon ein Klassiker sind Maultaschen mit einer Hechtfarce gefüllt.

Das Mehl in eine Schüssel geben und mit dem Salz vermischen. Die Eigelb nacheinander mit dem Mehl zu einem festen Teig vermischen und so lange kneten, bis er sich vom Schüsselboden löst. Zugedeckt ½ Stunde ziehen lassen.

Das Hechtfleisch mit der Sahne, der Crème fraîche, dem Eiweiß, der Sardellenpaste, dem blanchierten Spinat und den Gewürzen in einem Mixer zu einer feinen Farce vermischen und 30 Minuten in den Kühlschrank stellen. Den Maultaschenteig auf einem bemehlten Brett so dünn wie möglich zu einem Streifen von 16 cm Breite ausrollen. Mit dem verquirlten Eigelb bestreichen und mit den abgetropften glattgestrichenen Spinalblättern belegen. Die Hechtfarce in einen Spritzbeutel mit breiter Tülle füllen und einen breiten Streifen auf das obere Drittel des Teiges spritzen. Es muß ein breiter Rand bleiben. Die untere Teighälfte darüberschlagen, so daß eine längliche Tasche entsteht. Mit dem Teigrädchen in Vierecke teilen und alle Ränder noch einmal gut andrükken. Zugedeckt etwa 30 Minuten trocknen lassen.

Für den Gemüsesud alle Zutaten außer der Butter zum Kochen bringen und etwa 10 Minuten kochen lassen. Die Maultaschen in den Gemüsesud einlegen und etwa 10 Minuten leicht köcheln lassen. Die Taschen auf 4 tiefe Teller verteilen. Den Gemüsesud zur Hälfte einkochen lassen und die Butter in Flöckchen unter Rühren hinzufügen. Sofort über die Maultaschen verteilen. Mit der Petersilie bestreuen.

Beilage: Salat

Zubereitungszeit: 1½ Stunden
Pro Portion:
3025 Joule/720 Kalorien
Teig: 100 g Weizenmehl,
1 Prise Salz, 3 Eigelb. –
Füllung: 200 g frisches Hechtfleisch, 100 g Sahne,
100 g Crème fraîche, 2 Eiweiß,
10 g Sardellenpaste,
50 g blanchierter Blattspinat,
Salz, frischgemahlener Pfeffer.
– 1 Eigelb zum Bestreichen des Teiges.
Gemüsesud: 50 g Karotten in Streifen, 50 g Lauch in Streifen,
20 g Sellerie in Streifen,
100 g Crème fraîche,
50 g trockener Weißwein,
¼ l guten Fischfond,
100 g Butter, Salz, Pfeffer,
1 Zehe Knoblauch, 1 Zweiglein Thymian, 1 Lorbeerblatt,
½ Zitrone, 1 Eßlöffel frischgehackte Petersilie

Maultaschen mit Kalbsbriesle

Zubereitungszeit:
1½ Stunden
Pro Portion:
1560 Joule/370 Kalorien
Teig: 100 g Weizenmehl, 2 Eigelb, 2 Eßlöffel Wasser, 1 Prise Salz. – Füllung: 250 g Kalbsbries, 2 Karotten, 1 Zwiebel, ½ Stange Lauch, 10 g Butter, 1 Eßlöffel gehackte Petersilie, 2 Eigelb, Salz und Pfeffer, Worcestersauce. – Sauce: 4 Eßlöffel Rieslingwein, 2 Eßlöffel Crème fraîche, 40 g Butter

In dieser Art sind Maultaschen eine delikate Vorspeise.

Das Mehl in eine Schüssel geben und mit dem Salz vermischen. Die Eigelb und das Wasser nacheinander mit dem Mehl zu einem festen Teig vermischen und so lange kneten, bis er sich vom Schüsselboden löst. Zugedeckt ½ Stunde ruhen lassen. Das Kalbsbriesle von allen Adern, Fett und anhaftenden Hautfetzen befreien und ca. ½ Stunde wässern. 1 l Wasser mit Salz, einer geputzten Karotte und dem gewaschenen Lauch zum Kochen bringen. Das Briesle hineingeben, einmal aufkochen lassen und in 20 Minuten gar ziehen lassen. Herausnehmen, erkalten lassen und anschließend in kleine Würfel schneiden. Die restliche Karotte ebenfalls in feine Würfel schneiden und in wenig kochendem Salzwasser blanchieren. Die würfelig geschnittene Zwiebel in der Butter glasig dünsten. Alle kleingeschnittenen Zutaten miteinander vermischen, mit Salz, frischgemahlenem Pfeffer und etwa Worcestersauce abschmecken. Zum Schluß die Eigelb dazugeben und die Masse erkalten lassen.

Den Maultaschenteig auf einem bemehlten Brett so dünn wie möglich zu einem Rechteck ausrollen. Die eine Teighälfte mit 4 Farcehäufchen belegen, die restliche Teighälfte darüberklappen. Mit einem Teigrädchen gleichmäßige Vierecke ausrollen. Die Ränder der Maultaschen zwischen Zeigefinger und Daumen fest zusammendrücken, damit von der Füllung nichts heraustreten kann. Zugedeckt etwa 30 Minuten trocknen lassen. In dieser Zeit für die Sauce ½ l Brieslefond auf die Hälfte einkochen lassen. Den Riesling dazugeben und die Crème fraîche unterrühren. Zum Schluß die Butter in Flöckchen unter ständigem Rühren hinzufügen. Die Sauce soll dabei nicht mehr kochen.

Die Maultaschen in reichlich kochendem Salzwasser in etwa 8–10 Minuten gar ziehen lassen. Mit einem Schaumlöffel herausheben, gut abtropfen lassen und mit der Rieslingsauce anrichten.

Beilage: Salzkartoffeln oder junges Gemüse

Schneckenmaultaschen mit Schnittlauchsauce

Zubereitungszeit: 1½ Stunden
Pro Portion:
3360 Joule/800 Kalorien
Teig: 200 g Weizenmehl, ½ Teelöffel Salz, 6 Eigelb, Butter zum Braten. – Füllung: 15 ausgelöste Schnecken aus der Dose, 1 Schalotte, 10 g Butter, 30 g frische Champignons, einige rohe Spinatblätter, 1 Scheibe Toast, 50 g Sahne, 100 g Bratwurstbrät, 1 Eigelb, 2 mittelgroße Blätter Basilikum, Salz und weißer Pfeffer. – Sauce: 20 g Butter, 50 g Schalotten, ⅛ l trockener Wein (Riesling), 100 g Crème fraîche, 100 g Sahne, 1 Bund Schnittlauch

Die Schneckenfüllung der Maultaschen hat einen so angenehm festen Biß und pikanten Geschmack, daß man seine Gäste einmal raten lassen sollte, was denn da so angenehm schmeckt.

Das Mehl in eine Schüssel geben und mit dem Salz vermischen. Die Eigelb nacheinander mit dem Mehl zu einem festen Teig vermischen und den Nudelteig so lange kneten, bis er sich vom Schüsselboden löst. Zugedeckt ½ Stunde ruhen lassen. Die Schalotten in Würfel schneiden, Schnecken, Champignons und Spinatblätter hacken. Das Toastbrot in der Sahne einweichen. Die Schalottenwürfel in der Butter glasig dünsten, dann zuerst die Schnecken, danach die gehackten Champignons und zum Schluß die Spinatblätter hinzufügen. Kurz durchdünsten, von der Kochstelle nehmen und erkalten lassen. Dann das ausgedrückte Toastbrot sowie das Brät, die Eigelb und die kleingeschnittenen Basilikumblätter untermischen und mit Salz und Pfeffer würzen.

Den Maultaschenteig auf einem bemehlten Brett so dünn wie möglich ausrollen. Mit einem Glas Kreise im Durchmesser von etwa 6 cm ausstechen. In die Mitte jedes Kreises einen Teelöffel von der Füllung geben und zu Teigtaschen halbmondartig zusammenfalten. Die Ränder der Maultaschen zwischen Zeigefinger und Daumen fest zusammendrücken, damit von der Füllung nichts heraustreten kann. Zugedeckt etwa 30 Minuten trocknen lassen. Die Maultaschen in reichlich kochendem Salzwasser in etwa 8–10 Minuten gar kochen. Mit einem Schaumlöffel herausheben und in der Butter braten, bis sie hellbraun sind. Für die Sauce die Schalotte in Würfel schneiden und in der Butter glasig dünsten. Mit dem Wein aufgießen und auf die Hälfte einkochen lassen. Die Crème fraîche und die Sahne hinzufügen und nochmals einkochen, bis die Sauce eine cremige Konsistenz hat. Den Schnittlauch fein schneiden und an die Sauce geben. Mit Salz und Pfeffer würzen.

Die Maultaschen mit der Sauce im Teller anrichten.

Maultaschen mit Steinpilzfüllung in Thymiansabayon

Zubereitungszeit: 1½ Stunden
Pro Portion:
2390 Joule/570 Kalorien
Teig: 350 g Mehl, 2 Eier, 3 Eigelb, 1 Teelöffel Öl, Salz, Muskat. – Füllung: 2–3 kleine frische Steinpilze (200 g), 10 g Schalotten, 30 g Butter, Salz, Pfeffer, 1 Eßlöffel gehackte Kräuter (Petersilie, Basilikum, 2–3 Blättchen Estragon), 1 Eßlöffel Crème fraîche. – Sabayon: 4 Eigelb, 200 g kräftige Kalbsbrühe, 2 Zweiglein frischer Thymian, 1 Eßlöffel Cognac, Salz, Pfeffer

Für die Steinpilzfüllung der folgenden Maultaschen braucht man unbedingt frische Steinpilze, denn Duft und Aroma der Pilze bleibt in den Teigtaschen voll erhalten.

Das Mehl in eine Schüssel geben und mit dem Salz und dem Muskat vermischen. Die Eier, die Eigelb und das Öl nacheinander mit dem Mehl zu einem festen Teig vermischen (wenn nötig, etwas Wasser hinzufügen). Den Teig so lange kneten, bis er sich vom Schüsselboden löst. Zugedeckt eine halbe Stunde ruhen lassen. Die Steinpilze putzen, wenn nötig waschen und gut abtropfen lassen. In Scheibchen schneiden, zu großen Scheiben halbieren. Die Stiele hakken. Die Schalotte in Würfel schneiden und in der Butter glasig dünsten. Die Steinpilzscheiben hinzufügen, kurz durchdünsten, die Crème fraîche unterrühren und einige Minuten einkochen lassen. Mit den Kräutern vermischen und mit Salz und frischgemahlenem Pfeffer abschmecken. Die Masse erkalten lassen.

Den Maultaschenteig auf einem bemehlten Brett so dünn wie möglich zu einem Rechteck ausrollen. Die eine Teighälfte mit kleinen Häufchen Pilzfüllung belegen, die restliche Teighälfte darüberklappen. Mit einem Teigrädchen gleichmäßige Vierecke ausrollen. Die Ränder der Maultaschen zwischen Zeigefinger und Daumen fest zusammendrücken, damit die Füllung nicht heraustreten kann. Zugedeckt etwa 30 Minuten trocknen lassen. Die Maultaschen in reichlich kochendem Salzwasser in etwa 8–10 Minuten gar ziehen lassen.

In der Kochzeit der Maultaschen die Weinschaumsauce zubereiten. Die Eigelb mit den abgestreiften Thymianblättchen und den übrigen Zutaten in eine Schüssel geben und diese in einen Topf mit kochendem Wasser hängen, das aber nicht an die Schüssel heranreichen darf. Die Eigelbmasse unter ständigem Schlagen mit dem Schneebesen auf dem Dampf so lange erhitzen, bis sie dickschaumig ist.

Die gekochten Maultaschen mit dem Schaumlöffel aus dem Kochwasser heben, gut abtropfen lassen und auf einer Platte anrichten. Den Thymiansabayon getrennt dazu servieren.

Bayerische Fingernudeln (badische Bubenspitzle)

Zubereitungszeit: 1 Stunde
Pro Portion:
1890 Joule/450 Kalorien
1 kg mehlige Kartoffeln, Salz, 2 Eier, 100 g Mehl, 1 kräftige Prise Muskat. – Butterschmalz oder Schweineschmalz zum Braten

Die Fingernudeln können auf dreierlei Art zubereitet werden. 1. in Salzwasser gekocht und dann in Butter geschwenkt oder mit Butter und Semmelbröseln übergossen. 2. auf einem gut gefetteten Blech mit flüssiger Butter bepinselt im Ofen goldgelb gebacken. 3. wie bei dem folgenden Rezept direkt in der Pfanne goldgelb braten.

Die gewaschenen Kartoffeln gar kochen, abgießen und unter Schütteln des Topfes abdämpfen, bis sie ganz trocken sind. Abziehen und noch heiß durch die Kartoffelpresse in eine Schüssel geben oder mit dem Kartoffelstampfer fein zerstampfen. Salzen und die miteinander verschlagenen Eier hinzugeben sowie das Mehl und den Muskat. Schnell mit den Händen zu einem glatten Teig verkneten. Mit leicht bemehlten Händen knapp kleinfingerdicke und fingerlange Rollen formen, die an beiden Enden spitz auslaufen sollen.

Reichlich Fett in einer Pfanne erhitzen und die Fingernudeln portionsweise darin von allen Seiten goldbraun braten. Vorsichtig mit einem Schöpflöffel herausheben, auf einem Küchenpapier abtropfen lassen und auf eine Platte geben. Warm stellen, bis alle Fingernudeln gebraten sind.

Beilage zu allen Fleisch- und Wildgerichten mit Sauce, zu Sauerkraut, Kohlgerichten und anderen Gemüsen

Fränkische Bauchstecherla (Kartoffelplätzchen)

Zubereitungszeit: 1 Stunde
Pro Portion:
2180 Joule/520 Kalorien
1 kg mehlige Kartoffeln, Salz,
1 Teelöffelspitze Ingwer (kann entfallen) oder Pfeffer,
150 g Mehl, 3 Eigelb,
100 g Butterschmalz zum Ausbacken

Bauchstecherla sind saftige Kartoffelplätzchen, die man nach Geschmack noch mit feingehacktem Schinken oder geriebenem Käse anreichern kann, dann sind sie mit Salat eine kleine Mahlzeit. Werden sie nur als Beilage gereicht, genügt das halbe Rezept. Anstelle der 3 Eigelb werden in Franken 1–2 ganze Eier an die Bauchstecherla gegeben, mit den Eigelb allein werden sie jedoch zarter.

Die Kartoffeln waschen und gar kochen. Das Wasser abschütten und die Kartoffeln im offenen Topf so lange unter Schütteln abdämpfen lassen, bis sie ganz trocken sind. Schälen und noch heiß durch eine Kartoffelpresse geben oder mit einem Kartoffelstampfer zu einem Brei zerstampfen. Erkalten lassen. Salzen. Dann Mehl, Ingwer (oder Pfeffer) und die Eigelb hinzufügen und gründlich zu einem Teig verkneten. Aus dem Teig eine Rolle formen und in fingerdicke Scheiben schneiden. Das Butterschmalz in einer Pfanne erhitzen und die Kartoffelplätzchen darin von allen Seiten goldgelb braten. Mit einem Schaumlöffel herausheben und gut abtropfen lassen.

Beilage zu Täubchen, feinen Braten – auch zu Kompott sehr gut, dann kommt 1 Eßlöffel Zucker an den Kartoffelteig

Feine Kartoffelplätzchen

Zubereitungszeit: 45 Minuten
Pro Portion:
1470 Joule/350 Kalorien
500 g Kartoffeln, 50 g Mehl,
2 Eier, 2 Eßlöffel Sahne, Salz,
Muskat. – Öl und Butter zum Braten

Die lockeren Kartoffelplätzchen können mit grob gehackten Walnüssen verfeinert werden (dann brät man sie mit Nußöl und Butter) oder mit frischgehackten Kräutern oder feingewiegtem frischen Ingwer. Ganz zarte Kartoffelplätzchen erhält man, wenn man zwei Eier mehr an den Teig nimmt und das Mehl fortläßt, dann geht aber der herzhafte Kartoffelgeschmack verloren.

Die Kartoffeln schälen, in Viertel schneiden und knapp mit Wasser bedeckt unter Hinzugabe von Salz gar kochen. Das Kochwasser abschütten und die Kartoffeln im offenen Topf so lange unter Schütteln abdämpfen lassen, bis sie ganz trocken und mehlig sind. Durch eine Kartoffelpresse in eine Schüssel drücken. Das Mehl, die Eigelb, die Sahne sowie Salz und Muskat hinzufügen. Die Eiweiß zu steifem Schnee schlagen und unter die Kartoffelmasse ziehen.

Etwas Öl und Butter in einer Pfanne erhitzen. Mit einem Löffel kleine Teighäufchen von dem Kartoffelteig in das Fett setzen und flachdrücken. Hellbraun braten, vorsichtig wenden und auch die andere Seite knusprig braun braten. Auf eine vorgewärmte Platte geben.

Beilage zu gebratenen und geschmorten Fleischgerichten, Wildgeflügel und Wild

Kartoffelpuffer (Rievkooche, Reiberdatschi)

Zubereitungszeit: 45 Minuten
Pro Portion
2430 Joule/580 Kalorien
1 kg Kartoffeln, 3 Eier,
100 g Mehl,
100 g Semmelbrösel, Salz, evtl. eine feingeriebene Zwiebel. – Schweineschmalz oder Öl zum Braten

Die Kartoffeln waschen, schälen und auf einem nicht zu feinlöchrigen Reibeisen reiben. Die geriebenen Kartoffeln auf ein Sieb zum Abtropfen geben, dabei die Flüssigkeit in einer Schüssel auffangen. Die im Kartoffelwasser abgesetzte Stärke in eine Schüssel zu den geriebenen Kartoffeln geben. Eier, Mehl, Semmelbrösel und Salz, eventuell noch die geriebene Zwiebel hinzufügen und gut miteinander vermischen. In einer Pfanne das Schmalz erhitzen. Mit einem Löffel kleine Teighäufchen von dem Kartoffelteig in das Fett setzen und flachdrücken. Sie sollten ganz dünn sein. Auf beiden Seiten knusprig braun braten. Sofort aus der Pfanne essen, nicht übereinanderlegen oder stehen lassen.

Beilage: Zuckerrübensirup, Apfelmus, Preiselbeeren oder mit Salz bestreut und Sauerkraut, dazu Bohnenkaffee und ein klarer Schnaps

Kressepüfferchen

Die Kartoffeln schälen, waschen und mit einem Küchentuch gut abtrocknen. Auf der groben Seite der Rohkostreibe raffeln. Mit dem Eigelb vermischen, salzen und pfeffern.

Das Öl in einer Pfanne erhitzen. Mit einem Löffel kleine Teighäufchen in das Fett setzen und mit dem Löffelrücken flachdrücken (Durchmesser 8–10 cm). Die Kresse mit einer Schere abschneiden, die Kartoffelplätzchen damit belegen und mit einer zweiten Schicht geriebener Kartoffeln bedecken. Sobald die untere Seite goldbraun ist, die Kartoffelpüfferchen wenden und auch diese Seite knusprig goldbraun braten. Sofort auftragen.

Beilage zu Fisch, Geflügel, Grillgerichten

Zubereitungszeit: 25 Minuten
Pro Portion:
960 Joule/240 Kalorien
500 g Kartoffeln, 1 Eigelb,
2 Kästchen Kresse, Salz,
Pfeffer. – Öl zum Braten

Speckeierkuchen mit Schnittlauch

Zum Gelingen der Speckeierkuchen gehört ein fester, gut durchgeräucherter und durchwachsener Speck, dessen Fett einen zartrosa Schimmer hat. Mit den vorgeschnittenen, oft wabbeligen Speckscheiben aus der Folienverpackung gelingt er nicht.

Mehl und Salz in einer Schüssel vermischen. Die Eigelb mit der Milch und dem Wasser verquirlen und nach und nach mit einem Schneebesen mit dem Mehl vermischen. Den Teig 1 Stunde stehen lassen. Die Eiweiß mit einer Prise Salz sehr steif schlagen, den Schnittlauch fein schneiden. Eischnee und Schnittlauch auf den Eierkuchenteig geben und beides vorsichtig unter den Teig heben. Den Speck in dünne Scheibchen schneiden. Einige Scheiben in einer Pfanne knusprig braten und mit einem Schöpflöffel etwas Teig gleichmäßig darüber verteilen. Hellbraun backen, vorsichtig wenden und auch die zweite Seite gar backen. Den Pfannkuchen warm stellen. Aus dem restlichen Teig nacheinander weitere Pfannkuchen backen.

Beilage: grüner Salat

Zubereitungszeit: 30 Minuten
Teig 1 Stunde ruhen
Pro Portion:
2940 Joule/700 Kalorien
250 g Mehl, 1 Teelöffel Salz,
4 Eier, ¼ l Milch,
⅛ l Mineralwasser,
200 g durchwachsener
geräucherter Speck,
2 Bund Schnittlauch

Baltische Blinis

Ihren vollen Wohlgeschmack entfalten die Blinis erst, wenn der Teig mindestens eine ganze Nacht geruht hat. Dann sind Mehl, Buchweizen und Hefe diese einzigartige Geschmacksverbindung eingegangen, die den Geschmack der Blinis so delikat macht.

Das Buchweizenmehl mit dem Mehl und dem Salz vermischen. Die Hefe in einer Tasse lauwarmer Milch ganz auflösen. Das Mehlgemisch mit der Hefemilch sowie der restlichen lauwarmen Milch, der flüssigen Butter und den Eigelb gut miteinander verrühren. Zugedeckt 24 Stunden an einem kühlen Ort (nicht im Kühlschrank) gehen lassen. Den Teig noch einmal kräftig durchschlagen. Die Eiweiß steif schlagen und unter den dicken Hefeteig ziehen. Butter und Öl in einer beschichteten Pfanne erhitzen und mit einem Schöpflöffel 4–5 kleine Teigplätzchen in die Pfanne gießen. Goldgelb backen und bei nicht zu starker Hitze auch die zweite Seite braten. Zum Warmstellen auf einen Teller geben, mit einem zweiten Teller bedecken und auf einen Topf mit kochendem Wasser stellen. Weiterbacken, bis der Teig verbraucht ist. Bei Tisch werden die Blinis mit etwas flüssiger Butter begossen.

Als Vorspeise mit dicker saurer Sahne zu Räucherlachs, Kaviar, Lachskaviar, pikant eingelegten Heringen.

Beilage zu Wildgerichten (mit einem Löffel Preiselbeeren besetzt).

Zubereitungszeit: 30 Minuten
Teig am Vortag zubereiten
Pro Portion:
2350 Joule/560 Kalorien
150 g Buchweizenmehl,
75 g Weizenmehl,
1 Messerspitze Salz, ⅜ l Milch,
15 g Hefe, 4 Eßlöffel flüssige
Butter, 3 Eier, Butter und Öl
zum Braten. – Butter
zum Begießen der Blinis

Kräuterflädle

Zubereitungszeit: 50 Minuten
Pro Portion:
880 Joule/210 Kalorien
60 g Mehl, 1 Prise Salz, 4 Eier, ⅛ l Milch, 1 Eßlöffel Butter, 2 Eßlöffel feingewiegte Frühlingskräuter (Dill, Kerbel, Petersilie, einige Estragonblätter). – Butter und Öl zum Braten

Hauchdünne Eierpfannkuchen – in Schwaben Flädle genannt– werden dort gerne in Streifen geschnitten als Suppeneinlage verwendet. Eine besonders beliebte Beilage sind im Frühling Kräuterflädle zu Stangenspargel. Da wird im Gegensatz zu den einfachen Flädle auch nicht mit Eiern gespart.

Das Mehl und das Salz in eine Schüssel geben und mit einem Holzlöffel mit den Eiern verrühren. Unter Weiterrühren mit dem elektrischen Schneebesen die Milch hinzufügen und zum Schluß die flüssige Butter. Mindestens 30 Minuten stehen lassen. Die Kräuter erst unmittelbar vor dem Braten der Flädle hacken und an den Teig geben. In einer mittelgroßen Pfanne etwas Öl und Butter erhitzen und wenig Teig hineingießen. Es sollen hauchdünne Eierkuchen werden. Unter Wenden der Pfanne nach allen Seiten verteilen und von beiden Seiten goldgelb braten. Aufrollen und warm stellen.

Beilage zu Stangenspargel und Frühlingsgemüse

Oldenburger Buchweizenpfannkuchen mit Speck (Speckendicken)

Zubereitungszeit: 40 Minuten
Ruhen des Teiges: 6 Stunden
Pro Portion:
1850 Joule/440 Kalorien
150 g Buchweizenmehl, ½ Teelöffel Salz, ½ l Buttermilch, 1–2 Eier, 100 g Speck, Rübensirup

Buchweizenmehl muß frisch sein und möglichst rasch verbraucht werden, also immer nur kleine Mengen kaufen. Der Teig für die Buchweizenpfannkuchen wird landschaftlich unterschiedlich mit Kaffee, Milch oder Buttermilch angesetzt. Mit Speck gebraten, schmeckt er besonders gut. Für Hefe-Buchweizenpfannkuchen siehe auch das Rezept für Blinis Seite 215.

Das Buchweizenmehl mit dem Salz in einer Schüssel vermischen. Die Buttermilch mit dem Ei verquirlen und nach und nach mit einem Schneebesen mit dem Mehl vermischen und gründlich durchrühren. Einige Stunden stehen lassen. Den Speck in dünne Scheiben schneiden. 8 Scheiben in einer kleinen Pfanne knusprig braten. Mit einem Schöpflöffel etwas Teig gleichmäßig über die Speckscheiben verteilen. Hellbraun backen, vorsichtig wenden und auch die zweite Seite gar backen. Am besten frisch aus der Pfanne essen. Zum Warmhalten auf einen Teller geben und mit einem zweiten Teller bedecken. Auf einen Topf mit kochendem Wasser stellen, damit die Pfannkuchen nicht kalt werden. Weiterbacken, bis der Teig verbraucht ist.

Den Rübensirup bei Tisch auf die Buchweizenpfannkuchen streichen.

Maispüfferchen

Zubereitungszeit: 30 Minuten
Ruhezeit des Teiges: 1 Stunde
Pro Portion:
1680 Joule/400 Kalorien
100 g Mehl, 1 Teelöffel Salz, Pfeffer, 2 Eier, ¼ l Milch, 50 g Butter, 150 g gekochte Maiskörner (Konserve), 1 Eßlöffel gehackte Kräuter (Petersilie, Kerbel, Schnittlauch). – Neutrales Pflanzenöl zum Braten

Das Mehl in eine Schüssel schütten und mit Salz und frischgemahlenem Pfeffer bestreuen. In die Mitte des Mehles eine Vertiefung drücken und die Eier hineingeben. Unter Rühren mit einem kleinen Schneebesen nach und nach die Milch hinzugeben, so daß ein glatter Teig entsteht. Zum Schluß die zerlassene Butter hinzufügen. Den Teig eine Stunde ruhen lassen. Dann die gut abgetropften Maiskörner und die Kräuter mit dem Eierteig vermischen.

In einer großen Pfanne einen Eßlöffel Öl erhitzen und mit einem Eßlöffel fünf kleine Teigplätzchen in das Fett setzen. Die Unterseite goldbraun braten, wenden und auch die zweite Seite bräunen. Auf eine heiße Platte geben und im vorgewärmten Backofen (180 °) warm stellen. Dabei die Tür des Backofens offenlassen. Die Maispüfferchen nacheinander portionsweise in der Pfanne goldbraun backen und sofort auftragen.

Beilage zu Geflügel, Wildgeflügel und Wild

Thüringer Kartoffelklöße aus rohen Kartoffeln

Zubereitungszeit: 1 ½ Stunden
Pro Portion:
1890 Joule/450 Kalorien
1½ kg rohe Kartoffeln, ½ kg gekochte Kartoffeln vom Vortag, ¼ l Milch, 1 Eßlöffel Salz, 1 Semmel vom Vortag, 1 Eßlöffel Butter zum Braten – evtl. Schnittlauch

Mir liegen allein zehn verschiedene Rezepte für Thüringer Klöße aus rohem Kartoffelteig vor, dazu fränkische für Knödel, die sehr ähnlich sind. Nach Meinung der Thüringer sollten die Klöße so weich sein, daß sie fast auf dem Teller zerfließen. Statt der gekochten Kartoffeln wird manchmal ein verlägerter Grießbrei verwendet, statt Milch auch Wasser. Allen gemeinsam ist, daß kein Ei und kein Fett an rohe Kartoffelklöße gehört, dagegen gibt ein Zusatz von 1–2 Eßlöffeln Quark den Klößen eine angenehme Lockerkeit.

Die rohen Kartoffeln schälen und auf einem Reibeisen in eine Schüssel mit kaltem Wasser reiben. Die Kartoffelmasse in ein Leinentuch oder ein Stoffsäckchen geben und gründlich auspressen. Das Wasser aufheben. Wenn sich die darin enthaltene Kartoffelstärke abgesetzt hat, das Wasser abgießen. Die gekochten Kartoffeln ebenfalls reiben. Die Milch erhitzen, über die gekochten, geriebenen Kartoffeln gießen und glattrühren. Die rohe Kartoffelmasse, die gekochten Kartoffeln, die abgesetzte Stärke und das Salz mit den Händen zu einem glatten weichen Teig verkneten.

Die Semmel in kleine Würfel schneiden und in der Butter goldgelb braten. Mit nassen Händen Klöße drehen und in die Mitte jeweils einige Semmelwürfel geben. Die Klöße nachformen. In einem breiten großen Topf reichlich Wasser zum Kochen bringen, salzen und die Klöße vorsichtig mit einem Schaumlöffel einlegen. In 15–20 Minuten bei ganz leichter Hitze gar ziehen lassen, das Wasser darf auf keinen Fall sprudelnd kochen.

Nach Ende der Garzeit die Klöße mit einem Schaumlöffel herausheben, gut abtropfen lassen und in einer Schüssel anrichten. Man kann feingehackten Schnittlauch auf die Knödel streuen.

Beilage zu Schweinebraten, Gänsebraten, Schmorbraten

Gekochte Kartoffelklöße schlesische Art

Zubereitungszeit: Eine Stunde
Pro Portion:
2310 Joule/550 Kalorien
1 kg am Vortag gekochte Pellkartoffeln, 75 g Mehl, 75 g Grieß, Salz, Muskatnuß, 1 Ei. – 2 Eßlöffel Butter, 50 g durchwachsener Speck, 2 Brötchen vom Vortag. – Salzwasser – evtl. in Butter geröstete Semmelbrösel

Die Kartoffeln schälen und durch die Kartoffelpresse drücken. Mit den übrigen Zutaten zu einem glatten Teig kneten. Eine Rolle daraus formen. Den Speck und die Brötchen in kleine Würfel schneiden. Die Butter erhitzen und die Speckwürfel darin glasig werden lassen. Die Brotwürfel hinzufügen und goldbraun braten. Etwas abkühlen lassen. Die Teigrolle in zweifingerdicke Scheiben schneiden. In die Mitte jedes Teigstückes einige Brotwürfel geben und zu Knödeln formen. In reichlich kochendes Salzwasser legen und im offenen Topf in etwa 20 Minuten gar ziehen lassen. Mit einem Schaumlöffel herausheben und in eine vorgewärmte Schüssel geben. Man kann die Klöße mit in Butter gerösteten Semmelbröseln übergießen.

Wenn man die Klöße aus gekochten Kartoffeln statt mit Mehl und Grieß mit Kartoffelmehl oder Stärkepuder zubereitet, hat man halbseidene Klöße, die auch Watteklöße oder baumwollne Klöße genannt werden.

Beilage zu Schmorbraten, Sauerbraten, Wildgerichten, Backobst, Birnenkompott

Semmelknödel

Zubereitungszeit: Eine Stunde
Pro Portion:
2020 Joule/480 Kalorien
10 Semmeln vom Vortag, Salz, ¼ l lauwarme Milch, 1 Eßlöffel Butter, 1 gehackte Zwiebel, 2 Eßlöffel Petersilie, 4 Eier. – Salzwasser

Ob an die echten bayerischen Semmelknödel nur eine gewürfelte angedünstete Zwiebel oder auch Petersilie gehört und ob Muskat hinzugefügt werden darf, kann in Bayern zu einem lebhaften Disput führen. Auf jeden Fall sehen die Semmelknödel mit kleinen grünen Petersilienpunkten besonders appetitlich aus.

Die Semmeln in feine Scheiben schneiden, salzen und mit der Milch übergießen. Die Butter erhitzen, die Zwiebel und die Petersilie darin andünsten und zu den eingeweichten Semmeln geben. Die Eier hinzufügen und alles miteinander gründlich vermischen. Den Teig 10 Minuten ruhen lassen. In einem breiten Topf reichlich Salzwasser zum Kochen bringen. Aus dem Teig Knödel formen und in die kochende Flüssigkeit legen. In etwa 20 Minuten gar ziehen lassen. Mit einem Schaumlöffel herausheben und in eine vorgewärmte Schüssel geben.

Beilage zu Schweinebraten, gefüllte Kalbsbrust, Steinpilzsauce

Hefeklöße

Zubereitungszeit: 1½ Stunden
Pro Portion:
2700 Joule/650 Kalorien
500 g Mehl, 30 g Hefe, ¼ l lauwarme Milch, 50 g Butter, 1 Prise Salz, 1 Teelöffel Zucker, 2 Eier

Hefeklöße können in kochendem, leicht gesalzenem Wasser oder auf einer über dem Wasser aufgespannten Serviette gegart werden (dann heißen sie Dampfnudeln). Hauptsache ist, daß der Topf in den 20 Minuten Garzeit fest verschlossen bleibt, damit die Klöße nicht zusammenfallen. Sie schmecken als Beilage zu salzigen und süßen Speisen.

Das Mehl in eine Schüssel sieben und in die Mitte eine Vertiefung drücken. Die Hefe hineinbröckeln und mit der Hälfte der Milch verrühren. Den Vorteig 15 Minuten gehen lassen. Die restliche Milch mit der zerlassenen Butter, Salz, Zucker und die verquirlten Eier hinzugeben, und den Teig mit einem Holzlöffel oder dem Knethaken eines elektrischen Rührgerätes so lange schlagen, bis er Blasen wirft und sich vom Schüsselboden löst. Mit einem Handtuch bedeckt an einem warmen Ort 30 Minuten gehen lassen. Den Teig noch einmal mit der Hand durchkneten. Mit bemehlten Händen 12 gleichmäßige Klöße daraus formen. Auf einem bemehlten Brett noch einmal 15 Minuten aufgehen lassen.

In einem breiten Topf mit gut schließendem Deckel bis zu einem Drittel der Topfhöhe schwach gesalzenes Wasser zum Kochen bringen und die Klöße einlegen. Den Topf fest verschließen und 20 Minuten kochen lassen. Die Klöße mit einem Schaumlöffel herausnehmen und jeden Kloß sofort auf dem Teller mit 2 Gabeln aufreißen, damit der Dampf entweichen kann. Mit zerlassener, leicht gebräunter Butter übergießen.

Beilage zu Schmorbraten, Schweinebraten oder süß mit Zucker und evtl. Mohn bestreut und mit Kompott serviert

Die süßen Mehlspeisen

Die meisten Rezepte für süße Mehlspeisen stammen aus Süddeutschland, doch ihr Stammbaum steht nicht selten in der alten Donaumonarchie, in der eine süße Hauptspeise schon immer eine willkommene Mahlzeit war. Sie sind alle ein wenig robust und ländlich, sozusagen mehr Dirndl und Loden als Seidenkleid. Duftige Soufflés, flambierte Crêpes, hauchzarte Nockerln sind der deutschen Küche Sache nicht. Aber herzhafte hefeduftende Dampfnudeln mit Kompott, goldbraune Rohrnudeln mit heißer Vanillesauce, Knödel aus Kartoffel-, Grieß- oder Quarkteig mit Zwetschgen und Aprikosen gefüllt, riesige Eierkuchen mit Blaubeeren, Kirschen oder Äpfeln als Einlage und dick mit Zucker und Zimt bestreut, die versteht man bei uns prächtig zu machen. Auch Eier- und Semmelschmarrn sind beliebt – dabei unterscheidet sich ein bayerischer Apfelstrudel von seinem österreichischen Pendant dadurch, daß er nicht wie dieser von außen knusprig, aber saftig gefüllt ist, sondern samt seiner Füllung schon beim Backen ganz von Milch und Sahne getränkt wird und fast einem Auflauf ähnelt.

Viele Mehlspeisen dienten ursprünglich der Resteverwertung. Als man Brot noch nicht durch Tiefkühlen haltbar machen konnte, entstanden viele Rezepte aus Brotresten, angefangen bei den berühmten »armen Rittern«, die die Rheinländer viel passender Verwendbrot nennen, über Semmelaufläufe bis zu Bröselpuddingen, die fast in jeder Region unter einer anderen Bezeichnung zu finden sind. Scheiterhaufen, Ofenschlupfer, Kirschenmichel, Kirschenplotzer, Bettelmann – das sind nur einige Namen.

Nach Puddingrezepten wird man in sehr alten deutschen Kochbüchern vergeblich suchen, es sei denn, man rechnet die dicken Breie aus geschroteten Getreidekörnern der bäuerlichen Küche des Mittelalters und die Rezepte der damaligen Bürgerküche für Wein-Brey, Eier-Brey und Rosinlein-Mus den Puddingen zu.

Echte Puddinge kennt man erst seit etwa 200 Jahren, und lange Zeit waren sie eine typisch englische Mehlspeise. Damals wurde der Pudding noch in ein Tuch gehüllt im Wasserdampf gekocht. In England ist das heute noch üblich. Erst als man entdeckte, wieviel besser die Puddingteige schmeckten, wenn man sie in einer geschlossenen Form im Wasserbad garte, begann ihr Siegeszug in die feine Küche. Zur Zeit unserer Großmütter gehörte zum festlichen Menü oft ein Pudding aus Krebsen, Leber, Bries oder Lachs und zum Abschluß ein feiner Schokoladenpudding oder ein üppiger Prinzregentenpudding. Nach dem letzten Krieg gerieten die Puddinge zunächst ganz in Vergessenheit. Dabei lassen sich nicht nur Nobelgerichte in den Puddingformen zubereiten, sondern auch Reste von Brot und Gemüse mit Hilfe der Puddingform zu ansehnlichen Mahlzeiten verwandeln. Und ist der Pudding erst einmal im Wasserbad, braucht man nur noch auf die Kochzeit zu achten. Aufsicht beim Garen braucht er nicht, ein nicht zu unterschätzender Vorteil, wenn man Gäste erwartet. So ist es kein Wunder, daß beim Wiederbesinnen auf die Rezepte der Großmütter die Puddinge eine wahre Renaissance erleben, vor allem als süße Desserts.

Aber auch die deftigen Mehlspeisen kann man fast alle in feine Desserts verwandeln, wie es die jungen Köche in ihren Restaurants tun. Sie füllen die Auflauf- und Puddingmassen in kleine Auflaufförmchen und garen sie in einem Wasserbad im Ofen wie Soufflés, stürzen sie dann aber wie Puddinge auf kleine Tellerchen und geben zarte Kompotte, Rumfrüchte oder Sahne dazu. Nimmt man z. B. für Rohrnudeln nur das halbe Rezept, formt aus dem Teig 30 kleine Bällchen, die man in Butter wendet, im Ofen wie die großen Rohrnudeln goldgelb backt, und serviert eine heiße Weinschaumsauce dazu, hat man ein köstliches Dessert. Statt tellergroßer Eierkuchen kann man winzige Pfannkuchen backen und sie mit einer zarten Quark-Sahne mit Himbeeren oder Walderdbeeren aufeinandersetzen oder mit einer Walnußsahne. Zu knusprig heißen Apfelküchern schmeckt eine Vanille-Eiscreme besonders gut, und selbst die biederen Quarkkeulchen verwandeln sich mit einer kaltgerührten

Sauce aus frischen Himbeeren oder Erdbeeren und Puderzucker in ein willkommenes Dessert. Auch drei zierlich Knödel aus Quarkteig, zur Abwechslung einmal mit saftigen Erdbeeren statt mit Pflaumen gefüllt, sind eine lohnende Anregung, die süßen Mehlspeisen auch einmal in etwas leichterem Gewand zu präsentieren.

Noch ein paar Küchentips für die Zubereitung der süßen Mehlspeisen:

In Bayern hat jede Hausfrau eine längliche gußeiserne oder emaillierte Bratenreine für die Zubereitung von Rohrnudeln. In irdenem oder gläsernem Geschirr bekommen sie keine so schöne Kruste. Zur Not tut es auch ein eiserner Schmortopf. Auch für die Dampfnudeln ist, um die gewünschte braune Kruste zu erhalten, ein eiserner Schmortopf mit festschließendem Deckel zu empfehlen. Und vor allem: Bei Dampfnudeln und Hefeklößen den Deckel während der ersten 20 Minuten nicht abnehmen, sonst fallen die Mehlspeisen unweigerlich zusammen.

Im Gegensatz zum Eierpfannkuchen, der sich besonders gut in einer kunststoffbeschichteten Pfanne braten läßt, braucht man zum Schmarrnbacken eine Pfanne mit hitzebeständigem feuerfestem Griff möglichst aus Eisen, weil der Schmarrn nach dem Anbraten zum Garwerden in den Backofen geschoben wird.

Puddingform und Deckel sollen immer gut mit Butter ausgefettet werden, bevor der Teig hineingefüllt wird, Brösel von Semmeln oder Mandeln sind eine zusätzliche Sicherheit, daß sich der Pudding gut aus der Form löst. Da sich der Teig beim Backen ausdehnt, werden die Puddingformen nur bis zu Dreiviertel der Höhe gefüllt.

Apfelküchерl

Zubereitungszeit:
1 Stunde 45 Minuten
Pro Portion:
2020 Joule/480 Kalorien
Backteig: 100 g Mehl, 3 Eier, ⅛ l helles Bier, 1 Eßlöffel Zucker, 1 Prise Salz, abgeriebene Zitronenschale. – 5–6 säuerliche Äpfel, 1 Gläschen Rum. – Butter, Butterschmalz oder Schweineschmalz zum Ausbacken. – Zucker und Zimt

Das Mehl in eine Schüssel geben. Die Eigelb, den Zucker, das Salz und die Zitronenschale hinzufügen und unter ständigem Rühren mit einem Schneebesen das Bier hinzugießen. So lange rühren, bis ein glatter Teig entstanden ist. Eine Stunde stehenlassen. In der Zwischenzeit die Äpfel schälen, mit einem Ausstecher das Kerngehäuse entfernen und die Äpfel in 1 cm dicke Ringe schneiden. Die Apfelringe auf eine Platte geben und mit Rum beträufeln. Die Eiweiß zu steifem Schnee schlagen und unter den Teig ziehen. Das Ausbackfett erhitzen, bis sich um einen hineingehaltenen Holzlöffelstiel kleine Bläschen bilden. Die Apfelringe der Reihe nach in dem Ausbackteig wenden und in dem heißen Fett schwimmend von beiden Seiten goldbraun backen. Mit einem Schaumlöffel herausheben und auf einem Küchenpapier gut abtropfen lassen. Die Apfelküchеrl in Zimtzucker wenden und noch warm servieren.

Beilage: Aprikosensauce, Vanilleeis oder Zimteis

Hollersträuble

Zubereitungszeit: 30 Minuten
Pro Stück:
590 Joule/140 Kalorien
Teig: 150 g Mehl, 1 Eidotter, 2 Eiweiß, ¼ l Milch, 1 Eßlöffel Zucker, 1 Prise Salz. – 12 Holunderblütendolden. – Butterschmalz zum Ausbacken. – Puderzucker zum Bestäuben

Das folgende Rezept kann man nur in der kurzen Blütezeit der Holunderblüten im Juni nacharbeiten, aber auch Akazienblüten oder jeweils 3 Kirschen, am Stiel zusammengebunden und mit einem Salbeiblatt gewürzt, lassen sich für das gleiche Rezept verwenden und sind ein vorzüglicher Nachtisch.

Das Mehl in eine Schüssel sieben. Unter Rühren das Eigelb und nach und nach die Milch hinzufügen sowie Salz und Zucker. Das Eiweiß sehr steif schlagen und unter den Teig heben.

Die Holunderblüten waschen und gut abtropfen lassen. Das Ausbackfett erhitzen. Die Blüten nacheinander in den Teig tauchen, darauf achten, daß nicht zuviel Teig hängenbleibt, und in dem heißen Fett in 2–3 Minuten goldgelb backen. Dabei einmal wenden. Das Gebäck mit einem Schaumlöffel herausheben und auf einem Küchenpapier gut abtropfen lassen. Die fertigen Hollersträuble mit Puderzucker bestäuben und sofort servieren.

Venusbusen wird die gedeckte Apfeltorte wegen der schönen Rundungen genannt
Rezept Seite 237

Arme Ritter

Die armen Ritter verwandeln sich in reiche Ritter, wenn je zwei Brotscheiben vor dem Braten mit Pflaumenmus oder Preiselbeerkompott gefüllt werden, und zu trunkenen Jungfern, wenn man sie nach dem Braten mit gewürztem Rotwein übergießt.

Die Brötchen der Länge nach in dicke Scheiben schneiden. Die Eier mit Milch, Sahne, Zitronenschale und Vanillezucker verquirlen und die Semmelscheiben darin durchziehen lassen. Die abgetropften Brötchenscheiben in den Semmelbröseln wenden. In einer Pfanne reichlich Butterschmalz erhitzen und die panierten Semmelscheiben darin von beiden Seiten goldbraun braten. Mit einer Gabel aus dem Fett nehmen und auf ein Küchenpapier zum Abtropfen legen. Mit Zucker und Zimt bestreuen und sofort servieren.

Zubereitungszeit: 45 Minuten
Pro Portion:
3070 Joule/730 Kalorien
6 Brötchen vom Vortag, 3 Eier, ⅜ l Milch, ⅛ l Sahne, abgeriebene Schale einer Zitrone, 1 Eßlöffel Vanillezucker. – Semmelbrösel zum Panieren. – Butterschmalz zum Ausbraten. – Zucker und Zimt zum Bestreuen

Sächsische Quarkkeulchen (Klitscher)

Den Quark auf einem Haarsieb oder in ein sauberes Tuch geben und gut abtropfen lassen. Die Kartoffeln abziehen und auf einem Reibeisen fein reiben. Den Quark mit den Kartoffeln, Mehl, Salz, Zitronenschale, Eiern, Zucker und Trockenfrüchten in einer weiten Schüssel gut vermischen. Auf einem bemehlten Holzbrett zu einem glatten Teig verarbeiten. Hühnereigroße Kugeln formen und mit bemehlten Händen etwas breitdrücken. Fett in einer Pfanne erhitzen. Die Keulchen darin auf beiden Seiten goldbraun braten. Mit Zimtzucker bestreut sofort servieren.

Beilage: Kompott

Zubereitungszeit: 40 Minuten
Pro Portion:
3910 Joule/930 Kalorien
500 g Quark, 1 kg am Vortag gekochte Pellkartoffeln, 200 g Mehl, 1 Prise Salz, abgeriebene Schale einer halben Zitrone, 4 Eier, 150 g Zucker, 100 g Rosinen oder Korinthen. – Fett zum Braten. – Zucker und Zimt

Bayerische Dampfnudeln

Dampfnudeln gelingen am besten in einem gußeisernen Tiegel mit einem festschließenden Deckel, aber auch ein emaillierter Schmortopf läßt sich verwenden, wenn der Deckel gut schließt. Er darf zumindest die ersten 20 Minuten nicht geöffnet werden, weil sonst die Dampfnudeln zusammenfallen. Eine erfahrene Hausfrau hört, wenn die Dampfnudeln zu »singen« anfangen, d. h. ganz leise brutzeln. Dann bildet sich die begehrte goldbraune Kruste.

Das Mehl mit dem Salz vermischen und in die Mitte eine Vertiefung drükken. Die Hefe hineinbröckeln und mit der Hälfte der lauwarmen Milch verrühren. Zugedeckt 20 Minuten gehen lassen. Die Eier, die abgeriebene Zitronenschale und den Zucker hinzufügen. Die Butter in der restlichen Milch schmelzen lassen und an den Teig geben. Alle Zutaten miteinander verrühren und dann mit dem Knethaken der Küchenmaschine oder mit einem Holzlöffel so lange schlagen, bis der Teig Blasen wirft und sich vom Schüsselboden löst. Den Teig mit wenig Mehl bestäuben und mit einem Tuch zugedeckt an einem warmen Ort ca. 40 Minuten gehen lassen. Dann den Teig auf einem bemehlten Nudelbrett zu einer Rolle formen. Eiergroße Stücke abstechen und zu kleinen Klößchen formen. Wieder zudecken und nochmals 10 Minuten gehen lassen.

In der Zwischenzeit die Milch, den Zucker und das Butterschmalz in einen flachen Topf geben und kurz aufkochen lassen. Die Milch soll dabei etwa 2 cm hoch im Topf stehen. Nun die Nudeln im Abstand von 1 cm nebeneinander hineingeben. Die Milch darf auf keinen Fall die Nudeln bedecken. Sofort den heißgemachten, gut schließenden Deckel daraufgeben. Den Topf auf die Kochstelle geben und bei mittlerer Hitze in 30 Minuten garen lassen. Der Dekkel darf erst geöffnet werden, wenn die Dampfnudeln fertig sind, sonst fallen sie zusammen. Mit einer Backschaufel werden die Nudeln vorsichtig vom Topfboden gelöst. Die Dampfnudeln müssen oben schön weiß und glänzend sein und an der Unterseite eine braune Kruste, ein »Rammerl«, haben.

Beilage: Vanillesauce oder Kompott

Zubereitungszeit: 2 Stunden
Pro Portion:
3510 Joule/835 Kalorien
500 g Mehl, 1 Prise Salz, 20 g Hefe, 1 Teelöffel Zucker, ¼ l lauwarme Milch, 2 Eier, etwas abgeriebene Zitronenschale, 50 g Zucker, 50 g Butter. – Zum Braten: ¼ l Milch, 50 g Zucker, 60 g Butterschmalz

Kirscheierkuchen

Zubereitungszeit: 30 Minuten
Teig 1 Stunde ruhen
Pro Portion:
2520 Joule/600 Kalorien
¾ kg Sauerkirschen,
250 g Mehl, 1 Prise Salz,
1 Eßlöffel Vanillezucker, 4 Eier,
⅜ l Milch. – Butter oder
Schmalz zum Braten. – Zucker
und Zimt zum Bestreuen.

Die Sauerkirschen entsteinen. Das Mehl in eine Schüssel geben, Salz, Vanillezucker und die Eigelb hinzufügen und unter ständigem Rühren mit einem Schneebesen die Milch dazugießen. So lange rühren, bis ein glatter Teig entstanden ist. Eine Stunde stehen lassen. Die Eiweiß zu steifem Schnee schlagen und unter den Eierkuchenteig ziehen. Wenig Fett in einer beschichteten Pfanne erhitzen. In die Mitte der Pfanne mit einem Schöpflöffel etwas Teig geben. Durch Hin- und Herwenden der Pfanne den Teig gleichmäßig verteilen. Die Unterseite des Teiges erstarren lassen. Einige Kirschen auf dem Pfannkuchen verteilen und mit etwas Teigmasse begießen. Die Unterseite des Eierkuchens ebenfalls goldbraun backen und mit Alufolie bedeckt warm stellen. Weiterbakken, bis aller Teig und die Kirschen verbraucht sind. Die Kirscheierkuchen mit Zucker und Zimt bestreuen.

Dazu trinken die Kinder gerne Milch und ihre Eltern eine gute Tasse Kaffee. Anstelle von Kirschen schmecken auch Blaubeeren und Apfelspalten besonders gut in einem Eierkuchen. Da sie sättigend sind, genügt eine herzhafte Suppe, um daraus eine ganze Mahlzeit zu machen.

Apfelschmarrn

Zubereitungszeit: 30 Minuten
Teig 30 Minuten ruhen
Pro Portion:
3320 Joule/790 Kalorien
750 g säuerliche Äpfel,
2 Eßlöffel Zucker, 2 Eßlöffel
Rum, 250 g Mehl, 1 Prise Salz,
½ l Milch, 6 Eier,
50 g Walnüsse. –
60 g Butterschmalz zum
Braten. – Zucker mit Zimt
vermischt zum Bestreuen

Die Äpfel schälen, in feine Scheibchen schneiden und entkernen. Mit Zucker bestreut und mit Rum beträufelt durchziehen lassen. Das Mehl mit dem Salz vermischt in eine Schüssel geben. Die Milch und die Eigelb mit einem elektrischen Schneebesen gründlich verrühren und nach und nach unter Rühren mit dem Mehl zu einem glatten Teig verarbeiten. 30 Minuten stehen lassen. Die gut abgetropften Äpfel mit dem Teig vermischen und zuletzt den steifgeschlagenen Eischnee darunterziehen. Die Hälfte von dem Butterschmalz in einer Eisenpfanne oder in einer tiefen teflonbeschichteten Pfanne mit feuerfestem Griff erhitzen, den Schmarrnteig hineinschütten und mit den grobgehackten Walnüssen bestreuen. Die Unterseite bei starker Hitze erstarren lassen und die Pfanne in den vorgeheizten Backofen (220°) geben. 15 Minuten aufgehen lassen. Die Pfanne wieder auf die Kochstelle geben und den Pfannkuchen mit zwei Backschaufeln wenden. Das restliche Butterschmalz hinzufügen, den Schmarrn mit zwei Gabeln in Stückchen zerreißen, noch leicht bräunen lassen und mit Zimtzucker bestreuen.

Bayerischer Semmelschmarrn mit Mandeln

Zubereitungszeit: 1 Stunde
Pro Portion:
2810 Joule/670 Kalorien
6 altbackene Semmeln,
¼ l Milch, 1 Prise Salz, 6 Eier,
50 g Rosinen, 2 Eßlöffel Rum,
abgeriebene Schale 1 Zitrone,
1 Eßlöffel echter Vanillezucker,
50 g grobgehackte Mandeln. –
Butterschmalz zum Braten. –
1 Eßlöffel Zucker, 1 Prise Zimt
zum Bestreuen

Semmelschmarrn ist eine höchst appetitliche Art, übriggebliebene Brötchen wieder auf den Tisch zu bringen. Wird der Schmarrn als Hauptgericht serviert, kann man eine Tomatensuppe mit Fleischklößchen oder eine herzhafte Gemüsesuppe vorweg servieren

Die Semmeln in dünne Scheiben schneiden und in eine große Schüssel geben. Die Rosinen mit dem Rum übergießen. Milch, Salz, Eigelb, Zitronenschale und Vanillezucker mit einem elektrischen Schneebesen miteinander verrühren und über die Semmelscheiben gießen. Mindestens eine halbe Stunde durchziehen lassen. Die Mandeln und die eingeweichten Rosinen hinzufügen. Die Eiweiß zu steifem Schnee schlagen und vorsichtig unter die Semmelmasse heben. Das Butterschmalz in einer Eisenpfanne oder einer tiefen teflonbeschichteten Pfanne mit feuerfestem Griff erhitzen und die Semmelmasse hineingeben.

Unter gelegentlichem Wenden so lange braten, bis der Schmarrn goldbraun ist und in Stücke zerfällt. Den Zimtzucker hinzufügen und kurz durchschwenken, damit der Zucker karamelisiert. Auf einer vorgewärmten Platte anrichten.

Beilage: Zwetschgenkompott

Bayerische Rohrnudeln

Wichtig ist es, auf den Boden des eisernen Topfes, in dem die Rohrnudeln gebacken werden, reichlich zerlassenes Butterschmalz zu geben, damit sich eine gute Kruste bilden kann. Viele süddeutsche Hausfrauen drehen noch jede geformte Nudel in dem Butterschmalz um, bevor sie das appetitliche Hefegebäck in die Form setzen. An die ganz echten Rohrnudeln gehören übrigens keine Mandeln, sie sind aber eine angenehme Verfeinerung.

Aus Mehl, aufgelöster, gut aufgegangener Hefe, lauwarmer Milch, Salz, Zukker, flüssiger Butter, Vanillezucker, Mandeln und Zitronenschale einen Hefeteig nach dem vorhergehenden Rezept für Dampfnudeln zubereiten und so lange schlagen, bis sich der Teig vom Schüsselboden löst. Den Teig zugedeckt an einem warmen Ort gehen lassen.

Kirschen oder Pflaumen entsteinen. Mit einem Eßlöffel aus dem Teig 12 Portionen abstechen und auf einem Backbrett mit den Händen zu Kugeln formen. In die Mitte jeder Teigkugel eine Vertiefung drücken und 6 Kirschen oder 1–2 Zwetschgen hineingeben. Den Teig über den Früchten zusammenziehen. Eine längliche Bratenraine oder einen flachen länglichen Schmortopf dick mit Butterschmalz ausstreichen. Die Rohrnudeln mit der Nahtstelle nach unten hineingeben und zugedeckt noch einmal aufgehen lassen. Mit zerlassener Butter bestreichen und bei Mittelhitze (200°) in ca. 30–40 Minuten goldbraun bakken. Anschließend auf ein Kuchengitter stürzen und leicht abkühlen lassen. Die Oberseite mit Puderzucker bestäuben und auf einer Platte anrichten.

Beilage: Heiß mit Vanillesauce, kalt zu Kaffee

Werden die Rohrnudeln, zu kleinen Nudeln geformt, als Nachtisch gegessen, reicht man eine Weinschaumsauce dazu.

Farbaufnahme Seite 183
Zubereitungszeit: 1 Stunde
Gehen des Teiges: 1 Stunde
Pro Stück:
1470 Joule/350 Kalorien
500 g Mehl, 25 g Hefe, knapp ¼ l Milch, 1 Teelöffel Salz, 50 g Zucker, 50 g Butter, 1 Eßlöffel echter Vanillezucker, 50 g abgezogene feingehackte Mandeln, abgeriebene Schale einer halben Zitrone, 500 g Zwetschgen oder Kirschen, 60 g Butterschmalz, 2 Eßlöffel zerlassene Butter. – Puderzucker zum Bestäuben

Frankfurter Pudding

(6 Portionen)

Der Frankfurter Pudding kann nach dem gleichen Rezept auch in einer Auflaufform im Ofen gebacken werden. Dann beträgt die Backzeit nur 40 Minuten.

Das Brot in Würfel schneiden. Die Butter in einer Pfanne erwärmen und die Brotwürfel nacheinander darin goldgelb braten. Milch, Rotwein, Eier, Zucker, Gewürze und die abgeriebene Zitronen- und Apfelsinenschale mit einem Elektroquirl gründlich miteinander vermischen. Die Eiermilch über die Brotwürfel geben und etwas einziehen lassen. Die Rosinen mit den Mandeln und den kandierten Früchten vermischen und ebenfalls unter die Brotwürfel geben. Eine Puddingform mit Butter ausfetten und mit Semmelbröseln ausstreuen. Die Brotmasse in die Puddingform füllen. Dabei einen fingerbreiten Rand freilassen, da sich die Puddingmasse beim Kochen ausdehnt. Die Form verschließen. In einen hohen Topf auf einen umgedrehten Teller in ein Wasserbad stellen (Wasser bis zur Hälfte der Form) und den Topf fest mit dem Deckel verschließen. Darüber noch ein feuchtes Tuch legen, damit der Pudding gleichmäßige Hitze bekommt. Bei leichter Hitze in 1½ Stunden gar kochen. Den Pudding vorsichtig aus der Form lösen und auf einen Teller stürzen. Sofort auftragen.

Beigabe: Bischofssauce

Zubereitungszeit: 40 Minuten
Pro Portion:
2730 Joule/650 Kalorien
250 g altbackenes Weißbrot oder Hefezopf, 125 g Butter, ¼ l Milch, 5 Eßlöffel Rotwein, 5 Eier, 80 g Zucker, abgeriebene Schale einer halben Zitrone und einer halben Apfelsine, 100 g in Rum eingeweichte Rosinen, 100 g gehackte Mandeln, je 50 g gehacktes Orangeat und Zitronat, je eine Messerspitze Zimt und Nelken. – Butter und Brösel für die Form

Mohr im Hemd

(6 Portionen)

Zubereitungszeit: 2 Stunden
Pro Portion:
2180 Joule/520 Kalorien
100 g Butter, 60 g Zucker, 1 Eßlöffel echter Vanillezucker, 6 Eier, 100 g bittere Schokolade, 1 gehäufter Eßlöffel Kakao, 50 g geriebene Mandeln, 1 Eßlöffel feingemahlenes Kaffepulver, abgeriebene Schale einer halben Apfelsine. – Butter und Semmelbrösel für die Form. – ¼ l Schlagsahne, 2 Eßlöffel Zucker

Mohr im Hemd mit seinem intensiven Schokoladenduft wird ganz ohne Mehl oder Semmelbrösel zubereitet und ist dadurch besonders fein im Geschmack.

Butter, Zucker und Vanillezucker mit dem elektrischen Schneebesen sahnig rühren und nach und nach unter ständigem Weiterrühren die 6 Eigelb unter die Creme geben. Die Schokolade fein reiben und mit dem Kakao und den Gewürzen an die Schaummasse geben. Die festgeschlagenen Eiweiß unter den Teig ziehen. Eine Puddingform und den Deckel der Form gut einfetten und mit Semmelbröseln ausstreuen. Den Teig in die Form füllen bis zweifingerbreit unter den Rand. Die Form fest verschließen. In einen hohen Topf auf einen umgedrehten Teller in ein Wasserbad stellen (Wasser bis zur Hälfte der Form) und den Topf fest mit dem Deckel verschließen. Darüber noch ein feuchtes Tuch legen, damit der Pudding gleichmäßige Hitze bekommt. Bei leichter Hitze 1¼ Stunden kochen und vor dem Stürzen 5 Minuten ruhen lassen. Vorsichtig auf einen Teller stürzen und mit einem Teil der gesüßten Schlagsahne garnieren. Die restliche Sahne getrennt dazu reichen.

Prinzregentenpudding

Zubereitungszeit: 1½ Stunden
Pro Portion (⅙):
2140 Joule/510 Kalorien
100 g Butter, 60 g Zucker, 4 Eier, 4 Eßlöffel Rum, 100 g trockener Biskuit oder Löffelbiskuit, 100 g Mandeln, 100 g Schokolade, abgeriebene Schale einer Apfelsine, 50 g kandierter Ingwer, ½ Teelöffel geriebener Ingwer. – Butter und Semmelbrösel für die Form

Biskuit oder Löffelbiskuit, Mandeln und Schokolade in der Küchenmaschine zerkleinern. Die Eiweiß zu steifem Schnee schlagen. Butter und Zucker mit dem elektrischen Schneebesen weiß und cremig rühren und unter Weiterrühren die Eigelb und den Rum hinzufügen. Brösel, geriebene Mandeln und Schokolade, abgeriebene Apfelsinenschale, gehackter kandierter Ingwer und das Ingwerpulver unter die Schaummasse rühren. Den steifgeschlagenen Eischnee unterziehen. Eine Puddingform und den Deckel gut einfetten und mit Semmelbröseln ausstreuen. Den Teig in die Form füllen bis zweifingerbreit unter den Rand. Die Form fest verschließen. In einen hohen Topf auf einen umgedrehten Teller in ein Wasserbad stellen (Wasser bis zur Hälfte der Form) und den Topf fest mit dem Deckel verschließen. Darüber noch ein feuchtes Tuch legen, damit der Pudding gleichmäßige Hitze bekommt. Bei leichter Hitze eine Stunde kochen lassen. Den Pudding vorsichtig aus der Form lösen und auf einen Teller stürzen. Sofort auftragen

Beigabe: Weinschaumsauce

Westfälischer Pumpernickelpudding

Zubereitungszeit: 40 Minuten
Pro Portion (⅙):
2310 Joule/550 Kalorien
150 g Pumpernickel, 100 g Butter, 100 g Zucker, 6 Eier, 100 g Mandeln, 100 g bittere Schokolade, 3 Eßlöffel Rum, ½ Teelöffel Zimt, ½ Teelöffel Piment, ½ Teelöffel gemahlene Nelken, ½ Teelöffel Ingwer. – Butter und Zwiebackbrösel für die Form

Der Pumpernickel für den westfälischen Pudding muß etwas getrocknet sein, damit er sich zwischen den Händen zerreiben läßt. Die vielen Gewürze für das sehr alte Rezept sollten so frisch wie möglich sein.

Den Pumpernickel zwischen den Händen zerreiben. Die Butter mit der Hälfte des Zuckers schaumig rühren und nach und nach die Eigelb hinzufügen. Mandeln und Schokolade fein reiben und mit dem Rum und den Gewürzen mit der Schaummasse verrühren. Die Eiweiß zu steifem Schnee schlagen, den restlichen Zucker hinzufügen und noch einmal steif schlagen, bis die Spitzen des Eischnees beim Hochziehen mit dem Schneebesen stehen bleiben. Vorsichtig unter den Teig ziehen. Eine Puddingform mit Deckel gut einfetten und mit feingeriebenen Zwiebackbröseln ausstreuen. Den Teig in eine Form bis zweifingerbreit unter den Rand füllen und gut verschließen. In einen hohen Topf auf einem umgedrehten Teller in ein Wasserbad stellen (Wasser bis zur Hälfte der Form) und den Topf fest mit dem Deckel verschließen. Darüber noch ein feuchtes Tuch legen, damit der Pudding gleichmäßige Hitze bekommt. Bei leichter Hitze eine Stunde kochen lassen. Den Pudding vorsichtig aus der Form lösen und auf einen Teller stürzen. Sofort auftragen.

Beigabe: Bischofssauce oder Vanillesauce

Apfelbettelmann

Je vollwertiger das verwendete Brot ist, desto knuspriger schmeckt auch der Apfelbettelmann. Man kann anstelle der Äpfel auch entsteinte Kirschen verwenden, die in wenig Zuckerwasser weich gekocht und gut abgetropft auf die Schwarzbrotbrösel gegeben werden.

Die Äpfel schälen, vierteln, das Kerngehäuse entfernen und in Scheibchen schneiden. Den Wein mit Zucker, aufgeschlitzter Vanillestange und Zitronenschale zum Kochen bringen und die Äpfel darin weich kochen, bis sie zu zerfallen beginnen. Die Rosinen hinzufügen. Das Vollkornbrot zwischen den Händen zerreiben oder im Mixer zerkleinern und in 80 g Butter knusprig rösten. Die Mandeln hacken und mit dem Zucker und den Gewürzen zu den Brotbröseln geben. Kurze Zeit weiterrösten, bis der Zucker geschmolzen ist. Eine Auflaufform dick mit Butter ausstreichen. Abwechselnd Brotbrösel und Apfelkompott einfüllen, die letzte Schicht sollen Brösel sein. Die restliche Butter in Flöckchen darauf verteilen. Im vorgeheizten Backofen bei Mittelhitze (200 °) in 30 Minuten gar backen.

Der Apfelbettelmann kann warm oder kalt gegessen werden.

Beigabe: warme oder kalte Vanillesauce

Zubereitungszeit: 50 Minuten
Pro Portion:
3950 Joule/940 Kalorien
1 kg säuerliche aromatische Äpfel, ¼ Vanillestange, abgeriebene Schale einer halben Zitrone, ⅛ l Wasser, 50 g Zucker, 50 g Rosinen, 500 g Vollkornbrot (altbacken), 100 g Butter, 100 g Zucker, ½ Teelöffel Zimt, je 1 Messerspitze Nelken und Ingwer, 80 g Mandeln. – Butter zum Ausfetten der Form

Holsteiner Birnen im Teig

Wem die norddeutsche Zusammenstellung von salzigem Schinkenspeck und süßen Birnen nicht gefällt, der kann das Rezept auch ohne Schinkenspeck zubereiten, aber das Nachbacken des Originalrezeptes lohnt sich.

Die Birnen schälen, halbieren und das Kerngehäuse entfernen. Das Wasser mit dem Zucker und einem Stückchen Zitronenschale in einem Topf zum Kochen bringen und die Birnen darin portionsweise gar dünsten. Auf einem Sieb abtropfen lassen. Die Butter und den Zucker mit einem elektrischen Handrührgerät schaumig rühren. Nacheinander die Eigelb, Mehl, Backpulver, Milch, Zitronenschale und Salz hinzufügen. Die Eiweiß sehr steif schlagen und unter die Teigmasse ziehen. Eine Auflaufform fetten und den Boden und den Rand mit dem Schinkenspeck auslegen. Die gekochten Birnenhälften mit der Schnittfläche nach unten in die Form legen und den Teig darüberfüllen. Im vorgeheizten Backofen bei Mittelhitze (200 °) in 50 Minuten gar backen. Den Kochsaft der Birnen mit Zitronensaft abschmecken und zu den Birnen im Teig reichen.

Zubereitungszeit: 50 Minuten
Pro Portion:
3810 Joule/900 Kalorien
1 kg geschälte Birnen, ⅛ l Wasser, 50 g Zucker, ½ Zitrone, 125 g Butter, 180 g Zucker, 3 Eier, 300 g Mehl, ½ Päckchen Backpulver, 4 Eßlöffel Milch, abgeriebene Schale 1 Zitrone, 1 Prise Salz. – 200 g in Scheiben geschnittener Schinkenspeck

Badischer Kirschenplotzer (Kirschenmichel)

Man kann die Semmeln für den Kirschenplotzer in Scheiben oder Würfel schneiden, ihn in einer gut schließenden Springform backen und nach dem Backen aus der Form nehmen oder in einer Auflaufform auf den Tisch bringen.

Die Brötchen in Würfel schneiden, in eine Schüssel geben und mit heißer Milch übergießen. Die gewaschenen Kirschen entstielen und gut abtrocknen, nicht entsteinen, die Mandeln grob hacken. Die Butter, 120 g Zucker und die Eigelb sehr schaumig rühren. Zimt, Zitronenschale, Vanillezucker und Kirschwasser hinzufügen. Die eingeweichten Brötchenwürfel, die Kirschen und die Mandeln mit der Schaummasse verrühren. Das Eiweiß mit dem restlichen Zukker steif schlagen und unter den Teig ziehen. Eine Springform gut ausfetten und die Masse hineinfüllen. Mit Butterflöckchen besetzen. Im vorgeheizten Backofen bei Mittelhitze (200 °) in 50 Minuten goldbraun backen. Den Kirschenplotzer mit gesiebtem Puderzucker bestreuen. Er schmeckt warm und kalt.

Zubereitungszeit: 1½ Stunden
Pro Portion:
4180 Joule/995 Kalorien
5 Brötchen vom Vortag, ¼ l Milch, 1 kg Kirschen, 100 g Butter, 5 Eier, 150 g Zucker, 1 Eßlöffel echter Vanillezucker, 1 Messerspitze Zimt, abgeriebene Schale einer halben Zitrone, 1 Eßlöffel Kirschwasser, 125 g Mandeln. – Puderzucker zum Bestäuben

Bayerischer Apfelstrudel

Zubereitungszeit: 2 Stunden
Pro Portion (⅙):
2900 Joule/700 Kalorien
Streuselteig: 250 g Mehl, 1 Ei, 1 Prise Salz, 3 Eßlöffel Öl, 4–6 Eßlöffel Wasser. – Füllung: 1,5 kg Äpfel (am besten Boskop), Saft 1 Zitrone, 1 Gläschen Rum, 100 g Rosinen, 100 g Haselnüsse, 4 Eßlöffel Zucker, 1 Teelöffel Zimt, ¼ l saure Sahne, 6 Eßlöffel zerlassene Butter. – ¼ l Milch. – 50 g zerlassene Butter zum Ausfetten und Bestreichen. – 2 Eßlöffel Zucker zum Bestreuen

Das Mehl auf ein Backbrett geben und in die Mitte eine Vertiefung drücken. Ei, Öl und 4 Eßlöffel Wasser hineingeben. Mit einer Gabel verrühren und weiter mit der Hand zu einem glatten Teig verarbeiten. Mit den Handballen den Teig so lange durcharbeiten, bis er seidig glänzend ist. Zu einer Kugel formen und leicht mit Öl bepinseln. Eine warme Schüssel über die Teigkugel stürzen und 30 Minuten ruhen lassen. In der Zwischenzeit die Rosinen in dem Rum einlegen. Die Äpfel schälen, vierteln, vom Kerngehäuse befreien und in feine Scheibchen schneiden. Die Nüsse grob hacken. Den Strudelteig halbieren. Ein großes Tuch leicht mit Mehl bestäuben und die eine Teighälfte darauf von der Mitte her so dünn wie möglich ausrollen. Dann über die Handrücken weiter vorsichtig zu einem Rechteck auseinanderziehen, bis der Teig fast durchsichtig ist. Dicke Ränder abschneiden. Mit zerlassener Butter und der gut verrührten Sahne bestreichen. Die Hälfte der Äpfel sowie der abgetropften Rosinen und der Nüsse darauf verteilen, dabei einen Rand freilassen. Zucker und Zimt vermischen und die Hälfte des Zimtzuckers auf die Äpfel streuen. Das Tuch an der Seite mit der Füllung vorsichtig anrollen und in eine gut gebutterte Bratreine gleiten lassen. Die beiden offenen Seiten gut andrücken. Den zweiten Strudel nach der gleichen Zubereitungsweise fertigstellen und neben den ersten Strudel geben. Die Milch zum Kochen bringen, über die Strudel gießen und diese danach mit dem Zucker bestreuen. Im vorgeheizten Backofen bei guter Mittelhitze (210 °) in 50–60 Minuten gar backen, dabei immer wieder mit etwas flüssiger Butter bepinseln.

Der Strudel schmeckt warm mit Vanillesauce, aber auch kalt zum Kaffee.

Aprikosenknödel

Zubereitungszeit: 1 Stunde
Pro Portion:
2600 Joule/620 Kalorien
1 kg am Vortag gekochte Pellkartoffeln, 75 g Mehl, 75 g Grieße, Salz, Muskat, 1 Ei. – 12 große reife Aprikosen, 12 Stückchen Zucker. – 50 g Butter, 100 g Semmelbröseln. – Zucker und Zimt zum Bestreuen

Die Kartoffeln abziehen und durch die Kartoffelpresse geben. Mehl, Grieß, Salz und das Ei hinzufügen und alle Zutaten gründlich miteinander verkneten, so daß ein glatter Teig entsteht. Mit bemehlten Händen eine Rolle formen und diese in 12 Scheiben schneiden. Die gewaschenen und abgetrockneten Aprikosen entkernen und in jede Aprikose ein Stückchen Zucker geben. In jedes Teigstück eine Aprikose drücken, mit dem Kartoffelteig fest umhüllen und zu Knödeln drehen.

In einem breiten Topf reichlich leicht gesalzenes Wasser zum Kochen bringen und die Knödel mit einem Schaumlöffel nebeneinander hineinlegen. In 15–20 Minuten garziehen lassen. Die Butter in einer Pfanne zerlassen, die Semmelbröseln hinzufügen und unter ständigem Rühren mit einem Holzlöffel goldgelb rösten. Die Aprikosenknödel mit einem Schaumlöffel aus dem Kochwasser nehmen, gut abtropfen lassen und in den Butterbröseln wenden. Auf einer vorgewärmten Platte anrichten und mit Zimtzucker bestreuen.
Nach dem gleichen Rezept können Zwetschgenknödel zubereitet werden.

Nachspeisen

Jedesmal, wenn ich ein neues Kapitel meines Buches zu schreiben begann, habe ich zuerst die mir zugänglichen alten Kochbücher vom Ende des Mittelalters über das genußfreudige 18. Jahrhundert bis zur bürgerlichen Küche der Henriette Davidis durchstöbert. Ich wollte wissen, welche der darin enthaltenen Gerichte heute noch in unserer Küche Verwendung finden und welche der inzwischen vergessenen Rezepte es wert sind, wieder hervorgeholt und modernen Kochmethoden angepaßt zu werden. Beim Kapitel Süßspeisen wurde ich besonders fündig, das heißt, ich stellte fest: Es ist eigentlich alles schon einmal dagewesen.

So verbergen sich bei den Rezepten aus der Rokoko-Zeit unter dem simplen Namen »Mues« die köstlichsten Aufläufe, gewürzt mit »Caffee, Chocolade, Zimmet, Mandeln, Citronen und Rosinlein«. Nur das Backen war mühsamer als heute, gab es doch noch kaum Backöfen in den Bürgerhäusern. War die duftige Eimasse in verzinnte Kupfergefäße oder in irdene Töpfe gefüllt, mußte sie auf die glühende Herdasche gestellt und der Deckel ebenfalls mit genügend Glut aufgefüllt werden. Die exakte Temperaturregelung kann nicht ganz einfach gewesen sein, denn es heißt: »lasse den Teig schön aufziehen, damit das Mues eine schöne gelbe Farbe bekommt, aber gib Achtung, daß es von oben nicht zu braun werde. Dann trage es in Eile auf den Tisch!«

Und glauben Sie nur nicht, daß die so in Mode gekommenen Fruchtgelees oder roten Grützen eine Erfindung der Neuzeit sind. Da wurden schon vor über 200 Jahren frisch ausgepreßte Beerensäfte gezuckert und mit eingeweichter aufgelöster Hausenblase gebunden (Hausenblasen waren eine sehr kostspielige Gelatine aus der Blase einer Störart). Über Nacht wurde die »Himbeersultz« in den Keller gesetzt, »daß sie gesteht – dann ist sie schön und gut und eine herrliche Kühlung«.

Für einen »Citronen- oder Pomeranzenbrey« hat man Schale und Saft der Früchte mit Zucker und Eiern »auf der Gluth des Herdes wohl miteinander verklopft, bis sie dicklich seynd«, und das Ganze ist dann genau die zarte Zitronencreme, die noch heute, besonders in Norddeutschland, als sonntägliches erfrischendes Dessert so beliebt ist.

Schmalzgebackenes war an der Tagesordnung. Man buk nicht nur Kirschen und Äpfel, Holunderblüten, Salbeiblätter und Akazienblüten in Eierkuchenteig aus. Auch Rosenblätter, Veilchen, ja ganze Rosen wurden in Teig gehüllt und in einer Pfanne mit reichlich Schmalz goldgelb gebacken. Ebenso kamen in Wein getauchte und in Ei gewendete Kuchenreste und Brotschnitten in das heiße Schmalz, und vielleicht waren es tatsächlich zuerst arme Ritter, die damit ihren Hunger gestillt haben.

Die feineren Cremes stammen fast immer aus der französischen Küche, selbst Großmutters so beliebte Schnee-Eier, und die berühmte bayerische Creme hat wenigstens ein bayerischer Konditor in Paris kreiert. Auch der vielzitierte Lübsche Plettenpudding ist nichts als ein englischer Trifle. Eine entscheidende Bereicherung für das deutsche Dessertangebot hat die Kühltechnik gebracht: das feine Speise-Eis. Zwar hat man schon früher mit Hilfe der handbetriebenen Eismaschinen Eis ziemlich mühsam selbst zubereitet, doch im Normalhaushalt wurde an Festtagen das Eis vom Konditor geliefert. Ich erinnere mich noch so gut aus meiner Kindheit, daß bei einem größeren Essen der Konditor (so gegen 22 Uhr!) mit einem großen Kühlgefäß kam, das die mit gesponnenem Zucker, Marzipanrosen und Gebäck verzierte Fürst-Pückler-Bombe enthielt. Ich glaube, so gutes Eis wie damals gibt es gar nicht mehr. Dafür ist heute das Angebot fertiger Eiscremes aus der Tiefkühltruhe so vielfältig, daß man im Handumdrehen die phantasievollsten Eisbecher zubereiten kann.

Im übrigen geht der Trend zu leicht und fruchtig. Eine Schüssel mit gezukkerten frischen Beerenfrüchten, dazu eisgekühlte Sahne oder eine Palette von roten, grünen und gelben Grützen aus den Früchten der Jahreszeit, ein Sorbet oder eine ganz leichte Sahnecreme sind nicht nur in den Restaurants, sondern auch daheim der willkommene Schlußakkord einer Mahlzeit.

Bratäpfel

Zubereitungszeit: 30 Minuten
Backzeit: 30 Minuten
Pro Apfel:
920 Joule/220 Kalorien
4 große aromatische Äpfel, 20 g kandierter Ingwer, 30 g Orangeat, 2 Eßlöffel geröstete und gehackte Haselnüsse, 2 Eßlöffel Honig, 1 Messerspitze Zimt. – Butterflöckchen und Butter für die Form

Bratäpfel sind immer so gut wie die Apfelsorte, die man in das Rohr schiebt, die Füllung kann man variieren.

Eins meiner alten Kochbücher von 1790 schlägt für »Gefüllte Borsdörffer Äpfel« kleine Rosinlein, Zucker, Zimmet, Wein, Semmel-Mehl, Rosenwasser und frische Butter vor.

Die Äpfel waschen, abtrocknen, das Kerngehäuse mit einem Apfelausstecher entfernen. Den Ingwer sowie das Orangeat in sehr kleine Würfel schneiden und mit den gehackten Nüssen und dem Zimt vermischen. Zum Schluß den leicht flüssigen Honig unter die Trockenfrüchte mischen.

Eine feuerfeste Form gut mit der Butter einfetten und die Äpfel hineinsetzen. Die Füllung in die Apfelöffnungen verteilen und die restliche Füllung um die Äpfel legen. Auf jeden Apfel ein Butterflöckchen setzen. Im vorgeheizten Backofen bei Mittelhitze (200 °) in 30–40 Minuten (je nach Apfelsorte) gar braten. In der Form servieren. Man kann die fertigen Bratäpfel mit warmem Rum übergießen, flambieren und brennend auftragen.

Beigabe: Vanillesauce oder Zimtreis

Gratinierte Rheingauer Erdbeeren

Zubereitungszeit: 30 Minuten
Pro Portion:
1010 Joule/240 Kalorien
600 g schöne reife Erdbeeren, 6 Eßlöffel Zucker, 1 ungespritzte Apfelsine, 3 Eigelb, 2 Eßlöffel süße Sahne

Anstelle von Erdbeeren kann man auch Himbeeren für das folgende Rezept verwenden.

Die gewaschenen Erdbeeren auf einem Sieb gut abtropfen lassen, entstielen und große Früchte halbieren. Mit drei Eßlöffeln Zucker bestreut durchziehen lassen. Eine halbe Apfelsine mit einem scharfen kleinen Küchenmesser ganz dünn schälen. Es soll keine weiße Haut übrigbleiben. Die Schale in feine Streifen schneiden und in wenig Wasser 5 Minuten kochen lassen. Auf ein Sieb geben.

Die Eigelb mit dem restlichen Zucker, 4 Eßlöffel ausgepreßtem Orangensaft und der Sahne in einer Schüssel im Wasserbad unter ständigem Rühren mit dem elektrischen Schneebesen zu einer dickflüssigen Creme aufschlagen. Aus dem Wasserbad nehmen und die Orangenschale hinzufügen.

Die Erdbeeren in vier gefettete feuerfeste Förmchen füllen und die Schaummasse mit einem Löffel darüberstreichen. Unmittelbar vor dem Auftragen unter dem vorgeheizten Grill oder in dem sehr heißen Backofen wenige Sekunden überbacken, bis die Schaummasse ganz leicht zu bräunen beginnt. Sofort auftragen.

Feine Rhabarberspeise

(6 Portionen)

Zubereitungszeit: 30 Minuten
3 Stunden Kühlschrank
Pro Portion:
1390 Joule/330 Kalorien
500 g rosa Treibhausrhabarber, ⅜ l Weißwein, 1 Stückchen Ingwerwurzel, 1 Stückchen Stangenzimt, 150 g Zucker, 4 Blatt Gelatine, 3 Eßlöffel Schlagsahne, 250 g reife Erdbeeren, Puderzucker zum Bestreuen, 6 Kugeln Vanilleeis

Die gut gewaschenen Rhabarberstangen mit der Schale in fingerbreite Stücke schneiden. Den Wein mit den Gewürzen und dem Zucker 5 Minuten durchkochen lassen und die Rhabarberstückchen hineingeben. Das Rhabarberkompott 5 Minuten kochen lassen, die Stücke sollen zu zerfallen beginnen. Die kalt eingeweichte Gelatine hinzufügen und sorgfältig umrühren, damit sie ganz aufgelöst ist. Die abgekühlte Speise in den Kühlschrank stellen. Wenn sie zu erstarren beginnt, mit der steifgeschlagenen Sahne verrühren. In Portionsschälchen füllen und erneut eine Stunde in den Kühlschrank stellen. Die gewaschenen, gut abgetropften Erdbeeren entstielen und mit Puderzucker bestreuen. Vor dem Auftragen auf jedes Schälchen eine Kugel Vanilleeis geben und mit Erdbeeren umkränzen.

Rote Grütze (Fruchtspeise)

Die gewaschenen Johannisbeeren entstielen, Himbeeren nur waschen. Mit ½ l Wasser bedeckt 5 Minuten kochen lassen. Die Früchte mit dem Saft durch ein Sieb streichen. Das Fruchtmus (¾ l) mit dem Zucker und der aufgeschlitzten Vanillestange zum Kochen bringen. Die entkernten Sauerkirschen hinzufügen. 80 g Stärkepuder mit dem restlichen Wasser glattrühren. Unter ständigem Rühren an die kochende Fruchtmasse geben. Einige Male aufwallen lassen. In kalt ausgespülte Förmchen füllen. Mit etwas Zucker bestreuen, damit sich keine Haut bildet. Nach 2–3 Stunden kann die rote Grütze gestürzt werden. Man kann die rote Grütze mit 60 g Stärkepuder binden, dann wird sie in eine Glasschale gefüllt, ist zarter, aber nicht mehr sturzfähig. Im Winter kann man eine rote Grütze aus tiefgekühlten Himbeeren und Erdbeeren zubereiten.

Beilage: Vanillesauce, kalte Milch oder eisgekühlte Sahne

Farbaufnahme Seite 193
Zubereitungszeit: 30 Minuten
Pro Portion:
1680 Joule/400 Kalorien
375 g rote Johannisbeeren,
250 g Himbeeren, ¾ l Wasser,
250 g entsteinte Sauerkirschen,
¼ Stange Vanille,
250 g Zucker,
60–80 g Stärkepuder

Stachelbeergrütze

Die Stachelbeergrütze läßt sich auch sehr gut mit Stärkepuder zubereiten. Dann nimmt man 60 g kalt angerührten Stärkepuder zum Binden von ¾ l Stachelbeerpüree für eine sturzfähige Stachelbeergrütze. Zieht man ¼ l geschlagene Sahne unter die Stachelbeercreme, wenn die Gelatine zu erstarren beginnt, dann hat man eine delikate Stachelbeercreme.

Von den gewaschenen Stachelbeeren Blüten und Stiele entfernen. Das Wasser mit dem Zucker und der Ingwerwurzel zum Kochen bringen. Die Früchte hinzufügen und darin weichkochen, bis sie zerplatzen. Den Ingwer herausnehmen. Die Stachelbeeren mit der Flüssigkeit im Mixer pürieren. Die Saftmenge mit einem Litermaß abmessen und, wenn nötig, mit etwas Wasser auffüllen, damit man ¾ l Stachelbeerpüree hat. Die kalt eingeweichte ausgedrückte Gelatine sofort unter die heiße Fruchtmasse rühren, damit sie sich auflöst. In kalt ausgespülte Tassen oder Förmchen füllen und einige Stunden im Kühlschrank erstarren lassen. Zum Stürzen die Förmchen einen kurzen Augenblick in kochendes Wasser halten.

Beigabe: Vanillesauce oder eisgekühlte Sahne

Zubereitungszeit: 40 Minuten
Pro Portion:
880 Joule/210 Kalorien
500 g grüne Stachelbeeren,
½ l Wasser, 200 g Zucker,
1 Stückchen Ingwerwurzel,
9 Blatt Gelatine

Rheinische Weincreme mit Himbeeren

Die Eigelb mit dem Zucker in eine Porzellanschüssel geben, auf ein Wasserbad setzen und mit einem Elektroquirl (Stufe 1) zu einer dicklichen Creme verrühren. Die kalt eingeweichte, ausgedrückte Gelatine in wenig heißem Wasser auflösen und unter ständigem Rühren an die Eigelbmasse geben. 5 Minuten abkühlen lassen. Dann unter Rühren den restlichen kalten Weißwein hinzufügen. In den Kühlschrank stellen. Wenn die Creme gerade anfängt zu gelieren, die steif geschlagene Sahne darunterziehen. Vier Portionsförmchen mit flüssiger Butter ausstreichen und mit Zucker ausstreuen. Die Creme einfüllen und in den Kühlschrank stellen. Mindestens 3–4 Stunden erstarren lassen.

Von den Himbeeren einige besonders schöne Früchte zum Garnieren heraussuchen. Den Rest der Himbeeren entstielen, nicht waschen, tiefgekühlte Früchte auftauen lassen. Im Mixer zu Püree verarbeiten. Mit einem Holzlöffel durch ein Sieb streichen, damit die Kerne zurückbleiben. Den Zucker und den Himbeergeist hinzufügen und so lange mit dem Elektroquirl rühren, bis sich der Zucker aufgelöst hat.

Die Weincreme auf die Mitte eines Desserttellers stürzen, mit je einer Himbeere garnieren und das Himbeermark als Saft um die Speise gießen.

Zubereitungszeit: 30 Minuten
4 Stunden Kühlschrank
Pro Portion:
1680 Joule/400 Kalorien
2 Eigelb, 40 g Zucker, 2 Blatt Gelatine, 15 cl Weißwein (Gewürztraminer), 3 dl Sahne.
– 250 g Himbeeren,
70 g Zucker, 1 cl Himbeergeist

Errötendes Mädchen Holsteiner Art

Zubereitungszeit: 15 Minuten
Pro Portion:
1220 Joule/290 Kalorien
½ l Buttermilch, abgeriebene Schale und Saft einer ungespritzten Zitrone, 100 g Zucker, 4 Eßlöffel Preiselbeermarmelade, ⅛ l Schlagsahne, 5 Blatt weiße, 1 Blatt rote Gelatine

Ganz streng nach Holsteiner Art wird die folgende Buttermilchspeise ohne Schlagsahne zubereitet. Die hinzugefügte Sahne verfeinert die erfrischende säuerliche Süßspeise aber sehr.

Die Buttermilch mit Zitronenschale, Zitronensaft und Zucker gründlich verrühren. Der Zucker muß aufgelöst sein. Die Preiselbeermarmelade durch ein Sieb streichen und hinzufügen. Die Gelatine in kaltem Wasser einweichen und die Sahne steif schlagen. Die eingeweichte, ausgedrückte Gelatine in wenig heißem Wasser auflösen und unter Rühren durch ein Sieb an die Buttermilch geben. Wenn die Speise zu erstarren beginnt, die Schlagsahne darunterziehen. In Portionsschalen verteilen und einige Stunden kalt stellen. Mit Sahne und Preiselbeermarmelade garnieren.

Bayerische Creme

Zubereitungszeit: 1 Stunde
6 Stunden in den Kühlschrank
Pro Portion:
1680 Joule/400 Kalorien
¼ l Milch, ½ Vanilleschote, 4 Eigelb, 100 g Zucker, 4 Blatt kalt eingeweichte Gelatine, ¼ l Sahne. – Zucker für die Form

Früher hatte jeder gutbürgerliche Haushalt eine spezielle, hohe, mit vielen eckigen Ausbuchtungen versehene Kupferform für die bayerische Creme, die nach dem Stürzen einen sehr dekorativen Pudding freigab. Heute wird die bayerische Creme meistens in hohe Gläser oder in Portionsschälchen gefüllt und mit Früchten und Sahne garniert.

Die Vanilleschote aufschneiden. Das ausgekratzte Mark sowie die Schote in die Milch geben und eine halbe Stunde stehen lassen. Dann die Milch zum Kochen bringen. Die Eigelb mit dem Zucker zu einer dicken schaumigen Creme rühren und unter ständigem Schlagen mit dem Schneebesen die kochende Milch langsam nach und nach hinzugeben. In einer dickwandigen Kasserolle bei leichter Hitze (bei Gas Asbestplatte unterlegen, Elektro: Schaltstufe 1) unter ständigem Schlagen mit dem Schneebesen dicklich werden lassen. Die Creme darf aber nicht aufkochen, dann gerinnt sie. Sofort von der Kochstelle nehmen und die ausgedrückte Gelatine darin auflösen. Die Creme in eine Schüssel mit Eiswürfeln setzen und unter häufigem Schlagen erkalten lassen. Wenn die Creme zu erstarren beginnt, die steifgeschlagene Sahne vorsichtig unterheben. In eine kalt ausgespülte, mit Zucker ausgestreute hohe Form füllen. Es kann eine Puddingform oder eine Napfkuchenform aus Kupfer sein, die nicht rostet, oder eine kunststoffbeschichtete Form, oder in Portionsschälchen füllen. Mit einem geölten Bogen Alufolie bedecken. Mindestens 6 Stunden, am besten über Nacht, in den Kühlschrank stellen. Zum Stürzen wenige Sekunden in kochendes Wasser tauchen und auf eine runde Platte stürzen.

Beigabe: Feines Kompott oder Erdbeersaft von frischen pürierten Erdbeeren und Zuckersirup

Welfenspeise

Zubereitungszeit: 1 Stunde
1 Stunde in den Kühlschrank
Pro Portion:
1640 Joule/390 Kalorien
½ l Milch, 1 gehäufter Eßlöffel Zucker, ½ Vanillestange, 1 Stück Zitronenschale, 1 Prise Salz, 45 g Stärkepuder, 4 Eiweiß, 4 Eigelb, 4 gehäufte Eßlöffel Zucker, ½ l Weißwein

Die Milch mit dem Zucker, der aufgeschlitzten Vanillestange, der Zitronenschale und dem Salz zum Kochen bringen. Den Stärkepuder mit etwas kalter Milch anrühren. Unter Rühren in die kochende Flüssigkeit gießen und bei leichter Hitze einige Male aufkochen lassen. Von der Kochstelle nehmen und etwas abkühlen lassen. Den Eischnee sehr steif schlagen und unter die noch heiße Creme ziehen. Sofort in eine Glasschüssel oder in 4 gläserne Portionsschalen füllen.

Eigelb und Zucker in einer Porzellanschüssel mit einem Elektroquirl zu einer dicklichen Creme verrühren und unter weiterem Rühren den Wein hinzugeben. Die Schüssel auf ein Wasserbad setzen und unter ständigem Schlagen mit dem Elektroquirl (Stufe 1) zu einer dickflüssigen Creme werden lassen. Von der Kochstelle nehmen und noch etwas weiterschlagen, bis sie leicht abgekühlt ist. Über die Eiweißcreme in der Glasschale füllen und vor dem Auftragen noch eine Stunde in den Kühlschrank geben.

Bayerische Creme mit Erdbeeren

Anstelle von Erdbeeren können auch Himbeeren oder schwarze Johannisbeeren für diese etwas vereinfachte Bayerische Creme aus Früchten verwendet werden.

12 schöne Erdbeeren zum Garnieren heraussuchen. Den Rest der gewaschenen, entstielten Erdbeeren auf einem Küchentuch gut abtrocknen lassen. Im Mixer zu Püree verarbeiten und den Zitronensaft hinzufügen. Mit einem Holzlöffel durch ein Sieb streichen, damit die Kerne zurückbleiben. Den Zucker mit dem Wasser zu Sirup kochen, bis er große Blasen bildet. Mit dem Fruchtpüree vermischen. Die kalt eingeweichte, warm aufgelöste Gelatine durch ein Sieb hinzugeben und gut verrühren. Unter gelegentlichem Umrühren erkalten lassen und, wenn die Fruchtmasse gerade anfängt zu gelieren, die steif geschlagene Sahne darunterziehen. In eine kalt ausgespülte, mit Zucker ausgestreute kupferne Puddingform oder in Portionsförmchen füllen. Mit einem geölten Bogen Alufolie bedecken und in die kälteste Stelle des Kühlschranks stellen. Mindestens 6 Stunden, am besten über Nacht, erstarren lassen. Zum Stürzen wenige Sekunden in kochendes Wasser tauchen und auf eine runde Platte stürzen. Mit Schlagsahne garnieren und die zurückbehaltenen Früchte dazwischensetzen.

Man kann den Boden der Form zuerst noch mit etwas gesüßter Sahne, mit Gelatine gebunden, ausgießen, bevor die Fruchtcreme hineinkommt, dann hat sie ein dekoratives weißes Köpfchen.

Zubereitungszeit: 1 Stunde
Über Nacht erstarren lassen.
Pro Portion:
1930 Joule/460 Kalorien
750 g schöne reife Erdbeeren, 6 Eßlöffel Wasser, 200 g Zucker, Saft von 1 Zitrone, 10 g gemahlene Gelatine, ¼ l Sahne. – Etwas Sahne zum Garnieren. – Zucker für die Form.

Lübscher Plettenpudding

Für dieses üppige hanseatische Dessert gibt es verschiedene Rezepte, einige sind noch üppiger als das vorliegende. So wird außer der Vanillecreme auch noch eine Himbeer-Sahnecreme zwischen die Biskuits gefüllt, aber das erschien mir doch zu kalorienträchtig.

Tiefgekühlte Himbeeren etwas auftauen lassen und mit dem Zucker bestreuen. Biskuitkuchen in Würfel schneiden, Löffelbiskuits in Stücke. In eine schöne Glasschüssel die Hälfte der Biskuits geben und mit der Hälfte des Sherry beträufeln. Die Hälfte der Himbeeren darüberfüllen, mit den restlichen Biskuits bedecken und mit dem Sherry tränken. Die Marmelade darüberfüllen und etwas ziehen lassen. Für die Vanillecreme die Milch mit der aufgeschlitzten Vanilleschote zum Kochen bringen. Eigelb und Zucker mit dem elektrischen Schneebesen zu einer dicken schaumigen Creme rühren. Die Milch von der Kochstelle nehmen, die Vanilleschote herausfischen und unter ständigem Weiterschlagen die Eiercreme hinzufügen. In eine dickwandige Kasserolle geben und bei leichter Hitze (Gas: Asbestplatte unterlegen, Elektro: Schaltstufe 1) unter ständigem Schlagen dicklich werden lassen – die Creme darf nicht aufkochen, sonst gerinnt sie. Die aufgelöste Gelatine unter die heiße Creme rühren und unter gelegentlichem Umrühren in einer Schüssel mit Eiswürfeln abkühlen lassen. Wenn sie zu erstarren beginnt, die steifgeschlagene Schlagsahne unter die Creme ziehen. Die restlichen Himbeeren auf die Biskuits geben und die Hälfte der Vanillecreme darüberfüllen. Die zerbröckelten Makronen hineinstreuen und mit der restlichen Creme bedecken. 2–3 Stunden in den Kühlschrank geben. Mit Sahnetupfern und frischen Himbeeren oder kandierten Früchten garniert auftragen.

Zubereitungszeit: 1 Stunde
2–3 Stunden in den Kühlschrank
Pro Portion:
2560 Joule/610 Kalorien
250 g frische oder tiefgekühlte Himbeeren, 50 g Puderzucker, 4 Scheiben Biskuitkuchen oder 8 Löffelbiskuits, 1 Glas Sherry, 3 Eßlöffel Himbeermarmelade, ¼ l Milch, 1 aufgeschlitzte Vanilleschote, 4 Eigelb, 100 g Zucker, 3 Blatt eingeweichte Gelatine, ¼ l Schlagsahne, 8 kleine Makrönchen

Zitronencreme

Zubereitungszeit: 30 Minuten
30 Minuten in den Kühlschrank
Pro Portion:
1260 Joule/300 Kalorien
2 große ungespritzte Zitronen, 5 Blatt Gelatine, 4 Eier, 100 g Zucker, 1 Glas Weißwein, ⅛ l Sahne. Einige Stiele frische Minze

Die Schale von einer heiß abgewaschenen Zitrone abreiben. Beide Zitronen auspressen. Die Gelatine in kaltem Wasser einweichen. Die Eigelb, den Zucker und die Zitronenschale mit einem Elektroquirl in einer Porzellanschüssel sehr schaumig rühren. Den Wein erhitzen. Die kalt eingeweichte, ausgedrückte Gelatine darin auflösen und unter ständigem Rühren an die Eigelbmasse geben. Den Zitronensaft hinzufügen. In den Kühlschrank stellen.

Die Eiweiß sowie die Sahne getrennt voneinander sehr steif schlagen.

Wenn die Creme zu gelieren beginnt, den Eischnee und die Sahne unterziehen. Die Zitronencreme in Portionsschalen füllen und vor dem Auftragen in den Kühlschrank stellen. Mit einem Stengel frischer Minze oder etwas Sahne garnieren.

Schnee-Eier Großmutter Art

Zubereitungszeit: 1 Stunde
Pro Portion:
2430 Joule/580 Kalorien
6 ganz frische Eier, 200 g Zucker, ¾ l Milch, 1 Prise Salz, 1 Stückchen Vanillestange

Man kann die Schnee-Eier noch mit Karamelfäden garnieren. Dazu werden zwei Eßlöffel Zucker in einem Pfännchen gebräunt (nicht zu dunkel werden lassen) und in dünnen Fäden über die Schnee-Eier gezogen. Der Karamel erstarrt sofort und die Speise sieht besonders appetitlich aus.

Die Eier teilen. Die Eigelb mit 150 g Zucker zu einer dicken schaumigen Creme rühren. Die Milch mit der aufgeschlitzten Vanillestange in einer dickwandigen Kasserolle zum Kochen bringen und von der Kochstelle nehmen. Unter Schlagen mit dem Schneebesen mit der Eigelbmasse vermischen. Die Eiermilch bei leichter Hitze (Gas: Asbestplatte unterlegen, Elektro: Stufe 1) unter ständigem Schlagen mit dem Schneebesen dicklich werden lassen. Sie darf nicht bis zum Kochen kommen. Sofort von der Kochstelle nehmen, in eine Schüssel mit Eiswürfeln setzen und unter häufigem Schlagen erkalten lassen. In eine große Glasschüssel gießen. Die Eiweiß mit einer Prise Salz sehr steif schlagen. Spitzen, die man mit dem Schneebesen hochzieht, müssen stehen bleiben. Die restlichen 50 g Zucker hinzufügen und noch einmal gründlich schlagen, damit der Eischnee wieder ganz fest wird. Einen flachen Topf mit Wasser zum Kochen bringen. Mit zwei Eßlöffeln größere Schneeklößchen abstechen und in das Wasser setzen. 45 Sekunden kochen lassen und vorsichtig wenden. Nach weiteren 30 Sekunden vorsichtig mit einem Schaumlöffel herausheben und gut abgetropft direkt auf die Vanillecreme in der Glasschale setzen.

Badischer Eisgugelhupf

Zubereitungszeit: 30 Minuten
Tiefkühlen: 24 Stunden
Pro Portion:
2100 Joule/500 Kalorien
100 g Rosinen, 1 Gläschen Rum, 500 g Vanilleeis, 250 g Schokoladeneis, 2 Eßlöffel Kakao

Nach den alten Rezepten wurden Vanilleeis und Schokoladeneis in der Eismaschine im Hause hergestellt, aber mit den ausgezeichneten Fertigprodukten läßt sich der Eisgugelhupf sehr viel einfacher zubereiten. Als Vanilleeis nur eine Sorte verwenden, die aus echter Vanille hergestellt ist.

Die Rosinen in dem Rum einweichen.

Das Vanilleeis in eine Schüssel geben, etwas weich werden lassen und mit einem Schneebesen cremig rühren. Das Schokoladeneis genauso vorbereiten. Die gut abgetropften Rumrosinen unter das Vanilleeis mischen und die Hälfte der Vanilleeiscreme in eine kleinere Gugelhupfform aus Metall füllen. Das Schokoladeneis darübergeben und das restliche Vanilleeis darüberfüllen. Mit einer Gabel die beiden oberen Eisschichten vorsichtig leicht miteinander vermischen, damit eine Art von marmoriertem Gugelhupf entsteht. Mit Alufolie abdecken und über Nacht in den Tiefkühlschrank oder die -truhe stellen.

Vor dem Servieren die Form kurz in heißes Wasser tauchen und auf eine Platte stürzen. Mit Kakao besieben. Mit einem in heißes Wasser getauchten Messer in dicke Scheiben schneiden.

Verschleiertes Bauernmädchen

Die Butter zergehen lassen, den Zucker und die Brösel hinzufügen und unter ständigem Rühren sehr knusprig rösten. Auf einer Platte ausgebreitet abkühlen lassen. In eine Glasschüssel zuerst eine Schicht Brösel geben und darüber Apfelmus streichen. Wieder eine Schicht Brösel daraufstreuen. Die Himbeermarmelade glattrühren und eine dünne Schicht auf die Brösel geben. Dann wieder Apfelmus, Brösel und Marmelade in die Schüssel füllen, bis alle Zutaten verbraucht sind. Die oberste Schicht sollen Brösel bilden. Die Sahne mit dem Vanillezucker sehr steif schlagen und die Speise mit dem Spritzbeutel garnieren. Mit Tupfern von Himbeermarmelade besetzen.

Zubereitungszeit: 30 Minuten
Pro Portion:
2020 Joule/480 Kalorien
2 Eßlöffel Butter, 2 Eßlöffel Zucker, 4 Tassen zerriebener Pumpernickel oder dunkles Vollkornbrot, 3 Tassen dickes, frischgekochtes Apfelmus, ½ Glas Himbeermarmelade, ⅛ l Schlagsahne, 1 Eßlöffel echter Vanillezucker

Schwarzwälder Walnußparfait mit Honig

Den Honig mit der Butter in eine feuerfeste Schüssel geben und in einen Topf mit heißem Wasser setzen. Wenn Honig und Butter flüssig sind, die Eier und den Zitronensaft hinzufügen. Alle Zutaten unter ständigem Rühren mit einem Elektroquirl zu einer dickschaumigen Creme aufschlagen. Die Walnüsse hinzufügen und die Creme in eine große Schüssel mit Eiswürfeln setzen. Unter Umrühren ganz erkalten lassen. 10 Minuten in das Tiefkühlfach stellen.

Die Sahne sehr steif schlagen und mit der Ei-Honig-Creme mit Hilfe eines Elektroquirls vermischen. In kleine Portionsförmchen füllen. Mit Alufolie abdecken und für mindestens 2 Stunden in das Tiefkühlfach stellen. Den Rand der Eiscreme mit einem scharfen Messer lösen und die Creme auf vier Teller stürzen. Mit einer halben Walnuß und einigen Sahnetupfern garnieren.

Zubereitungszeit: 25 Minuten
Gefrierzeit: 2 Stunden
Pro Portion:
1970 Joule/470 Kalorien
100 g Waldhonig, 10 g Butter, 2 große Eier, 1 Teelöffel Zitronensaft, 100 g kleingehackte Walnüsse, 200 g Sahne

Zimtparfait

Die Milch mit der aufgeschlitzten Vanillestange und der Zimtstange erhitzen. Die Eigelb mit dem Zucker, dem Zimt und dem Rum mit dem Elektroquirl verrühren, bis sich ein feiner Schaum gebildet hat. Die Vanillestange und die Zimtstange aus der Milch entfernen. Unter Rühren die heiße Milch mit der Eimasse vermischen. In einen emaillierten Topf geben und bei leichter Hitze unter ständigem Rühren mit dem Elektroquirl zu einer dicklichen Masse aufschlagen. Die Creme soll sehr heiß werden, aber nicht kochen, da sie sonst gerinnt. Den Topf auf eine Schüssel mit Eiswürfeln stellen und unter leichtem Schlagen ganz erkalten lassen. 10 Minuten in das Tiefkühlfach stellen. Die Sahne sehr steif schlagen und mit der Eigelbmasse vermischen. In eine Schüssel füllen, mit Alufolie abdecken und für 2 Stunden in das Tiefkühlfach stellen. Das Zimtparfait schmeckt besonders gut zu einem heißen Bratapfel.

Zubereitungszeit: 45 Minuten
2 Stunden Tiefkühlfach
Pro Portion:
1260 Joule/300 Kalorien
⅛ l Milch, 1 Vanillestange, 1 Zimtstange, 3 Eigelb, 3 Eßlöffel Zucker, 1 Teelöffel Zimt, 2 Eßlöffel Rum, 200 g Sahne

Schlesische Fürst-Pückler-Bombe

(8 Portionen)

Die Sahne mit dem gesiebten Puderzucker sehr steif schlagen und in drei kleine Schüsselchen geben. Die Makronen in kleine Stücke brechen und mit dem Maraschino begießen. Die Erdbeeren im Mixer pürieren, durch ein Sieb streichen und mit einem Teil der Schlagsahne vermischen. Die Schokolade in Stückchen zerteilen und mit der Orangenschale in einem Schüsselchen im Wasserbad zum Schmelzen bringen. Abkühlen lassen und mit dem zweiten Teil der Schlagsahne vermischen. Die eingeweichten Makronen unter die restliche Sahne geben. Alles in den Kühlschrank stellen. In eine Eisbombenform oder eine metallene Puddingform zuerst die weiße Creme füllen, kurz im Tiefkühlschrank anfrieren lassen. Mit der Erdbeercreme bedecken, und wenn diese fest ist, die Schokoladencreme darüberstreichen. Im Gefrierfach eines Kühlschrankes oder im Tiefkühlgerät einige Stunden, am besten über Nacht, gefrieren lassen. Vor dem Servieren die Form kurz in heißes Wasser tauchen und das Eis auf eine Platte stürzen. Vor dem Anschneiden etwas stehen lassen und dann wie eine Torte in 6 bis 8 Teile schneiden. Evtl. vorher mit Schlagsahne garnieren.

Zubereitungszeit: 1 ½ *Stunden*
Tiefkühlen: 24 Stunden
Pro Portion:
1680 Joule/400 Kalorien
¾ l Schlagsahne, 60 g Puderzucker, 4 Eßlöffel Maraschino, 6 Mandelmakronen, 150 g frische reife Erdbeeren, 50 g geriebene Schokolade, abgeriebene Schale einer halben Apfelsine

Kuchenbacken in Deutschland

Zwar wage ich nicht zu behaupten, daß wir Deutschen im Kuchenbacken die Größten sind. Dazu schmecken die Wiener Torten und die Schweizer Konfiserien eben auch zu gut. Aber bei keinem Kapitel dieses Kochbuches fiel es mir so schwer, unter der Fülle der mir besonders zusagenden Rezepte die allerbesten herauszusuchen. Es hat bei uns nicht nur jede Region ihre landestypischen Rezepte zu bieten, von der Hamburger Sandtorte bis zum Bayerischen Zwetschgendatschi, beim Kuchenessen sitzt die deutsche Nation in seltener kulinarischer Einigkeit am Kaffeetisch und ergötzt sich an den gleichen herrlichen Backwaren. Kaffeehäuser kennt man zwar in fast allen Ländern der Erde, aber selten ist auch immer gleich eine dazugehörige Konditorei angeschlossen wie bei uns. Kuchen und Torten werden z. B. in Frankreich und Italien fast immer als Abschluß einer Mahlzeit zum Dessert angeboten. Ich glaube, die richtigen Kaffeekränzchen mit den riesigen Kuchenbergen sind eine deutsche Erfindung und als weiblicher Gegenpol für die männlichen Stammtische gedacht.

Auch im Zeichen der neuen Küchenwelle hat die traditionelle Backkunst ihre Rezepte kaum verändert – verändert hat sich nur das Kalorienbewußtsein der Schleckermäuler. So berichten die Konditoren übereinstimmend, daß der Umsatz an üppigen Buttercremetorten, dieser Zierde der Konditorkunst, in den letzten zehn Jahren ständig zurückgegangen ist. Dafür sind vor allem Kuchen und Torten mit Obstbelag gefragt.

Urbild eines bürgerlichen sonntäglichen Kaffeetisches war, jedenfalls früher, der hefeduftende, rosinendurchsetzte Napfkuchen, in Süddeutschland Gugelhupf genannt. Aus dem böhmisch-polnischen Raum kommend, hat er sich zuerst in Berlin als schwerer saftiger Kuchen etabliert, während das süddeutsche Modell eher einer lockeren Wiener Mehlspeise ähnelt. Das Paradestück norddeutscher Hausfrauen ist der auf der Zunge förmlich dahinschmelzende feuchte Sandkuchen, trotz der länglichen Kastenform meistens Sandtorte genannt. Seine Zubereitung hat sich enorm vereinfacht, seitdem es die elektrischen Rührgeräte gibt. Noch vor 20 Jahren stand in jedem Rezept die Anweisung: den Teig mindestens eine Stunde lang gleichmäßig rühren.

Die großen Blechkuchen mit ihrem üppigen Belag aus Früchten, Streuseln, Quark, Mohn, Butter und Sahne sind in den Städten fast ganz aus der Mode gekommen. Von ihnen ging so ein herrlicher Duft nach Brot, Sommer und Früchten aus. Die Kuchenstücke, die herausgeschnitten wurden, hatten mindestens Handtellergröße. Wir haben in meiner Versuchsküche beim Ausprobieren dieser alten Rezepte die Blechkuchen richtig wiederentdeckt. So ein Kuchenblech voll Hefekuchen, mit den verschiedensten sonnengereiften Früchten der Jahreszeit belegt und von einem sahnigen Guß überzogen, läßt sich, aufgeschnitten und in Alufolie verpackt, herrlich einfrieren. So kann man Duft und Süße der sommerlichen Früchte in den grauen Winter retten. Ich habe die vorliegenden alten Rezepte halbiert, zum Teil gedrittelt, und sie waren noch immer ausreichend für ein normales Kuchenblech.

Schneller als Hefeteig geht die Zubereitung knuspriger Mürbeteigböden, die man vor dem Backen mit rohen oder nach dem Backen mit geschmorten Früchten oder zarten gezuckerten Beeren belegt. Meine Lieblingstorte unter den hier vorliegenden Obsttorten ist die Berliner Apfeltorte, die aber nur ganz richtig schmeckt, wenn man zum Nachbacken duftende echte Cox-Orangen nimmt. Sie wurde bei uns Venusbusen genannt, weil sich der zarte Deckel aus Mürbeteig so anmutig über die Apfelhälften schmiegt. Ein Klacks Schlagsahne ist hier allerdings das Tüpfelchen vom i. Johannisbeeren als Tortenbelag verwenden nur die Schwaben. Die Verbindung der säuerlichen Beeren mit der süßen Baiserhaube ist das Erfolgsgeheimnis der Träublestorte. Von dem Genuß feiner Erdbeer- und Kirschtorten brauche ich gar nicht zu berichten, aber die saftigen Stachelbeertorten aus geschmorten grünen Stachelbeeren sind ein bißchen in Vergessenheit geraten, ebenso eine süße Mirabellentorte.

Schmalzgebäck wird fast in jeder Region nach einem anderen Rezept gebakken, man könnte alleine damit ein Kapitel füllen. Häufig ist seine Zubereitung an bestimmte Festtage gebunden, Schmalzgebäck gehört zur Kirchweih, zu Silvester, zum Karneval und zum Fasching. Und in den dialektbezogenen Namen Kilwikiechle, Bollen, Purzel, Puffel, Mutzen, Kreppeln, Prilleken, Auszog'ne und Appelkauken findet man auch die ganze Buntheit der deutschen Regionalküche. Unabhängiger Dauerbrenner unter dem Schmalzgebäck: die rundlichen »Berliner«, von den Berlinern selbst Pfannkuchen genannt, und die nur echt sind, wenn sie eine weiße Taille haben und in der Mitte einen süßen Marmeladenkern – sie gibt es in Deutschland überall das ganze Jahr über.

Torten

Berliner Apfeltorte

Die Berliner Apfeltorte steht im Kochbuch meiner Mutter unter Venusbusen, wohl weil sich beim Backen der Teig so anmutig um die Apfelrundungen legt. Eine Schüssel Schlagsahne gehört unbedingt zu dieser saftigen Apfeltorte.

Das Mehl in einer Schüssel oder auf einem Backbrett mit den Mandeln vermischen. In die Mitte eine Vertiefung drücken und das Ei sowie das Eigelb hineinschlagen. Die Butter in Stückchen rundherum setzen. Zucker und Zitronenschale darüberstreuen. Schnell mit den Händen zu einem glatten Teig verkneten. Den Teigkloß zwischen zwei Tellern 30 Minuten in den Kühlschrank stellen. Inzwischen die Äpfel schälen, halbieren und das Kerngehäuse herausschneiden. Den Teig in eine größere und eine kleinere Portion teilen, die größere ausrollen und Boden und Rand einer Springform (24 cm ∅) mit dem Teig auslegen. Die Äpfel mit der Schnittfläche nach unten auf den Teig legen und mit dem Zucker bestreuen, die Rosinen dazwischenfüllen. Den Rest des Teiges rund ausrollen und eine Teigplatte etwas größer als die Springform ausschneiden. Über die Äpfel als Deckel legen und an den Rändern fest andrücken. Die Torte im Backofen bei mittlerer Hitze (200°) in etwa 40 Minuten hellbraun backen. Den Rand der Form lösen und die Torte auf ein Tortengitter zum Abkühlen geben. Den gesiebten Puderzucker mit dem Rum zu einem glatten Zuckerguß verrühren und die Torte damit dünn überziehen. Die blättrig geschnittenen Mandeln darüberstreuen. Eine Schüssel Schlagsahne gehört dazu.

Farbaufnahme Seite 221
Zubereitungszeit: 45 Minuten
Ruhen des Teiges: 30 Minuten
Backzeit: 40 Minuten
Pro Tortenstück (1/12):
1470 Joule/350 Kalorien
400 g Weizenmehl, 100 g feingehackte Mandeln, 1 Ei, 1 Eigelb, 250 g Butter, 100 g Zucker, abgeriebene Schale einer halben Zitrone, 1 kg säuerliche Äpfel (Cox Orange), 50 g in 3 Eßlöffel Rum eingeweichte Rosinen, 50–100 g Zucker (je nach Säure der Äpfel). – 150 g Puderzucker, 1 Eßlöffel Rum, einige blättrig geschnittene Mandeln

Sächsische Baumkuchentorte

Die Butter und den Zucker mit dem Elektroquirl zu einer glatten cremigen Masse verrühren. Nach und nach unter ständigem Weiterrühren Eigelb, Rum, Mandeln und das mit Stärkepuder vermischte Mehl unter den Teig rühren, zum Schluß die Eiweiß sehr steif schlagen und unter den Teig ziehen. Eine Springform (22 cm ∅) gut ausfetten und eine dünne Teigschicht hineinstreichen. Im vorgeheizten Backofen bei Mittelhitze (200°) goldgelb backen. Danach nur noch mit Oberhitze weiterbacken oder die Torte auf die oberste Schiebeleiste des Backofens setzen und ein zweites Blech darunterschieben. Die nächste Teigschicht mit einem breiten Messer auftragen, sie verteilt sich sofort. In wenigen Minuten goldgelb backen. So fortfahren, bis die Teigmasse verbraucht ist. Eine Baumkuchentorte sollte aus 16–18 Schichten bestehen.

Den Rand der Torte vorsichtig mit einem Messer ablösen und die Torte aus der Form nehmen. Auf ein Kuchengitter geben und noch heiß mit dem Zuckerguß überziehen.

Für den Guß den gesiebten Puderzucker mit dem Rum und dem Wasser so lange rühren, bis der Guß glatt und glänzend ist. Soll die Torte einen Schokoladenguß erhalten, muß sie vorher abgekühlt sein.

Die Torte beliebig mit einem Kranz schöner kandierter Früchte garnieren.

Zubereitungszeit: 1¼ Stunden
Backzeit: 45–50 Minuten
Pro Tortenstück: (1/16):
2600 Joule/620 Kalorien
375 g Butter, 375 g Zucker, 8 Eier, abgeriebene Zitronenschale, 2 Eßlöffel Rum, 75 g gehackte Mandeln, 250 g Weizenmehl, 125 g Stärkepuder. – Butter für die Form. – Rumzuckerguß: 200 g Puderzucker, 2 Eßlöffel Rum, 1–2 Eßlöffel Wasser oder 1 Päckchen Schokoladencouverture. – Kandierte Früchte zum Garnieren.

Lüneburger Buchweizentorte (Bookweetenkooken)

Zubereitungszeit: 30 Minuten
Backzeit: 50 Minuten
Pro Tortenstück (1/16):
1720 Joule/410 Kalorien
250 g Butter, 250 g Zucker,
1 Eßlöffel echter Vanillezucker,
6 Eier,
250 g gemahlene Mandeln,
250 g Buchweizenmehl,
1 Päckchen Backpulver. –
Butter und Brösel für die Form.
– Füllung: 1 Glas Preiselbeeren
(500 g). –
Guß: 200 g Puderzucker,
2 Eßlöffel Rum,
1–2 Eßlöffel Wasser.

Die Buchweizentorte hat einen ganz eigenen herzhaften Geschmack, der gut mit den Preiselbeeren zusammenklingt. Buchweizenmehl sollte immer frisch sein – man bekommt es im Reformhaus. Schlagsahne ist das Tüpfelchen auf dem »i« dazu.

Die Butter, 150 g Zucker, Vanillezucker und Eigelb mit dem Elektroquirl sehr schaumig rühren. Die Mandeln mit dem Buchweizenmehl und dem Backpulver vermischen. Die Eiweiß steif schlagen und unter ständigem Weiterschlagen den restlichen Zucker hinzufügen. Den Eischnee auf die Eigelbmasse geben, das Mehl-Mandel-Gemisch hinzufügen und alles vorsichtig, aber gründlich miteinander vermischen. In eine gefettete und gebröselte Tortenform (24 cm ∅) füllen. Im vorgeheizten Backofen bei schwacher Mittelhitze (190 °) in etwa 50 Minuten gar backen. Aus der Form nehmen und auf einem Kuchengitter erkalten lassen. Zweimal durchschneiden. Zwei Teigböden mit den Preiselbeeren bestreichen und die drei Teigböden aufeinandersetzen. Für den Guß den gesiebten Puderzucker mit dem Rum und dem Wasser glattrühren und die Buchweizentorte damit überziehen.

Freiburger Mirabellentorte

Zubereitungszeit: 1 Stunde
Ruhen des Teiges: 1 Stunde
Backzeit: 40 Minute
Pro Tortenstück (1/8):
2010 Joule/480 Kalorien
200 g Weizenmehl,
30 g Zucker, 1 Prise Salz,
1 Eigelb, 140 g Butter,
80 g geriebene Mandeln. –
500 g reife Mirabellen, 2 Eier,
100 g Zucker, 1 Eßlöffel
Stärkepuder, 1/8 l Sahne,
1 Eßlöffel Mirabellengeist

Anstelle der Mirabellen kann man auch grüne, in Zuckersirup gedünstete Stachelbeeren verwenden. Sie werden, gut abgetropft, erst dann auf den Tortenboden gegeben, wenn dieser schon gebacken ist.

Das Mehl mit dem Zucker und dem Salz vermischt in eine Schüssel geben. Die Butter in Flöckchen auf das Mehl setzen, das Eigelb und die Hälfte der Mandeln hinzugeben. Alle Zutaten schnell zu einem Mürbeteig verkneten. Eine Stunde kalt stellen. Die gewaschenen Mirabellen wie Kirschen entsteinen und auf einem Küchenpapier gut abtropfen lassen. Den Teig auf einem leicht bemehlten Brett ausrollen und Boden und Rand einer Springform (24 cm ∅) damit auslegen. Den Tortenboden mit den restlichen Mandeln bestreuen. Die Mirabellen darauflegen. Im vorgeheizten Backofen bei mittlerer Hitze (200 °) in 15 Minuten gar backen. Eier und Zucker mit einem elektrischen Schneebesen zu einer cremigen Masse verrühren und nach und nach den Stärkepuder sowie die Sahne und den Mirabellengeist hinzufügen. Die Torte aus dem Ofen nehmen und mit der Sahnecreme übergießen. In weiteren 20–25 Minuten goldgelb backen lassen. Die Torte auf einem Kuchengitter etwas abkühlen lassen und noch lauwarm auftragen.

Pfälzer Pfirsichtorte

Zubereitungszeit: 30 Minuten
Backzeit: 35 Minuten
Pro Tortenstück (1/12):
1130 Joule/270 Kalorien
1 kg Pfirsiche, 125 g Butter,
125 g Zucker, 1 Eßlöffel echter
Vanillezucker, 1 Eßlöffel Rum,
3 Eier, 90 g abgezogene
geriebene Mandeln,
50 g Semmelbrösel,
75 g Weizenmehl,
1½ Teelöffel Backpulver. –
Butter für die Form. –
Puderzucker zum Bestreuen.

Die Pfirsiche einige Sekunden in kochendes Wasser tauchen und vorsichtig die Haut abziehen. Halbieren, entsteinen und zugedeckt stehen lassen. Butter, Zukker, Vanillezucker und Rum mit dem elektrischen Schneebesen glatt und sahnig rühren. Nach und nach unter ständigem Weiterrühren Eigelb, Mandeln, Semmelbrösel, Mehl und das Backpulver hinzufügen. Die Eiweiß sehr steif schlagen und vorsichtig unter die Teigmasse heben. Eine Springform (20 cm ∅) fetten und mit Bröseln belegen. Im vorgeheizten Backofen bei schwacher Mittelhitze (180 °) in 35 Minuten gar backen.

Dick mit Puderzucker bestäuben.

Der bunte Weihnachtsteller wird überall anders mit Gebäck nach Familienrezepten gefüllt

Rezepte Seite 256–261

Waldecksche Fürstentorte

Waldeck, bis 1918 eines der kleinsten deutschen Fürstentümer, gehört heute zu Hessen. Ihrem letzten Duodezfürsten war die folgende Torte gewidmet, die die Damen in Arolsen so gerne bei ihren Kaffeekränzchen auftischten.

Die Eier und den Zucker mit einem Elektroquirl gründlich verrühren, das heiße Wasser hinzugeben und so lange weiterrühren, bis die Masse dickschaumig ist. Das Mehl mit dem Stärkepuder, dem Backpulver und der Zitronenschale vermischen und löffelweise unter Rühren unter die Schaummasse geben. Den Teig in zwei nur am Boden gefettete Springformen (26 cm ∅) füllen und die Tortenböden im vorgeheizten Backofen bei schwacher Mittelhitze (190°) in 20–25 Minuten goldgelb backen. Auf einem Tortengitter abkühlen lassen.

Für die Creme die Butter sehr schaumig rühren, den Puderzucker, Vanillezucker und die Eigelb unter Rühren hinzufügen. Ein Drittel der Creme mit der im Wasserbad erwärmten, abgekühlten Schokolade verrühren. Das zweite Drittel mit der Marmelade vermischen. Das letzte Drittel unverändert lassen. Die erkalteten Torten je einmal durchschneiden.

Einen Tortenboden mit Vanillecreme bestreichen, einen mit Fruchtcreme, den dritten mit Schokoladencreme und alle aufeinandersetzen. Den Abschluß bildet der vierte unbestrichene Tortenboden.

Für den Guß den gesiebten Puderzucker mit dem Zitronensaft und dem Wasser rühren, bis der Guß glatt und glänzend ist. Die Torte mit der dickflüssigen Glasur bestreichen, den Rand mit den Mandeln bestreuen und die Oberfläche der Torte mit Belegkirschen garnieren.

Zubereitungszeit: 1 Stunde
Backzeit: 25 Minuten
Pro Tortenstück (1/12):
1700 Joule/400 Kalorien
Teig: 4 Eier, 200 g Zucker, 2 Eßlöffel heißes Wasser, 100 g Weizenmehl, 100 g Stärkepuder, 3 gestrichene Teelöffel Backpulver, abgeriebene Schale einer halben Zitrone. – Butter für die Form. – Creme: 250 g Butter, 100 g gesiebter Puderzucker, 1 Eßlöffel Vanillezucker, 2 Eigelb. – 60 g Schokolade. – 1 Eßlöffel feste Himbeer- oder Erdbeermarmelade. – Guß: 150 g Puderzucker, 1 Eßlöffel Zitronensaft, 1–2 Eßlöffel Wasser. – 50 g gehackte oder in Blättchen geschnittene, in Butter geröstete Mandeln, rote und grüne kandierte Kirschen zum Garnieren.

Schwäbischer Träubleskuchen

Träuble sind in Schwaben keineswegs Weintrauben, sondern Johannisbeeren, und wenn diese reif sind, dann steht auch in den meisten schwäbischen Häusle ein Träubleskuchen auf dem Kaffeetisch. Er schmeckt frisch gebacken am besten.

Das Mehl in eine Schüssel oder auf ein Backbrett geben und in die Mitte eine Vertiefung drücken, in die die Eigelb gegeben werden. Die Butter in Flöckchen auf das Mehl setzen, den Zucker und die Zitronenschale hinzugeben und mit den Händen schnell zu einem glatten Teig verkneten. 30 Minuten in den Kühlschrank stellen. Die Johannisbeeren waschen, entstielen und auf einem Sieb abtropfen lassen. Den Teig ausrollen und eine Springform oder ein kleines Kuchenblech damit auslegen. Ein paarmal mit der Gabel einstechen. Den Tortenboden bei mittlerer Hitze (200°) in etwa 25 Minuten goldgelb backen. Inzwischen die Eiweiß steif schlagen. Den Zucker und den Stärkepuder hinzufügen und die Schaummasse noch einige Minuten weiter schlagen. Die Johannisbeeren vorsichtig unter die Eiweißmasse mischen. Mandeln und Semmelbrösel miteinander vermischen und auf den gebackenen Tortenboden streuen. Die Baisermasse darüberfüllen. Bei sehr leichter Hitze (160°) in etwa 20 Minuten hellgelb backen. Sofort auftragen. Man kann die Torte mit etwas Baisermasse dekorativ mit dem Spritzbeutel garnieren. Dann nimmt man 3 Eiweiß und 150 g Zucker und stellt ein Drittel der Baisermasse beiseite, bevor die Johannisbeeren hinzukommen. Die Torte muß am Backtag gegessen werden.

Zubereitungszeit: 30 Minuten
Ruhen des Teiges: 30 Minuten
Backzeit: 45 Minuten
Pro Stück (1/12):
1050 Joule/250 Kalorien
250 g Weizenmehl, 125 g Butter, 100 g Zucker, 2 Eigelb, abgeriebene Schale einer halben Zitrone. – 2 Eiweiß, 100 g Zucker, 2 Teelöffel Stärkepuder, 500 g reife rote Johannisbeeren, 50 g gehackte Mandeln, 20 g Semmelbrösel

Prinzregententorte

Zubereitungszeit: 40 Minuten
Backzeit: 1½ Stunden
Pro Tortenstück (1/12):
2440 Joule/580 Kalorien
4 Eier, 250 g Zucker, abgeriebene Schale einer halben Zitrone, 150 g Butter, 200 g Weizenmehl, 1 Messerspitze Backpulver. – Füllung: 200 g Butter, 200 g Puderzucker, 3 Eigelb, 1 Eßlöffel echter Vanillezucker, 150 g bittere Schokolade oder Blockschokolade. – Guß: 200 g Puderzucker, 20 g flüssiges Kokosfett, 40–50 g Kakao, 3 Eßlöffel Wasser

Die Eigelb und den Zucker mit einem elektrischen Schneebesen dickschaumig rühren. Die Zitronenschale und die flüssige Butter hinzufügen und die Masse gründlich durchrühren. Das mit Backpulver gesiebte Mehl an den Teig geben. Die Eiweiß sehr steif schlagen und zuletzt unter den Teig ziehen. Nacheinander von dem Teig 5–6 Böden in einer gefetteten Springform (22 cm ∅) im vorgeheizten Backofen bei schwacher Mittelhitze (180 °) in etwa 15 Minuten gar backen. Für die Füllung die Butter mit dem elektrischen Schneebesen solange rühren, bis sie weiß und sahnig ist, dann unter ständigem Weiterrühren abwechselnd den gesiebten Puderzucker, die Eigelb und den Vanillezucker hinzugeben. Die Schokolade in ein Schüsselchen bröckeln und im Wasserbad schmelzen lassen. Leicht abgekühlt unter die Creme ziehen. Die einzelnen erkalteten Tortenböden, mit Creme bestrichen, aufeinandersetzen. Den letzten Boden unbestrichen auf die Torte setzen. Puderzucker, flüssiges Kokosfett, Kakao und Wasser in einer angewärmten Schüssel so lange rühren, bis der Guß glatt und glänzend ist. Damit die Torte sofort mit Hilfe eines in Wasser getauchten breiten Messers bestreichen. Man kann anstelle des Fettgusses auch eine fertige Schokoladencouverture verwenden.

Berliner Punschtorte

Zubereitungszeit: 1 Stunde
Backzeit: 30 Minuten
Pro Tortenstück (1/12):
1090 Joule/260 Kalorien
6 Eier, 6 Eßlöffel heißes Wasser, abgeriebene Schale einer Zitrone, 240 g Zucker, 120 g Mehl, 120 g Stärkepuder, 2 Teelöffel Backpulver. – Zum Bestreichen: etwas Marmelade. – Füllung: 150 g Würfelzucker, 1 Orange, 1 Zitrone, ⅛ l Wasser, 3 Eßlöffel Rum. – Gefüllte Geleefrüchte

Die Eiweiß mit einem elektrischen Schneebesen sehr steif schlagen. Die Eigelb mit dem Wasser und dem Zucker so lange schlagen, bis die Masse dickschaumig ist. Abgeriebene Zitrone hinzufügen. Den Eischnee vorsichtig unter die Schaummasse ziehen. Das mit Stärkepuder und Backpulver vermischte Mehl mit dem Teig vermischen. Den Teig in eine nur am Boden gefettete Springform (24 cm ∅) füllen und in etwa 30 Minuten bei 200 ° gar backen. Aus der Form lösen und auf einem Tortengitter erkalten lassen. Die Torte zweimal durchschneiden. Die untere und die obere Schicht mit der Marmelade bestreichen. Die mittlere Teigplatte in Würfel schneiden. Den Würfelzucker an der Orangenschale abreiben. Von der Orange und der Zitrone den Saft auspressen. Das Wasser zusammen mit dem Würfelzucker und dem Saft aufkochen. Den Rum, die Marmelade und die Biskuitwürfel hinzufügen und gründlich miteinander vermischen. Die Masse gleichmäßig auf einen Tortenboden streichen und mit dem zweiten Boden bedecken. Den gesiebten Puderzucker mit dem flüssigen Fett und dem Rum glattrühren. Die Torte damit überziehen. Mit den Geleefrüchten garnieren.

Märkische Schichttorte

Farbaufnahme Rückseite
Zubereitungszeit: 30 Minuten
Backzeit: 1 Stunde
Pro Tortenstück (1/16):
1470 Joule/350 Kalorien
125 g Butter, 250 g Zucker, 5 Eier, 250 g Weizenmehl, abgeriebene Schale einer Zitrone. – Füllung: 200 g Orangenmarmelade, Johannisbeergelee, Himbeer- oder Erdbeerkonfitüre. – Guß: 125 g Puderzucker, 1 Eßlöffel Rum, 1 Teelöffel Wasser. – Butter für die Form

Die Schichttorte, auch Auflagetorte genannt, ist um so köstlicher, je unterschiedlicher die dazu verwendeten Marmeladen sind. Bittere Orangenmarmelade für mindestens zwei Schichten ist obligatorisch, ebenso Johannisbeergelee und eine nicht zu feuchte Beerenkonfitüre. Zum Backen sollte man zwei gleichgroße Springformen haben. Zuckerguß würde ich nur über die Torte geben, wenn sie länger aufgehoben werden soll (was sie gut verträgt), weil sie ohnehin sehr süß ist. Ich schneide diese feine Torte immer in fingerbreite Streifen und nicht in Tortenstückchen – sie paßt besonders gut zu Tee.

Die Butter und den Zucker mit dem Elektroquirl zu einer glatten cremigen Massse verrühren. Nach und nach abwechseln die Eier, das Mehl und die Zitronenschale hinzufügen. Den Teig in 8 Teile einteilen und jeweils zwei gefettete Springformenböden ohne Rand mit dem Teig bestreichen und im vorgeheizten Backofen bei Mittelhitze (200 °) in etwa 10 Minuten goldgelb backen. Die einzelnen Tortenböden noch warm abwechselnd mit den Konfitüren bestreichen und sofort aufeinandersetzen. Die Schichttorte, mit einem Holzbrett beschwert, eine Nacht stehen lassen.

Für den Zuckerguß den gesiebten Puderzucker mit Rum und Wasser verrühren, bis der Guß glatt und glänzend ist. Die Torte mit dem Guß überziehen.

Stachelbeertorte

Das Wasser mit dem Zucker und der Vanilleschote zu einem Sirup kochen. Die geputzten Stachelbeeren hinzugeben und kurz darin weich kochen. Die Früchte dürfen aber nicht platzen. Auf ein Sieb geben und gut abtropfen lassen. Das Mehl in eine Schüssel oder auf ein Backbrett geben. Die Butter in Flöckchen sowie das Ei, den Zucker und die Zitronenschale hinzufügen. Mit den Händen schnell zu einem glatten Mürbeteig verkneten. Eine halbe Stunde in den Kühlschrank stellen. Zwei Drittel des Teiges ausrollen und den Boden und zwei Drittel des Randes einer Springform (24 cm ∅) damit auslegen. Den Tortenboden in den vorgeheizten Backofen geben und bei Mittelhitze (200°) 20 Minuten vorbacken. Die abgetropften Stachelbeeren auf dem Tortenboden verteilen. Den Rest des Teiges ausrollen, mit einem Teigrädchen in Streifen schneiden und gitterartig auf die Stachelbeeren legen. Mit dem verquirlten Eigelb bestreichen. Im vorgeheizten Backofen bei Mittelhitze (200°) in etwa 30 Minuten goldgelb backen. Sofort aus der Form nehmen und auf einem Tortengitter abkühlen lassen. Den abgetropften Fruchtsirup einkochen lassen und mit einem Teelöffel über die Früchte tropfen, die Teigstreifen dabei auslassen.

Zur Stachelbeertorte gehört Schlagsahne.

Zubereitungszeit: 40 Minuten
Ruhen des Teiges: 30 Minuten
Backzeit: 45 Minuten
Pro Tortenstück (1/12):
1050 Joule/250 Kalorien
Belag: 750 g grüne unreife Stachelbeeren, ¼ l Wasser, 125 g Zucker, ½ aufgeschlitzte Vanilleschote. – Teig: 300 g Weizenmehl, 180 g Butter, 100 g Zucker, 1 Ei, abgeriebene Schale einer halben Zitrone

Schwarzwälder Kirschtorte

Schwarzwälder Kirschtorte – das ist die Inkarnation einer richtigen deutschen Torte: saftig, sahnig und fruchtig. Die Herstellung ist allerdings nicht ganz einfach und recht zeitaufwendig. Man kann auf den Mürbeteigboden verzichten und von der eineinhalbfachen Menge des Schokoladenbiskuits drei Tortenböden backen, die man mit zwei Sahneschichten und Kirschen aufeinandersetzt und Kompott von Sauerkirschen verwendet.

Die Kirschen entsteinen und mit dem Zucker vermischt stehen lassen. Aus Mehl, Fett, Zucker, Mandeln, Zitronenschale und Eigelb einen Mürbeteig kneten und 30 Minuten kalt stellen. Eine Springform (26 cm ∅) nur am Boden fetten. Den Teig auf einem bemehlten Brett ausrollen und den Boden der Springform damit auslegen. Ein paarmal mit einer Gabel einstechen. Im vorgeheizten Backofen bei mittlerer Hitze (200°) in etwa 15 Minuten gar backen. Auf ein Kuchengitter geben und abkühlen lassen. Für den Biskuitteig die Eigelb mit Wasser und Zucker mit einem Elektroquirl dickschaumig schlagen. Mehl, Stärkepuder und Backpulver miteinander vermischen und an den Teig geben. Den Kakao hinzufügen. Den steifgeschlagenen Eischnee unter den Teig geben und zum Schluß die zerlassene, abgekühlte Butter. Eine Springform (26 cm ∅) nur am Boden fetten und den Teig hineinfüllen. Im vorgeheizten Backofen bei leichter Mittelhitze (190°) in 30 Minuten gar backen. Nach dem Backen auf ein Kuchengitter geben und abkühlen lassen. Die Torte einmal durchschneiden und die beiden Tortenböden mit dem Kirschwasser tränken. In der Backzeit der Schokoladentorte die eingezuckerten Kirschen mit dem Zucker zum Kochen bringen, durchkochen lassen und auf ein Sieb zum Abtropfen geben. Den Kirschsaft erneut aufsetzen und ganz eindicken lassen. Über die Kirschen gießen. Die Gelatine mit wenig Wasser kalt einweichen, warm auflösen und wieder abkühlen lassen. Die Sahne fast steif schlagen, den Zucker und das Kirschwasser hinzufügen sowie die abgekühlte Gelatine. Die Sahne noch einmal schlagen, bis sie steif ist.

Boden und Rand einer Springform (26 cm ∅) mit Alufolie auslegen. Den Mürbeteigboden hineingeben. Mit der Aprikosenmarmelade bestreichen und einen Schokoladenboden darauflegen. Mit der Hälfte der Sahne bestreichen und ⅔ der Kirschen daraufgeben. Mit dem zweiten Tortenboden bedecken und noch einmal eine dicke Schicht Sahne darüberstreichen. Mit einem Spritzbeutel Sahnetupfer auf den Rand der Torte spritzen und mit je einer Kirsche verzieren. In die Mitte der Torte die Schokoladenraspeln geben. Zwei Stunden in der Form in den Kühlschrank stellen. Aus der Form lösen und auch den Rand der Torte mit Sahne bestreichen.

Farbaufnahme Seite 203
Zubereitungszeit: 2 Stunden
Ruhen des Teiges: 2 Stunden
Backzeit: 60 Minuten
Pro Tortenstück (1/12):
1680 Joule/400 Kalorien
750 g Sauerkirschen, 150 g Zucker. – Mürbeteig: 125 g Weizenmehl, 60 g Butter, 50 g Zucker, 1 Eßlöffel geriebene Mandeln, etwas abgeriebene Zitronenschale, 1 Eigelb. – Biskuitteig: 4 Eier, 4 Eßlöffel heißes Wasser, 120 g Zucker, 40 g Weizenmehl, 40 g Stärkepuder, 1 Teelöffel Backpulver, 40 g Kakao, 50 g Butter. – Butter für die Form. – Füllung: 1 Gläschen Kirschwasser, ½ l Schlagsahne, 50 g Zucker, 4 Blatt Gelatine. – 3 Eßlöffel Aprikosenmarmelade. – Belag: 3 Eßlöffel geraspelte Schokolade

Gugelhupf

Zubereitungszeit: 50 Minuten
Gehen des Teiges: 1½ Stunden
Backzeit: 50–60 Minuten
Pro Scheibe (1/12):
1780 Joule/420 Kalorien
500 g Weizenmehl, 30 g Hefe, ¼ l Milch, 200 g Butter, 100 g Zucker, 6 Eidotter, 2 Eiweiß, 1 Eßlöffel Rum, ½ Teelöffel Salz, abgeriebene Schale einer halben Zitrone, 100 g Rosinen, 50 g gehackte Mandeln. – Butter und Brösel für die Form, einige Mandelstifte. – Puderzucker zum Bestäuben

Die Hefe in eine Tasse lauwarme Milch bröckeln und gehen lassen. Die Butter mit dem Zucker sahnig rühren und nach und nach die Eidotter, die Eiweiß und den Rum hinzufügen. Abwechselnd den Rest der lauwarmen Milch und die aufgegangene Hefe sowie das Mehl mit der Schaummasse verrühren. Die Zitronenschale hinzufügen. Den Hefeteig so lange schlagen, bis er sich vom Schüsselboden löst. Die Rosinen und die gehackten Mandeln vorsichtig mit dem Teig vermischen. Eine Gugelhupfform (Napfkuchenform) gründlich mit Butter ausfetten, mit Semmelbröseln bestreuen und umgedreht abklopfen, damit überflüssige Semmelbrösel entfernt werden. Den Boden der Form mit halben oder gestifteten Mandeln auslegen und den Teig hineinfüllen. An einem warmen Ort zugedeckt etwa 1½ Stunden gehen lassen. In den vorgeheizten Backofen geben. Bei schwacher Hitze (180 °) in 50–60 Minuten backen, bis der Gugelhupf goldbraun ist. Nach dem Backen stürzen und mit Puderzucker bestreuen.

Hamburger Marmorkuchen

Zubereitungszeit: 25 Minuten
Backzeit: 60–70 Minuten
Pro Scheibe (1/18):
800Joule/190 Kalorien
200 g Butter, 200 g Zucker, 1 Eßlöffel echter Vanillezucker, 4 Eier, 300 g Mehl, ½ Päckchen Backpulver, ½ Tasse Milch, 40 g bitterer Kakao oder 100 g geriebene bittere Schokolade, 50 g gehackte Mandeln, 2 Eßlöffel Rum oder Milch. – Butter und Zwiebackbrösel für die Form. – Puderzucker zum Bestreuen.

Nach dem gleichen Rezept wie für Marmorkuchen kann man einen Rosinenpuffer backen. Dann läßt man die Schokolade fort und gibt dafür 100 g Rosinen und 50 g Korinthen an den Teig.

Butter, Zucker und Vanillezucker mit dem elektrischen Rührgerät weiß und sahnig rühren. Unter ständigem Weiterrühren die Eigelb hinzufügen. Das mit dem Backpulver vermischte Mehl abwechselnd mit der Milch und den Mandeln an die Schaummasse geben. Die Eiweiß sehr steif schlagen und unter den Teig ziehen. Ein Drittel des Teiges in eine Extra-Schüssel geben und mit dem Kakao oder der Schokolade und dem Rum oder der Milch vermischen. In eine gut gefettete und mit Zwiebackbröseln ausgestreute Napfkuchenform zuerst den weißen Teig füllen und den Schokoladenteig darübergeben. Die Teige mit einer Gabel spiralenförmig vermischen, so daß ein Marmormuster entsteht. Im vorgeheizten Backofen bei schwacher Mittelhitze (190 °) in 60–70 Minuten gar backen. Mit einem Holzstäbchen prüfen, ob der Kuchen gar ist, sonst 10 Minuten weiterbacken. Nach 15 Minuten Abkühlen auf ein Tortengitter stürzen und mit Puderzucker bestreuen. Möglichst erst am nächsten Tag anschneiden.

Westfälischer Rosinenstuten

Zubereitungszeit: 30 Minuten
Gehen des Teiges: 1½ Stunden
Backzeit: 1 Stunde
Pro Scheibe (1/20):
630 Joule/150 Kalorien
500 g Weizenmehl, ½ Teelöffel Salz, 20 g Hefe, ¼ l lauwarme Milch, 60 g Butter oder Schweineschmalz, evtl. 1 Ei, 30 g Zucker, 80 g Rosinen oder Korinthen

Das Mehl mit dem Salz vermischen und in die Mitte eine Vertiefung drücken. Die Hefe hineinbröckeln und mit der Hälfte der Milch verrühren. Zugedeckt 20 Minuten gehen lassen. Das Fett in der restlichen noch warmen Milch zergehen lassen und mit dem Ei und dem Zucker mit dem Mehl vermischen. Mit dem Knethaken einer Küchenmaschine oder mit einem Holzlöffel so lange schlagen, bis der Teigr Blasen wirft und sich vom Schüsselboden löst. Zuletzt die leicht gemehlten Rosinen unter den Teig kneten. Den Hefeteig zugedeckt an einem warmen Ort aufgehen lassen. Eine Art Stollen formen und auf ein gefettetes Backblech geben oder den Teig in eine mit Butter ausgefettete Kastenform füllen. Noch einmal zugedeckt 15 Minuten gehen lassen. Im vorgeheizten Backofen bei Mittelhitze (200 °) in einer Stunde goldbraun backen. Der Stuten wird gerne mit Rübenkraut oder Honig bestrichen.

Berliner Napfkuchen

Das Mehl in einer Schüssel mit dem Salz vermischen und in die Mitte eine Vertiefung drücken. Die Hefe hineinbröckeln und mit der lauwarmen Milch verrühren. Zugedeckt 20 Minuten gehen lassen. Den Kalbsnierentalg schmelzen lassen, durch ein Sieb gießen und die Butter hinzufügen. Mit dem Zucker, den Gewürzen und den verquirlten Eiern an den Teig geben. Alle Zutaten miteinander verrühren. Den Teig mit dem Knethaken eines Rührgerätes oder mit einem Kochlöffel so lange schlagen, bis er Blasen wirft und sich vom Schüsselboden löst. Die gewaschenen, gut abgetrockneten und leicht gemehlten Rosinen und Mandeln unter den Teig kneten. Eine Napfkuchenform dick mit Butter einstreichen, mit Semmelbröseln ausstreuen und den Teig hineinfüllen. Zugedeckt 1½ Stunden an einem warmen Ort gehen lassen. Bei schwacher Mittelhitze (190 °) in 60–70 Minuten gar backen. Nach dem Erkalten reichlich mit Puderzucker bestäuben.

Zubereitungszeit: 1 Stunde
Gehen des Teiges: 1½ Stunden
Backzeit: 60–70 Minuten
Pro Scheibe (1/12):
1260 Joule/300 Kalorien
500 g Weizenmehl, 40 g Hefe, ⅛ l Milch, 1 Prise Salz, 250 g Fett (150 g Butter, 100 g ausgelassener Kalbsnierentalg), 150 g Zucker, ½ Teelöffel Kardamom, abgeriebene Schale einer Zitrone, 1 Ei, 2 Eigelb, 200 g Rosinen, 100 g gehackte Mandeln, einige gehackte bittere Mandeln. – Fett und Brösel für die Form. – Gesiebter Puderzucker zum Bestreuen.

Hamburger Sandtorte (Sandkuchen)

Die weiche Butter, den Zucker und die Zitronenschale mit dem elektrischen Schneebesen in wenigen Minuten zu einer glatten cremigen Masse verrühren. Nacheinander die ganzen Eier an den Teig geben und den Teig nach jeder Eizugabe gründlich durchrühren. Dann löffelweise das mit Backpulver und Stärkepuder vermischte Mehl sowie den Rum hinzufügen. Den Teig in eine gefettete Kastenform füllen. Den Kuchen bei leichter Hitze (180 °) mit wenig Oberhitze in etwa 70 Minuten gar backen. In der Form abkühlen lassen, aus der Form nehmen und mit Puderzucker leicht besieben.

Zubereitungszeit: 20 Minuten
Backzeit: 1 Stunde 10 Minuten
Pro Scheibe (1/18):
900 Joule/215 Kalorien
200 g Butter, 250 g Zucker, 4 Eier, abgeriebene Schale einer halben Zitrone, 140 g Weizenmehl, 120 g Stärkepuder, ½ Teelöffel Backpulver, 1 Eßlöffel brauner Rum. – Puderzucker zum Bestreuen.

Pfälzischer Hefenußstreifen

Der saftige Nußstreifen schmeckt am besten, wenn er frisch aus dem Backofen kommt, er läßt sich aber auch ausgezeichnet einfrieren (dann kommt der Zuckerguß erst nach dem Aufbacken darüber). Anstelle der Nußfüllung kann man auch, wie die Schlesier, eine Mohnfüllung an den Hefestreifen geben.

Das Mehl in einer Schüssel mit dem Salz vermischen und in die Mitte eine Vertiefung drücken. Die Hefe hineinbröckeln und mit der Hälfte der Milch verrühren. Zugedeckt 20 Minuten gehen lassen. Die Butter in der restlichen lauwarmen Milch schmelzen lassen und zusammen mit dem Zucker, Vanillezukker und dem Eigelb zu dem Mehl geben. Alle Zutaten miteinander verrühren und dann den Teig mit dem Knethaken eines Rührgerätes oder mit einem Holzlöffel so lange schlagen, bis er Blasen wirft und sich vom Schüsselboden löst. Zugedeckt an einem warmen Ort gut aufgehen lassen.

Für die Füllung das Wasser mit dem Zucker aufkochen, die Nüsse dazugeben und das ungeschlagene Eiweiß darunterrühren. Den Teig auf einem mit Mehl bestäubten Backbrett ½ cm dick zu einem Rechteck ausrollen. Mit der Füllung bestreichen und von der Längsseite her aufrollen. Die Rolle der Länge nach durchschneiden und die beiden Hälften zu einem Streifen schlingen. Auf das gefettete Backblech setzen und den Nußstreifen noch einmal 30 Minuten gehen lassen. Im vorgeheizten Backofen bei mittlerer Hitze (200 °) in 40–45 Minuten goldbraun backen. Für den Zuckerguß den gesiebten Puderzucker mit Rum und Wasser zu einem glänzenden Guß verrühren und den Nußstreifen noch heiß damit glasieren. Mit den Nußblättchen bestreuen.

Zubereitungszeit: 1 Stunde
Gehen des Teiges: 1 Stunde
Backzeit: 40–45 Minuten
Pro Scheibe (1/16):
1130 Joule/270 Kalorien
500 g Weizenmehl, 20 g Hefe, knapp ¼ l lauwarme Milch, 1 gestrichener Teelöffel Salz, 60 g Zucker, 1 Eigelb, 200 g Butter, 1 Eßlöffel echter Vanillezucker. – Füllung: 200 g geriebene Haselnüsse, 150 g Puderzucker, 10 Eßlöffel Wasser, 1 Eiweiß. – Guß: 150 g Puderzucker, 1 Eßlöffel Rum, 2 Eßlöffel Wasser. – 30 g blättrig geschnittene Haselnüsse zum Bestreuen.

Frankfurter Kranz

Zubereitungszeit: 1½ Stunden
Backzeit: 45–50 Minuten
Pro Scheibe (1/24):
2230 Joule/530 Kalorien
125 g Butter, 150 g Zucker, abgeriebene Schale einer halben Zitrone, 250 g Mehl, ½ Päckchen Backpulver, 3 Eier. – Butter für die Form. – Creme: 200 g Zucker, 6 Eßlöffel Wasser, 5 Eigelb, 4 Eßlöffel Rum, 200 g weiche Butter. – Krokant: 80 g Zucker, 80 g Mandeln

Der üppige Frankfurter Kranz ist vor allem für eine große Kaffeetafel geeignet. Er läßt sich aber auch gut für kürzere Zeit einfrieren. Ein echter Frankfurter Kranz muß mit Butter gebacken sein. Das ist sogar durch Gerichtsurteil festgestellt worden.

Butter, Zucker und Zitronenschale mit einem elektrischen Schneebesen zu einer glatten weißen Creme verrühren. Unter ständigem Weiterrühren das mit Backpulver vermischte Mehl und die ganzen Eier abwechselnd hinzufügen. Den Teig noch 5 Minuten weiterrühren. In eine gefettete Ringform füllen und bei schwacher Mittelhitze (190°) in etwa 45–50 Minuten gar backen. Auf einem Tortengitter abkühlen lassen.

Für die Buttercreme den Zucker mit dem Wasser zu Sirup kochen. Ein Tröpfchen auf einen Teller getropft muß sich zwischen Daumen und Zeigefinger zu einem Kügelchen drehen lassen. Die Eigelb in einer Schüssel mit einem elektrischen Schneebesen gründlich verrühren und unter ständigem Weiterrühren den Sirup in einem dünnen Strahl sowie den Rum hinzufügen. So lange rühren, bis die Eimasse ganz abgekühlt ist. Die weiche Butter zu einer glatten Creme verrühren. Löffelweise die Eiercreme mit der Buttercreme vermischen.

Den gebackenen Kranz nach dem Abkühlen zweimal durchschneiden. Den Kuchen mit der Creme füllen und zusammensetzen. Den Frankfurter Kranz auch von außen mit Creme bestreichen und mit Krokant bestreuen.

Für den Krokant den Zucker in einem Töpfchen zu hellgelbem Karamel schmelzen lassen und die in große Stücke zerteilten Mandeln hinzufügen. Kurz karamelisieren lassen. Auf eine Marmorplatte oder ein kalt abgespültes Holzbrett schütten und erkalten lassen. Im Mixer zu feinem Krokant zerkleinern.

Biskuitroulade mit Erdbeeren

Zubereitungszeit: 40 Minuten
Backzeit: 15 Minuten
Pro Scheibe (1/8):
1470 Joule/350 Kalorien
Teig: 3 Eier, 3 Eßlöffel heißes Wasser, 120 g Zucker, abgeriebene Schale einer halben Zitrone, 120 g Weizenmehl, 1 Teelöffel Backpulver. – Butter für das Backpapier. – Füllung: 3/8 l Sahne, 600 g schöne reife Erdbeeren, 100 g Zucker

Die Biskuitroulade kann auch mit Walderdbeeren, Himbeeren oder Brombeeren zubereitet werden und ist zum sofortigen Genuß gedacht. Wenn das zarte Gebilde etwas stehen soll, bevor es auf den Kaffeetisch kommt, bindet man die Sahne mit zwei Blatt kalt eingeweichter, warm aufgelöster Gelatine.

Die Erdbeeren waschen, entstielen und auf einem Küchenpapier gut abtrocknen. Die Erdbeeren in Viertel schneiden und mit 50 g Zucker vermischen. Einige besonders schöne Früchte zurücklassen.

Die Eigelb mit Wasser, Zucker und Zitronenschale mit Hilfe eines elektrischen Schneebesens zu einer dickschaumigen Masse schlagen. Mehl und Backpulver vermischen und an die Schaummasse geben. Zuletzt den sehr steif geschlagenen Eischnee unter den Teig ziehen. Ein Backblech mit einem gefetteten Pergamentpapier auslegen. Die Biskuitmasse gleichmäßig daraufstreichen und im vorgeheizten Backofen bei schwacher Mittelhitze (190°) in 12–15 Minuten goldgelb backen. Nach dem Backen das Biskuit sofort auf ein Handtuch stürzen, das Papier abziehen und den Kuchen mit dem Handtuch einrollen. Die Sahne sehr steif schlagen und mit dem restlichen Zucker vermischen. Ein Drittel der Sahne beiseite stellen und die restliche Sahne mit den eingezuckerten abgetropften Erdbeeren vermischen. Die abgekühlte Roulade auf dem Handtuch auseinanderrollen, mit der Erdbeersahne bestreichen und wieder zusammenrollen. Die Roulade von außen dünn mit Sahne bestreichen und mit einem Spritzbeutel mit der Sahne garnieren. Mit den beiseitegestellten Erdbeeren verzieren.

Rehrücken (als Kuchen)

Für den Rehrücken gibt es eine spezielle längliche Kastenform mit Querrippen, so daß der Schokoladenkuchen nach dem Stürzen das Aussehen eines Rehrükkens hat.

Butter und Zucker mit dem elektrischen Schneebesen zu einer glatten weißen Creme verrühren. Abwechselnd die Eigelb und das mit Backpulver vermischte Mehl unter ständigem Weiterrühren hinzufügen. Mandeln oder Nüsse, Kakao oder Schokolade sowie die Apfelsinenschale unter den Teig rühren. Die Eiweiß steif schlagen und zuletzt vorsichtig unter die Teigmasse ziehen. Den Kuchenteig in eine gefettete Rehrückenform füllen und bei schwacher Mittelhitze (180°) in 50–55 Minuten gar backen.

Den Puderzucker mit dem Kakao und dem Wasser in einer angewärmten Schüssel so lange rühren, bis der Guß glatt und glänzend ist. Den erkalteten Rehrücken sofort damit überziehen und mit Mandelstiften spicken. Man kann anstelle des Gusses auch eine fertige Schokoladencouverture verwenden.

Zubereitungszeit: 15 Minuten
Backzeit: 50–55 Minuten
Pro Scheibe (1/18):
1090 Joule/260 Kalorien
180 g Butter, 180 g Zucker, 4 Eier, 180 g Mehl, 1 Teelöffel Backpulver, 80 g geriebene Mandeln oder Nüsse, 20 g bitterer Kakao oder 80 g geriebene bittere Schokolade, abgeriebene Schale einer ungespritzten Orange. – Guß: 180 g Puderzucker, 30 g Kakao, 3 Eßlöffel Wasser. – 50 g geschälte gestiftelte Mandeln

Wandsbeker Speck (Kekskuchen)

Wer erinnert sich nicht mit Vergnügen aus seiner Kindheit an den ungebackenen Schokoladenkekskuchen, der fast in jeder Familie einen anderen Namen hat.

Die Eier und den Zucker mit dem elektrischen Schneebesen zu einer weißen glatten Creme verrühren. Den Kakao und Vanillezucker hinzufügen. Das zerlassene, abgekühlte Kokosfett nach und nach darunterrühren. Eine Kastenform mit Pergamentpapier auslegen. Den Boden mit den Keksen auslegen und mit einigen Löffeln der Creme bestreichen. Darauf wieder Kekse schichten und so weiter verfahren, bis Kekse und Creme verbraucht sind. Den Kuchen am besten über Nacht im Kühlschrank erstarren lassen. Am nächsten Tag aus der Form nehmen und das Pergamentpapier abziehen. Den Kuchen in Scheiben geschnitten anrichten. Kinder lieben diesen Kekskuchen.

Zubereitungszeit: 35 Minuten
1 Nacht im Kühlschrank erstarren lassen
Pro Scheibe (1/12):
1300 Joule/315 Kalorien
250 g eckige Butterkekse. – Füllung: 2 Eier, 160 g Zucker, 50 g Kakao, 1 Eßlöffel Vanillezucker, 250 g Kokosfett

Königskuchen

Butter, Zucker, Zitronenschale und Salz mit einem elektrischen Schneebesen zu einer glatten weißen Creme verrühren. Unter ständigem Weiterrühren abwechselnd die ganzen Eier, das mit Backpulver vermischte Mehl sowie den Rum mit der Buttercreme vermischen. Den Teig noch 5 Minuten weiterrühren. Zuletzt die gewaschenen, gemehlten Trockenfrüchte und die Mandeln hinzufügen und gut vermischen. Den Teig in eine gefettete, mit Bröseln ausgestreute Kastenform füllen. Den Kuchen im vorgeheizten Backofen in etwa 70 Minuten bei schwacher Mittelhitze (180°) gar backen. Den Königskuchen nach dem Erkalten mit Puderzucker besieben.

Zubereitungszeit: 1 Stunde 20 Minuten
Backzeit: 70 Minuten
Pro Scheibe (1/20):
1305 Joule/310 Kalorien
250 g Butter, 250 g Zucker, abgeriebene Schale einer halben Zitrone, 1 Messerspitze Salz, 4 Eier, 400 g Mehl, 1 Teelöffel Backpulver, 4 Eßlöffel Rum, 50 g feingeschnittenes Zitronat, 200 g Sultaninen, 50 g Korinthen, 100 g gehackte süße Mandeln, einige feingeriebene bittere Mandeln. Fett und Brösel für die Form. Zucker zum Bestreuen.

Feine Apfelschnitten

Zubereitungszeit: 1½ Stunden
Teig: 30 Minuten ruhen
Backzeit: 40–45 Minuten
Pro Stück (1/20):
1510 Joule/360 Kalorien
500 g Weizenmehl, 300 g Butter, 125 g Zucker, 2 Eier, 1 Prise Salz, abgeriebene Schale einer Zitrone. – 2 kg Äpfel, 125 g Rosinen, etwas Vanillezucker, 60–100 g Zucker. – Guß von 250 g Puderzucker und 4 Eßlöffel Rum oder Zitronensaft

Die feinen Apfelschnitten aus Mürbeteig sind besonders saftig und gut, am besten schmecken sie, wenn man Cox Orangen verwendet. Schlagsahne steigert den Genuß noch.

Das Mehl in eine Schüssel oder auf ein Backbrett geben und in die Mitte eine Vertiefung drücken, in die die Eier gegeben werden. Die Butter in Flöckchen daraufsetzen, Salz und geriebene Zitronenschale hinzufügen und mit den Händen schnell zu einem glatten Teig verkneten. 30 Minuten in den Kühlschrank stellen. Währenddessen die Äpfel schälen, vierteln und dann blättrig aufschneiden. Die Rosinen waschen und abtrocknen. Die Hälfte des Teiges auf einem bemehlten Brett ausrollen und auf ein gefettetes Backblech legen. Die Äpfel gleichmäßig auf den Teig verteilen, den äußeren Teigrand dabei rundherum freilassen. Rosinen und Vanillezucker über die Äpfel geben. Den restlichen Teig ausrollen und als Deckel über die Früchte geben. Den Deckel mit dem unteren Teigrand fest zusammendrücken, damit die Äpfel ganz bedeckt sind. Den Kuchen bei starker Mittelhitze (210°) in 45–50 Minuten garbacken.

Für den Guß den gesiebten Puderzucker mit dem Rum oder Zitronensaft so lange verrühren, bis er glatt und glänzend ist. Den Apfelkuchen sofort, wenn er aus dem Backofen kommt, mit dem Guß glasieren. Nach dem Abkühlen in längliche Schnitten teilen, vom Blech nehmen und auf einem Kuchengitter erkalten lassen.

Bienenstichtorte

Zubereitungszeit: 1 Stunde
Teig: 2 Stunden
Backzeit: 15 bis 20 Minuten
Pro Tortenstück (1/12):
1010 Joule/240 Kalorien
Teig: 250 g Weizenmehl, 1 knapper Teelöffel Salz, 20 g Hefe, ⅛ l lauwarme Milch, 60 g Butter, 40 g Zucker, 1 Ei, abgeriebene Schale einer halben Zitrone. – Belag: 200 g gehobelte oder in Stifte geschnittene Mandeln, 150 g Butter, 4 Eßlöffel Sahne, 150 g Zucker. – Füllung: ¼ l Milch, 1 Stückchen aufgeschnittene Vanilleschote, 30 g Zucker, 25 g Stärkepuder, 2 Eigelb, ⅛ l Schlagsahne. – Butter für die Form.

Bienenstich kann man genau wie Butter- und Streuselkuchen auf dem Blech zubereiten und gefüllt oder ungefüllt genießen. Ich habe das Rezept für eine gefüllte Bienenstichtorte geschrieben. Wer einen Blechkuchen mit Bienenstich backen möchte, muß die Zutaten für Teig und Belag verdoppeln.

Das Mehl in einer Schüssel mit dem Salz vermischen und in die Mitte eine Vertiefung drücken. Die Hefe hineinbröckeln und mit der Milch verrühren. Gut zugedeckt 20 Minuten gehen lassen. Die Butter zerlassen und mit dem Zucker, dem Ei und der Zitronenschale an den Vorteig geben. Mit dem Knethaken eines Handrührgerätes oder mit dem Holzlöffel so lange schlagen, bis der Teig Blasen wirft und sich vom Schüsselboden löst. Zugedeckt an einem warmen Ort eine Stunde gehen lassen.

Dann den aufgegangenen Teig in eine gefettete Springform füllen. Für den Belag die Butter zerschmelzen, die Sahne und den Zucker hinzufügen sowie die Mandeln. Unter Rühren bei leichter Hitze so lange kochen lassen, bis die Mandeln leicht glasig sind. Etwas abkühlen lassen und mit 2 Gabeln auf den Teig in der Form streichen. Den Kuchen noch einmal gehen lassen. Im vorgeheizten Backofen bei mittlerer Hitze in 15–20 Minuten goldgelb backen. Auf einem Kuchengitter völlig erkalten lassen.

Für die Füllung die Milch mit der Vanilleschote zum Kochen bringen. Zukker, Stärkepuder, Eigelb und etwas Milch verrühren. Die Milch von der Kochstelle nehmen und unter Rühren mit dem Schneebesen den angerührten Stärkepuder hinzugeben. Auf die Kochstelle zurücksetzen und unter Rühren aufkochen lassen. Unter gelegentlichem Umrühren erkalten lassen und mit der steifgeschlagenen Sahne vermischen.

Die kalte Bienenstichtorte vorsichtig mit einem breiten Messer einmal quer durchschneiden (man kann die Torte auch in Viertel schneiden und diese dann quer durchschneiden), mit der Vanillecreme bestreichen und wieder zusammensetzen.

Norddeutscher Butterkuchen und Schlesischer Streuselkuchen

Das Mehl in einer Schüssel mit dem Salz vermischen und in die Mitte eine Vertiefung drücken. Die Hefe hineinbröckeln und mit der Hälfte der Milch verrühren. Gut zugedeckt 20 Minuten gehen lassen. Die Butter in der restlichen lauwarmen Milch zerschmelzen lassen und an den Teig geben. Verquirltes Ei, Zitronenschale und Zucker hinzufügen. Mit dem Knethaken eines Handrührgerätes oder mit dem Holzlöffel so lange schlagen, bis der Teig Blasen wirft und sich vom Schüsselboden löst. Die Rosinen oder Korinthen mit den Händen darunterkneten, dann zugedeckt an einem warmen Ort eine Stunde gehen lassen.

Den gut aufgegangenen Hefeteig in der Größe des Backbleches ausrollen und mit Daumen und Zeigefinger einen Rand formen. Den Teig zugedeckt noch einmal 30 Minuten gehen lassen.

Für den Butterkuchen mit dem Zeigefinger gleichmäßig kleine Dellen in den Teig drücken. Die Butter in kleinen Flöckchen über den Kuchen verteilen. Den Zucker mit dem Zimt vermischen und über die ganze Teigplatte streuen. Zum Schluß die Mandelblättchen darübergeben.

Für die Streusel das Mehl mit dem Zucker, der zerlassenen Butter und dem Zimt vermischen und zu Krümeln zerpflücken. Den Kuchen im vorgeheizten Backofen bei Mittelhitze (200°) in 20–25 Minuten goldgelb backen.

Die Streusel möglichst gleichmäßig auf dem Teig verteilen.

Zubereitungszeit: 1 Stunde
Gehen des Teiges: 2 Stunden
Backzeit: 20–25 Minuten
Pro Portion (1/24):
Butterkuchen
1010 Joule/240 Kalorien
Streuselkuchen
1260 Joule/300 Kalorien
Teig: 500 g Weizenmehl, 1 knapper Teelöffel Salz, 40 g Hefe, ¼ l lauwarme Milch, 100 g Butter, 1 Ei, abgeriebene Schale einer halben Zitrone, 60 g Zucker, 100 g Rosinen oder Korinthen. – Butter für das Blech
Belag Butterkuchen:
200 g Butter, 180 g Zucker, 2 g Zimt, 60 g gehobelte Mandeln
Belag Streuselkuchen:
400 g Mehl, 200 g Zucker, 250 g Butter, 1 Prise Zimt

Feiner Hefeobstkuchen

Soll der Hefeobstkuchen als Blechkuchen gebacken werden, nimmt man das halbe Rezept.

Das Mehl mit dem Salz vermischen und in eine Schüssel geben. In die Mitte eine Vertiefung drücken. Die zerbröckelte Hefe hineingeben und mit der Milch verrühren. Zugedeckt an einem warmen Ort 20 Minuten gehen lassen.

Die Butter und den Zucker glatt und sahnig rühren und nach und nach unter weiterem Rühren die Eigelb hinzufügen. Zu dem Mehl in die Schüssel geben, abgeriebene Zitronenschale und 50 g Mandeln hinzufügen und alles mit dem Knethaken des Rührgerätes zu einem glatten Teig vermischen und weiter schlagen, bis er sich vom Schüsselboden löst. Eine Springform (26 cm ⌀) einfetten. Den Teig mit leicht bemehlten Händen in die Form drücken und dabei nicht nur den Boden, sondern auch den halben Rand der Form bedecken. Mandeln, Semmelbrösel und Zucker vermischen und den Teigboden damit bestreuen. 30 Minuten zugedeckt gehen lassen.

Kernobst entsteinen, Äpfel in Achtel schneiden, mit Zucker vermischen und auf den Tortenboden geben.

Für den Guß die geschälten Mandeln im Mixer oder in der Mandelmühle zu einem feinen Pulver mahlen und mit dem gesiebten Puderzucker vermischen. Die Eier mit der Sahne und dem Alkohol mit dem Schneebesen zu einer glatten Omelettmasse verschlagen, es soll ein feiner Schaum entstehen. Die Mandelmasse zu den Eiern geben und zu einer Creme verrühren. Über die Früchte gießen. Im vorgeheizten Backofen bei leichter Mittelhitze (190°) in 40 Minuten goldgelb backen. Leicht abkühlen lassen, aus der Form nehmen und auf einem Tortengitter völlig abkühlen lassen.

Zubereitungszeit: 1 Stunde
Gehen des Teiges: 50 Minuten
Backzeit: 40 Minuten
Pro Tortenstück (1/8):
1970 Joule/470 Kalorien
200 g Weizenmehl, ½ Teelöffel Salz, 15 g Hefe, ⅛ l lauwarme Milch, 60 g Butter, 50 g Zucker, 2 Eigelb, etwas abgeriebene Zitronenschale, 50 g gehackte Mandeln. – Zum Bestreuen: 30 g Semmelbrösel, 30 g Zucker. – Belag: 500–750 g Früchte wie Kirschen, Mirabellen, Zwetschgen, Aprikosen, Äpfel, Zucker zum Bestreuen. – Mandelguß: 100 g Mandeln, 80 g Puderzucker, 2 Eier, 2 Eßlöffel Sahne, 2 Eßlöffel Kirschwasser oder Himbeergeist – Butter für das Blech

Sächsischer Prasselkuchen

Zubereitungszeit: 1 Stunde
Gehen des Teiges: 1 Stunde
Backzeit: 25 Minuten
Pro Portion (1/24):
970 Joule/230 Kalorien
250 g Weizenmehl, 10 g Hefe, 1/8 l lauwarme Milch, 1/2 Teelöffel Salz, 40 g Butter, 30 g Zucker, etwas abgeriebene Zitronenschale. – Belag: 1/8 l Milch, 50 g Butter, 150 g geschälte blättrig geschnittene Mandeln, 80 g Zucker. – Streusel: 200 g Weizenmehl, 100 g Zucker, 1/2 Teelöffel Zimt, 125 g Butter. – Guß: 100 g Puderzucker, 2 Eßlöffel Wasser. – Butter für das Blech

Aus Mehl, aufgelöster, gut aufgegangener Hefe, Milch, Salz, Butter, Zucker und Zitronenschale nach dem vorhergehenden Rezept einen Hefeteig zubereiten. Mit dem Knethaken eines Handrührgerätes oder einer Küchenmaschine so lange schlagen, bis der Teig Blasen wirft und sich vom Schüsselboden löst. Den Teig zugedeckt an einem warmen Ort eine Stunde gehen lassen. Dann den Hefeteig auf einem bemehlten Brett sehr dünn ausrollen und ein gefettetes Kuchenblech damit belegen. Für den Belag Milch und Butter zum Kochen bringen und Mandeln und Zucker hinzufügen. Die Masse kochen, bis sie glasig aussieht und die Milch aufgenommen hat. Die Mandelmasse gleichmäßig auf den Hefeteig streichen. Für die Streusel das Mehl mit Zucker, Zimt und dem flüssigen Fett vermischen und über die Mandelmasse streuen. Den Kuchen noch einmal aufgehen lassen. Dann im vorgeheizten Backofen bei Mittelhitze (200°) in etwa 25 Minuten goldbraun backen. Den glattgerührten Zuckerguß über den noch heißen Streuselkuchen geben. Der Kuchen bleibt längere Zeit saftig und knusprig. Dieser Kuchen ist ein köstlicher Blechkuchen, der all denen besonders gut schmeckt, die nicht so gerne eine dicke Schicht Hefekuchen unter dem knusprigen Belag haben.

Dresdner Eierschecke

Zubereitungszeit: 2 Stunden
Gehen des Teiges: 2 Stunden
Backzeit: 30 Minuten
Kalorienzählen ist bei der Eierschecke verboten!
300 g Weizenmehl, 1/2 Teelöffel Salz, 20 g Hefe, reichlich 1/8 l lauwarme Milch, 60 g Butter, 40 g Zucker, 1 Ei, abgeriebene Schale von einer Zitrone. – Belag: 500 g Quark, 50 g Zucker, 2 Eigelb, 20 g Stärkepuder, 4 Eßlöffel Milch. – Guß: 250 g Butter, 125 g Zucker, 4 Eier, 80 g Rosinen, 50 g in kleine Würfel geschnittenes Zitronat. – Zum Bestreuen: 50 g Butter, 50 g Zucker. – Butter für das Blech

Das Mehl in einer Schüssel mit dem Salz vermischen und in die Mitte eine Vertiefung drücken. Die Hefe hineinbröckeln und mit der Hälfte der Milch verrühren. Gut zugedeckt 20 Minuten gehen lassen. Die Butter in der restlichen lauwarmen Milch zerschmelzen lassen und an den Teig geben. Zucker, verquirltes Ei und Zitronenschale hinzufügen. Den Teig mit dem Knethaken eines Handrührgerätes oder mit dem Holzlöffel so lange schlagen, bis er Blasen wirft und sich vom Schüsselboden löst. Zugedeckt an einem warmen Ort eine Stunde gehen lassen.

Inzwischen den Belag vorbereiten: Den Quark, den Zucker und die Eigelb mit dem Elektroquirl zu einer schaumigen Masse verrühren und den Stärkepuder hinzufügen. Zum Schluß die Milch mit der Quarkmasse verrühren.

In einer weiteren Schüssel die Butter, den Zucker und die Eier mit dem elektrischen Schneebesen zu einer dickschaumigen Creme verrühren.

Den gut aufgegangenen Hefeteig in der Größe des Backbleches ausrollen und auf das gefettete Blech heben. Noch einmal 30 Minuten gehen lassen. Mit der Quarkmasse bestreichen und die Buttercreme darüberfüllen. Die gewaschenen und getrockneten Rosinen und das Zitronat auf dem Cremeteig verteilen. In den vorgeheizten Backofen schieben und bei Mittelhitze (200°) in etwa 30 Minuten goldgelb backen. Noch heiß mit der zerlassenen Butter bestreichen und dem Zucker bestreuen, damit sich sofort eine Kruste bildet. In Vierecke schneiden und auf einem Kuchengitter abkühlen lassen.

Thüringischer Schmandkuchen mit Obst

Das Mehl in einer Schüssel mit dem Salz vermischen und in die Mitte eine Vertiefung drücken. Die Hefe hineinbröckeln und mit der Hälfte der Milch verrühren. Gut zugedeckt 20 Minuten gehen lassen. Die Butter in der restlichen Milch zerschmelzen lassen und lauwarm an den Teig geben. Zucker, verquirltes Ei und Zitronenschale hinzufügen. Mit dem Knethaken eines Handrührgerätes so lange schlagen, bis der Teig Blasen wirft und sich vom Schüsselboden löst. Zugedeckt an einem warmen Ort eine Stunde gehen lassen.

Die Früchte vorbereiten: die Äpfel schälen, vierteln, das Kerngehäuse entfernen und in dicke Scheiben schneiden, Pflaumen halbieren und entkernen, Kirschen entsteinen, Blaubeeren, Brombeeren und entstielte Johannisbeeren kurz waschen und auf Küchenpapier gut abtropfen lassen.

Den gut gegangenen Hefeteig in der Größe des Backbleches ausrollen und auf das gefettete Blech heben. Die Milch mit der aufgeschnittenen Vanilleschote und dem Zucker zum Kochen bringen. Den Grieß in dünnem Strahl einrühren und zu einem Grießbrei ausquellen lassen. Mit dem Eigelb legieren. Etwas abkühlen lassen und auf den Teig streichen. Die vorbereiteten Früchte, nach Sorten geordnet, in breiten Streifen auf den Kuchen legen und, je nach Sorte mit mehr oder weniger Zucker bestreuen. Die saure Sahne oder Crème fraîche mit dem Stärkepuder, dem Zucker und den Eigelb mit Hilfe eines Elektroquirls zu einer dicken Creme vermischen und auf die Früchte streichen. Im vorgeheizten Backofen bei Mittelhitze (200°) in 45 Minuten gar backen. Noch warm in Vierecke schneiden und auf einem Kuchengitter abkühlen lassen.

Zubereitungszeit: 2 Stunden
Gehen des Teiges: 1½ Stunden
Backzeit: 45 Minuten
Pro Portion (1/16):
1550 Joule/370 Kalorien
500 g Weizenmehl, 1 knapper Teelöffel Salz, 30 g Hefe, ¼ l lauwarme Milch, 60 g Butter, 60 g Zucker, 1 Ei, abgeriebene Schale von einer Zitrone. – Früchte nach Wahl: 1½ kg Äpfel, Pflaumen, Kirschen, Blaubeeren, Brombeeren oder Johannisbeeren, Zucker. – Belag: 1 l Milch, 1 Stückchen Vanillestange, 50 g Zucker, 50 g Grieß, 1 Eigelb, ⅜ l dicke saure Sahne oder Crème fraîche, 20 g Stärkepuder, 40 g Zucker, 2 Eigelb – Butter für das Blech

Bayerischer Zwetschgendatschi

Ein echter bayerischer Zwetschendatschi soll einen dünnen Teig haben, dafür aber eine dicke Schicht Zwetschgen. Die späten Bühler Zwetschgen sind am besten geeignet. Zu dem saftig säuerlichen Kuchen paßt Schlagsahne besonders gut.

Das Mehl mit dem Salz vermischen und in die Mitte eine Vertiefung drükken. Die Hefe hineinbröckeln und mit der Milch verrühren. Zugedeckt 20 Minuten gehen lassen.

Die Butter zerlassen, aber nicht bräunen, und mit dem Zucker, Ei und der Zitronenschale unter den Teig mischen. Mit dem Knethaken eines Handrührgerätes oder einem Holzlöffel so lange schlagen, bis der Teig Blasen wirft und sich vom Schüsselboden löst. Den Teig zugedeckt an einem warmen Ort eine Stunde gehen lassen. In der Zwischenzeit die gewaschenen und abgetrockneten Zwetschgen halbieren und entsteinen und noch einmal jede Zwetschgenhälfte bis zur Hälfte einschneiden.

Den gut aufgegangenen Teig auf ein gefettetes, bemehltes Backblech geben und mit den Semmelbröseln bestreuen. Die Zwetschgen möglichst eng dachziegelartig auf den Teig setzen. Dabei einen Rand lassen. Den Teig noch einmal 20 Minuten gehen lassen. Die Zwetschgen mit 50 g Zucker bestreuen. Im vorgeheizten Backofen bei starker Mittelhitze (210°) in ca. 25 Minuten gar bakken. Sofort nach dem Backen dick mit Zucker, mit etwas Zimt vermischt, bestreuen. In Portionsstücke teilen und auf einem Kuchengitter abkühlen lassen, nicht auf dem Blech. Schmeckt am besten sofort nach dem Abkühlen.

Zwetschgendatschi lassen sich gut einfrieren, sollten aber vor dem Genuß noch einmal kurz aufgebacken werden.

Zubereitungszeit: 1 Stunde
Gehen des Teiges: 1½ Stunden
Backzeit: 25 Minuten
Pro Stück (1/20):
650 Joule/155 Kalorien
250 g Mehl, 1 Prise Salz, 20 g Hefe, knapp ⅛ l lauwarme Milch, 60 g Zucker, 100 g Butter, 1 Ei, abgeriebene Schale einer halben Zitrone, 3 Eßlöffel Semmelbrösel, 1½–2 kg Zwetschgen. – Zucker und Zimt zum Bestreuen. Butter für das Blech.

Hamburger Franzbrötchen

Zubereitungszeit: 1 Stunde
Gehen des Teiges: 80 Minuten
Backzeit: ca. 20 Minuten
Pro Franzbrötchen (1/15):
1340 Joule/320 Kalorien
Teig: 500 g Mehl, 40 g Hefe, ¼ l lauwarme Milch, 25 g Butter, 50 g Zucker, 1 Eßlöffel Vanillezucker. – Füllung: 200 g Butter aus dem Kühlschrank, 200 g Zucker, 2 Teelöffel Zimt. – Butter für das Backblech

Das Mehl in eine Schüssel geben und mit dem Salz vermischen, in die Mitte eine Vertiefung drücken. Die Hefe hineinbröckeln und mit der Hälfte der Milch verrühren. Zugedeckt an einem warmen Ort 20 Minuten gehen lassen. Die Butter in der restlichen noch lauwarmen Milch zerschmelzen lassen und an den Teig geben. Zucker und Vanillezucker hinzufügen. Alle Zutaten miteinander verrühren. Mit dem Knethaken eines Rührgerätes oder mit einem Holzlöffel so lange schlagen, bis sich der Teig vom Schüsselboden löst. Noch einmal zugedeckt 20 Minuten an einem warmen Ort aufgehen lassen. Den Teig dann zu einem Rechteck ausrollen. Eine Teighälfte mit der in Scheiben geschnittenen Butter belegen, die andere Hälfte darüberschlagen. Die Teigkanten fest zusammendrücken. Erneut zu einem etwas größeren Rechteck ausrollen. Von der Schmalseite her so zusammenlegen, daß der Teig in drei Schichten übereinanderliegt. 20 Minuten an einem kühlen Ort ruhen lassen. Den fertigen Hefeblätterteig zu einem ½ cm dicken Rechteck ausrollen. Mit Wasser bestreichen, mit Zimtzucker bestreuen und von der Längsseite her zu einer flachen Rolle wikkeln. Die Teigrolle in 5 cm breite Stücke schneiden. Jedes Teigstück von oben parallel zur Schnittfläche in der Mitte mit einem Kochlöffelstiel fest eindrükken, damit die typische Franzbrötchenform entsteht. Auf zwei gefettete Backbleche legen und zugedeckt an einem warmen Ort 20 Minuten gehen lassen. Die beiden Bleche mit dem Gebäck nacheinander (oder im Heißluftherd miteinander) bei Mittelhitze (200°) in 20 Minuten goldgelb backen.

Kopenhagener Gebäck (Hefekleingebäck)

Zubereitungszeit: 1 Stunde
Gehen des Teiges: 1 Stunde
Backzeit: 20–25 Minuten
Pro Gebäckstück (1/12):
1470 Joule/350 Kalorien
Teig: 500 g Mehl, 30 g Hefe ¼ l lauwarme Milch, ½ Teelöffel Salz, 25 g Butter, 50 g Zucker. – Zum Belegen: 150 g Butter. – Füllung: feste Marmelade, Vanillecreme. – Butter für die Bleche. – Puderzucker zum Bestreuen oder Zuckerguß

In Hamburg muß man Kopenhagener verlangen, wenn man die zarten, im Munde zerschmelzenden Hefeteilchen haben möchte. Will man sie dagegen in Kopenhagen erstehen, wo sie in jeder Konditorei zu haben sind, muß man Wiener Brød verlangen, ein Hinweis, daß der Hefeplunderteig ursprünglich ein Wiener Rezept sein mag.

Das Mehl mit dem Salz vermischen, in eine Schüssel geben und in die Mitte eine Vertiefung drücken. Die Hefe hineinbröckeln und mit der Hälfte der Milch verrühren. Zugedeckt 20 Minuten gehen lassen. Die Butter in der restlichen noch warmen Milch zerschmelzen lassen und an den Teig geben. Den Zucker hinzufügen und mit dem Knethaken eines Handrührgerätes oder mit einem Holzlöffel so lange schlagen, bis der Teig Blasen wirft und sich vom Schüsselboden löst. Zugedeckt an einem warmen Ort 20 Minuten gehen lassen. Die Butter zu einem Rechteck formen und kalt stellen. Den aufgegangenen Hefeteig auf einem bemehlten Brett 1 cm dick zu einem Rechteck ausrollen. Die gekühlte Butter in die Mitte des Teiges legen. Den Teig von beiden Seiten her übereinanderschlagen, so daß er in drei Schichten übereinander liegt. Leicht mit einem Teigroller zusammendrücken. 20 Minuten an einem kühlen Ort ruhen lassen. Den Teig wieder zu einem Rechteck ausrollen und erneut dreimal übereinanderschlagen. Wieder 20 Minuten ruhen lassen, ausrollen und übereinanderschlagen. Damit den Teig fingerdick ausrollen. Mit einem Teigrädchen Vierecke ausschneiden. In die Mitte eines jeden Teigstückchens einen Teelöffel Marmelade oder Vanillecreme setzen. Die Teigecken in der Mitte wie ein Kuvert zusammenfalten. Man kann auch Windmühlen, Hörnchen und Hahnenkämme aus dem Teig formen und mit Marmelade und Vanillecreme füllen. Mit Abstand auf ein oder zwei gefettete Bleche setzen. Im vorgeheizten Backofen bei starker Mittelhitze (225°) etwa 20 Minuten backen, dann die Hitze reduzieren (190°) und in weiteren 5–10 Minuten goldgelb backen. Mit Puderzucker bestreuen oder mit einem Zuckerguß bestreichen.

Berliner Hefeschnecken

Das Mehl mit dem Salz vermischen und in die Mitte eine Vertiefung drücken. Die Hefe hineinbröckeln und mit der Hälfte der lauwarmen Milch verrühren. Zugedeckt 20 Minuten gehen lassen. Die Butter in der restlichen noch lauwarmen Milch schmelzen lassen und den Zucker und das Ei hinzufügen. Alle Zutaten miteinander verrühren. Den Teig mit dem Knethaken eines Rührgerätes oder mit einem Holzlöffel so lange schlagen, bis er Blasen wirft und sich vom Schüsselboden löst. Zugedeckt an einem warmen Ort 40 Minuten gehen lassen. Den Teig zu einem Rechteck ausrollen und mit der flüssigen Butter bestreichen. Die Rosinen mit dem Orangeat, Zitronat, den Mandeln und dem Zimt gut vermischen und gleichmäßig auf den Teig verteilen. Von der Längsseite her aufrollen und in fingerdicke Scheiben schneiden. Die Schnecken auf ein gefettetes Backblech setzen und zugedeckt noch einmal 20 Minuten gehen lassen. Im vorgeheizten Backofen bei Mittelhitze (200 °) in etwa 20 Minuten garbakken.

Die Aprikosenmarmelade erwärmen und glattrühren. Die noch heißen Schnecken damit bestreichen und sofort mit dem glattgerührten Puderzuckerguß überziehen.

Zubereitungszeit: 30 Minuten
Gehen des Teiges: 80 Minuten
Backzeit: 20 Minuten
Pro Schnecke (1/16):
1470 Joule/350 Kalorien
500 g Mehl, ½ Teelöffel Salz, 30 g Hefe, ¼ l lauwarme Milch, 1 Ei, 100 g Butter, 50 g Zucker, abgeriebene Schale einer halben ungespritzten Zitrone. – Zum Bestreichen: 100 g zerlassene Butter. – Füllung: 100 g Rosinen, je 50 g in kleine Würfel geschnittenes Orangeat und Zitronat, 100 g grob gehackte Mandeln, ½ Teelöffel Zimt. – Butter für das Blech. – 4 Eßlöffel Aprikosenmarmelade. – Guß: 150 g Puderzucker, 3 Eßlöffel Wasser

Berliner Liebesknochen (Eclairs)

Die Berliner haben die feinen französischen Eclairs respektlos in Liebesknochen umgetauft und unter diesem Namen populär gemacht. Der Teig, ein Brandteig, ist übrigens derselbe, wie man ihn für Windbeutel braucht. Man kann das Gebäck anstelle von einer Mokkacreme auch mit Vanillecreme oder Sahne füllen. Auf jeden Fall sollten die saftigen Liebesknochen gleich am Backtag gegessen werden.

Milch und Wasser mit Salz, Butter und Zucker zum Kochen bringen. Von der Kochstelle nehmen. Das Mehl auf einmal in die kochende Flüssigkeit schütten und mit einem Holzlöffel glattrühren. Auf den Herd zurückgeben und weiterrühren, bis sich die Masse als glatter Teig vom Topfboden löst. Den Topf wieder von der Kochstelle nehmen und sofort gründlich mit einem Ei verrühren. Dann nach und nach die Eier unter den Teig rühren. Der Teig muß jedesmal glatt sein, bevor das nächste Ei hinzukommt. Nach der Hinzugabe des letzten Eis nur noch sehr kurz rühren. Den Teig in einen Spritzbeutel mit gezackter breiter Tülle (1,5 cm) füllen. Auf ein mit Butter gefettetes Blech 12 etwa 10 cm lange Streifen spritzen. In den vorgeheizten Backofen schieben und bei Mittelhitze (200 °) in ca. 30 Minuten goldgelb backen. Auf einem Teiggitter abkühlen lassen. Während der Backzeit die Füllung zubereiten. Die Milch mit der aufgeschlitzten Vanillestange zum Kochen bringen und die Vanille wieder herausnehmen. Die Eigelb und den Zucker mit dem elektrischen Schneebesen zu einer dickschaumigen Creme verrühren und das Mehl sowie den löslichen Kaffeepuder hinzufügen. Unter Schlagen mit dem Schneebesen mit der Milch aufgießen. In eine dickwandige Kasserolle gießen und bei leichter Hitze unter ständigem Rühren bis zum Kochen und zum Dickwerden bringen, aber nicht aufkochen lassen. Von der Kochstelle nehmen und den steifgeschlagenen Eischnee sofort unter die heiße Creme rühren. Die Creme mit etwas Zucker bestreut abkühlen lassen.

Für den Guß den gesiebten Puderzucker mit dem Mokka und der zerlassenen Butter in einem Wasserbad zu einem glatten Sirup verrühren.

Das Gebäck einschneiden, so daß es sich aufklappen läßt, aber noch zusammenhält. Die Creme in einen Spritzbeutel füllen und in die Liebesknochen spritzen. Die Oberfläche des Gebäcks mit dem Guß bestreichen und erstarren lassen.

Zubereitungszeit: 1 Stunde
Backzeit: 30 Minuten
Pro Stück (1/12):
1130 Joule/270 Kalorien
⅛ l Milch, ⅛ l Wasser, 1/2 Teelöffel Salz, 1 Eßlöffel Zucker, 75 g Butter, 150 g Weizenmehl, 4 Eier. – Creme: ¼ l Milch, 1 Stückchen aufgeschlitzte Vanille, 3 Eigelb, 75 g Zucker, 20 g Mehl, 2 Eßlöffel löslicher Kaffeepuder, 2 Eiweiß. – Guß: 200 g Puderzucker, 2 Eßlöffel Mokka, 30 g Butter

Leipziger Lerchen

Zubereitungszeit: 45 Minuten
Ruhen des Teiges: 30 Minuten
Backzeit: 35 Minuten
Gesamtmenge:
20240 Joule/4820 Kalorien
Teig: 250 g Weizenmehl, 125 g Butter, 65 g Zucker, 2 Eigelb, 1 Eßlöffel Rum, 1 Prise Salz. – Füllung: 100 g Butter, 200 g Puderzucker, 100 g feingeriebene Mandeln, 10 g feingeriebene bittere Mandeln, 80 g Mehl, 3–4 Eiweiß. – Etwas Aprikosenmarmelade

Das Mehl in eine Schüssel oder auf ein Backbrett geben und die Butter in Flöckchen daraufsetzen. Zucker, Eigelb, Rum und Salz hinzugeben und mit den Händen schnell zu einem glatten Teig verkneten. 30 Minuten in den Kühlschrank stellen. Für die Füllung die Butter und den gesiebten Puderzucker mit einem elektrischen Schneebesen glatt und cremig rühren. Die Mandeln und das Mehl hinzufügen. Die Eiweiß steif schlagen und zuletzt unter die Mandelmasse ziehen. Den Mürbeteig auf einem bemehlten Brett ausrollen und kleine, gut gefettete Tortenförmchen damit füllen. Etwas Teig für die Teigstreifen zurückbehalten. Die Tortenförmchen dünn mit Aprikosenmarmelade bestreichen und bis zu drei Viertel mit der Mandel-Makronenmasse füllen. Auf jede Füllung kreuzweise zwei schmale Teigstreifen geben. Die Leipziger Lerchen in etwa 35 Minuten bei leichter Hitze (180°) im Backofen hellbraun backen.

Schmalzgebäck

Hamburger Apfelpfannkuchen (Appelkauken)

Zubereitungszeit: 1½ Stunden
Gehen des Teiges: 20 Minuten
Backzeit: 20 Minuten
Pro Pfannkuchen (1/24):
970 Joule/230 Kalorien
500 g Weizenmehl, 30 g Hefe, ⅛ l lauwarme Milch, ½ Teelöffel Salz, 100 g Butter, 60 g Zucker, 4 Eier. – 1 kg säuerliche, reife Äpfel, 1 Eßlöffel Rum, etwas Zucker. – Schmalz zum Ausbacken. – Zucker und Zimt zum Bestreuen

Apfelkuchen sind schmalzgebackene Pfannkuchen, die höchst appetitlich mit kleinen saftigen Apfelwürfeln versetzt sind. In Hamburg gehören sie zum Silvesterabend und man trinkt Punsch dazu.

Das Mehl mit dem Salz vermischen und in die Mitte eine Vertiefung drükken. Die Hefe hineinbröckeln und mit der Hälfte der Milch verrühren. Zugedeckt 20 Minuten gehen lassen. Die Butter in der restlichen, noch lauwarmen Milch schmelzen lassen und an den Teig geben. Zucker und die verquirlten Eier hinzufügen. Alle Zutaten miteinander verrühren und mit dem Knethaken eines Handrührgerätes oder einer Küchenmaschine so lange schlagen, bis der Teig Blasen wirft und sich vom Schüsselboden löst. Den Teig zugedeckt an einem warmen Ort aufgehen lassen. Die Äpfel schälen, vom Kernhaus befreien und in Würfel schneiden. Rum und Zucker darübergeben. Die Früchte etwas durchziehen lassen und dann unter den gut aufgegangenen Hefeteig mischen. Das Backfett erhitzen. Mit 2 Eßlöffeln 24 kleine Klöße abstechen und in dem heißen Fett schwimmend goldbraun backen. Die Apfelpfannkuchen zum Abtropfen auf ein Sieb geben und noch heiß in Zucker und Zimt wenden.

Bayerische Küchelн (Auszog'ne Kirchweihnudeln)

Zubereitungszeit: 1 Stunde
Gehen des Teiges: 30 Minuten
Pro Küchle (1/12):
1220 Joule/290 Kalorien
500 g Weizenmehl, 30 g Hefe, ⅜ l Milch, 1 gehäufter Eßlöffel Zucker, 1 gestrichener Teelöffel Salz, 30 g Butter, 100 g Rosinen. – Butterschmalz zum Ausbacken.

Das Mehl mit dem Salz vermischen und in die Mitte eine Vertiefung drücken. Die Hefe hineinbröckeln und mit der Hälfte der lauwarmen Milch verrühren. Zugedeckt 20 Minuten gehen lassen. Die Butter in der restlichen, noch lauwarmen Milch schmelzen lassen und den Zucker hinzufügen. Alle Zutaten miteinander verrühren. Den Teig mit den Knethaken einer Küchenmaschine oder mit einem Holzlöffel so lange schlagen, bis er Blasen wirft und sich vom Schüsselboden löst. Zum Schluß die Rosinen gründlich mit dem Teig vermischen. Den Hefeteig in 12 gleichmäßige Stücke teilen und Kugeln daraus formen. Die Teigkugeln auf ein bemehltes Backbrett legen und mit einem angewärmten Tuch bedeckt 10 Minuten gehen lassen. Die Finger in flüssige Butter tauchen und die Teigkugeln vorsichtig so ausziehen, daß sie in der Mitte durchscheinend sind und einen dicken Rand haben. Das Ausbackfett auf etwa 160° erhitzen. Die Kücheln vorsichtig nacheinander in das heiße Fett legen und von beiden Seiten goldbraun backen. Beim Wenden darauf achten, daß kein Fett in die Mitte kommt. Das »Fenster« soll nämlich hell bleiben. Mit Puderzucker bestäuben.

Berliner Pfannkuchen (Faschingskrapfen)

Das Mehl mit dem Salz vermischen und in die Mitte eine Vertiefung drücken. Die Hefe hineinbröckeln und mit der Hälfte der Milch verrühren. Zugedeckt an einem warmen Ort 20 Minuten gehen lassen. Die Butter in der restlichen noch lauwarmen Milch schmelzen lassen und an den Teig geben. Zucker, Zitronenschale, Rum und die Eigelb hinzufügen. Mit dem Knethaken eines Handrührgerätes oder einer Küchenmaschine so lange schlagen, bis der Teig Blasen wirft und sich vom Schüsselboden löst. Den Teig zugedeckt an einem warmen Ort aufgehen lassen. Dann den Hefeteig auf einem bemehlten Brett nicht zu dünn ausrollen und auf der einen Teighälfte Kreise mit einem Glas markieren. In die Mitte eines jeden Kreises 1 Teelöffel Gelee oder Marmelade geben. Die zweite Teighälfte darüberfalten. Mit dem Glas um die Marmeladenhäufchen, die sich auf dem Teigdeckel abzeichnen, Kreise ausstechen, dabei die Ränder fest zusammendrücken. Die Pfannkuchen mit der Unterseite nach oben auf einem bemehlten Brett in etwa 30 Minuten um das Doppelte ihres Umfanges aufgehen lassen. Das Ausbackfett auf 170° erhitzen. Die Pfannkuchen, mit der Oberseite zuerst, in dem heißem Fett schwimmend von beiden Seiten goldbraun backen. Das Gebäck zum Abtropfen auf ein Sieb geben. Sofort entweder in Zucker wenden oder mit Puderzucker bestreuen oder die Oberseite mit Rumzuckerguß bestreichen.

Zubereitungszeit: 45 Minuten
Gehen des Teiges: 1 Stunde 30 Minuten
Backzeit: 10 Minuten
Pro Pfannkuchen (1/12):
1135 Joule/270 Kalorien
500 g Weizenmehl, 30 g Hefe, knapp ¼ l lauwarme Milch, ½ Teelöffel Salz, 60 g Zucker, 100 g Butter, 3 Eigelb, abgeriebene Schale einer halben Zitrone, 1 Eßlöffel Rum. – Füllung: Festes Gelee oder Marmelade. – Ausbackfett. – Zucker zum Wenden oder Puderzucker zum Bestreuen oder Rumzuckerguß aus 150 g Puderzucker und 2 Eßlöffel Rum

Rheinische Mutzenmandeln

Das Mehl mit dem Backpulver, Zucker, Salz und der Zitronenschale vermischt in eine Schüssel geben. In die Mitte eine Vertiefung drücken und das Eigelb und die saure Sahne hineingeben. Die Butter in Flöckchen auf das Mehl setzen. Alle Zutaten schnell zu einem mittelfesten Mürbeteig verkneten. ½ Stunde in den Kühlschrank stellen und dann 1 cm dick ausrollen. Mit einer Mutzenmandelform Mandeln ausstechen. Das Ausbackfett auf 180° erhitzen. Die Mutzenmandeln in dem heißen Fett von beiden Seiten goldbraun backen. Das Gebäck mit einer Schaumkelle herausnehmen, auf einem Küchenpapier gut abtropfen lassen und in Puderzucker oder Streuzucker wenden.

Zubereitungszeit: 40 Minuten
Ruhen des Teiges im Kühlschrank: 30 Minuten
Backzeit: 20 Minuten
Pro 3 Mutzenmandeln:
250 Joule/60 Kalorien
375 g Weizenmehl, 2 gestrichene Teelöffel Backpulver, 3 Eigelb, 60 g Zucker, 100 g Butter, 50 g geriebene Mandeln, abgeriebene Schale einer halben Zitrone, 1 Prise Salz, 2–3 Eßlöffel saure Sahne. – Ausbackfett. – Puderzucker oder Streuzucker zum Wenden

Eberswalder Spritzkuchen (Strauben)

Das Wasser mit Salz und der Butter aufkochen lassen. Das gesiebte Mehl auf einmal hinzuschütten und mit einem Holzlöffel so lange rühren, bis sich der Teig vom Topfboden löst. Von der Kochstelle nehmen und sofort ein Ei gründlich mit dem Teig verrühren. Den Teig in eine Rührschüssel schütten und nacheinander mit Hilfe eines elektrischen Schneebesens die restlichen Eier mit der Teigmasse vermischen. Das nächste Ei immer erst dann an den Teig geben, wenn der Teig völlig mit dem vorhergehenden vermischt ist. Den Brandteig in einen Spritzbeutel oder in eine Spritztülle füllen. Das Ausbackfett auf 180° erhitzen. Ringe auf ein gefettetes Pergamentpapier spritzen und diese sofort, mit der Oberseite nach unten, vorsichtig mit dem Papier in das heiße Fett geben. Wenn die Teigringe sich vom Papier gelöst haben, dieses herausnehmen und die Spritzkuchen von beiden Seiten goldgelb backen. Für den Guß den gesiebten Puderzucker mit der Flüssigkeit so lange verrühren, bis der Guß glatt und glänzend ist. Besonders fein schmeckt es, wenn man die Oberseite der Spritzkuchen mit einer ganz dünnen Schicht heißer Aprikosenmarmelade überzieht und dann erst den Guß darübergibt. Das Gebäck auf einem Küchenpapier gut abtropfen lassen und sofort mit dem Zuckerguß überziehen.

Zubereitungszeit: 40 Minuten
Backzeit: ca. 20 Minuten
Pro Spritzkuchen (1/12):
970 Joule/230 Kalorien
¼ l Wasser, 1 Prise Salz, 50 g Butter, 150 g Weizenmehl, 4–5 Eier. – Ausbackfett. – Guß: 150 g Puderzucker, 1 Eßlöffel Rum, 1–2 Eßlöffel Wasser

Farbaufnahme Seite 239

Der bunte Teller

Was wäre Weihnachten ohne den mit Honigkuchen, Keksen, Marzipan, Äpfeln und Nüssen gefüllten bunten Teller, der in solcher Reichhaltigkeit wohl nur in Deutschland auf dem Gabentisch steht. Und wie das alles seine Tradition hat. Den ältesten Stammbaum hat der gewürzduftende Honigkuchen, und er war keineswegs immer ein Weihnachtskuchen. In den Klöstern, wo so manches Rezept unserer Kochkunst seinen Anfang nahm, buken die Mönche schon vor über 1000 Jahren Honigkuchen in vielerlei Form. Da man Zucker damals noch nicht kannte, war es die einzige Möglichkeit, sich ein herzhaftes süßes Gebäck zu verschaffen. Als dann über die alten Handelsstraßen die Gewürze aus Asien nach Europa kamen, griff man freudig zu den Gewürztöpfen, um die langweiligen Honigkuchen mit Pfeffer, Ingwer, Zimt und Nelken zu würzen und nannte sie dann auch Pfefferkuchen, weil Pfeffer als das kostbarste aller Gewürze galt. Kein Wunder, daß sich in Nürnberg, dem Hauptumschlagsplatz des deutschen Gewürzhandels, zuerst neben den Bäckern die Zunft der Lebzelter bildete, die ihre Lebzelten mit Mandeln und Nüssen verfeinerten und so gute Rezepte herausfanden, daß die berühmten Nürnberger Lebkuchen noch heute danach gebacken werden. Die Honigbäckerei hörte erst auf, als der Rübenzucker im eigenen Lande hergestellt wurde, denn der inzwischen aufgetauchte westindische Rohrzucker war für die bürgerlichen Haushalte unerschwinglich geblieben. Nun begann die feinere Bäckerei und die Konditorkunst aufzublühen, auch die Hausbäckerei nahm ihren Anfang, und die Honigkuchen blieben der Weihnachtszeit vorbehalten. Das so überaus beliebte Marzipan hat ebenfalls eine lange Vergangenheit. Dieses ehemals orientalische Konfekt muß eine der Hansekoggen von Venedig mit nach Lübeck gebracht haben, denn in Venedig war es schon jahrhundertelang als Leckerei für die Reichen bekannt gewesen. In Lübeck wurde und wird – früher auch in Königsberg – diese wohlschmeckende Mandel-Zucker-Mischung zu Broten, Früchten und Konfekt geformt. Selbst zubereitet, vor allem das Königsberger Marzipan, oder fertig gekauft, darf es auf einem richtigen bunten Teller nicht fehlen. Und dann gibt es auf diesem Weihnachtsteller vor allem die vielen kleinen Weihnachtskekse mit ihrem feinen Duft nach Butter, Gewürzen und Honig, die nach alten Familienrezepten gebacken werden: braune Kuchen, weiße Kuchen, Liegnitzer Bomben und rheinischer Spekulatius, Zimtsterne, Frankfurter Brenten, Nürnberger Springerle und pommersche Pfeffernüsse. Diese Namen sind natürlich nur die Spitze des Eisbergs – bei uns zu Hause wurden jedes Jahr mindestens 20 verschiedene Sorten Weihnachtsgebäck gebacken. Aber die blieben bis Weihnachten streng unter Verschluß. In der Adventszeit gab es nur die Thorner Katharinchen, ein einfaches Honiggebäck, aus dessen Teig auch das vielgeliebte Pfefferkuchenhaus zusammengebaut wurde. Welch unvergeßlicher Genuß war dann am Heiligen Abend der wunderbare bunte Teller mit den Weihnachtskeksen, an dessen Herstellung man so lebhaften Anteil genommen hatte. Die Weihnachtsbäckerei mit dem immer wieder zitierten Duft von Honig, Zimt, Nelken und anderen fremden Gewürzen, der dabei durchs Haus zieht, gehört wohl für alle Kinder zu den unvergeßlichen Kindheitserinnerungen. Den schweren Pfefferkuchen mußte der Vater frühzeitig durchkneten, weil die alten Triebmittel, Hirschhornsalz und Pottasche, einige Wochen auf den Teig einwirken mußten, bevor er richtig von allen Gewürzen durchzogen war. Und beim Backen bekam jedes Kind sein Stückchen Teig, das es selbst ausrollen, ausstechen, backen und mit Zuckerguß verzieren durfte. Ich glaube, in dieser Zeit wird die spätere Freude am Backen bereits geweckt, und mir tun alle Kinder leid, deren Mütter die Weihnachtskekse bereits fertiggebacken für den bunten Teller einkaufen. Ich habe Ihnen jedenfalls hier meine Lieblingsrezepte für Weihnachtskekse aufgeschrieben – auch wenn der Platz bei weitem nicht für alle reicht.

Bayerische Butterbrote

Butter, Zucker und Eier mit einem elektrischen Schneebesen so lange schlagen, bis die Masse dickschaumig ist. Schokolade und Mandeln hinzugeben. Zum Schluß das gesiebte Mehl unter die Schaummasse rühren. Den Teig gut durchkneten und zu zwei Rollen von 2–3 cm Durchmesser formen. Die Teigrollen mindestens 30 Minuten kalt stellen. Dann die Rollen in zweimesserrückendicke Scheiben schneiden und etwas nachformen, um dem Gebäck eine längliche Brotscheibenform zu geben. Auf ein mit Backfolie ausgelegtes Blech setzen und die Kekse bei schwacher Mittelhitze (180°) in etwa 12–15 Minuten gar backen. Für den Guß den gesiebten Puderzucker mit den Eigelb und den Zitronensaft gründlich zu einer cremig glänzenden Masse verrühren. Nach dem Erkalten das Gebäck mit dem Eigelbguß bestreichen und mit den Pistazienstreifen bestreuen. Die fertigen Butterbrote in dem noch warmen, aber nicht mehr beheizten Backofen abtrocknen lassen.

Zubereitungszeit: 45 Minuten
Ruhen des Teiges: 30 Minuten
Backzeit: Pro Blech
12–15 Minuten
Gesamtmenge der Kekse:
33 100 Joule/7880 Kalorien
160 g Butter, 280 g feiner Grießzucker, 2 Eier, 240 g geriebene Schokolade, 240 g geschälte, feingeriebene Mandeln oder Haselnüsse, 250 g Weizenmehl. – Eigelbguß: 200 g Puderzucker, 2 Eigelb, 2 Teelöffel Zitronensaft. – 30 in feine Streifen geschnittene Pistazienkerne

Hamburger braune Kuchen

Als Pendant zu den »braunen Kuchen« gibt es in Hamburg in gleicher Form auch »weiße Kuchen«, die ebenfalls mit Kardamom und Zimt gewürzt, aber ohne Sirup gebacken werden. Die Kinder essen gerne Schwarzbrot mit Butter bestrichen und mit einem braunen Kuchen belegt.

Sirup, Fett und Zucker miteinander erwärmen und die Masse wieder abkühlen lassen. Dann nach und nach die übrigen Zutaten hinzufügen. Zum Schluß das mit Backpulver gesiebte Mehl an die Sirupmasse geben. Den Teig gut durchkneten, dünn ausrollen und Vierecke oder mit verschiedenen Förmchen Figuren ausstechen. Jeden Kuchen in der Mitte mit einer halbierten Mandel oder einem Stückchen Sukkade belegen. Auf ein mit Backfolie ausgelegtes Backblech setzen und im Backofen bei Mittelhitze (200°) in etwa 8–10 Minuten gar backen.

Zubereitungszeit: 1 Stunde
Backzeit pro Blech:
8–10 Minuten
Gesamtmenge der Kekse:
11 780 Joule/2800 Kalorien
200 g Rübensirup, 65 g Butter oder Schmalz, 65 g Zucker, je 30 g feingeschnittenes Zitronat und Orangeat, feingeschnittene Schale einer halben Zitrone, 30 g gehackte Mandeln, 5 g gestoßener Zimt, 375 g Weizenmehl, ½ Päckchen Backpulver. – 50 g halbierte Mandeln oder Sukkade

Elisenlebkuchen

Die feinsten aller Nürnberger Lebkuchen sind die Elisenlebkuchen. Es gibt zahlreiche Varianten dieses edlen Weihnachtsgebäcks. Auf jeden Fall gehört an Elisenlebkuchen keinerlei Mehl; die Bindung des Teiges besteht aus gehackten Mandeln oder Nüssen. Je nach Geschmack kommen als Gewürze noch Ingwer, Kardamom und Muskatblüten hinzu. Auch das Backen auf Oblaten ist obligatorisch. Der weiße Guß kann mit Zitronensaft oder Rum zubereitet werden, aber auch ein Überzug mit einer Schokoladenglasur ist beliebt.

Eier, Zucker und Vanillezucker in einer Schüssel in einem Wasserbad mit dem elektrischen Schneebesen so lange schlagen, bis eine dickschaumige Creme entstanden ist. Mandeln, Gewürze, Zitronat und Orangeat hinzufügen und alle Zutaten gut durchmischen. Die Masse etwa 1,5 cm dick auf runde Oblaten streichen. Einen schmalen Rand freilassen, da der Teig beim Backen auseinanderläuft. Mit je 3 halbierten Mandeln verzieren. Die Elisenlebkuchen im vorgeheizten Backofen bei leichter Hitze (180°) in etwa 20–25 Minuten garbacken, die Lebkuchen sollen nach dem Backen innen noch leicht feucht sein.

Für den Guß den Puderzucker mit dem Rum so lange rühren, bis der Guß glatt und glänzend ist. Die Elisenlebkuchen noch warm ganz dünn damit überziehen. Nach dem Erkalten in einer Blechdose aufheben.

Zubereitungszeit: 30 Minuten
Backzeit pro Blech: (1/15)
20–25 Minuten
Pro Stück:
1010 Joule/240 Kalorien
3 Eier, 250 g Zucker, 1 Eßlöffel echter Vanillezucker, 250 g geschälte feingehackte Mandeln, ½ Teelöffel Nelken, 6 g Zimt, abgeriebene Schale einer Zitrone, je 70 g feingeschnittenes Zitronat und Orangeat, 12–15 Oblaten (8–10 cm ∅). – Zum Belegen: halbierte Mandeln. – Guß: 150 g Puderzucker und 2 Eßlöffel Rum

Frankfurter Brenten

Zubereitungszeit: 20 Minuten
Teig über Nacht trocknen lassen
Backzeit: 15 Minuten
Gesamtmenge der Brenten: 11600 Joule/2760 Kalorien
500 g Marzipanrohmasse, 120 g Puderzucker, 1 Eiweiß, 20 g Weizenmehl. – Rosenwasser zum Bestreichen

Die Marzipanrohmasse mit dem gesiebten Puderzucker, dem Eiweiß und dem Mehl zu einem glatten Teig verkneten. Den Teig auf einem bemehlten Backbrett 1 cm dick ausrollen. Die Brentenformen daraufdrücken und die Figuren herausschneiden. Ein Backblech mit Backfolie auslegen und die Brenten daraufgeben. Das Gebäck über Nacht abtrocknen lassen. Am nächsten Tag bei schwacher Mittelhitze (160 °) im vorgeheizten Backofen in 15 Minuten hellbraun backen. Die abgekühlten Brenten mit Rosenwasser bestreichen.

Friesenkuchen

Zubereitungszeit: 30 Minuten
Ruhen des Teiges: 30 Minuten
Backzeit pro Blech: 12–15 Minuten
Gesamtmenge der Kekse: 10800 Joule/2570 Kalorien
250 g Weizenmehl, 120 g Butter, 140 g Zucker, 1 Eßlöffel echter Vanillezucker, 1 Ei, 1 Eiweiß, Hagelzucker

Die Friesenkuchen mit dem appetitlichen Knusperrand sind so recht das passende Gebäck zu einer Teestunde nach Friesenart mit dunkelrotem Tee, Kandis und Sahne.

Das Mehl in eine Schüssel oder auf ein Backbrett geben und die Butter in Flöckchen daraufsetzen. Den Zucker, Vanillezucker und das Ei hinzugeben und mit den Händen schnell zu einem glatten Teig verkneten. 30 Minuten in den Kühlschrank stellen. Den Teig zu einer Rolle formen und in ½ cm dicke Scheiben schneiden. Die Plätzchen auf ein mit Backfolie ausgelegtes Backblech setzen und bei schwacher Mittelhitze (180 °) in etwa 12–15 Minuten hellgelb backen. Die Friesenkuchen mit den Rändern noch heiß in Eiweiß, dann in Hagelzucker wenden und trocknen lassen.

Heidesand

Zubereitungszeit: 40 Minuten
Ruhen des Teiges: 30 Minuten
Backzeit pro Blech: 10 Minuten
Gesamtmenge der Kekse: 14950 Joule/3550 Kalorien
200 g Butter, 200 g Zucker, 1 Eßlöffel echter Vanillezucker, 1 Prise Salz, 1 Eßlöffel Sahne, 300 g Mehl, 2 Teelöffel Backpulver

Heidesand soll, getreu seinem Namen, leicht sandig im Mund zergehen. Das bewirkt die gebräunte Butter, die für die Zubereitung verwendet wird. Statt den Teig zu Rollen zu formen und dann in Scheiben zu schneiden, kann man auch mit 2 Teelöffeln kleine Stückchen abstechen und auf das Blech setzen.

Die Butter in einer Pfanne gut bräunen, aber nicht schwarz werden lassen. Das Fett in einer Schüssel erkalten lassen. Dann mit dem Zucker, Vanillezucker, Salz und der Sahne mit einem elektrischen Schneebesen zu einer glatten Creme verrühren. Das Mehl mit dem Backpulver sieben und nach und nach mit der Crememasse verrühren, zum Schluß den festen Teig verkneten. Den Teig zu 2 Rollen von 3 cm Ø formen. Jede Rolle in Pergamentpapier einwikkeln und 30 Minuten in den Kühlschrank legen. In ½ cm dicke Scheiben schneiden und auf ein mit Backfolie ausgelegtes Backblech legen. Im Backofen bei mittlerer Hitze (200 °) in etwa 10 Minuten hellgelb backen.

Lörracher Schokoladenmuscheln (Bärentatzen)

Zubereitungszeit: 30 Minuten
1 Nacht trocknen lassen
Backzeit: 15–20 Minuten
Gesamtmenge des Gebäcks: 12850 Joule/3060 Kalorien
3 Eiweiß, 250 g Zucker, 250 g geriebene Mandeln, 70 g geriebene Schokolade, 1 Eßlöffel echter Vanillezucker. – Feiner Zucker zum Wenden und für die Förmchen.

Für die saftigen Schokoladenmuscheln braucht man kleine Spezialförmchen, die in jedem Haushaltsgeschäft zu haben sind.

Die Eiweiß mit dem elektrischen Schneebesen zu steifem Schnee schlagen. Den Zucker unter ständigem Weiterschlagen nach und nach hinzufügen. Mandeln, Schokolade und Vanillezucker unter die Schaummasse rühren. Kugeln aus dem Teig drehen, in feinem Zucker wenden und in mit Zucker ausgestreute Muschelförmchen drücken. Die Muscheln dann wieder aus den Formen klopfen und zum Abtrocknen über Nacht auf ein Backbrett legen. Das Konfekt am nächsten Tag auf ein mit Backfolie ausgelegtes Backblech setzen und im vorgeheizten Backofen bei schwacher Hitze (140 °) in etwa 15–20 Minuten gar bakken.

Königsberger Marzipan

Die Mandeln schälen, trocknen und zwei- bis dreimal durch die Mandelmühle geben. Den gesiebten Puderzucker hinzufügen und dieses Gemisch noch zweimal durch die Mandelmühle drehen oder die Masse im Mörser glattstoßen. Den Teig unter Zugabe von Rosenwasser und Zitronensaft eine Weile kräftig mit den Händen durchkneten. Einige Stunden ruhen lassen. Die Marzipanmasse auf einem mit Puderzucker bestreuten Brett ½ cm dick ausrollen und den Teig teilen. Aus der einen Teighälfte einfache Formen, z. B. Herzen, Vierecke, Kreise, Halbmonde ausstechen. Das andere Teigstück in ½ cm breite Streifen schneiden. Die Ränder der ausgestochenen Formen mit Rosenwasser bestreichen und mit aufgelegten Marzipanstreifen belegen. Die Streifen mit einer Spicknadel einkerben. Das Marzipan auf ein mit Backfolie ausgelegtes Blech legen und nur bei Oberhitze oder auf der obersten Schiene des Backofens bei schwacher Hitze (130 °) in etwa 12–15 Minuten goldgelb backen. Das Gelee glattrühren und in die Vertiefungen geben, die durch das Auflegen der Streifen entstanden sind. Den glattgerührten Zitronenguß hauchdünn nur über das Gelee streichen. Trocknen lassen.

Zubereitungszeit: 1½ Stunden
Ruhen des Marzipans: einige Stunden
Backzeit: 12–15 Minuten
Gesamtmenge des Gebäcks: 15 200 Joule/3620 Kalorien

250 g Mandeln,
250 g Puderzucker, 3 Eßlöffel Rosenwasser, Saft einer halben Zitrone. – Etwas Rosenwasser zum Bestreichen. – Etwa 150 g festes Johannisbeergelee, kandierte Früchte. – Zitronenguß aus 150 g Puderzucker, 1 Eßlöffel Zitronensaft, 1 Eßlöffel Rosenwasser

Liegnitzer Bomben

Das Originalrezept für die Liegnitzer Bomben enthält anstelle von Backpulver 15 g Pottasche, in 2 Eßlöffel Rosenwasser aufgelöst. Ich habe bei der Verwendung von Backpulver anstelle von Pottasche keinen Geschmacksunterschied feststellen können.

Honig, Zucker und Butter langsam miteinander erwärmen, bis sich alle Zutaten aufgelöst haben. Die Masse in eine Rührschüssel geben. Nach dem Abkühlen mit dem elektrischen Schneebesen nach und nach Eier und Gewürze mit der Honigmasse gründlich verrühren und dann löffelweise das mit Backpulver gesiebte Mehl, das Rosenwasser und den Kakao dazugeben. Zum Schluß den Teig mit den Korinthen, Mandeln und Zitronat vermischen. Gefettete Bombenformen oder kleine Konservendosen ohne Boden bis zur Hälfte mit Teig füllen, auf ein gefettetes Blech setzen und das Gebäck im vorgeheizten Backofen bei schwacher Mittelhitze (190 °) in etwa 20–30 Minuten gar backen. Das Gebäck vorsichtig aus den Formen nehmen. Die Aprikosenmarmelade mit Wasser glattrühren, erhitzen und dünn auf die erkalteten Bomben streichen. Die Liegnitzer Bomben dick mit erwärmter Schokoladencouverture überziehen.

Zubereitungszeit: 1 Stunde
Backzeit: 20–30 Minuten
Pro Gebäckstück (1/20): 1720 Joule/410 Kalorien

400 g Honig, 250 g Zucker, 125 g Butter oder Schweineschmalz, 5 Eier, 1 Prise Kardamom, 2 g Nelkenpulver, 5 g Zimt, 500 g Weizenmehl, 1 Päckchen Backpulver, 50 g Kakao, 2 Eßlöffel Rosenwasser, 125 g Korinthen, 125 g gehackte Mandeln, 150 g feingewiegtes Zitronat. – 200 bis 300 g Aprikosenmarmelade, etwa 2 Eßlöffel Wasser. – Butter für die Förmchen. – Schokoladencouverture zum Beziehen

Feines Göttinger Teegebäck

Man kann für das feine Teegebäck jeweils 2 Kekse mit etwas glattgerührtem Johannisbeergelee zusammensetzen und mit einer dünnen Glasur aus Zitronen- oder Rumguß überziehen, aber ich finde, daß der feine Buttergeschmack des Gebäcks am besten herauskommt, wenn man die mürben Kekse »pur« genießt.

Das Mehl in eine Schüssel oder auf ein Backbrett geben und in die Mitte eine Vertiefung drücken, die Eigelb hinzufügen. Die Butter in Flöckchen auf das Mehl setzen, Zucker, Mandeln und Gewürze hinzugeben und alles mit den Händen schnell zu einem glatten Teig verarbeiten. 30 Minuten in den Kühlschrank stellen. Den Teig auf einem bemehlten Backbrett messerrückendick ausrollen. Runde Plätzchen ausstechen und auf einem mit Backfolie ausgelegten Blech im vorgeheizten Backofen in etwa 10 Minuten goldgelb backen.

Zubereitungszeit: 30 Minuten
Ruhen des Teiges: 30 Minuten
Backzeit pro Blech: ca. 10 Minuten
Gesamtmenge der Kekse: 18 560 Joule/4420 Kalorien

250 g Weizenmehl, 150 g Butter, 100 g Zucker, 2 Eigelb, 120 g geriebene Mandeln, 1 Eßlöffel echter Vanillezucker, einige Tropfen Rum, etwas abgeriebene Zitronenschale

Muttis Pfefferkuchen

Zubereitungszeit: 1½ Stunden
Backzeit: pro Blech
20 Minuten
Gesamtmenge des Gebäcks:
22720 Joule/5410 Kalorien
200 g Rübensirup,
175 g Bienenhonig,
65 g Zucker, 100 g Butter oder Schmalz, 500 g Weizenmehl,
¾ Päckchen Backpulver,
15 g Zimt, 10 g Nelkenpulver,
5 g Kardamom,
10 g Ingwerpulver, je 50 g sehr feingeschnittenes Zitronat und Orangeat, 150 g feingeschnittene Mandeln. – Guß:
150 g Puderzucker, 2 Eßlöffel Rum. – Mandeln, Nüsse und Orangeat zum Garnieren

Sirup, Honig, Zucker und Fett in einem Topf miteinander erwärmen. Die Masse wieder abkühlen lassen. Das Mehl mit dem Backpulver vermischen und die Gewürze sowie Zitronat, Orangeat und Mandeln daruntermischen. Die Mehlmischung unter die Sirupmasse rühren und den schweren Teig mit den Händen sehr gründlich verkneten. Den Teig auf einem bemehlten Brett dünn ausrollen. Mit nicht zu kleinen Formen Figuren ausstechen. Auf ein mit Backfolie ausgelegtes Backblech geben und im vorgeheizten Backrohr bei schwacher Mittelhitze (180°) in etwa 20 Minuten gar backen. Für den Guß den gesiebten Puderzucker mit dem Rum verrühren, bis er dicklich und glänzend ist. Auf jeden Pfefferkuchen in die Mitte einen Tupfer Guß setzen und eine Mandel, eine Nuß oder ein Stück Orangeat hineindrücken.

Diese würzigen Pfefferkuchen sind ein so köstlicher Gegensatz zu den vielen süßen Keksen, daß bei uns Weihnachten ohne Muttis Pfefferkuchen gar nicht richtig Weihnachten wäre.

Thorner Katharinchen

Zubereitungszeit: 30 Minuten
Ruhen des Teiges: 1 Woche
Backzeit pro Blech:
ca. 15 Minuten
Gesamtmenge des Gebäcks:
27720 Joule/6600 Kalorien
500 g Honig, 500 g Zucker,
4 Eier, 1 Eßlöffel Zimt,
1 Teelöffel Nelkenpulver,
1 Messerspitze Kardamom,
10 bittere gehackte Mandeln,
750 g Weizenmehl, 2 Teelöffel Hirschhornsalz, 2 Teelöffel Pottasche, in etwas warmem Wasser aufgelöst

Bei uns zu Hause fing die Weihnachtszeit eine Woche vor dem 1. Advent an, wenn der Teig für die Thorner Katharinchen zusammengeknetet wurde. Der Teig, mit Hirschhornsalz und Pottasche angesetzt, mußte eine Woche ruhen, bevor er rechtzeitig zum 1. Advent ausgerollt werden konnte. Aus diesem Teig wurde bei uns auch immer ein Pfefferkuchenhaus zusammengebastelt.

Honig und Zucker zusammen aufkochen und wieder abkühlen lassen. Die Eier mit den Gewürzen mit einem elektrischen Schneebesen schaumig schlagen. Die Mandeln hinzufügen. Den Honig nach und nach unter die Schaummasse rühren. Das Mehl mit dem Hirschhornsalz vermischen und an die Honigmasse geben. Den Teig gut mit den Händen durchkneten und erst am Schluß die aufgelöste Pottasche mit dem Teig vermischen. Der Honigkuchenteig soll eine Woche zugedeckt an einem warmen Ort stehen, bevor er gebacken wird. Den Teig halbfingerdick ausrollen und mit Katharinchenformen oder anderen Ausstechformen Kekse ausstechen. Auf ein mit Backfolie ausgelegtes Blech geben und im vorgeheizten Backofen bei mittlerer Hitze (200°) in etwa 15 Minuten gar backen. Man kann die Katharinchen mit einem Zuckerguß überziehen.

Zimtsterne

Zubereitungszeit: 40 Minuten
Backzeit: 25 Minuten
Gesamtmenge der Zimtsterne:
11530 Joule/2745 Kalorien
4 Eiweiß, 250 g Puderzucker,
350 g Mandeln oder Haselnüsse, 8 g Zimt,
50 g Puderzucker zum Ausrollen

Für die Zubereitung der Zimtsterne sollte man die Mandeln erst unmittelbar vor der Herstellung des Teiges fein wiegen (das geht in der Küchenmaschine) oder auf der Mandelmühle reiben. Fertig gekaufte geriebene Mandeln haben schon einen Teil ihres Aromas verloren. Zum Bestreichen der Sterne nimmt man am besten ein Küchenmesser. Zimtsterne sollen nach dem Backen innen noch weich sein.

Die Eiweiß mit dem elektrischen Schneebesen zu sehr steifem Schnee schlagen. Den Puderzucker sieben und unter den Eischnee rühren. Die Eiweißmasse mit dem Zucker weiterschlagen, bis ein baiserartiger Schaum entsteht. 4 Eßlöffel von der Eiweißmasse für die Glasur abnehmen. Die Mandeln oder Nüsse fein reiben und mit dem Zimt unter die restliche Masse mischen. Ein Backbrett mit Puderzucker besieben und den Teig darauf 1 cm dick ausrollen. Wenn er zu sehr klebt, noch einige gehackte Mandeln oder Nüsse hinzufügen. Sterne ausstechen und auf ein mit Backfolie ausgelegtes Blech geben. Sorgfältig mit der Glasur bestreichen. Bei schwacher Hitze (140°) in etwa 25 Minuten trocknen lassen. Die Zimtsterne sollen nach dem Backen innen noch weiß sein.

Dresdner Christstollen

Das Mehl mit dem Salz vermischen und in die Mitte eine Vertiefung drücken. Die Hefe hineinbröckeln und mit der Hälfte der Milch verrühren. Zugedeckt 20 Minuten gehen lassen. Die Butter in der restlichen, noch warmen Milch schmelzen lassen und an den Teig geben. Alle Zutaten miteinander verrühren und den Teig dann mit dem Knethaken einer Küchenmaschine oder mit einem Holzlöffel so lange schlagen, bis er Blasen wirft und sich vom Schüsselboden löst. Zugedeckt an einem warmen Ort 1–1½ Stunden gehen lassen. Dann Mandeln, Zitronat und gewaschene, getrocknete und gemehlte Rosinen unter den Teig kneten. Den Stollenteig zu einer runden Platte ausrollen und von beiden Seiten so übereinanderschlagen, daß eine Stollenform entsteht. Den Stollen leicht zusammendrücken. Man kann aus dieser Teigmenge übrigens auch gut zwei Stollen backen. Ich stelle den geformten Stollen über Nacht kalt, damit er beim Backen nicht auseinanderläuft. Den Stollen nach nochmaligem Aufgehen im stark vorgeheizten Backofen bei schwacher Mittelhitze (190 °) in 1–1½Stunden schön braun backen. Noch warm mit der Hälfte der zerlassenen Butter bestreichen, die Hälfte des gesiebten Puderzuckers darübersieben und diesen Vorgang nach 5 Minuten noch einmal wiederholen.

Zubereitungszeit: 2 Stunden
Teig über Nacht ruhen lassen
Backzeit: 1½ Stunden
Gesamtmenge des Stollens:
49 180 Joule/11 710 Kalorien
1 kg Weizenmehl, 40 g Hefe, ¼ l lauwarme Milch, 1 Teelöffel Salz, 2 Eigelb, 250 g Butter, 150 g Schweineschmalz oder ausgelassenen Kalbsnierentalg, 150 g Zucker, etwas abgeriebene Zitronenschale, 200 g gehackte Mandeln, 10 g gehackte bittere Mandeln, 125 g feingeschnittenes Zitronat, 500 g Rosinen. – 150 g zerlassene Butter zum Bestreichen, 150 g Puderzucker zum Bestreuen

Schwäbisches Hutzelbrot

Die Hutzeln und die Backpflaumen einige Stunden einweichen. Die Feigen in warmem Wasser waschen, den Stiel entfernen. Die Hutzeln und Backpflaumen in dem Einweichwasser weichkochen. Auf ein Sieb zum Abtropfen legen und den Saft aufbewahren. Die Rosinen waschen und in eine große Schüssel geben. Alle Früchte bis auf die Rosinen kleinwürfelig schneiden und mit den Rosinen vermischen. Mit Kirschwasser übergießen und zugedeckt über Nacht stehen lassen.

Das Mehl auf ein Backbrett geben, in die Mitte eine Vertiefung drücken, die Hefe hineinbröckeln und mit etwas angewärmtem Hutzelsaft einen Vorteig anrühren. Nach dem Aufgehen den Zucker, die Gewürze, die Früchte sowie die grobgehackten Nüsse und Mandeln an den Teig geben. Alles miteinander zu einem festen Teig verkneten. Wenn der Teig zu fest ist, noch etwas von dem Kochsaft der Hutzeln hinzufügen. Mit Mehl bestäuben und zugedeckt gehen lassen. Sobald der Teig kleine Risse zeigt, zu zwei runden oder länglichen Laiben formen und nochmals gehen lassen. Mit Hutzelsaft bestreichen und mit abgezogenen, halbierten Mandeln garnieren. Im vorgeheizten Backofen bei Mittelhitze (200°) in etwa 1½ Stunden gar backen.

Zubereitungszeit: 2 Stunden
Früchte am Vortag vorbereiten
Backzeit: ca. 1½ Stunden
1 Scheibe (1/20):
1600 Joule/380 Kalorien
250 g Hutzeln (ganze, gedörrte Birnen), 250 g Backpflaumen, 250 g getrocknete Feigen, 150 g Aprikosen, 150 g Datteln, 150 g Haselnüsse, 150 g Mandeln, 100 g Rosinen, je 50 g Zitronat und Orangeat, 1 Gläschen Kirschwasser, 500 g Mehl, 40 g Hefe, 1 Teelöffel Zimt, 1 Teelöffel Anis, 1 Messerspitze Nelken, 1 Messerspitze Salz, 50 g Zucker. – Mandeln zum Garnieren

Schlesischer Mohnstriezel (Mohnstollen)

Zubereitungszeit: 1 Stunde
Gehen des Teiges: 2 Stunden
Backzeit: 50–60 Minuten
Gesamtmenge des Stollens:
36580 Joule/8710 Kalorien
600 g Weizenmehl, ½ Teelöffel Salz, 20 g Hefe, knapp ¼ l lauwarme Milch, 100 g Butter, 80 g Zucker, abgeriebene Schale einer halben Zitrone. – Füllung: 500 g gemahlener Mohn, reichlich ¼ l Milch, 150 g Zucker, 80 g Butter, 1 Prise Zimt, 100 g Rosinen, 100 g Korinthen, 50 g gehackte Mandeln. – Zuckerguß: 150 g Puderzucker, 3 Eßlöffel Wasser

Das Mehl mit dem Salz vermischen und in die Mitte eine Vertiefung drücken. Die Hefe hineinbröckeln und mit der Hälfte der Milch verrühren. Zugedeckt 20 Minuten gehen lassen. Die Butter in der restlichen, noch warmen Milch zergehen lassen und mit dem Zucker und der Zitronenschale und dem Mehl vermischen. Mit dem Knethaken einer Küchenmaschine oder mit einem Holzlöffel so lange schlagen, bis der Hefeteig Blasen wirft und sich vom Schüsselboden löst. Zugedeckt an einem warmen Ort aufgehen lassen. Inzwischen die Mohnfüllung zubereiten: Den gemahlenen Mohn mit der kochenden Milch übergießen und unter Rühren mit dem Zucker und der Butter ein paarmal aufkochen lassen. Den Zimt sowie die Rosinen, Korinthen und Mandeln unter den Mohn mischen. Die Mohnmasse etwas quellen lassen.

Den gut gegangenen Hefeteig zu einer runden Platte ausrollen und mit der Mohnfüllung bestreichen, dabei einen 2 cm breiten Teigrand freilassen. Den Teig zusammenrollen und auf ein gefettetes Blech legen. Zugedeckt noch einmal an einem warmen Ort eine Stunde gehen lassen. Den Backofen mit 250° vorheizen und den Stollen darin dann bei schwacher Mittelhitze (190°) in etwa 50 Minuten gar backen. Für den Guß den gesiebten Puderzucker mit dem Wasser verrühren, bis er glatt und glänzend ist, und den noch heißen Mohnstollen damit überziehen.

Ostpreußischer Honigkuchen

Zubereitungszeit: 40 Minuten
Backzeit: 40 Minuten
Pro Kuchen (1/40):
800 Joule/190 Kalorien
500 g Honig, 250 g Zucker, 750 g Weizenmehl, 250 g geriebene Haselnüsse, 10 g Zimt, 5 g Nelkenpulver, 100 g feingeschnittenes Zitronat, 15 g gemahlene bittere Mandeln, 15 g Pottasche, 5 Eßlöffel Rosenwasser, 3 Eier. – 1 Eigelb mit 1 Eßlöffel Milch verquirlt zum Bestreichen. – Abgezogene, halbierte Mandeln zum Garnieren. – Bienenwachs für das Kuchenblech

Honig und Zucker miteinander aufkochen und abkühlen lassen. Das Mehl mit den Haselnüssen, Gewürzen, Zitronat und bitteren Mandeln vermischen. Den Honig langsam an das Mehl rühren. Die in dem Rosenwasser aufgelöste Pottasche mit den Eiern verquirlen und an die Teigmasse geben. Den Teig gründlich verkneten, auf ein gewachstes Backblech auftragen und mit Eigelb bestreichen. Mit einem Messer Linien markieren und die so entstandenen Stücke mit Mandeln belegen. Den Honigkuchen im vorgeheizten Backofen bei mittlerer Hitze (200°) in etwa 40 Minuten gar backen. Noch warm in Stücke schneiden. Man kann den Honigkuchen vor dem Aufschneiden mit einem dünnen Zuckerguß bestreichen.

Getränke

Erdbeerbowle

Möglichst kleine, süße Früchte verwenden. Größere Früchte halbieren. Walderdbeeren schmecken am besten. Die sorgfältig ausgesuchten Früchte mit dem Zucker und einem Glas Wein in ein Bowlengefäß geben und zugedeckt 2 Stunden auf Eis stellen. Kurz vor dem Eintreffen der Gäste mit dem gekühlten Wein und dem eisgekühlten Sekt auffüllen.

750 g schöne reife Erdbeeren,
200 g Zucker,
1 Flasche Moselwein,
1 Flasche Rheinwein,
1 Flasche Sekt

Waldmeisterbowle

Den gründlich gewaschenen Waldmeister einige Stunden vor dem Ansetzen der Bowle leicht welken lassen. Sein Aroma wird dadurch kräftiger. Mit ½ Flasche Weißwein übergießen. Nach 15 Minuten das Waldmeistersträußchen herausnehmen. Länger darf es auf keinen Fall ziehen, da die duftende Waldmeisterbowle sonst später Kopfschmerzen bereitet. Den übrigen Wein zu dem Bowlenansatz geben und die Bowle auf Eis kalt stellen. Die Apfelsine heiß waschen und abtrocknen. Kurz vor dem Servieren der Bowle mit dem eisgekühlten Sekt auffüllen und beim Einschenken in jedes Glas eine ungeschälte Orangenscheibe geben.

1 Sträußchen Waldmeister ohne Blüten, 2 Flaschen halbtrockener Rheinwein,
1 Flasche Sekt,
1 Apfelsine

Kalte Ente

Die Zitrone hieß waschen und abtrocknen. Die Zitronenschale spiralenförmig in einem Stück möglichst dünn abschälen, damit die daruntersitzende weiße Haut zurückbleibt. Den eisgekühlten Weißwein in ein Bowlengefäß gießen und die Zitronenschale über einen Holzlöffel in den Wein hängen. 10–15 Minuten auf Eiswürfeln ziehen lassen. Den Wein dabei hin und wieder kosten, und sowie er ein leichtes Zitronenaroma angenommen hat, die Schale herausnehmen; der Zitronengeschmack soll nur ganz leicht sein. Kurz vor dem Servieren mit dem eisgekühlten Sekt auffüllen.

Schale einer unbehandelten Zitrone,
2 Flaschen Moselwein,
1 Flasche Sekt

Kullerpfirsiche

Die gewaschenen Pfirsiche auf einem Küchenpapier trocknen lassen und mit einer silbernen Gabel rundherum ringförmig einstechen. In spezielle Kullerpfirsichgläser je einen Pfirsich setzen. Den eisgekühlten Sekt langsam über die Früchte gießen. Einige Minuten ziehen lassen. Die Pfirsiche fangen langsam an, sich zu drehen, und der Pfirsichduft teilt sich dem Sekt mit.

4 Kullerpfirsichgläser,
4 schöne reife Pfirsiche,
4 Gläser Sekt

Grog

⅛ l Wasser,
1–2 Stückchen Zucker,
1/16 l Rum

Ein alter Seemannsspruch lautet: »Rum muß sein, Zucker kann sein, Wasser muß nicht sein« – das ideale Mischungsverhältnis ist jedoch ⅔ Wasser zur ⅓ Rum.

Das Wasser zum Kochen bringen. Den Zucker in ein Grogglas oder ein feuerfestes Teeglas geben. Einen Teelöffel oder ein Glasstäbchen (Stößel) in das Glas stellen. Das kochende Wasser darübergießen und so lange umrühren, bis sich der Zucker aufgelöst hat. Zuletzt den vorgewärmten Rum hinzufügen.

Silvesterpunsch

½ l Wasser, 300 g Zucker,
3 Nelken, 1 Stückchen Zimt,
1 ungespritzte Zitrone,
2 Flaschen Rotwein,
¼ l Arrak oder Rum

Das Wasser mit dem Zucker, den Nelken und dem Zimt zum Kochen bringen und 5 Minuten kochen lassen. Die Zitrone heiß waschen, abtrocknen und in Scheiben schneiden, dabei die Kerne entfernen. Den Rotwein und die Zitronenscheiben zu dem gewürzten Zuckerwasser geben und den Punsch erneut erhitzen, aber nicht bis zum Kochen bringen. Durch ein Sieb in die Punschbowle geben, den Arrak oder Rum hinzufügen und möglichst heiß servieren.

Feuerzangenbowle

2 Flaschen Rotwein,
Saft einer Zitrone
und 1 Apfelsine,
1 kleiner Hutzucker,
½ l Rum oder Arrak

Man kann den Wein für die Feuerzangenbowle mit ein paar Nelken und einem Stückchen Stangenzimt würzen, die Gewürze werden dann vor dem Anzünden der Bowle herausgefischt.

Den Rotwein erhitzen, aber nicht kochen lassen. Den Fruchtsaft dazugeben und das Getränk in eine Bowle füllen. Den Hutzucker auf einen Rost oder eine Feuerzange über die Bowlenöffnung legen, mit etwas Rum oder Arrak übergießen. Den Alkohol einen Augenblick einziehen lassen und dann anzünden. Nach und nach den restlichen Alkohol über den Zucker gießen, bis dieser geschmolzen ist. Die glühenden Tropfen, die in den Punsch fallen, geben dem Getränk seine besondere Würze. Man sollte die Feuerzangenbowle in einem verdunkelten Zimmer brennen lassen, denn die geheimnisvolle bläuliche Flamme macht ihren Zauber aus.

Eierbier

1 l Bier, 4 Eier, 150 g Zucker,
1 Stückchen Stangenzimt
(kann entfallen)

Die Eier mit dem Zucker schaumig schlagen und nach und nach unter weiterem Rühren das Bier und den Zimt hinzufügen. In einer dickwandigen Kasserolle bei leichter Hitze (E: Schaltstufe 1, bei Gas Asbestplatte unterlegen) unter ständigem Schlagen mit dem Schneebesen erhitzen. Sowie das Eierbier dick zu werden beginnt (es darf nicht kochen), von der Kochstelle nehmen und noch etwas weiterschlagen. Den Zimt herausnehmen. Eierbier wird heiß und kalt getrunken. Soll es kalt serviert werden, während des Abkühlens hin und wieder mit dem Schneebesen aufschlagen.

Pharisäer

(4 Tassen)

½ l heißer, starker Kaffee,
⅛ l süße Sahne,
12 Eßlöffel Rum,
4 gehäufte Teelöffel Zucker

Die Sahne steif schlagen. Den Rum erwärmen. Den Kaffee, den Rum und den Zucker in vier vorgewärmte Tassen verteilen. Mit einem Teelöffel umrühren. Die Sahne auf den heißen Kaffee geben.

Die deutschen Weine

Von Gisela Gramenz

Was den deutschen Wein »einzig unter den Weinen« macht, ist seine Vielfalt. Im nördlichsten Weinbaugebiet der Welt bestimmt weit mehr als in südlichen Ländern die einzelne »Lage« den Charakter und die Qualität der Weine. Weinbau ist hier nur an besonders geschützten Standorten möglich, und das sind die nach Süden geneigten Hänge im Bereich des Rheingrabens und der Nebenflüsse (bis auf ein kleines Gebiet an Saale und Elbe bei Dresden). Die Neigung des Hangs und die dadurch steilere Sonneneinstrahlung, ein schützender Wald oder eine reflektierende Wasserfläche bewirken, daß dort Trauben reifen, aber oft in unmittelbarer Nachbarschaft nur Kartoffeln und Kohl gedeihen können. In den vom jeweiligen Mikroklima begünstigten Lagen wachsen jedoch Weine, die in ihrer Feinheit und Rasse ihresgleichen suchen. Die Vielfalt der Lagen wird noch vergrößert durch die sehr unterschiedlichen Bodenarten und durch eine Vielfalt der Rebsorten, altbewährten und neuen Züchtungen, mit denen die Winzer das dem Standort entsprechend Beste aus ihrem Weinberg zu gewinnen suchen. Schließlich spielt auch noch die Arbeit des Kellermeisters eine Rolle. Er hat es heute in der Hand, ob er seine Weine »trocken« (d.h. mit nur geringem Restzuckergehalt) ausbauen, oder ob er sie durch kontrollierte Gärung und Zugabe von Süßreserve (Traubenmost) lieber mild und »süffig« halten will.

Mosel: Edler Riesling auf den Hängen, Neuzüchtungen im Tal
Rieslingreben haben die Mosel weltberühmt gemacht. Auf den steilen Schieferterrassen gedeihen unnachahmlich leichte, spritzige, würzige Weine, die sortenrein und trocken bis halbtrocken ausgebaut werden. In den besten Lagen und in guten Jahren gibt es elegante, rassige bis stahlige Weine (vor allem an Saar und Ruwer), die im Gegensatz zu den meisten Weißweinen gut altern können. Beeren- und Trockenbeerenauslesen mit natürlicher Restsüße sind hervorragende Dessert- und Festtagsweine (weltbekannt ist Deutschlands teuerster Weinberg, der Bernkasteler Doktor). In den letzten beiden Jahrzehnten hat sich der Weinbau an der Mosel vielfach von den steilen, mühsam zu bearbeitenden Schieferhängen in die Täler verlagert. Hier finden nur frühreifende Rebsorten wie Müller-Thurgau und Neuzüchtungen wie Bacchus, Kerner, Optima und Reichensteiner ausreichende Wachstumsbedingungen und ergeben Konsumweine, die kaum noch moseltypisch sind. Die Rebsorte Elbling, seit altersher an der Obermosel angebaut und wegen ihres Säurereichtums vor allem für die Sektherstellung geschätzt, gewinnt neuerdings wieder Freunde unter Weintrinkern, die einen einfachen, herzhaften Zechwein schätzen.

Ahr: Kleine Rotwein-Enklave
Das zweitkleinste aller deutschen Weinbaugebiete und zugleich das nördlichste ist durch seine Rotweine bekannt. Im engen, gewundenen Tal der Ahr gedeihen auf Schieferterrassen und auf zum Teil vulkanischen Böden (Bad Neuenahr mit seinen heißen Quellen!) Spätburgunder und Portugieser-Reben. Berühmt sind vor allem die Spätburgunderweine: rubinrote, samtige, bukettreiche Gewächse, die in ihrer leichten, fruchtigen Art auch denen schmecken, denen die französischen Rotweine, etwa aus Burgund oder Bordeaux, zu wuchtig und zu gerbstoffreich sind. Die weniger anspruchsvolle Portugieserrebe liefert hier ebenfalls würzige, fruchtige Weine und leichte, hellrote Tischweine. Oft wird der Portugieser auch als Weißherbst (Rosé) gekeltert.

Mittelrhein: Riesling zu Füßen der Loreley
An diese Landschaft denkt man wahrscheinlich zuerst, wenn vom Rheinwein die Rede ist: An das enge, malerisch gewundene Tal des Rheins zwischen Bingen und Koblenz. In diesem Gebiet, das bis zum Drachenfels bei Königswinter vor den Toren Bonns reicht, ist auf Schiefer- und Grauwackenterrassen der Riesling zu Hause, mit saftigen, fruchtigen Weinen, die zumeist mehr an die spritzigen Moselweine als an die kräftigeren Rheingauer erinnern. In den Seitentälern gewinnt der Müller-Thurgau an Boden.

Rheingau: Wo der Riesling König ist
In diesem insgesamt nur 36 Kilometer langen Gebiet am Fuße des Taunus wachsen die edelsten Weine Deutschlands, die sicherlich zu den besten der Welt gehören. Der Rhein, der von Süden kommend, zwischen Wiesbaden und Mainz fast rechtwinklig nach Westen abbiegt, um dann zwischen Rüdesheim und Bingen seinen Lauf wieder nach Norden zu richten, reflektiert die Sonnenstrahlen auf die Weinberge und wirkt im Herbst und Winter als Wärmespeicher. Hier findet der spät reifende Riesling beste Wachstumsbedingungen und liefert kernige bis vollmundige, rassige und kräftige Weine mit ausdrucksvollem würzigem Bukett, in dem man manchmal den Duft von Aprikosen und Rosen zu spüren meint.

Spezialitäten des Rheingaus, die nur in besonders guten Jahren und in Spitzenlagen gewonnen werden, sind die Auslesen, Beerenauslesen und Trockenbeerenauslesen; Weine, die sehr spät im Jahr aus edelfaulen, rosinenartig eingeschrumpften Beeren gekeltert werden. Sie haben einen hohen natürlichen Zuckergehalt. Solche Weine können Jahrzehnte alt werden (Schloß Johannisberg verwahrt in seiner Schatzkammer Weine, die über 200 Jahre alt sind); man trinkt sie als Festtagsweine glasweise, zum Dessert oder zuweilen auch als Aperitif.

Nahe: Das Probierstübchen der deutschen Weinlande
Das kleine Weinland an der Nahe rings um Bad Kreuznach rühmt sich seiner Vielfalt sowohl in der Landschaft als auch in den Rebsorten. Man habe von jeder deutschen Weinlandschaft etwas – natürlich das Beste – und dabei doch einen ganz eigenen Charakter. Hier wachsen feine, rassige Rieslingweine, die im Geschmack etwa zwischen denen der Mosel und dem Rheingau stehen; hier gibt es leichte, geschmeidige Silvaner, auch etwas Ruländer und einige Rotweine. Die Hauptrebsorte aber ist der Müller-Thurgau, der je nach Standort und Ausbau im Keller einen kernigen, süffigen Tisch- und Kneipwein oder einen milden »Fernsehwein« ergibt. Daneben finden sich auch fast alle gängigen Neuzüchtungen – die Winzer an der Nahe probieren eben selber gern.

Rheinhessen: Milde, blumige Schoppenweine
Das der Rebfläche nach größte deutsche Weinbaugebiet liegt nicht in Hessen, sondern in Rheinland-Pfalz, und zwar in dem großen »Weindreieck« zwischen Worms, Mainz und Bingen. Die liebliche Hügellandschaft mit unterschiedlichen Böden bietet einer Vielzahl von Rebsorten gute Wachstumsbedingungen: Seit Jahrhunderten heimisch ist der milde Silvaner, der mehr und mehr von blumigen Müller-Thurgau-Weinen verdrängt wird. Umfangreich ist auch der Anbau von Neuzüchtungen (Scheurebe, Bacchus, Faber, Morio-Muskat, Kerner, Huxel u. a.) mit intensivem Bukett, die alle relativ milde, »süffige« Weine ergeben. Glatte Rotweine und gefälligen Weißherbst liefert die Portugieserrebe. Aus Ingelheim kommen gehaltvolle Spätburgunder. Eine Klasse für sich sind die Rieslingweine von der »Rheinfront« bei Bingen, Nierstein und Oppenheim, aus der Gegend von Alsheim und Worms, wenn sie nicht aus einer Großlage, sondern von einer Einzellage und aus einem guten Weingut stammen: kernig, rassig und elegant sind sie gute Begleiter zum Essen.

Rheinpfalz: Mehr als ein Viertel der deutschen Weinernte

Da, wo die fruchtbare Rheinebene allmählich in die Höhen der Haardt und des Pfälzer Waldes übergeht, liegt Deutschlands größtes, in sich geschlossenes Weinbaugebiet: ein sechs bis zehn Kilometer breiter und 80 Kilometer langer Streifen, der sich an der »Deutschen Weinstraße« entlang zieht, vom (noch zu Rheinhessen gehörenden) Worms bis an die Grenze zum Elsaß bei Schweigen. Im milden, sonnenreichen Klima finden die Reben hier optimale Wachstumsbedingungen und liefern volle, kräftige und herzhafte Weine in großer Sortenvielfalt. Vom einfachen Landwein bis zu den feinsten Auslesen edler Rebsorten kann man hier für jeden Geschmack und jede Gelegenheit etwas finden: Für den Schoppen Müller-Thurgau, Silvaner, Kerner, Morio-Muskat, Portugieser Rotwein und Rosé; für Festtage und feine Essen Spitzenweine wie Weißburgunder, Gewürztraminer (300 Jahre alte Reben dieser Sorte werden bei Rhodt gepflegt) und vor allem Riesling (die Pfalz ist nach der Mosel und noch vor dem Rheingau Deutschlands größtes Riesling-Anbaugebiet und bringt dank des warmen Klimas auch in weniger günstigen Jahren Spät- und Auslesen).

Franken: Nicht nur herber Wein im Bocksbeutel

Franken, das östlichste der namhaften Anbaugebiete Deutschlands, liegt schon deutlich im Bereich des Kontinentalklimas mit trockenen, heißen Sommern, strengen Wintern und der Gefahr von Früh- und Spätfrösten. Der Weinbau beschränkt sich deshalb auf die kleinklimatisch besonders begünstigten Südhänge im Flußtal des Mains und am Fuß des Steigerwaldes. Nicht mehr als drei Prozent der deutschen Ernte werden hier erzeugt. Das aber sind Weine ganz besonderer Art, herb und fruchtig, mit einem unverkennbaren »Bodenton«, der sonst eher milden Rebsorten unverwechselbaren Charakter gibt. Das gilt vor allem für die klassische Rebsorte Frankens, den Silvaner, aber auch für den Müller-Thurgau, der inzwischen doppelt so viel angebaut wird wie der Silvaner. Diese Weine sollten »trocken« ausgebaut sein (und »fränkisch trocken« heißt: höchstens 4 Gramm Restzucker pro Liter, im Gegensatz zu allen anderen Weinbaugebieten, die bis zu 9 g/l erlauben). Auch die halbtrockenen Weine sind in Franken immer noch herber als anderswo. Mit dem »Steinwein« und anderen Lagen um Würzburg, auf denen außer Silvaner auch Riesling und Spätburgunder angebaut werden, hat das zu Bayern gehörende Weinland Spitzenweine zu bieten, die weltberühmt sind.

Hessische Bergstraße: Ein Kapitel für sich

Vom Rand des Odenwaldes zwischen Darmstadt und Weinheim kommen in jedem Jahr die ersten Frühlingsblütengrüße. In solch einem milden Klima gedeihen natürlich auch die Reben: Riesling, Müller-Thurgau und Silvaner bringen hier blumige, frische Weine mit herzhafter Säure und eigenwilligem Charakter hervor, die man allerdings nur an Ort und Stelle genießen kann: die Erntemenge erreicht noch nicht einmal ein halbes Prozent der gesamten deutschen Weinernte.

Württemberg: Trinkt dreimal soviel Wein wie es erzeugt

Die Rebstöcke, die im Neckartal, um Stuttgart und Heilbronn, aber auch weit verstreut zwischen Taubergrund und Bodensee wachsen, liefern knapp zehn Prozent der deutschen Weinernte. Aber die Schwaben sind Deutschlands eifrigste Weintrinker; das tägliche »Viertele« ist obligatorisch, und deshalb importieren sie nochmals die doppelte Menge. Das bedeutet: Außerhalb der Landesgrenzen bekommt man kaum württembergische Weine. Was Weinfreunde bedauern, denn die Weinpalette ist reich bestückt, darunter Spezialitäten, die man anderswo kaum oder garnicht findet, wie den Trollinger mit hellroten, frischen, fruchtigen und leichten Weinen; den dunklen, fast rot-violetten Lemberger, ferner Schwarzriesling und Samtrot, beides Abkömmlinge der Spätburgunder-Rebe, sowie den Frühburgunder, hier »Clevner« genannt. Auch der Spätburgunder selbst ist in beachtlicher Quantität und Qualität vertreten, und der Portugieser wird als einfacher »Rotwein« ausgeschenkt. Der blaßrote »Schillerwein« ist kein als Rosé gekelterter Roter (= Weißherbst), sondern ein »Rotling«, ein Gemisch aus roten und weißen Trauben. Unter den Weißweinen hat der Riesling den größten Anteil (fast ein Viertel der gesamten Rebfläche) mit herzhaften, kräftigen Kreszenzen, gefolgt von Müller-Thurgau, Silvaner und Kerner.

Baden: Sieben Weinlandschaften zwischen Tauber und Bodensee

Badischer Wein kommt nicht nur vom Kaiserstuhl: Das wird leicht vergessen, wenn vom Weinland Baden die Rede ist. Das badische Rebland erstreckt sich über 400 Kilometer von der Tauber im Norden (»Badisches Frankenland«) bis zum Bodensee im Süden (»Seeweine«). So unterschiedlich wie die Bodenverhältnisse und die Höhenlagen sind auch die Rebsorten, die in diesem großen Gebiet angebaut, und erst recht die Weine, die daraus gekeltert werden: Im Norden blumig-würzige Müller-Thurgau und Silvaner, im Bocksbeutel abgefüllt; frische, elegante Tischweine, Riesling und Ruländer an den Abhängen von Odenwald und Nordschwarzwald (Badische Bergstraße und Kraichgau südlich von Heidelberg); kräftige, süffige bis rassige Weißweine im Breisgau, dem Schwarzwaldvorland zwischen Offenburg und Freiburg; fröhliche Schoppenweine aus dem Markgräfler Land zwischen Freiburg und Basel aus der in Deutschland nur hier angebauten Gutedelrebe; und schließlich die kernig-frischen, leichten Seeweine vom Nordufer des Bodensees, Müller-Thurgau und Spätburgunder Weißherbst.

Eine Sonderstellung nimmt die Ortenau ein, der hügelige Landstrich zwischen Baden-Baden und Offenburg, wo im Schutz der Schwarzwaldhöhen und im warmen Klima der Rheinebene körperreiche, vollmundige Rieslingweine (hier »Klingelberger« genannt), Traminer (hier »Clevner«) und samtige Spätburgunder gedeihen. Der »Mauerwein« aus der Umgebung von Neuweier darf, alten Privilegien entsprechend, in Bocksbeutelflaschen abgefüllt werden.

Am Kaiserstuhl aber und auf dem benachbarten Tuniberg wachsen die Reben, die die Weine aus dem »Sonnenland« Baden berühmt gemacht haben. Auf Deutschlands wärmsten Weinbergsböden, den Abhängen des Vulkankegels und den Lößterrassen des Tunibergs, liefert die anspruchsvolle Ruländer-Rebe dunkelgoldene, wuchtige, meist säurearme Weine mit feinem Bukett, entwickelt der Gewürztraminer einen fast überwältigenden würzigen Wildrosenduft und reift auch der Spätburgunder zu körperreichen, samtigen Rotweinen oder zu kräftigem Weißherbst. Seltener, aber ebenfalls in ausgezeichneten Qualitäten, findet man hier Silvaner und Riesling.

Register

Vorspeisen

Suppen

Saucen

Meeresfische und Süßwasserfische

Fleisch

Eintopfgerichte

Geflügel

Wildgeflügel und Wild

Gemüse und Salate

Salzige Mehlspeisen und Beilagen

Süße Mehlspeisen

Nachspeisen

Torten und Kuchen

Getränke

Literatur

Unter den zahllosen Büchern und Zeitschriften, die mir als Informationsquellen gedient haben, kann ich aus Raumgründen nur diejenigen nennen, die die gesamte deutsche Küche zum Thema hatten. Die vielen – oft ausgezeichneten – Regionalkochbücher müssen unerwähnt bleiben.

Frantz de Rontzier
Von mancherley Essen
Fürstl. Druckerey,
Wolfenbüttel 1598

Vollständiges Küch- und Keller Dictionarium
in Verlegung Benjamin Schillers seel. Witwe 1716

Neues und wohl eingerichtetes Kochbuch
Schaffhausen
bcy Johannes Metzger 1772

F. C. Fontane
Wie man in Berlin zur Zeit der Königin Luise kochte
Verlag F. Fontane,
Berlin 1903

J. Rottenhöfer
Neue vollständige Anweisung in der feineren Kochkunst
Verlag Braun und Schneider,
München 1866

Lina Morgenstern
Illustriertes Universal-Kochbuch für Gesunde und Kranke
Verlag W. Herlet,
Berlin 1890

Henriette Davidis
Praktisches Kochbuch für die gewöhnliche und feinere Küche
Verlag von Velhagen und Klasing,
Bielefeld 1844

Ernst von Malortie
Das Menü
Klindworth's Verlag,
Hannover 1888

Horst Scharfenberg
Die deutsche Küche
Hallwag Verlag,
Stuttgart 1980

Essen & Trinken
Unvergessene Küche
Gruner + Jahr Verlag,
Hamburg 1979

Von Apfelkartoffeln bis Zwiebelkuchen
VEB Fachbuchverlag,
Leipzig 1982

Hans W. Fircher
Das Leibgericht
Hoffmann und Campe Verlag,
Hamburg

Zeitschriften

Feinschmecker
Jahreszeiten Verlag,
Hamburg
Essen & Trinken
Gruner + Jahr Verlag,
Hamburg

Serien

Bernd Neuner-Duttenhofer
Deutsche Kochkunst neu entdeckt
Meine Familie und ich,
Burda Verlag, München 1980–81

Klaus Schneider,
Mario Scheuermann
Neue Regionalküche
Ullsteins Gourmet Journal (VIF)
1980–84
Axel Springer Verlag,
Hamburg

SZ Kostprobe
Ständige Montags-Serie der Süddeutschen Zeitung,
München

Die Requisiten für die Farbaufnahme Seite 143 wurden von der Firma Alois Dallmayr, München, zur Verfügung gestellt.

Das Geschirr für die Farbaufnahme Seite 221 stellte die Feinkost Käfer GmbH + Co, Delikatessen KG, München, zur Verfügung.
Das Geschirr für die Farbaufnahme Seite 123 konnten wir von der Firma Ludwig Beck am Rathauseck, München, ausleihen.
Autorin und Verlag danken für die freundliche Unterstützung.